心理学：关于家庭 第12版

[美] 罗斯·埃什尔曼　理查德·布拉克罗夫特 著
徐晶星 等译　桑标 审校

上海人民出版社

译者序

家庭是每个人生活的第一环境和终身环境，对人的重要意义不言而喻。家庭成员、成员间关系、家庭规模、家庭居住条件、家庭社会地位、家庭经济条件、家庭亲友关系等交织在一起，构成了一个复杂而生动的“社会”。因此，家庭领域一直是社会学家和心理学家挥洒汗水和才华的研究阵地，这本由埃什尔曼和布拉克罗夫特撰写的《心理学：关于家庭》(*The Family*)便是反映研究成果的代表作之一。

这已经是此书的第12次修订了。能够一版再版，足见此书的魅力。第12版分为五大部分，共15章内容，从家庭制度的历史与发展、家庭的社会背景与多样性、家庭关系的形成与发展、家庭生活周期的发展变化以及家庭危机与社会政策等方面全方位立体化地向我们阐述了有关家庭研究的基本知识、理论、研究现状和社会热点问题。全书图文并茂，资料详实，可读性强。每章开篇均以紧扣主题的案例讨论作为铺垫，娓娓道来；主体部分中作者则以清晰的脉络详细梳理出了相关主题的理论、社会现状和研究现状；在每章末，作者悉心提取出了相应的关键术语、知识点和讨论题，便于读者巩固所学和深入思考相关问题。此外，“跨国家庭”、“家庭多样性”、“新闻”、“跨文化视角”等栏目也大大增加了本书知识的丰富性、趣味性，以及对于家庭热点问题的关注度。不仅如此，本版最鲜明的特色之一还在于内容和相关引用数据的全面更新和修订，作者力求准确反映家庭领域研究中日新月异的变化，介绍了许多与时代密切相关的新理论、新方法、新研究以及新的实践建议。总之，读罢此书，你不仅会了解关于家庭的一般知识，还会引发对许多家庭热点问题的深入思考和探究欲望。

此书的翻译是集体智慧和心血的结晶，我和我的团队经过一年多的努力，顺利完成了全部的翻译工作。具体的分工是：作者序及第一、二、三章，徐晶星；第四、五、十三、十五章，涂莉；第六、七、八、十四章，张滢；第九、十、十一、十二章，陈子涵。翻译完成后，由我对全书作了仔细的审校，力求做到“信、达、雅”，并确保全书术语和风格的统一。因学识与时间所限，书中难免还存在不妥之处，恳请广大读者不吝指正。

在译稿即将付印之际，特别要感谢此书的引进者——上海人民出版社，感谢为此书的出版付出辛勤劳动的人。

桑 标

2012年10月

目　录

第二部分 美国家庭的社会文化背景和多样性

第三部分 婚姻关系形成的过程和非婚姻关系

第四部分 在家庭中的生命历程和变化

第五部分　家庭危机和社会政策

前　言 xvii

此版是我对本书的第二次修订。除扩大视野以包容更多的社会心理学内容和定性研究信息外，对制度和实证研究取向的强烈关注，我也始终力求做到忠实可靠。在上一版中，我删减了很多功能主义取向（通常伴随着家庭的组织途径产生）的内容，而在婚前、非婚关系与婚姻一章中增加了相当一部分新的社会心理学的内容。在此版中，我继续减少了关于传统功能主义方法的内容，而更加强调了前面关于制度概念的章节。在这些章节中，我们将把制度看作是社会建构的现象，它是个体和家庭在试图适应变化的环境条件的动态过程中形成的，但在适应过程中又会受到强烈的文化叙事和社会权力结构的约束。和上一版一样，我继续增加了社会心理学方面的材料：修改了教养和亲子关系一章，使之囊括了更多的关于生育决策、父母角色身份、依恋过程以及教养方式方面的理论和研究。

另一个长期的转变是我继续尝试通过呈现西方世界其他地方的相似趋势和发展信息，将关于美国家庭的知识情境化。尽管文本主要提到和改进的还是关于美国家庭的信息，但新内容强调了美国家庭通常和其他西方国家一样，是被同样的社会压力塑造的，还强调了美国家庭的与众不同之处。

除了在这些材料上的长期变换上不断进步外，我还对整本书中呈现的统计数据进行了重大修正。我发现，如果没有足够的上下文或解释的话，学生会难以阅读、理解、记住，以及学会众多的数字和统计。因此，我试图减少了一些看似必不可少的内容——那些赘述当今家庭状态和家庭生活时间上的变化的内容（事实上关于这些的观点已经很清晰了，不用多说）。为了达成此目的，我删减了绝对的数据，相反强调了百分比和比率，以此来更好地传达某种现象的普遍性与概率或组间差异。同样，我通过删减或浓缩不能提供额外信息的种类，试图来对许多表格或图表进行了简化。在做这些修正的过程中，我采用来自*2009年美国统计摘要*（*The 2009 Statistical Abstract of the United States*）的最新数据和其他最近的数据来源，对整本书的数据信息进行了更新。整本书中呈现的大多数数据都是2009年早期才获得的。

此版不光对数据进行了更新，很多新的实证研究发现也包含在了其中。本书一直有此传统，即基于一些可得的最好的研究，给学生提供不断更新的关于家庭生活的信息。但这些信息不单是以通式呈现的。此书的一大优点是且将继续是它阐述研究的方式。此书不是要求学生被动地阅读作者的文字来接受知识，而是给出了很多细节，描述研究是怎样完成的，
以及它的一些优缺点。在此过程中，我们为学生提供了更多的信息，帮助他们解读数据意义 xviii

和社会研究发现的效度,使他们成为社会科学研究更好的消费者和批判思维者。

最后,很重要的是,我还投入了相当多的精力着手修正已有的专栏(boxed features)。我的目标是使这些插入栏目对于文中主体内容更有意义,且更加中肯。为了达到更好阐述美国家庭全球情境化的目的,我扩展了“*跨文化视角*”栏目,使之不仅包含了中国和瑞典,还包括了很多其他国家。在这些国家中,如以色列、印度、格鲁吉亚、爱尔兰、墨西哥、英格兰、越南、新西兰、奥地利,以及像西方、中东欧、阿拉伯地区,以及拉丁美洲等更广的地区,在家庭生活不同方面的特征上,学生们会发现很多信息。这个目标还被应用到了许多插入的“*新闻*”栏目中;尽管我们对这些内容进行了改进,主要目的是激起大家对最近话题和争论焦点(如同性婚姻和收养、性别特征、网上约会服务、婚礼仪式的经济危机效应、下降的生育率、生育决策时的性别控制、雇用外国工人做保姆、中期生活危机的出现、虐待老人、离婚数据的意义和误用、混合家庭、福利改革,以及有色人种家庭的经济危机效应)的讨论。

第三,基于对总体人群的典型研究,“*家庭多样性*”栏目也做了相应的修正,使之更一致地强调一些群体和我们所熟知的群体间的不同之处。尽管文本主体中已经包含了相当一部分多样性的信息,但是这个栏目更加强调非洲裔美国人、西班牙裔美国人、土著美国人、同性恋者、晚年生活伴侣,以及农村地区居民的婚姻和家庭生活。

最后,我还在此版本中增加了一个新栏目:“*跨国家庭*”。这个栏目向我们展示着世界正变得越来越四海一家,家庭不仅仅是一个国家的制度,正越来越成为一种全球化的制度。这种变化受到了全球化压力的影响,也受到了那些在生活中经常跨越国界者的适应活动的影响。“*跨国家庭*”栏目中的主题包括:跨国收养,非法跨国移民,“邮购新娘”、跨国约会与婚介服务,华裔移民家庭中的孝道,美国与英国的印度裔与巴基斯坦裔离散社区的家庭生活和仪式,移民群体的家庭生活(如中东欧吉普赛人与美国的墨西哥裔劳工移民的家庭生活),以及在回归祖国背景下香港的离婚率,等等。

第十二版的突出变化

除了上述谈到的较大的变化之外,我们对有几章也做了微调,且对两章进行了合并(第五章和第六章),使总章数变为了15。尽管我们对所有章节中的数据和研究都进行了更新,下面列出的是特定章节中的更加显著的变化。

第一章——我修正并扩展了对于社会建构的制度;一夫多妻制的意义、实践与后果;以及中等核心家庭与中等展延家庭的对比的探讨。关于乱伦的材料被移至了亲属系统的第五种功能——调节性关系的讨论中。

xix 第二章——我修正并扩展了对于工业化、资本主义以及现代性是怎样改变生活条件,以及个体和家庭是怎样适应改变的探讨。我还扩展了对家庭与其他制度之间的相互依赖性的探讨。

■ 政治——婚姻与家庭的法律界定的重要性与发展;不同类型的福利制度及其对家庭

的影响;移民政策对家庭的重要性;以及国际冲突与军事活动卷入对家庭的影响。

- 社区——农村与城市背景的重要性对比。
- 经济——感知需要与实际需要的重要性对比;工作—家庭溢出与家庭—工作溢出;以及妇女的外出就业。
- 教育——私立、公立教育出现,并与公共义务教育共同演化;教育模式对婚姻与为人父母的时机的影响;学校与家庭间的潜在文化冲突;教育在经济、人格、社会和文化资本的发展上的作用;以及家庭的资本积累对父母参与教育的效果的影响。
- 宗教——概念化与测量宗教与虔诚的不同方法;以及对宗教和虔诚如何影响家庭生活的总结。
- 媒体——扩展了对互联网在家庭生活的作用的探讨。

第四章围绕社会经济地位的概念进行了重组,而不是传统的马克思的社会阶级的概念。在其中我探讨了社会经济地位中三个更大范围的不同之处:由所处地位,环境与经济背景,以及在实现目标及生存时的经济、人格、社会和文化资本的可得性三个方面的因素影响的文化信念与价值。我对大量材料的题目进行了修改:富裕家庭,工人家庭,以及生活在贫困中的家庭。本章后一部分包括家庭结构的信息以及帮助贫困家庭的婚姻促进政策,但在关于生育和父母教养的章节中,现在可以发现更多的单亲教养的材料(虽然这部分稍显关系疏远)。

第五章——第五章和第六章被合并在了一起,以便更好地阐述种族和民族作为家庭差异来源的理论上的重要性,而不是单纯的描述每个主要种族和民族群体。内容围绕两个维度——文化遗产和历史经验,以及现在经济背景(特别是社会经济地位)重新组织,对有色人种家庭和其他家庭进行了区分。

第十章现在主要关注生育价值观念和行为,其中一部分是关于孩子的价值与鼓励生育的内容。出生率和生育率的意义和趋势;无子女主义/无子女羁绊主义;以及美国与其他地方的未婚父母问题现在会讨论更多。

第十一章——父母角色身份的内容从第十章移至了第十一章中。价值观和行为,包括对进化视角、依恋理论以及教养方式的讨论,都在这一章中得到了更加深入细致的探讨。

xx

补充

指导手册与测试题库(ISBN:0-205-57888-8)

这份至关重要的指导工具是由乔治亚州立大学的丹尼斯·唐纳利修订的,它包括详细的章节概况;每章的重点;学生目标;章节提要;报告引发,教室活动,以及额外资源。测试题库包括了真/假判断题,多项选择题,简答题,以及格式短文等1200多道。感兴趣者可以从 www.pearsonhighered.com 获得这些补充材料。

我的测试(ISBN: 0-205-57889-6)

这种计算机软件允许操作者能够创造个性化的测验,编辑任何或所有已有的测验题目以及增加新的题目。这个软件的其他特征还包括随机生成测验题目,产生同一测验的替代版本,打乱测题顺序,以及打印前预览测题。感兴趣者可以方便地从 www. pearsonmytest. com 获得这项补充材料。

幻灯片(ISBN: 0-205-79752-0)

此书每章都附带有大约 20 到 30 张幻灯片,用于介绍每章的关键概念。感兴趣者可以从 www. pearsonhighered. com 获得这些幻灯片。

给学生的提醒

本书不旨在向你们提供绝对答案。这里没有绝对答案。关于家庭的研究是一项不断前进的事业,它在知识上的进步常常伴随着向后的脚步。相反,我的目标是试图在你们已有的、基于自己的个人经验与价值系统的、对家庭的强烈而天真的知识之上,拓展你们对家庭的理解。这并不是说你们的经验知识是错的,我只是希望你们考虑这样的可能性:你们的个人知识可能局限于某个范围内,可能受到你们的希望和愿望的偏见的影响。

我的另一个目标是要给你们留下这样的印象:社会科学家努力确保他们没有将自己的价值观和信念强加于你们,同时在建构对其他无偏的实证研究解释时,这种努力也给你们留下了足够的创造空间。对于一种解释系统或观点能完全解释人际关系、婚姻以及家庭生活的现实这种观点,我们予以反对(至少在现阶段以我们的知识水平),尽管我们也同样反对对现实的任何解释或观察同样有效的观点。每个人都有权力持有他/她自己的观点,这点不假;但有些观点比其他观点更加可信,更加反映现实,这点也不假。我们相信,通过对科学方法的适当运用,对数据和理论的不断的批判性怀疑,我们对于人际关系、婚姻和家庭生活的理解将会越来越接近现实——而且我们的观点也将变得更加可信。因此,我们在此书中着力强调了理论理解与实证研究问题,且鼓励你们使用这些工具,使你们对这个世界的理解更具批判性。

最后,此书是为家庭的学术研究而写,不是自助指导手册。我们无意指定任何特定的生活方式,或者在怎样解决人际关系、婚姻、教养,或家庭生活的任何其他方面遇到的任何问题
xxi 上给予你直接的指导。实际上,我们反对一种单一的"处方"可以发展成为对所有个体的情况都有效的"万能处方"的观点。我们不是试图提供给你怎样处理关系的处方,而是选择了提供给你我们所知的、在多种情况下的最佳信息:如在西方社会中,人际关系和家庭生活是怎样组织的;它们受到了来自其他制度的变化的怎样的影响;文化是怎样支持制度间关系的组织和重组的;大的社会组织和文化表达是怎样塑造和约束我们在人际关系和家庭中的行为的;当我们在其中有目的地行动时,我们所处的人际关系和家庭生活是怎样地不断演变和变化的。用这些知识和感悟将你武装起来后,我们相信你将会更加游刃有余地做出选择,并

建立更多有益的人际关系和家庭生活。

致谢

如果不是因为我的妻子，克里斯·布拉克夫特，我是不能有机会撰写此书的。克里斯不单给了我从事家庭社会学研究事业所需要的情感支持（还多次在经济上支持），她还是我过去二十年中最亲密的合作者。在我进行我自己的研究时，我多次依赖于她的洞察力，而且她慷慨地让我加入她的研究项目也使我受益颇多。

我还要感谢我生命中所生活过的家庭。生长于一个传统的、大的（八个孩子）、双亲家庭，使我懂得了家庭生活的复杂性和有时的吵闹特征。尽管我的成长历程在很多方面都是有益的，但我首先了解到的却是许多公共景象对传统家庭的过分单纯化（将传统家庭生活描绘成田园诗般的生活）。与此相反，通过我自己的婚姻建立的家庭与传统家庭相去甚远，它使我对家庭生活的多样性有了更深的了解。我女儿的出生，不仅使我有机会理解和经历为人父母的本质，也给我提供了这样的可能性：以一种更加全力投入的方式做一名看护孩子的父亲，而不仅仅像文化教给的或自己成长经历的父母教养方式那样。接受亲密朋友成为我们家庭的一部分，让我明白了家庭不仅仅是亲属关系，也向我展示了一个不那么排外的家庭概念的优点。最后，通过更大程度地打开家门，接受外国交流学生做干女儿后，我更加体会到了勇于改变的有活力的家庭生活的好处。她们中的每个年轻女性都大大丰富了我们的家庭生活，使我们都变得更好了。因此，我不是主张“家庭正在灭亡中”的人，因为我是以一个更宽广的视角来看待家庭的。我希望这种更加包容的视角在此书中有所反映。

在工作方面，我要感谢我的许多同事，他们参与了理论建构（Theory Construction）和研究方法论（Research Methodology）工作室的工作，这使得家庭关系全国研讨会（National Council on Family Relations）能够提前召开年度大会。他们的参与还大大拓展了我自己对于婚姻和家庭生活的视野，也给了我发展理论和方法论能力的机会。感谢西华盛顿大学社会学系主任批准我休假的请求，我才得以完成修订此版；也感谢瑞士富兰克林学院为我提供了完成此项工作所需的办公室和设备。我还要感谢以下评论家对第 12 版的 xxii
评价：

德克萨斯州立大学圣马科斯分校的 Kyong Hee Chee
纽约市立大学皇后学院的 Theresa Gonzalez
洛雷恩县社区学院的 Kwaku Obosu-Mensah
维德纳大学的 Nancy Reeves
米德兰技术学院的 Ovetta Robinson-Heyward
匹兹堡大学的 Daniel Romesberg
米德兰技术学院的 Meifang Zhang

最后,我要感谢我的出版商 Karen Hanson 以及她的编辑和出版团队——特别是 Mayda Bosco,对我既有耐心,同时又提醒我交稿期限。我还要感谢我的作品编辑 Claudine Bellanton;感谢 Julie Low,她不辞辛劳又富有创造力地为我找到可能的最佳插图;感谢 Elm Street 出版服务机构的 Karin Kipp 和 Lauren Traut 的审稿帮助。

理查德·布拉克罗夫特

第一部分　跨越时间和空间来解读婚姻与家庭

第 1 章

界定家庭：从制度和学术的角度

案例 3

什么是家庭？对此有一个普遍的标准吗？当代家庭看起来是什么样的？

罗斯和珍妮特已经结婚四十七年多了。他们有一个儿子和一个女儿，都分别结了婚，并给他们添了四个孙辈。这一家人都是以血缘或者婚姻联系在一起的，所以不可否认他们是普通的亲属群体中的一部分。这三对夫妇都经历了订婚、公布结婚计划、举行宗教婚礼、和父母分开居住以及妻子姓氏改为夫姓的过程。对此我们不会有疑问，但有一点值得注意：他们是一个单独的家庭单位还是许多复合的家庭单位呢？

对弗农、珍妮和其孩子组成的家庭进行分类会更加困难。他们结婚二十多年了，生了四个孩子，孩子们各自又有大不相同的家庭经历。

约翰是他们的大儿子。结婚后，约翰和妻子以及三个孩子搬进了父母房子旁新建的房子中居住。那么约翰及其妻子、孩子是一个单独的家庭单位还是弗农和珍妮家庭的一部分呢？

他们的第二个孩子名叫索尼亚，她忙于市场营销工作，一直没结婚。在她 25 岁左右，她意识到相对于男人，女人更容易被她吸引，所以她和一位叫做伊莱恩的女性发展了一段长期的、忠诚的关系。她们两人都信仰宗教，八年前，在一位主教牧师的主持下，她们举行了一个“承诺仪式”，此后她们便住在一起了。她们有一个名叫詹姆斯的孩子，是索尼亚通过人工授精怀孕生下的。那么索尼亚、伊莱恩和詹姆斯是一个家庭吗？

比索尼亚稍小的弟弟叫吉姆。他在年满 18 岁时就和特里结婚了，并已有了孩子科迪。 4
但他们一年后就离婚并各自又再婚了。那么，这种情况下有家庭存在吗？是一个大家庭还是单独的两个家庭呢？科迪属于哪个家庭？科迪能同时属于两个不同的家庭吗？

四个孩子中最小的叫伊薇特。她也有一个名叫内森的孩子，生他时伊薇特还是个青少年。内森的父亲一开始就没有承担责任,也没有和伊薇特结婚。现在,伊薇特、内森和她的新男友住在附近的一个公寓里。同时,内森的父亲也开始对内森产生了兴趣,并多次来看他。伊薇特和内森是一个家庭吗？和他们住在一起的伊薇特的新男友是她家庭的一分子吗？内森的父亲呢？他是她家庭的一分子吗？他是内森的家庭的一分子吗？

思考题

你觉得一个家庭或者一段婚姻是什么样的？一对男女住在一起就是婚姻吗？作为孩子的生父或者怀孕生下孩子,就自动地使你成为了该孩子家庭的一分子了吗？如果你从未结婚(或者离婚后),但和孩子单独居住,会怎么样呢？个体能以同性关系为基础建立家庭吗？

你是怎么知道一个家庭怎样开始,而另一个家庭怎么结束的？人们能同时属于不同的家庭吗？家庭和亲属群体之间的区别是什么？

从社会和社会功能两个角度分别来定义家庭有什么不同？这对个体的生活会造成什么不同的影响？

家庭。什么是*家庭？*或者应该这样问这个问题:"家人是哪些人?"家庭是不是包括法定结婚的一男一女？家庭是不是被限定成了以下这些人组成的一个团体？婚生子女;一位丈夫,他在外工作,是家庭经济的顶梁柱,也是家中事务的最高决策者;一位妻子,她是一位全职妈妈或主妇。离婚或从未结婚的单亲及其抚养的孩子算是家庭吗？有这样的家庭吗——妻子在外全职工作,丈夫在家抚养孩子？家庭是一个团结、关爱、性专一且至死不渝的单位吗？家庭中有时也不那么团结,有时也被矛盾困扰,有时甚至存在虐待吗？家庭成员总是住在一起吗？

在传统上和法律上,*家庭*指的是居住在一起的,由血缘、婚姻或收养关系联系在一起的两个或两个以上的人们。这是美国的人口普查对家庭下的定义。这个定义强调家庭的*结构特点*,因为它关注家庭成员的必备条件和家庭成员的空间分布情况。但也可以,并经常从以下两个方面来定义家庭:作为一个社会机构的功能意义(如他们为社会做了什么)和作为特殊的联系体(如家庭成员间怎样互动)。比如,我们可以将家庭定义为负责生养孩子,并使儿童社会化的机构。这种定义就强调了家庭的*功能特点*。或者,我们可以将家庭定义为一个社会团体,在其中成员们彼此关爱,彼此高度依赖,彼此互守承诺,彼此忠诚。这种定义就强调了关系特点。

5 不管我们从哪个方面来定义,我们都要明白有一点很重要:以任何形而上学的观点来看这些方面都是不真实的。社会上出现了像家庭之类的词汇,它们被用来指社会现实或理想现实的某些方面。这些词汇和所有的词汇一样,都是社会构造,是社会团体成员对社会现实的分类。因为所有的社会构造都产生于成员间的无意识达成的一致。不同的团体可能经常从不同的方面对家庭下定义。这些定义怎么形成取决于社会或社会亚组织的构成方式,即组织为了生存选择怎样完成必须的任务以及在组织内部权力怎么分配。因此,这些定义在某种程度上反映了对于环境和先前的社会条件的适应，同时这也是文化革新的产物，还反映了当权者为了自己的利益需要偏爱某种定义的过程。

正如朱迪思·斯泰西(Judith Stacey)指出的，家庭是和意识形态相联系的符号。[①]意识形态是指和社会权力机构中某个位置相联系的价值系统。某些价值观和行为会提升当权者合法性，并维持当权者赖以生存的社会秩序的正常、自然，当权者对于它们会格外重视。像家庭这类的社会机构的定义方式就反映了主导的价值系统。它是意识形态的一部分。这些定义通过制定越轨的标准来维持现有的社会秩序。从社会学的角度来说，与其说越轨是道德问题，不如说符合某种社会制度的行为才是*标准*的。越轨行为会受到消极惩罚。通过这种方式，当前的秩序被维持下来。以家庭为例，许多传统的定义元素是和社会上不同利益团体的相对权力联系在一起的，如这样的一些意识形态：家庭应该是一个基于婚姻的小单位；婚姻应该发生于一个男人和一个女人之间；应该男主外女主内；长辈应该有更多的决定权威，获得更多的尊重；孩子应该严格管教，而不是说服教育；等等。这些团体可以基于性别(男性、女性)，辈分(长者、年轻人)，性取向(异性、同性)，社会阶级(工人、资本家)以及其他。

在美国，两个世纪以来，婚姻的意义一直在变。这种改变使人们越来越趋向于接受同性恋，认为同性恋者也有权利结婚。

不将某些行为和制度视为必须，这点使得许多学者怀疑*家庭*这个词是否是一个有意义的概念。因为它意味着这些图景：异性的夫妻、爱情、永远、孩子、性专一、家庭建立者、合法婚姻和传宗接代。这些学者质疑：这些图景只不过是我们感受到的和现实关系不一致的理想主义，现实中，再婚、双职工、夫妇式家庭、单亲家庭、同性婚姻、性别不平等、家庭暴力和代际隔阂屡见不鲜。这些告诉我们，我们不应该把家庭看作是稳定的一个社会机构，而应该看成是一个变化的过程，不应以传统的形象和标准来判断家庭，而应更多地从家庭关系的亲密程度和性纽带的紧密程度来判断。[②]前者是一部分人持有的传统观点，后者对人

---

① Judith Stacey, *In the Name of the Family: Rethinking Family Values in the Post-Modern Age*(Boston: Beacon Press, 1996).

② John Scanzoni, Karen Polonko, Jay Teachman, and Linda Thompson, *The Sexual Bond: Rethinking Families and Close Relationships*(Newbury Park, CA: Sage Publications, Inc., 1989). See also Jaber F. Gubrium and James A. Holstein, *What Is Family*? (Mountain View, CA: Mayfield, 1990); and Jan Trost, "Do We Mean the Same by the Concept of Family?" *Communications Research* 17(August 1990):431—443.

6 类现实和亲密的首要性关系进行了更广泛的、更综合的、更准确的描述。认识到了社会配置和定义的多样性,研究和服务家庭的专业组织——家庭关系全国协会(the National Council on Family Relations)在2000年已经将主办的期刊刊名从 *The Journal of Marriage and the Family* 改为了 *The Journal of Marriage and Family*。

然而,要扩展家庭这个概念,要克服一个困难:要找到一个概念或术语将家庭从非家庭的关系或经历中区别开来。有人提出了家庭领域(family realm)这个概念,用它来将人类关系的家庭形式与非家庭形式(如政治的、经济的、医学的、教育的、军事的和艺术的关系)区别开来。①最近,一个叫作*家庭杰出性*(*family transcendence*)的概念被提了出来,它反映了家庭领域的主要特点。②这种杰出性超越了感官,要求整体各方面之间的联系和各方面的定位和意义,在此之前,这些被认为是不符合科学研究需要的。简·特罗斯特(Jan Trost)用一个双单位系统来界定家庭。③普通人可能会从家里有哪些家庭成员来定义家庭,比如某人说他的家庭包括两个同居者、前配偶、公婆(岳父母)、继父母、兄弟姐妹、朋友甚至宠物。任何在一起的两人都可以看作是一个家庭。尽管我们认同家庭杰出性方法的哲学基础和批判价值,但我们也没有准备抛弃科学需要。到目前为止,家庭领域这个概念本身对我们更有价值,它有可能帮助我们识别家庭的一些特征。这些特征能帮助我们将家庭从其他类别的组织中区别出来,而不必赞同某一类的家庭组织模式,否定其他模式。

因此,本书将从两个方面来关注家庭:家庭作为一个*社会机构*以及家庭作为一个*科学的、有意义的对社会团体的分类*。世界上不同的国家对家庭有不同的界定。世界各地的权
7 力、责任的分配以及基于法律和/或生理联系的社会政治措施的实施都不相同,从中就可以体现家庭定义的多样性。这种制度化定义既是其适应过程和各国政治的产物,也更是全球化进程和条件的产物。我们将对家庭和类家庭模式进行考察,试图理解为何这种制度化定义会出现,以及它是怎样出现的。但同时,我们也将使用被称为家庭的解析定义的方法,将家庭看作是一个具有系统属性的实体,这些属性将家庭与其他团体区分开来。这样的定义强调了家庭结构和关系中的关键元素,家庭和其他团体中的这些元素是不同的。比如,因为拥有情感和物质的双重功能,所以我们认为家庭是独一无二的。这具体是说家庭中,成员之间必须相互关心相互照料,同时家庭还为成员们的行为指引方向,并控制他们的行为来完成家庭的任务。因此,家庭组织需要某种独特的方法来完成特定任务和维持组织内的社会秩

---

① Ivan F. Beutler, Wesley R. Burr, Kathleen S. Bahr, and Donald A. Herrin, "The Family Realm: Theoretical Contributions for Understanding Its Uniqueness," *Journal of Marriage and the Family* 51(August 1989): 805—816.

② Howard M. Bahr and Kathleen Slaugh Bahr, "A Paradigm of Family Transcendence," *Journal of Marriage and the Family* 58(August 1996):541—555.

③ Jan Trost, "Family from a Dyadic Perspective," *Journal of Family Issues* 14(March 1993):92—104; and Jan Trost, "Family Structure and Relationships: The Dyadic Approach," *Journal of Comparative Family Studies* 27(Summer 1996):395—408.

序。这种定义对来自特殊文化群体的成员偏见较少,而且能更好地解释为何家庭成员们的表现不同以及家庭和其他社会团体的功能不同。这样下定义,就帮助我们克服了忽视家庭配置(arrangements)多样性走向特殊性的弊端,同时我们也力求不过于笼统,以免导致任何社会组织都可以归类为家庭。如果归类过于笼统,就会忽视社会组织的真实面貌,我们也不能得到关于感兴趣话题的任何启发。

怎样区分家庭作为一种社会制度和作为一个社会团体或系统的定义,是我们这章和本书的开篇。作为社会学家,我们非常关心作为一种社会制度的家庭是如何被定义的,同时也希望能增加对类似家庭的社会团体或系统的变迁的了解。随后,我们将梳理一些专业术语,供我们区分不同种类的家庭制度和家庭团体。要了解家庭的变迁互动过程,很重要的一点是要知道何时一个家庭结束,另一个家庭形成。而我们会发现,这些边界没有一个普遍的标准,也通常不明朗。区别亲属群体和家庭同样也很重要。

尽管本书的题目仍然是*家庭*,但我们已经意识到家庭不仅包括那些由传统婚姻关系构成的社会团体,也包括那些婚姻和家庭关系不符合传统观念的社会团体。许多关系(如同性恋、同居、虚拟亲戚、未婚父母等)都履行着社会系统的基本责任,这就使它们同其他社会团体从结构和关系特征上区别开来,并通过互动将它们联系在一起。目前,研究者们已经开始着手考察婚姻关系和家庭类关系在许多方面的相同点和不同点,如标准、价值观、行为等两类关系的重要特征。

家庭作为一种社会制度

学者们和其他人都不断地提及家庭是所有社会制度中最基本的,且是和支撑它们的婚姻制度紧密相连的。这意味着什么呢?

莉萨·麦克英泰尔(Lisa McIntyre)对社会制度下了这样一个定义:"某种特殊的、重要的社会需求应该怎样表述的一系列的观点"。①因此,"制度"的概念就是在人类社会生活的 8
某个特殊领域里已被广泛认可的模式,它与目标、行为的标准或期望是一致的。一种"社会需要"的组成部分可因时间、空间的不同而不同。尽管某些基本的需要(如新成员的招募,孩子的抚养和社会化,社会团结和社会秩序的维护)在所有的社会中都必须被满足,但我们在这点上还是保持中立的立场,以免造成基于我们自己的文化和利益来推测其他社会的需要(如镇压政治反抗的需要,维持男女、阶级差异的需要)。可以确定的是,每个社会都会组织自己的活动和关系来应对环境需要、应对政治影响。这些有组织的应对通过社会化过程、价值和信念系统得到加强,社会标准因得到赞同而形成。此外,有可能制度的发展不会被国界所限制。尽管地方和国家政治对家庭作为一种制度如何定义起主要作用,但最终这种定义

① Lisa J. McIntyre, *The Practical Skeptic*: *Core Concepts in Sociology*, 2nd ed. (Boston: McGraw Hill, 2002), 106.

必须符合日益增长的全球一体化进程需要。

更重要的一点,关于某些社会制度的固有的必要性我们也保持中立态度。尽管很容易发现,一些社会制度出现在很多地方、很多历史时期中,但这就并不意味着这种制度是社会生存所必须的或者是人类生活的最佳选择。此外,由于各种社会背景在结构、功能和关系模式上存在差异,所以不同社会中的同一种制度(例如家庭)有不同的人际关系制度化模式是不足为奇的。

相关术语制度化指的是建立某种模式,以使行为可以预测。要使某人的行为模式化、可预测,是一个复杂的过程。这个过程受到两个方面的影响,一是人们要在满足自己一般环境需求的前提下生活;二是来自社会权力机构的约束和组织,社会权力机构通常允许某些团体为了自己的利益改变其他团体的行为。某种生活模式出现后,要么被越来越多的人接受、认可从而合法化,要么得不到人们的支持而被舍弃。是被接受还是被舍弃取决于这种模式的适应价值,也取决于该模式是否对当权者有利。例如,尽管二十世纪后叶,在美国社会非婚养育子女是一种新的生活模式,但这种模式从未被制度化,从二十世纪九十年代起一直呈下降的趋势。同样的命运也降临到了所谓的"连续式一夫一妻制"头上,即以高离婚率与高再婚率为特点的一种新模式,它拒绝终生的婚姻,希望不断地得到婚姻的承诺。和非婚养育子女一样,这种高离婚率和高再婚率的模式也呈现出下滑的趋势,原因是无法满个人和社会的需要,或是不能克服受益于终生婚姻制的权力组织(如男性、宗教团体)的影响。而同居,可能正处于制度化的过程当中。现在,越来越多的年轻人在结婚前选择同居,同居的性质变得越来越模式化、可预测和被接受。同样不可否认的是,随着现代社会的工业化,妇女在经济
9 生活中扮演更重要、更强大的角色,让儿童进托儿所自然成为了一种制度化的模式。

对于某种刚出现的社会制度,在逐渐制度化的过程中难免会有消退(repercussions)现象出现。家庭生活组织新模式的出现,对于其他制度的组织方式既有限制、要求,同时还提供了机会。同样地,其他制度的组织方式的变化对于家庭的组织也会产生影响。在当代资本主义经济社会中,需要妇女进入劳动市场,这使得妇女因为经济地位的提高而获得了很多权力。这种变化也许可以最好地描述社会制度之间的相互依赖性。以往一个家庭的组织模式通常是丈夫在外工作,妻子在家操持家务、抚养小孩。随着妇女被卷入劳动力市场,同样意味着她们被拉出了家庭,这就给家庭组织造成了一种危机。那么家庭又是如何应对这种危机的呢?他们开始寻求亲戚和其他人来帮助他们照料孩子。然而,随着需求的上升,一种新的制度——托儿所——出现并盛行。有了这种托儿所制度,使得妇女们更多地涉及外出工作中,使得她们拥有了更多的权力,有可能和丈夫重新来分配家庭中的责任和权力。尽管以上对二十世纪后叶出现的这种制度化过程的描述明显过于简单化,但还是希望能传达制度化过程中涉及的复杂性和相互依存性。新制度的产生是为了满足某种新需要,或是利益组织的社会冲突的结果。现存的某些制度常常会被重新界定,甚至会被废止。因此,对于一种制度(如家庭)的重新界定,或是完全废止,并不就意味着社会的退步。它可能仅仅反映了我们表述社会需要方式的重新组织。

很少有制度比家庭得到更多的认可和批评，婚姻是家庭的中心成分。婚姻和家庭一方面既是问题的解决途径，另一方面又是问题的基本原因。例如，在二十世纪九十年代后期，很多专业的家庭学者宣称婚姻制度正在衰落，并且是许多问题增多的根本原因，如暴力犯罪、儿童忽视和虐待、儿童和青少年精神心理问题、酒精和毒品滥用、贫困，甚至 SAT 分数的下降。[1]如果说家庭和婚姻是问题的原因，那么它们同样也是解决问题的方法。追求永恒的完美婚姻，否定婚外养育子女的行为，孩子成长过程中父母陪伴左右，增加用在孩子身上的时间，这些做法都使婚姻变得更加牢固。[2]简而言之，学者们认为强调家庭的传统价值很重要，尽管我们会注意到*传统*这个词在用法上具有选择性，而且几乎没有顾及到历史事实（见第 2 章）。

跨文化视角 10

全球相似性和多样性

世界各国的环境条件存在众多的相似点和不同点，例如，在满足基本需要的方式，我们的信念系统的本质，在全球化中的位置以及世界的相互依存性（主要 vs. 次要经济地位）等方面。基于此，世界各国的家庭生活也存在很多相似性和多样性。在每一章中，我们都会尝试从“跨文化的视角”方面的特征来展示这些相似之处和不同之处。我们会探讨各国之间的差异，也会探讨基于地区的差异。我们已经找到了能代表十一个地区的婚姻和家庭生活的许多例子（不包括同性婚姻），相信它们之间有许多重要的一般特征。

北美（美国和加拿大）：处于后工业时代，现代化程度高，富裕，受宗教影响强烈（新教徒），区域流动性大，种族和民族多样，高度不平等。（仅限于美国）

中美洲和南美洲（包括墨西哥和加勒比海地区）：农业占主导地位，中心工业城市很大，经济欠发达，高度贫困，传统，受宗教影响强烈（天主教）

英国和爱尔兰：处于后工业时代，现代化程度高，富裕，受宗教影响较弱（除了爱尔兰天主教），移民众多，高度不平等

斯堪的纳维亚半岛和北欧：处于后工业时代，现代化程度高，富裕，受宗教影响弱，性别平等，低不平等性，高福利待遇

西欧（法国、德国、奥地利和瑞士）：处于后工业时代，现代化程度高，富裕，受宗教影响弱，中度的性别不平等，中等的福利待遇，移民众多

南欧（西班牙、意大利和希腊）：处于工业化时代，处于现代化早期，较富裕，受宗教影响强烈（天主教或希腊正统教），福利待遇低

---

① David Popenoe, Jean Bethke Elshtain, and David Blankenhorn, *Promises to Keep: Decline and Renewal of Marriage in America* (Lanham, MD: Rowman and Littlefield Publishers, Inc., 1996).

② Ibid., 308.

中欧和东欧(捷克、斯洛伐克、波兰、乌克兰、匈牙利、罗马尼亚、塞尔维亚、克罗地亚等):农业和工业占主导,较富裕,处于后社会主义社会,民族较多

阿拉伯半岛和中东地区:缺乏工业,传统,受宗教影响强烈(伊斯兰教),男性处于主导地位,财产公有制

非洲:靠农业为生,经济欠发达,高度贫困,传统,民族较多,财产公有制

亚洲(印度、中国、日本、韩国以及东亚其他地区):工农业占主导地位,传统,受宗教影响强烈(印度教、伊斯兰教、儒家思想和佛教),男性占主导地位,人口密度高,财产公有制

大洋洲(新西兰、澳大利亚和南太平洋岛国):工农业占主导,现代化程度高,受宗教影响弱,种族和民族多样

我们提供这些例子,并不是想基于一个研究来概括一个国家或一个地区的家庭的特点,而是想让读者意识到婚姻和家庭生活的多样性,并激起读者思考多样性出现的原因的兴趣。尽管我们一直在寻找能跨越时间和空间来解读婚姻和家庭的理论,但如果仅仅基于这些在北美或所谓的"现代化"社会中进行研究得到的理论,是没有远见的。此书中的绝大多数材料都来自在北美地区进行的研究。因此,我们将会依靠"跨文化的视角"来克服眼界的限制,扩展我们的认识。

11 ## 跨国家庭

什么是跨国家庭?

将婚姻和家庭生活多样性的研究限制为国家之间或地区之间的比较有一个局限,即这种方法要假定各国对社会生活界定的界限是明确的。主要由于经济增长和全球化进程,当今的家庭会发现自己是一个在多个国家活跃的单位,要么是夫妻双方来自不同的国家,要么是家庭成员住在不同的国家。国界正逐渐模糊,并对社会和社会制度研究产生了影响。意识到了这点后,社会学上出现了一种新的发展范式,叫作世界大同主义(Ulrich Beck, Cosmopolitan Vision, Translated by Ciarin Cronin, Cambridge: Polity Press, 2006)。在每一章中,我们在"跨国家庭"中探讨世界大同主义对家庭的影响。我们将探讨这类家庭的建立和定义方式,这种方式是跨国家庭成员在不同国家的心理和行为的结果。

在这部分中,我们将关注关于许多不同类型的跨国家庭的研究和理论,比如:通过国际婚姻或收养建立的家庭,住在一个国家而在另一个国家工作的家庭,住在一个国家但有着另外国家的家庭文化的家庭(比如犹太家庭),家在一个国家而某些家庭成员住在另一个国家的家庭(如宇航员或卫星工作者家庭),因经济生活而定期出入多个国家的家庭(比如美国的移民家庭,中欧和东欧的吉卜赛家庭)。每个类型的家庭都面临着各自不同的环境,且需要重新思考对于一个家庭来说,没有一种单一的、清晰的文化或制度参照,意味着什么。

我们得出这样的结论（婚姻和家庭既是问题的原因又是问题的解决）主要是基于这样的关系：我们无法证明或验证家庭破碎和某个孩子未来（如犯罪行为）之间的关系。此外，引发因果关系的时机也很难掌握。比如，是因为家庭的破裂而导致了贫困，还是因为贫困而导致了家庭的破裂？波普诺（Popenoe）提出了儿童主观幸福感的全盘有害结果（across-the-board deliterious outcomes）。对此，豪泽克纳克特和萨斯特里（Houseknecht & Sastry）①提醒我们要谨慎，不能只按照其表面现象予以接受。在一个家庭破裂和儿童主观幸福感关系的比较研究中，研究者选取了四个国家的被试（瑞典、美国、前西德和意大利），结果并没有明确的支持假设：某个国家的家庭破裂率越高，儿童的主观幸福感将越低。一般生活在传统婚姻模式强的社会中的儿童将更加幸福，但也有例外。例如，在瑞典的家庭破裂率最高，但比起其他家庭破裂率更低的国家，瑞典儿童并没有显示出高水平的消极结果。

再想想，关于家庭（或其他社会制度）被要求满足的需要，我们要牢记，对于同种需要，一个社会可以选择多种方法来满足它。这种结构的可置换性叫作功能平等性。②因此，我们不可能证明：一个社会必须要有家庭这个子系统才能生存下去；更不可能证明：对于社会生存来说，只有一种家庭系统形式是切实可行的或能适应得最好的。在家庭满足社会的物质性需要和家庭成员的情感需要两个方面上的组织方式上，每个家庭都是不同的（比如说情感和物质性功能的交织）。但基于现在或过去的社会配置将某种特殊的功能作为家庭的必需元素（如生育孩子、孩子的抚养和社会化，经济的产出等），这将会使这些文化系统*具体化*（使之变得比原来更加现实或合理）。我们相信，没有一个有组织的家庭系统，一个社会可能会继续运转下去。但我们同样相信， 12
作为一种系统的家庭，一定有某些一般的特征，使之特别适合满足社会的某种常见需要。

波普诺建议，像此书这样的教科书应该将有孩子的婚姻描述为一个理想的社会目标，而不单是众多生活方式选择中的一个。从个人观点出发，我们同意上述建议，认为这样的目标和追求是有价值的，但它不是在所有的社会背景下同样有价值。我们还认为，采取这样一个庞大的观点会使我们在理解社会制度时忽略背景的重要性，还会导致某种文化团体的价值超越其他团体而独占鳌头。此书的目的不是提倡某种特殊的婚姻或家庭的价值或生活方式。相反，我们是想考察人们对于可接受的、理想的婚姻或家庭的态度和价值取向是怎样产生的，以及家庭团体和系统的多样性。

家庭作为系统和团体

社会学使用家庭系统这个术语，就像物理学家和生物学家在谈及太阳系或生物系统。

① Sharon K. Houseknecht and Jaya Sastry, "Family 'Decline' and Child Well-Being: A Comparative Assessment," *Journal of Marriage and the Family* 58(August 1996):726—739.

② Nancy Kingsbury and John Scanzoni, "Structure-Functionalism," in Pauline G. Boss, William J. Doherty, Ralph LaRossa, Walter R. Schumm, and Susan K. Steinmetz, *Sourcebook of Family Theories and Methods: A Contextual Approach* (New York: Plenum Press, 1993), 195—217.

在所有的情况下,*系统*这个词都包含相互依赖的部分之间的组合。所有的系统,不管是生物的或非生物的,都有各自有特点的组织方式和相互依赖模式,且其中还包含和嵌套有一系列的亚系统。系统组织和交互的本质就是它们相互区别的地方。

在非生物系统(比如自动售货机、汽车发动机等)中,组织特点和交互方式是由外部力量所决定的,且是不可改变的。然而,像家庭这样的生物系统,其变化可能且确实由外部力量(如社会压力和需要)和内部力量(如个体的压力和需要)所共同导致。在形成家庭系统的过程中,外部力量和内部力量并不是单独起作用的,这使得系统更加复杂。家庭系统中,个体应对和操纵外部力量的方式反映了个体的内部压力和需要。同样地,家庭系统使自己能够反映家庭成员的内在需要和压力,它们和环境的交互方式能反映社会压力和需要,这就导致了在不同环境条件下的不同的系统组合方式的产生。随着时间的推移,这还有可能导致其他社会亚系统产生潜在的变化。我们只需从一个较大的社会系统的角度,看看在各地工业化和资本化,以及公共教育和托儿所系统的兴起,我们就可以知道家庭为应对外部压力而发生的变化。同样,我们也可以看到家庭是如何反向影响它们所嵌套其中的更大的社会系统的。

要将家庭作为一个社会系统来看待,就要注意到它的社会组织方式以及它的交互作用本质,即要为它下一个*解析的定义*。因此,婚姻或者家庭系统的基本单元不是人,而是相互关联的社会身份(地位)以及伴随这些身份出现的期望(角色)的模式。尽管人是系统的一部分,但对于社会系统的研究来说,这些人的身份、角色、标准、等级划分方式、社会控制方式以及价值(所有的概括)才是最重要的。

家庭系统中相互关联的身份包括:与他人的关系,亲子关系,夫妻关系,叔姨关系,祖孙关系,父母关系,以及兄弟姐妹关系。每个身份的组合反映了一系列的相互的角色期望、义务和权力。这些期望、义务和权力体现了处于关系中的家庭成员们对家庭系统更广泛的关心,又反映了成员们自己的需要和愿望。社会地位与成员特点相似的家庭中的这些期望、义
13 务和权力的规律性最吸引社会学家。要研究这个有趣的课题,一种很有启发性的方法是用同性夫妻和异性夫妻作比较。

在很多方面,同性婚姻关系的夫妻会和处于同等社会地位(比如社会阶层、种族、地理条件等)的异性婚姻关系夫妻进行对比。不管是同性夫妻还是异性夫妻,孩子的来临都会给他们的关系带来相似的改变。这些相似性源自许多很普通的条件,如婚姻具有代际特点,在婚姻背景下履行的首要和次要职能的组合方式是各不相同的,在婚姻中双方在各方面高度相互依赖,婚姻的持久性和期望如何,以及婚姻中是否有高度忠诚的承诺。对此,我们将在后面进行进一步的讨论。和异性夫妻一样,为了适应他们生活环境中的一般压力,为了在同性关系背景下满足自己的心理需要,为了维持这段关系,同性夫妻需要改变他们的互动方式。

这并不是说两种婚姻系统是一样的,也不是说不管性取向如何,配偶身份如何,他们的婚姻组合方式都是一模一样的。婚姻中性别的组合方式决定了婚姻组织方式,这是由这样的事实决定的:社会是按照性别来构造的,社会成员据此被期望以不同的方式行事。在许多

社会中,性取向一直都是一种组织方式(在有些社会中是合法的,在有些社会中被认为是不正常的)。随后这变成了在大的社会系统中指示一对夫妻地位的逆流。所以,比起异性婚姻夫妻,同样种族的、同样社会阶级的、同样地理位置的同性婚姻夫妻会被认为是不同的。不管有关个体怎样(如不管他们的道德和心理品格),这种不同的看法都会出现。同样地,由于不同的性别社会化经验和在大的社会中受到的不同水平的区别对待,男同性夫妻和女同性夫妻看起来应该是不同的。不管是同性还是异性取向,社会地位各方面都相似的夫妻中,个体差异肯定依然存在。这些个体差异通常起源于婚姻中个体的人格特质,心理学家对此有更多的研究。然而,对于社会学家来说,这些个体差异被当作是残余下来的,假定它们在所有夫妻类型中呈现出随机的不同。

我们相信,家庭作为一个系统的独特性(如将家庭与其他类型的系统区分开来的特点)体现在三个方面的因素上:结构、功能和关系。我们将用这些因素来对家庭下解析的定义,为书中涉及的内容和关于家庭的理论与研究设置参数。

首先,在结构水平上,家庭在某种程度上是一个两代人之间的团体。以一位父亲或母亲和他或她的孩子为例,家庭结构的代际关系本质一目了然。由于这种代际关系,家庭中存在着一种内在的角色组织和结构,且这种组织和结构是源自家庭成员能力与依赖性的权利与义务的。这种结构为代际关系创造了条件,代际关系会影响子女将来的婚姻,决定他们要不要孩子。尽管在现代工业社会中,父母不是他们孩子婚姻的一部分,但父母通过许多方式改变了婚姻中社会组织的条件,如通过文化的传递,通过改变系统外的支持条件,通过讲述婚姻系统中第三者的侵略性。这是家庭系统不同于其他社会系统(如教育系统,职业系统等)的结构特点。

新　闻 14

爱荷华州引人注目的同性婚姻胜利

爱荷华是美国保守主义中心地区中第一个允许同性婚姻的州。(路透社)在美国,同性婚姻支持者最近赢得了很大的胜利。爱荷华高等法院允许同性婚姻的决定对同性恋者来说的确是突破性的胜利。

爱荷华成为了美国保守主义中心地区中第一个允许同性恋者结婚的州。卡米拉是一个来自芝加哥的律师,就职于为同性恋者争取权力的组织。这个组织与爱荷华案例有重要关系。他说,“我认为这很重要,因为我们看到了一个非沿海的州,它在很多方面是国家的中心,做出这样的决定。”

肯吉·约斯诺是纽约大学的一位宪法教授,他认为这是一个重要的决定,他说,“这是一个重大的决定,并不仅仅因为发生在中部地区,而是因为这是 7:0 的压倒性的胜利。”

“较早的三个法院,加州、康涅狄格州和马萨诸塞州的法院,在关于是否同意同性婚姻的投票中,都是以4∶3的微弱优势胜出的。”

“当时我想,这一方面是一个更加调和的观点,另一方面又是一个激进的观点,因为对于反对者来说在这个观点中绝对找不到立足点。”

“这使得同性婚姻处于和跨种族婚姻一样的地位。爱荷华州法院在传递某种信息……我们也乐于承认这其中并不是没有争执。”

戴维·耶普森是爱荷华《德梅因纪事报》的政治专栏作家,他说爱荷华州民众乐于接受同性婚姻。

他说,“我是说在中西部地区,还有扩散的空间。有一种真正的道德叫作别管我。的确,爱荷华民众受宗教影响很深,但不是事事保守。爱荷华有许多宽容的基督徒,他们不是同性恋者,但他们就是有这样的信念:别管别人。”

“如果同性恋者要结婚,对于其他人来说并没有害处。所以我认为考虑到所有的因素,你可以接受同性恋者结婚这样的事实。”

全国婚姻组织协会发起了一个新的广告活动,叫做集会风暴。活动中,演员们扮演所谓的普通人,讲述同性婚姻会对他们的生活产生怎样的影响。

布赖恩·英格利希是爱荷华家庭政策中心的公共关系主任,他认为国家正被拖入到一场制度的危机中。

他说,“至少在爱荷华,许多政府人员和竞选人员都站出来呼吁‘是时候该收场了’。”

他还说,“我们要遵守的是宪法,而不是要七位身着法官服,坐在板凳上的法官叫我们怎样做,所以是时候让法官们做自己该做的事了。”

“爱荷华民众以及全国民众真的从未想到爱荷华高等法院会如此大胆,忽视法律,忽视宪法,照自己喜欢的方式行事。”英格利希主任说。

在美国,关于同性婚姻的战争还远远没有结束。而爱荷华州的决定使战火烧到了美国的中心腹地。

来源:Kim Landers for Australian Broadcasting Corporation, May 10, 2009. http://www.abc.net.au/news/stories/2009/05/10/2565732.htm? section=world

其次,在功能水平上,我们已经注意到,家庭在满足情感性和物质性需要方面,其功能是
15 独一无二的。家庭既是首要团体又是次要团体,这点我们在后面会详细探讨。家庭成员必须高效地完成某些任务,又要对其他成员的情感需要保持关注,家庭中交互的本质也因此被改进着。在运用理性的经济学模型来帮助家庭更好地完成既定目标时出现了一个问题。在经济系统中起作用的因素在家庭系统中可能不起作用,因为家庭在满足成员们的主要情感需要方面的作用是独一无二的。家庭系统中的情感性和物质性功能水平会随着所在社会、

时间的不同而不同。因为其他的社会系统可能总是会扩大一种功能,或是向家庭系统施加额外的压力,从而导致家庭在满足个体情感和物质性需要时程度不同。但是家庭功能的双重性是其他社会系统无法比拟的。

最后,家庭还具有某些特定的关系属性,使之与其他类型的团体区别开来。我们没有根据证明家庭与生俱来是充满忠诚、爱和情感的地方。事实上,斯特劳斯(Straus)曾争辩说家庭可以是“暴力的熔炉”。斯特劳斯[1]在这里指的是家庭生活的关系属性,这些属性为将家庭同其他团体区分开来提供了根据。家庭在许多方面(如情感、心理、身体、行为、经济和社会等)都有高水平的相互依赖的特点。这种相互依赖性可能不是自愿的,甚至可能遭到家庭成员的抵抗,但无疑它是存在的,并且影响着家庭成员对每个人的反应。除了这种相互依赖性外,家庭还具有渴望长久的特点。尽管现在许多夫妻刻意回避传统的誓言“至死不分离”,也有一些人用誓言“只要我们相爱就不分离”来代替它,但所有走入婚姻殿堂、开始家庭生活的夫妻都希望他们的结合不是暂时的,希望它比其他系统中(如学校、工作、社区和教堂)的关系或活动更加持久。家庭中的关系属性非常重要,因为它从有价值资源的交换和各身份的相互依赖两方面调节着家庭中的交互行为。这点我们将会在后面介绍社会交换理论时进一步探讨。

首要团体 vs. 次要团体

社会学家将团体作为他们关注的核心。他们提及了各种各样的团体:内团体和外团体,首要团体和次要团体,正式团体和非正式团体,大团体和小团体,小众团体和大众团体,开放团体和封闭团体,有组织和无组织的团体,独立团体和非独立团体,自愿和非自愿团体,以及其他团体。它们中有些团体的构造对于我们理解家庭系统很有帮助。首要团体和次要团体的关系对于理解家庭就是特别重要的一点。

一个首要团体包括少数几个人,他们以直接的、个人的和亲密的方式进行互动。面对面的接触、小规模、频繁和热情的接触都会提升首要团体的关系。和大多数首要团体不同,家庭非常特别。因为对于个人和社会来说它都是必不可少的,且它的建立通常必须合法化,如在大众的见证下,举行法律和宗教仪式。尽管绝大多数其他首要团体都可以自愿地解散,但家庭关系的解除通常是由法定的方式来完成的。 16

婚姻、家庭和亲属团体的许多重要性都体现在其作为首要团体的功能上。[2]一个首要团体具有哪些功能呢?

1. 对于绝大多数人来说,首要团体是社会化的基本单位,从中获得和内化了信念和态度。

2. 首要团体首先关注个人的满意感和成就感是否实现。在现代社会,家庭比其他任何途径更大程度地影响其成员对主观幸福感、伙伴关系、自我价值、安全感和情感的总体感觉。

---

① Murray Straus and Suzanne K. Steinmetz, *Violence in the Family* (New York: Harper and Row, 1974).

② Note in particular William Marsiglio and John H. Scanzoni, *Families and Friendships: Applying the Sociological Imagination* (New York: HarperCollins, 1995).

家庭作为一个主要团体,其主要原因可能体现在一个高变动性的、工业化的资本主义社会中,很难找到替代它的稳定的首要团体。不幸的是,必要的首要团体活动的参与,并不总是为个体带来满意的结果。大多数人初次离开家门后,都会经历想家和念旧,使这种关系出现的正是家庭这个首要团体。而其他一些人则会感到放松,感到终于从压抑当中解脱了出来,他们觉得家庭使人感到压抑。

3. 像家庭这样的首要团体,同样也是完成间接的内在社会控制的重要力量。学习行为规范和原则,并依靠心理过程,而不是依靠外部压力或惩罚的威胁对行为加以保持,这样的社会控制即内在社会控制。首要团体有一种卓越的力量,使之能很好地教授亲社会价值观,传递社会责任感,以及奉行无私奉献的精神。这是因为很多人是依靠首要团体中的其他成员来满足自己的心理需要,来实现有意义的社会实践的。

和首要团体相对的是次要团体。学教、工作和社区中的许多(如果谈不上大多数)活动都不具有亲密性、非正式性和个人性等首要团体的本质特征,而是以联系的客观性、部分性和实用主义为特征。次要团体基本上是目标定向,而非个人定向。例如,在一个公共汽车司机、一个同班同学、或一个保险销售员的个人生活中,完成与其他人互动的既定目标并不是最重要的。

当然,家庭也有次要成分。在过去,依靠家庭是因为它能制造生产生活必需品,或因为它是一个政治或军事的单位。财富的转移和外部社会控制是家庭完成的两种次要功能。现在,在很大程度上,家庭已经不是*经济生产单元*了。但它仍然以消费单元(如家庭购买房子、家具、汽车等)的形式在经济系统中发挥作用。这样的经济单元需要理性地组织经济活动。家庭还发挥着其他的次要团体的功能,如对成员(包括孩子和父母)的直接的外部社会控制,以及通过继承来转移财富。

17 **跨国家庭**

跨国家庭中的心理健康关怀

经济全球化成为可能有几个原因:通信和交通技术的发展,单一民族国家政治力量的下降,以及资本主义寻找更廉价的原材料和劳动力的动机。伴随经济全球化而来的是社会关系的全球化,它增加了人们的出国交流机会,使人们建立了一种新的移民经验。

西莉亚·弗利克夫是加利福尼亚州圣迭戈的一名临床精神病学家。她注意到,新的从拉美、加勒比海地区和亚洲来的移民和过去从欧洲来美国的移民有所不同。她注意到有一点很特别,即早期的移民们是和自己的祖国、家庭和留在祖国的亲人“断绝联系”的。尽管这造成了很多“破碎的心灵”和适应困难,且年龄较大的移民遇到的一系列困难更加明显。另一方面,当代的移民可以利用通讯技术的优势以及越来越开放的国门来和祖国的人们保持联系。这就造成了不同的挑战:“跨越国界的联系给两颗心灵带来的是生活的模糊性,而不是破碎的心灵”(158)。她强调了三个方面的必须面对的挑战。

第一个挑战是要意识到跨国家庭构建其生活意义的独特方式。在这些家庭中,没有家庭仪式,没有让我们感到凝聚力的多余的互动,不能使我们一直感知到我们是谁。家庭成员心在家中,而身体不在家中,这实际上是让人处于一种慢性的“不明确的失去”的状态中。这会导致很多类型的关系压力,因为他(她)不知道应该怎样和其他人互动。尽管这些家庭通常会在祖国通过公共的教养体制,培养孩子积极的情感行为,但不能过度期望社会关系的力量,还要认识到祖国的条件对孩子的发展并不总是最好的,这两点很重要。关系压力也会因为分离的困难而产生。分离困难会造成高水平的愧疚和对家庭成员的不满。同样,团聚并不总是友好的。跨国家庭的成员由于长时间的分离,有可能会变成陌生人。希望团聚时能“家庭”互动可能会导致失望和冲突。最后,跨国家庭必须处理好“长期累积的压力”。因为比起移民们祖国的文化,被灌输的文化可能在性别方面更加平等,可能没有那么多的基于年龄的等级划分。因此,由于成员间缺乏关于家庭中性别和年龄价值的分享,婚姻或家庭关系可能会变得更加紧张。

第二个挑战涉及他们的社会背景。许多移民对回到祖国社会或弥补过去的缺憾赋予了很重要的意义。许多移民家庭在本民族社区中“重新营造”家庭文化,这有好的方面,也有坏的方面。这些社区在某种程度上是积极的,因为它们创建了一个支持系统,并且可以反抗歧视。然而,它们也可以是消极的,因为它们阻碍了融合,使移民们的文化价值呈现出与新社会背景不相符合的状态。

最后,治疗师和其他人需要认识到,跨国家庭通常要面对高水平的歧视、怀疑和低估。所以,权利和身份可能是最重要的,特别是他们在与新文化的官方组织或个人接触的时候。

来源:Celia J. Falicov, “Working with Transnational Immigrants: Expanding Meanings of Family, Community, and Culture,” *Family Process*, 46(2007), 157—171.

现代社会中,如在美国和其他地方(如加拿大、西欧、斯堪的纳维亚半岛、澳大利亚和新西兰),公共领域内的关系已经变得越来越理性、正式和客观了。所以,家庭和婚姻在其成员的情感生活中有了新的重要性,而且对个人健康和幸福也越来越重要。①当然,家庭仍然发 18
挥着满足日常生活所需的次要功能,而相关成员需要调整自己的次要生存活动,以维持这些越来越重要的首要关系。因此,在现代社会中,如果家庭失败了,那么结果通常都会很惨。如果缺失或丧失了作为社会支持主要源泉的家庭关系,将会出现大量的消极结果:旷课、滋事、自杀、心理健康问题、流产、冠状动脉疾病,甚至不能从任何疾病中恢复过来。可以这样说,没有家庭,要在现代社会生存下去是不可能的。这个观点已经被没有家庭或亲密朋友的

① Ulrich Beck and Elisabeth Beck-Gernsheim, *The Normal Chaos of Love* (Cambridge: Polity, 1995).

婴儿和成人很好的证明了。综上所述,一个可能的结论是:与其处于一个衰退的状态,或丢失自己的重要功能甚至被废弃,美国家庭可能更愿意发挥其首要团体功能。在维持个人和社会的稳定和幸福感上,这种功能从来没有像现在这样重要和具有决定性。

婚姻、家庭和亲属关系的特征

在所有我们所知道的社会中,*婚姻*、*家庭*和*亲属系统*都已经是被制度化了的社会配置。然而,配置的本质随着所在社会、时间的不同而不同,甚至在某个特定社会、特定时间中也不同。我们前面就提到过,一个社会怎样界定家庭这种制度,一部分由社会需要所决定,一部分由权力和冲突系统决定。

要理解一个社会或一种文化怎样界定家庭,我们需要考察其对制度界限的界定。谁是或不是婚姻、家庭或亲属团体的一部分非常重要,这对个体的幸福感,团体成员的互动模式,以及其他社会制度都有重要意义。在这一部分中,我们将会探讨社会划定婚姻、家庭和亲属团体的界限的多种方法。还将通过呈现古往今来世界各地婚姻、家庭和亲属系统的"理想类型",对区分三个系统时所产生的社会关系系统进行考察。但开始前,我们首先要对理想类型进行解释和留意。

理想类型

理想类型结构总是代表着一个统一连续体的终点、端点或两极。*理想*一词的使用并不意味着这就是好的、最佳的、有价值的、完美的或令人满意的。理想类型其实是基于纯粹的、权威的特征的假定结构。理想类型通常被用于假定情况下,它提供了很多对比的特点。这些特点可以用于描述任何社会现象的特点。男性主义/女性主义、包办婚姻/自由婚姻、族内婚姻/异族通婚、首要/次要、个体/家庭以及乡村/城市等例子都是理想类型的特点。据此,
19 单纯的一个极端特征也许不会在世界上任何地方出现。大多数的婚姻、家庭和亲属系统都处于一个统一连续体两极间的某一点上。

*理想类型*的概念是由德国社会学家马克斯·韦伯(Max Weber)系统地发展出来的。①他严谨地指出,我们首先要避免此概念的价值隐含意义。前缀*理想*指示它是一种结构模型,而不是一种评估或批准。对于应该怎样,或哪种结构标准会被批准或否决,这个词没有给出提示。其次,理想类型或理想的结构不是一种平均。*平均*暗示着折中趋势;而*理想*意味着一种极端。一个社会可能有这样的特点:它有一个自主的配偶选择系统,因为社会中的大多数人都可以选择自己婚姻伙伴。但并不意味着这些选择完全符合理想类型。每个自主系统中其实都对选择做了某种程度的约束,这点我们即将谈到。我们将社会看作是自主的,这是因为在理想类型的连续体中,婚姻伙伴选择模式更靠近自主的端点。第三,我们刚才也提

---

① Max Weber, *The Methodology of the Social Sciences*, trans. and ed. Edward H. Shils and Henry A. Finch (New York: The Free Press, 1949).

到过,理想类型并不能反映现实。它是一种抽象的、逻辑的结构,一种纯粹的形式;因此,在现实生活中是根本找不到的。

总之,理想类型为我们提供了一种用于评定的标准。如果某种现象总是或从未符合它自己的定义,我们就可以用理想类型来对它加以评定。因此,理想类型使得社会学家能对不同时期、不同地点的社会、制度和家庭进行有根据的、准确的比较。理想类型成了家庭研究者的方法学工具,在他们考察上层阶级或底层阶级,非裔美国或白人美国家庭,包办或自主婚姻等方面时提供了很多帮助。在接下来的章节中,理想类型被用在了对古往今来世界各地的婚姻、家庭和亲属系统的考察中。

婚姻的界限

在世界范围内,婚姻都是两人之间的一种制度化的配置。通常是男性和女性,他们把对方当成是丈夫和妻子或亲密的伴侣。婚姻是一种严格的社会制度,它希望能长久地持续下去,且要符合社会标准。

大约四十年前,人类学家威廉·斯蒂芬斯(William Stephens)曾说过,婚姻是:(1)一个合法的、性的社会单元,它开始于(2)一个公开的通知,通知中包含着(3)一些婚礼的想法,婚姻一般都有一份详尽或简单的(4)结婚证书,证书中阐述了配偶间、配偶和孩子间的相互义务。[①]这些标准多半在今天依然存在,尽管许多类似婚姻的关系不像人们期待的行为那样,如并不是人人都认为它是合法的,它并不是以任何形式的通知开始,它没有举行仪式的计划,没有清楚的合约(书面或非书面的)。因此,人们就开始争论了,某种亲密关系(如同性恋双方或未婚的同居者)应不应该在社会上和法律上被认为是婚姻或家庭呢?

像前面提到的,从某种意义上来说任何制度化的定义都是随意的。大多数现在对婚姻 20
的定义没有包括同性恋者、儿童、那些不满足于社会或文化标准(规定婚姻是什么,哪些人是合法的婚姻伴侣)的人。事实上,许多关于现象学的,冲突的和男女平等主义方面的理论(见第三章)对如*家庭*、*婚姻*和*亲属*之类的词的用法进行了质疑。这些理论认为我们忽视了这些词的历史起源,忽视了人们在日常生活中赋予它们的意义的范围。而我们对这些词的使用方式使这种忽视的事实更加具体化了。

意识到把这个概念具体化的危险后,让我们将目光转向婚姻模式的历史和跨文化的差异上,特别是关系到有关个体的数量时的差异。

婚姻系统的类型学

婚姻状况(单身、已婚、分居、丧偶、离婚)和配偶数量(无、一个或多个)是婚姻界限的两大主要元素。随着婚姻状况和配偶数量的变化,许多方面随之出现了很大的差异,如婚姻互动模式;生活起居安排;性关系排他性;孩子数量的可能性;支持、决策和权威的模式;男性/女性角色等。

---

① William N. Stephens, *The Family in Cross Cultural Perspective* (New York: Holt, Rinehart and Winston, 1963), 7.

社会学家和人类学家使用婚姻系统的分类学已久,它关注婚姻中允许的、偏好的配偶的数量,以及当多配偶制允许时配偶的性别。最大的区别体现在一夫一妻制(monogamy)和多配偶制(polygamy)之间。后缀 *gamy* 指的是繁衍生息的婚姻或单位。因此,*monogamy*(一夫一妻制),*bigamy*(重婚),*polygamy*(多配偶制),*allogamy*(字面意思:异花授粉,异体受精,译作近亲结婚),endogamy(族内婚姻)和 exogamy(异族通婚)描述的都是婚姻的种类。一夫一妻制指的是只和一个配偶结婚。多配偶制指的是和几个或多个人结婚;重婚(和两个人结婚)是一种特殊类型的多配偶制。从理论上讲,可以存在两个或更多的妻子(polygyny,一夫多妻),两个或更多的丈夫(polyandry,一妻多夫),两个或更多的妻子和丈夫(group marriage,群婚),它们都是多配偶制婚姻,和一夫一妻制(一个配偶)婚姻相区别。

在分别进一步探讨每种类型的婚姻制度之前,我们要再次注意,这些术语是社会学家在某种特定的文化背景下区分婚姻系统时所建构的,这点非常重要。不能仅仅因为这些术语都有后缀 *gamy*,就认为婚姻系统必须被限制为生殖繁衍系统。实际上,我们会发现,婚姻系统的界限是由很多原因共同参与建构的,与人类生殖繁衍没有太多关系。因此,对于同性恋夫妻或者不想要孩子的夫妻,我们也同样可以使用这些术语。

一夫一妻制

对于大多数美国人来说,最传统也是最恰当的婚姻形式是*一夫一妻*制:一位男士和一位女士(一次)。在世界范围内,这种婚姻形式是唯一得到广泛认可的,并且处于主导地位,甚至在某些其他婚姻形式也存在的社会中也是如此。然而,我们应该注意到,在一定的社会基础上,在世界历史上只有一小部分社会是严格的一夫一妻制社会(一夫一妻制是必需的形式)。①一夫一妻制在大多数社会中都是主导的婚姻制度,是因为在这些社会中,尽管其他形
21 式也是允许甚至是被偏好的,但大多数男人都没钱娶一个以上的妻子,而且男女比例也使得找多个配偶很困难。

尽管美国社会是严格执行一夫一妻制的,但美国人还是有机会有更多的配偶。因为一夫一妻制从未达到完美的稳定状态,某些已婚人士离婚后,大多数都会再婚。因此,尽管不是和第一任配偶同时出现,有时也认为第二任配偶是符合次序或连续一夫一妻制或再婚的。所以,在美国社会,只要不是同时,而是相继地,法律和社会都是允许有一个以上的妻子和一个以上的丈夫的。然而,这种实际情况是否受到欢迎或被高度制度化,还有待考察。

多配偶制

从北美家庭的角度来看,多配偶制不是一种传统的家庭形式。但对于世界上绝大多数地方来说,这是一种传统的和受欢迎的婚姻形式。像前面提到的,有三种形式的多配偶制:*一夫多妻制*,*一妻多夫制*,和*群婚*。二十世纪五十年代后期,乔治·默多克(George Murdock)做了一个经典的调查,调查目的是想了解在多种婚姻制度中,人们更期望的、更想要的婚姻类型的频率。结果显示,在全世界的 554 个社会中,一夫多妻制在 415 个(77%)社会中

---

① George P. Murdock, "World Ethnographic Sample," *American Anthropologist* 59(August 1957):686.

受到偏爱,而一妻多夫制只在少数几个(不到 1%,分别是托达、玛贵斯、纳亚尔等)社会中受到偏爱。①多年来的研究都未发现在群婚在哪个社会中占明显主导地位或是最常见的形式。

在探讨不同社会的多配偶制的模式和原因前,我们需要注意一些相关词汇。首先,我们必须能明确区分意识形态和实际发生性。在美国和其他地方,偶尔有团体会提倡个人有权利想要多少配偶就找多少配偶,当多配偶婚姻或亲密关系聚居者被发现和研究时,大众媒体会予以报道,加以关注。然而,看起来像是这种情况的独特性或稀有性(实际发生性),而不是它的一般性或被许可性(意识形态)吸引了人们的注意。

其次,多配偶制(群婚除外)只有在性别比例(每 100 名女性对应的男性数量)失调的情况下才会大规模出现。只有当性别比例高时,一妻多夫制才可能出现,也只有性别比例低时,一夫多妻制才可能出现。这种情况可以通过人为地提高某种性别的法定结婚年龄(或通过提高结婚的前提条件来增加难度)来实现,也可以降低另一种性别的法定结婚年龄(或减少要求)来实现。社会在某种程度上也试图这样做。然而,如果不能明显提高某种性别的单身人士数量,这种人为制造性别平衡,使可供结婚的配偶数量增多的方法还是不用为好。

第三,和所有的婚姻形式一样,多配偶制也是受到高度规范和严格控制的。它几乎不会涉及绝对的个人动机或心理动机。而两种性别的态度和价值观才有可能支持多配偶制,性别比例、经济情况以及信念系统也和多配偶制紧密相连。

从 1878 年开始,多配偶制在美国就被看作是非法的。尽管实行多配偶制的团体把自己称为摩门教,但主流的摩门教堂在一个多世纪以前就开始反对多配偶制了。2008 年,美国政府突袭了田纳西州埃尔多拉多的一处多配偶制"团伙",团伙成员称自己来自耶稣基督末世圣徒原教旨教会(简称 FLDS,摩门教的一支)。警方解救出了涉入多配偶婚姻中的 200 多名妇女和她们的 400 多名孩子。 22

① George P. Murdock, "World Ethnographic Sample," *American Anthropologist* 59(August 1957):686.

第四,多配偶制有多种形式和多种标准的结构,从而决定配偶应该扮演什么角色。多配偶婚姻经常是非近亲关系的,这就意味着在同一个婚姻中的多个配偶不是靠血缘关系联系在一起的。然而,同样或更可能发生的是近亲结婚,几个配偶间有血缘关系。在大多数情况下,近亲关系都在第一代或第二代表亲水平上,①偶尔有血缘更近的。比如说,在某些案例中,某个妻子的所有丈夫都可以看作是兄弟(*兄弟型一妻多夫制*),某个丈夫的所有妻子都是姐妹(*姐妹型一夫多妻制*)。古代的希伯来家庭有这样的习俗:娶寡嫂和内妹填房。娶寡嫂指的是妻子嫁给亡夫的兄或弟,而内妹填房是指丈夫娶亡妻的姐或妹。严格地说,这两种习俗都属于连续的一夫一妻制。

一夫多妻制

23 在二十世纪八十年代早期,韦尔奇和格利克(Welch & Glick)选择了 15 个非洲国家,调查了一夫多妻制的发生率(每 100 名已婚男士中有多少一夫多妻者),密度(每名一夫多妻者平均的妻子数量),以及总体指标(每名已婚男士平均的妻子数量)。②每 100 名男士中一夫多妻者有 20 到 35 名;即至少 5 人中有一人,最多 3 人中就有一人有一个以上的妻子。密度的范围从 2.0 到 2.5,即大多数的一夫多妻者有 2 名妻子,而不是 3 名或更多。总体上,每个国家的总体指标(每名已婚男士平均的妻子数量)从 1.1 到 1.6。这意味着大多数男士只有一名妻子,即使是一夫多妻现象严重的国家。其他的研究者也证明了类似程度的一夫多妻现象。在一个对非洲国家进行的调查中,研究者发现从 1993 年至 1996 年,一夫多妻制婚姻发生率最低为 18.6%(津巴布韦),最高为 49.6%(几内亚)。此外,尽管发生了一定程度的社会变化和城市化,但大多数非洲国家一夫多妻制发生率只有中等程度的降低。肯尼亚的下降率较大,1997 年至 1982 年为 29.5%,1993 年至 1996 年为 19.5%,比下降率第二高的国家高出了 10%。③在阿拉伯国家,一夫多妻现象发生率没有这么高,黎巴嫩的发生率为3.7%(1986),阿尔及利亚(1993)的发生率在 11.1%到 19.1%之间。④换算成涉入一夫多妻制的女性数量,估计阿拉伯和非洲的概率都在 40%到 50%之间。⑤

坎扎瓦和斯蒂尔(Kanazawa & Still)争论道,如果男性之间的资源严重不平等,那么女性选择一夫多妻制婚姻可以使自己从婚姻中获利更多。如果男性之间资源严重不平等,只

---

① Shuji Sueyoshi and Ryutaro Ohtsuka, "Effects of Polygyny and Consanguinity on High Fertility in the Rural Arab Population in South Jordan," *Journal of Biosocial Science* 35.4(October 2003):513—526.

② Charles E. Welch III and Paul C. Glich, "The Incidence of Polygamy in Contemporary Africa: A Research Note," *Journal of Marriage and the Family* 43(February 1981):191—193.

③ Ian M. Timaeus and Angela Reynar, "Polygynists and Their Wives in Sub-Saharan Africa: An Analysis of Five Demographic and Health Surveys," *Population Studies* 52.2(July 1998):145—162.

④ Sueyoshi and Ohtsuka, "Effects of Polygyny and Consanguinity on High Fertility in the Rural Arab Population in South Jordan," 513—526.

⑤ Ibid., 513—526; and Solene Lardoux and Etienne Van de Walle, "Polygyny and Fertility in Rural Senegal," *Population: English Edition* 58.6(Nov.-Dec. 2003):717—744.

有很少一部分男性富有,那么一夫多妻制婚姻就会为"女性嫁给财富"增加很多机会。如果男性之间资源不平等性很小,女性从一夫多妻制婚姻中收益很少,而在一夫一妻制婚姻中也不会有什么损失,那么女性就会选择一夫一妻制婚姻。①因此,从一夫多妻制到一夫一妻制的改变只是为了应对男性间资源不平等性下降的状况。对此,有一种批评意见认为这个理论将婚姻的所有推动力都加在了女性的选择上,而忽视了男性的选择。相反,桑德森(Sanderson)认为一夫一妻制主要是因为男性对性生活的多样性的要求导致的,这种多样性增大了男性生殖成功的可能性。②不管这些或其他理论正确与否,我们都可以发现,一夫多妻制和妇女社会地位呈负相关关系。一夫多妻制在妇女地位低的国家中更加普遍,如非洲和中东地区国家;而在西方国家和工业化程度高、主张平等主义的国家中较少出现。

为什么要娶一个以上的妻子呢?这是由许多条件和动机促成的。一夫多妻制是富人的
特权。通常情况下,拥有几个妻子是威望、卓越和高地位的标志。首领、富人、最好的猎手以 24
及领导者才能娶第二个妻子或第三个妻子。在旧约时期的以色列,一夫多妻制就实行了,但只有富人、领导者以及有其他卓越之处的男人才能娶多位妻子。甚至在现在的中东也是这样,普通男性只有一位妻子,而富人更可能有一位以上的妻子。这种动机就使一夫多妻制变成了富人的一夫多妻制。这种类型在阿拉伯国家中上层阶级男性中尤为常见,它包括对女性的控制和利用。另外的基于更加实际考虑的一夫一妻制形式叫作干预型一夫多妻制。这种婚姻制度中,女性选择进入或接受一夫多妻制婚姻是为了解决不能生男孩的婚姻问题的。③

另外一些导致一夫多妻制的原因有妻子占领(一个村庄的男人从另一个村庄抢来妻子),妻子服务的经济价值,在某些情况下甚至是宗教启示。经常举的例子就是摩门教的一夫多妻制起源于约瑟夫・史密斯(Joseph Smith)的宗教启示,他是耶稣基督末世圣徒原教旨教会(摩门教的一支)的创立者。有趣的是,一些导致这种宗教中一夫多妻制出现的原因又是导致一夫多妻制不合法的原因。即摩门教信仰是通过执行上帝旨意的忠诚信念被开创和维持的;又是被上帝传达给教堂牧师的禁止一夫多妻制的旨意所终结的。

基督教也以相似的方式宣布了西方社会中一夫多妻制的违法性。在欧洲的前基督教部落和旧约时期的希伯来,一夫多妻制很普遍。以色列法官吉迪恩娶了很多位妻子,她们为他生了 70 个儿子(Judges 8:30)。国王大卫也有许多位妻子(Samuel 25:39, 43; II Samuel 3:2 ff. ; 5:13),国王所罗门有一大群妻子(I Kings 9:16; Song of Solomon 6:8)。

一夫多妻制大大提升了对孩子的欲望(特别是男孩)和巩固生存的需要。通过分摊生育

---

① Satoshi Kanazawa and Mary C. Still, "Why Monogamy?" *Social Forces* 78(September 1999):25—50.

② Stephen K. Sanderson, "Explaining Monogamy and Polygyny in Human Societies: Comment on Kanazawa and Still," *Social Forces* 80(September 2001):329—336.

③ Augustine Nwoye, "The Practice of Interventive Polygamy in Two Regions of Africa: Background, Theory and Techniques," *Dialectical Anthropology* 31.4(December 2007):383—421.

孩子的责任,每个家庭单位可以在同一段时间内生育更多的孩子,这就使总体生育率下降了。①总体生育率的下降(一个妇女在一生中所生育的孩子的数量)有几个原因:性交行为频率的降低;妻子间的动态竞争;过度哺乳造成泌乳时无月经(哺乳时月经不来或被压制);更长的生育间隔。

除了总体生育率下降(还有由于生育减少而带来的对母亲和孩子潜在的健康福利,以及更长的生育间隔)外,一夫多妻制还有很多其他优点。尽管西方社会的大多数人会认为众多妻子之间会出现嫉妒、竞争以及冲突等破坏性因素,但对尼日利亚伊巴丹市(此处一夫多妻制很普遍)的研究显示,妻子们相处得很融洽。当妻子们被问及丈夫要再娶一个妻子她有何感想时,大约60%的妻子说会很高兴,因为有人和她共同做家务、照顾丈夫、抚养孩子,以及有了闲聊和"玩耍"的伙伴。②也许是因为这种原因,我们发现在尼日利亚,妻子的数量是和婚姻的稳定性相联系的。③然而,两个妻子的家庭比三个或更多妻子的家庭更加稳定。这可能是因为当有两个以上的妻子时,尽管人们在意识形态上认为妻子之间是平等的,但年龄、教育、家庭财富等方面的差异都增大了。因此,有三位或四位妻子的婚姻可能会加剧妻子间的冲突和经济的束缚。

从负面的角度来说,一夫多妻制,特别是富人的一夫多妻制,会造成母亲和孩子的很多消极的心理后果。阿拉伯贝都因地区的一夫多妻制婚姻妇女的心理问题和婚姻压力多于当地那些一夫一妻制婚姻妇女,他们的孩子也有更多的心理问题,在学校里也表现更差。④

今天美国的一夫多妻制怎么样了呢?⑤被列举最多的当属那些摩门教教徒,他们以"地下"家庭单位的形式居住在犹他州以及临近州。这些唱反调的摩门教教徒和主流的耶稣基督末世圣徒原教旨教会(即摩门教的一支)没有关系。这类婚姻的数量也不为人所知。

一妻多夫制

一妻多夫制,指的是一位女性同时和一位以上的男性结婚。这种婚姻出现得很少。斯

---

① Sueyoshi and Ohtsuka, "Effects of Polygyny and Consanguinity on High Fertility in the Rural Arab Population in South Jordan," 513—526; and Lardoux and Van de Walle, "Polygyny and Fertility in Rural Senegal," 717—744.

② Helen Ware, "Polygyny: Women's Views in a Traditional Society, Nigeria 1975," *Journal of Marriage and the Family* 41(February 1979):188.

③ Anastasia J. Gege-Brandon, "The Polygyny-Divorce Relationship: A Case Study of Nigeria," *Journal of Marriage and the Family* 54(May 1992):285—292.

④ Alean Al-Krenawi and John R. Graham, "A Comparison of Family Functioning, Life and Marital Satisfaction, and Mental Health of Women in Polygamous and Monogamous Marriages," *International Journal of Social Psychiatry* 52. 1(Jan 2006):5—17; Alean Al-Krenawi and Vered Slonim-Nevo, "Psychosocial and Familial Functioning of Children from Polygynous and Monogamous Families," *The Journal of Social Psychology* 148. 6(December 2008.):745—764.

⑤ See Irwin Altman and Joseph Ginat, *Polygamous Families in Contemporary Society*(New York: Cambridge University Press, 1996).

蒂芬斯对一妻多夫制做了几点概括。首先，一妻多夫或群婚倾向于聚居；当发现一个时，其他的就很容易发现。①

其次，丈夫们通常都是兄弟。也有很少的丈夫们不是兄弟的情况，但他们是家族兄弟，即他们是属于同一个家族，且是同一辈人。在托达人（印度一个非印度教信奉者的部落）中，有一个默认的习俗：当一个女人嫁给一个男人时，她也同时成为了其兄弟们的妻子。而在巴西北部的雅诺马马印第安人部落中，妻子在征得丈夫同意的情况下，可以有其他得到认可的性生活伴侣。最多的情况下是和丈夫的弟弟。弟弟在自己没有娶妻之前，有"准权力"要求嫂子做他的性伴侣。丈夫也可以同意和其他男性（亲属或非亲属），来分享妻子，他们终生都会被看作是她的次要丈夫。②

第三，经济上的诱惑也经常被提到。一个男人试图通过"招募"协同丈夫来为自己工作。而在其他情况下，协同丈夫负责保卫安全或解决土地稀缺问题。当几个男人娶了同一个女人时，财产特别是土地就会免遭破坏。卡西迪和李（Cassidy & Lee）认为，经济因素是理解一妻多夫制的关键所在。③即一妻多夫制出现的两个重要前提条件是(1)社会极端贫穷、环境条件极其艰苦和(2)女性在经济生产中作用有限。 26

当一妻多夫制确实出现时，杀女婴也经常被提及。但很奇怪，杀男婴很少见，至少在文献记载中如此。杀女婴消除了一妻多夫制社会中的妻子过多现象；然而，在一夫多妻制社会中，却没有采用杀男婴的方法来减少丈夫过剩。

群婚

当几个男人和几个女人同时相互结婚时，群婚现象就出现了。基于实验基础的除外，它的发生率极小极小。可能对于世界上任何一个社会来说，它从来都不是一种切实可行的婚姻形式。

纽约州北部的奥奈达人聚居地，曾经经常报告进行群婚实验的案例（见家庭多样性专栏）。在十九世纪中叶，奥奈达人基于精神和宗教原则，实行了经济和性分享。这个团体是一个实验性质的宗教团体，而不代表当时的美国。此外，和记载的大多数群婚类似，这个实验的时间跨度很有限。这种配置方式很少有持续时间超过一代或两代的。

群婚有各种各样的困难，如它要求所有成员接受每个人为自己的配偶；要避免地位、特权、情感和性方面的嫉妒；会产生诸如住房、收入、孩子、隐私和劳动任务分配等方面的问题。此外，即使群婚确实出现了，外界的强烈负面反应也会迫使群婚成员匿名和保密。因此，认为群婚现象从来不会流行是有道理的。

---

① Stephens, *The Family in Cross Cultural Perspective*, 39—49.

② John D. Early and John F. Peters, *The Population Dynamics of the Mucajai Yanomama* (New York: Academic Press, 1990), 40.

③ Margaret L. Cassidy and Gary R. Lee, "The Study of Polyandry: A Critique and Synthesis," *Journal of Comparative Family Studies* 20(Spring 1989): 1—11.

家庭的界限

可以这样说,所有的婚姻都是家庭,但不是所有的家庭都是婚姻。在某些家庭成员之间(如兄弟姐妹之间),婚姻关系中的某些功能(性交)是禁止的。婚姻在结构上的区别在于配偶数量的不同,而家庭在结构上的区别在于规模和组成的不同。

家庭系统的分类学

家庭研究的文献资料中有一个争论,它关注的焦点是:家庭,特别是美国的家庭,在多大程度上和传统家庭一样是小的、孤立的和独立的单位,在多大程度上又是大的、相互依赖的关系网络。将家庭单元一分为二(核心家庭和展延家庭)常常会导致极端,而若对核心家庭和展延家庭的规模进行调整,就会得到一些中等程度的家庭。这种家庭类型的主要特点请见表 1.1。这个争论的解决方法存在于地理孤立性、经济独立性和社会自主性的有关问题中——换句话说,存在于区分各单元的物理、经济、和社会界限中。家庭是和亲属分开居住吗? 在急需帮助时,核心单元外的亲属提供经济上的支持或援助吗? 亲属会提供重要的情感支持,会经常拜访,会一起参加社会活动吗?

27 家庭多样性

奥奈达人聚居区的群婚

奥奈达人社区开始于 1848 年的纽约,当时大约有 25 个成员。领导者是约翰·汉弗莱·诺伊斯,他放弃了法律而改做了管理者。他这样劝说人们:所有的人都应在婚姻、社会和性方面保持精神上的平等性,有了这个基础,人类就可以过上无罪的生活。一夫一妻制是自私的占有欲的标志。

在此人极富感召力的领导下,这个团体壮大兴旺了起来。他们强调*我们*而不是*我*。在经济上,他们自给自足,平等地占有财产。他们制造捕兽夹,做用罐装、玻璃缸装的谷物生意,做绢纺,还制造银器。为了消除歧视和性别不平等性,大家的工作岗位是轮换的。

这个团体和其他团体的不同之处在于*群婚*关系,或者说普婚关系(所有人的婚姻)。浪漫的爱情使得精神之爱无法得到,还助长了嫉妒、仇恨等不良心理;因此每个人都应该真正地爱其他每个人。男性向团体管理机构提出性关系需求后,一个媒人,通常是一个老女人,会去征得被要求女性(女性很少提出要求)的同意。如果这名女性同意了,那么媒人和追求这名女性的男性就会走进她的房间。

奥奈达人之间的纷争和问题都是通过日常的*相互批评*来解决的。日常批评中,追随者们服从其他成员对自己的批评。被批评者安静地坐着,其他人会列举出他/她的优缺点。其结果会被认为是一种卓有成效的宣泄和精神上的清洁。

在 1879 年诺伊斯离开去加拿大后,因为某种原因(外界压力、年龄、健康、团体内部冲突),这种群婚实践走到了尽头。然而,他们经济上的大胆投资继续着。

在 1880 年 11 月 20 日，这个团体组成了奥奈达社区有限公司，以此来继续奥奈达社区。现在的名字奥奈达有限公司是在 1935 年被采用的。

现在，奥奈达有限公司已经在纽约股票交易所上市了(代号 OCQ)。这家公司生产和经营各类餐具，包括镀银和不锈钢产品、陶瓷餐具，以及如玻璃有脚器皿和酒具类的礼品。这是一家跨国公司，分公司遍及澳大利亚、亚洲/太平洋地区、加拿大、墨西哥、拉丁美洲、中东、非洲和欧洲。2001 年，公司的销售总额超过了 5 亿美元，拥有将近 4600 名员工，股价在 10 美元到 20 美元之间，还有一小部分的分红。

这个由一个十九世纪中叶乌托邦社区演变而来的公司，现在无疑会令诺伊斯无比自豪。他的子孙也因此兴旺发达了起来。尽管群婚过时了，但它留下了大笔的财富。

还有一个相关的争论：孤立、独立和自主的核心家庭的出现是否会导致高离婚率；导致需要更多的帮助老年人、单亲和贫困家庭的公共援助项目；导致人格不稳定性(酗酒、自杀、心理疾病等)的增加。后面的这个争论不能被轻易地解决。首先，我们要了解每种家庭系统类型的特点，以及在不同的环境和社会条件下，每种家庭系统拥有的独特的适应优势有什么不同。将家庭看作是在没有外在压力和约束的情况下，其成员自愿组成的机构，这种做法会忽视社会现实。

表 1.1　家庭结构的分类 28

核心家庭和夫妇式家庭	中等核心家庭和中等展延家庭	展延家庭
规模小	中等规模	有很多亲属
单独居住	拜访亲属很方便	就近居住
极少和亲戚接触	有规律地保持联系	日常接触
家庭拥有自主性	在决策时，家庭自主性会受到亲戚影响	长者权威
经济自给自足	物品和服务在一定程度上有交换	经济上相互依赖
非亲属的社会化模式	亲属、友谊、非亲属的社会化模式	亲属网络的社会化模式
不能从亲属那里得到情感支持和保护		亲情是情感支持和保护的绝对渠道

核心家庭(nuclear families)和夫妇式家庭(conjugal families)

核心家庭和夫妇式家庭的特点都是规模最小化。一般这种类型的家庭包括丈夫、妻子和他们的直系孩子(immediate children)。*核心*和*夫妇式*两个术语有时被交替使用；但其实它们并不完全相同。一个夫妇式家庭必须包括一位丈夫和一位妻子。一个核心家庭可以包括也可以不包括婚姻伴侣，但必须包括两个或更多的由血缘、婚姻或收养关系的同辈或下一辈个体。因此,一对兄妹或一位单亲及其孩子都是核心家庭,但严格来说不是夫妇式家庭。

因为大多数人会结婚,所以在他们的生命中,他们很可能同时属于两个不同但又重叠的核心家庭。某人出生和成长(包括自己、兄弟姐妹以及父母)的核心家庭叫作生长家庭(family of orientation)。这是最初和最基本的社会化过程发生的家庭单元。当个体结婚时,他或她就组建了新的核心(和夫妇式)家庭——一个生殖家庭(families of procreation)。这种家庭由个体,他或她的配偶,以及他们的孩子组成。

展延家庭

展延家庭指的是在核心家庭基础上进行延伸而得的家庭结构。展延家庭中可能包括许多核心家庭。有时术语*血缘家庭(consanguine families)*和*联合家庭(joint families)*常常与*展延家庭*交替使用。血缘家庭和联合家庭都是展延家庭;但比起婚姻联系,血缘家庭更强调血
缘联系而不是婚姻关系。因此,在血缘婚姻(近族婚姻)中,双方至少拥有一个共同的祖先, 29
比如三代表亲或较近的亲属之间的婚姻。

一般来说,在现代化和工业化的压力下,血缘婚姻数量应该逐渐下降。但最近一些关于伊朗的研究发现情况并不总是这样。当工业化发生时,如表亲数量增多(例如,由于婴儿出生死亡率的降低所致)等因素事实上可能会导致血缘婚姻的增加。①

跨文化视角

中国的展延家庭

在维持和祖先的联系和团体团结方面,中国传统的宗族系统具有极其重要的作用。宗族(clan),有时又叫作家族(tsu),它包括同一个祖先膝下的、拥有同一个姓氏的所有成员。家族通常由几位年长者组成的委员会管理,其成员数量可以高达几千,有时包括整个村庄。

对于家庭来说,大宗族团体的重要性可以从它发挥的功能中看出:借钱给某些成员,帮助个体支付奢侈的婚礼或葬礼开销,建立学校,执行法律权威,发挥政府的收税作用,保护祖先的墓地和家族财产。宗族发挥的大多数功能都和政府相关:税收、执行法律、学校、福利等等。我们可以猜测,当主张改革的政府掌权后,家族就会遭到严重的压制。

在当代的中国家庭中,展延家庭关系已经开始表现出了变化的迹象。洛根及其他人认为,在中国农村地区,家庭关系已经发生了根本性的变化。包办婚姻越来越少,婆婆对待住在一起的儿媳比以前更加平等,父辈和子辈都有了更多的自主权。但在中国和其他中亚国家中,子辈和父辈共同居住的现象比西方多得多。

---

① Benjamin P. Givens and Charles Hirschman, "Modernization and Consanguineous Marriage in Iran," *Journal of Marriage and the Family* 56(November 1994):820—834.

有一项国家政策对展延家庭和代际关系产生了深刻的影响,那就是独生子女政策。二十世纪八十年代到九十年代之间,人口控制使得生育率剧烈下降,孙辈的数量即刻受到了影响,最终成年子女数量也受到了影响,成年子女的性别也可能受到了影响。很明显,独生子女政策将会使很多老人单独居住。

另一方面,孩子越少,父母和祖父母就可能会对每个孩子投资更多,以期在自己年老后得到相应的更多的照料。独生子女可能会感到对父母有更多要尽的义务。洛根和同事们从一些数据中发现,相对于那些多子女的父母,独生子女父母更可能和孩子同住;且独生子女尤其可能和父母同住。

来源:Paul Chao, *Women Under Communism: Family in Russia and China* (Bayside, NY: General Hall, 1977); John R. Logan, Fuqin Bian, and Yanjie Bian, "Tradition and Change in the Urban Chinese Family: The Case of Living Arrangements," *Social Forces* 76(March 1998):851—852; and John R. Logan and Fuqin Bian, "Family Values and Coresidence with Married Children in Urban China," *Social Forces* 77(June 1999): 1253—1282.

现在,联合家庭这个术语没有像以前那样经常被使用。在印度,有许多大家庭,如共同居住在同一幢住所里的至少两兄弟和他们各自的妻子孩子,我们就可以称之为联合家庭。联合家庭中的兄弟之间是有*血缘关系*的,而兄弟的妻子(嫂子或弟媳)以及他们的孩子(侄子、侄女)就是延展关系,这些人都是*同宗族*的。这种家庭又是*联合的*,因为家中的财富是 30
共同的,厨房、饭厅是共同的,还供奉共同的神灵。印度的这种联合家庭形式通常是父系的,实行男方居住模式的,并强调孝顺和兄弟团结。

展延家庭中规模最小的是源家庭(stem family)。一般情况下,一个源家庭包括两代人各自组成的两个家庭,由经济关系和血缘关系联系在一起。这种家庭形式在日本很常见。即使在快速城市化的情况下,还是有大约25%的中年已婚夫妇和一方的父母住在一起。①结婚后,若丈夫是家中大儿子,和/或妻子没有兄弟又是家中大女儿时,最容易形成源家庭。

维恩·本斯顿(Vern Bengtson)博士在其向国家议会做的关于家庭关系的议员获奖报告中指出,跨越几代人的家庭关系对于美国社会正变得越来越重要。他的观点包括几个部分:(1)人口老龄化趋势的来临使两代人之间的交流时间增多了;(2)祖辈和其他亲属在家庭功能中发挥着越来越重要的作用;以及(3)代际间出现了空前有力和有韧性的团结。②

① Yoshinori Kamo, "Husbands and Wives Living in Nuclear and Stem Family Households in Japan," *Sociological Perspectives* 33(1990):397—417.

② Vern L. Bengtson, "Beyond the Nuclear Family: The Increasing Importance of Multigenerational Bonds," *Journal of Marriage and the Family* 63(February 2001):1—16.

中等核心家庭和中等展延家庭

许多学者都曾指出,独立的核心家庭以及传统的大展延家庭在很大程度上都是不可能存在的。即事实上,虽然我们对生殖家庭,对未婚、鳏寡和离异等类型的家庭的界定不同,认为它们是互相区别的单元,但它们仍然在其他核心家庭网络和社会网络中发挥着自己的作用,如提供服务和技艺,以及与这些网络保持密切的联系。①因此,中等核心家庭和中等展延家庭的想法就被提了出来。

管关于中等核心家庭和中等展延家庭的区分点在哪里还没有一个清晰的一致意见,但有一点很清楚,它们中的每一种形式都在两种极端的家庭形式(单独、独立和规模小的核心家庭,相互依赖、共同居住、亲属关系众多的展延家庭)之间的某点找到了自己的位置(表1.1)。在家庭展延性的类型中,一个中等核心家庭结构应该是这样的:一个拥有相当大的自主性(如家庭工作、社会化实践和财政事务的自主决定权)的生殖家庭,它和其他核心家庭组成了一个共同体,在这个共同体中各家庭间经常保持交流,互相提供经济上的援助,以及一些实际的帮助(如照看孩子、房子等)。在中等核心家庭系统中,不同的单元可能包括不同的亲属(如,一位祖母,夫妻某一方的兄弟姐妹,或是孙子),但比起这种整合成员的家庭系统形式,提供或接受帮助的方法更为常见。在大多数情况下,中等核心家庭是单独居住的,但各家庭间保持较近的空间距离,或某段时间有某个亲戚借住在家里。美国许多拉美裔移民的
31 居住模式与这种家庭系统最相似。②

与此形成对比的是,在中等展延家庭中,各单独单元的自主性相对较少。在一个父母的单元中,孩子的社会化和经济的累积与分配都需要通过与其他单元协调来决定。在一个中等展延家庭中,各单元更可能共同居住在一起,但若家庭系统更小,各单元就会有更大的居住独立性和决策独立性。当分开居住的情况出现时,这些家庭系统就会表现出高水平的经济上的相互依赖性。美国的菲律宾裔和柬埔寨籍移民家庭就是这种分开居住,在经济上高度相互依赖的家庭类型的最好例子。③

---

① Eugene Litwak and Stephen Kulis, "Technology, Proximity and Measures of Kin Support," *Journal of Marriage and the Family* 49(August 1987):649—661; and Naomi Gerstel, "Divorce and Kin Ties: The Importance of Gender," *Journal of Marriage and the Family* 50(February 1988):209—219. See also the classical article on this topic by Marvin B. Sussman, "The Isolated Nuclear Family: Fact or Fiction," *Social Problems* 6(Spring 1959):333—340.

② Susan Blank and Ramon S. Torrecilha, "Understanding the Living Arrangements of Latino Immigrants: A Life Course Approach," *International Migration Review* 32. 1(Spring 1998):3—19; and Jennifer VanHook and Jennifer Glick, "Immigration and Living Arrangements: Moving Beyond Economic Need Versus Acculturation," *Demography* 44. 2(2007):225—249.

③ Gay Becker, Yewoubdar Beyene, Edwina Newsom, and Nury Mayen, "Creating Continuity through Mutual Assistance: Intergenerational Reciprocity in Four Ethnic Groups," *Journals of Gerontology Series B: Psychological Sciences and Social Sciences* 58B. 3(2003):151—159.

展延家庭网络出现在所有的社会中。甚至在北美,继承财产,就近居住,通过打电话、拜访和送礼保持正式或非正式的联系,这些都证明了展延家庭的存在及亲戚网络的重要性。一些家庭会定期举行聚会,将新老成员聚在一起。

跨文化视角 32

瑞典的核心家庭

根据波普诺的说法,瑞典在世界上首先开展的传统核心家庭转变运动基于5个主要因素:

1. 低结婚率
2. 高同居率
3. 高家庭解散率
4. 家庭房屋规模小
5. 母亲大量进入劳动市场

除了这些变化,波普诺还指出,瑞典家庭是牢固和稳定的。大多数瑞典男性和女性都希望夫妻住在一起,不反对追求长久的一夫一妻制思想。大多数女性仍然想要孩子,并且也生了孩子。在瑞典出生的婴儿是令人羡慕的,因为瑞典制定了良好的儿童福利政策。比起其他任何的西方国家,父亲和母亲可以休更长的产假。

瑞典家庭主义的程度还可以从另一个方面来反映:社会生活继续围绕怎样有力地团结亲属而进行。在美国的妇女运动中出现了反家庭思想,但好像在瑞典的妇女运动中从未有过。总之,尽管家庭的形式或结构一直在改变,而且还会继续改变下去,但瑞典的家庭仍活跃着,并且保持着良好的状态。

来源:David Popenoe,"Beyond the Nuclear Family: A Statistical Portrait of the Changing Family in Sweden," *Journal of Marriage and the Family* 49(February 1987):173—183.

格利克(Glick)及另外一些人①提出,美国展延家庭比例的长期下降趋势在20世纪80年代停止了。导致这种变化的一个关键因素就是移民。自1970年开始,移民的国籍变更就导致了移民中展延家庭居住形式的增加。美国的临近国(墨西哥和拉丁美洲另外一些国家)主要向美国输送劳动力移民,这些移民使展延家庭数量增加了很多。而亚洲移民的到来也是展延家庭数量增多的重要原因。这些情况的结果就是:移民展延家庭与美国本土展延家庭在数量上差距越来越大。

接下来,我们将对亲属关系界限进行更详尽的考察,也将探讨代际关系,以及亲属关系、代际关系对今天大多数人的重要性。

亲属关系的界限

亲属关系是社会上的个体基于血缘、婚姻或收养关系形成的。而亲属系统涉及支配亲属关系权利、义务和约束的模式。亲属标准因社会不同而差异很大,它在很大程度上决定了居住形式(如新婚夫妇住在何处与双方父母有关)和财产关系(如个人遗产的继承)。这些标准对于社会上权力如何组织和维持非常重要,特别是在考虑到年龄和性别的情况下尤其如
33 此。在经济生产围绕家族关系展开的社会中,亲属系统更加复杂,包含更多的规则和标准。在现代工业社会,尽管亲属关系在维持个人和家庭的幸福感上仍然很重要,但其重要性正在下降。接下来,我们将探讨社会中亲属系统支配的关键生活领域,以及社会在组织亲属关系时出现的不同之处。

亲属系统的功能

想想前面我们讨论的制度可替代性和功能平等性的概念,即使亲属网络和其他网络不能完全区分开来,但亲属团体和系统还是发挥着某些不能替代的作用。在过去亲属系统发挥的关键功能主要包括:

1. 财产维护和继承
2. 使人们选择距离较近的住所
3. 保持联系和礼尚往来
4. 发挥着情感纽带作用,决定着主要关系(affection and primary relationship)
5. 调节性关系

下面将对这五个方面依次做一个简要的介绍。

财产维护和继承

一般来说,研究家庭的社会学家和人类学家最关心的就是财产的维护、占有和控制,以及从一个人转移给另一人,同时这对于冲突理论主义者和女性主义者也尤其重要。财产所

---

① Jennifer E. Glick, Frank D. Bean, and Jennifer V. W. Van Hook, "Immigration and Changing Patterns of Extended Family Household Structure in the United States," *Journal of Marriage and the Family* 59(February 1997):177—191.

有权直接与财富和权力相联系,而遗产意味着财富和权力的转移。在家庭系统内部,这种转移直接与遗产和家族原则联系在一起。

出生后,每个人都继承了两个独立的血统;因此,在大多数社会中(在美国和其他西方社会中较少)都会出现一个关键的问题——父亲的还是母亲的血统更重要。如果家族模式是单系的(unilineal),那么姓氏、财产、权威和婚配权力都是单线传递的,这通常是按照父亲和其血统来传递的,在亚洲和非洲的大多数国家都是如此。这种通过父亲及其血统来传递的模式称为父系(patrilineal),它通过集中男性财产资源从而有助于维护男性在社会中的权力。母系(matrilineal)模式——通过母亲来传递的模式——比较少见。在母系社会中,妇女可能在家庭和社会中拥有更大的权力;但尽管家庭财产等是女性拥有并通过母系来传递的,但有时社会会制定精密的居住政策来维护男性权利和特权,我们后面会谈到这点。最后,在现代社会(如美国)中,最普遍的血统系统是双边的(bilateral)系统。它在两种性别上有更大的平等性,权力和财产等通过父亲、母亲两条路线传递给儿子和女儿。

姓氏是双边模式一个重要的例外。在美国,儿子和女儿都使用父亲的姓,且结婚后大多
数妻子都会使用丈夫的姓。这种情况可能正处在一个转变的过程中,尽管很缓慢。女大学 34
生更愿意接受非传统的姓氏选择,且对于其他人的选择也更加宽容。①尽管如此,八成以上的女性表示,在婚后还是计划将姓氏改为夫姓。比起其他女性,那些计划晚婚,希望从事非传统职业的女性更不可能希望随夫姓。

血统模式对于许多女性主义者和冲突理论者特别重要,这主要有几个原因。首先,世界上的大多数家庭系统都希望通过后代永远拥有权力和财富,即富人永远是富人,而穷人永远是穷人。还有一点,大多数家庭系统在权力和财富上区别对待男性和女性,男性得到了更多优待。这就导致了在大多数家庭系统中都出现了阶级和性别不平等,久而久之,这种不平等就被视为自然和合法的了。换句话说,有些家庭有权力比其他家庭更富有,男性生来就应该占主导地位,而女性就应该顺从于她们的伴侣。

使人们选择距离较近的住所

所有的家庭系统都有居住形式的规矩,决定谁住在哪里,和谁一起居住。因为丈夫和妻子来自不同的家庭,且大多数夫妻又选择共同居住,所以,为了住在一起,夫妻一方或双方就必须搬家。

最普遍的居住模式是男方居住模式(patrilocal),即新娘搬来和新郎的父母一起居住。而在女方居住模式(matrilocal)中,新婚夫妇和新娘父母一起居住,这种模式较少见。在大多

---

① Laurie K. Scheuble and David R. Johnson, "Marital Name Change: Plans and Attitudes of College Students," *Journal of Marriage and the Family* 55(August 1993):747—754. Note also David R. Johnson and Laurie K. Scheuble, "Women's Marital Naming in Two Generations: A National Study," *Journal of Marriage and the Family* 57(August 1995):724—732.

数西方社会中,包括美国,有两种比先前的两种模式更为普遍的模式,一种是双方居住方式(bilocal),即新婚夫妇在双方父母附近居住;另一种是独立居住模式(neolocal),即新婚夫妇的住所可能离双方父母都很远。可能最少见的居住模式,是在母系社会中发现的随舅居住。在随舅居住(avunculocal)系统中,儿子在成年后就去和他的舅舅居住,当他娶妻后,妻子也和他一起居住在他舅舅家。通过这种方法,财产就可以通过母系渠道传递,但财产控制却是母系中男性来完成的。男性在继承财产后,会接受他姐妹的成年男性孩子(他的外甥)居住到自己家里,在下一代中这个男孩将继承其财产。而他自己的儿子会去他妻子的兄弟家中,去继承她的财产。通过这种方式,财产始终被男性掌控在手中,但一代又一代的男性财产继承人却始终来自同一母系家族。在一个财富被授予给女性的社会中,这样的系统维护的却是男性的权力。

跨文化视角

墨西哥

墨西哥的家庭生活特别吸引美国研究家庭的社会学家。由于历史依附模式和当代移民模式,墨西哥的社会习俗和文化信念成为了美国家庭生活社会多样性和文化多样性
35 的主要源泉。墨西哥家庭生活的一个方面受到了学术和通俗读物出版界的很大关注,那就是墨西哥亲属关系的特点。墨西哥家庭系统没有我们平时想象的那么庞大,更像是一个中等程度的核心家庭。然而,很多记载都显示了亲情对于墨西哥裔美国人的重要性。在墨西哥裔美国家庭的成功适应当中,非直系亲属的教父母(西班牙语中叫作 comadre 和 compadre)和教父母教养系统(godparenting 西班牙语中叫作 *comadrazgo*)发挥了尤其重要的作用。尽管已有大量研究考察了墨西哥裔美国人的亲属关系,但这些亲属关系在当代墨西哥人之间怎样发挥作用仍然知之甚少。他们在美国的亲属关系模式和支持模式仅仅是适应美国社会的产物,还是带有墨西哥的社会习俗和文化信念中的某些根源特性?

最近,肖恩、凯瑟琳、特里萨和梅利莎做了一项研究,考察了墨西哥 10 个村庄中经济情况窘迫的家庭之间,直系亲属和展延的亲属(远亲)关系是如何发挥其功能的。研究数据是量表(Health and Migration Survey)的第一波调查数据,这个量表关注社会网络的特点以及此网络怎样影响儿童健康。研究发现,在贫困的墨西哥家庭中,尽管接触较多,且居住在一起的直系亲属(母亲、兄弟姐妹和孩子)会提供高水平的情感支持,但直系亲属在经济方面的支持效应却是消极的。相反,接触较多并住在一起的远亲,倒是在情感和经济上都会产生积极的影响。他们还发现,展延家庭居住在一起可以很好地提高孩子的健康水平。

他们总结到，教父母习俗将远亲间对于互惠的强烈文化期望和生活环境多样性（特别是资源可得性）引入到了墨西哥展延亲属关系中。从此它们对于努力适应贫困经济条件的家庭来说，就成了非常重要的资源。和直系亲属不同，这些远亲不大可能依赖于家庭，但更可能拥有有助于提高家庭成员幸福感的资源。

来源：Shawn Malia Kana'Iaupuni, Katherine M. Donato, Theresa Thompson-Colon and Melissa Stainback, "Counting on Kin: Social Networks, Social Support, and Child Health Status," *Social Forces*, 83(2005), 1137—1164.

居住模式对于亲属关系的第三、第四方面也有重要影响，即亲属间的义务和情感联系方面。亲属们可能住在同一幢楼里，可能住在隔壁或同一个社区，也可能住在几百里以外。由于可能有以上这些不同情况，所以对祖父母、父母和兄弟姐妹的帮助和情感表达模式就会表现出不同的特点。但有关跨国家庭的研究表明，在科技日新月异的地球村中，这些义务经得起遥远的地理距离的考验。①

20世纪80年代的数据显示，美国的居住模式表现出了惊人的地区集中程度。例如，一个对米德尔敦地区居民进行的调查就显示了这样的结果。随机抽取此城中一位居民，有五分之一的概率此人有一个兄弟姐妹也住在这个城市；有三分之一的概率其父母和岳父母中之一或都住在那里；有五分之二的概率此人有一位稍远的亲戚（祖父母、姑妈、叔叔或侄子）也住在那里。②受访者的直系亲属居住得尤其集中，54%的受访者的成年孩子，43%的受访者的父母，以及31%的受访者的兄弟姐妹也居住在米德尔敦。③若以50英里的半径来划定 36
居住界限，这个比例还会有相当大的上升。因此，尽管新婚夫妇可能会离开父母单独居住，但他们还是倾向于住在离父母和兄弟姐妹较近的地方。

保持联系和礼尚往来

在全世界，人们都希望亲属间经常交流或保持联系。和父母的联系最频繁，其次是兄弟姐妹，更少的是其他的亲属，如姑姨、叔舅以及侄辈。许多展延家庭中都有一位专门负责确保亲属间互相联系的人，通常是一位妇女，称为亲属联络官（kinkeeper）。④

在20世纪80年代的米德尔敦，决定亲戚间互动次数的主要因素是他们住所之间的距离和关系的亲密程度。相隔越远，拜访越多被电话取代，电话又被书信所取代。除了可能通

---

① Celia J. Falicov, "Working with Transnational Immigrants: Expanding Meanings of Family, Community, and Culture," *Family Process* 46(2007):157—171.

② Theodore Caplow et al., *Middletown Families* (New York: Bantam Books, 1982), 206.

③ Ibid., 203.

④ K. L. Fingerman, "The Role of Offspring and In-Laws in Grandparents' Ties to Their Grandchildren," *Journal of Family Issues* 25(2004) 1026—1049.

过圣诞卡片交流外，几乎没人与侄辈保持定期联系。一般认为，比起男性，女性和父母以及其他亲属共同参与的活动更多。

在新千年中，尽管互联网的普及和使用范围更广了，但对于作为决定亲戚朋友接触频率的距离因素来说，其重要性只是略有下降。在一个叫作“网络村”(netville)的研究中，研究者们在加拿大多伦多建立了一个全新的、高度“电缆化的”郊区。研究结果显示，在这些“新居民”中，随着互联网使用的增多，只和居住距离在50到500公里之间的亲属联系增多了。而对于居住距离更近或更远的亲戚，此社区中互联网更广的普及和使用并没有影响居民和这些亲戚的交流情况。①此外，其他的研究也显示，互联网对亲属间交流没有什么影响，②对女性所承担的传统的亲属沟通任务（甚至那些涉及互联网的任务）的多少影响也不大。③

除了保持社会性接触外，人们通常还希望在亲戚间分享服务和礼物，将此作为友善和仁慈的标志。不论是和朋友还是和家人，礼尚往来都可能会加强社会联系。礼物可以是物质的，也可以是非物质的：食物（请客吃饭），为客人提供寄宿处，以及关怀和帮助。来自荷兰的考察西方社会中礼尚往来的数据显示，人们与朋友和远亲间礼尚往来程度大致相同，但和朋友间的更多的是出于感情，而不是出于义务。④和远亲之间的礼尚往来更多的是出于义务，但同时也比和朋友间的礼尚往来更为持久。

然而，随着现代化条件消除了基于家庭和亲属的义务（取代它的是国家对于个人的义
37 务），这些模式可能会经历变更。在瑞典这个可能最现代化的国家里，亲属关系义务更多的是被情感联系而不是被需要或义务所激发，并且依赖于情感联系。这种礼尚往来动机的转变可能是由两个方面的原因造成的，一是现代化福利国家的出现，将家庭从赡养亲属的义务中释放了出来；二是家庭联系的意义有了转变，从义务的联系变为了心理—情感内容和爱的联系。⑤

发挥着情感纽带作用，决定着主要关系

情感和主要关系是拜访、电话和书信的感情方面。*情感*(affection)意味着与亲属保持情感上的亲密。女性好像是维系亲属间感情的“专家”。和其他地方一样，在米德尔敦，比起男性，女性对每种类别的亲属表达的感情都更多。其中，对母亲表达感情频率最高，其次是对父亲以及排行在自己左右的兄弟姐妹，对最了解的表亲最低。

随着年龄的增大，孩子和父母之间的感情程度在加深，而孩子和亲属如侄子之间的感情

---

① Keith Hampton and Barry Wellman, “Long Distance Community in the Network Society: Contact and Support Beyond Netville,” *American Behavioral Scientist* 45. 3(November 2001):476—495.

② Valentina Hlebec, Katja Lozar Manfreda, and Vasja Vehovar, “The Social Support Networks of Internet Users,” *New Media & Society* 8. 1(February 2006):9—32.

③ Bonka Boneve, Robert Kraut, and David Frohlich, “Using E-mail for Personal Pelationships: The Difference Gender Makes,” *American Behavioral Scientist* 45. 3(November 2001):530—549.

④ Aafke Komter and Wilma Vollebergh, “Gift Giving and the Emotional Significance of Family and Friends,” *Journal of Marriage and the Family* 59(August 1997):747—757.

⑤ Ulla Bjomberg and Hans Ekbrand, “Financial and Practical Kin Support in Sweden: Normative Guidelines and Practice,” *Journal of Comparative Family Studies* 39. 1(Winter 2008):73—95.

在削弱。在米德尔敦,孩子和父母之间不断提高的亲密性被认为有几个原因:孩子自己的成熟;孩子有了为人父母的经验;孩子最终认识到了他们欠父母的感情债;孩子从父母权威中解脱了出来;父母需要的增加以及期望的丧失。可以这样讲,和其他地方一样,在米德尔敦大多数人都觉得自己的父母很好,都爱父母,且可以在必要时为父母做出牺牲。①此外,几乎没有证据表明,在过去的50年中亲属关系亲密程度在下降。

调节性关系

禁止乱伦是得到了最广泛认可的普遍标准。所有的社会都禁止处于某些亲属关系中的个体发生性关系,特别是那些处于核心家庭或类似核心家庭中的成员:父亲和女儿,母亲和儿子,兄妹(姐弟),继父和继女,等等。若是违背了这些标准,在亲属团体中,以及在更大的社会中,都会引起强烈的震动。在一个主要由家庭关系组成的社会中,如果发生了父亲和女儿或母亲与儿子乱伦并有了后代的情况,其中混乱的状况和角色期望是每个人都不愿意看到和想象的。试想,如果母亲和儿子生出了一个女性婴儿,那么这个孩子应该是她哥哥的女儿,是她父亲的妹妹,是她亲生母亲的孙女,是她祖父的继女,等等。她的父亲,也是她的哥哥,是应该将她看作是女儿还是妹妹?她能嫁给她的继父,同时也是她的祖父吗(在他和她母亲离婚后)?然而,在现代社会中,家庭中这样的身份区分就没那么重要了。那么为什么会一直反对乱伦呢?可能这是因为我们高度关注和看重个人的心理—情感发展和幸福感,
家庭关系中所必需的亲密感,以及父母和孩子间权力的绝对差异。在亲密关系中,信任的滥 38
用往往会导致负面的心理—情感后果;如果在禁止乱伦方面没有有力的指导措施,这种可能性就会大增。

除了亲属间性关系的严格限制外,所有的社会都禁止某些亲属团体成员间的近亲结婚。但在不同的社会中,被禁止结婚的亲属范围区别很大。古埃及的做法很极端:允许兄妹(姐弟)和父母结婚。而中国传统宗族系统和印度某些展延家庭是另一个极端:被禁止结婚的亲戚范围很大,第六代表亲也包括在内。处于这两种极端之间的是(不是不普遍)表亲婚姻,这在许多社会都被实行。一般认为表亲婚姻中的夫妻双方都是在同样的信念、价值和规范背景下成长的,所以它能更好地保持文化传承的连续性。实际上,马丁·奥特纳海默(Martin Ottenheimer)指出,美国反对表亲婚姻与其说是出于基因和健康的考虑,不如说是意在打破移民内部表亲婚姻状况,从而将当时的主导价值观更大程度地灌输给移民。②

总　结

1. 在传统上和法律上,*家庭*指的是两个或多个个体,他们由血缘、婚姻或收养关系联系在一起,并

① Caplow et al., *Middletown Families*, 220.

② Martin Ottenheimer, *Forbidden Relatives: The American Myth of Cousin Marriage*, (Urbana, IL: University of Illinois Press, 1996).

居住在同一幢住所里。这个定义强调的是成员标准或者说是家庭的*结构*要素。我们注意到,还可以根据家庭成员做的事情从*功能上*,根据家庭成员间的互动特征从*关系上*对家庭加以界定。但不管强调家庭生活的哪个方面,我们都要牢记家庭的定义是由社会决定的,因此它在某种程度上具有随机性。

2. 从一个社会学家的角度来看,我们对作为一种*制度*和作为一个社会*系统*或*团体*的家庭都很感兴趣。作为一种社会制度,家庭就是在社会中,执行某些任务的一个有组织的、正式的和常规的系统。家庭单元被一个更广的规则系统转变成了稳定的、不断发展的社会系统。这些规则反映了社会需求,但也受到了权力系统和冲突的影响,因为一个社会中,权力、不平等性和冲突的结构都影响着社会制度的界定。作为社会学家,这些规则的发展、维持和变更都非常吸引我们。

3. 除了在某个社会中发展出的家庭的制度化的定义外,我们对作为解析单元或特殊类型的社会团体的家庭也很感兴趣。作为解析单元或特殊类型的社会团体的家庭,它具有一些可预测的特点,这些特点有助于我们理解家庭的行为和家庭成员的行为。作为社会系统或团体,家庭在代际组成、首要功能和次要功能的组合、互动特点和持久性上都有自己的特点。作为一个首要团体,家庭规模很小,但成员之间有频繁和亲密的接触。作为一个次要团体,它的关系更加正式,且涉及一些更客观的交流(个人生活中大部分活动都有的特点)。

4. 在对不同社会和文化背景中的家庭系统进行研究和比较时,社会学家提出了理想类型。理想类型结构提供了一种方法:我们可以用一个有两端的连续体来描述看法的范围。这个工具可以用来考察美国家庭中的大事件,评估传统和非传统规则。作为社会变化的结果,每项大事件都涉及冲突;
39 即传统模式和非传统模式同时出现。如果没有变化或完全改变了,那么就不会有冲突或大事件出现。

5. 婚姻的界限一直没有被准确和清楚的界定。关于婚姻实践和定义,整个社会对此有很多不同看法。最大的分歧是婚姻中配偶的数量,特别是应该实行一夫一妻制还是多配偶制。一夫多妻制和一妻多夫制是多配偶制的两种形式,在很多文化背景下存在,且有很多种具体的形式。协同配偶可能是兄弟或姐妹,可能同时、相继结婚,并发挥不同的作用。尽管一夫多妻制很常见,但一妻多夫制却很罕见。群婚的发生频率也极端的小,可能在世界上任何一社会中,群婚从来不会成为一种可行、持久的婚姻形式。

6. 与婚姻一样,家庭的界限也值得商榷。家庭界限怎样改变,取决于社会需要,家庭中个人的需要和偏好,以及冲突和权力的结构。

7. 一种家庭结构的分类学将核心/夫妇式家庭与多种多样的展延家庭区分了开来,这些包括生长家庭和生殖家庭;中等核心家庭和中等展延家庭;以及血缘家庭、联合家庭和源家庭。

8. 亲属界限是婚姻和家庭界限的延伸。某些准则规定了合法的性和婚姻伴侣要求,这些禁止乱伦的准则得到了人们的普遍认可。

9. 亲属系统有一些重要功能和特点,包括:财产维护和继承;使人们选择距离较近的住所;在亲属需要帮助时有义务伸出援手;发挥着情感纽带作用。

在介绍了家庭作为一种社会构造的概念后,下一章中我们将探讨在过去和现在的美国社会中,家庭是如何建立和界定的。第二章旨在考察当代美国家庭的多样性,以及家庭是怎样被界定的,并希望读者懂得家庭结构无法独立于其他机构的结构。我们还会简要考察当代美国家庭生活(此书中会有较多的描述)中的一些重要问题。

关　键　词

社会构造(social constructions)　p. 5
意识形态(ideology)　p. 5
制度化定义(institutional definitions)　p. 7
解析定义(analytical definition)　p. 7
社会制度(social institution)　p. 8
制度化(institutionalize)　p. 8
功能平等性(functional equivalence)　p. 11
家庭系统(family systems)　p. 12
首要团体(primary group)　p. 15
内部社会控制(Internal social control)　p. 16
次要团体(secondary group)　p. 16
理想类型结构(ideal-type constructs)　p. 18
一夫一妻制(monogamy)　p. 20
多配偶制(polygamy)　p. 20
重婚(Bigamy)　p. 20
一夫多妻制(Polygyny)　p. 20
一妻多夫制(polyandry)　p. 20
群婚(group marriage)　p. 20
次序或连续一夫一妻制(sequential or serial monogamy)　p. 21
性别比例(sex ratio)　p. 21
娶寡嫂(levirate)　p. 22
内妹填房(sororate)　p. 23
富人的一夫多妻制(affluent polygyny)　p. 24
干预型一夫多妻制(Intervention polygyny)　p. 24
夫妇式家庭(conjugal family)　p. 28
核心家庭(nuclear family)　p. 28
生长家庭(Family of orientation)　p. 28
生殖家庭(Family of procreation)　p. 28
展延家庭(extended family)　p. 28
血缘家庭(consanguine family)　p. 29
联合家庭(joint family)　p. 30
源家庭(stem family)　p. 30
中等核心家庭结构(modified-nuclear family structure)　p. 30
中等展延家庭结构(modified-extended family structure)　p. 31
亲属系统(kinship systems)　p. 32
单系的(Unilineal)　p. 33
父系的(patrilineal)　p. 33
母系的(matrilineal)　p. 33
双边的(Bilateral)　p. 33
男方居住模式(patrilocal)　p. 34
女方居住模式(matrilocal)　p. 34
双方居住模式(bilocal)　p. 34
独立居住模式(neolocal)　p. 34
随舅居住模式(avunculocal)　p. 34
亲属联络官(kinkeeper)　p. 36
近亲结婚(Incest)　p. 37

问　题　讨　论　40

1. 如果说*家庭*的意思是社会建构的,这是否意味着这个定义可以完全随机,我们可以随意地定义家庭?或者说,我们是否可以将“家庭”作为人类社会的必要的一部分?

2. 我们说*家庭作为一种社会制度*是什么意思?以下这些是合法的家庭吗?比如说同性恋关系双方形成的长期的忠诚关系,单亲妈妈和非婚生子女,同居双方,以及结婚后工作、让孩子每周在托儿所待 40 个小时的母亲。

3. 现代美国社会中,同居现象越来越普遍,人们都把孩子送去幼儿园社会化,对于作为一种制度的“家庭”,这些变化意味着什么?和其他现代社会相比,这些变化在制度化进程、制度的变化特点以及与社会上其他制度的关系方面能告诉我们什么?

4. 区别*家庭团体*和*家庭系统*。由于系统是抽象的,那么家庭系统与对家庭的理解有何种程度的相关?

5. 描述一下当个体从自己所有的首要团体关系中脱离出来时,他/她会遇到什么样的情况。为什么首要团体关系如此重要?

6. 给*婚姻*和*家庭*分别下一个定义,这两个定义要能够综合的概括出世界上所有社会中的婚姻和家庭的特点。这两个定义有何相同之处和不同之处?婚姻和家庭与其他团体和关系有什么不同?同性恋者能够结婚、离婚、收养孩子以及组成家庭吗?为什么?

7. 为什么在美国,一夫一妻制被强烈地推崇为最合适的婚姻形式?关于一夫一妻制和多配偶制,你自己有什么观点?对于美国成人,一夫一妻制、一夫多妻制、一妻多夫制和群婚各自有什么样的优缺点?

8. 在允许多配偶制的社会中,一夫多妻制比一妻多夫制常见得多。为什么?哪些因素可以解释发生的例外情况?

9. 想想你自己的亲属关系。有多少你认识的人(叔舅、表亲等)在其中?你通过电子邮件和互联网保持联系的亲戚有多少?和你交换生日礼物或互致节日问候的亲戚有多少?有多少亲戚你会定期拜访?以你的个人经验来看,展延家庭已经成为过去还是在今天仍然很好地活跃着?

10. 你怎样解释普遍认可的近亲结婚禁忌?在你自己的亲属系统中,哪些亲戚(第二代表亲、继兄弟姐妹等)是可以合法地发生性关系或成为婚姻伴侣的?

11. 对于传统的单系血统和继承系统,女性主义者和冲突理论者可能会有怎么的争论?

第 2 章

美国家庭：历史起源、变迁和现状

案例

当代社会如何看待变化中的家庭

汤姆和埃塞尔于 1942 年结婚，一年后又在罗马天主教堂举行了结婚典礼。当时新娘 21 岁，新郎 22 岁。她从罗德岛沃里克的一所高中毕业后没有再去上大学；而他高中都没有毕业，就走上了他祖父和父亲为他设定的一条道路。汤姆的祖父和父亲都是加拿大赛马场上受人尊敬的骑士。他父母一共有 11 个孩子，6 个男孩，5 个女孩。大部分的男孩像他们祖父和父亲一样在赛马场上找到了事情做。汤姆家的生活气氛非常严肃，但没在父母视野中时，兄弟姐妹们就可以自由自在地玩耍了。因为家中有 11 个孩子，需要准备很多的食物，所以父母很难时时监控孩子们的一切行为。汤姆的父亲在驯马时，她的母亲也会在跑道上卖些小吃以赚些外快。生活很艰苦，但它将兄弟姐妹们紧紧地联系在了一起。除了一个姐姐外，所有的兄弟姐妹在成年和结婚后都离开了家，许多都去了美国。汤姆的姐姐弗罗伦斯从没结过婚。在汤姆和埃塞尔结婚那年，他的父亲去世了，此后的 18 年中，家中就剩他的母亲和弗罗伦斯一起生活。

埃塞尔是罗伯特和埃妮唯一的孩子。她父亲比母亲大 11 岁，两人都是再婚。她父亲在前一段婚姻中有四五个孩子，而母亲再婚时带来了三个孩子。在埃塞尔 3 岁时，她父亲就去世了。因为没有社会保障，她母亲就必须去工作养家，所以只好让稍大的但也只有 11 岁的姐姐来照顾两个最小的孩子。当邻居们抱怨起这种情况时，她母亲就只好将他们安置在天主教孤儿院里。然而，没在天主教堂待多久，他们就被送到了国家担保的收养人家里。直到结婚前，埃塞尔都和约翰夫妇住在一起。

埃塞尔的成长之路很艰苦，她的家庭也深受经济大萧条的影响。她至今还谈起她在成

44 长过程中学到的生活经验,她坚信政府会在人们急需帮助时雪中送炭。她还谈到家庭生活的重要性,她关于家庭的概念远远超过了一对夫妻与其亲生孩子的范畴。尽管她对父亲第一次婚姻中的孩子了解不多,但她经常表示想更多地了解他们。她也经常回忆家庭生活中寄宿者的重要性,因为她的养父母为了平衡收支必须出租一些房间。

汤姆和埃塞尔的婚姻差不多持续了 26 年,他们有 8 个孩子。在他们婚姻的前 15 年中,因为赛马赛季的变化,他们也不得不经常从一个镇搬到另一个镇。在他们最后一个孩子出生后不久,汤姆就因白血病去世了。家中这么多张嘴要吃饭,埃塞尔随后不久就再婚了。这之后她又经历了一次婚姻。她的第二任和第三任丈夫(第二段婚姻持续了 2 年,第三段持续了 27 年)也同样在她之前去世了。Ethel 的 8 个孩子都还在世,都结了婚,其中有一个离过一次婚。她现在有 19 个孙辈(平均每个孩子有两个),15 个曾孙辈。她有 5 个孩子都住在附近,很多成年的孙子也同样住在附近,但她依然一个人住在 1949 年她和汤姆买的房子里。

思考题

汤姆和埃塞尔的家庭历史符合你脑中的“传统”家庭图景吗?

你认为我们现在对“传统”家庭的印象能准确地反映过去的家庭吗? 如果不能,为什么会产生这种印象,为什么它被凸显了出来?

你认为现在的家庭面临的主要问题是什么? 它们和过去家庭所面临的问题有什么不同?

美国家庭可能和世界上任何地方的家庭一样,是多种多样的。但我们大多数人脑中有这样一幅图景,它描绘着家庭是以及应该是怎样的。在 20 世纪 50 年代,一些大受欢迎的电视节目(如,*父亲知道的就是比儿子多*,*天才小麻烦*,以及*妙夫妻*)可能就很好地描述了这样的图景:家中有父母和孩子,家庭气氛充满关爱。父亲是经济顶梁柱和“老大”;待在家中的母亲料理家务、照顾孩子,关心、支持丈夫;孩子们偶尔会相互争吵和搞怪,但基本上都很听话和守规矩。这幅图景符合我们所知道的那个时代的家庭的情况吗? 还是它只是我们怀念美好时代的产物? 家庭史告诉我们,这幅图景很可能与中产阶级家庭中一小部分家庭相符,但远远不能准确描述当时大多数美国人的家庭生活。①

45 再进一步往回看,我们发现,家庭生活图景中,家庭都具有长期的稳定性和较牢固的代

---

① There have been several books written in recent decades on the families of the 1950s and feelings of nostalgia for family life during that time period. See Arlene Skolnick, *Embattled Paradise: The American Family in an Age of Uncertainty* (New York: Basic Books, 1991); Stephanie Coontz, *The Way We Never Were: American Families and the Nostalgia Trap* (New York: Basic Books, 1992); and John R. Gillis, *World of Their Own Making* (New York: Basic Books, 1996).

际联系。人们一直认为殖民时期以来的家庭生活中充满着关爱和强烈的责任感。这些图景是准确的吗？

尽管美国殖民时期家庭确实有高度责任感和牢固的代际关系，但人口和社会压力总是与这种稳定的、代际间的家庭模式现实起反作用。许多父母没能经历三代同堂的家庭生活就去世了，特别是在结婚晚、寿命短的情况下。①西欧和美国殖民时期的家庭大多数是核心家庭，一些非亲属（包括仆人、学徒和奴隶）的加入扩大了家庭的规模。当家庭拥有财产，并用这些财产生产出更多的价值时（农业领域），简单的展延家庭形式就出现了，如源家庭和共同家庭，但在大多数地区这并不是一种行得通的家庭形式。②

至于家庭的结构稳定性，随着时间的推移，许多家庭会经历多次重组。这通常是由于夫妻中一方（经常在分娩孩子时）早亡，或是由于遗弃和被迫分离。③尽管大多数家庭结构的瓦解是由于死亡，但有这样一个事实：过去由于家庭成员的增加或减少，孩子经历的家庭破坏比今天的孩子经历的可能更多。对于大多数西欧和美国殖民时期的家庭来说，两代以上的家庭成员都住在同一地方也很少见。事实上，住房是社区中定义的单元，而不是居住在其中的家庭。④

最后，家庭成员相互照料，尽量满足每个人的心理和情感需求，这种和谐的家庭生活图景可能起源于我们对现代家庭生活的焦虑、愿望和期望，是一个美好的计划。尽管在这些早期家庭中爱并不缺乏，但成员间的互动在性质上更加具有实用性，且是通过家长等级制度控制的严格组织的。在美国历史上，殖民时期的家庭不是什么私人场所。当时流行有一种"爱管闲事"行为，即人们觉得可以不事先声明就自由地出入每个人的家，并公开家庭生活的情况。⑤人们对于一个更加私人化的家庭的需要很少，因为当时的社区联系就很个人化。直到现代社会后期，个人化关系变得缺乏，我们才希望以家庭来加以弥补，从而在家的周围修上围墙，来保持这些关系的隐私。

我们今天感到的焦虑，导致了我们对历史的不准确地解读，这已经不是什么新鲜事了。就像吉尔说的，"……我们今天感到的如此强烈的分裂感、不稳定性和不连续性，至少从中世纪后期开始，就已经成为了欧洲家庭生活经验的一部分了。来到美洲的欧洲人怀揣着关爱 46
和合作的梦想，但他们在这块新大陆上却无法实现。整个17和18世纪，大西洋两岸家庭的统一性和连续性都令人难以捉摸。而在19世纪的工业和政治剧变后，这种情况变得更加

① John Demos, *A Little Commonwealth: Family Life in Plymouth Colony* (New York: Oxford University Press, 1970).

② Rosemary O'Day, *The Family and Family Relationships, 1500—1900* (Hampshire, England: MacMillan Press Ltd., 1994).

③ Roderick Phillips, *Untying the Knot: A Short History of Divorce* (Cambrideg: Cambridge University Press, 1991).

④ O'Day, *The Family and Family Relationships, 1500—1900*; Gillis, *A World of Their Own Making*.

⑤ Gillis, *A World of Their Own Making*.

严重。"①

现代的西方(包括美国)家庭在人类历史上是独一无二的,我们对自己家庭生活的期望使我们努力去想象一种过去,它比我们现在正经历的家庭生活更符合期望,这点我们后面也将会提到。我们想象的图景是我们赖以为生的家庭(families we live by),和我们正忍受的家庭(families we live with)相反②。不同的历史时期(如维多利亚时期和经济大萧条时期)见证了人们对赖以为生的家庭生活的不同的构想,这些构想不仅是对过去的准确反映,更反映了对未来的焦虑和愿望。这些图景不是我们所生活时代的规范的家庭(prescriptive family),即我们*期望*拥有的一种家庭生活;也和我们现在*真正经历*的描述的家庭(descriptive family)没什么共同点。③

保持这样的图景,尽管可以帮助我们直面时代的挑战,但保持对历史的清醒认识同样重要。只有这样,我们才不会成为怀旧的牺牲品,才能充分认识到我们当前和未来社会背景下家庭生活的可能性。与其为家庭的衰败而落泪,为根本不存在(或存在时间极短)的家庭生活的失去而惋惜,不如弄清楚为什么家庭生活会这样,社会和文化背景在过去和现在是怎样影响家庭生活的,那些家庭的形式到底是怎样的。只有这样,我们才能更好地认识到家庭中的目标和需要。有一点很重要,我们可以构想这些理想的家庭生活(根本没出现过的,在我们现实生活条件下可能无法发挥作用)图景,但这不能妨碍适应和满足我们的需要。为了使大家对过去有一定的认识,下面我们将简要介绍西方家庭史。

欧洲和美国现代家庭的历史起源

尽管记载美国家庭史的文献很多,但我们相信,将当代美国家庭作为社会更广大阶层(被称为*后现代*)的一个例子,会带给我们更多的启示。这种观点不止让我们有了更长的时间维度,还让我们看到了美国家庭的变化,这种变化是社会和文化全球化的结果,而不是某些特殊的历史事件。就像奥戴(O'Day)④所提到的,西方社会(特别是英国、法国和美国)家庭的发展过程中出现了很多共同之处,在这些社会中对其历史进行分类是一种有效的方法。这样的方法还可以拓宽我们的视野,更少将"美国"家庭唯一看作是国家身份的产物,更多将其看作是全球化条件和进程的产物。

然而,奥戴还提到,在这些社会中同样出现了足够多的特异性,它们对将家庭历史或形式进行总体泛化的做法提出了警告。注意了这些后,我们将探讨后现代社会家庭是如何演化的。随后我们将对后现代家庭的现象做一个总结讨论。为了便于理解这些变化,我们列

① Gillis, *A World of Their Own Making*.

② Ibid.

③ O'Day, *The Family and Family Relationships, 1500—1900*.

④ Ibid.

出了三个重要且高度相关的因果力量：

1. 从农业生产模式到工业生产模式的转变，使劳动分工产生了多样性和特殊性，工作地点也从家庭内部（家庭经济和家庭自给自足）变为了脱离家庭 47
控制的单独的生产机构（工厂和公共商业）。这种转变也给社会地位的获得方式带来了改变，原来个体的地位、权力和责任都是基于家庭关系的，在个体出生时就已经决定了，称为先赋地位（ascribed status）；到了工业生产时代后，个体的地位、权力和责任都是基于个体的成就，跟家庭毫无关系，称为自致地位（achieved status）。家庭曾经对社会和个体有许多必不可少的作用，但由于这些变化，其他制度（经济、教育、健康、政府等）开始形成，它们接替了家庭的许多重要作用。家庭不再是*生产单位*，规模变得更小了，对家庭成员行为的影响力也减小了。

在 19 世纪和 20 世纪初期，对于大多数人来说，家庭生活是艰苦和等级森严的。我们对早期历史所持有的想象经常被自己的愿望和关心所扭曲。

2. 封建制度的衰败和资本主义的出现。封建社会基本上是一个农业系统，少数精英，即地主掌握了土地所有权，平民们为了谋生为地主劳作。资本主义社会主要是一种工业系统，生产资料集中在那些能够最成功的生产出利润的人手里，而利润的产生成了经济活动的主要动机。贫民们脱离了契约的束缚，从劳役的苦海中解脱了出来，但他们随即又被推向了一个充满竞争的位置，这就使他们更加脆弱和心甘情愿的接受压榨。这些变化是明显的，因为它们带来了：(a)市场活动脱离家庭、地方政府，甚至国家，变得更加集权化；(b)基于薪酬系统的劳动力市场出现并发展了起来，薪酬是为雇主压榨工人服务的，雇主以此来实现企业生存和谋得生产利益；(c)在做雇佣和升值决策时，种族、性别和年龄等社会或文化背景因素的重要性在下降，而能导致利益最大化的因素成了主要因素；以及(d)个体和人际关系商品化（赋予事物以经济价值）成为可能。由于这些变化，家庭更少地围绕亲属关系来组织。家庭变成了*消费单元*，必须在自由市场中变得更加自给自足。此外，由于在经济成果决定因素中年龄和性别重要性下降了，所以家庭中关系也有改变，老一代和男性失去了影响其他家庭成员的许多凭借。

3. 传统行为模式的衰退和理性行为模式的兴起。传统行为模式是指行为基于以前既定的标准，理性行为模式是指行为基于逻辑推理出的手段—目的关系。这种文化上的变化 48
促使了向工业化生产模式的转变，促使了现代民主制度的产生，还促进了现在资本主义的发展。最明显的是，理性行为模式的出现使人们对社会上现存的方法和等级制度（包括那些在家庭内部的)产生了怀疑,而惯例也被具有更明显的自利心的行为模式所取代。以前,有些事情一直是按照某种方式做的,但人们再也不这么做了。他们要看到行为和一些令人满意的结果之间有某种因果联系。他们还根据自己行为的量化结果来评价自己。因此,社会变得更加平均主义,更个人主义,以及具有自反性(自我评估),但这些可能会造成自我界定和情感真实性上的危机,这点后面我们也会提到。没有了传统对行为的指引,家庭的建立和维持过程再也不能被当作是理所当然的了,也没有了社会规范的有力管束,从而变得更具不确定性,更需要理性的经营。此外,个体的成长和发展成了婚姻和教养关系的基本目标,改造着夫妻间、父母和孩子之间的动态关系。

在整个西欧的家庭的研究历史中,逻辑起点应该是前封建家庭(在公元 5 世纪以前),紧接着是封建社会(公元 5 世纪到 15 世纪)的中世纪家庭,再是 15 世纪到 21 世纪的现代家庭。这些时期的数据并不是绝对的一个系统,通常渗透进了另外几个世代中,前几个系统的残留部分甚至在今天的后现代家庭中依然存在。在这里,我们利用这些信息来对新家庭生活模式的出现时间进行粗略地估计。

前封建家庭生活

我们对欧洲封建社会以前的家庭生活的了解相对于这之后的时期更少。尽管在罗马帝国①衰败之前,我们可以从罗马精英们的家庭中找到现代家庭的元素,但有理由认为,早期的平民(特别是在对帝国做进一步研究后)和大多数社会中的家庭生活都是围绕亲属团体组织的,而亲属团体在时间上具有稳定性。主导的生产模式是仅能维持生存的粗放的农业生产,且是基于亲属单元的。这种生产模式是通过传统行为而不是理性行为来维持的。在这些条件下,世代的家庭生活是稳定的,家庭作为主要的生产单元在自己的土地上劳动,并通过亲属关系传递遗产。人们很早就结婚生子了,那时的家庭一般是大的展延家庭。这些家庭或亲属团体,在基于代际地位和性别的基础上,有高度成熟的先赋地位等级。生活(包括家庭生活)
49 的关注焦点是如何在当前环境中生存,而不是个体的情感和心理成长。这就是公社社会。

中世纪家庭生活

封建主义的出现使亲属单元的控制力有所下降,尽管生产模式依然主要是农业,社会活动也依然主要基于传统,但至少在平民中有所下降,且经济活动的集中性更高了。在封建时期,亲属系统失去了在社会上的许多权威性(不参与精英的论资排辈),展延家庭的基础也被少数人财产的积累悄悄破坏了。这个时期在北欧和西欧产生了欧洲婚姻模式,该模式以低结婚率和晚婚为特点。②早婚的经济基础再也不存在了。因此,许多孩子从未结婚,由于人

---

① David Herlihy, *Medieval Households*(Cambrideg, MA: Harvard University Press, 1985).

② John Hajnal, "European Marriage Patterns in Perspective," in D. V. Glass and D. E. C. Eversley, *Population in History: Essays in Historical Demography*(London: Edward Arnold, 1965); and Hajnal, "Two Kinds of Pre-Industrial Household Systems," *Population and Development Review* 8(1982):449—494.

们的寿命短以及孩子晚婚，大的展延家庭也很难出现了。这并不是说家庭不维持他们的展延亲属关系；这些关系曾经是必不可少的，但实际上维持它们主要是为了某些目的（“有企图的爱”），它们此时已不再是组织家庭生活的基础了。[①]因此，大的核心家庭开始盛行，它们为社会和家庭成员发挥了很多不同的作用，但它们在经济和政治上的作用在下降。

比起前封建社会，这个时期的教堂在家庭生活中更重要了，即便如此，但在精英们的生活之外，它的重要性还是最低的。逐渐兴起的教堂将婚姻看作是罪恶，认为独身（一种无性的生活方式）状态是优于家庭的。[②]从它最早期开始，比起理想家庭单元的圣洁性，天主教堂“对个人的灵魂更感兴趣”。[③]它只提倡家庭对其成员加以控制，为他们信仰宗教做适当的社会化准备。就像吉利斯(Gillis)所说：

> 直到中世纪后期为止，高度圣洁和家庭生活都是相互矛盾的。直到这时，结婚的夫妻才开始受到褒扬。同时，圣母和圣父成为了想象中的人物……神圣的家庭成了天主教崇拜的中心特征……首先【然而】，神圣的家庭被想象成是一个展延的亲属团体，其中包括婴儿和母亲、外祖母、圣安妮和许多表亲。这个想象中的家庭的母权好像反映了早期中世纪家庭的现实。……【以及】对展延亲属关系的重视与封建制度的努力是一致的，封建社会想建立超过核心家庭利益的政治和经济秩序。[④]

现代性与家庭

当越来越多的中心贸易市场开始出现，生产方式从农业变为工业时，封建社会就开始让 50
位于现代性了。股票市场的出现标志着从封建经济向资本主义经济的转变，资本主义经济不仅仅提供基本生活所需，而是基于利益的积累。社会行为模式也从*传统*转向了*理性*，这些变化都是在相互密切联系中发生的。个人幸福感的信念逐渐增长，并在现代早期（大约从15世纪开始）开始显现。由于文化转型，16世纪出现了新教改革，18、19世纪发生了大革命，这些事件推进了现代性的发展。随着现代性的发展，个人幸福感的信念逐渐变得普遍和细化。

伴随着这种变化又产生了一种新的变化，那就是我们怎样看待我们的家庭和怎样在家庭中生活。随着封建政权的瓦解和新市场的出现，个体的核心家庭就需要变得自给自足。整个现代化早期（直到19世纪中叶为止），丈夫和妻子一起从事以家庭为中心的经济生产活动。因此，丈夫也高度参与日常事务、家务管理和教养活动。对于那些较不富裕的家庭来说，尤其如此。尽管社区组织，婚姻管理以及家庭生活仍然有力，但这一切都开始消失，自由选择伴侣的理想开始出现，基于爱情的婚姻也开始出现。对于大部分人（不属于精英者）来说，父母对婚姻伴侣选择的影响在减小，个人有了更多的选择。然而，在没有外界管制，不考

---

① O'Day, *The Family and Family Relationships, 1500—1900*.

② Phillips, *Untying the Knot*.

③ O'Day, *The Family and Family Relationships, 1500—1900*, 30.

④ Gillis, *A World of Their Own Making*, 28.

虑经济可能性的条件下,婚姻一般不会发生。在早期现代化时期的后期(18 世纪后期和 19 世纪早期),关于婚姻的改革层出不穷。很多时候,一旦经济地位达到了,以及/或有了孩子,非正式婚姻就会被合法化。①

早期现代化时期,教堂在界定婚姻和家庭生活中的作用有相当程度的增大。"到了 14、15 世纪,圣约瑟夫在神圣的家庭中有了一席之地,最终取代了圣安妮。耶稣诞生的图景正变得越来越普遍,成了有后代的核心家庭最明显的标志……玛丽更加具有母性魅力,约瑟夫有了一个更年轻的形象,使他第一次显得充满了父性。"②很像是对新教改革和天主教牧师伊拉兹马斯的应对一样,这幅图景拔高了爱的重要性和核心家庭成员的凝聚性。"精神化的家庭"思想后来成了布道说辞的主导,也是美国殖民地的清教徒领导者作品的主要思想。③因此,就像核心家庭的重要性在增大一样,夫妻关系和母子关系也变得更重要了,但直到 19 世纪后期,我们才看到了夫妻关系、母子关系以及宗教信仰三者间的更清晰的联系。

在 19 世纪后叶维多利亚时期,家庭生活发生了重大改变。工业化、城市化,以及移民给
51 社会秩序带来了很多扰乱,家庭作为"无情世界中的天堂"越来越受到重视。④夫妻关系变得越来越重要,也受到了越来越多的审视。夫妻之爱和上帝之爱成了平等的,家庭生活崇拜出现了,女性被看作是丈夫和孩子道德上的保护者。就是从这时开始,母性第一次承载了如此的重要性(就像我们现在赋予她的重要性一样),并将她与女人的概念联系了起来。也是在这时,不管是在私人领域还是在公共领域,男性和女性的角色变得更不同了。⑤

在维多利亚时期以前,家庭在公共领域中发挥着很多重要作用。而在维多利亚时期,这些作用开始从公共领域中消失了,家庭开始专门处理私人领域问题了,比如心理和情感需要的满足和实现。这种趋势在整个 20 世纪都在继续,因为社会变得更加分化和专门化了。除了对家庭在个人需要满足和实现方面日益增长的依赖外,还有一些事实值得注意:社会和地理的迁移性破坏了社区联系,人口密度在增大,郊区社区在增多,个人发展和自我实现得到了更多的人文关注。由于社会变得更加正式和理性了,人们开始感觉到了同一性危机。⑥以前人们强调目的自我,它是基于个人在社会和更大的社会中的作为和地位的;而现在,人们强调表达自我,它是基于个性、情感和心理需要的实现,以及非正式的亲密关系系统的。⑦就

---

① John R. Gillis, *For Better, For Worse: British Marriages, 1600 to the Present* (New York: Oxford University Press, 1985).

② Gillis, *A World of Their Own Making*, 29.

③ O'Day, *The Family and Family Relationships, 1500—1900*, 41.

④ Peter Laslett, *The World We Have Lost* (London: Methuen and Co., Ltd., 1965).

⑤ Barbara Ehrenreich and Dierdre England, *For Her Own Good* (Garden City, NY: Anchor, 1978). See also Ann Oakley, *Becoming a Mother* (New York: Schocken, 1979).

⑥ Anthony Giddens, *Modernity and Self-Identity* (Cambrideg: Polity, 1991).

⑦ Marlis Buchmann and Manuel Eisner, "The Transition from the Utilitarian to the Expressive Self:1900—1992," *Poetics* 25(1997):157—175.

像贝克和贝克-根斯谢姆(Beck & Beck-Gernsheim)①提出的,因为公共场合中理性在不断增加,终生的社区关系在衰败,所以在后现代社会的今天,唯一可以找到表达自我的意义的地方可能就是婚姻或家庭生活了。

在核心家庭承担了这项新任务的同时,之前对关系建立和维持的制度化的控制和规范就消失了。②因此,男女关系、亲子关系变得更具有表达性、更平等了。家庭成了个体界定真实自我必不可少的,然而,个体现在也不得不独自去建立家庭。通过婚姻和家庭事件,个体现在正构造着个人的生活传记;这样,他们释放了关于自我意义的焦虑。因此,像婚礼、蜜月、生日和纪念日等仪式就变得更重要了。不幸的是,婚姻和家庭的这些新功能给家庭成员增加了压力,使得他们很难满足每个人的需要,在这样的情况下,婚姻的生存能力可能也会打折扣。

我们还是要继续在后现代生活,我们还会为这两种情况挣扎:既要在婚姻和家庭生活中满足每个人的需要,又要在同样的关系中找到自我。现代关系(特别是在性别平等领域,个人自主领域,以及情绪和心理重要性领域)确实存在许多的积极结果,但同时压力也相当大。52
我们怎样处理压力决定着家庭的未来。我们是继续将婚姻和家庭幸福的责任施加在相关个体身上,还是重新定义某些社会制度,以帮助缓解个体在这些关系中感到的压力呢?有些人可能会说,我们需要退回到家庭压力没有这么大的过去。但这可能吗?这种转变的社会意义是什么?我们可以重新定义家庭,比如假定我们生活在真空中吗?还是我们需要对家庭、其他制度与生活方式之间的相互依存性进行现实地思考。

接下来,我们将更细致地对美国当代家庭的现状,家庭与其他制度的关系,以及当今家庭所面临的一些主要问题加以考察。

当代美国家庭的特点

美国人口普查局是了解美国家庭构成和规模的人口学(人口)信息的主要渠道。2009年5月5日上午12时30分,美国人口普查局的“美国调查者”网站公布了美国居民的总数量约为3.06亿(305,843,069)。尽管很多,但这只占全世界超过67亿人口的不到22%。在性别方面,总人口中大约男性占49.8%,女性占50.2%。③

根据美国人口普查局2007年的人口估计,只有66%的人口是非西班牙裔白人(没有其他任何种族血统),12.3%的人口是非西班牙裔黑人,4.3%的人口是非西班牙裔亚洲人,0.8%的人口是非西班牙裔本土美国人,0.1%的人口是非西班牙裔本土夏威夷人或太平洋岛民,以及1.4%的人口是混血儿(并有非西班牙裔祖先)。因此,剩下的部分(15.1%)包括

---

①② Ulrich Beck and Elisabeth Beck-Gernsheim, *The Normal Chaos of Love* (Cambridge: Polity, 1995).

③ U.S. Bureau of the Census, "American FactFinder," http://factfinder.census.gov/home/saff/main.html?_lang=en, March 5, 2009.

了不同种族(尽管 92%的西班牙裔是白人)的西班牙裔人口。在 2000 年,只有 11.8%的美国人口认同自己的西班牙裔身份。因此,在相关的人口增长中,近 28%的增长率显示:西班牙裔现在是美国最大的少数民族群体。关于种族和民族的更多的人口特征我们将在第五章中加以介绍,同时我们还将讨论这些分类的意义,以及它们与家庭多样性的意义。

家庭和住户数量

家庭(family),就像在人口普查报告中所使用的,指的是由两个或更多的人组成的团体,他们依靠血缘、婚姻或收养关系联系在一起,共同居住在一起。一个家庭不同于一个住户(household)。一个住户(household)包括所有住在同一个住房单元中的人。房子,指的是一间公寓或其他形式的房间,或单独一间房间;当房子被占用,或是人们有意图地占用其来作为单独的住处时,房子就被认为是一个住房单元。一个住户包括有关家庭成员以及其他所有不相关的人(如果有的话),如房客、寄养儿童、管家,以及住在家里的佣人。一个人独占一个住房单元或一群不相关的人同住一个住房单元,都算作一个住户。因此,不是所有的住户都包括家庭。此外,同一个住户还可以不止包括一个家庭。一对已婚夫妇或一个单亲及
53 其孩子,当他们居住在其他人(父亲或母亲,其他亲戚,或其他非亲戚)的房子中时,他们就被称为亚家庭(subfamily)。在那些没有足够的住房储备以供新婚夫妇使用的国家(例如,意大利和西班牙),这种情况普遍存在。在美国过去的 50 年中,由于不同的原因(如单亲父母与自己的父母或祖父母同住),这种亚家庭的增长率超过了住户家庭的增长率。①

在 2007 年,美国有 1.16 亿住户;其中 67.8%(7840 万)是*家庭住户*(family households),比起 1960 年的 85%为家庭住户有所减少。家庭住户比例的减少有几方面的原因,如人们更少结婚了,更可能不要孩子了,更可能单独居住或和一个不相关的人一起居住。这种趋势也反映在:住户中包括已婚夫妇的减少(从 87.4%减少到 75.2%);住户中包括 18 岁以下儿童的在减少(从 48.7%减少到 31.7%);住户中不只包括一个人(如合租者,没有孩子的同居双方)的比例有小幅增加(从 1.9%到 5.6%);一个人单独居住的比例上升了一倍(13.1%到 26.8%)。1960 年以来的这段时间中,*家庭*住户中唯一比例增加的类型是一位男性户主和一个孩子或其他依赖他的家庭成员(从 1960 年的 2.4%到 2007 年的 4.4%),而一位女性户主和一个孩子或其他依赖她的家庭成员的家庭住户类型比例也从 8.4%上升到 12.4%。②

图 2.1 中的直方图反映了 1960 年以来的不同住户类型的变化。从底端的两类直方我们可以看出,在这个时期内,婚姻住户有显著下降,特别是有 18 岁以下孩子一起居住的婚姻住户下降尤其明显(底端上方第二部分)。尽管在每个十年中都有下降,但 1970 年到

---

①② U. S. Bureau of the Census, *The 2008 Statistical Abstract*, "Table 58: Households, Families, Subfamilies, and Married Couples," http://www.2010census.biz/compendia/statab/cats/population/households_families_group_quarters.html.

1980 年是一个明显的转折点，1980 年以后的下降趋势更加平缓一些。非家庭类住户比例有相似（尽管是上升而不是下降）的变化模式。婚姻中的长期的趋势我们将在第六章中深入探讨。此时此刻，我们完全可以说美国人口经历了一个深刻的转变，虽然婚姻家庭住户依然占大多数，但越来越多的人（老人和年轻人）单独居住，替代家庭住户和非家庭住户也在增加。如图表 2.2 所示，这种趋势并不只是出现在美国。和其他工业化国家相比，美国是处于中等水平的，无论是在婚姻（有孩子或没有孩子）住户的比例上，还是单亲及其孩子一起居住的比例。

图 2.1　特定年份的住户类型：1970—2007 年（比例分布）
来源：U. S. Bureau of the Census, The 2008 Statistical Abstract, "Table 58: Households, Families, Subfamilies, and Married Couples," http://www.2010census.biz/compendia/statab/cats/population/households_families_group_quarters.html.

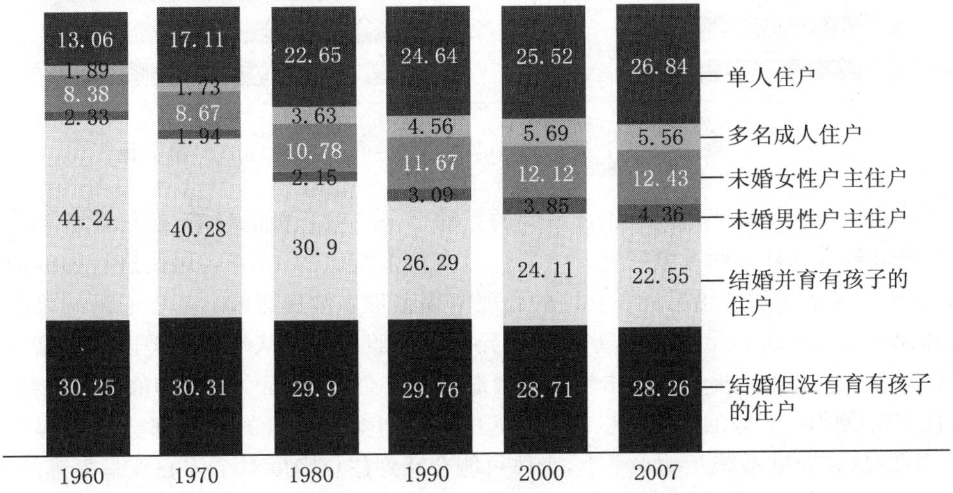

家庭和住户规模

考虑到以上住户构成上的变化，美国住户的平均规模的改变就不会令我们惊奇了。2007 年每个住户的平均人数是 2.56。比起最早的人口普查结果，这个数字有所下降。1890 年，住户的 54
平均规模是 5.4 人。1940 年，缩减到 3.3 人，并一直保持到了 1960 年。因此，今天的平均住户规模不到 19 世纪末住户规模的一半。类似的，在 20 世纪，平均住户规模也在下降。尽管由于家庭和非家庭住户之间的界定标准很模糊，以至于很难得到 1890 年的可用于*家庭规模*比较的普查数据，但以后的数据还是有说服力的：1960 年的家庭规模是 3.67，而 2007 年的为 3.13。①

① U. S. Bureau of the Census, *The 2008 Statistical Abstract*, "Table 58: Households, Families, Subfamilies, and Married Couples," http://www.2010census.biz/compendia/statab/cats/population/households_families_group_quarters.html.

55 图 2.2 几个国家的住户类型

Table 1294 -Percent Distribution of Households by Type and Country

来源:http://www.2010census.biz/compendia/statab/cats/international_statistics/population_households.html.

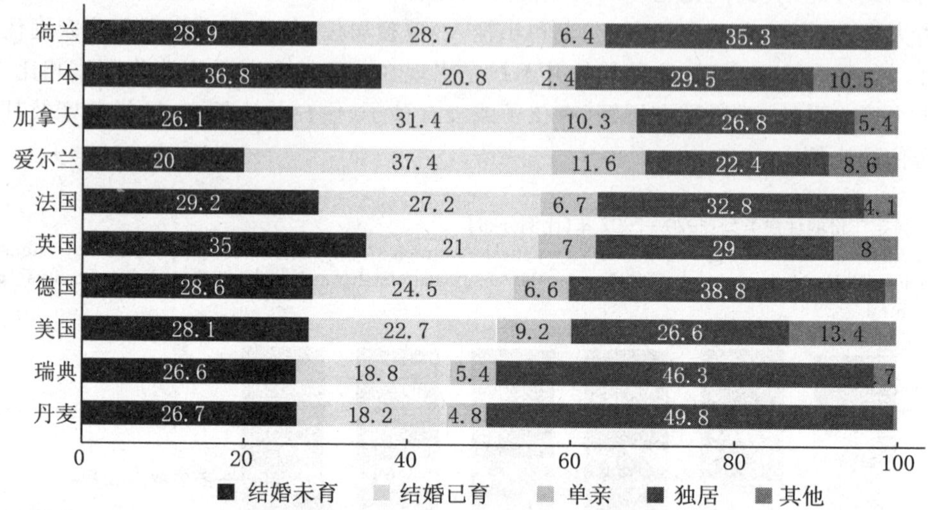

平均住户规模的减小可能会给成员间的互动带来一些积极的影响,还可能有利于提升与住户外其他人的社会联系紧密度。一项针对多伦多城区的 1200 名居民进行的纵向研究显示,住户密度的增加会给男性和女性的心理幸福感带来消极影响。由于心理结果的测量类型和住户密度等级不同,所以这些影响差异很大。随着密度从平均水平以下提高到平均水平(每间房 0—2 人),男性的攻击性和社会退缩情况会增加,而女性的抑郁倾向也会增加。随着住户密度进一步增加(每间房 2 人以上),男性和女性各自的症状都会更大程度的增加。[①]很明显,在家庭系统互动水平上,个体可能会感到住户密度对个体心理幸福感的影响,甚至这种影响也可能是家庭互动改变的结果。随着个体变得更加抑郁,或具有攻击性和社
56 会退缩,他们在家庭生活中的投入度和对家庭角色责任的履行都可能受到影响。反过来,这些在家庭生活上的变化也会降低个体的心理幸福感。

婚姻状态

人口普查将婚姻状态划分成了四种:未婚、已婚、丧偶和离异,其中已婚类别包括那些和配偶住在一起的(占这类的 90%以上),那些离开配偶,居住在另一住所中的,以及那些已婚但法律上分居的。

如表 2.1 所示,2007 年,在 18 岁及以上的人群中,59.9%的男性和 56.7%的女性处于

① Wendy C. Regoeczi, "Crowding in Context: An Examination of the Differential Responses of Men and Women to High Density Living Environments," *Journal of Health and Social Behavior* 49(Sep.):254—268.

已婚状态，相比 2000 年有所下降，当时男女的结婚率分别是 61.5%和 57.6%。男女结婚率的下降都可以归因于一个：那些到了当前年龄还未婚的成年人比例的上升。2007 年，男性中到了当前年龄还未婚的比例是 28.6%(2000 年的比例是 27%)，而在同样的 7 年时间内还未婚的女性比例从 21.1%上升到了 22%。至于丧偶和离异状态，在男性中和女性中所占比例都很小(男性为 2.5%和 8.9%，女性为 9.8%和 11.5%)。2000 年到 2007 年间，男性中丧偶和离异所占的比例几乎没有变化；但对于女性，当前处于丧偶和离异状态的可能性都有所 57
增加。尽管在 20 世纪 70 年代离婚率有明显的上升(见第十四章)，但在之后的几十年中，离婚率的趋于平衡、小幅下降和高再婚率使得当前处于离异状态的成人比例相对较小。①

表 2.1　不同性别和年龄人口的婚姻状态：2007 年
(18 岁及以上的个体)

	总数	未婚	已婚	丧偶	离异
男性	**100.0**	**28.6**	**59.9**	**2.5**	**8.9**
20～24 岁	100.0	86.9	12.2	0.1	0.8
30～34 岁	100.0	32.4	61.1	0.1	6.4
40～44 岁	100.0	16.9	70.3	0.5	12.3
55～64 岁	100.0	6.8	77.2	2.2	13.8
65～74 岁	100.0	4.3	78.4	7.7	9.6
75 岁及以上	100.0	3.7	71.4	20.0	4.9
女性	**100.0**	**22.0**	**56.7**	**9.8**	**11.5**
20～24 岁	100.0	76.4	21.8	0.2	1.7
30～34 岁	100.0	24.0	67.2	0.6	8.1
40～44 岁	100.0	12.9	70.4	1.5	15.2
55～64 岁	100.0	6.6	66.0	9.0	18.4
65～74 岁	100.0	4.0	56.9	26.2	13.0
75 岁及以上	100.0	3.4	32.2	58.2	6.3

来源：U. S. Bureau of the Census，The 2009 Statistical Abstract，"Table 56：Marital Status of the Population by Sex and Age" http://www. 2010census. biz/compendia/statab/cats/population/marital_status_and_living_arrangements. html.

当然，这些比例会受到人口年龄分布的影响。2007 年，男性初婚年龄中值为 27.7 岁，女性为 26 岁。②很多当前未婚人士很有可能在将来会最终结婚。婚姻历史数据显示，1935 年—1939 年间出生的同龄人(出生在同一年)中，到 1980 年—1984 年为止，不管处于什么历

① U. S. Bureau of the Census，*The 2009 Statistical Abstract*，"Table 56：Marital Status of the Population by Sex and Age，" http://www. 2010census. biz/compendia/statab/cats/population/marital_status_and_living_arrangements. html.

② U. S. Bureau of the Census，"Median Age at First Marriage，1890—2007，" http://www. infoplease. com/ipa/A0005061. html，2009.

史时期,大多数人的初婚都发生在 40 岁以前。①因此,现在 40—44 岁人群中的未婚人士所占比例应该能够更好的预测选择单身的人数。从表 2.1 可以看出,在 40—44 岁人群中,有 16.9%的男性和 12.9%的女性从未结过婚。但在 55—64 岁人群中,这个比例很小,但这个降低可能是由于社会学家所说的*世代效应*造成的。即较低的结婚率很可能是出于这样的考虑:要不要在较早的时候(20 世纪 60 年代)结婚,因为先前美国社会和婚姻制度正经历着重大变化,使得结婚的可能性减少了,婚姻的满意度也降低了。对于那些在 2007 年还未婚的 40—44 岁的人士来说,当他们到了 55—64 岁时,再出现较低的未婚率是很不可能的。

除了对较年轻群体的结婚可能性进行描述外,表 2.1 还向我们展示了年长的男性和女性在婚姻关系结束后的不同状态。55 岁以及年龄更大的女性比起同龄男性更可能处于丧偶和离异状态。这种差异可能一是由于女性更长的寿命,二是比起丧偶和离异的女性,丧偶和离异的男性可能会更快再婚。

家庭收入

在每次人口普查中,15 岁以及更大年纪的住户成员都要被问及过去一年的收入情况,包括工资、个体经营收入、失业补偿、社会保险、红利、利息、租金、孩子赡养费、公共援助或福利,以及其他周期性的收入。这些收入是税前的,但不包括以下来源的收入:如财产变卖(股票、债券、房屋或车)、借来的钱财、退税、礼金,或者一次性移交的遗产或保险赔偿。一个住户的总收入是指家庭中所有成员的收入总和。2006 年,住户收入中值为 48201 美元,家庭住户报告的收入比这个数字高 11000 美元,为 59894 美元,而非家庭住户报告的收入要比这个数字低 20000 美元,为 29083 美元。这个差异很大程度上可以归因于家庭住户中更可能有两个或更多的挣钱者,只有一位挣钱者的住户报告的收入中值为 39309 美元,而有两位挣钱者的住户报告的中位收入为 74513 美元。当然,家庭住户更可能拥有一个或更多的赚钱
58 者,所以可以推测,要维持一定水准的生活,家庭住户所需的费用也更多。对于*家庭*住户,包括一对已婚夫妇的住户有最高的收入中值(69716 美元),其次是未婚男士挣钱者的住户(47078 美元),再其次是未婚女士挣钱者的住户(31818 美元)。②但这些中值不能完整地表达住户收入情况,因为在美国,住户收入存在一些相当大的差异,或不平衡。大约有 25%的住户的年收入少于 25000 美元,而也有 19%的住户年收入达到了 100000 美元或更多。我们预计,家庭住户,特别是包括一对已婚夫妇的住户,更可能处在高收入一端,事实也是如此,差不多一半的已婚夫妇住户报告的收入超过了 75000 美元。与此形成对比的是,22%的未

① U. S. Bureau of the Census, *Survey of Income and Program Participation* (*SIPP*), 2004 Panel, Wave 2 Topical Module, "Table 1: Marital History by Sex for Selected Birth Cohorts, 1935—39 to 1980—84," http://www.census.gov/population/www/socdemo/marr-div/2004detailed_tables.html, 2004.

② U. S. Bureau of the Census, *The 2009 Statistical Abstract*, "Table 670: Money Income of Households—Distribution by Current Income Level and Selected Characteristics," http://www.2010census.biz/compendia/statab/cats/income_expenditures_poverty_wealth/household_income.html.

婚女士家庭住户报告的收入低于15000美元,39%的此类住户报告的收入低于25000美元。比起未婚女士家庭住户,未婚男士家庭住户报告收入低于25000美元的可能性更小,但比已婚夫妇的可能性更大。①我们将会在第四章中更详细地讨论这些收入差距给家庭生活带来的后果。

专栏:家庭多样性

家庭的另解(Alternative Definitions of "The" family)

在社会文化意义系统中,政府对家庭如何定义有重要作用。他们不只为界定婚姻、家庭权力和责任设定了标准,还影响了家庭的文化定义,以及关于家庭的学术活动(通过影响采集人口数据的方法来实现)。凯瑟琳·哈克·蒂尔曼和查尔斯·纳马(Kathryn Harker Tillman & Charles B. Nam)给我们举了一个例子,告诉我们像人口普查所下的定义这样简单的事物,都可以改变我们对于现代社会家庭生活及其多样性的理解。从荷兰亲属关系调查的数据中,我们可以了解到一个扩展的对家庭的调查定义会带来很多的影响,会导致对家庭生活完整性和意义的不同结论。尤其是它将同居的成年人(同性或异性)也算作家庭,还认为家庭不一定是住在一起的,这样就会出现这样的情景:(1)人口中会出现比原本更多的家庭,(2)家庭规模更大了,(3)让我们知道了许多单独居住的老年人仍然是其孩子家庭的一部分。这个调查定义的改变同样给政策带来了很多影响,使得其容许更加多样化的家庭形式。例如,我们更好地了解了家庭的财政收入,以及对孩子有哪些更多可能的支持(特别是对那些穷人孩子),我们还得知了晚年时期的代际关系对于提升老年人的生活质量很有帮助。

来源:Tillman, Kathryn Harker and Charles B. Nam. (2008). "Family Structure outcomes of alternative family definitions," Population Research and Policy vReview, 27, 367—384.

当代美国家庭与其他社会制度

很明显家庭系统和其他系统之间存在各种各样的关系,但在家庭研究中这些关系通常

① U. S. Bureau of the Census, *The 2009 Statistical Abstract*, "Table 670: Money Income of Households—Distribution by Current Income Level and Selected Characteristics," http://www.2010census.biz/compendia/statab/cats/income_expenditures_poverty_wealth/household_income.html.

59 被忽略了。就像我们在简要回顾西方社会家庭的历史变迁中看到的,政治、社区、经济、教育、宗教以及其他制度改变了,家庭也会在其结构、功能和内部关系上发生相应与协同的变化。家庭改变自己来满足自己的需要,同时也会给其他制度带来改变,有时还会刺激新制度的诞生。例如,经济状况变了,就业率和家庭支出模式就会随之改变。战争影响国际关系的同时,也会影响离婚率。政治决策决定了有关健康和福利的政策,同样也影响着人们对单亲家庭和孩子抚养责任的态度。教育、就业,以及避孕方法的进步调节着男性和女性现有的机会和选择,同样这些变化也影响着男女间、夫妻间以及亲子间的互动和期待。

政治与家庭

政治系统对家庭的影响是多方面的。最明显的就是通过国家的外部行动和各种各样的监管部门。公民任命或选举出立法者,立法者制定民法和政策,而民法和政策定义了*国家*。地方、州立和联邦政府的代表执行这些法律和政策。国家(政治系统)通过法律可以直接或间接地影响家庭,一是通过直接规范和支持家庭的法律,二是通过在财产和继承、医疗保健决策、甚至在个人去世后遗体如何处置的发言权等领域间接限制和规定个人权利的法律。此外,国家还通过与其他国家的关系来影响家庭,特别是国家在国际冲突中的诺言。

一些管理婚姻的法律直接规范着家庭。对婚姻的管理包括:配偶的选择,配偶数量,法定的结婚年龄,验血的必要性,是否接受习惯法的婚姻,是否允许同性婚姻,哪些关系是乱伦的,以及订婚双方的心理健康状况是否良好。还有一些明确了父母权力和职责的法律同样对家庭有规范作用,如那些和避孕、怀孕、流产、孩子监护,以及虐待的法律。其他对家庭的规范与离异因素、分居因素,以及经济因素(如财产分配等)相关。这些法律中有些是很概括的,只是确立了行为指南和可允许行为的边界;其他的就很准确和明确,具有法律效力,一旦违法就要受到处罚。

为什么婚姻和家庭地位的法律定义如此重要呢?在 2008 年加利福尼亚州禁止同性
60 婚姻倡议(第 8 号提议)投票之前,支持和反对此倡议的阵营共筹集了超过 6 千万美元的资金。在美国,除了总统选举,这个数目超过了其他任何一场政治竞争费用。①对于婚姻和家庭地位的法律意义,为什么这些团体要投入这么多,来表明自己反对或支持的立场呢?

这些竞争的结果,不论是对于团体还是个人,都意味着很多的得与失。现在的权力和特权阶层是基于社会阶级、性别、宗教团体成员资格,以及其他一些特点掌权的,又是靠制度中的一些规定习俗和个人行为的规则来维持现有地位的。对于社会阶级地位的维持和进步,

---

① Justin Ewers, "California Same-Sex Marriage Initiative Campaigns Shatter Spending Records," http://www.usnews.com/articles/news/national/2008/10/29/california-same-sex-marriage-initiative-campaigns-shatter-spending-records.html, October 29, 2008.

婚姻和家庭的法律定义有重要的意义,因为阶级制度是建立在家庭地位和继承基础上的(请见第四章)。现存的对家庭的定义和对家庭关系的期望赋予了男性较高的独立性,以及作为家庭经济支柱的更大的可能性,这让他们在与女性的谈判中处于更有利的地位,并更大程度地控制了女性的行为(请见第九章和第十三章);但到目前为止,男性也在失去这些优势。宗教团体也有得有失,因为关于家庭,关于夫妻间、亲子间家庭关系的特定意义已经整合成了一系列更宽泛的价值和信仰。最后,这些争论使得个人的很多东西都处在危险之中,因为很多其他权力、特权、机会,以及个人尊严等,都与结婚权力,或通过生育或收养孩子组建家庭的权力联系在一起。在最近关于同性婚姻合法化的争论中,成百上千的公民权力和信念被写进了法律,但很少有关于婚姻地位的,这就表明,国家直接或间接规范和支持家庭的重要性是显而易见的。①

通过确立社会福利、移民,以及与家庭利益密切相关的政策等社会政策,国家同样影响着家庭生活。长期以来,人们一直认为家庭作为负责个体福利的机构,它与国家、经济之间有着一种平衡的互动。根据国家怎样处理这个平衡,我们可以将福利制度分为三种:社会民主型、保守型和自由型。②社会民主福利制度仅仅基于公民资格来提供利益保障。在收入保障、卫生保健、儿童保育,养老,或其他任何形式的支持上,所有的社会成员都有权利享受同等水平的福利,不管自己是否有能力支付。除了高水平福利给孩子和其他人带来的积极结果外,这种系统还有高水平的征税。由于国家承担的是提供支持的责任,所以这样的系统与婚姻或家庭地位的联系较少。因此,实行社会民主福利制度的国家(如瑞典和其他斯堪的纳维亚国家)的法定结婚率(长期的、稳定的同居关系经常发生)较低。与此相反,自由福利制度将提供社会支持的责任放在自由市场系统上。在自由福利制度中,税收和国家提供的支持都很少。个体在遇到困难时,需要借助私人关系联系援助和保障。
只有那些极度需要帮助的个体才能获得国家的援助。无论是对于家庭还是个体,用这种 61
经过经济情况调查的方法提供福利都只能带来低水平的援助,并导致出现高水平的谴责。美国、加拿大和英国较接近这种模型。最后,保守型福利制度强调家庭是支持的提供者,但希望通过收入再分配的税收政策,以及对如儿童照料等所需帮助的补充满足来平衡各家庭间获得的支持。社会支持和福利与家庭地位,以及家庭成员在劳动力市场的参与是有联系的。国家为平衡家庭的经济情况会提供一定量的经济周转,但不会提供福利。保守型福利制度(如法国和德国),倾向于促进建立更多的家庭,它提供的福利水平介于社会民主制度和自由福利制度之间。③

---

① National Gay and Lesbian Task Force, www. thetaskforce. org/theissues/issue, cfm? issue. ID=14, 2005.

② G. Esping-Andersen, *1999 Social Foundations of Postindustrial Economies* (Oxford: Oxford University Press).

③ John Myles, "How to Design a 'Liberal' Welfare State: A Comparison of Canada and the United States," *Social Policy and Administration* 32. 4(1998): 341—364.

跨文化视角

欧洲的福利制度与家庭模式

尽管欧盟国家总体上比美国提供的福利更多,但这些国家提供的福利在制度性质和水平上都存在差异。和美国一样,英国实行自由福利制度,福利水平较低,依靠市场帮助需要帮助的个人和家庭。而与此截然相反的是,在遥远的北欧(如瑞典、挪威、芬兰和丹麦)实行的是社会民主福利政策,国家提供相对较高水平的福利保障。其余大多数国家的福利水平介于这两者之间,但大多数(特别是家庭中的女性)都高度依赖作为非正式援助来源的家庭。

这些不同水平、不同类型的支持对于家庭有怎样的结果呢? 乔基姆·沃格(Joachim Vogel)最近对欧盟十六个国家的家庭生活做了一个分析,发现这些支持对家庭生活的不同方面都有明显的影响。总体上,在北欧国家中,成年子女更早离开家庭(特别是男孩);更早开始谈恋爱,更晚第一次结婚;整个成年期都单独居住的可能性更大;结婚率更低;长期同居发生率更高;总生育率更高(主要由于南欧国家生育率的急剧下降);年幼孩子的父母在就业状态上差距更小;年长者与子孙分开居住的可能性更大;离婚率有点高,尽管在南欧国家离婚率已经显著下降了。

这些变化意味着社会民主福利政策国家中婚姻的消亡吗? 如果你认为"家庭"是一个经济性、实用性的关系与义务系统的话,那么答案就会是肯定的。家庭成员间有相互支持的社会义务,但在实行社会民主福利政策的国家中,国家承担了很多的社会义务。但这也并不是说所有水平的相互支持都消失了。乌拉·伯琼伯格和梅·拉塔(Ulla Bjoenberg & Mia Latta)做的一个研究发现,在瑞典,家庭成员间的经济支持依然存在,但已经变为以激励的形式,而非提供帮助形式来进行了。除了在别人有需要时基于义务提供帮助外,现在基于情感联系的帮助也出现了,而且和别人是否需要是大体独立的。

来源:Vogel, Joachim, "The Family," *Social Indicators Research*, 64(Dec. 2003), 393—435; Bjornberg, Ulla and Mia Latta, "The Roles of the Family and the Welfare State: The Relationship between Public and Private Financial Support in Sweden," *Current Sociology*, 55, (May 2007), 415—445.

在美国这样的现代化全球性社会中,除了福利政策,移民政策也成了家庭生活的重要决
62 定因素。没有正式身份的工人,以及美国政府在处理墨西哥和中美洲移民来美国的愿望和动机时的失败,成了近年来政治论战的源泉。尽管对于那些没有正式身份的工人来说,来美国意味着强烈的经济上的刺激;但实际上,美国国内同样想通过雇佣墨西哥和中美洲工人来降低生产成本。美国政府根本就没有花力气去制定出可行的、人性化的移民政策,以此来安

顿外国工人及其家人。这种失败的后果体现在许多没有正式身份的妇女面临的挑战中，她们处在真正的跨国家庭中，并试图和她们在“国内”的孩子维持关系。基于杭德格尼—索特欧(Hondagney-Sotelo)①以前的一个研究，以及杭德格尼—索特欧和阿维拉(Avila)②的另一个研究，玛里恩·尼克尔森(Melanie Nicholson)访问了13名移民到纽约州的没有正式身份的妇女。③这些妇女来美国是为了和她们丈夫团聚，她们的丈夫也没有正式身份，来美国是为了提高家庭的生活水平。由于在偷渡国界和在美国找房子时涉及的双重危险，这些母亲选择将孩子留给国内的亲戚照料。这种情况给她们造成了相当大的焦虑，促使她们不得不重新定义什么是为人母。在这种情况下，尽管她们不能实现白人的、中产阶级的、西方标准的“专一且强烈的母爱”，但她们仍然想方设法对自己的母性行为保持积极的态度。她们与孩子保持联系，替孩子的生活做决策，她们对提供抚育和照料有了更广、更公共化的概念，还将自己打工挣钱的行为视作改善孩子生活的能力的重要组成部分。然而，为了当她们回国时能改善生活，现在要忍受的条件的确很艰苦。

移民政策还可以通过另一种方法影响家庭，即通过其对两性关系的影响，以及对两性关系的控制和暴力来实现。正如玛格丽特·亚伯拉罕(Margaret Abraham)④基于她为纽约一个南亚社区女性团体所做的研究发现，20世纪60年代的移民政策鼓励许多印度职业人员(大多数是男性)来到美国，由于他们在劳动力市场的成功，他们塑造了一种“模范少数民族”的有力身份，特别是比起其他少数民族，如非裔和西班牙裔移民。在20世纪后来的几十年中，主要通过家庭团聚形式，最初的移民发展为了数量更多、更具多样性的印度移民。尽管家庭团聚形式是积极的，印度移民在社会经济上变得更具多样性了，但许多未婚印度男性移民发现，很 63
难找到符合他们顺从、温顺、以及性约束的文化理想的结婚伴侣。因此，许多印度男性移民回印度寻找妻子，与住在印度的女性订立婚约。由于对新婚配偶缺乏了解，因为没有亲人在身边而感到孤独，还要适应和传统标准大不相同的新文化，许多南亚妇女都面临着丈夫的控制、暴力。相容性，个人安全感和幸福感，以及满意度的缺乏，导致她们想极力逃离婚姻。

两项政策使得女性面临的情况更加糟糕。首先是1986年的移民婚姻诈骗修正案，它只保证新婚夫妇在美国有条件地居住两年，以防止有人为了移民而结婚。这项法律的结果使南亚妇女更加依赖她们的丈夫，更不可能离开受控制或虐待的婚姻，因为她们害怕因婚姻诈骗而被驱逐出境。接下来，在1990年对移民法进行了修改，在1994年和2000年出台了反

---

① Hondagneu-Sotelo, *Gendered Transition: Mexican Experiences of Immigration* (Berkeley: University of California Press, 1994).

② Hondagneu-Sotelo and Ernestine Avila, “I'm Here, but I'm There: The Meanings of Latina Transnational Motherhood,” *Gender and Society* 11(1997):549.

③ Melanie Nicholson. “Without Their Children: Rethinking Motherhood among Transnational Immigrant Women,” *Social Text* 24(Fall 2006):13—33.

④ Margaret Abraham, “Domestic Violence and the Indian Diaspora in the United States,” *Indian Journal of Gender Studies* 12(May—Dec. 2005):427—451.

对对妇女施暴法案,这使得妇女们面临的情况有所好转。然而,2001 年出台的打击恐怖主义的新政策——“爱国者法案”,又一次给许多南亚移民妇女造成了相似的困难情境。该法案使得政府几乎能无条件地驱逐移民(特别是从东方国家和中东来的移民),所以南亚妇女又一次迟疑要不要离开,甚至要不要报告受虐状况。因为要是离开或报告这个状况,政府就有机会对移民的背景做进一步的细致检查,哪怕一点小小的违规都有可能会被驱逐出境。报告婚姻受虐还会促使政府对家庭其他成员做进一步调查,进而让家人处于被驱逐的危险之中;在强调对家庭成员要忠诚和承担义务的文化当中,这种情况是不允许的。

最后,政治系统还可以通过对军队的维持和在国际关系、冲突中的作用来影响家庭。杰伊·蒂奇姆(Jay Teachman)及其同事考察了人生经历和家庭因素对军队征兵的各种影响,以及军队经历对婚姻和家庭变迁的各种影响。[1]此外,最近的伊拉克战争,使得我们更加关注在外国进行的战争对国内的家庭生活有怎样的影响,特别是在现在信息交流如此便捷的条件下。阿勒斯亚·蒙哥马利(Alesia Montgomery)在这方面做了一个特别的研究。在研究中,她对心理学家和其他人在战时给予家庭的建议进行了分析后,她发现,即使没有和战争发生直接联系,但对于战争的关注还是给家庭成员(特别是儿童)带来消极的影响。然而,她认为,我们提供给家庭的应对建议对战争正义性的政治辩护以及制止战争的努力,都有重要意义。儿童对关于战争消息的接触应该受到监管和限制,这点建议她非常赞同。然而,她
64 也这样认为:避免谈论战争、战争正义性及战争后果可能会给个体带来不良影响,个体还不如接受适当的建议而非避免它们来的好。相反,她还指出,参与关于战争是否正义的讨论,参与反战抗议以及其他抵制活动,对于帮助儿童和家庭成功应对都有好处。[2]

社区与家庭

要理解家庭和其他制度,另一个重要的情境就是这些制度所根植于的社区类型。在现代工业社会中,农村社区生活和城市社区生活已经出现了重要的区别。在最近几十年,郊区的兴起又为社会生活的多样性增加了另一个维度和源泉。

美国人口普查将那些人口在 2500 人以下,离城市 50 公里或以上的社区定义为农村社区。在 19 世纪的大多数时期,这种社区形式是美国的主导居住形式。到了 19 世纪晚期和

---

① Jay D. Teachman, Vaughn R. A. Call, and Mady Segal Wechsler, “Family, Work, and School Influences on the Decision to Enter the Military,” *Journal of Family Issues* 14. 2(1993):291—313; Vaughn R. A. Call and Jay D. Teachman, “Life-Course Timing and Sequencing of Marriage and Military Service and their Effects on Marital Stability,” *Journal of Marriage and the Family* 58. 1(1996):219—26; Jay D. Teachman and Lucky Tedro, “Divorce, Race, and Military Service: More than Equal Pay and Equal Opportunity,” *Journal of Marriage and Family* 70. 4(2008):1030—44; and Jay D. Teachman, “Race, Military Service, and Marital Timing: Evidence from the NLSY-79,” *Demography* 44. 2(2007):389—404.

② Alesia F. Montgomery, “Therapeutic vs. Political Frames: The Influence of ‘Witnessing’ The U. S-Iraq War on Family ‘Agitation,’” *Sociological Perspectives* 51(Fall 2008):605—627.

20 世纪早期，随着工业化的进展，大规模的国外移民和国内移民使这种模式变为了很多人居住在城市的景象。这种转变在 20 世纪后半叶渐渐平息了，1990 年后农村人口大约占总人口的20％。①大多数农村以农场或农业经济为特点，尽管现在美国很少有农场还在运转，农村人口大多从事与农业无关的工作，或是从事这些工作来补充农场收入。现在，像密西西比州、阿拉巴马州、阿肯色州、肯塔基州、蒙塔纳州、南科达他州以及北科达他州等有大量农业人口的州，它们也是传统的农业州，而缅因州、佛蒙特州、新罕布什尔州以及西弗吉尼亚州是非典型的农业中心，这些州的农业人口也较多。②然而，农村社区还是保留着它独有的许多特点，这是德国社会学家费迪南德·滕尼斯(Ferdinand Toennies)首先提出的。

滕尼斯对 19 世纪发生的重大社会变化做了分析，他对礼俗社会和法理社会进行了区分。前者是指基于农业生产的社会，后者是指由工业化和城市化创造的社会。在礼俗社会中，关系是首要的，且有公有性的特点。人们从出生起就相互了解，并在一生中都与许多人保持亲密的关系。在自我界定、命运和生活条件等方面，这种社会具有高度的相互依存性。因此，关于价值和信念，人们有高度的一致性；人们还高度强调对社区要有义务感，对团体标准要服从。另一方面，在法理社会中，工业生产系统中的高度分工以及地理条件上高度流动性，使得个体之间出现了差异，破坏了农村环境中的相互依存性，减少了保持终生的人际关系的机会，也减少了通过邻里关系来自我界定的机会。人们变得更加关注个人利益，更少关 65
注公共利益。只有在对个人目标和利益有力的情况下，人们才会去维持人际关系。③

对于家庭生活，农村与城市社区背景下各有什么样的不同结果呢？首先，在农村社区中，家庭是中心机构，所有的活动都围绕家庭展开。因此，关于家庭的建立、组织和责任有一些有力的标准。按照个体的性别、年龄应具有怎样的适当行为，怎样调节婚外性行为，在这些方面也有一些标准。以上的这些标准按照某种方式被整合了起来。其次，农村社区高度地参与所有的习俗(如家庭、教堂、学校以及志愿组织)，因此在核心家庭以外，人们彼此很了解，并发展出了高水平的人际关系。核心家庭并不像在另一个缺乏人情味的世界中那样，在人际关系上是一个"孤岛"。第三，农村社区在接受改变时更为保守。变化威胁着现存的秩序，对于人际关系也可能是一种扰乱。因此，农村社区接受新的或替代性的家庭生活方式要更加缓慢。同性恋关系、非婚性关系、同居、单亲以及离婚等都会给农村家庭带来更多的不愉快，更可能受到负面惩罚。

最近，在分析国家家庭增长调查(National Survey of Family Growth)时，研究者发现了确实存在下列事实：农村社区存在有力的家庭标准，农村社区也反对替代型家庭配置。在对住在城市、城镇(郊区)以及农村社区的 1000 多名妇女进行的研究中发现，在农村和城镇社区中同居和离婚的发生率都更低。他们还发现，城镇妇女和农村妇女(特别是农村妇女)更可能结婚，更可能更早结婚(大约比平均年龄早一岁)，更可能在结婚条件下生一个孩子，更

---

①② U. S. Bureau of the Census, *The 2009 Statistical Abstract*, "Table 28: Urban and Rural Population by State," http://www.2010census.biz/compendia/statab/cats/population/estimates_and_projectionsstates_metropolitan_areas_cities.html.

③ Ferdinand Toennies, *Gemeinschaft and Gesellschaft*. Translated and edited by Charles P. Loomis (New York: Harper & Row, 1898/1963).

可能更早生第一个孩子。①

在另外一个研究中,研究者选取了爱荷华州农村的农场和非农场家庭与洛杉矶的城市家庭,比较了青少年和其祖父母(或外祖父母)间交流和提供帮助的水平,发现在农村环境下,青少年和其祖父母(或外祖父母)间的互动和相互依赖性水平更高。在和祖父母交流方面,在农场家庭中,有81%的青少年报告在过去一年中和祖父母交流过,或从他们那里获取过帮助;在非农场家庭中,这个比例也有63%。与此形成对比的是,只有20%的城市青少年报告了与祖父母联系过,或从他们那里获取过帮助。与外祖父母的交流模式也类似,但差异更小了,特别是在涉及有农场青少年的比较时。对这些数据进行进一步分析,可以发现,在交流和提供帮助上的大多数差异,都是由于在城市和非农场背景下,青少年和祖父母地理距离更远,以及更高的离婚率造成的;尽管这不能解释所有的差异,但这也意味着代际关系和家庭关系,总体上来说是农村文化和生活方式的重要部分。②

66 **跨国家庭**

吉卜赛人(The Roma)

2003年9月27日,在罗马尼亚的锡比乌,一个12岁的吉卜赛姑娘玛丽亚,和一个15岁的吉卜赛男孩结婚了,他们的婚姻是包办婚姻。吉卜赛人来自印度西北部的旁遮普地区的游牧民族,12到15世纪之间,他们来到了欧洲定居,主要是在中欧、东欧和西班牙。在早期,吉卜赛人经常越过边界寻找生计,比如通过贸易、掠夺食物和材料,农业生产,以及娱乐活动等方式。因为有着"外国人"的皮肤,吉卜赛人经历过一段受歧视、受偏见以及被迫害的历史。国家出了什么问题,吉卜赛人就会成为替罪羊,会逼迫他们成为奴隶或在他们身体上做上标记驱逐出境。在更近的时期内,他们和犹太人一样受到了德国纳粹的迫害(很多人被关在毒气罐里毒死),现在,吉卜赛人大多定居了下来,尽管他们还经常有迁徙行动,要么是逃避迫害,要么是寻找销售、农业、工艺品或娱乐等方面的暂时或季节性的工作。吉卜赛人的家庭生活在传统上是母权的,但实行强力的家长制度。尽管会发生包办婚姻的情况,但这并不经常。大多数的吉卜赛人分散居住在条件极度贫苦的农村地区。由于寿命短、结婚早、生育率高,以及人们经济活动的高度迁移性,这种居住模式中包括了很多不成比例的年轻女人和孩子。在城市中心,也可以发现很多生活在极度贫困中的吉卜赛人,当然也有脱离了贫困的,他们和城里的大多数人一样工作、生活,没有区别。

---

① Anastasia R. Snyder, Susan L. Brown, and Erin P. Condo, "Residential Differences in Family Formation: The Significance of Cohabitation," *Rural Sociology* 69.2(2004):235—260.

② Valerie King, Merril Silverstein, Glen H. Elder Jr., Vern L. Bengtson, and Rand D. Conger, "Rlations with Grandparents: Rural Midwest versus Urban Southern California," *Journal of Family Issues* 24.8(November 2003):1044—1069.

玛丽亚的婚姻成了一件大事，罗马尼亚媒体以及欧洲各大媒体，甚至《纽约时报》都报道并谴责了这桩婚姻。不幸的是，新闻大体上都是强调这个事件和吉卜赛文化的"外来"性质，将吉卜赛人看作是外国的和原始的。就像亚历山德拉指出的，媒体的这种反应会给吉卜赛人带来很多不良后果，特别是吉卜赛女性。尽管关于此事的新闻报道关注的是保护女童和妇女，以免遭虐待和征服（一些媒体将此事看作是法定强奸），但她同时还指出，罗马尼亚的新闻报道还有一个潜在意图，那就是要强调"原始的"吉卜赛人和更加高级、更加现代的罗马尼亚人们是不同的，因为当时罗马尼亚正试图提升自己在欧盟中的成员形象。罗马尼亚以外的媒体报道此事也有另一个潜在目的，那就是强调一种对欧洲的担心，怕人们由于能更自由的出入国界，从而失去对国家的认同感。面对此事，尽管有些人为吉卜赛人辩护，但他们对于改变吉卜赛人的状况也无能为力。虽然在吉卜赛社区中文化习俗多种多样，且在传统吉卜赛文化中妇女的低等地位既不是神圣的，又没被广泛接受，但吉卜赛的"传统文化"就是给人以同类和神圣的印象。

来源：The Roma Dosta! Campaign, http://www.dosta.org; Roma in the Czech Republic, http://romove.radio.cz/en/clanek/18241; Alexandra Oprea, "The Arranged Marriage of Ana Maria Cioaba, Intra-Community Oppression and Romani Feminist Ideals: Transcending the Primitive Culture Argument," *European Journal of Women's Studies*, 12(2005), 133—148.

最后，在最近进行的对美国总体社会调查（the U.S. General Social Survey）的分析中，我们发现在农村社区背景下，人们家庭生活满意度更高。在这项研究中，农村居民对家庭生活 67
的满意感分数显著高于城市居民。此外，这些高满意度分数基本上是由于高水平的社区满意度造成的，因为农村居民同时报告了对于他们社区的更高的满意度。在农村社区，可能家庭成员之间以及邻里之间的联系和交流水平都更高，所以满意度得分也更高。这个事实告诉我们，城市居民和家人、朋友保持联系可以增强满意感，而这对于农村居民来说没用，因为在农村这种联系已经很牢固了。①

所有的这些并不是说农村社区就没有问题。在现代社会，家庭农场产品不再能养活自己，而权力和资源都集中在城市里，那些居住在农村社区的人们经常被忽视。美国农村地区出现了相当程度的贫困现象，许多家庭和个体在社区中都被孤立了，因为他们的亲戚和其他人纷纷进城寻找工作和不同的生活方式。随着生活开支越来越昂贵，也有很多城里的穷人和低保者为了节省房租搬来农村居住。对于农村居民来说，"贫困化"正在加剧，因为人们需

---

① John F. Toth Jr., Ralph B. Brown, and Xiaohe Xu, "Separate Family and Community Realities? Au Urban-Rural Comparison of the Association between Family Life Satisfaction and Community Satisfaction," *Community, Work & Family* 5.2(2002):181—202.

要的社会服务越来越昂贵，且越来越难以获得，导致在家庭发生问题（比如暴力、性虐待、抑郁、儿童问题行为以及物质滥用）时，可获得的资源也越来越少。

经济与家庭

可能和其他制度一样，经济系统也影响着家庭的组织和互动。经济是社会的重要成分，涉及生产、分配，以及物质和服务的消费。家庭贡献劳动和技能，并以此获得工资或其他形式的报酬（威望、保险、服务等）。从一个微观的水平来分析，在一个像美国这样的资本主义社会中，经济系统通过社会阶级关系的互动会对家庭生活产生广泛的影响。一个人的阶级地位不仅决定着个体的经济来源，还会对其价值和信念系统、生活方式选择、行为期待、社会化经验、社会关系网络、邻里环境以及社会生活的其他方面产生影响，而这些又会影响家庭经验，这点我们将在第四章中谈到。除了社会阶级的影响，微观经济系统中的问题（如高失业率、通货膨胀、通货紧缩以及经济萧条）也会对家庭产生深远和多样的影响。

在一个更微观的水平上，没有得到足够的工资或其他报酬，个体必定会产生压力。反过
68 来，经济上的压力会给成人和儿童都带来有害的影响。①心理健康状况差，自我意象侵蚀、自杀率升高、患酒精相关疾病、离异以及虐待孩子，这些都是成年人消极结果的一部分。我们发现儿童也会表现出一系列的情绪和行为问题。最近的研究表明，父母感受性会调节家庭经济条件的消极状况对儿童的不良影响。一个研究中，研究对象大多数是威斯康辛州低收入的单亲母亲家庭，尽管*物质性帮助可得性*（他人帮助资源的可靠性）和*财政管理策略*（银行账户、银行信用卡等的可用性）对儿童的社会性结果会产生中等程度的影响，但*总收入*和*政府帮助收入*各自都对儿童的社会性结果（定义为“积极行为”和“消极行为”）没有影响。更重要的是，如果四种经济收入都缺乏，这会使父母更可能感到更难满足*基本需要*和*适度的额外需要*（“经济需要”），这两种感觉对于儿童的社会化结果都会产生显著的消极影响。这些消极结果自身也会通过父母的总体压力水平、抑郁症状以及效能感得到调节，父母的这些状况会降低他们对孩子的控制水平和教养反应性。②在另一项对双亲家庭进行的长期研究中发现，父母对经济困难的感知对孩子的消极影响一直持续到成年早期。③

除了经济来源缺乏造成的一般水平上的压力外，通过工作场所，经济自身和家庭生活也

---

① Patricia Voydanoff, “Economic Distress and Family Relations: A Review of the Eighties,” *Journal of Marriage and the Family* 52(November 1990):1099—1115; and David T. Takeuchi, David R. Williams, and Russell K. Adair, “Economic Stress in the Family and Children's Emotional and Behavioral Problems,” *Journal of Marriage and the Family* 53(November 1991):1031—1041.

② Rashmita S. Mistry, Edward D. Lowe, Aprile D. Benner, and Nina Chien, “Expanding the Family Economic Stress Model: Insights from a Mixed-Methods Approach,” *Journal of Marriage and Family* 70(2008): 196—209.

③ Juliana M. Sobolewski and Paul R. Amato, “Economic Hardship in the Family of Origin and Children's Pscyhological Well-Being in Adulthood,” *Journal of Marriage and Family* 67(2005):141—156.

有交互作用。在第四章中，我们将讨论不同社会阶级的工作性质对于教养方式的影响。然而，在更一般的水平上，有许多研究是关于工作压力怎样“溢出”进入到了家庭生活中（工作—家庭溢出），以及家庭生活压力怎样“溢出”进了工作中（家庭—工作溢出）。这些结果可以是消极的，也可以是积极的。当一个领域的压力、疲劳或消极情绪影响到了个体在另一领域的行为，那么*消极*溢出就发生了。当一个领域中获得的技能（如时间管理）或认知（如积极的观点）提升了个体在另一个领域的表现，那么*积极*溢出就发生了。最近有一个研究考察了非标准工作时间对家庭生活的影响。它发现，上夜班对夫妻关系有消极影响，我们基本可以将这种影响归咎于消极的工作—家庭溢出的增加（疲劳的增加）。而另一方面，周末上班对白领的婚姻关系没有消极影响，但增加了蓝领的工作—家庭溢出。①

经济系统影响家庭还体现在工作卷入度的水平上。夫妻工作卷入度的相对水平对于家务的分担，权力关系、教养效率、婚姻满意度和婚姻稳定性都有重要影响。许多效应都会在 69
第九章中（婚姻系统）更详细地探讨。然而，将此作为前言来探讨一下，对于了解近几十年来夫妻工作卷入度的相对水平变化是很有帮助的。

二战后，经济的增长和劳动力需求的增大使得进入劳动力市场的女性数量大增。尽管非洲女性在劳动力市场中长期发挥着重要作用，白人女性现在也开始加入到工作行列中来了。在日益增长的改善生活质量的期望下，这种趋势更加明显，因为需要双收入。因此，活跃在劳动市场的女性比例从 1960 年的 37.7%增加到了 2007 年的59.3%。②至于已婚女性，工作女性的比例增加得更明显；从 1960 年的 30.5%增加到了 2007 年的 61.6%（请见图 2.3）。这个比例本来应该更大的，因为有很多年纪较大的妇女，她们没有再养育孩子，很早就没有出去工作了，她们没有必要的工作技能，且/或可能更赞同男女各有所长的老模型。从图 2.3 可以看出，年轻母亲出去工作的比例一直急剧上升，尽管从 20 世纪 90 年代起开始保持平衡了。那些家中有小于 6 岁的孩子的，出去工作的母亲比例从 18.6%升高到了 61.5%。那些有学龄期孩子（6 到 17 岁之间）在家的母亲，她们出去工作的比例也急剧上升，从 1960 年的 39%上升到了 2007 年的76.2%。③有趣的是，这个比例比普通劳动市场中所有男性的就业率（73.2%）还高。④

---

① Kelly D. Davis, W. Benjamin Goodman, Amy E. Pirretti, and David M. Almeida, "Nonstandard Work Schedules, Perceived Family Well-Being, and Daily Stressors," *Journal of Marriage and Family* 70(2008):991—1003.

② U. S. Bureau of the Census, "Table 569: Civilian Population—Employment Status by Sex, Race, and Ethnicity," http://www.2010census.biz/compendia/statab/cats/labor_force_employment_earnings/labor_force_status.html.

③ U. S. Bureau of the Census, "Table 578: Employment Status of Women, by Marital Status and Presence and Age of Children," http://www.2010census.biz/compendia/statab/cats/labor_force_employment_earnings/labor_force_status.html.

④ U. S. Bureau of the Census, Table 569.

图2.3 已婚妇女加入劳动力市场的比例:1960—2007年

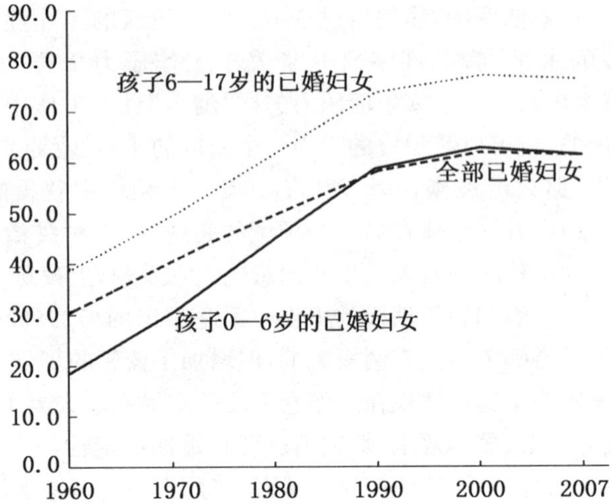

由于女性外出工作比例的增加,双收入夫妇数量以及双收入夫妻中“非传统收入模式”也有了急剧的上升。萨拉·雷利(Sara Raley)和她的同事对18000多名25岁至54岁之间
70 的已婚住户进行了分析,他们发现,从1970年到2001年,“丈夫独立养家”的比例从56%显著下降到24%,而“平等双收入”的比例变为了原来的两倍多(从1970年的9%上升到2001年的24%)。前一变化大部分发生在1970年至1990年之间,而平等双收入的增加基本发生在1990年以后。在这期间,住户中妻子是主要或唯一养家者的比例增加得更多,从4%增加到了12%,尽管这种家庭配置很少见。因此,尽管女性对家庭收入的贡献越来越大(不管是从绝对角度还是相对角度),但在2001年,住户中丈夫依然是唯一或主要的养家者。然而,考虑到年轻女性以及受过更多教育的女性更可能扮演平等伴侣的角色,或更可能成为主要的或唯一的养家者,所以我们有理由期待这种趋势的进一步继续。①

教育与家庭

和其他制度与家庭的关系一样,家庭和教育系统的关系也是相互的。从一个较基本的角度来讲,学校塑造着家庭每天的生活节奏,从而影响着家庭。从微观角度来讲,19世纪后期小学和中学水平公共教育出现了,20世纪人们对高中以上水平教育的期望和需要也增加了,这些对于婚姻、家庭建立以及教养方式都有影响,从而进一步改变了个人的生命历程。公共义务教育的进步,一方面是对正处于萌芽期的工业社会的需要的反应,另一方面它也和新中产阶级中出现的新家庭生活模式相互杂乱地交织在一起。要求儿童上学就意味着他们不能加入劳动市场,意味着对儿童发展需要的关注,以及对家庭如何满足儿童需要的关注。

① Sara B. Raley, Marybeth J. Mattingly, and Suzanne M. Bianchi, “How Dual Are Dual-Income Couples? Documenting Change from 1970 to 2001,” *Journal of Marriage and Family* 68(2006):11—28.

戈登·达罗奇(Gordon Darroch)对 19 世纪后期加拿大的家庭生活史做了一个分析,他发现公共义务教育是日益明显的区别的一部分,当时人们逐渐将生活的公共领域和私人领域区分开来,并将女性“驱逐”到私人领域中。①

此外,20 世纪后期高中教育有了很大发展,这意味着个体在开始职业生涯以前要等待更长时间,在建立结婚经济基础之前也要等待更长时间。因此,从 1950 年开始,第一次结婚 71
的平均年龄就有了显著的增大,这可能又导致了婚前亲密关系的变化和同居行为的增加。

从一个更微观的水平来讲,学校每天和每学年的安排方式对父母提出了许多后勤问题,父母既要外出工作,又要在孩子不上学时照顾孩子,所以要找到方法来平衡这两者。每天在校时间或每学年时间的改变都可能对家庭生活造成反响,因此会激起父母强烈的反应,因为他们需要更改自己的时间安排和角色任务。学校也会根据年龄对学生进行分类,有时分类依据也会是能力。当幼儿进入学校后,家庭生活也随之改变了,在有关学校方面的事务上更加积极,在整个 K—12 系统中都会一直这样。在每个学龄水平,孩子及其父母会对孩子的行为和课外活动参与程度有不同的期待。这些新期待可能会和家庭期待发生冲突,且经常需要在家庭责任和权力关系上做出改变,如果家庭没有做出相应改变,那么冲突就会产生。最后,学校不仅向学生施加了设置的学业科目,也要求学生学习一些关于公民和道德责任的所谓的隐性课程。是强调遵从规则还是个人道德判断,是强调尊重权威还是质疑权威,是强调通过竞争成功还是通过合作成功,以及另外还存在的一些有潜在价值的争论,这些问题都是隐性课程所关注的,这种关注的程度要么会加强,要么会扰乱家庭的价值系统。这些都会影响家庭的凝聚力水平,会提升或阻碍父母使孩子社会化的目标的实现。

最后,教育通过塑造个体的人格、社会和文化资本,从而对家庭生活产生重要影响。资本指的是积累的物质或资源,它能用于满足人格需要,对紧张性事件或危机作出反应,并在将来获取更多的资源。尽管学术界对资本这个概念的意义存在争论,②但社会学家通常会将资本划分成四类:*经济的*、*人格的*、*社会的*和*文化的*。经济资本指的是个体积累的经济资源,如存款、房子、信用额度、股票和债券,以及其他形式的财富。人格资本指的是个体积累掌握的技能和能力,如阅读能力、写作能力,以及完成其他定量操作的能力。它还包括个体积累的,可用于提升社会结果(如更有效的教养,更好的交流,以及冲突处理能力等)和经济结果(如在特殊职业岗位上的绩效)的一般知识和特殊知识。社会资本指的是社会关系的网络(如亲属网络,朋友网络,社区网络,整治网络等),它可用于帮助管理外部环境,在急需帮助时寻求援助,创造机会提高或扩大目标和结果。最后,文化资本指的是文化经验(如,国外旅行,参观博物馆,听音乐会等),语言用法和语言风格,社会权力机构定义的重要知识,以及

---

① Gordon Darroch, “Domestic Revolution and Cultural Formation in Nineteenth-Century Ontario, Canada,” *History of the Family* 4. 4(1999):427—445.

② Annette Lareau and Elliot B. Weininger, “Cultural Capital in Educational Research: A Critical Assessment,” *Theory and Society* 32(2003):567—606.

偏好的生活方式(“社会和文化排外的制度化的标志”)。①在目前这种情况下,文化资本非常重要,因为它向他人传递着价值,规范着他人遵从个体愿望的期待、评价和意愿。

正式学校教育对人格、社会和文化资本的直接影响可以通过多种方式实现:通过构成活
72 动的技能和知识,通过对学生间社会关系的组织,通过使学生接触某种特定类型的文化和价值系统。这些影响体现在教育对经济结果和经济资本构建的效应上,以及对婚姻和教养有效性和成功性的积极效应上。

谈到家庭和教育、教学的相互影响作用,有大量的文献资料证明了,家庭生活质量和父母资源可以提升孩子的教育结果。良好的经济条件和其他资源增加了创造良好家庭环境的可能性:有书读,有电脑,以及其他的教育资源;有满足学习所需的物理和私人空间;较少的使学习分心的家庭压力;父母更有效地参与到对学习和教育的追求中。现在,已经有很多人关注到,父母在教学中的参与会对儿童教育结果产生影响。父母参与孩子课内课外的教学活动,会带来更多的积极的教育结果(如分数,考试表现,以及辍学率的下降)以及社会结果(如更少出现不良行为)。这种观点已经被专业教育者和普通人士广泛接受。就像瑟斯顿·多米尼娅(Thurston Domina)指出的,无论是共和党还是民主党执政,父母参与教学会提升孩子的教育结果,这个论断一直是教育政策改革的主要核心,从里根政府的教育美国法案(Education America act, 1986),到克林顿政府的初等和中等教育法案(Elementary and Secondary Education Act, 1996),再到乔治·布什的有教无类法案(No Child Left Behind Act, 2002)。②这(父母参与教学活动)几乎成了万能药,试图挽救学生们的不良教育表现,然而,最近的社会学研究缓和了对这种万能药的激情。

尽管有证据表明,父母在孩子学前期与孩子分享阅读和交给孩子读写技能,对于孩子一年级和三年级的阅读水平有积极影响,③但认为父母在后来的教育中的参与(在家里帮助孩子,出席学校活动、会议等),对孩子的教育结果有积极影响是缺乏证据的。大多数情况下,这些研究都是将父母的参与作为社会资本和文化资本,学生们可以利用来和老师建立关系,在适应学习环境和学习材料的过程中可以寻求帮助,以及取得更好的分数。从社会资本的角度来讲,参与教学能提高价值对孩子在校表现的认识,明确孩子的需要。这使得家长能更直接有效地帮助孩子,或能为孩子找到需要的帮助以成功。从文化资本的观点来看,参与教学也可以帮助家长认识到老师是怎样看待自己的孩子的,因此改善孩子和老师的关系,使得老师对孩子的知识、能力以及孩子对学校的归属感有更积极的评价基础。反过来,孩子有了强烈的归属感,又获得了老师的积极评价,那么孩子(其家长更多地参与教学)的辍学率就会下降。

---

① Michele Lamont and Annette Lareau, “Cultural Capital: Allusions, Gaps and Glissandos in Recent Theoretical Developments,” *Sociological Theory* 6(1988):156.

② Thurston Domina, “Leveling the Home Advantage: Assessing the Effectiveness of Parental Involvement in Elementary School,” *Sociology of Education* 78(2005):233—249.

③ Monique Senechal and Jo-Anne LeFevre, “Parental Involvement in the Development of Children's Reading Skill: A Five-Year Longitudinal Study,” *Child Development* 73(2002):445—460.

专栏：新闻

对塞里诺家庭的采访 73

——北伊利诺斯州立大学(NIU)校友奖得主

已在内珀维尔居住很久的一个家庭最近获得了一项荣誉，被授予了2009年北伊利诺斯州立大学自由艺术和科学校友奖。传统上，这个奖项都是授予个人的。塞里诺家庭有6个子女，但这并不是他们得奖的原因。他们得奖是因为这六个兄弟姐妹都从北伊利诺斯州立大学毕业，而且每个人都获得了博士学位，事业也都很成功。

家中的女主人叫作雷娜·塞里诺，1932年出生于内珀维尔。1972年，雷娜开始在NIU攻读艺术硕士学位，从此为她的家庭铺平了在NIU的道路。她的孩子一个接着一个进入NIU，直到1986年最后一个孩子毕业。但塞里诺家庭的孩子并没有停止继续深造，都继续读研究生，并都获得了博士学位。这点给人印象深刻，因为NIU找不出还有哪个家庭所有的孩子都获得了博士学位。

至于雷娜，她不满足于33年前获得的硕士学位，她孩子继续深造。她目前已经得到了197个学分，还经常去听讲座，还是ALPHA(一个机构)和NIU古玩爱好者协会成员。这两个机构在30多年的时间里为NIU请来了很多客座教授。

1. *在家中你是怎样鼓励他们学习的？*这其实也没有固定的模式。你自己必须对学习和新事物感兴趣。我曾经见过一些人，他们没有任何的资源，但他们还是培养了很优秀的孩子。所以这要看大人在家中的态度。

2. *你最大的成就是什么？*是我的孩子。我的六个孩子都拿到了博士学位，都非常美丽、英俊、有魅力而生气勃勃。在他们面前，谁都会黯然失色的。

3. *你已经完成了环球旅行，你从旅行中收获了什么？*我去过欧洲的31个国家。我并不是去闲逛的，我是去看艺术的，去看外面的一切。我第一次去欧洲旅行的时候，我参观了60座博物馆和55座教堂。当我孩子10岁时，我第一次去海外旅游，花了6周时间。

4. *当你的孩子还小的时候，他们理解你要继续学习的愿望吗？*他们希望我去学校。他们希望我成为一位老师。如果你所做的事情是有意思的，那么孩子是很想参加的。

5. *你对现在正养育孩子的父母有什么教养方面的建议？*和他们呆在一起。今天我看到了孩子，他们没有在院子外，没有在玩耍，而是在各种各样的学习班里。我的学习班是在后院里。

来源：*The Naperville Sun*，Naperville，IL，http://www.suburbanchicagonews.com/napervillesun/news/1567140，five-questions_na051009.article.

最近,有很多针对主要人群和少数团体的研究在质疑:父母参与教学对孩子的教育和
74 社会结果的影响有那么大吗?比如,多米尼娅对全国青少年纵向调查(National Longitudinal Survey of Youth)做了分析,她发现,父母的参与对达标测验分数以及没有问题行为的小学儿童是有积极影响的,但对达标测验分数的影响完全可以用父母的社会经济地位加以解释。①更可能是由于家庭经济的影响,而不是受到父母参与这个社会资本和文化资本的影响。在另一项研究中,研究者发现父母参与对于低收入家庭孩子的师生关系有积极的影响,这反过来影响了他们对学校的感情以及对自己阅读和数学能力的感知。②然而,尽管这个研究表明了感知到的学习能力会导致学习达标,③但不能证明在父母的高度参与下,孩子的成绩或达标测验分数有显著的提高。许多关注少数群体的研究发现,也许更重要的是,父母参与的积极效应只存在于主要人群中的地位较高的团体。④根据拉鲁(Lareau)和她同事的研究,更重要的是父母参与将文化资本传递给孩子的水平。而这种水平取决于:父母的态度、价值、感知和互动方式反映教学标准及教师和管理者的标准的程度。⑤

最后,有一些证据表明,学校教育能缓和高危家庭环境对孩子的消极影响。最近研究者对全国教育纵向研究(National Educational Longitudinal Study)和全国青少年健康纵向研究(National Longitudinal Study of Adolescent Health)进行了分析,约翰·霍夫曼和米凯拉·达夫拉(John Hoffman & Mikaela Dufur)发现高质量的学校环境(如学校环境给人以"公正"和关爱的感觉,其学生值得信任,功能完善)可以填补父母没有参与教学的缺陷,可以有效地降低辍学率(辍学率会由不良学业表现和价值观导致)。⑥因此,家庭在学生的教育和社会结果中确实扮演着重要的角色,但是这种作用也是有限的,不是决定这些结果的唯一因素。

---

① Domina, *Leveling the Home Advantage*, 233—249.

② Eric Dearing, Holly Kreider, and Heather B. Weiss, "Increasing Family Involvement in School Predicts Improved Child-Teacher Relationships and Feelings About School for Low-Income Children," *Marriage and Family Review* 43(2008):226—254.

③ J. C. Valentine, D. L. DuBois, and H. Cooper, "The Relation between Self-Beliefs and Academic Achievement: A Meta-Analytic Review," *Educational Psychologist* 39(2004):111—133.

④ William H. Jeynes, "The Effects of Parental Involvement on the Academic Achievement of African American Youth," *The Journal of Negro Education* 74(2005):260—274; Gabriel P. Kuperminc, Adam J. Darnell, and Anabel Alvarez-Jimenez, "Parent Involvement in the Academic Adjustment of Latino Middle and High School Youth: Teacher Expectations and School Belonging as Mediators," *Journal of Adolescence* 31(2007—2008):469—483; and Michele Lamont and Annette Lareau, "Cultural Capital: Allusions, Gaps and Glissandos in Recent Theoretical Developments," *Sociological Theory* 6(1988):156.

⑤ Lamont et al., *Cultural Capital*, 156.

⑥ John P. Hoffman and Mikaela Dufur, "Family and School Capital Effects on Delinquency: Substitutes or Complements?" *Sociological Perspectives* 51(2008):29—62.

宗教与家庭

根据 2007 年皮尤宗教和公共生活论坛收集的数据，有 83%以上的美国成年人报告自己从属于某种宗教团体，其中 51%报告自己“目前的信仰”是新教徒（17%是施洗者），24%报告为天主教，差不多有 2%的人报告摩门教，大约 2%的犹太教，剩下的报告了其他一些宗教（包括东方宗教和新世纪团体）。①尽管这些数据没有反映出宗教参与水平，但我们完全可以说美国是世界上最信仰宗教的国家之一，并且这种高水平的虔诚对家庭生活可能有深刻的影响。

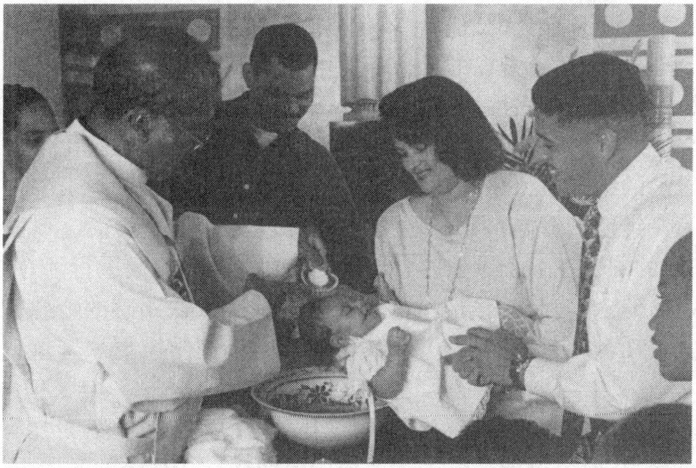

宗教教义和行为，包括祈祷，在世界上大多数人的生活扮演着重要的角色。家庭中的许多仪式，包括出生、结婚、迁居、成人礼以及葬礼都是神圣的事件，具有宗教的性质。 75

在历史上和跨文化上，宗教系统和家庭系统之间的关系一直是相互的。在大多数社会中，许多的家庭庆祝典礼具有宗教性质。宗教标准同样影响着说话方式，婚外和婚内性行为、男女角色、夫妻关系和亲子关系等。订立婚约、施洗以及葬礼会频繁涉及牧师和宗教组织。但不光宗教和宗教组织影响人们的家庭生活，家庭组织和生活模式也影响着宗教组织的完整性和生存能力。家庭参与宗教组织和仪式，这样宗教社区就形成了。通过婚姻和接下来的生儿育女，稳定的宗教团体新生力量就形成了。通过父母的实践和孩子的社会化，宗教组织的价值和信念得以保存、加强和保护。很明显，宗教制度对于家庭系统的形成和维持是一股重要的力量，但宗教是通过哪些机制影响家庭，这种影响又有多强呢？

在最近的一篇关于家庭和宗教的文献综述中，戴维、马克斯和古德曼（David Dollahite，Loren Marks & Michael Goodman）指出宗教是一个多领域的结构，所以需要考虑它的复杂性。②第一 76

---

① U. S. Bureau of the Census，*The 2009 Statistical Abstract*，“Table 74：Religious Composition of U. S. Population：2007，” http://www. 2010census. biz/compendia/statab/cats/population/religion. html.

② David C. Dollahite，Loren D. Marks，and Michael A. Goodman，“Families and Religious Beliefs，Practices，and Communities：Linkages in a Diverse and Dynamic Cultural Context，” M. Coleman and L. Ganong（Eds.），*Handbook of Contemporary Families：Considering the Past，Contemplating the Future*（Thousand Oaks，CA：Sage Publications）.

个维度包括信仰。不同的宗教团体有不同的信仰,关于男性和女性的特点,关于关系的适当形式,关于不同行为的适当性和道德正确性,甚至关于宇宙的本质和物种的起源。个体通过带有宗教信仰的"过滤眼镜",相互感知对方,感知他们之间的关系,感知周围的世界,这种感知也可能会影响到他们建立亲密关系和家庭的方式,以及他们在婚姻和家庭环境中的互动方式。尽管不同宗教团体之间信仰不同,但宗教和非宗教团体之间的差异才是最重要的。

第二个维度是宗教实践,如祈祷和信仰的其他外在表达方式。这样的实践可能是最重要的,因为人们在家庭中的这种仪式行为发挥着重要的功能,给人们带来犹豫时的确定,带来团结,带来定期的社会交往,带来交流的机会。就像家庭系统和家庭压力论者和从业者所指出的,这样的实践对于家庭成功适应潜在的压力环境可能是很重要的。①

最后,第三个维度是宗教社区。通过参与宗教活动,个体和家庭在家庭外发展出了广阔的网络,这个网络是重要的社会支持来源。宗教(特别是宗教参与)带给家庭生活的许多积极效应很可能是第三个维度的结果。

考察宗教的第二和第三维度的影响的另一种方法是通过*虔诚*这个概念。玛丽娅·康沃尔(Marie Cornwall)和她的同事在一个综述中,对以前有关虔诚的测量进行了总结,认为虔诚主要有三个成分:认知(信念和教义的强度),情感(对某种宗教认同感的情感依赖性),以及行为(信念表现,仪式表现,参与宗教习俗)。②其他的社会心理学家更加着重关注认知和情感成分。③

虔诚的三个维度对家庭生活的影响可能存在差异。比如,高度相信教义,可能有助于在家庭中创造一种强烈的凝聚力,但也可能降低家庭系统的灵活性。在稳定的环境中,家庭会运转得很好,但在需要做出有益改变时,家庭可能会处于漂浮不定的危险中。④在个体和家庭处于压力环境中时,高水平的情感卷入和奉献能为个体和家庭提供支持,通过*卓越价值系统*(*transcendental value system*)带来积极的影响,⑤但同时也导致了适应这些条件所需的
77 灵活性的丧失。最后,研究者还探讨了仪式行为成分和习俗参与的潜在积极效应,但这些同时也会带来消极影响,因为宗教习俗需要个体投入大量的时间、精力和金钱,这些都有损于

---

① Pauline Boss, *Family Stress Management: A Contextual Approach* (Thousand Oaks, CA: Sage Publications, Inc., 2nd ed., 2002); and Froma Walsh, *Normal Family Processes* (New York: The Guilford Press, 3rd ed., 2003).

② Marie Cornwall et al., "The Dimensions of Religiosity: A Conceptual Model with an Empirical Test," *Review of Religious Research* 27.3(1986):226—44.

③ Stephen Joseph and Deborah Diduca, "The Dimensions of Religiosity Scale: 20-Item Self-Report Measure of Religious Preoccupation, Guidance, Conviction, and Emotional Involvement," *Mental Health, Religion & Culture* 10.6(2007):603—8.

④ David H. Olsen and Dean M. Gorall, "Circumplex Model of Marital and Family Systems" in Froma Walsh, *Normal Family Processes* (New York: The Guilford Press, 3rd ed., 2003:459—486).

⑤ W. Robert Beavers and Robert B. Hansom, "Measuring Family Competnece: The Beavers Systems Model," in Froma Walsh, *Normal Family Processes* (New York: The Guilford Press, 3rd ed., 2003:487—514).

对家庭需要的满足。①

随着宗教组织在家庭价值系统中的声音越来越大，我们不禁要问宗教信仰对特定行为和家庭生活有什么样的影响。从很多有关青少年早孕问题和早孕相关行为的研究中，我们可以发现，宗教组织对行为（如危险性关系和避孕工具的使用）的影响是很明显的。在青少年时期，比起那些没有宗教信仰的年轻女性，有某种宗教信仰的年轻女性更不可能与别人发生性行为。布鲁斯特（Brewster）及其他人②从两个全国调查中抽取数据研究发现，宗教归属发挥着“守门员”的功能。即宗教归属的影响主要体现在对*第一次*性行为的时机把握上。然而，后来的性行为和使用避孕措施的决定和宗教信仰没有关系。除了对青少年性行为的影响，多拉海特（Dollahite）和他的同事们还举出了证据，证明宗教对婚姻和家庭生活的许多方面都有总体上积极的影响。总体上，宗教和虔诚的积极影响体现在以下几个方面：婚姻和家庭满意感，性生活满意感，交流，冲突处理，奉献精神，以及稳定性。信仰宗教的父母倾向于会有更好、更有效的教养，父亲也相对更多地参与教养，孩子的问题行为也更少。另一方面，尽管信仰宗教的妇女没有对婚姻安排表示不满，但在婚姻中，信仰宗教的个体中确实有更多人感受到较少的性别平等。还有证据表明，宗教家庭更接受配偶虐待，但没有明显的证据表明这些婚姻对于暴力是更敏感还是更不敏感。在教养方面，信仰宗教的父母会更加专制、更不开放、更不灵活。尽管在稳定的环境条件下，这些教养方式可能会发挥更大的作用；但在现代社会背景下，有关教养的研究已经证明，专制的养育方式会给孩子带来更多消极的影响，而且也不是很有效。③

大众媒体与家庭

现在，我们可以将大众媒体看作是正在形成的社会系统和社会制度。大众媒体包括报纸、杂志、电视、广播、电影，以及最近兴起的计算机和互联网。④媒体是广大的公众（*大众*）获取信息的一种来源，但又不仅仅“只是”信息。大众媒体影响着我们看待不同婚姻和家庭结构是否合法的态度，比如：单亲父母或同性婚姻；婚姻和家庭行为（如教养和性行为）；甚至对 78
自我的界定。在现代社会的人际关系、婚姻和家庭生活中，我们关心什么，担心什么，以及一贯的价值是什么，媒体都会予以反映。它是对我们的社会情况的反映，而不单是一种信息来源。但它不是一只不经过滤的镜头。对于媒体向大众传递什么样的信息，那些社会的当权者有着巨大的影响力。在资本主义社会（基于经济领域中利润最大化建立起来的社会）中，

---

① Dollahite et al., *Families and Religious Beliefs, Practices, and Communities.*

② Karin L. Brewster, Elizabeth C. Cooksey, David K. Guilkey, and Ronald R. Rindfuss, “The Changing Impact of Religion on the Sexual and Contraceptive Behavior of Adolescent Women in the United States,” *Journal of Marriage and the Family* 60(May 1998): 493—504.

③ Dollahite et al., *Families and Religious Beliefs, Practices, and Communities.*

④ Robert Hughes, Jr. and Jason D. Hans, “Computers, the Internet, and Families,” *Journal of Family Issues* 22(September 2001): 776—790.

谁为广告买单,谁为艺术出资,谁是董事会成员,谁就可以控制媒体。尽管媒体需要反应公众的关注焦点以及社会事实,但当权者允许的信息必须从根本上具有“销售”的特点,因此,媒体就有了许多空间将那些不符合当权者自身利益,或价值取向与当权者不一致的信息排除掉或更改掉。

因为在美国98.2%的家庭中有电视,所以电视受到了最多的关注,它在日常生活中是孩子和成人触手可及的主要媒体资源。调查显示,在2007年,成人中94.2%观看电视,82.9%收听广播,73.9%阅读报纸,以及67.4%上网。①这些数字和2000年的媒体接触水平是大致相当的,只有在报纸阅读(比2000年下降了6%)和上网(在过去的七年中就增长了22%)方面稍有差别。可能更重要的是,相对于年轻人,看电视和读报纸好像正成为老年人的活动;而对于老年人,听广播和上网又是年轻人中最普遍的媒体接触方式。在2007年,分别有65%和91.3%的18到24岁之间的成年人读报纸和看电视;而对于65岁及以上的老年人来说,这个比例分别是78.8%和97.1%。在广播和上网方面,年龄趋势与此相反,分别有88.7%和80.5%的年轻人采用这两种方式;但在老年人中,采用这两种方式的比例只有62.2%和30.2%。这些数字只反映了成年人的情况。但我们有理由推测,对于大多数的的儿童和青少年,看电视和上网(频率较低)也是经常进行的活动。事实上,许多家庭将电视当作是电子保姆。沃尔蒂(Volti)说美国孩子在电视机前的时间比在学校里的时间还要长。②由于儿童在看电视上花费了这么多时间,电视对儿童的影响就尤其值得关注了。就电视中的暴力节目而言,沃尔蒂推测,到18岁为止,平均每位青少年从电视中看到了18000人被勒死、闷死、刺死、枪杀、毒死、炸死、淹死、轧死,或被殴打致死。他们看到的抢劫和攻击事件可能是死亡事件的十倍。在21世纪的转折点上,考虑到这些数字,看到许多媒体报道青少年枪杀同学,强奸,在大学校园中打架,企图将暴力作为解决约会、家庭及其他的人际或社会问题的合理方法,我们就不会感到惊讶了。

不管媒体采用哪种媒介传播消息,对于与家庭有关的价值、标准和期待来说,媒体都是
79 重要的影响来源。女性主义者和学者特别关注大众媒体的强大力量,他们认为大众媒体强化了对男性和女性的文化期待,以及性别的刻板印象。刻板印象是指个人拥有的关于某个群体所有成员的个性和行为的信念,这些信念基本上不符合事实。它们通常是过于简单化的总结描述。

性别刻板印象并不是一成不变的,但大体上让我们了解了男性和女性不仅是不同的,而且还是不平等的。广告频繁地将男性描述为主导者形象,而将女性描述为性交对象。刊登少女题材的文章和广告的杂志关注的都是美丽、苗条和受欢迎的少女,而男性题材杂志关注的都是有肌肉、体育好的男性。音乐中通常将男性描述为富有攻击性和专横的,将女性描述

---

① U. S. Bureau of the Census, *Statistical Abstract of the United States*: *2001*, 121st ed. (Washington, DC: U. S. Government Printing Office, 2001), no. 1127, 705.

② Rudi Volti, *Society and Technological Change* (New York: St. Martin's Press, 1995), 196.

为需要依赖和善于教养的。一些人甚至指出，音乐不仅反映了盛行的刻板印象，而且还大量地关注男性，将女性作为不相关的或男性的背景。电视也一样，在人物形象中，男性比女性多得多；而且通常将女性描述为依赖、顺从于其权威的、掌握决策权的丈夫的。

通过不断呈现以上这些景象，媒体使自己变成了影响我们两性观点和人际关系的一股强大的力量。媒体向大众传递的观点都是这样的：男性比女性更重要、更高级；老人在广告中出现得不多，且广告效果也不好，所以可以忽略；女性就应该做家务，带小孩，在丈夫在观看体育节目时不应该打扰他们。阿里拉和帕梅拉（Arielle Kuperber & Pamela Stone）做了一项关于印刷媒体的研究，考察女性在工作中和在家的竞争角色。他们发现，“新女性主义者奥秘”正在发展，而这是基于这样的观点：女性可以像“自由”的演员一样，现在可以“选择”待在家里带孩子（也就是说“决定退出”职业角色），且这种选择是有价值的也是很自然的。[①]这些文章中，没有提到工作场所缺乏灵活性，因而给女性适应双重角色带来的不便；也没有提到父亲作为照料者，同等程度地参与照料的重要性。这些文章同样地大量关注中上阶级白人妇女。考虑到这些形象没有反映大多数新母亲（包括中上阶级白人女性）的真实选择，所以很难断言它们反映了社会事实。相反，它们建构了一种关于女性和她们的家庭角色的新的意识形态（后女性主义）。尽管女性也参与到了这种意识形态建构过程中，但这很可能是她们对自己生活中偶然事件的反应，而这些偶然事件是受两性关系和工作条件所影响的。

这种意识形态形成过程不只限制在印刷媒体中。在另一项对一个受女性欢迎的网站（iVillage. com）的研究中，研究者也发现了相似的后女性主义意识形态形成过程。[②]上网女性中，有七分之一会访问这个网站，网站有四个循环主题；许多女性在工作和家庭谁优先的问题上挣扎着，矛盾着，网站从给她们的建议中就提炼出了这四个主题。网站建议女性：“像 80
家务是女性的主要责任这样的观点，要调节，而不是去挑战。”网站同样讲述了很多故事：比如很多“例外的父亲”，他们经常帮助做家务，但他们不像全职父亲，全职父亲给人们传递的是一种不同的家庭和教养责任；非传统的工资劳动配置，它使得女性可以既工作又照顾家庭，而不需要重新协调婚姻角色；还有一些产品，当女性在处理工作和家庭责任时，如果出现了消极结果，就可以用这些产品来处理（商品女性主义）。

你也许会说，这些刻板印象只是简单的媒体描述，在“真实生活中”人们是不会相信这些的。但研究证明，媒体受众确实受到了呈现内容的影响。广告促进销售，以及竞选中花大量的钱换来选票，这都是最好的证据。关于暴力影响的研究也得出了相似的结论。我们应该知道，人们很少直接模仿他们在电影或电视中所看到的。但他们看到的的确对他们产生了影响，使人们脑中的暴力激活了，丈夫主导妻子更被接受，父母打骂孩子更被接受。除了媒

① Arielle Kuperberg and Pamela Stone, "The Media Depiction of Women Who Opt Out," *Gender & Society* 22. 4(2008):497—517.

② Worthington, Nancy, "Women's Work on the World Wide Web: How a New Medium Represents an Old Problem," 3. 1(2005):43—60; and Royal, Cindy, "Framing the Internet: A Comparison of Gendered Spaces," *Social Science Computer Review* 26. 2(2008):152—69.

体的意识形态方面,通讯技术的发展对于家庭有更为直接的行为影响。对于已婚父母,网络和电子邮件使用的增多,手机和传呼机使用率的上升,使得工作更容易影响家庭生活,家庭生活也更容易影响工作。尽管技术的发展可能会增大工作和家庭角色的灵活性,因而给工作和家庭关系带来积极影响,但研究表明这种影响主要(不是唯一)还是消极的。持续的沟通会增加消极的工作—家庭溢出,反过来由于造成对工作的不良影响,还会降低家庭的满意感。[①]在教养方面,互联网的普及同样对父母提出了新问题,他们需要监视和控制孩子,防止他们接触不良信息和与自己的家庭系统相反的价值观。对于电脑技术知识不如孩子的父母来说,监控孩子的网络使用是一项具有挑战性的任务。[②]

当代美国家庭的问题与变化

毫无疑问,美国家庭一直在改变,也会继续改变下去。这个概念已得到了大众媒体的广泛认可,在实证研究中也有大量记载。但这种改变的轨迹却并不是直线的。态度和行为方面的社会改变是一个更为复杂的行为、反应和反作用的过程。阿兰德·瑟斯顿(Arland Thornton)和他的同事们在两个研究中,考察了婚姻和家庭生活中态度变化更加复杂的特点。其中一个研究考察了从20世纪50年代后期到80年代后期的30年间,美国家庭生活的标准和价值观的改变[③];另一个类似究考察的时间是从20世纪70年代中期到90年代后
81 期。对这两个研究得到的大量数据进行分析后,瑟斯顿发现,在20世纪50年代后期到80年代早期之间,在结婚、维持婚姻关系、生育孩子、将亲密关系限定在婚姻关系内以及维持男女各自独立的角色方面都呈现出下降的趋势。然而,在20世纪70年代中期到90年代后期之间,他发现人们对婚姻和家庭生活的很多方面都更加重视了,如更加致力于创造良好的婚姻和家庭生活,年轻人更愿意结婚了,年轻人更加希望自己有一天能够结婚,男性和女性更加坚信为人父母是一种成就感。他还发现人们对婚外性行为的反对程度没有再下降了。

然而,在更加重视婚姻和家庭生活的同时,美国人对某些问题的看法也在继续改变:他们认为这些关系应该是更自愿而非更义务的,更平等而非更分级的,应该充分体现个体的自由。因此,对于婚姻和家庭的替代形式(如同居),对于双收入家庭和分摊的家庭角色,对于未婚养育子女,对于单亲,对于离婚,美国人变得越来越宽容了。但同时他们也认为:同居更应该被看作是迈向婚姻的一步,而不是随便的一种关系;男性应该主要承担养家糊口的责任,女性应该主要承担照顾家庭的责任;比起流产或将孩子送人领养,养育非婚生子女要更

---

① Noelle Chesley, "Blurring Boundaries? Linking Technology Use, Spillover, Individual Distress, and Family Satisfaction," *Journal of Marriage and Family* 67(2005):1237—1248.

② Rong Wang, Suzanne M. Bianchi, and Sara B. Raley, "Teenagers' Internet Use and Family Rules: A Research Note," *Journal of Marriage and Family* 67(2005):1249—1258.

③ Arland Thornton, "Changing Attitudes toward Family Issues in the United States," *Journal of Marriage and the Family* 51(November 1989):873—893.

好些；有双亲比只有单亲要好，而且离婚必须要有正当的理由，离婚一旦发生对孩子是有伤害的。关于婚姻和家庭生活的未来，瑟斯顿和扬-德马可（Thornton & Young-DeMarco）总结到：

> 无论是在私人还是公共水平上，美国家庭在将来要面临的最大问题可能都是自由、平等的原则与对家庭、婚姻和孩子的承诺的整合。当这些人们高度看重的品质相互排斥，而不是相互支持时，人们会做何选择？在恪守家庭承诺和责任的同时，人们会怎样利用自由去追求个人的目标和渴望呢？

在这一部分中，我们将对当今美国婚姻和家庭生活中的重大热点问题进行探讨。

婚姻与家庭的含义

在对家庭的研究中，最基本的问题就是婚姻和家庭的意义。这个问题涉及了两个争论：一是关于婚姻和家庭的基本目的或功能的争论；二是在回答婚姻和家庭生活问题时，对于合法权威的来源有不同意见。同时还有人质疑婚姻本身是不是必要的。

传统的社会标准将婚姻和家庭生活要么看作是基于过去实践的一种既定事实，要么看作是基于社会义务观念的一种宗教信仰或一种事实。最传统的社会标准（代表着理想类型结构的一个端点），将婚姻看作是一种神圣的现象。也就是说，家庭和婚姻是神圣的、天赐的 82
制度，是由上帝耶和华，或其他高于男性和女性的最高力量创造和维持的。“婚姻是天作之合”的说法在很多方面就和这种观点一致。

在西方社会现代化开始之前，传统的社会标准是最盛行的，在今天的某些非西方社会中这种标准仍然在以某种形式盛行着。在今天的社会中，它通过宗教组织的习俗得以保存下来。非西方宗教一直强调和限定着亲属关系、婚姻和家庭生活。然而，西方宗教（特别是天主教），最近总是在以拯救者的姿态，促进婚姻和家庭生活的阶级行为。尽管在现在的天主教堂婚姻是一桩圣事，但比起单身主义或独身主义的地位，婚姻在人生中的地位的重要性长期处于次要地位。甚至“神圣家庭”的概念也是最近（十五世纪）才在天主教堂中发展起来的，因为它强调公共关系高于婚姻和家庭联系。事实上，新教主义的出现和世俗哲学的增长将天主教推向了更加赞成展延家庭（或反对节育）的位置。①

不管这些历史怎么发展，宗教组织现在还是支持很多原则，许多人用这些原则来界定和维系他们的婚姻和家庭生活。基于这个观点发展出了另一个观点：所有家庭和宗教事务的权威来自上帝，并由宗教官员管理着。我们可以在先知的教诲中、在记录上帝言行的资料中找到一些指南，它告诉人们怎样的婚姻与家庭形式、功能和行为才是合适的。因此，怎样的婚姻与家庭形式以及功能是合适的，是由许多因素决定的，而通过科学调查得到的信息与这些决定因素是无关的。家庭是上帝实现其意愿的工具，是社区信奉者的社会化和凝聚力的源泉。

其次的传统标准出现在早期社会中，但在19、20世纪之交和20世纪早期，才开始变得

---

① O'Day, *The Family and Family Relationships, 1500—1900*; Gillis, *A World of Their Own Making*.

明朗和普遍。它认为婚姻和家庭的意义是根植于*社会*义务中的。婚姻的社会意义就像是其神圣意义一样,代表着传统标准。权威来自人类,而不是上帝,总体上以亲属团体、社区、教堂(作为一种习俗),以及社会为代表。在这种背景下,婚姻和家庭的主要价值就在于维持社会地位,遵从亲属和社区的意愿,以及在社会上保持合适的形象。因此,其他人怎么想的非常重要,但这仅仅限于某一个特定的文化背景下。离婚、非婚性行为、单亲、黑人/白人通婚等等,它们中的每一种都不会被禁止或反对,但不同的种族间、民族间、社区间和社交网络间可能有差异。个体遵从所在社会类别或团体的标准,就会被认可和接受;不遵从就得不到认可。

第三层含义来自现代性的发展,它主张家庭和婚姻是为*个体*而出现的。从现代性的角度来讲,权威来源认为婚姻与家庭生活是一种理性(结果目的)关系,这种关系是介于婚姻与
83 家庭制度和个体在其中的幸福感之间的。传统和神圣的东西不会被当作是知识的来源,只有科学积累的知识才会被接受。社会义务分为关于婚姻与家庭形式的推理和关于行为的推理,但要看它们是否和个体幸福感的稳定性相关。在现代视角下,自由主义和多元主义一直存在着,婚姻和家庭生活的单一模式不能在理论上充分说明个体的独特情况。如果某人选择和别的种族、宗教、民族、社会阶级、或教育水平的人结婚,那是他/她个人的事情。与此相似,选择类婚姻的关系,如同居,不管是同性还是异性同居,都是隐私的、个人的决定。根据这个观点,在婚姻或亲密关系中是否幸福才是决定成功的因素。婚姻和家庭的功能就是为其成员的幸福感服务,当幸福感受到威胁时,系统就瘫痪了。不论是上帝还是社会,都不能指挥个体的行为,也不能强迫个体忍受不成功的婚姻或关系。在这种意义下,权威来源就只有人了;每个人都要为他/她自己的成功或失败负责。

因此,至少存在三种基本的婚姻和家庭的理想类型含义,并且它们在今天依然存在。对于某些人或团体来说,婚姻是神圣的;对于其他人来说,婚姻是社会契约,是否成功要看是否符合社会需要;对于另外的其他人,婚姻是高度个人化的,高度与个人利益相关的。20 世纪 70 年代以来,关注个人利益的第三层含义开始受到越来越多人的接受,尽管美国社会还是一个多元化的社会。因此,关于婚姻和家庭生活的争论会继续令人困惑,因为人们总是从不同角度来“构思”争论,总是关注不同的结果,总是以不同的标准来判断结果。①

家庭职能

美国社会的批评家认为家庭已经衰落了,他们的观点部分基于家庭职能的丧失上。在整个历史上,家庭一直是主要的社会制度,发挥着经济生产、保卫家庭、教育和娱乐的职能。考虑到家庭这些传统职能的丧失,有人指出,现代社会的专门化和复杂化带来了一个非人类化和分类的过程。因此,经济、法律和其他形式的交互作用构成了婚姻和家庭生活的基础,

① Vincent Price, Lilach Nir, and Joseph N. Cappell, “Framing Public Discussion of Gay Civil Unions,” *Public Opinion Quarterly* 69(2005):179—212.

但这些作用很多已经丧失了，使得家庭很容易分裂，孩子也处于危险之中。①

美国社会中的很多人坚信这样的观点：家庭的传统功能应该被保存。即家庭主义应该高于个人主义，教育应该以家庭为中心，晚辈应该照顾长辈，祈祷和宗教仪式应该成为家庭日常生活的基本部分，娱乐应该使家庭成为一个单元，应该在相对集中的家庭成员间分享 84
情感。

然而，家庭行为的现存模式表明，许多传统的家庭职能现在被其他很多机构代为执行了。经济职能被转移到了工厂和办公室中。威望和地位更多地与某个家庭成员的表现和成就联系在一起，而不是与家庭的姓氏联系在一起。教师、日托所雇员、甚至电视，成了父母的替代，来负责教育孩子。警察、少管所、社保、医疗保险和医疗补助、失业补助以及政府提供的其他形式的社会项目，取代了家庭传统的保卫职能。职业的神父、拉比和牧师承担了宗教职能的责任。例如少年棒球联赛、同伴保龄球队、看电视以及女士网球队等已经取代家庭成了娱乐的源泉。我们甚至可以说，家庭提供基本饮食的功能已经开始被餐饮产业（特别是快餐外带服务）所替代，这种趋势的产生是由于家庭成员在时间上的压力越来越大，围绕就餐的家庭仪式也越来越少。②尽管许多人会说，家庭还是成员间情感的基本来源和生育孩子的主要机构，但我们再看看就不难发现，这两种功能在家庭之外也能很容易被满足。

这些变化对社会、家庭或个人都是有害的吗？通常我们接受哪种特定的权威，就决定了我们给出怎样的答案。就像我们在整本书中所说的，考虑到婚姻情形下社会生活的其他变化，以上这些社会变化的许多可测量结果都反映了它们对个体、家庭和社会生活的促进作用。但这些结果可以作为我们评价的重要基础吗，我们能认为它们在科学方法上是可靠的，并赋予它们如此有价值的地位（甚至是符合法律的地位）吗？我们相信是可以的，但作为社会科学家，我们的观点明显就处于现代性传统中，可能不会被所有人接受。

的确，家庭在职能上不止有失，也有得。在后现代社会中，随着时间和空间的变化，稳定的社区衰败了，家庭和同伴团体作为情感支持来源的重要性被逐渐凸显了出来。在这些首要团体中，成员们会更多地感受到有益于个体心理健康的环境。发展个体利用社区和非家庭资源的能力，将可能逐渐成为家庭的责任。要在复杂、高度专业化的社会中生存，个体需要有广泛的知识，有做出理想选择的能力，在面对新技术和新意识形态时也要有灵活性。因此，家庭的主要职能还是负责*成人的稳定化*和*成员的社会化*。但现在的社会不断变化、极端复杂，不像以前任何一个社会，因此要求指导他人社会化过程的个体要有足够的能力。

同性婚姻与同性父母（Same-Sex Mararige and Parenthood）

在过去十年的政治选举中，同性婚姻一直是众多中心争论中的一个。美国最近联邦水

---

① David Popenoe, "Marriage and Family in the Scandinavian Experience," *Society* 43(2006):68—72.

② Kerry J. Daly, *Families and Time: Keeping Pace in a Hurried Culture* (Thousand Oaks, CA: Sage Publications, 1996).

平上的立法(婚姻保护法案,The Defense of Marriage Act, 1997)试图将婚姻限制在一男一
85 女的单元内。在各州水平上,33个美国州政府已经通过了宪法修正案或相关法律,来达到相似的对婚姻的限制目的;28个州政府要么限定只有异性夫妻(佛罗里达州)才有权力收养孩子,要么限定"二次父母"收养(收养未婚伴侣的孩子),或对同性父母收养孩子在总体上保持友好态度。①而另一方面,过去的十年中,几个西方国家和北欧国家(比利时、荷兰、西班牙、挪威,以及最近的瑞典)以及加拿大、南非和美国的几个州(马萨诸塞州、康涅狄格州、佛蒙特州、新汉斯菲尔州、缅因州,以及爱荷华州)都通过了允许同性婚姻的法律。在2008年,加利福尼亚州高等法院同样推翻了对同性婚姻的限制,但在那年稍后的公民投票中,这项限制又重新提了出来,在写这本书的时候,加州高等法院正在对这项投票结果进行立法前的审议。新西兰和英国还将婚姻限定为异性婚姻,但通过对"公民单位"的立法化,使得同性恋者享有和异性夫妻同等的福利。

美国许多调查机构进行的民意调查研究显示,公众对于同性婚姻和同性恋者收养孩子的态度正在转变,虽然缓慢,但很系统化。在一项由盖洛普组织、皮尤论坛和安格斯—里德(一个加拿大公共利益团体)共同进行的调查——安大略湖地区宗教宽容咨询中发现,在过去的十年中,美国人对于同性婚姻的接受程度更高了。在1996—1997年间,只有27%的美国人接受同性婚姻,有65%—68%的人反对。到了2008年中期,接受的人数比例上升到了38%—44%,反对比例下降到了49%—53%。就像他们所指出的,公众态度的转变(大约每年一个百分点)反映了1948年到1991年之间人们对于跨种族婚姻的态度的转变,在1948年加州成为了第一个承认跨种族婚姻合法化的州,在1991年反对跨种族婚姻第一次成了少数人的观点。过去十年中,人们对于同性恋者收养孩子的态度也有了很大的转变,在2000年,有46%的人反对,47%的人支持,而到了2008年底,有53%的人支持,反对的人数比例下降到了39%。②

然而,在所有的团体之中,对于同性婚姻的态度以及此态度的转变并不是一致的。2003年,皮尤公众与媒体研究中心(Pew Research Center For People & The Press)进行了一项深入的民意调查,此调查发现在对同性婚姻的态度上,18—30岁的年轻人(赞成和反对人数比例大约各占一半)比40岁或以上的人(超过60%的人反对)更接受;接受过高等教育的人更接受(上过大学的人中,反对赞成大约各占一半,没上过大学的人中,67%的人反对,27%的人赞成);宗教信仰程度低的人更接受(信仰程度低者中,赞成率为46%;信仰程度高者中,赞成率为17%);与同性恋者有过接触的人更接受(接触过的人中,有39%的人赞成,而没有接触过的人中只有21%的人赞成)。此外,还发现,住在东部的人比住在南部的人更接受同

① Lambda Legal, "Overview of State Adoption Laws," http://www.lambdalegal.org/our-work/issues/marriage-relationships-family/parenting/overview-of-state-adoption.html.

② Ontario Consultants on Religious Tolerance, "Trends in Attitudes Towards Same-Sex Marriage(SSM) and Givil Unions," http://www.religioustolerance.org/hom_poll5.html.

性婚姻，白人和西班牙裔比黑人更接受。[①] 86

考虑到这些亚团体的不同态度，我们不难发现在反对同性婚姻的背后隐藏的是宗教和保守的政治态度，这点我们一点也不奇怪。然而，除了这种总体效应外，我们还感受到异性婚姻正受到社会变化的威胁，这点对于反对同性婚姻也产生了独立的效应。[②]在加拿大的一个争论中，我们可以发现这种关注异性婚姻可行性的重要性，这导致了在加拿大同性婚姻的合法化。在对加拿大的法律论战和法定程序的分析中，克莱尔・扬和苏珊・博伊德(Claire Young & Susan Boyd)发现，同性婚姻成功的关键元素是对婚姻作为一种制度的重要性的认识。正是对婚姻重要性的这种认识，使得人们强调那些不能赋予同性恋者的权力的重要性。然而，就像他们所指出的，在争论这点的同时，那些同性婚姻支持者可能会遭遇到一些挫折，他们可能需要重新以一种更不家长制、更不受限制的方式来重新定义婚姻。[③]

关于同性婚姻的论战可能还会持续一些年。随着同性恋者有了结婚的权力，这个问题会变得更突出，更极化，通常还会出现民意的倒退。[④]然而，考虑到年轻人中支持者众多，同性婚姻很可能会继续得到越来越多的支持和法律的认可。

婚姻角色与性别角色差异

不论是在同性关系家庭还是在异性关系家庭中，家庭生活的一种关键元素就是性别。因为家庭是我们首先发展和使用日常身份的地方，性别又是所有身份的一个关键元素，因此基于性别的、关于不同行为的适宜性和“自然性”的观点就成了所有的家庭关系的不变的元素。然而在现代社会中，对于男女，怎样的行为才是自然或适宜的，这点一直处在变化之中。现代科技降低了男女必须表现得不同，以及必须承担不同的性别责任的生物必要性。此外，现在人们越来越关注个人自由，希望能最大程度地发展自己，开发自己的潜力。因此，关于性别，还有相应的关于婚姻和父母的角色、目标和行为，就出现了很大的不确定性和混淆。不论是在家庭中还是在社会上，在婚姻角色方面都出现了更多的冲突。这种冲突源于这样一个事实：无论是在家庭内还是在家庭外，传统的男女角色被人们给予不同的奖励，也传递 87
着不同程度的权力和特权。随着基于性别的传统权力和特权基础已经倒塌，女性就有机会来挣脱她们的次要位置，去挑战拥有更多资源、权力和特权的角色。当要求学生们界定和例

---

① The Pew Research Center for the People & The Press, “Religious Beliefs Underpin Opposition to Homosexuality,” http://www.pewforum.org/publications/surveys/religion-homo-sexuality.pdf.

② Stacey M. Brumbaugh, Laura A. Sanchez, Steven L. Nock, and James D. Wright, “Attitudes Toward Gay Marriage in States Undergoing Marriage Law Transformation,” *Journal of Marriage and Family* 70(2008):345—359.

③ Claire Young and Susan Boyd, “Losing the Feminist Voice? Debates on the Legal Recognition of Same Sex Partnerships in Canada,” *Feminist Legal Studies* 14(2006):213—240.

④ Ontario Consultants on Religious Tolerance, Trends in Attitudes Towards Same-Sex Marriage(SSM) and Civil Unions.

举男性的特点时,我们就会发现关于男女角色界定的混淆和不确定性已经变得很明显了。这通常是很困难的,首先是列举很困难,其次是要达成一致意见也很困难。在传统上,这样的困难是不可能出现的。男性/丈夫/父亲是家中老大,是主要的经济支柱,在社区中是家庭的代表。而女性/妻子/母亲是提供帮助的,她们照顾孩子,操持家务,始终处于沉默和被动的地位。总而言之,男性是老大,是养家糊口的人,是富有攻击性的伴侣,而女性是提供帮助的伴侣。

美国夫妻面临着很多冲突问题,它们涉及传统和现在的标准和行为。爱情、性行为、跨种族婚姻、婚前同居(或同居代替结婚)、家庭计划、孩子,以及经济独立等问题只是他们面临的一些问题。

这些赞成家长制家庭的传统标准,在今天还受到宗教基要主义者团体的支持。①这些标准被翻译成了文字记载,例如使徒保罗给以弗所和歌罗西写的书信。在给以弗所的信中,保罗写到:

> 妻子应该服从于丈夫,因为丈夫是妻子的首脑。就像教堂是基督徒的主旨一样,妻
> 88 子应该为丈夫做一切事情。②

在给歌罗西的信中,保罗很清楚地提到了家中的权力和权威应该具有适当的阶级性,他写道:

> 妻子应该服从于丈夫,就像服从于上帝一样。丈夫应该爱自己的妻子,不刁难她们。而孩子应该在所有的事情上都服从父母:因为这样才能使上帝满意。③

这种传统的角色模式是和婚姻的神圣意义相一致的。权威的来源是上帝,而不是人类。

---

① Harold G. Grasmick, Linda Patterson Wilcox, and Sharon R. Bird, "The Effects of Religious Fundamentalism and Religiosity on Preference for Traditional Family Norms," *Sociological Inquiry* 60(November 1990): 352—369.

② Ephesians 5:22—24.

③ Colossians 3:18—20.

对于基要主义者基督徒来说，传统的对于适当的婚姻和性别角色的期望是明确和不会出错的。传统标准希望女性将婚姻、家和孩子作为她们主要的关注任务。妻子们使用夫姓，分享丈夫的收入，在身份和地位上依赖丈夫。女性应该同感、关爱、慈爱、同情他人、温柔和顺从，这些反过来使他们成为优秀的妻子，成为孩子优秀的母亲、照料者和老师。

反过来，男性要通过在公共生活领域中的活动，在经济上支持他们的妻子和孩子。要成为男性，就要自立，要强大，在言语上和身体上具有攻击性，要有主导能力，且要有力量。男性是冒险者、决策者和保护者。此外，异性婚姻还高度强调利益和活动，背离这种生活方式将受到强烈的谴责。

传统标准强调，男女在公共和私人领域中是扮演不同角色的。在过去的几十年中，无论是在历史事实上还是在当代实践中，这种标准产生了很多严重的问题。历史事实告诉我们，这样的分化与其说是对早期男女分工的准确表述，不如说是 19 世纪后期维多利亚时代的产物。然而，尽管当代社会发生了重大改变，但这种神圣的标准一致持续着。尽管双性性格（androgyny，没有性别角色分化的情形）还没有出现，但朝那个方向前进的动力已经出现了。许多因素（女性可以扮演非家庭角色，在亲密的家庭和非家庭关系中越来越强调平等主义，工作和玩耍中的态度的改变，以及社会化和教育模式的改变）已经导致人们认为，对于男性和女性的性别角色，非传统的态度和行为也是合适的。

双性性格、*不分男女*、*性别公正*、*性别平等*，尽管这些词在字面意思上有差异，但传递的意义是类似的：男性和女性正在越来越追求相似性，正越来越享受逃离传统性别角色带来的喜悦，并且决定成为*平等的伴侣*。男性和女性在行为方式上都具有实用性、表现性、坚定性，同时也具有柔顺性、力量性和女性特点。

从性别角色分化到双性性格的转变，或从补充婚姻到平等婚姻的转变还远远没有结束。但就像女性参加的酬劳活动越来越多一样，家务和抚养孩子的责任也由丈夫和妻子共同分
担了，男性和女性都更多地站在对方（对立性别）的立场来思考和行为。①因为绝大多数章节 89
的内容都涉及性别，所以我们会在书中对这些变化中的某些做更详细的描述。

当代其他的问题

还有大量的问题本身可能不能划分为婚姻或家庭问题，但它们与家庭生活有直接的联系。在更一般的水平上，每项社会政策和每个社会问题都与家庭相关：污染、医疗保健、纳税、移民、平权行动、学业负担、学校祷告制度、焚烧国旗问题、流浪者、犯罪、恐怖主义，等等。家庭负责个体的社会化，在此过程中个体学会了判断哪些问题是重要的，以及怎样看待和评价它们。同样的，社会事件、社会环境，以及社会政策都会影响人们的行为和生活方式。要在不同的社会阶级、社区、种族和民族背景下来理解家庭生活模式的多样性和独特性，这点

---

① See, for example, Constance L. Shehan and John H. Scanzoni, "Gender Patterns in the United States: Demographic Trends and Policy Prospects," *Family Relations* 37(October 1988): 441—450.

是非常真实的(请见第四章和第五章)。然而,在探讨这些动态关系之前,我们需要了解社会学家是怎样获取和组织关于婚姻和家庭生活的知识的。这将是第三章我们要讨论的主题。

总　　结

1. 历史上关于家庭的研究已经表明,我们关于过去家庭的构想很大程度上是不准确的,可能更多的是反映了当前我们关心的家庭问题。每个历史时代都有指定的社会性建构的家庭图景,它反映了在社会生活方面主导的个人和文化的关注点。这些图景为个人行为提供了指南。它们是我们梦想中的家庭,而不是对我们实际家庭景象的描述。

2. 美国家庭和西方社会的很多家庭都有共同的特点,且这些特点在很大程度上是后现代社会相似社会条件的产物。因此,美国家庭的历史发展可以看作是一个更大的社会过程,它和三个主要发展相关:生产方式从农业生产变为了工业生产(相应地,价值系统也由先赋变为了自致地位系统),从封建经济系统变为了资本主义社会,以及传统行为模式的衰落与基于理性原则和目的—结果关系的行为模式的兴起。

3. 西方历史中,在中世纪出现了封建主义,同时家庭生活也发生了重大变化,从大而复杂的、基于展延亲属关系和相互义务的单元变为了大而简单的核心单元。以低结婚率和晚婚为特点的欧洲婚姻模式出现后,这种家庭结构得到了进一步的促进。

4. 随着工业化、资本主义和现代性的出现,家庭生活变得更加核心、私人及远离社区。现代性带来了自我方面的一个转变,以前强调目的自我,由正式公共角色和地位所界定;现代性社区强调情感自我,以个性、情感和心理成就感及非正式亲密关系的维持为基础。在无情的世界中,家庭成了一个天堂,成了可以满足个体的情感表达、心理发展和个人基本需要的场所。

90 5. 在这些历史时代中,婚姻和家庭的宗教重要性也改变了。在现代性以前,只有在有生儿育女需要以及宗教社会化和控制需要的情况下,教堂才会将婚姻看作是必须的。独身主义被高度赞扬,亲属系统和血统都得到了大力的重视。在早期现代化期间,核心"神圣家庭"的概念首次出现了,且和当时的其他社会发展高度一致。

6. 当代美国家庭是高度多样性的。调查信息提供了很多关于这种多样性的信息,如关于家庭和住户数量、婚姻地位、家庭规模、家庭收入等方面的情况。现在美国人的大趋势有:家庭住户更少,亚家庭更多,已婚夫妇住户更少,住户和家庭规模下降(分别为 2.56 和 3.13),婚姻可能性下降(尽管离婚率趋于平稳)。此外,收入差距依然很大,有 19%的人收入 100000 美元或更多,25%的人的收入只有 25000 美元或更少。已婚夫妇住户的收入最高,而单身女性住户(女性为主要经济来源)收入最低。

7. 要理解当代家庭,考察家庭与其他制度之间的关系很重要。在文化上和历史上,所有社会中,基本系统之间出现了许多微观水平上的联系。家庭和许多重要的制度之间都存在联系,如家庭与政治制度、家庭与社区、家庭与工作场所、家庭与经济系统、家庭与教育系统及与宗教系统之间都存在联系。认识媒体在家庭生活中的作用同样很重要。

8. 在现代美国社会中,家庭的制度化定义所面临的越来越主导的问题包括:家庭是由什么构成的,关于什么才是界定它的合适的权威来源(神圣的,社会的,还是个人的)有很多争论;现代社会中家庭应该发挥哪些合适的职能,其他制度代替发挥了哪些职能,在这方面也有冲突(如教育系统,日托所等);关于哪些人应该被包含在家庭内也有争论(特别是同性恋个体的地位,以及他们通过婚姻和收养权利参与家庭生活);在文化水平上和个体家庭水平上,对于男女在家庭中合适的性别角色也存在争论。

在考察了美国和世界的家庭的多样性以及家庭界定的本质之后,我们要把关注的目光投向社会学本身的规律上。在第三章中,我们将考察理论和研究在解读家庭过程中的重要性。在我们每天的日常生活中,我们会接收到大量的关于家庭状态的信息,我们又是怎样处理的呢?在第三章中,我们也会对我们处理信息的能力进行考察。

关键词

我们所期望的家庭生活(Families we live by) p. 46
我们正经历的家庭生活(Families we live with) p. 46
规范的家庭(Prescriptive family) p. 46
描述的家庭(Descriptive family) p. 46
先赋地位(Ascribed status) p. 47
自致地位(Achieved status) p. 47
封建社会(Feudalism) p. 47
资本主义社会(Capitalism) p. 47
传统行为模式(Traditional mode of action) p. 48
理性行为模式(Rational mode of action) p. 48
前封建家庭(Prefeudal family) p. 48—49
中世纪家庭(Medieval family) p. 49
欧洲婚姻模式(European marriage pattern) p. 49
现代性(Modernity) p. 50
家庭生活崇拜(Cult of domesticity) p. 51
公共领域(Public sphere) p. 51
私人领域(Private sphere) p. 51
目的的自我(Instrumental self) p. 51
表达的自我(Expressive self) p. 51
家庭(Family) p. 52
住户(Household) p. 52
亚家庭(Subfamily) p. 53
家庭规模(Family Size) p. 54
婚姻状态(Marital status) p. 56
家庭收入(Family income) p. 57
社会民主福利制度(Social democratic welfare regimes) p. 60
自由福利制度(Liberal welfare regimes) p. 61
保守福利制度(Conservative welfare regimes) p. 61
礼俗社会(Gemeinschaft) p. 64
法理社会(Gesellschaft) p. 64
农村与城市社区(Rural versus urban community) p. 65—67
工作—家庭溢出(Work-family spillover) p. 68
家庭—工作溢出(Family-work spillover) p. 68
资本(Capital) p. 71
经济资本(Economic Capital) p. 71
人格资本(Human Capital) p. 71
社会资本(Social Capital) p. 71
文化资本(Cultural Capital) p. 71 91
刻板印象(Stereotype) p. 79
双性性格(Androgyny) p. 88

问题讨论

1. 历史事实告诉我们,我们关于过去(包括最近和较远的过去)"传统"家庭的想象是不准确的。我们关于传统的赖以为生的家庭图景中的关键元素是哪些?你为什么认为我们构造了一幅和我们正忍受的家庭事实不相符的图景?

2. 工业化、资本主义和现代性的力量是怎样塑造当代家庭的?

3. 在这章中我们对近几十年来美国家庭中发生的许多变化进行了讨论。选择几个讨论过的变化,提出问题,*为什么*?例如:为什么在世界上的工业化国家中,美国的结婚率和离婚率最高?为什么在过去的20年中,中年结婚的人数在增加?为什么同时单身的人数也在增加?

4. 家庭问题是怎样和政治问题交错在一起的?为什么国家对家庭是怎么界定的有深厚的兴趣?

5. 农村社区和城市社区有什么不同?农村社区的家庭生活有哪些优点?城市社区的家庭生活又有哪些优点呢?郊区生活怎么样呢?

6. 经济条件影响家庭的渠道有哪些?过去50年中,劳动力构成的变化对家庭生活有怎样的影响?同时,家庭的变化对经济增长又有怎样的影响?

7. 社会学家使用的"资本"概念是什么意思?在教育影响家庭生活方面,以及在育人的氛围内家庭的高效性使孩子结果最优化方面,不同形式的资本是如何体现其重要性的?

8. 在家庭生活中,宗教的重要性怎样?宗教和虔诚影响家庭的不同方式有哪些?

9. 媒体是怎样影响家庭的?是媒体塑造家庭,还是家庭偏好和模式决定媒体报道的内容?随着信息技术的不断发展,未来的家庭生活将会是什么样的?

10. 访问5位已婚成年人,询问他们对现在婚姻和家庭生活中最重要的问题是怎样理解的。再访问5位单身成年人,询问同样的问题。比较两类人的答案。

11. 为什么婚姻在现在依然存在?婚姻的目的是什么?什么或谁应该是终极权威?

第 3 章

婚姻与家庭:学科与理论方法

案例 95

揭示和解读家庭:方法与理论

在他们职业生涯的早期,罗斯和理查德(Ross & Richard)就深知,要理解家庭的社会结构和过程,掌握科学的研究方法和理论是非常重要的。

罗斯最早受到了他的博士生导师曼格斯(A. R. Mangus)的影响,他导师写了一篇名为"角色理论和婚姻咨询"的文章。对于曼格斯怎样将参照(更具体的说是角色理论)的符号互动结构运用到婚姻和家庭咨询中这点,罗斯印象深刻。曼格斯在文中清楚地阐述了人类活动是怎样组织和确立目标的,角色期望、角色感知和角色表现又是怎样相互作用,导致产生人与人之间的问题(比如婚姻中的问题)的。他使我们注意到在我们的社会自我发展中他人的重要性,让我们变得对人际和社会过程敏感,而不是对单独的心理个体敏感。

随着罗斯继续他的学业,他注意到了理论在宏观水平(考察整个社会怎样运转的理论,如冲突理论和结构功能主义)和微观或人际水平(考察家庭间个体互动的理论,如符号交互论和社会交换理论)上是不同的。随后,罗斯开始关注女性主义者和社会生物学家提出的问题,并敏锐地注意到,我们看到的(和发现的)高度依赖于我们所使用的参考理论框架。总之,他认为,不论是搞研究、教学、帮助有困扰的夫妻或个体、还是帮助完善我们的个人生活,一个好的理论比什么都实用。

最初,理查德被社会学宏观的哲学和理论方面所吸引,但通过家庭暴力的硕士课程学习 96
后,他发现了微观研究的价值。在他的硕士生导师默里·斯特劳斯(Murray Straus)的指导下,他懂得了一个重要问题的答案可以从某个系数矩阵中得出(研究者对被试的特质或特征进行严格的量化,取得统计数据,对这些数据进行分析就可得到系数矩阵)。他还懂得了,如果没有解释的理论背景,这些矩阵是没有什么意义的。家庭暴力理论的多样性激起了人们的想象,并且加深了对这个重要现象的理解。单独任何一个理论看起来都不可能完全解释它。要获得全面的信息,就要综合不同的宏观和微观理论,而且每个理论都需要对一系列不同的概念和变量进行测量和分析。

后来的研究生生涯中,理查德对理论的兴趣通过几种主要途径得到了扩展:一是导师罗本·希尔(Ruben Hill)的指导,二是与明尼苏达家庭研究中心的学者和同事的合作。这样,他了解了将理论正式化的重要性,学会了将理论正式化的技术。关于家庭研究方法,他还有一个收获:尽管它并不"科学",但对于解读家庭很有价值,同时作为一位白人男性,这还可以避免将自己的价值系统和地位混入科学研究中。在他的大部分职业生涯中,都在和科学范式打交道,希望通过这些采用量化方法的范式,解决那些来自正式理论的、特定的、微观水平的研究问题。然而,最近,他对来自后结构主义或后现代方法的研究视角更感兴趣了,这些方法更加强调适用于微观水平的文化数据的解释过程。

这一章将集中关注研究方法和理论。谁关心这些方法和理论呢?它们有什么用呢?从研究方法和数据分析技术中我们能收获什么呢?方法和数据是社会科学家的"工具",是获取和评估知识的基础。因此,了解它们的逻辑、优点、缺点及解释方法就显得尤为重要了。那么理论又如何呢?用最简单的话说,理论就是我们对所发生的事情的解释。从我们的个人角度来讲,我们心中有各种理论:为什么男女有不同的行为方式,怎样管教孩子,怎样营造一段良好的婚姻,或是为什么有些婚姻在死亡之前就结束了。但不幸的是,这些天生的理论被我们有限的经验所限制。在学术水平上,理论为我们提供了解释某些过程或结果的相关逻辑主张,引导我们跨越差异巨大的背景和个人经验中,设立假设并进行验证,总的来说,理论引导我们的研究问题和方法。

97

思考题

你认为"科学方法"是什么?我们应该将科学作为建构家庭知识的标准吗?其他来源的知识有根据吗?作为家庭知识另一个来源的宗教呢?如果我们拒绝将科学作为积累家庭知识的标准,这将意味着什么?

科学方法假定所有的现象都可以通过量化方法加以测量(通过对特质赋值)。你能想出某个家庭或婚姻现象不能被测量或是很难测量的吗?

我们提及过,理论比任何东西都实用。请加以解释。为什么每个社会中都会出现某些类型的婚姻/家庭系统,在伴侣选择中人们考虑的重要因素有哪些,或为什么会发生家庭暴力?对于这些问题,你有怎样的理论?同样的理论对以上三个问题都适用吗?

尽管此书的两位作者都是社会学家,但婚姻和家庭领域远远超越了社会学的有限关注范围。家庭在我们的人际、社会和文化生活中扮演着重要的角色,且在大多数人类社会中,家庭提供了繁衍生息的背景,所以学者、作家、艺术家和各学科的从业者都对婚姻和家庭生活感兴趣。表3.1列出了一些与家庭、家庭相关问题有关的学科和主题。很明显,没有一个单独的学科或职业领域支配着婚姻和家庭的主题。事实上,这个学科本身就是高度跨学科的。在最近的几十年中,一个独立的学科——家庭科学——兴起了,它试图抓住这种跨学科性,至少抓住社会科学和应用领域的特点。

表3.1 一些涉及家庭研究和家庭相关问题研究的学科

学科	主题列举
人类学	发展中社会的家庭;跨文化研究;进化;亲属关系
生物学	人类成长;基因;怀孕和生育
儿童发展	婴儿成长;学习;人格构建
咨询	家庭疗法;人际关系;就业指导
人口统计学	婚姻,出生,以及离婚率;人口流动模式
经济学	家庭经济;消费行为;生活水平
教育	家庭生活;婚姻准备;儿童发展;性教育
英语	文献和大众媒体中的家庭
老年医学	老年人的家庭生活;代际关系;亲属支持系统
历史	家庭在时间上的起源,趋势,以及模式
家政学	家务;营养;生态学;儿童发展
法律	婚姻;离婚;虐待;收养;福利;儿童监护
心理学	人际关系;学习;人类发展
公共健康	性病;母婴照料;预防医学
宗教	道德;婚姻誓约;爱情;性;宗教训练
社会工作	家庭,孩子,母亲,以及老年支持
社会学	家庭系统;人际关系;社会变化

采用跨学科的新方法后,独立的学科之间的一些隔阂可能会消失,会出现一些新的概念和意义;但每个学科还会继续关注各自的领域。人类学家将继续在跨文化和国内的背景下 98
关注家庭模式。咨询师通常会继续在应用背景下,努力帮助个体、夫妻和团体,帮助他们解决冲突、矫正态度或行为问题。教育者会继续向人们传播良好的观念,提高人们在儿童发展、婚姻准备、性问题和父母职能上的认识。历史学家将继续考察历史上的家庭模式,家庭中的重大事件和变化。政治家会制定政策,制定法律,处理孩子抚养、婚姻和教养中的问题。社会工作者将向人们普及家庭知识和技能,帮助在经济、健康和行为方面有问题的家庭。

完全理解婚姻与家庭和对婚姻与家庭进行有效的干预,都需要从各学科吸取知识。例如,人文学科的学者长期以来一直对家庭领域感兴趣。诗人、神学家、哲学家、语言学家、艺术家、音乐家以及其他人都描绘过亲密关系和家庭生活的多个方面,这些描述集中展现了人们对于家庭生活是怎样的,以及在不同的时间地点应该怎样的向往之情。在某时某地的所有文化表述都有助于*文化叙事*(或有道德意义的故事)的建构。通过这些叙事(或与之相关),个体对自己的家庭生活和经历加以解释。然而,这些叙事不单单是对人们现成经验的反映。有一些现成经验被集体情绪和感受,以及社会(文化叙事产生于社会中)权力阶级所塑造,文化叙事解释的就是这些经验。现在,所有类型的媒体——从杂志和报纸到电视上的肥皂剧和情景喜剧,再到电影——都类似地传达着关于家庭和家庭生活的价值,这些媒体引发了家庭社会学家,特别是那些更具批判性和女性主义视角的社会学家(请见本章后面的讨论专栏)强烈的研究兴趣。①

关于生物过程的知识甚至对透彻理解婚姻和家庭生活很重要。快速发展的生育技术,如试管婴儿、人工授精、冷冻胚胎、精子库、基因工程、卵移植、克隆以及代孕对家庭有着重要的影响。②其他的科技进步(包括选择后代性别甚至创造孩子外貌和才能,从一个人到另一个人的器官捐赠和移植,以及治疗大多数疼痛和疾病所使用的致幻药物的可得性)也有着相似的潜力,它们可能会以夸张的方式改变个体的幸福感和人际互动。

家庭的社会学

99 社会学本身致力于研究社会是怎么组织的,包括它的社会结构和社会过程。研究的主要内容包括人类团体、社会系统和制度。家庭的社会学试图通过考察家庭的系统和团体属性,解释家庭的社会秩序和无序状态。家庭的社会学对很多相关主题感兴趣:家庭是怎么组织的,家庭作为社会系统是怎样维持和重建的,家庭关系是怎样建立和改变的,家庭内的成分是怎样相互联系的,家庭和其他团体或系统是怎样相互依赖的。

家庭的社会学方法不同于心理学方法。后者主要关注个体的行为(生理和心理过程的结果),而社会学对社会形式和结构(个体行为发生在其中)感兴趣。但心理学和社会学的分界线往往不明确。事实上,这两者都提倡社会心理学的亚领域,它试图明确心理的、社会的结构与过程之间的相互影响。社会科学的这三个分支(社会学、心理学、社会心理学)有各自的着重点。

大体上,家庭的社会学不关注个体的动机和感知,也不强调个体的独特性或个体有不同于其他任何个体的经验。相反,社会学的关注焦点被放在了特定的背景中(在其中个体获得

---

① See, for example, Su Holmes, "'Riveting and Real—a Family in the Raw': (Re) Visiting the Family (1974) After Reality TV," *International Journal of Cultural Studies* (2008): 193—210; Michelle Janning, "Public Spectacles of Private Spheres," *Journal of Family Issues* 29(2008): 427—436; and Debra C. Smith, "Critiquing Reality-Based Televisual Black Fatherhood: A Critical Analysis of Run's House and Snoop Dogg's Father Hood," *Critical Studies in Media Communication* 25(2008).

② See Alan Booth, Douglas A. Granger, Allan Mazur, and Katie T. Kivlighan, "Testosterone and Social Behavior," *Social Forces* 85(2006): 167—191; and Martin Voracek, Stefan G. Dressler, and John T. Manning, "Evidence for Assortative Mating on Digit Ratio(2d:4d), A Biomarker for Prenatal Androgen Exposure," *Journal of Biosocial Science* 39(2007):599—612.

经验),以及社会和文化力量怎样塑造个体的思维和行为上。所有的人,作为社会人,都处于一个更大的结构和组织网络中,这个网络给个体的行为和选择制造了很多限制或偶然性,也对个体的生活产生了很大影响。人们说的语言,让人感觉良好或羞愧的事情,人们对异性的反应方式都是高度模式化的。为了努力解读社会生活,社会学家质问明显的现象,寻求模式和规律,在个体水平之上考察社会互动和团体过程。他们不否认个体间和团体间(如家庭之间)的差异,不相信人类行为是严格被社会情境"决定"的。但他们确实将个体和团体行为看作是对社会情境的反映和反应,懂得这些情境对于解读个体和团体行为至关重要。

家庭社会学的作用

社会学的方法对于研究家庭有什么用呢,特别是在大多数人没有意愿要成为社会学家或家庭专家的情况下?首先,家庭社会学对家庭所做的事情就如同社会学家对社会生活所做的事情一样:它质问明显的现象,寻求模式和规律,在一个更大的社会背景下评估个体行为。因此,家庭社会学在很多方面有用:在解读现有行为上,在提供看待生活的新方法上,以及在了解美国和世界的人际关系和家庭上。这是传统上被用于描述家庭研究的*基本*或*具体*的方法。这种方法较少强调应用或使用知识,而较多强调获得知识。从这个角度出发,获取知识的相关个体不会将时间和注意力放在知识的管理与日常应用上。从这个极端来说, 100
个体是为了自己的利益而寻求知识的。

那么另一个极端呢,应用或表现——为夫妻服务,解决家庭问题等——可否在没有知识的情况下发生?没受过正式训练的干预,无论意图如何好,都会很危险并造成破坏;上家庭社会科学或家庭社会学课程可以防止这一切的发生。当然,没有人愿意在不懂基本物理原理的人修建的桥上开车,没有人愿意让没有受过医学训练的内科医生给自己看病。同样的道理,没有受过社会科学的训练,但在家庭领域"做好事的人",同样应该被怀疑。因此,家庭社会学的第二个重要用途就在于,运用在良好的理论和研究框架下获得的知识。

第三个用途,也可能是家庭社会学最重要的用途,那就是对于个体的作用。所有人都是在社会环境中(例如,贫穷、独生子女、单亲家庭、西班牙裔美国人)成长的,对于个体是谁和是什么,以及个体将要成为谁和什么,这些环境具有重要的意义。在其亲密关系中,很多人对于从父母、伴侣和孩子那里想要什么和得到什么有特定的想法。尽管社会学不能为所有的个人问题提供答案和解决方法,但它可以为我们同所生活的复杂的社会环境打交道提供一些帮助和指导。这些怎么来实现呢?

关于家庭理论的知识和对研究发现的了解,可以提高个体的批判性思维能力和问题解决能力。这种提高是通过提供分析情境所需的信息,通过做出明智的决定和判断,以及通过解决冲突和困难来实现的。就像赖特·米尔斯(C. Wright Mills)①在他影响很大的《社会学想象》一书中提到的,社会学教我们跳出规范,质疑我们认为理所当然的世界。质疑我们设

---

① C. Wright Mills, *The Sociological Imagination*(New York: Oxford University Press, 1959).

想的过程,就是在现代社会中我们看重的核心,被叫作*批判性思维*。家庭社会学可以提高个体的人际交往技能,从而有助于日常生活的处理和与他人的交往。懂得特殊人群或生活方式非传统人群的价值观、角色、标准以及行为,会增加人际敏感性并提高同他们的交往质量。最后,家庭社会学可以帮助人们*理解*自己。人是社会动物,要理解自己,只有通过研究自己所生活的社会环境。但这是事实:了解到了阻碍人们的社会限制条件,可能会使个体感觉受挫,对自己的生活控制力感到沮丧,对周围的社会不公平和不公正感到气愤。但只有通过理解自己所生活的社会和社会背景,人们才能真正理解自己。

因此,家庭社会学以及关于婚姻与家庭的更特定的社会研究,都旨在获得三种类型的知识,或获得关于三种不同目的的知识:

1. 描述性知识。家庭现象或事件在人口中发生的频率怎样,这些现象或事件发生的过程如何。我们通过呈现这些信息,从而懂得这些现象或事件。

2. 解释性知识。演示为什么某些家庭现象或事件会发生,从而使我们或其他人可以做出改变,改变那些消极的东西,或使我们理想的东西变得更加稳定。

3. 评估性知识。一旦我们为了解决婚姻和家庭问题,采取或增加了一系列行动,评估性知识可以确定哪种项目或政策是有效的。

101 家庭的社会科学方法

总体上,社会科学包括社会学、人类学、心理学、经济学及政治科学。有时历史学、地理学以及语言学也包括在内。将这些学科称为"科学",更多的是对它们主导范式的表达,而不是对每个领域中知识怎么获得的表达。例如,大多数社会学家都采用科学方法来研究家庭,而其他人(如现象学家、后弦主义者,以及许多女性主义者)明确拒绝科学,认为科学是有偏见的和主观的,他们更喜欢利用一种更具解释性的和量化的方法论。在最近出版的《家庭理论和研究原始资料》(*Sourcebook of Family Theory & Research*)中,作者对家庭社会学中的三种认识论进行了区分:科学的,解释性的,以及批判性的。每种认识论都有助于提高我们的解释和预测、理解,以及改变影响个人生活的社会条件的能力,因此作为一种"求知"的方法是有价值的。①社会学中主导的认识论是科学方法,我们在这里将主要关注它;但尽管如此,我们并不是想暗示科学认识论就比其他两种更有价值。

关于社会科学的大多数工作,有一个基本的假设:知识必须基于一系列的原则,这些原则与生物、化学和物理这些自然科学是共通的。研究的现象——社会系统,心理过程,经济系统,或政治制度——可能会不同,但每个现象面临着共同的挑战——概念化和测量没有外在形式的现象,且在发现和检验知识方面,每种采用一种共同的结构。科学不是由主观的东

① Vern L. Bengtson, Alan C. Acock, Katherine R. Allen, Peggye Dilworth-Anderson, and David M. Klein, eds., *Sourcebook of Family Theory & Research* (Thousand Oaks, CA: Sage Publications, 2005).

西来定义的，而是由获取知识的方法和假设决定的。

科学方法的核心是实证主义哲学，它主张所有的现象，包括社会现象，都有独立于研究者或观察者而单独起作用的一定的规律性和共同性，这些模式可以被发现，这些知识可以通过客观的观察被检验。假设有一个真实的世界，事物在其中自然、一致的发生和生存，科学就是在这个假设的基础上被预测的。这些事物可以被证实和验证；因此，它们在实证上是可知和可验证的。然而，科学方法还假设，我们的知识是有限的。我们从未"证明"我们的理论是正确的。不管在自然科学还是在社会科学中，都如此。任何知识系统（或真实的理论）都只在一定程度上被验证和被应用。这样的可能性总是存在：观察能力的提高，观察背景（在时间或空间上）的改变，或对现有知识应用范围的扩大，都可能导致*异常情况*（不符合现有理论的事实），这就需要我们对理论加以修正和重新建构。

现代社会中，因果关系是*概率性*的，而不是*决定性*的，这是我们知识的不确定性的另一 102
个来源。即我们不能确定某些事会出现，或某些现象状态的改变一定会带来某些结果的改变。我们只能说*有可能*在某种特定的场合下某些现象会出现，或改变某些特点会导致某些结果出现的*可能性*增大或减小。

因此，研究家庭的社会科学方法的目的或目标就是确立带有一般性的，概率性的关系。这些关系必须基于实证观察，发现必须能经得起验证和多种解释。此外，就像少数人和女性主义社会学家提醒的，我们决不能认为基于科学过程获得的知识是不受价值观影响的。尽管我们可能都或多或少地确信，我们的数据收集是没有偏见的，使用科学方法验证假设也是没有偏见的（请见接下来的讨论专栏），但我们提出的问题，做出的解释，基于实证数据得出的结论，它们在本质上都是主观的，带有个人的和文化的偏见。①同样地，我们需要平衡科学方法，这必须通过使用具有解释性和批判性的认识论来实现，比如那些将在本章末讨论的认识论。

研究与理论的关系：科学的过程

考虑到科学知识的开放性特点，研究方法与理论知识之间的关系最好用一个循环的模型来表述（请见图3.1）。根据这个模型，社会科学家不断地进行着这样一个过程：他们基于在社会生活中观察到的规律*发现新知识*（建立和修正理论），通过从理论中可验证*假设*（现

① See Ramona Faith Oswald, Libby Balter Blume, and Stephen R. Marks, "Decentering Heteronormativity: A Model for Family Studies," in Vern L. Bengtson, Alan C. Acock, Katherine R. Allen, Peggye Dilworth-Anderson, and David M. Klein, eds., *Sourcebook of Family Theory & Research* (Thousand Oaks, CA: Sage Publications, 2005), Chapter 6, 143—165; and Lee Ann DeReus, April L. Few, and Libby Balter Blume, "Multicultural and Critical Race Feminism: Theorizing Families in the Third Wave," in Vern L. Bengtson, Alan C. Acock, Katherine R. Allen, Peggye Dilworth-Anderson, and David M. Klein, eds., *Sourcebook of Family Theory & Research* (Thousand Oaks, CA: Sage Publications, 2005), Chapter 18, 447—468.

实的预测)发展来的先验(先于观察)来*验证现有知识*,紧接着是根据固有的规则和程序实施观察。前一种发现活动称为探究性研究,它涉及一个引入(引出由特定或具体观察得来的一般、抽象的知识)的逻辑过程。后一种验证过程称为解释性研究,它涉及一个扣除(引入由一般、抽象原则或现实理论而来的特定或具体的预测)的逻辑过程。

103 图3.1 科学过程:理论与研究的关系
来源:Adapted from Wallace, Walter, L. *The Logic of Science in Sociology*. New York: Aldine de Gruyter, 1971.

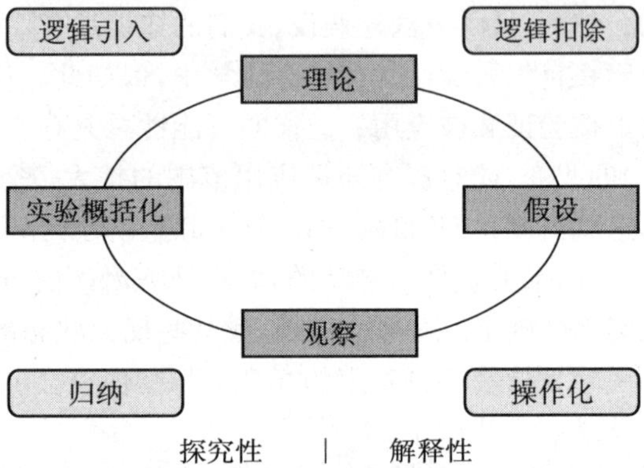

最近对北美蜜月的研究可以看作是这个过程的一个例子。①研究者采用历史分析方法,对过去一百年中出版的有影响力的文章进行了考察,试图弄清当代北美蜜月的结构和规律。在查阅这些文章的过程中,研究者发现,在不同的历史文化时期,随着社会文化环境的改变,蜜月也呈现出不同的模式。尤其是,他们发现人们对于蜜月的焦虑在增加,同时对于婚姻的焦虑也在增加。他们还发现,人们对这些焦虑的应对也是显而易见的,如人们改变了蜜月的标准,增加了仪式的精致性,对蜜月过程也更理性更有计划性。基于这些观察,以及在现代社会中社会过程理论的广泛理论应用,②他们发展出了一种关于蜜月的理论,这个理论基于这样的假设:在现代社会中,人际关系变得更加危险,这种危险的人为性质也在增加。因此,我们对如何通过理性计划来降低危险变得更加敏感,为了感到更安全,我们并更倾向于仪式化地过渡到婚姻中。

既然提出了这个理论,就要对其进行验证,它被用到了一个不同的社会文化背景下个人征婚广告内容的研究中。如果现代社会的人际关系确实变得更加危险,且我们对此的反应是更具理性的计划的话,那么在更加现代的背景下(如比起阿肯色州和密西西比州,像康涅

① See Kris Bulcroft, Linda Smeins, and Richard Bulcroft, *Romancing the Honeymoon: Consummating Marriage in Modern Society* (Thousand Oaks, CA: Sage Publications, 1999); and Richard Bulcroft, Kris Bulcroft, Karen Bradley, and Carl Simpson, "The Management and Production of Risk in Romantic Relationships: A Postmodern Paradox," *Journal of Family History* 25(2000): 63—92.

② See Ulrich Beck, *Risk Society: Towards a New Modernity* (Beverley Hills, CA: Sage Publications, 1992); and Ulrich Beck and Elisabeth Beck-Gernsheim, *The Normal Chaos of Love* (Cambridge, MA: Blackwell Press, 1995).

狄格州和新泽西州就更加现代化），个人征婚广告就应该更明确潜在伴侣的理想特征，而且广告作者的个人特质也会更加全面地表达他/她心中仪式化的浪漫关系脚本的元素。在写这本书的时候，较早开展蜜月研究的一个作者就正在考察网络个人征婚广告内容，检验观察到的现象是否支持这个假设（预测）。如果不支持，且判定这个研究的方法论是良好的，那么 104
这个理论就需要被拒绝或修正。

所有科学的最终目标，包括社会科学，都是发展出清晰、明确、逻辑上一致、抽象和具有普遍性的理论。一个理论的*清晰*是通过对其假设的详述和对其概念的界定来实现的。有哪些人类行为或社会团体的重要特征或元素，是某个理论所强调或认为理所当然的？促使个体和/或团体按照其行为方式行动的因素是什么？在以上的例子中，假设是现代社会本来就是"危险的"，个体总是被激发去应对或降低危险。除了这些假设，当我们用词语描述现实时，我们的意思是什么呢？例如，"危险"的意思是什么？"仪式"一词的意思是什么？它们各自有哪些例子？一个理论的*明确性和逻辑一致性*指的是，因果过程以提议形式被详述的程度如何，以及理论中详述的不同关系是怎样不相互矛盾地组合起来的。再想想，前面的例子中，那个理论详述了人际关系危险性的增加是怎样造成蜜月周密性增加的吗？详述了造成这种情况的原因吗？这种解释有道理吗？最后，一个理论的*抽象性和普遍性*程度指的是，在何种程度上，一个理论中假设和概念能反映多种多样的观察现象（它们有着许多重要的共同特点）。例如，这个关于蜜月的理论能否有助于我们理解在现代社会中，为何出现越来越大型的婚礼，或者为何出现像生日和蜜月这样的家庭仪式？这个理论和非现代社会中的其他仪式的解释有关吗？除了仪式（像理性恋爱和相亲服务），这个理论还有助于解释现代社会中同样源自危险性增多假设的事物吗？如果能，那么这个理论的普遍性水平就较高。

一个理论的抽象性和普遍性是紧密联系的。一个更加抽象的理论倾向于具有更大的普遍性。例如，一个关于蜜月的理论认为蜜月圣地的增多是特定历史时期的产物，另一个理论认为这只是另一个更抽象的思想——仪式周密性——的产物，而这种仪式周密性又不仅仅是特定历史时期的产物，它代表着不断变化的历史时期的一个更加抽象的概念——现代性，我们可以发现，前一个理论没有后一个理论有用。因此，将一个蜜月理论转变为关于人际关系仪式周密性的现代性效应，就增加了理论的普遍性。现在，同样的扩展可以应用到蜜月的其他方面（如游艇的受欢迎程度，浪漫的程度，蜜月花费等），以及其他的一些现象（如婚礼的计划，生日和周年纪念日的仪式，个人征婚广告的内容，等等）。

理论的抽象性和普遍性使得理论对我们很有价值。特定情境会影响我们的行为，与其牢记这些冗长的经验或研究结果，以便我们在生活中能做出明智的决策，不如将它们浓缩成理论形式的知识，根据这些理论我们可以预测不同行为的结果，这样做的效率更高。所以，考虑到理论的价值，深入了解其组成部分就非常重要了。

假设

假设是一个理论的核心，它明确了世界的基本事实，是理论其他方面意义的来源。比 105

如,我们稍后将要讨论的一个理论叫作*社会交换理论*,这个理论最基本的假设是:所有人(不论种族、民族、国籍、宗教或其他的文化差异)都是理性的*享乐主义者*,会相应地按照不同标准行事,即在决定怎样行事时,所有人都会计算其行为对自身利益是否有好处,或者是否能将奖赏最大化,将花费最小化。会按照利益最大化原则行事。当然,这个理论本身不是这么简单的,因为在理性计算花费和利益上有许多微妙之处(比如对长远利益和当前利益的考虑;在奖赏—花费结果中,人们将人际关系作为稳定化的来源,这也是一种要考虑的价值;标准的兴起都是人们追求自身利益的结果;等等)。然而,这个基本假设将社会交换理论和其他理论区分开来,告诉我们在预测其他人的行为时注重情境中的某些方面(潜在奖励和花费的结构)。其他理论以一系列不同的事实为依据,告诉我们在同样的情境下,注重不同的方面。例如,*符号互动论*的假设是,人们之所以按照某种方式行事,是因为他们需要维持关于自己的一个连贯和积极的概念。因此,不是某个情境潜在的奖励或花费决定个体的行为;个体在情境中对自己是谁的感知,以及他人对自己的期望才决定行为。

考察假设(以及在一般意义上的理论)的一种很好的方法是将其比作一座房子或建筑。房子或建筑的最终结构(理论解释的结构)是由基础(一系列的假设)怎样建造决定的。基础的布局(正方形、长方形、L形、环形等),以及所使用材料的长度和厚度,会决定最终结构的形状可能性和高度可能性。在建造结构时,房子基础怎样安放也会限制或扩大可使用材料的种类(可使用的砖的型号,石料的可行性,可使用的木料的型号,等等)。这些砖头在理论中就代表理论的概念。因此,在概念使用和界定中,理论扮演了同样重要的角色(稍后讨论)。

概念和变量

一个*概念*是一个抽象的符号,就像一个词或短语一样,使得一种具体的、可观察的现象可以以某种方式被感知。概念是工具,我们通过概念可以分享事实的意义,强调事实的某些方面。作为符号,概念来自于一个社区中互动个体的一致认可方式,他们希望通过概念表达经验和观察。在某种意义上,概念是社会建构,对于建构和使用它们的社区来说,它们的意义是特定的。因此,对于不同的社区,同一个词可以传达不同的意义。

使用词汇来传达婚姻和家庭生活意义的社区之间最大的区别在于:社区是科学社区还
106 是非科学社区。此书中我们用到的很多术语,以及在社会科学中用到的描述婚姻和家庭生活现象的术语,都是我们日常语言的一部分。因此,要特别注意社会科学家是怎样界定和使用这些术语的,这点很重要,这样你才能更清楚地理解那些发现和理论的意义。第二个需要重点注意的区别是社会科学中学科间和理论视角间的差别。例如,尽管心理学家和社会学家使用同一性/身份(identity)这个概念,但使用方式有所不同。对于心理学家,同一性是心理的一个更加主要的、更加固定的特点;对于社会学家,身份通常被看作是更短暂的,更情境化的(因不同的角色关系而不同),在个体间交互中更加自然发生的。即使在社会学中,同样的术语也可以用来指不同的现象(请见关于结构功能主义和符号互动主义的章节,探讨术语在这两个视角下是怎样不同地使用的)。

尽管存在很多超越理论视角(例如,生长家庭,社会分化,群体团结)的概念,但也存在许多只针对特定情境下的概念,或在不同的理论背景下有独特意义的概念。例如,在社会交换理论视角下,在假定人类的行事原则都是追求利益最大化,损失最小化的前提下,利益和损失的概念就特别重要。这些概念在符号互动论者眼里应用性就没有那么强了,但在假定人们都试图维持连贯和积极的自我概念的前提下,强调自我维度的概念就变得尤其重要。没有概念化的界定,没有具体的操作化(将概念抽象的定义转换成测量的程序)指示,我们就不能将理论应用到我们现在的生活中,理论的可验证性也会大打折扣。

概念也会是单一的(整体的一部分),因此它不能解释、预测或阐述关系。通常情况下,它们被组合成了"概念框架"(将反映事实的类似假设组合在一起,对与这些假设有关的事实的不同方面予以强调),但这种组合仅仅提示了可能有因果关系,而不是确定有因果关系。类型学也同样将概念联系起来反映事实的更加复杂的方面——社会过程——但这种聚类不能明确任何因果关系。类型学同时被*家庭系统论者*大量使用,他们用它来描述家庭系统在不同概念维度上的规律。例如,我们会基于家庭成员间在权利、角色期望、控制、界限、交流模式等方面的特点来谈论有能力的家庭和边缘家庭。这些特点的某种组合可以导致一个整体的家庭单元,这个单元可能适应得很好,也可能适应得不好;可能会实现自己的目标,也可能不能实现自己的目标;可能导致家庭成员正常的行为,也可能导致家庭成员异常的行为;等等。每种特点可能会导致特定的结果,但所有维度上特点的混合可能会导致更重要的结果。

表示程度或数值的概念被称为变量。*丈夫*是一个概念;*结婚年限*是一个变量。变量可被分为自变量(假定的原因)和因变量(假定的结果)。自变量是因变量的前提,或和因变量同时发生。例如,*家庭收入*(一个变量)可能依赖于(假定的效应来自于)*受教育年限*(假定的条件)。

由于特定概念的使用会影响到我们的所见所闻,因此概念必须以不扭曲事实的方式建 107
构。对于研究家庭的学者来说,最困难的就是要以什么样的方式来表述现象,才能避免产生令人不满意的含义。试想,在一本关于家庭的书中,使用的如*白鬼子*、*白人新教徒*和*白脸*这些术语会暗含什么意思。同样,还要注意一些表述或概念的明显不同的含义,如*黑鬼*、*有色人种*、*黑人*、*黑色人种*以及*非裔美国人*。

命题和假说

命题是对两个或更多的、代表现实某些方面的概念之间的关系特点的表述。如果说假设是理论的基础,概念是用于构建的组件,那么命题就明确了这些组件应该怎么连接起来。例如,在社会交换理论中,一个固定的命题可能是:"拥有的资源越多,权力就越大"。这个命题就用两个抽象的术语明确了两个现象之间的关系。资源和权力都不能被直接测量——两者都是对更加具体的现实的抽象。可以将*资源*界定为可以增加奖励、使其他花费最小的任何事物。这就可以包括一些可测量的现象,如收入、财富、职业声望以及教育。可以将*权力*

界定为互动的任何结果，这种互动反映了个体在他人阻挠下完成他/她的意愿的能力。可测量的反映权力的现象可以是这些：和他人相比，某个个体在谈话中的说话方式；在谈话中，个体打断谈话的频率；人际关系中的最终决策与最初的价值定位是否有关；婚姻关系中个体定期承担的家务有多少。这个命题在逻辑上来源于假设：个体是理性的享乐主义者，有使利益最大化损失最小化的动机。权力之所以产生，是由于关系中的某些个体为了获得满意的利益，而他人的资源正好可以提供这些利益（最大化利益），而只好屈从于他人；作为报答，只有资源提供者获得了一些有价值的东西（实现理想结果），他/她的资源才能扩大。

最后，要使理论得到检验，它的命题必须转换成允许实证观察的形式。经过这种转换的命题就称为假说。因此，一个可验证的假说可以是“比起另外一方，配偶中一方的*相对收入*更多，那么在解决问题的互动中，*资源更多者打扰另一方的次数*将更多。”

除了假说有检验或测量关系的明确意图外，假说和命题是相同的。假说是理论和实证调查之间的一个重要分支。判断一个命题的优点的方法之一就是考察从假设而来的假定的实证关系是否被观察到了（以及通过理论假设的含义，因为命题产生于理论假设）。因此，以下两点就非常重要：用于证明命题的逻辑要有根据，且我们所测量的现象（在假说中指定的）要能有效地代表命题中的抽象概念。如果任何一点的效度有问题，那么我们都不能从研究结果中得出肯定的结论（请见接下来的讨论部分：效度和信度测量）。

108 研究方法和数据概念

研究者的科学研究从哪里开始——从观察开始还是从理论开始——取决于对研究现象的了解程度和研究的目的。当对研究现象知之甚少时，社会科学家倾向于采用*定性*观察来描述和探索真实情况，并形成对感兴趣现象的理论或解释。当对研究现象已经了解得较多，或一些理论已经用于解释这些现象时，社会科学家就往往依靠*定量*观察。

定性观察是这样一个过程：研究者事先不知道（一种先验）哪些是要观察的重要因素，因此，不能用任何特定的测量方法来量化（赋以数值）那些因素。事实上，对于很多可能很重要的因素，可能还没有发展出任何测量方法。例如，在前面提到的蜜月研究中，研究者脑中没有关于这个仪式具体是什么样的概念，在社会科学中，以前也没有出现过这样的概念。在实施观察时，他们需要把握几个观察中的不同点和具体现象（浪漫的象征，外国某地，构造的幻想，高消费，某地的建筑迅速增多，等等），以此来提炼出概念；这些现象一起出现，并对某个共同的刺激反应。当然，这个解释过程是要受到研究者自己的基础和偏见支配的。他们会看到很多边缘物体和事件的共同特点——这样就有意或无意地证明了自己的理论，或坚定了自己的价值或信念。

在定量研究中，方法大不相同。研究者已经知道了他们想要或需要观察的东西。因此，研究者可以创造或采用特定的测量方法来实施观察，而这种观察是没有偏见的。研究者事先必须首先明确要用哪种可观察的现象来测量感兴趣的概念，以此来分配数值。当观察不支持假说时，他们不能更改测量方法。此外，由于测量方法有数量价值，因此数据过程可被用于评价观察的质量和一致性。

尽管定量研究在社会科学中很重要（因为它们创造着新知识和建构现实情况的方法），但理论的效度的最终答案存在于检验假设（理论一旦建立，假设就从理论中发源而来）的定量方法的应用中。定量研究的重要性还在于，它能提供研究者直接观察范围之外的、更多的个体和家庭的信息。因此，对于那些热衷于推算人群中不同婚姻和家庭现象发生频率的研究者来说，他们必须依赖于定量方法。下面我们会简要介绍社会科学的两种主要的定量研究设计，再接着会讨论关于定量方法应用的四种主要的方法学问题。最后，我们将简要解释一些定量研究者用于总结其发现的数据概念。要正确评价社会科学关于家庭生活的知识，个体了解这些方法论的设计、关注焦点以及数据概念是非常重要的。我们还要明白，并不是所有的社会科学研究都是好的研究，而且我们从主流新闻媒体中接受的关于家庭的信息在方法论设计或在数据结果解释上很容易出现瑕疵。

新　闻 109

学习与成长的万花筒：少女自主研究项目

北谢里丹路上有一幢建筑，其外层由瓷砖和玻璃拼接而成，它就是少女自主研究项目的中心。周末、放学后以及暑假来这里的青少年同样创造着装饰大厅的拼接。拼接是一种装饰，年轻女性们当时想，虽然有些材料边缘是粗糙的，但可以拼起来，形成一些更有用、更连贯的材料。

少女自主研究项目源自另一个机构，一个位于这座城市北边的、有38年历史的青年和家庭调教机构。这个项目是该机构少女世界计划的一部分，旨在通过教会她们对影响她们邻居的事件进行批判性思考，在某种程度上帮助少女建立自尊。它们的目标是建立一个以社会公正性为中心的社会研究项目，进而它们可以彻底地研究问题，并提供问题解决方法。在过去的几年中，少女项目考察了外貌和体像，流行的少女打架事件；在其他项目中还研究了导致服从的社会、宗教和同伴压力。

今年，项目中的10位青少年——13岁至18岁不等，都来自这座城市，还是邻居——研究了种族外表。他们观察了这个因素在师生互动和同伴互动中起作用的方式。女孩们设计了一个学生调查和一个成人调查。男孩们查阅了所有的专家研究者的研究来寻找良好的研究方法论。女孩们收集了大约300人的数据。学生们都对数据进行了深入的分析……这个月下旬他们将在一个社会公正性展览会上报告他们关于种族外表的发现，这个展览会是由芝加哥青少年创新变革组织发起的。在5月30日举行的“女孩世界”职业会议上，这些年轻的女孩们也会做一个报告……

> 去年的女孩在完成她们关于服从的研究之后，暑假期间她们整理出了一些建议。接着她们将一些研究发现授予了另外一个组织，这个组织实施了这些建议。
>
> 这个暑假，这个项目中的女孩希望做同样的事情，还希望召集一支队伍，制定出一套行动方案。
>
> 你可以通过访问“发现种族”(chicagotribune. com/race)，来了解更多的关于调查和其他的信息。
>
> 来源：*The Chicago Tribune*，http://www. chicagotribune. com/news/columnists/chi-trice-11-may11，0，7836843. column Reprinted with permission of the Chicago Tribune；copyright the Chicago Tribune，all rights reserved.

定量研究设计

用来验证源自理论的假说的两种主要方法是*实验*和*调查*。在实验中，研究的单元（例如，个体）被引入到了一个标准化的和高度控制的设置中，研究者还通常将单元随机分为两组或更多组（这个过程叫作随机化）。一组（实验组或治疗组）接受某种治疗或刺激，希望出现预期的效果。其他组（控制组）不接受刺激（或接受一些其他刺激，并不期望带来同样的效果）。在接受刺激（或刺激物）后，观察两组在测量指标上的结果，看其是否不同。如果确有不同，那么就可以假定出现不同的原因是由于一组接受了刺激，而另一组没有接受。之所以得出这个假定，是因为：单元随机分配进入各组，意味着单元内先前存在的任何差异被平均
110 分配到了各组中（各组在接受刺激之前非常相似）；而且实验设置的标准化保证了除接受的刺激之外，两组在其他方面的经验相同。

实验在家庭社会学中并没有大量使用，因为许多感兴趣的现象不能被轻易地或符合伦理地设置成实验。例如，如果你对同居影响后来的婚姻成功感兴趣，不能将伴侣们随机分配为几组，然后要求一组婚前同居，另一组不这样做。即使你可以这样做，也不可能控制他们生活中所有的条件，使他们在同样的条件下过同样的婚姻生活（就像金·凯瑞的电影*楚门的世界*中所讲述的）。此外，有时我们只是对描述总体人群中的一些家庭特点感兴趣，而不是对验证一些因果关系感兴趣。因此，家庭社会学家大量地依靠调查研究设计。

在调查中，研究者选择整个人群或一部分人群作为研究对象，接着让被试回答问卷的问题，可以以选择问卷答案的方式（在纸质问卷或网上），或者通过电话或面谈形式回答采访者的问题。研究者设计问卷的目的是要测量被试拥有的经验、背景特点和社会条件。接着研究者仔细考察被试的反应模式，评估是否拥有某些经验和拥有其他经验是一致出现的。例如，那些婚前同居者是否更可能拥有较低的婚姻质量，是否更可能会离婚？如果是这样，那么假定其他条件都满足（请见稍后的*因果有效性*部分），我们就可以假定一种经验（同居）导致了其他经验（低婚姻质量和高离婚率）的发生。这种分析调查研究结果的方法称为*相关*，

在接下来的数据概念部分中我们将对它进行更加详细的阐述。

样本选择

抽样是我们选择要观察的单元——事物、人、关系、团体或整个社会——的过程。由于不可能对某个人群中的每个人进行研究(除非我们只对一个很有限的团体感兴趣，如某个学院的大学生)，研究者在研究中通常要依靠对研究单元中的某个亚单元的观察。这个亚单元就叫作*样本*。在此过程中，最需要我们注意的就是，作为研究者，我们不能允许自己决定观察谁或什么。这样做的原因是，我们可能会选择排除或包括某些个体单元(由于我们有意识或无意识地认为，他们会更加符合或拒绝我们关于现实的预想)。

有两种相关标准来判断抽样的妥善——代表性和一般性。样本代表性指的是研究者是否取得了他/她试图描述的较大人群的一个真实的横断面。例如，从较大的人群中选取的样本中，研究者是否选取了相同数量的非裔美国人和西班牙裔美国人？如果人群中西班牙裔占13%，那么样本中是否也应占13%？如果不是，那么这个样本就没有代表性。样本一般性指的是一种程度：研究者抽样的方式使得从样本得到的结果，与以整个人群作为研究对象得出的研究结果高度相似。如果你的样本没有代表性，那么它也不可能有一般性，你需要做更多的东西。即使样本具有代表性，单元的选择是无偏的吗？如果研究者是基于他/她自己关于适合性的评估选择的，那么结果就可能不会具有一般性，即使人群中所有的相关组都按比例抽样了。此外，是否抽取了足够多的样本，以避免只选择了处于一个或另一个极端的样 111
本？样本必须足够大，才能避免这个问题。随着样本规模的增大，只选择了处于一个或另一个极端的样本的可能性就下降了，而且样本中单元具有“典型性”的可能性就增加了。

为了保证一个样本具有代表性和一般性，研究者必须为样本选择一系列足够多的单元，并且以程序来进行。随机选择随机选择程序就像用抛硬币或掷骰子来决定谁在样本中，谁不在样本中。因此，不能因为某些被试具有同样的特点(他们看起来都很友好)，能导致研究者选择他们而不是别人，研究者就只选择研究那些符合他/她的假说或其他会导致结果有偏差的被试。单元的选择要独立，使人群中的每个单元都有机会被包括在样本中。

因此，在评价任何一个家庭研究的结果时，你都需要考虑样本的规模以及它是怎样选择的。样本越大，选择过程越随机，你就可以更相信此结果在较大人群中的代表性和一般性，而不仅仅限于对研究单元有代表性和一般性。

测量焦点

测量指的是我们为了对研究单元进行分类，为了探索它们的特点之间的关系，使用数据技术，给研究单元的特点或特质分配数值的过程。就像选择样本一样，在对研究单元进行分类时，科学方法要求研究者不能凭借自己的个人判断，因为他/她的预想和个人价值可能会给观察附带其他意义。在一个研究中评价其测量妥善性有两个相关指标——*测量信度*和*测量效度*。

测量信度指的是一个研究者或在一个时间点得到的结果，是否可以被另一个研究者或在稍后的另一个时间点上复制得到同样的结果(假设测量的时间点之间没有变化)。如果结果能够重现,那么我们可以说这个测量是可靠和可信的。如果不能,那么就不能相信这些结果,因为尽管被观察的现象一直没变,但测量结果由于观察者不同,观察时间不同而不同。这种测量标准也是我们在日常生活中经常使用的。例如,如果你在一次车祸中,你肯定希望证明同一个原因导致此次事故的目击者越多越好。越多人证实你关于此次事故的说法,其他人就越相信你的说法。对于采用定量测量的观察来说,这也同样适用。因此,社会科学家基于同时和相隔一小段时间的重复观察的思想,发展出了评价测量可靠性的方法。

测量效度指的是你是否测量到了你想要测量的东西。这种思想更难掌握,因为社会科
112 学中的概念在本质上都不是物质的。研究者要怎么才能测量个体之间反复出现的思维或行为模式?社会科学中的测量问题比自然科学中的问题要更加严肃,因为研究的现象很抽象,必须转换成可观察的具体现象。只有让个体对问卷中的一个问题或一系列问题作出反应,才能对个体的价值观、态度或心理状态进行测量。这些答案(被试对采访者所说的,或他们在问卷上所圈的答案)是可观察或可记录的行为,他们所说的或所圈的就反映了他们脑中的价值观、态度或心理状态,我们必须对这点很有信心。例如,我可能会通过问你晚上睡眠是否有问题来测量你的抑郁水平。如果你说"有问题",就意味着你更加抑郁,或者你这样回答是由于你最近背疼使你睡眠有困难,或这意味着以上两者都有?

这就是效度问题,以及它应用到对社会现象和个体心理的测量当中会出现的问题。在19世纪法国社会学家埃米尔·德基姆(Emile Durkeim)①做的关于自杀的著名研究中,一个社区的自杀率被用来测量目前的社会连带和凝聚力程度。这个测量有效吗?可以从以下几个方面来评价这个测量的有效性:考察测量程序之间的一致性,考察概念的界定,以及比较对相关既定事实单元的分类。因此,在这两个案例中,通过对我们要测量的概念使用多重指标,用既定事实来详细验证测量的一致性和测量结果的可预测性后,我们就可以更加相信研究结果了。

因果关系有效性

社会研究中(特别是社会学调查中)经常忽略的一个问题就是*因果关系有效性*的问题。因果关系有效性指的是研究者对观察到的两个变量之间的关系的信任程度,这种关系之所以发生是因为其中一个变量是另一个变量的原因。说一些事物之间有因果关系是什么意思呢?思考因果关系概念的最好方法就是将它想象成压力。当一个事物引发了另一个事物,就意味着它对另一个事物施加了压力,给后者带来了某些系统的和可预测的变化。因此,如果变量X给变量Y*施加了压力*,那么我们就可以看到,当X在方向上变化和以某种数量变化时,Y就会发生一些系统的变化。

不幸的是,X和Y可以由于其他原因,以系统的和可预测的方式共同变化。与X给Y施加压力相反,Y也可以向X施加压力 。例如,如果一个研究者发现,父母离异的孩子有更

---

① Emile Durkheim, *Suicide: A Study in Sociology*, translated by George Simpson and John A. Spaulding (New York: Free Press, 1951).

多的问题行为,这意味着离异*导致*孩子的问题行为,还是孩子的问题行为可能会导致父母离异?可以认为这个问题是因果顺序问题。这个问题也不能轻易解决。你不仅需要表明两个变量之间是有一个系统的共变相关模式,而且还要能够证明一个变量先前的变化改变了另一个变量。

*实验设计*可以有效地设置因果顺序,因为研究者可以设置情境,确保在引入一些刺激 113
之前的结果没有区别,从而可以观察是否因为引入刺激而发生了某些变化。我们从"儿童观看暴力电视节目导致击打拳击沙袋的暴力行为"的实验中可以明确地看出:观看暴力行为是在暴力行为之前,而且也不是儿童先前的暴力倾向导致其产生了观看暴力电视的可能性。这是因为研究者可以控制谁观看暴力电视节目。就像前面提到的,对于大多数考察婚姻和家庭现象的社会学研究问题来说,这是不可能的。相反,社会学研究者更多地依靠调查研究的方法,在问题已经发生以后,询问人们的婚姻经历及其孩子的问题行为。这种横向设计通常在因果关系有效性上是有问题的,因为它不能容易、清楚地确定哪种变化首先发生。解决这个问题的一种方法就是多次对同一些被试单元进行考察,这样我们可以观察到在婚姻状态和儿童问题行为上的变化时机。这种研究设计称为纵向设计。

即使你能确定这两种现象(离异和儿童问题行为)的因果顺序,也存在其他威胁这个研究发现的因果关系有效性的因素。这两种现象可能是同一个潜在原因的结果。例如,可能是贫困给婚姻施加了压力,这种压力导致了离异。它同样给孩子带来了压力,使他们接触到更多的异常行为,因此不管其父母是否离异,儿童的问题行为发生率都会提高。因此,一个研究者可能会发现,当父母离异时,孩子的问题行为也增多了,但离异和问题行为两者可能仅仅都是对第三个变量——贫困的反应。如果是这样,那么我们就可以说离异和问题行为之间的关系是伪造的(非因果关系的)。

同样的,实验设计能够避免伪造或因果关系有效性问题。在一个实验中,研究者可以随机分配被试进入各组,因此可以确保每组中有相同比例的穷人——一组将会被迫离异,一组将被迫住在一起。因此,如果后来离异组的孩子的问题行为更多,那么这就不可能是由于先前不同的贫困水平造成的。

调查研究只可能检验伪造性的可能来源,不能将它们完全排除在外。这是通过引入控制变量来实现的,然后在考察其他变量之间的因果关系时,将这些变量设置为*常量*(不变)。例如,如果我们在调查中测量了贫困,我们稍后可以将样本分成两组,一组是穷人,一组不是。如果我们发现各组中离异家庭儿童的问题行为得分更高,那么我们就可以知道这种效应不是由于贫困的影响。不幸的是,调查中不知道还有多少其他变量可能没有得到控制,或者甚至没有得到测量,它们也会对结果产生类似的效应(种族、民族、地理位置、宗教、父母教育水平、邻里环境等)。因此,不管是横向调查还是纵向调查,你都不要相信从调查研究结果得到的因果关系有效性,你需要评估调查研究结果,你可以通过询问控制变量是什么,通过考察所有重要的伪造性来源是否都排除在了调查研究外来评估。在探讨同居对后来婚姻的质量和成功性的影响时(请见第七章),我们还会对这个问题进行更加详细的考察。

114 生态效度

在评价关于家庭的社会学研究时,要注意的最后一个方法学上的问题就是生态效度。这个术语用于指研究结果推广到人类行为的自然情境中的能力。这和抽样的一般性不同。这种情况下,参考对象不是样本单元,而是自然情境与用于研究的人为设置的情境的对比。例如,由于要创造虚拟的情境,实验的生态效度往往较低,如暴力行为研究中,研究者采用的方法是观察儿童在观看暴力电影后是否会击打拳击沙袋。在这样的情境下问题就产生了,在自然的情境中,同样的结果是否还会出现。在这个例子中,观看了暴力电影的儿童击打拳击沙袋的次数可能会更多,但观看电影和每天看暴力电视节目能完全一致吗,而击打拳击沙袋和打邻居的孩子或在学校中打架是一样的吗?这些都是生态效度的问题。这是调查研究好于实验研究的一个方面,因为调查研究试图掌握在自然情境中发生的自然行为。

数据概念

总体上,社会学和社会科学越来越依赖数据处理的应用,用以总结研究观察结果和检验理论。然而,这些数据处理的复杂性远远超过了上这门课的大多数学生之前的训练水平。但了解一些关于数据分析的基本知识还是有用的,这样当你今后读到一些研究时,或从一些主流媒体接触到某些总结时,你就可以更好地理解研究结果了。下面我们将会涉及五个关键的数据分析思想或原则。

首先,理解频率和百分比之间的区别很重要。频率是单纯的基于一个研究者的观察所得的某个事物的次数。就这点而言,它几乎没什么意义,因为没有考虑到某个事物被观察到的可能性。例如,如果我们说,在2000年美国的未婚伴侣住户(同居伴侣)有4700000户,你可能会说:"哇,真多呀!"但如果你想想,与此同时在总人口中,已婚和未婚的住户超过了47000000户,你也许会得出这样的结论:这(未婚伴侣住户多)是个问题,但这并不能表明婚姻作为一种制度的显著衰落。毕竟,数量最多(超过了90%)的住户类型是已婚夫妇住户。这就是我们在报告不同团体中某些家庭现象的发生次数,以及考察其发生方式的不同之处时,要计算和使用百分比(通过计算人群的单位数量中某事物的发生次数)的原因。

第二,我们常常希望在社会中选取一些不同的团体,就一些结果进行比较。我们进行得最多的就是男女之间的比较。我们之所以进行这些比较,是因为我们对自己所属的团体赋
115 予了一些因果关系的重要性。例如,你是一名女性,就意味着你会接触到的一系列社会化经验和现有机会与男性接触到的是不同的。我们通过单独计算各组在一些测量结果变量上的平均值(平均数)或百分比,来进行这些比较。例如,我们可能会发现女性每周用于做家务的平均时间是17.5小时,而男性花在这上面的平均时间仅仅为10小时。用另外的方法,我们可能会对自己的观察做出不同的总结:女性做了所有家务的75%,而男性只做了25%。不管在哪种情况下,我们都可以发现不同,所以我们就总结出,这是由于性别导致的差异。

跨国家庭

关于跨国家庭的研究

一些事实决定了关于跨国家庭的研究会很复杂:家庭成员分布在不同的国家,可能不能熟练使用研究者使用的语言,成员具有高度流动性,所生活的文化可能与原文化相敌对。不仅这些条件为研究者设置了问题,也带来了对基于西方人群先前研究的测量效度的关注。因此,关于跨国家庭的研究通常涉及定性和定量两种研究的综合,而且需要采用特殊的程序来评估和测量家庭。几位研究者(Yan Ruth Xia, Zhi George Zhou, & Ziolin Xie)给我们描述了一些研究中面临的挑战,以及在做关于华裔移民家庭的研究时他们所采用的战胜挑战的方法。

他们提到的第一个挑战就是评估被试。华裔移民,和其他移民一样,通常生活在脆弱的社会经济条件下,需要高度关注生活必需品,而这些并没有包括在对研究的反应中。他们还不习惯于将个人或家庭信息提供给外人。为了克服这些困难,研究者采取了循序渐进的方法。首先,他们通过与社区居民一起参与教堂、学习以及社区活动,和被试建立起了良好的人际关系。他们还通过为社区居民举办婚姻关系和父母教养研讨会来增进信任和相互的义务感。经过一段时间的社区活动参与后,他们接着使用"雪球抽样"技术为研究取得一个足够大的样本。这种技术是指,首先请求一小部分家庭参与,接着请求这些家庭推荐其他可能愿意参与研究的家庭。尽管这种方法和理想的方法不能比,因为其结果可能缺乏理想的代表性和一般性水平,但考虑到各种困难,研究者注意到这是大多数社区研究存在的限制。他们还尝试着克服了测量平等性的问题,这是通过使用半结构访谈来实现的。半结构访谈使被试有机会表达自己对家庭生活的感觉,而不必将自己划分入某一类型中去,这种划分可能只适用于对西方人的研究。

来源:Yan Ruth Xia, Zhi George Zhou, and Ziolin Xie. "Strengths and Resilience in Chinese Immigrant Families: An Initial Effort of Inquiry," in Vern L. Bengtson, Alan C. Acock, Katherine R. Allen, Peggye Dilworth-Anderson, and David M. Klein, des., *Sourcebook of Family Theory & Research* (Thousand Oaks, CA: Sage Publications, 2005), 108—111.

心理学和社会学的研究发现了很多男女之间的差异。然而,注意到这点也很重要:差异通常很小,且通常的情况是,如果将某位特定的女性和某位特定的男性相比,结果将会和平均数或百分比比较的结果相反。这是因为并不是所有的女性都是一样的,也不是所有的男性都是一样的。因此,发现一处群体差异只是意味着有一种趋势或者可能:某位特定的男性不同于某位特定的女性。然而,这条规则存在许多例外。

第三,有时候我们所测量的东西不止涉及一小部分团体。例如,如果我们对女性受教育
116 水平对其婚姻决策的影响感兴趣,我们就必须考虑很多教育和决策模式。在这种情形下,研究者会采用相关技术。这种技术基于这样的思想:教育水平会增加决策权力,那么当你比较两位女性时,如果你发现两者的受教育水平不同,那么你还将在她们的决策上发现系统的或可预测的不同之处。如果主导的模式是:一个变量上的变异(教育)通常和另一个变量上的变异(决策)伴随出现,而且*方向相同*(更高的教育水平伴随着更高的决策权力,或者更低的教育水平伴随着更低的决策权力),那么我们将这种关系称为正关系(或者正效应、正相关)。如果主导的模式中,一个变量的变异方向和另一个变量的变异*方向相反*(更高的教育水平伴随着更低的决策权力,或者更低的教育水平伴随着更高的决策权力),那么我们就将这种关系称为负关系(或者负效应、负相关)。在研究中,这种模式在所有可能的比较单元中的固定性和持久性就叫作相关强度(strength of the relationship)。如果这个模式中存在着很多例外(如大部分时间里,模式是正向的,但也有许多次两个变量的变化方向是相反的),那么这就是弱相关。如果几乎没有例外,那么就是强相关。社会学中的相关和其他许多类似数据概念都经过了标准化,范围从 0(没有关系)到 1(绝对强相关——没有例外)。在之前也有一些标志告诉我们相关是正是负。因此,相关值可能的范围是从-1到$+1$,-1和$+1$表示绝对强相关,但两者方向相反;而 0 左右(不管是正是负)的相关值意味着极其弱或没有相关。由于社会行为是由很多因素决定的,所以相关值超过$+/-0.3$的很少,但很少有研究者会接受低于$+/-0.1$的相关值为重要相关。

最后,研究者并不仅仅关注观察性的研究中(如调查)发现的效应的程度和方向。还得考虑到调查研究是基于一个大的人群中的一个样本单元进行的。因此,即使研究者在研究中发现了很强的相关,但问题仍然存在:*研究结果是否能够推广到更大的人群中去*。我们对这点不能下定论,但统计中发展出了一种方法,它可以告诉我们研究结果不能推广的可能性,或者研究结果只是基于一部分样本,这些样本在某些方面有不同于其他人群的独特之处。我们称这种统计技术为推断统计,且推断统计有很多不同的形式。然而,在所有情况下,推断统计数据是与某个系数表格(这个系数表格告诉我们结果*不能*超越观察样本*推广*的*可能性*)比较。因此,不论何时评价关于家庭的定量研究时,你都需要询问不能推广的可能性(同样叫作显著性)。社会科学家不接受超过 5%的不能推广的可能性。换句话说,在我们将结果推广到更大的人群之前,其显著性必须小于 0.05($p<0.05$ 或 $s<0.05$)。结果的显著性和相关强度效应与其本身基于的样本规模呈比例。当观察到的效应很大,或者样本很大,那么结果显著和可推广的可能性就更大。因此,如果样本非常巨大(10000 或更多),那么很弱的效应也会是显著的,即使这个弱效应意味着结果的解释性不好。

117 参考理论和参考架构

此书中和其他地方呈现的关于婚姻和家庭生活的理论通常限定在某个范围之内的,它

们试图为某个特殊的结果或状态提供解释。例如,有关于婚姻权力、家庭暴力、离异、离异对儿童影响,以及其他现象的理论。这些理论通常都只是模型,只明确了引发这些被研究现象的因果关系系统。换句话说,它们代表着逻辑关系命题或假说,解释了为什么某些事情会发生。接着,通过对有关变量的观察,通过对变量规律互联性或模式的分析,这些因果关系模型得到了或多或少的验证。通常情况下,研究者不会限定他们的假设,也不会将自己的理论与用于解释不同现象的其他理论联系起来。然而,这并不是说研究者各干各的,或我们不能跨研究领域地积累知识和理论原则。大部分情况下,研究者都会利用一个或更多(在有限数量范围内)的理论视角或框架,并辨别这当中哪个视角能帮助读者理解研究结果的意思和显著性。

在有关婚姻和家庭现象的社会学研究中,采用的理论视角可以分为三组。首先,有两种称之为宏观理论的视角(*结果功能主义*和*冲突理论*),它们被广泛地应用于研究有关家庭变化的问题和跨社会情境的稳定性,它们将家庭中的个体行为看作是由个体所根植的结构所决定的。第二组视角(*符号互动主义*和*社会交换理论*)可以称为微观理论,它们将个体动机作为因素,将婚姻和家庭现象看作是个体为实现理想目标,和他人谈判取得的直接结果。这些互动可能会被更大的社会结构影响,但更强调在社会结构中的个体对社会结构的理解和反应。第三,还有两种(家庭系统理论和*家庭发展理论*)更加具体的多水平理论,它们试图包含微观水平和宏观水平两种过程。

没有单独哪一种视角比其他视角更有根据。尽管有时可能需要发展出一个统一的关于婚姻和家庭生活的理论,但社会学还没有到达那个位置。一些理论可能有更广的适用性或更多的支持,但所有的理论都有足够多的不足之处,不能完全解释家庭社会学家感兴趣的所有现象。一种更好的办法就是将这些视角视为观察现实的一系列镜头。每个镜头都强调事实的不同方面,因此有必要去获取一个完整的理解和解释。

我们还要记住,这些理论仅仅是一些或多或少符合现实的社会建构或故事,这点很重要。一些更准确、更完整反映现实的理论视角还可能会被发展出来。既然这些理论是社会建构,我们就不应该单纯地认为它们就代表着"真实",还应该谨慎看待这些故事的形成方式,其形成方式是否强调了我们的自我利益,或受限于我们自己的视角偏见。总是存在这样一种可能:与符合某种现实的理论一样,一系列完全不同的假设、概念以及命题也许能同样完美地符合同一种现实。为了强调这个思想,我们以对家庭研究中非科学和后结构主义视角的探讨作为本部分的结尾。

结构功能参考架构 118

结构功能参考架构,有时也叫作*结构—功能主义*或仅仅就是*功能主义*。直到20世纪70年代,它都是社会学的主导理论取向,现在尽管使用范围小了,但仍在被使用。在家庭领域中,这种方法的适用范围很广,它提供了一个框架,可用于处理家庭内部关系(丈夫、妻子、兄弟姐妹等),也可用于处理社会上其他系统(教育、宗教、职业等)对家庭的影响,以及家庭系统中的长期变化和稳定性问题。

美国早期社会学家塔尔科特·帕森斯(Talcott Parsons)①对结构功能参考架构进行了最详细的阐述,但它的关键哲学元素和假设可以清晰地追溯到18世纪的*有机论*,可以追溯到19世纪早期的社会学家孔德(Auguste Comte),斯宾塞(Herbert Spenser),和涂尔干(Emile Duikherm),还可以追溯到20世纪早期由罗德克里夫-布朗和布罗尼斯拉夫·马利纳沃斯基(Radcliffe-Brown & Bronislaw Malinowski)②代表的英国人类学传统。

有机论的哲学观点提出了这样的思想:"社会就像身体一样,是由部分紧密结合构成的整体。"③这种整体大于简单的部分之和的思想是结构功能主义的核心,在解释个体的社会行为时,它调节着个体的动机和感知(在余值水平上)。孔德、斯宾塞和涂尔干在他们对社会的分析中都发展出了有机论的推论,他们还通过发展各种概念来反应总体的特点(如凝聚力、一致性、团结、分化以及集体主义意识),以此来达到扩展有机论推论的目的。特别是涂尔干,他认为社会制度和社会行为都是社会事实,可以通过单独地研究参与其中的个体来研究社会事实,这点对有机论思想贡献很大。他还将社会制度的健全与一个社会的社会连带和社会有序程度,以及整个社会的健全联系起来成为了一个整体。斯宾塞将有机推论更推进了一步,他提出了社会进化理论,这是从生物进化论借鉴而来的,以*适者生存*原则为前提。据此理论,社会制度的结构随着时间与环境条件的改变会发生变革,因此被认为是功能性的。

除了整体大于部分之和的假设之外,结构功能主义还假设,社会结构的出现是为了应对功能性需要,而功能性需要由生存条件界定。社会被看作是一个"系统",有四个"界定特征":(1)一系列分化的角色,(2)一个共享的价值系统,(3)在同一个系统下,满足各自基本生存所需时,个体之间有明确的界限,(4)一种达到或维持结构的均衡状态或稳定性的倾向。④为了使各个不同社会的成员能共同工作,实现生存,一个共享的价值系统非常重要。一旦满足生存所需的人际关系系统建立起来以后,维持这个系统的稳定和压制不符合此价值系统
119 或标准的异常行为就至关重要了(这就是均衡性假设)。为了处理利己主义个体的异常行为问题,社会控制机制同样非常重要。

术语*结构*是这个视角的核心,指的是社会成员之间或多或少稳定的角色关系系统——人际关系由社会生存所需决定,并由社会规范(社会上每个成员对各自行为所持的期望)的建构来习得和维持。这些角色可能会进一步组织为一些形式,如像组织成明确了某些特定功能需要的家庭(如,新成员的"招募"与训练,成人人格的社会化)。⑤因此,从对社会生存需

---

① Talcott Parsons, *The Social System* (Glencoe, IL: The Free Press, 1951).

② Nancy Kingsbury and John Scanzoni, "Structural-Functionalism," in Pauline G. Boss, William J. Doherty, Ralph LaRossa, Walter R. Schumm, and Suzanne K. Steinmetz, *Sourcebook of Family Theories and Methods: A Contextual Approach* (New York: Plenum Press, 1993), Chapter 9, 195—217.

③④ Ibid., 199.

⑤ Talcott Parsons and Robert F. Bales, Family Socialization and Interaction Process (New York: The Free Press, 1955), 16—17.

要的分析和对现有配置怎样满足这些需要的观察中,我们可以发现制度的必不可少性和其中规范的角色配置的必要性。由于结构与特定的功能是联系在一起的,所以它们的存在及其目前的形式通常被认为是*必需*的;任何使它们瓦解或形式发生变化的转变,都被认为是对社会生存和社会成员幸福感的威胁。

术语*功能*同样是这个观点的核心,但却更加难以界定。用我们的日常用语来说,某个事物发挥的功能仅仅就是一种表达:能做什么或它有什么功效。例如,大学学位的一种功能可能就是找到一个工作。这就是事物的显性功能,因为它是可以具体阐述和被社会成员认可的,教育和劳动制度的组织方式都是与这种结果直接相关的。教育制度的其他功能更不直接,也更少得到大众的认可。例如,上大学使年轻人远离了沿街乞讨的生活,因此作为社会控制的一种来源对社会做了贡献。上大学还提供了一个寻找潜在婚姻伴侣的环境,所以发挥了配偶选择制度的功能。后面阐述的这些功能叫作隐性功能。

结构功能主义者承认制度的显性和隐性功能,但是以一种更加特定的方式发挥作用。通过观察人们在某个事物发生后的行为,我们可以了解制度或一系列角色关系的功能,但结构功能主义者不只满足于进行简单的描述,还想知道得更多。特定的功能必须要与社会生存需要或社会中某个特定制度相关。是功能性需要导致了可观察结构的出现。

据认为,对于个体成员来说,家庭的一些显性功能就是在家庭中,个体形成基本的人格,获得基本的归属地位,完成抚养性的社会化,释放个体压力。对于较大的社会来说,家庭的一些显性功能就是代替成员,对成员进行社会标准和价值的社会化,发挥着社会控制代理人的作用。在隐性功能方面,传统家庭的思想今天可能依然存在,因为它在充满变数和不确定性、社会舆论已不复存在的现代社会中,为个体提供着一种稳定感和确定感。从这个观点出发,我们可以认为,目前关于"家庭"消亡的文化论述实际上反映了我们在其他领域中社会分裂的集体意识,而不是一种基于某种特定家庭形式和社会生存所需之间的明确联系的论证。 120

以这种观点来看,除了结构和功能的概念以外,*社会连带*的概念同样重要。社会连带指的是个体参与某个系统并履行自己的角色职责的动机。涂尔干提出了两种社会连带类型——机械的和*有机的*。机械的连带出现在工业化社会以前,其前提是社会系统成员在生活经历与价值观上的共同性。有机的连带在工业社会中更加重要;因为在工业化社会中,个体的角色责任更加分化,他们缺乏工业化时代以前的那种共同的经历和价值观。在这些高度分化的社会中,将成员们联系起来的"胶水"是他们相互依存的意识。也就是说,我们都是处于独特条件中,有独特需要的个体,因此我们需要发展出一种*集体意识*(一种普遍的世界观)来认识各自的需要。连带的类型并不是那么重要,只要连带发展出来就行了。根据这个观点,如果没有连带,社会就不可能维持高水平的相互依存性和社会生存(与社会成员的生存连在一起)意志,也就是说社会就会受到威胁。

最后,结构功能主义视角还发展出了一些概念来指代社会对其成员的结构安排。在这里有三个概念值得讨论,社会角色、社会规范和社会分化。

社会角色是一系列与个体在社会结构中的位置相关的*规定的*(由社会需要决定和排

序)行为。例如,作为丈夫(婚姻制度中的一种职位),他要扮演的一种角色可能就是“养家糊口者”(每天负责外出工作的个体,将薪水带回家并分配薪水)。在职位上(这里指丈夫)的是谁不重要,他的角色总是一样的。如果因为某个个体想要做一些其他的事情,那么角色就会产生变化,紧接着社会就会失去秩序,社会因此就不能继续生存下去。这些角色因为社会标准而得到了加强。社会标准是指大多数社会成员持有的对行为的一系列期待,并通过处罚得以巩固。当个体违反了这些标准时,社会成员就会以一些方式来惩罚他们。当个体遵守规范时,他们就会得到奖励。

社会分化与角色概念的联系在于:它传达着个体在社会上的角色独立和分化的程度。当社会出现专门化,或者说将生存所需的任务划分成几部分,个体的责任就是只重复地完成任务的某个方面。社会分化的另一个术语是劳动分工。功能主义者用这个概念来解释家庭角色,是它受到太保守的批评的要害。帕森斯(Parsons)和他的同事们[①]采用从人类学研究和小团体研究得来的数据,分析得出:在婚姻中存在一种自然而普遍的劳动分工,男性承担物质性角色(这种角色的表现为不需要情感的、理性的行为,如外出工作、挣钱、修机器、和器物打交道),女性承担表达性角色(这种角色表现为需要情感卷入和表达,如照顾孩子、准备饮食和保持家人健康,并在总体上满足家庭成员的情感需要)。这种分工是很自然的,因为
121 角色责任是相互矛盾的(你不可能两个方面都做得很好),男性和女性有着不同的生物能力来完成每种活动。不幸的是,这个研究在物质性角色和表达性角色的概念化上有着明显的缺陷。

在婚姻中劳动的专门化分工上,说结构功能主义太保守的观点反驳了上面这个例子。采用这种观点的社会学家开始看到了他们关于社会价值的一般性(现在在很多多元社会中都可以发现这样的例子)假设的缺陷,开始关注制度形成过程中权力的重要性,认识到制度的形成并不一定要改善社会生存,有可能是为了提升当权者的利益。

这种观点的理论推理也受到了*目的论*(循环论证)的批评,一个结构发挥的功能被认为是结构的原因,但决定一个结构的功能的唯一方式又是在事实之后。因此,通过寻找可能属于自己的功能,所有稳定的结构都得到了正当存在的理由。如果在社会结构的兴起以前,没有独立的方法来决定一个社会的功能性需要,那么这个理论就会变得不具可验证性,而且目前的结构也不应得到它们现在得到的、这么多的合法性和真实价值。

对这个观点的第三种批评认为,它太坚持“只有一种结构配置能满足社会的功能性需要”这个概念。然而这种批评相对柔和。罗伯特·默顿(Robert Merton)引入了功能平等概念,这个概念认为,其他的物质性配置可以替代先前建立的物质性配置,来完成一个既定的社会需要。

最后一种批评认为结构功能主义过于关注稳定性问题,忽视或问题化了社会也经历着

---

① Robert Bales and Paul Slater, “Role Differentiation in Small Decision-Making Groups,” in Talcott Parsons and Robert Bales, *Family Socialization and Interaction Process* (Glencoe, IL: The Free Press, 1955), 259—306.

一些改变这个事实。改变被看作是社会健康的消极因素，但事实上对于大多数人来说，改变可能会促使其对环境的更好的适应，可能带来更好的条件。约翰·斯坎佐尼(John Scanzoni)①以当前对兴起的替代性(或多样性)家庭形式的批评，来阐述了这种保守的偏见是怎样看待最近对功能主义思想的应用的。他指出，我们需要更注重新家庭建立的过程，更注重个体适应环境和满足其需要时经历的不断的变化。这种建设性的意见否定了功能主义的关于适应稳定的经济环境的单纯"功能性"家庭的思想，相反认识到了家庭的"多样性"：家庭是成功还是失败，决定于其成员的"批判性、创造性思维以及解决问题和讨论问题"的能力。②

现在，关于家庭的社会学研究中没有再明确使用结构功能主义了。事实上，它正在逐渐消失，只出现在教授家庭理论的教科书中。③然而，这个理论的确强调了从许多方面的知识(人口统计学，跨文化和生物社会学)来解释家庭生活和制度差异。它的许多假设也是许多现在仍可行的理论的假设，如生态论和系统论(请见本章稍后对系统论的讨论)。④ 122

社会冲突参考架构

可能社会冲突参考架构最基本的假设就是，在所有的人类互动中，冲突都是自然和不可避免的。因此，不像功能主义强调秩序、均衡、一致和系统维持，社会冲突参考架构关注的焦点是冲突处理。它不把冲突看作是不好的，或是对社会系统和人类互动的破坏；相反，它把冲突看作是所有系统和互动中既定的、期待出现的一部分。

社会冲突理论的经典案例源自于卡尔·马克思。⑤马克思相信经济决定论。他坚信，一个社会的经济基础的基本逻辑引发了一个过程，这个过程决定着社会系统的所有其他方面，从政治、宗教到家庭、文化。尽管他对不同的经济系统做了大量的历史性的分析，但他主要关注的是资本主义经济。他认为资本主义经济是基于在长期的冲突中两个阶级的辩证逻辑关系之上的——一小部分的资产阶级，他们拥有生产资料；大规模的无产阶级(工人)，为了

---

① John Scanzoni, "From the Normal Family to Alternate Families to the Quest for Diversity with Interdependence," *Journal of Family Issues* 22(2001):688—710.

② Ibid., 699.

③ See for example James M. White and David M. Klein, *Family Theories*, 2nd ed. (Thousand Oaks, CA: *Sage Publications*, 2002).

④ See the discussion of demographic theories by Suzanne M. Bianchi and Lynne M. Casper, "Explanations of Family Change: A Family Demographic Perspective," in Vern L. Bengtson, Alan C. Acock, Katherine R. Allen, Peggye Dilworth-Anderson, and David M. Klein, eds., *Sourcebook of Family Theory & Research* (Thousand Oaks, CA: Sage Publications, 2005), 93—117; Elaine Leeder, *The Family in Global Perspective* (Thousand Oaks, CA: Sage Publications, 2004); and James M. White and David M. Klein, *Family Theories*, 2nd ed. (Thousand Oaks, CA: Sage Publications, 2002), Chapters 4, 5, and 8.

⑤ Karl Marx, *The Communist Manifesto*, trans. Samuel Moore(Baltimore: Penguin, 1967), originally published in 1849 with Friedrich Engels; C. Wright Mills, *The Marxists* (New York: Harcourt, Brace, 1948); and Rolf Dahrendorf, *Class and Class Conflict in Industrial Society* (Stanford: Stanford University Press, 1959).

从自由、竞争的市场中得到利益,资产阶级剥削他们,压迫他们。社会上所有的非经济制度要么被看作是这种斗争的结果,要么被看作是对更有权力的资产阶级的支持。根据马克思的同事恩格斯[1]的观点,这些制度中就包括家庭。家庭中性别不平等,妇女在家中扮演照顾工人的免费劳动力角色,这就使得资本家加大对她们丈夫的剥削水平,从而使得家庭在帮助资产阶级维持对无产阶级的剥削和压迫。因此,男性间(以及女性)的冲突已经建构好了,是不可避免的,冲突会带来社会秩序,同样也会带来显著的变化(根据马克思的观点,这种变化就是革命)。

另一位德国社会学家马克斯·韦伯同样为这种观点的发展作出了贡献,他注意到了社会中冲突的其他来源。韦伯反对马克思的经济决定论,他相信社会是由许多团体构成的,不同的团体(包括经济利益团体)有不同的价值观和相互竞争的利益。他看到了这种可能性:一个团体可能会获得权力,而另一个团体得不到权力,这个过程并不是早就被团体在经济系统中的地位决定的。因此,在韦伯看来,关键问题是权力关系以及一个团体怎样战胜其他团
123 体,只有战胜其他团体,才能使自己的价值观和利益合法化,从而获得权力。[2]

冲突理论主要是一个宏观水平上的理论。宏观理论认为个体在社会系统中的位置塑造着个体的行为,认为社会变化是在社会系统水平上起作用的结果,而不是个体动机的结果。冲突理论同样高度关注了微观水平上的冲突处理过程,但微观水平上的冲突大部分是补偿性的,因为导致团体冲突特点发生变化的一定是其结构背景的变化。我们可以更好地学习怎样处理冲突,以及以此来提高我们的生活质量,但在不改变我们在大的社会结构中所处位置的情况下,是不能减少潜在冲突的来源的。

社会冲突理论有四个基本假设:(1)在所有的社会团体中,冲突都是*不可避免的*(总是存在);(2)冲突影响着制度和人际关系;(3)冲突既是秩序的来源,又是变化的来源;(4)冲突的表达可能成为人际关系的积极力量。

假设在所有的社会团体中冲突都是不可避免的,并不是说斗争或冲突的表现总是会出现或存在。冲突理论讲的冲突有两种——*结构化的*和*明确的*。这个假设指的是结构化的冲突,即团体成员间在利益和价值观上存在不同之处。不论我们在人际关系中表现出的是哪种价值观和利益,我们的命运是由所属的利益团体决定的。从这个意义上讲,这种冲突的类型就是结构化的。

家庭中影响互动的两类重要利益团体是基于年龄和性别的团体。考虑家庭中代际关系时,年龄团体非常重要。例如,政府为老年人提供了哪些满足需要的资源,影响着我们与自己年老父母的关系。如果政府提供了很多资源,那么我们与父母的关系就可能会更加适意。

---

① Freidrich Engels, *The Origins of the Family, Private Property and the State* (New York: International Publishers, 1964).

② Keith Farrington and Ely Chertok, "Social Conflict Theories of the Family," in Pauline G. Boss, William J. Doherty, Ralph LaRossa, Walter R. Schumm, and Suzanne K. Steinmetz, *Sourcebook of Family Theories and Methods: A Contextual Approach* (New York: Plenum Press, 1993), Chapter 15, 357—380.

然而,如果政府不提供资源,那么后代就会有赡养的压力。这种义务虽然后代乐意地接受了,但这无疑还是会使他们忽视自己的利益,以及影响他们照自己的意愿过家庭生活的能力。因此,两代人之间就会出现潜在的结构冲突。至于性别,结构冲突依然存在,因为我们的社会是有性别阶级之分的。男性从工作中得到更多的报酬,有更多的机会,在阶级社会中有更多的权力,所以所有的异性夫妻都得在一个不平等的系统下处理夫妻关系。即使是最平等的夫妻,也必须面对丈夫有更多的权力和特权的情况,必须为达到夫妻关系的平等而努力。①我们不能凭借自己的意志改变这种情境,但可以学习一些技巧来更好地应对这种情境。如果我们希望有一些根本的改变,我们必须处理社会上不同利益团体之间的资源分配不均等的问题。家庭中的性别冲突问题将在第九章中更详细地谈论。

第二个和第三个假设——冲突影响制度和人际关系以及冲突是秩序和变化的来源—— 124
是补充性的。一方面,通过利益团体之间的竞争,某种关系形式和制度得以形成和稳定下来。如果一个团体有更大的权力,它就可以将自己的价值观和利益嫁接给另外的团体。但这并不是说,社会上所有的家庭都会和那些主导团体看起来一样。而是说,在某种方式上,那些权力稍小的团体的家庭生活形式,是符合那些有更大权力的团体的利益的。另一方面,冲突同样可以使制度和人际关系变得不稳定。这在团体之间的权力差异减小时最可能发生。②例如,以这种观点来看,美国20世纪60年代到80年代之间的离婚率的增加可以归因于男女在社会权力上的平等化。请注意,这种对离婚率上升的解释是在宏观水平上的,与离婚个体动机或道德上的改变是没有什么关系的。

和平和秩序比冲突和改变好吗?第四个假设说秩序不一定总是好的,改变不一定总是坏的。冲突的表达对人际关系有许多积极的结果,它可以暴露令人不满意之处和不平等之处,这些可以通过交涉和谈判来处理,它还可以带来某种观念:改变人际关系,提升相关个体的满意度。

"冲突和变化是好的"这个假设是冲突论和功能主义之间最基本的区别。简单地说,以社会冲突的观点来看,家庭不是避风港;而像功能主义之类的秩序观点认为家庭是避风港(请见表3.2)。功能主义者将家庭看作是年轻人社会化的主要机构;冲突论认为家庭在提升错误觉悟,教年轻人接受性别和阶级不平等,将不平等看作是自然的。功能主义者还将家庭看作是一代一代对同样的"生活机会"的维持(富人仍富,穷人仍穷);而冲突论者则认为,这种"维持"是基于归属,而不是基于成就来保持和提升不平等性的。功能主义者相信孤立的核心家庭与资本主义社会的流动性需要是一致的;冲突论者相信流动性对家庭成员及其情感需要都是破坏性的。最后,功能主义者认为现代家庭是安静的、被动的,是和其他社会

---

① Pepper Schwartz, *Peer Marriage: How Love between Equals Really Works*(New York: The Free Press, 1994).

② Roger V. Gould, *Gollision of Wills: How Ambiguity about Social Rank Breeds Conflict*(Chicago: University of Chicago Press, 2003).

单元保持均衡状态的；而冲突论者则认为，家庭是对一个充满潜在和实际冲突的系统的提升。冲突——在社会中，在家庭中，以及在人际关系中都是不可避免的——会导致变化。

符号互动参考架构

符号互动参考架构为研究人类的团体生活和个体行为提供了一种特别的、不同的方法。作为一种社会—心理学的参考架构，符号互动论强调两个问题——社会化和社会互动——两者都是家庭的核心问题。第一个问题，社会化，主要关注个体是怎样逐渐变得具有社会性的，人类是怎样获得和内化行为模式、思考方式以及对所处社会和文化的感知的。第二个问题，社会互动，是社会化本身和生活的所有方面的基础；它关注互动中符号的重要性，自我与他人的联系，以及个体与团体之间的社会互换。

125 表 3.2　社会生活的二元性：社会秩序模型和社会冲突模型的假设

	秩序模型	冲突模型
问题	社会各部分之间最基本的关系是什么？	
答案	和谐和合作	竞争、冲突、支配以及附属
原因	各部分的利益互补 社会标准和价值基本一致	人们想要的东西总是得不到满足 社会标准和价值在根本上存在分歧
整合程度	高度整合	整合度低 任何达到的整合都是强制力和欺骗的结果
社会整合类型	平缓的，适应性的和改进性的	突然的和革命性的
稳定程度	稳定	不稳定

来源：U. S. Bureau of the Census，The 2009 Statistical Abstract，"Table 56：Marital Status of the Population by Sex and Age" http://www. 2010census. biz/compendia/statab/cats/population/marital_status_and_living_arrangements. html.

这种观点最早的两位支持者——查尔斯·霍顿·孔利和乔治·赫伯特·米德(Charles Horton Cooley & George Herbert Mead)——认为我们用来表征我们的世界的符号本来是没有内在意义的。相反，我们必须发展出一个意义系统来表征世界，只有在他人和我们对那些符号的反应方式相同时，或他们以我们的意图对符号进行反应时，这些符号才有意义。因此，只有通过发展一个普遍的意义系统，社会互动才必要和有可能。一种最重要的意义，也是先于其他意义的意义就是我们是谁——即自我。孔利使用了*镜中我*这个术语来体现这样一种思想：我们需要从他人那里得到反馈，从而知道我们是谁。这种反馈不是物理的，而是行为的。我们通过观察和操纵他人对我们的反应，逐渐了解自我，维持自我概念。

符号互动论的特殊性在于它的假设：只能在行为的结果中发现意义。意义既不是心理的产物,也不是先前存在的现实的产物。事物——包括社会行为,社会关系和社会制度——的意义只有在个体互动间才能发现。因此社会结构是*呈展的*(emergent)。这就意味着,比 126
如说,只有在夫妻以不平等性来界定夫妻关系时,才能说夫妻关系是不平等或不公平的。妻子可能会做大部分的家务,丈夫可能有相对较多的空余时间和决策权力,但如果他们认为这种情况的所代表的意义是:她的额外劳动是"礼物",这就使得他的空余时间和决策权力有了正当理由,正如他的工作地位带给他的一样。他们在夫妻关系中就会基于这种平等的"事实"来行为。因此,对任何社会学研究或社会团体(如家庭)研究来说,研究个体以及他们对行为的感知是非常重要的。

拉罗萨和赖策斯(LaRossa & Reitzes)①提出了这种观点的七点假设:

1. 人类对事物的反应是基于事物对他们的意义之上的。
2. 意义是在人们的互动过程中产生的。
3. 人们在处理他/她遇到的事物时,通过一个解释性的过程,对意义进行处理和修正。
4. 个体不是生来就具有自我意识,而是在社会互动中发展出自我概念的。
5. 一旦自我概念发展了起来,就会成为行为的一种很重要的动机。
6. 个体和小团体会受到大的文化和社会过程的影响。
7. 个体是通过在日常情境中的社会互动来理解社会结构的细节的。

因此,在团体中,如家庭中,所有的人类互动都可以被看作是由对普遍意义或现实解释的寻找引发的;而且,尤其是对自我意义一致性的寻找,是通过他人的反应来进行的。

此书中用了很多来自社会互动框架的概念。我们下面将讨论三个概念——*自我概念*,*同一性*和*角色*。在后面的章节中,我们用这种观点讨论婚姻和家庭行为时,还会谈到其他一些概念。

自我概念是个体自身带有的一种界定,它在个体同他人的互动中不断地重构。它包括个体希望自己在不同的情境中如何行动,以及他人希望个体在不同的情境中如何行动的信息。符号互动框架的特殊性在于它将自我看作是一系列内化的、基于过去和当前互动过程的期望。不像心理人格理论将自我看作是更加稳定的(不变的),看作是早期生活经验的结果,符号互动主义者将自我看作是更加流动的和*情境化的*(随情境不同而不同)。为了体现这一思想——自我既是早期经验的结果,又是进行中的社会互动投射——米德采用了I和Me两个术语。I包括主体我,它在当前情境中采取某些行动,并通过这些行动积极地重构自我;它是自我中活跃和自发的方面。而另一方面,Me是个体反省和认知建构的客体我。它或多或少是一种混合:先前互动经验(行为和他人的相应反应)和在当前情境下对自己行

① Ralph LaRossa and Donald C. Reitzes,"Symbolic Interactionism and Family Studies," in Pauline G. Boss, William J. Doherty, Ralph LaRossa, Walter R. Schumm, and Suzanne K. Steinmetz, *Sourcebook of Family Theories and Methods: A Contextual Approach* (New York: Plenum Press, 1993), Chapter 6, 135—160.

为和他人反应的解释的融合。因此,自我是一种基于互动经验的、解释和再解释的、进行中的投射。就其本身而言,它是在那些经验中自然发生的。从这个意义出发,韦斯特和泽玛曼(West 和 Zimmerman)①指出,性别(作为自我的一个方面)不是我们生来俱有的,或者是我们早期生活经验产生的无法改变的结果,而是进行中的互动投射。因此,他们认为,我们不应该谈论"是"某种性别,而应该谈论每次当我们选择以某种方式行动时,我们在怎样"表现性别",或我们在怎样创造着性别差异。

127 与自我概念紧密相连的一个概念是身份。同样,符号互动主义论和大多数心理学理论使用身份/同一性的方式不同。对于符号互动主义者来说,身份不止一个,而是有很多,因为个体涉及的是很多的关系系统。例如,华盛顿州州长克斯蒂娜,她不仅以州长的身份来构建自我概念,女儿、姐妹、朋友、妻子、劳动者和母亲的身份也在其中。这些都是独立的身份,它们包含着一系列不同的期待,告诉个体在不同的人际关系中应该怎样行为。但它们不是独立出现的,它们必须按照一致、不矛盾的方式整合到她的自我概念中。然而,有时各种期望间确实会出现矛盾,这时她就必须选择遵从哪些期望,或者必须与关系中有关的人谈判以改变某些期望。为了帮助她在这些情况下做决策,她会将自己独立的身份组织成一个身份层级,与处于这当中高层级的身份相关的期望她会优先考虑。在2000年,这样的情况就发生了,她放弃了竞选美国议员,因为她年迈的母亲需要照料,她作为女儿的身份取代了她作为政治家的身份。

与身份相关的期望体现在角色的概念中。这个概念在结构功能框架和互动框架中都在被运用。但运用的方式不同。对于结构功能主义者来说,角色是一种制度化的或结构化的概念,指的是附属于人们在社会系统中的位置或地位的社会期望。这些期望来自对社会生存需要和满足这些需要的制度化结构的功能性分析。就其本身而言,角色是文化决定的期望,在任何个体身上都独立出现。个体可能会不遵从他们的角色,但不能改变或转让它们。

符号互动主义者不反对角色是文化决定的这一思想。就像前面的第六个假设提到的,"个体和小团体会受到大的文化和社会过程的影响"。②这种观点的差异性在于文化定义的来源,以及对社会关系中(如婚姻和家庭中)个体的影响的决定性特点。文化决定的角色期望被看作是个体互动和合理建构符合自己身份的行为的共同结果。它们反映了个体试图使自己的生活面临一些相似的环境条件,但这些角色不是必要的,也不是决定性的。个体并不一定要遵从文化建构的角色期望,他们也不一定以同样的方式来看待这些期望。这些期望(角色)是在互动中发展的。这里强调的是过程。

128 符号互动论对角色这个概念的使用可以通过异性约会关系的例子来加以明确。首先,个体会带着自己该怎样行为的一系列预想的期望进入约会关系。例如,男性可能会想,他应该为对方开门,应该买单。这些期望由几种途径内化而来:通过观察约会中他人的行为,通

① Candyce West and Don H. Zimmerman, "Doing Gender," *Gender and Society* 1(1987): 125—151.

② LaRossa and Reitzes, "Symbolic Interactionism and Family Studies," 144.

过接触他人约会的情景,以及通过以前的约会经验。但不是所有的个体都接触同样的期望或文化情景,因为人们将这些期望看作是交互形成的,而且并不是社会生存所普遍需要的。因此,当他试图为对方开门或要买单时,对方可能会做出消极的反应或阻止他完成他的自我期望。她的行为可能与她的自我期望是一致的,即女性应该自立,在与男性的交往中应该有主见。紧接着,她的行为就会给约会关系带来不确定性。此时男性必须重新评估他作为一个恋爱对象(以及作为一名男性)的角色期望,与对方商讨并达成希望彼此怎样表现的一致意见。但这个过程并不简单,就像前面提到的那样,个体某一身份的角色期望必须和其他身份的角色期望保持一致(在这种情况下,他必须考虑改变行为后,作为一名男性,这会对自我界定有怎样的影响)。因此,自我界定的问题一直是社会互动的中心问题,影响着我们关于角色的商谈。

考虑到这种观点对意义创造时个体感知和互动过程的关注,我们应该怎样看待或界定婚姻或家庭呢?在个体水平上,我们可以将家庭作为一种社会建构来研究,它决定了家庭中个体在角色关系中的普遍压力。个体在其他社会制度(如学校、工作和邻里关系)中的位置也会产生很多角色期望,我们也可以考察这些普遍的角色期望。对于家庭和婚姻中由于这些期望冲突产生的问题,我们可以用这样的分析来加以辨认。这与叫作符号互动论的*结构学派*的思想是一致的。另外,我们还可以单纯地将婚姻和家庭当作意义商讨中的当前背景来研究。这种方法强调自我在婚姻和家庭背景下建构的过程,没有那么在乎要找到期望(个体必须对这些期望予以反应或进行商谈)的一般结构。后一种方法可以被称作符号互动论的*过程学派*。

社会交换参考架构

几乎没有一天会没有社会交换发生。工作、礼物、卡片、情感和思想都寄托着人们对某些回报的希望。某些交换,例如许多经济交换,都是制度化的、预先决定的,在交换之前已被一些准确的术语阐明了。例如,一个人可以用 50 美分换得一份报纸,或者用 80 美元换得家庭关系国家委员会的会员资格。其他的交换,包括在社会交换参考架构中的类型,都没有明确地规定回报的实质,尽管对回报的期望——互惠的期望——确实会出现,即使是在被拒绝或否定的情况下。例如,邻居借给你工具,朋友请你吃晚餐,以及政客许诺降低税收,所有的这些都希望得到一些回报。

社会交换理论,也叫作社会选择理论或理性选择理论,它是基于人类是*理性的享乐主* 129
*义者*的信念,即人们的动机是要在行为中使利益最大化,使损失最小化,这是通过人们不断的计算、比较替代选择的过程来实现的。尽管确实有无私的、不求回报地为他人工作的人存在,但这样的“圣人”很少,而且甚至有可能他们寻求的是社会的或精神上的认可。社会交换是自愿的社会行为,它取决于是否接收到他人的奖赏反应,当实际的或期望的反应没有来临时,社会交换就会停止。

社会交换理论的这种过程继承了两个不同学派的思想,两个学派的代表人物分别是乔治·霍曼斯(George Homans)①和彼得·布劳(Peter Blau)②。霍曼斯被认为是交换理论的创始者,他的观点与相信*心理还原论*(认为所有的社会现象,都可以通过单纯地聚集个体的自我动机行为来解释)和*强化理论*的行为主义心理学家一致,强调的是被他人行为奖励或惩罚的实际行为。人类与动物一样,对刺激的反应也是基于需要、奖励和强化的。不像结构功能主义或冲突论,它们不是自动地按照社会需要或利益团体需要行动的。

布劳和霍曼斯的观点相当不同,他的观点和符号互动论更加一致。即社会交换被看作是更加主观和更具解释性的。交换,和互动一样,是一个发生在参与者之间的创造性过程。尽管人们想要奖赏,但人们做出的选择和决策往往会受到社会性影响,如朋友和亲属的影响。人类的心理通过概念化、界定、赋值、反省和符号化对刺激进行主观的反应。所以这个学派的思想引出了社会交换理论的第二个假设,那就是"人们关于奖赏和损失的期望会引导人们的行为"。③这些期望是基于他们对不同得失的价值的理解,基于他们对趋利避害的可能性的评估,以及基于交换关系中逐渐发展起来的相互依存性,这点我们会在后面谈论。

这个观点的第三个假设是"人们用于评价得失的标准因人而异,也会随着时间的改变而改变"。④这些得失可以是经济上的(金钱),或是以爱的形式(情感反应、人际吸引),地位的形式(尊重、特权、社会接受和认可),服务形式,物质形式,或信息形式。

130 这种观点中与得失的能力有关的一个重要概念就是资源。萨布特里和希恩(Sabatelli & Shehan)将资源定义为任意的日用品、材料或符号,且可以通过人际行为被转换,给人以奖励他人的能力。比起其他交换,某种特定的资源(金钱、职位、身体特点、人格、教育、社会技能)可能在某个交换中能得到更多的应用,且可能在不同的交换中有不同的价值。资源的价值只有通过参与实际的社会市场才能得到准确测量。因此,要最大化可用资源的用途,交换中的社会化和讨价还价技巧至关重要。人际关系中资源的平衡对于其中的权力和决策有重要影响,这点我们在第9章中还会谈到。

霍曼斯和布劳都指出,对于交换双方都很重要的是,双方都觉得获得的东西是和给出的东西等值,或比后者价值更高。这指的就是*互惠*。因此,第四个假设就出现了,所有的社会交换都涉及一个相互的对于互惠发生的期望(互惠的标准)。⑤当互惠没有出现时,双方就可能感觉交换关系是不公平或不公正的(霍曼斯称此为*分配公平*原则,布劳称此为*公平交换*)。

最后,另外两种主导的交换理论——分别由蒂博和凯利(Thibault & Kelley)⑥提出——

---

① George C. Homans, *Social Behavior: Its Elementary Forms* (New York: Harcourt, Brace and World 1961); George C. Homans, "Social Behavior as Exchange," *American Journal of Sociology* 63(May 1958):597—606.

② Peter M. Blau, *Exchange and Power in Social Life* (New York: Wiley, 1964); Peter Blau, "Justice in Social Exchange," *Sociological Inquiry* 34(Spring 1964):193—206.

③④⑤ Ronald Sabatelli and Constance Shehan, "Exchange and Resource Theories," in Pauline G. Boss, William J. Doherty, Ralph LaRossa, Walter R. Schumm, and Suzanne K. Steinmetz, *Sourcebook of Family Theories and Methods: A Contextual Approach* (New York: Plenum Press, 1993), Chapter 16, 396.

⑥ John W. Thibaut and Harold H. Kelly, *Interpersonal Relations: A Theory of Interdependence* (New York: Wiley, 1978).

强调在交换关系中建立起来的相互依赖性。在他们的贡献之上，研究者提出了另外三个额外假设。首先，社会交换是以相互依赖性为特点的，也就是说，个体从关系中获得利益的能力是取决于自己提供给他人利益的能力的。第二，关系中获得的经验指导后来的交换。第三，在参与关系过程中，个体具有的吸引力和可依赖性的差异水平，决定了关系的动态交互性和跨时间稳定性。①

因此，从这种观点出发来研究婚姻与家庭生活的话，家庭成员间的关系是受控于或取决于：在一定的背景下的利益最大化和损失的最小化。这些背景包括：家庭成员间资源达到某种平衡；考虑到他/她自己的资源以及此关系中以往的得失水平，个体应该期望得到或值得得到多少资源；个体对将来得失的感知水平；个体对目前自己所涉及关系的得失评估，以及对其替代关系的得失评估。但关于过程我们怎么想并不重要。尽管我们理解自己的交换行为时，有可能而且极有可能，不会从得失方面去考虑，然而这些行为是可以基于这些分析来预测的。

家庭研究文献中有很多社会交换的例子。在第六章中，我们将会讨论婚姻市场在个体决定何时、与谁以及是否选择结婚时的重要性。在第七章中，我们将探讨社会交换过程对非婚浪漫关系的解释和预测，以及高婚前性行为发生率对于未婚妻来说，在多大程度上可以看作是女性用性行为来交换获得男性的承诺。在此书中，我们还将在不同领域（权威和权力、夫妻互动、择偶、亲属关系、性关系模式、亲子冲突等）的研究中，看到不同类型资源的价值以及交换过程。②

跨文化视角 131

世界系统理论与家庭

要理解其他文化背景下的家庭生活，我们需要超越人类学的分析，将全球化背景下国家间的相互影响考虑其中。首先认识到这种动态性的理论是沃勒斯坦(Wallerstein)的"世界系统理论"。这个理论中最重要的一点是，在我们现在生活的时代，世界被分成了两部分或三部分，这是由制造财富的关系决定的。世界系统的"核心"是西方工业化国家，其特点是拥有大量免费劳动者，这些免费劳动者与拥有生产资料的资本家谈判他们工作的价值。周边的欠发达国家劳动力低廉，原材料便宜，为核心国家贡献劳动力，且几

---

① Ronald Sabatelli and Constance Shehan, "Exchange and Resource Theories," 396.

② For information on social exchange theory from the perspective of the family, see John N. Edwards, "Familial Behavior as Social Exchange," *Journal of Marriage and the Family* 31(August 1969): 518—526; F. Ivan Nye, ed., *Family Relationships: Rewards and Costs* (Beverly Hills: Sage Publications, 1982); and Chester A. Winton, *Frameworks for Studying Families* (Guilford, CT: Dushkin Publishing Group, Inc., 1995), Chapter 4, 111—130.

乎没有为自己的劳动者讨价还价的权力。对于理解其他文化下的家庭，这个理论的重要性在于核心家庭在这种剥削过程中的角色。农业社会中自给自足的、大的展延家庭对于新生产模式的普及是一种障碍。只有当核心家庭模式到来时，男性才能自由地投入到工业生产和原材料开采中去，因为此时妇女需要呆在家中照顾孩子，管理家务。在某种意义上，一个一连串剥削的系统就形成了，在外面，资本家剥削男性，反过来，男性又在家中剥削女性和孩子。随着这个系统的发展，核心国家的剥削也扩展了，这主要是通过将大规模的生产工厂搬到周边国家的城市中心以及扩大旅游业，这两种方式都直接剥削了在家中的妇女和儿童。

来源：Elaine Leeder, *The Family in Global Perspective: A Gendered Journey*, Thousand Oaks, CA: Sage Publications, 2004.

家庭系统参考架构

尽管前面讨论的宏观和微观方法都能够，也已经用于了对两种现象的研究，但它们的主要关注焦点和基本假设都只反映了一种或另一种水平上的分析。而家庭理论（家庭系统理论和家庭发展理论）试图明确整合宏观和微观两种过程。

132 家庭系统参考架构将家庭看作是应对环境压力的生存系统，但当中的互动受到了来自家庭成员的感知和动机的影响。每个家庭系统为了生存都必须适应环境条件，但同样需要改变自身结构以及修正适应过程来满足其成员的需要和愿望。与结构功能主义形成对比的是，系统观点认为家庭处于一个或多或少连续的形态发生（morphogensis）状态中（或进行中的变化和适应），家庭不是一个试图保持均衡（或一种没有变化的状态）的静态制度。此外，家庭成员不是单纯的机器上的齿轮。也就是说，他们关于家庭条件和需要的感知会不同，而且他们也会有意地引发系统的形态发生。因此，对于家庭行为和家庭组织的任何解释，都必须考虑家庭成员的心理状态，以及前面提到的符号交互论和社会交换框架中的交互动态性。家庭变化可以因有而发生，也同样可以因无而发生。

这个框架的真正价值在于它从*整体的角度*来看待系统。与宏观理论一样，系统框架假定总体大于部分之和。例如，一个两人家庭中，两人都有攻击性心理倾向，但这个家庭可能会表现出低水平的攻击性交互，因为如果不这样可能会导致系统无法满足他们的需要；然而，同样是一个两人家庭，攻击性倾向都很弱，但此家庭可能会出现高水平的冲突。但它与微观理论不同，在微观系统中，系统目标和系统变化的来源可以在成员的自我反省特点中找到，而且不能轻易地从对环境条件的分析中推测出来。

系统观点试图通过明确如交流系统（控制论）和反馈过程等概念，来明确家庭适应其内外部条件的机制。反馈是这个架构的中心概念，指的是家庭监控有关其目标的结果，并将结果整合为输入信息，通过系统调整来对输入信息进行反应的过程。这种反应可以以成员行为的形式,结构化过程的形式或目标本身的形式进行。例如,父母以相关标准为基础,希望通过教养行为和教养程序,监控其孩子在家里和外面的行为。当孩子的行为偏离标准时,父母可以通过提高指导和控制水平(如直接监控孩子在家里的行为或以宵禁令限制孩子外出行为)来做出调整。这些程序压制了偏差行为,因此可以看作是负反馈或"偏差减小回路"。家庭系统可能试图通过现存程序来压制偏差行为,但有时这种努力会导致一部分儿童产生更多的偏差行为。这通常发生在儿童转向青少年的过渡期,此时儿童面临着要更加独立的心理需要和社会压力。父母意识到了这种现实后,不是加强现有规则,而是改变规则特点,使其适应儿童的发展需要,那么此时系统就会表现出"偏差扩大回路"或正反馈(此过程中就会出现形态发生)。①

除了自我调节的家庭过程外,这个架构还试图明确最能促进目标实现和系统适应过程 133
的家庭结构。戴维·奥尔森(David Olson)及其同事的模型就是其中一个很受欢迎的、明确了家庭适应结构的系统模型。②这个模型关注系统结构与过程的三个方面——凝聚力、灵活性和交流。根据此模型,如果家庭在凝聚力方面处于极端(太团结或太分离),以及灵活性方面处于极端(在结构上太灵活或太严格),那么最容易遭遇危机或适应性问题。过于团结会使家庭成员拒绝改变或创新,因为害怕有损于其他成员的幸福感;而过于分离会使家庭成员没有为家庭的更好而奋斗的动力,或使成员不能宽容其他成员的消极行为。至于灵活性,过于灵活会导致混乱,会导致无法组织成员积极应对环境中的应激源;过于严格会使家庭无法改变规则和角色关系来满足环境或内部需要。交流也同样重要,因为对于家庭监控自身,以及做出适应所需的凝聚力或灵活性上的任何改变,明确的交流界限是至关重要的。

发展的参考架构

发展的参考架构覆盖的领域很广,且倾向于具有宏观和微观两方面的特点。这种方法的独特之处在于,它不仅试图考虑家庭系统的变化,还试图考虑互动模式在时间上的变化。传统上,人们认为它是一个线性的模型,具有可预测的和连续的阶段。家庭研究学者用于做这种时间分析的主要概念工具叫作*家庭生命周期*。③现在,在处理时间上的变化和不同中,研究者已经发现了很多生命历程的参考依据。

最系统、最广泛且最经常使用的家庭生命周期思想是由伊夫林·杜瓦尔(Evelyn Du- 134

---

① Gail G. Whitchurch and Larry L. Constantine, "Systems Theory," in Pauline G. Boss, William J. Doherty, Ralph LaRossa, Walter R. Schumm, and Suzanne K. Steinmetz, *Sourcebook of Family Theories and Methods: A Contextual Approach* (New York: Plenum Press, 1993), Chapter 14, 325—353.

② David H. Olson, Candyce S. Russell, and Douglas H. Sprenkle, *Circumplex Model: Systematic Assessment and Treatment of Families* (Binghamton, New York: Haworth Press, 1989).

③ For a discussion and empirical evaluation of this concept, see Paul C. Glick, "The Family Life Cycle and Social Change," *Family Relations* 38 (April 1989): 123—129; Graham B. Spanier and Paul C. Glick, "The Life Cycle of American Families: An Expanded Analysis," *Journal of Family History* 5 (Spring 1980): 97—111; and Joan Aldous, "Family Development and the Life Course: Two Perspectives on Family Change," *Journal of Marriage and the Family* 52 (August 1990): 571—583.

vall)提出的,他试图描述*生活周期阶段*①和*发展任务概念*之间②的联系。发展任务是(或大约)在个体生命中某个时期出现的任务。任务的成功完成会给个体带来快乐、社会认可,以及在后来任务中的成功;而失败会导致个体的不愉快,得不到认可,以及在后来任务中的失败。发展任务有两个主要来源:身体成熟以及文化压力和特权。③个体一生中要面临无数的发展任务。人类发展教科书对很多发展任务都做了描述。

发展理论主张,家庭也和个体一样,在家庭生命周期中的特定阶段面临着特定的任务。家庭的发展任务就是"在家庭生活的某个特定阶段的增加的责任感,如果成功会带来现在的满意感、认可和接下来任务的成功;而失败则会导致家庭不幸,得不到社会的认可,以及后来家庭发展任务的困难"。④一个家庭要成为一个不断发展的单元,它需要满足几个阶段的要求:(1)生理需要,(2)文化需要,以及(3)个人抱负和价值。

杜瓦尔⑤认为家庭生命周期包括8个阶段:

阶段一　已婚夫妇(没有孩子)

阶段二　生育家庭(最大的孩子不超过30个月)

阶段三　学前儿童家庭(最大的孩子在2.5—6岁之间)

阶段四　小学儿童家庭(最大的孩子在6—13岁之间)

阶段五　青少年家庭(最大的孩子在13—20岁之间)

阶段六　"发射中心"家庭(从最大的孩子离开家到最小的孩子离开家这段时间)

阶段七　中年父母("空巢期"或退休)

阶段八　家庭成员衰老期(从退休到配偶双方都去世这段时间)

一直到"发射中心"阶段为止,这些阶段是由最大的孩子的年龄和所处的年级决定的,在这之后,家庭所面临的情况才是决定因素。这种类型的时间序列明显没有将多子女家庭、重合阶段、配偶的死亡,以及存在其他差异的家庭(包括那些多种族和多民族人群中的家庭)包括在内。⑥然而,它还是一个很好的理论,因为它强调了家庭变化的几个重要方面的来源,包括:家庭成员经历的内在发展变化;依赖于时间的社会过程(例如人际关系中以往的得失水平或满意

---

① See, for example, Gunhild O. Hagestad, "Demographic Change and the Life Course: Some Emerging Trends in the Family Realm," *Family Relations* 37(October 1998):405—410; and Tamara K. Hareven and Kanji Masaoka, "Turning Points and Transitions: Perceptions of the Life Course," *Journal of Family History* 13(1988):271—289.

② Evelyn M. Duvall and Brent C. Miller, *Marriage and Family Development*, 6th ed. (New York: Harper and Row, 1985), Chapter 3.

③ Ibid., 47.

④ Ibid., 61.

⑤ Ibid., 26.

⑥ Peggye Dilworth-Anderson and Linda M. Burton, "Rethinking Family Development: Critical Conceptual Issues in the Study of Diverse Groups," *Journal of Social and Personal Relationships* 13(August 1996):325—334.

度,随着时间的不同,会对个体的期望产生什么样的影响);生活条件的可预测的改变(在不同的社会中,生命历程的构建方式不同,基于这些不同方式的生活条件的变化是可以预测的)。①

其他视角 135

在过去的几十年中,大部分的知识结构是通过科学和理性原则的应用获得的,社会学和其他学科(所有社会科学,人类学和艺术)都相应对此作出了反应。这些视角并不是其他的理论参考架构,它们没有构建关于事实的因果模型,它们是一种范式,挑战理论构造中(科学就是这样产生的)的偏见和不平等。它们挑战知识的基础,除了科学方法可以获得知识外,这些视角也提供了一种获得那些知识的其他的方法论。下面我们将讨论这当中的两种范式——*后现代主义*和*女性主义*。

后现代主义

后现代主义是一种很难清楚说明的视角,因为在社会思考和艺术表达中,它假定了许多不同的形式。但以我们社会学家的观点来看,这种视角最重要的特点是其反对将理性和科学作为知识的基础。后现代主义将科学知识(和理论)看做是社会建构的简单的宏大叙事,用于解释多种多样的个体经验。②与这种实证主义相反,后现代主义者不接受这样的观点:通过观察和逻辑推理假设可以发现事实。与我们建构的用于解释生活事件的其他任何"故事"一样,科学的宏大叙事也同样具有效度。此外,他们还指出,宏大叙事是受社会上的当权者影响的,且是一个团体主导另一个团体的来源③,因为当权者为我们提供的经验解释架构是为其自身利益服务的。

在社会中,宏大叙事的建构被置于了个人叙事或少数群体叙事的建构之前。因此,我们作为社会学家所能做的就是:揭示主导的社会建构叙事(科学的和非科学的),是怎样影响我们对个体间、社会团体间关系的理解的,将其他的关于个人和团体的叙事(例如,女性,少数种族等)提出来,并提升它们之于科学理论和其他主导叙事的地位。这种方法论应该被称为"批判性"思维,它并不是试图揭示真实或现实,而是试图挑战对现实的现有解释,并从中特别考察权力关系在那些叙事中的建构。这种方法还重点强调了对文化表征(例如,通俗媒体杂志,艺术形式,建筑等)、个人经验以及对这些经验解释的解释性分析的重要性。

---

① For information on the developmental approach from the perspective of the family, see James M. White, *Dynamics of Family Development, A Theoretical Perspective* (New York: The Guilford Press, 1991); Roy H. Rodgers, *Family Interaction and Transaction: The Developmental Approach* (Englewood Cliffs, NJ: Prentice-Hall, 1973); and Chester A. Winton, *Frameworks for Studying Families* (Guilford, CT: Dushkin Publishing Group, Inc., 1995), Chapter 1, 9—43.

② Jean Francoise Lyotard, *The Postmodern Condition: A Report on Knowledge*, translated by Geoffrey Bennington and Brian Massumi (Minneapolis, MN: University of Minnesota Press, 1984).

③ Michel Foucault, *Power/Knowledge: Selected Interviews and Other Writings*, 1972—1977, edited by Colin Gordon (London: Harvester, 1980).

后现代主义的中心概念是*自反性*。在以前的历史时期,知识要么被看作是天赋的,要么被看作是科学发现的结果,而后现主义者不同,他们将知识看作是生活经验的投射,在当中我们检查自己的行为,并试图将它们纳入一个解释性架构中去。这种自反性反映了后工业/晚期现代/后现代社会中引发后现代主义观点的特点。在当代美国和西方欧洲社会中,我们都反省自己的经验,并据此来建构现实。所以,作为一个反省性的社会,我们就有为我们的存在建构意义的责任。身处一个社会结构中某个位置上的我们,不可能从任何客观角度发现这些意义(与结构功能主义、冲突论和社会交换理论一样),甚至不能从我们与他人的交互特点中发现这些意义(如符号互动论)。

136 女性主义

与后现代主义一样,与其说女性主义是围绕一系列统一假设和相关概念组织起来的理论参考架构,不如说它是知识的一种范式。现在存在着很多女性主义理论和视角①,但它们都主张性别是所有社会结构和组织的基础。对于这种范式的研究者来说,推动力是这样一个简单的问题:那么女性怎么样?②对这个问题的回答是基于这样的思想:女性的经验和男性的经验不同,与男性的经验是不平等的(女性经验更低等),而且女性被男性强烈地压迫着(控制着、征服着、利用着及虐待着)。

与上述观点有关的思想是女性主义的基本假设,就像研究者在*家庭关系*的一个特殊问题中谈到的关于女性主义和家庭研究的观点:

1. 女性——或者其他任何基于年龄、阶级、种族、民族、残疾或性别偏见界定的群体——都是被压迫着的。

2. 个人事务就是政治事务。换句话说,女性个人生活中没有什么东西是专属于女性的;一切事务都有社会后果。社会系统将一种现实强加给了日常生活,并使它们不能再分开。社会结构也必须考虑进来。

3. 女性主义者对于现实有一种双重视角:他们需要在当前系统中成功,同时努力改变受压迫的实际情况和制度。③

---

① Marie Withers Osmond and Barrie Thorne, "Feminist Theories: The Social Construction of Gender in Families and Society," in Pauline G. Boss, William J. Doherty, Ralph LaRossa, Walter R. Schumm, and Suzanne K. Steinmetz, *Sourcebook of Family Theories and Methods: A Contextual Approach* (New York: Plenum Press, 1993), Chapter 23, 591—621.

② Patricia Madoo Lengermann and Jill Niebrugge-Brantley, "Contemporary Feminist Theory," in George Ritzer, *Contemporary Sociological Theory* (New York: Alfred A. Knopf, 1988), 282—325.

③ Alexis J. Walker, Sally S. Kees Martin, and Linda Thompson, "Feminist Programs for Families," *Family Relations* 37(January 1988):17—22. See also Katherine R. Allen and Kristine M. Baber, "Starting a Revolution in Family Life Education: A Feminist Vision," *Family Relations* 41(October 1992): 378—384; and Linda Thompson and Alexis J. Walker, "The Place of Feminism in Family Studies," *Journal of Marriage and the Family* 57(November 1995):847—865.

137

家庭多样性

女性性别特征的现象学分析(female sexuality)

要理解人们怎样建构自己的现实(own reality),现象学的方法看起来非常合适。研究者经常用它们来对自己几乎一无所知的事物,或是充满了错误假设和错误消息的事物的意义和经验进行考察。因此,朱迪斯·丹尼洛克(Judith Daniluk)在*女性心理季刊*(1993:53—69)上发表了一篇文章,记录了自己的研究。在为期11周的研究中,她对一组女性每周进行2—3小时的访谈,考察她们的作为女性的性别特征经历,以及她们赋予这些经历的意义。

就像我们的文化中界定的,所有的女性都在挣扎于一个事实:作为一名女性就意味着你是没有价值的、有瑕疵的,或者有些莫名其妙的不足。在女性建构和界定她们的性别特征时,有四种主要的情境资源会高度抑制这个过程。它们包括来自四个方面的影响:药物、宗教、性暴力及媒体。

那些*药物*成瘾女性的经验就是感到她们的权力和尊严的被破坏,并导致其产生生气、损失和无助感。正常的女性功能出现了病态特征,且这些女性为自己的疾病感到自责。而宗教经验是使女性感到羞愧的经验。宗教关于女性身体和身体排除废物的概念使得女性感到肮脏和羞耻:惩罚被看作是上帝对女性性欲和性表现的反应。

女性若是经历了强奸、乱伦、言语虐待以及性骚扰等*性暴力*经验后,就会强烈地觉得自己是受害者。男性所有权和特权被认为是社会的指导原则,而这就忽视了女性对于安全的需要和权利。害怕——综合着背叛、生气、侵害以及自责的情感——构成了她们记忆的特点。媒体是女性性别经验的一个更加微妙但普遍的影响力来源。电视、音乐、电影、杂志,以及录像都代表着美和行为的不现实标准。

尽管有这些文化压迫,但女性还是能够获得积极的生活肯定和自我肯定经验。女性性别经验的重要的核心领域包括性表现、生育、体像,以及亲密关系。研究者不是不再强调男女差异,而是将感知到的通往性别自尊的道路看作是对差异的庆祝,看作是女性独特的经验。

迈拉·马克斯·费里(Myra Marx Ferree)①挑战了关于家庭的研究,重新思考这两个概念:(1)家庭可以脱离经济、政治以及其他男性权力系统而被理解;(2)家庭是一个单一的整体,其中男女的利益冲突被忽视了。第一个概念质疑了公共和隐私之间的分离性,比起社会中的其他领域,在家庭中会出现更多的根本不同的社会关系。这种思想支持这样一种错误

---

① Myra Marx Ferree, "Beyond Separate Spheres: Feminism and Family Research," *Journal of Marriage and the Family* 52(November 1990):866—884. See also Greer Litton Fox and Velma McBride Murry, "Gender and Families: Feminist Perspectives and Family Research," *Journal of Marriage and the Family* 62(November 2000):1160—1172.

的概念:家庭是一个私人的世界,在其中女性处于中心位置,女性权利有限,但又要为一切负责——维持婚姻关系质量,照顾孩子心理健康,甚至防止男性暴力。

女性主义理论指出,女性不仅不同于男性,而且男性有更多的特权,男性控制着女性。要改变女性在家庭中的地位,可能要取决于更大规模的改变家庭外不平等结构的运动。

138 第二个概念质疑了团结的神话。根据这个神话,家庭是一个单一的整体,在其中每个人的生活、阶级地位以及一系列利益的标准都是一样的。但事实是,由于性别关系,利益冲突经常出现,而女性主义思想注意到了这点。用费里的话来说,女性主义视角"重新定义了家庭,认为家庭是充满性别和代际斗争的竞技场,家庭成员接受着关爱和冲突的严酷考验;在家庭中成员对身份的要求是根深蒂固的,成员也在继续创造着分离性和团结性,这两者又在不停地斗争着"。①

女性主义论者,在承认马克思主义提出的经济不平等的同时,并没有谴责经济系统中所有的男女不平等性。一些女性主义论者将*父权制*替换为了*资产阶级*,甚至是*性别角色*。性别角色的主题是任务不同但平等,它对普遍的结构化不平等(男性主导)不予重视。男性主导是在自己的权利中出现的,并横跨所有的经济和阶级界限。此外,男性主导还暗示着对女性的压迫和性别歧视。这种压迫和性别歧视的源头是家庭,在家中,不管是有工作还是没有工作的女性,都发现家务劳动和家是同一个系统的一部分。除非女性提高自己脱离男性的独立性,并获得提升地位的资源(权力、金钱、教育、工作机会等),否则家庭永远不会是一种平等的制度。

对当代家庭理论的评价和扩展

读者应该不会认为我们这里呈现的科学的和非科学的视角只是仅仅关于家庭社会学的架构。例如,尤迪、布思以及其他一些研究者就指出,亲子关系、性别角色行为、性发展、求爱和伴侣选择、婚姻状况和婚姻冲突、健康、职业选择,以及其他一些行为都越来越受到生物性

---

① Myra Marx Ferree, "Beyond Separate Spheres: Feminism and Family Research," *Journal of Marriage and the Family* 52(November 1990):866—884. See also Greer Litton Fox and Velma McBride Murry, "Gender and Families: Feminist Perspectives and Family Research," *Journal of Marriage and the Family* 62(November 2000):880.

选择的影响，这就是生物社会理论的基本思想。①

新世纪的转折点可能成为理论综合的契机：宏观和微观理论得以整合，结构理论和交换理论成了一个网络体系，从前明确的理论界限开始模糊，因为理论之间开始相互借鉴，新的或习以为常的观念也渐近结束。

什么思想？理性的概念再次受到了挑战。人类学家迫切地希望与社会科学家一道努 139
力，为社会正义和改善社会条件而奋斗。许多批判学者和女性主义学者再也不想让自己的理论和思想受制于科学的实证主义（只承认有根据的事物和事实）原则了。

凯瑟琳·阿伦（Katherine Allen）以及其他研究者认为，研究家庭的学者必须迈出更加大胆的步伐，积极地考察我们的实证科学传统及其受到的后现代挑战之间的矛盾关系。他们指出，我们的理论、方法及本质问题都必须与我们所研究的家庭的多样性有关系。我们也需要承认主观经验。在界定和处理家庭多样性时，我们需要认识到种族、阶级、性别、性取向及年龄上的重要交叉。②

总　　结

1. 在家庭研究领域中，研究者运用了大规模的学科、方法以及可供选择的参考架构。婚姻和家庭领域是高度跨学科的；没有哪一门单独的学科能提出所有问题或提供所有的答案。此书使用定向式社会科学研究法，主要集中关注家庭社会学。

2. 家庭社会学有什么作用？它使个体在大的社会背景下，质疑明显的现象，评估个体的行为。它使个体能获得关于个人、关系和家庭结构方面的知识体系。并帮助个人将知识体系应用到有关个人和家庭的研究中去。在个人水平上，它非常有用，可以提高我们的批判性思考能力、问题解决技能、人际技能以及沟通技能。最后，家庭社会学还能帮助人们理解他们自己以及所生活的社会背景。

3. 在现代社会中，有很多事实是被人们广泛接受的，科学方法就是评估关于这些事实的知识的一种方法。这种方法假设，事实是可以被了解和基于实证主义原则之上的，这就意味着，所有的知识都必须在实证观察的基础上，接受评估预测的检验。这种科学方法主张，所有的知识都是试验性的，必须接受在将来接受检验。

4. 科学过程涉及一个连续的循环过程：不断地对现象的新解释进行考察和验证。其目标是建立清晰、明确、抽象、普遍化，在逻辑上具有连贯性，和观察到的事实相符的理论。

5. 科学理论包括一系列的假设，假设是对事实的基本特点的描述，并且告诉我们应该将注意力和解释集中于事实的哪个方面。基于这些假设，每个理论都发展出了一系列的概念，用于区分事实中

---

① J. Richard Udry, "Biosocial Models of Low-Fertility Societies," *Population and Development Review* 22 (1996): 325—336; and Alan Booth, Karen Carver, and Douglas A. Granger, "Biosocial Perspectives in the Family," *Journal of Marriage and the Family* 62 (November 2000): 1018—1034.

② For a discussion of alternative postmodern perspectives on families, see Vern L. Bengtson, Alan C. Acock, Katherine R. Allen, Peggye Dilworth-Anderson, and David M. Klein, eds., *Sourcebook of Family Theory & Research* (Thousand Oaks, CA: Sage Publications, 2005), Chapters 1, 6 and 18.

与假设一致的方面。最后,在命题中我们可以发现对事物为何发生的解释,命题在一系列互相联系的因果过程中将理论中的众多概念联系了起来。

6. 了解社会科学家是怎样建立和验证他们的理论的非常重要,决定着我们对这些研究是否有信心。社会科学学习者要了解社会科学的两种主要设计——实验和调查——以及四种主要的方法论焦点——样本选择(代表性和普遍性),测量(信度和效度),因果关系有效性(因果顺序和伪造性),以及生态效度。尽管通过实验所得的结果在因果关系上是最明确的,但它在代表性、普遍性和生态效度方面很弱。

7. 学习者除了要了解研究是怎样进行的之外,还需要掌握一些基本的统计概念——特别是相关——以及其他的关系程度统计和推断统计(统计显著性问题)。

140 8. 社会学中一个最具统治力的理论或参考架构就是结构功能理论。这种参考架构将社会看作是一个基本的自治单元,家庭是其中的一个子系统。所有的系统都有相互依赖的许多部分(结构),部分为个体或社会做某些事情,从而有多种多样的社会结果(功能)。功能分析的基本任务就是解释部分,解释部分之间,部分与整体之间的关系,解释由部分形成的关系所导致的功能。这个视角中的一些重要概念包括显性功能和隐性功能,以及功能平等的思想。

9. 第二个参考架构是社会冲突。这种观点的两个重要问题是,它将冲突看作是(a)自然的和不可避免的,(b)且是导致社会变革的一个主要因素。冲突理论特别适用于解读婚姻关系、权力、劳动分配及冲突,但它将这些关系的动态性看作是社会压力的产物,而不是个人特征或动机的产物。冲突理论不仅可用于解释冲突,还可以帮我们理解关系中为何没有表现出冲突。

10. 符号互动参考架构强调两个基本问题,这两个问题都是家庭的中心问题:社会化和社会互动。这种方法的基本前提是(a)人类对事物的行为是基于事物对人类的意义之上的,(b)这些意义是从与他人间的互动中来的,以及(c)这些意义通过互动过程不断地得到修正。每个个体对于自己来说,都是独一无二的,不是天生好的或坏的;个体将刺激理解为自我激励或象征意义从而做出反应。以上这些只有在他/她的社会背景中才能理解。在解读个体行为时,自我的概念至关重要。

11. 社会交换框架在考虑到一系列的结构条件和相互作用的可能性的情况下,有助于解释为什么某些行为会出现。本章中考察了两种不同的社会交换理论:一种与行为参考结构一致,另一种与互动论参考架构一致。尽管这个观点的核心假设是,人类是理性的享乐主义者,但这并不是说人们在和他人的交往中总是试图最大化自己的即时利益。通常情况下,我们也为他人而牺牲自己的利益,这是为了长远利益打算,或是为了对自己过去获得的利益进行回报。

12. 家庭系统参考架构与宏观视角相似,它将家庭看作是一个整体的单元,需要考虑它的背景和组织需要。但和宏观视角不同的是,它同样认为家庭组织是受其成员的个体特征、行为和偏好影响的。

13. 发展的参考架构有一种特殊的特点,试图使用像家庭生命周期和家庭生命历程这样的概念,来解释在时间上家庭系统的变化和互动模式的变化。

14. 后现代主义和女性主义参考架构都对关于家庭的现存科学知识进行了挑战。他们认为,在对观察结果的解释上和在用于考察这些观察的故事类型上,即使是科学方法也存在价值偏见的可能性。特别是女性主义参考架构,它认为与男性的经验相比,女性的经验是不同的,不平等的和受压迫的。离开了男性权力的其他系统不可能理解家庭,也不能理解作为一个单一整体的家庭。因为这样的家庭中,男女之间的利益冲突可以忽略。

在前面我们已经综述了几个主要的理论观点,阐述了重要的方法论问题和需要注意的地方,本书接下来将会继续考察关于当代家庭多个方面的实证研究文献。所以后面做这方面工作时,我们将会多次提及这章中讨论过的理论和概念。在接下来的三章中,我们将会探讨不同社会阶级、种族以及民族团体下的家庭生活的本质和条件。

关　键　词

家庭研究涉及的学科(Disciplines involved in family study)　p. 97
心理学(Psychology)　p. 99
社会学(Sociology)　p. 99
科学方法(Scientific approach)　p. 101
实证主义(Positivism)　p. 101
探究性研究(Exploratory research)　p. 102
引入(Introduction)　p. 102
解释性研究(Explanatory research)　p. 102
扣除(Deduction)　p. 102
理论(Theories)　p. 104
假设(Assumptions)　p. 105
概念(Concept)　p. 105
操作化(Operationalization)　p. 106
概念框架(Conceptual frameworks)　p. 106
类型学(Typologies)　p. 106
变量(Variables)　p. 107
命题(Proposition)　p. 107
假说(Hypothesis)　p. 107
定性(Qualitative)　p. 108
定量(Quantitative)　p. 108
实验(Experiments)　p. 109
随机化(Randomizaiton)　p. 109
调查(Survey)　p. 110
抽样(Sampling)　p. 110
样本代表性(Sample representativeness)　p. 110
样本一般性(Sample generalizability)　p. 110
随机选择(Random selection)　p. 111
测量信度(Measurement reliability)　p. 111
测量效度(Measurement validity)　p. 112
因果关系有效性(Causal validity)　p. 112
因果顺序(Causal ordering)　p. 112
横向设计(Cross-sectional Designs)　p. 113
纵向设计(Longitudinal design)　p. 113
伪造的(Spurious)　p. 113
控制变量(Control variables)　p. 113
生态效度(Ecological validity)　p. 114　141
频率(Frequency)　p. 114
百分比(Percentages)　p. 114
相关技术(Correlational techniques)　p. 116
正相关(Positive relationship)　p. 116
负相关(Negative relationship)　p. 116
相关强度(Strength of the relationship)　p. 116
推断统计(Inferential statistics)　p. 116
显著性(Significance)　p. 116
宏观理论(Macro theories)　p. 117
微观理论(Micro theories)　p. 117
多水平理论(Multilevel theories)　p. 117
结构功能参考架构(Structural-functional frame of reference)　p. 118
有机论(Organicism)　p. 118
均衡性假设(Equilibrium assumption)　p. 119
显性功能(Manifest functions)　p. 119
隐性功能(Latent functions)　p. 119
社会连带(Social solidarity)　p. 119
机械的连带(Mechanical solidarity)　p. 119
有机的连带(Organic solidarity)　p. 120
社会角色(Social role)　p. 120
社会标准(Social norms)　p. 120
社会分化(Social differentiation)　p. 120
劳动分工(Division of labor)　p. 120
物质性角色(Instrumental roles)　p. 121

表达性角色(Expressive roles)　p. 121
功能平等(Functional equivalence)　p. 122
经济决定论(Economic determinism)　p. 122
资产阶级(Bourgeoisie)　p. 122
无产阶级(Proletariat)　p. 122
结构化冲突(Structured conflict)　p. 123
符号互动参考架构(Symbolic interaction frame of reference)　p. 124
社会化(Socialization)　p. 125
自我概念(Self-concept)　p. 126
身份(Identity)　p. 127
身份层级(Identity hierarchy)　p. 127
社会交换参考架构(Social exchange frame of reference)　p. 129
资源(Resources)　p. 130
互惠的标准(Norm of reciprocity)　p. 130
家庭系统参考架构(Family systems frame of reference)　p. 131
形态发生(Morphogenesis)　p. 132
反馈(Feedback)　p. 132
负反馈(Negative feedback)　p. 132
正反馈(Positive feedback)　p. 132
发展参考架构(Developmental frame of reference)　p. 133
发展任务(Developmental task)　p. 133
家庭生命周期(Family lifecycle)　p. 134
后现代主义(Postmodernism)　p. 135
宏大叙事(Grand narratives)　p. 135
自反性(Reflexivity)　p. 136
女性主义(Feminism)　p. 136

142

问题讨论

1. 既然没有单独哪一门学科能为任何家庭相关问题提供所有答案，为什么不是所有的研究都具有跨学科性质呢？跨学科研究中会出现什么问题？

2. 社会科学方法对于家庭有什么价值？比较和对比社会科学中的心理学、社会心理学、社会人类学，以及社会学在家庭研究领域的方法。

3. 区别下列各组内的术语：概念和变量，假说和命题，以及概念框架和理论。

4. 讨论美国家庭的主要功能。这些功能与30年前的家庭功能有什么不同？30年中家庭可能会发挥什么样的功能？

5. 在所有的婚姻和家庭中，冲突都是自然和不可避免的吗？冲突对于变革是至关重要的吗？请加以解释。

6. 符号互动参考架构有哪几个基本假设和问题？假设必须在人类自己的水平上对人类进行研究，假设人类婴儿是自私的，等等，这些假设有什么不同？请将这些思想与婚姻和家庭联系起来。

7. 请就“我是谁”写一段话，以自己所处的地位(身份)开始。列举一个地位表，并写出一个或两个与每个地位相符合的社会期望。检查之后，写出下列问题答案：哪些角色期望是你个人觉得令人讨厌的？不同期望之间，或者个人偏好和社会期望之间是否存在冲突？你是怎样处理它们的？

8. 在解释男女性行为、夫妻开支模式，以及父母对孩子的管教行为时，你能认识到哪些交换？在每个交换中，得失分别是什么？你能想象出一个这样的事例吗，当中没有互惠的期待，或者是对帮助或礼物的回报？如果有，请举出它们。

9. 指出你的家庭目前正处于家庭生命周期的哪一个阶段(可以是你和你的父母、兄弟姐妹，也可以是你和你的配偶以及/或者你的孩子)。指出一个家庭在某个特定阶段的核心问题、关注焦点及任务。

10. 请描述女性主义观点的一些基本假设。对于家庭研究和人们认识家庭，这种方法有什么贡献？

第二部分　美国家庭的社会文化背景和多样性

第 4 章

社会等级变量

案例

依靠社会补助得以生存

达尔是一位 30 岁的单身妈妈，她有四个孩子，这四个孩子的年龄在 6 到 12 岁之间。她 145
自从 18 岁后就断断续续地几次依靠社会福利接济度日，但在过去的 5 年里她稳定地依靠福利生活。这些年她结过几次婚，但是她丈夫吸毒，没有履行对她和孩子在经济和情感上的职责。

社会补助对达尔抚养孩子的需要提供了帮助，为她最终能成功地实现经济独立提供了跳板。就像她所说的："经济一直是一个问题，幸亏有社会福利，我们才可以一直有住的地方、有食物和衣服。我知道我很贫困，但是我很少彻底地感到绝望和无助。我可以给孩子所确实需要的东西，我不认为他们觉得自己比别人糟糕。我们得到的福利总额有所增加，通常是 600 美元一个月。其中，325 美元用来付房租，60 美元用来付煤电费，这些花销后我大约还剩下 200 美元。这 200 美元被用作我兼职的交通费、电话费、照料孩子费，和家务费(如清洗打扫费)。孩子也有医疗保险，有 340 美元的食物券，如果我挣的很多这些福利就会减少。我能理解这样的原因，但是这使我局促不安，因为这打消了我想更多工作的所有动机。但知道自己能挣钱，而且获得了有用的工作经验，也使我感觉很好。

"幸亏有我姨妈、外婆、妈妈和一些年长的教会朋友的帮助，我才能做得这么好。他们的帮助有时是在金钱、交通上，或者有时是帮助孩子。教会的朋友特别重要，他们给我提供情 146
感支柱，在我快要准备放弃的时候鼓励我，过去和现在都是。

"我真的感激我曾得到的这些救助。我认为应该鼓励妈妈们去工作，但必须给她们提供工具以实现工作。如果政府削减了福利和更多的救助项目，那么许多人，包括我自己将永远不能上学或者脱离贫困。”

问题思考

二十世纪九十年代末,政客对减少了多少福利引以为傲。如果达尔不能得到社会补助的话,你认为她的生活、上学的机会和孩子的机会会变得如何不同?

达尔指出如果她“挣的太多”,分配到的食物券就会减少。支持和反对这个政策的证据分别有哪些?

在现代工业社会,对人们生活影响最普遍的也许是他们在社会等级制度中的位置或职位。简单地说,社会等级涉及财富、声望、权利的不平等分配,这都是建立在经济生产系统中个人地位的基础上的。人们相信和重视什么,想要什么样的生活方式,需要面对怎样的环境挑战,拥有哪些资源来应对这些挑战,这一切都取决于他们是拥有或控制生产系统,还是以提供劳动力来换取工资;如果是后者,则根据他们工作的本质和他们交换劳动所要求的补偿。这一章,我们将会考察社会等级的含义和结果:社会等级是什么,是怎样确定的,一般社会等级类型的家庭是怎样经历和表现出不同的生活方式的。这章将以讨论结束,讨论家庭流动性——从一个等级类型转移到另一个等级而改变生活方式。

社会等级的含义

社会中的不平等是怎样出现的?为什么会有这些不平等?这些不平等怎样影响个人的生活和社会机构的组织?社会学家关注这些问题很久了。在某种程度上,每个社会都存在机会、财富、声望、权力的不平等。这些不平等一定程度上由一些系统的加工过程决定,并被整合到了机构组织或结构中去。社会学家把这看成一个*社会分层系统*。因此,社会分层可以定义为在一个社会地位不平等的等级制度中,个人和集体的地位。和地质学中分层的术语相似,它涉及不同层级的排列,处于同一层级的拥有许多相同的基本特征,特征不同的则分布在不同的层级。地质学中的不同岩层是由自然环境的力量决定的,如气候变化、火山运动、侵蚀、冰川运动等。而社会学中的阶层是由社会力量决定的,如政治权利、宗教影响和经济。

147 前面章节提到的结构—功能理论和冲突理论与我们理解分层系统有很大的相关。结构—功能观把阶层看成是社会不可避免的、必需的特征。其假设是,每个社会都有很多要执行的任务。这些任务对于社会的稳定和维持是必不可少的,不同的任务也带来了不同的声望和报酬。有些人必须捡垃圾、修水管、组装汽车,而有的人必须教书、谋划防御策略、动心脏手术。那些技术要求高、需训练有素、需要更多精力和动机去执行的任务,其发挥的社会功能也更重要,也可能得到更高的报酬。这种社会报酬的不平等分配就是社会的*功能性*,

因为它可以使所有的社会角色与任务都得以完成，那些最需要天资的任务则由最有能力和技术的人来执行。

结构—功能的观点在社会学家中风行了很多年。不过，有人质疑为什么一些家庭对社会的价值很少却可以继承巨大的财产；为什么电影明星和运动员每年可以挣得几百万，而他们的工作却没有社会工作者、科学家，甚至是美国总统的工作重要；为什么贫困的家庭从一代到下一代都很贫困。社会学家也提出了价值取向的问题，关于不平等报酬的公正性和出生后就被划归为低声望、低财富、低权力地位的公平性。意识到这样那样的不平等，以及人和家庭间的其他不平等，冲突理论学家驳斥了社会阶层的结构—功能观。

冲突理论学家认为社会阶层会导致不满、情感疏远、剥削、动荡、无序。从这个观点出发，社会不平等和阶层以前就存在，并在以类似兴趣、价值、信念和生活方式来分层群体而继续存在——利益团体。这些团体可以由年龄、性别、民族、种族、宗教信仰、家庭或家族关系，或者其他的共有特征来定义。随着经济、政治和生活环境的变化，不同的利益团体在扩大自己的利益时，通常会增加或失去一些优势。一旦增加了某种优势，社会机构和文化信念系统（思想方式）就会重新建构以增加和维持群体优势。更重要的是，在群体成员关系和对于群体利益贡献水平的基础上，会重新不平等地分配财富、声望和权力。因此，不平等的系统对于社会功能就不是那么必要了，它也可以通过政治、经济和其他力量改变。

在现代工业的资本主义社会出现之前，分层体制是建立在政治和宗教的基础之上的。在社会种姓制度中，一个人的地位在出生时就由家庭关系决定了。在某种程度上，这种制度的残余仍然存在于今天的印度。这种体制在农业社会存在，财产所有权、经济产出和政治权力集中于家族，宗教信仰则用以支持和合法化以家庭继承为基础的财富、声望、权力的不平等分配。因为在等级制度中，决定一个人地位的唯一因素就是一个家庭的位置，所以不管是几代还是在一代内，都不可能从一种等级地位转变到另一种等级地位。用社会学的术语来 148
说，社会种姓制度是固定不变的，不存在*社会流动*性。在封建制度中，与分层系统紧密联系的一种制度称为物权制度。物权制度和种姓制度一样是建立在家庭关系的基础上的，但是有社会变动的机会，这主要是通过土地所有者和非所有者之间的中间阶层——牧师。

工业生产制度和现代资本主义经济制度的出现逐渐削弱了种姓制度和物权制度的政治、宗教和经济基础。在工业生产制度和现代资本主义经济制度下的所有权和经济回报是看生产利润的能力而不是家庭关系。马克思在对经济制度的历史分析中指出，现代资本主义制度包含两个直接相对的固有的利益团体或社会等级：拥有生产资料的群体（*资产阶级*）和其劳动构成生产资料的群体（*无产阶级*）。因为在开放的竞争市场系统中，所有者只有生产更大的利润才能维持自己的地位，利润取决于生产成本的降低，这最先在劳动力成本中发现，一个群体的获益需要另一个群体的损失。这些经济关系中固有的冲突随后反映在了社会制度中，在文化信念和价值观上，生活方式偏好上，生活环境以及像政府、家庭、法律和刑事司法系统、教育、卫生保健等这样的社会机构的组织中都体现出了不同。

自从马克思第一个提出了等级冲突的理论后，其他的冲突理论家修订和扩展了我们对现代工业资本主义社会中社会分层过程的理解。如,马克斯·韦伯提出经济竞争只是引起冲突的一个方面,其他的个人利益也应该考虑进去。例如,在理解社会不平等时,也应考虑从共享的特征如民族、种族、宗教和性别来定义群体间的冲突。如马克思所提到的,等级的不同最终是否能克服其他的不同仍然没有固定的答案。因此,我们将在本章讨论社会等级对家庭生活的影响,在其他章节论述其他的不平等。

社会等级的确定

从马克思主义的观点看来,社会等级是将谁管理、压迫、控制与谁被管理、被压迫、被控制相对照来确定的。然而,自从马克思第一次提出他的论点,就有人提出这种观点太过简单,不能反映资本主义是怎样发展的。尤其是现代股票市场的出现导致了一个新的"管理"层[①],模糊了公司所有权的界线。另外以高度分化为本质的现代工业制度促使了许多中层
149 的职位者(如,专业人士、手艺人、行政工作者、体力劳动者、服务工作者、农民等)的出现,他们没有得到公平的回报,并构成了代表自己权利的利益集团[②]。因此,在先进的资本主义社会,体力劳动者通过大量投资股票来拥有公司所有权,而专业人士也许没有公司的股份,这就将他们与体力劳动者在经济和文化利益上区分了开来。这些发展不是说社会等级不再存在,而是提醒我们要意识到,我们过度泛化了社会等级效应,将其看作是基于所有权形式,依赖所有权的,所有权就是社会等级的标志,并假设同一社会等级群体的生活状况是一致的。

中等城市(蒙西市、印第安纳州)的研究是社会学中最著名的团体研究之一,这种研究的被试来自两个阶级:商人和工人阶级[③]。大多数研究者考虑了三种等级:上层、中层、低层。奥古斯特·霍林斯海德(August Hollingshead)的经典研究 *Elmtown's Youth* 将社会团体细分为了五个等级:上层、较上层、中层、较低层、低层[④]。无论如何,社会学家们摒弃了社会等级的简单分法,如分为上等阶级、中等阶级、工人阶级等等,考虑到了现代资本主义社会更复杂的社会等级系统。取而代之的是,最近几十年社会学家开始关注*社会经济地位*(SES)对个人生活和家庭影响的测量和评估。社会经济地位是不平等的现代社会系统在受教育程度、职位声望、收入水平的基础上对一个人地位的分类。在现代工业社会中这三个特征有着重要的意义,它们在一定程度上体现了一个人在生活中的价值观和信念、环境背景以及机

---

① For a discussion of changing views of social class boundaries see Michael Gilding, "Families and Fortunes: Accumulation, Management Succession and Inheritance in Wealthy Families," *Journal of Sociology* 41(2005):29—45.

② See Daivd B. Grusky, "Social Stratification," in Edgar F. Borgatta and Rhonda J. V. Montgomery(eds.), *Encyclopedia of Sociology*, 2nd edition(NY: Macmillan Reference USA, 2000):2807—2821.

③ Robert S. Lynd and Helen Merrell Lynd, *Middletown*(New York: Harcourt, Brace and World, 1939); Robert S. Lynd and Helen Merrell Lynd, *Middletown in Transition*(New York: Harcourt, Brace and World, 1937); and Theodore Caplow et al., *Middletown Families*(New York: Bantam Books, 1982).

④ August B. Hollingshead, *Elmtown's Youth*(New York: Wiley, 1949).

会。有时候把它们三个的作用综合起来看成一个结构体,有时候则认为他们各自对社会结果有着单独唯一的作用。最终,在家庭的研究中,女性更多地加入劳动力市场在某种程度上也增加了我们理解社会等级作用的复杂程度,因为丈夫/父亲和妻子/母亲的独立状态可能是独特的、累积的或者对抗的。

接下来,我们将从三个显著的群体:富裕家庭、工人家庭、贫困家庭出发讨论并考察社会等级对家庭生活的影响。虽然我们意识到许多"富裕"家庭是由一些积极有能力的雇员组成的,但这些家庭的生活最主要还是由他们在社会所有权系统中的地位决定的。如上面提到的,现代股票市场允许其他等级群体的更多个体来共享所有权,但是仍然存在一个个体和家庭的网状系统,这些个体和家庭控制着公司大部分的股份,其中许多人的经济活动和利益是家庭生活的中心①。工人阶级在利益追求上变得更加多样化,但所有权阶级的利益多样化水平较低。相比之下,因为不同水平的教育程度、职位和收入,"工人"家庭有更大的多样性。所 150
以,我们在讨论这些家庭时将更加关注这些独立的社会经济地位的作用。最后,贫困家庭面对生活中独特的环境,面对匮乏的资源和机会挣扎地生活着。了解这些条件怎样影响他们的生活策略,对我们理解他们的家庭生活和找到更有效的帮助他们的办法是很重要的。

社会经济地位给家庭带来的结果

社会经济地位带来的一些结果决定了它的重要性。除了影响个体的生存(首先包括出生的可能性)、度过第一年、不会过早死亡和到达退休年龄的各种机会外,社会经济地位还影响着一个人的早期社会化、角色期望和角色投射、价值观、评价适宜行为的标准和患心理疾病的可能性。另外,他还影响着受教育的机会(教育类型、得到这种机会的动机、这样做的可能性)和结果(教育的目的)。辍学率、智力测验得分、作业分数、职业抱负,基本上所有与教育有关的因素都与社会经济地位有关。最重要的是,社会经济地位决定并导致了权势、权利和机会的重大差别。

社会经济地位带来的结果同样适应于婚姻和家庭。在社会经济等级制度中的地位影响着结婚的年龄、婚姻的幸福、性行为的意义、家庭的大小、娱乐活动、食物类型、对孩子的惩罚和关心、睡觉时间安排和避孕药的使用。不管民族、种族或者性别,我们发现不同地位水平的人有着不同的行为。事实上,休斯和佩里-詹金斯(Hughes & Perry-Jenkins)证实了社会经济地位在家庭成员互动中带来了重大的差异,而这在家庭生活教育中曾经是被忽视的,也因此弱化了它们的效果②。

---

① Michael Gilding, "Families and Fortunes: Accumulation, Management Succession and Inheritance in Wealthy Families," *Journal of Sociology* 41(2005):29—45.

② Robert Hughes, Jr. and Maureen Perry-Jenkins, "Social Class Issues in Family Life Education," *Family Relations* 45(April 1996):175—182.

为什么社会经济地位有这些作用？我们可以从三个显著的因素上找到原因，这三个因素是：文化信念和价值观；环境或生态背景；经济、人类、社会以及文化资本对于实现目标和适应社会的可用性。因为涉及群体的利益，所以一个人的经济地位将使个人和家庭去认可那些能够维护他们自身利益的信念和价值观。虽然一个等级群体有着多样的信念和价值观，但是仍然有可能发现这些不同是在一个全局的框架下展开的①。比如，富裕家庭的价值观不一定完全相同，有的人会更多地参与帮助他人的高尚的社会团体，然而他们都赞同个人责任和竞争的价值，并用他们认可的方法来维护财产私人所有权的完整性。

马克思所谓的生活*物质条件*在我们的信念和价值观的形成中有着重要的作用。这些甚至包括我们对“什么构成一个家庭”的看法。贝蒂纳·贝克和尼基·查尔斯(Bettina Becker & Nickie Charles)描述了来自不同社会地位的个体是怎样形成关于家庭的概念的。比如，社会地位高的家庭在日复一日的生活中和实现目标时较少依赖亲属。结果是，他们关于家庭的概念倾向于更加模糊并排除了亲属关系。然而，社会地位低的家庭在家庭的概念上更可能包括展延家庭和非家庭关系，并强调供养家庭的重要性，这是家庭成员的一个准则。如果孩子的父亲没有抚养孩子，这些团体甚至会将父亲排除在家庭成员之外。因此，日常的经历产生家庭的定义——他们叫做“定义家庭成员”②。

151

跨国家庭

纽约印度移民的社会等级和家庭

因为1965年和1990年的两次移民热潮，纽约集聚了大量的印度人。由于这两次移民热潮和他们到达后面临的情况，大量的印度人社区在这个城市出现。面对着不友好的环境，这些新来的移民被允许保持原来的文化习俗、团体凝聚力和身份。信息技术和交通的发展使得他们可以保持种族身份，进而使得他们能与远在印度的家庭继续保持联系和经济依赖。然而，这些社区的社会经济结构却大不相同。因为当时的移民政策和经济状况，早期的移民大多是能成功找到一份和专业相符的工作的专家。然而，后来去美国的移民更多是为了和家人重新团聚，他们常常缺乏能立足于美国经济环境的教育，或者因为种族歧视和经济的变化，不能将所受的教育转换为高回报的职位。所以，印度移民家庭的生活条件存在很大的不同。当拥有较多资源的人全身心地投入保护和支持社区的种族环境时，那些经济条件较差的人往往被忽视。这些忽视是因为身份较低的移民

---

① David B. Grusky, “Social Stratification,” 2807—2821.

② Bettina Becker and Nickie Charles, “Layered Meanings: The Construction of ‘the Family’ in the Interview.” *Community, Work and Family* 9(May 2006):101—122.

仿佛感觉到他们社区的等级结构使得他们容易受较高身份成员的剥削，参与到这些社区中只会增加他们的失败感和自责。

来源：Gauri Bhattacharya, "The Indian Diaspora in Transnational Context: Social Relations and Cultural Identities of immigrants to New York City," *Journal of Intercultural Studies*, 29(February 2008), 65—80.

社会地位也决定了家庭生活的环境和生态背景。一些社会经济群体必须面对高风险的环境。另外一些群体处在相对安全的邻居和社区的环境下，这样就提高了家庭生活的质量。在近期一个关于邻居特征的研究中，发现美国那些工资收入在前2%的人生活在邻居密度低的城郊或郊区。在那里，他们拥有的住宅更大，拥有孩子的已婚家庭比例更高，居民大部分都是白人或者亚洲人，高学历和职业声望较高的人。他们更可能是男人积极主动的工作，而妇女待在家里照顾孩子和家庭①。显然，这种环境中的应激源更少，社会凝聚力和支持更 152
多，为抚养孩子提供了一个更安全的环境，而在一个不稳定和高犯罪率的邻里环境下，在家庭生活和教养方式上做出选择则不是所想的那样容易。

最后，在社会地位的基础上，经济、人类、社会和文化资本的可及性没有被公平地分配。如第二章所提到的，个人拥有或积累的资本可以用来产生期望的结果。在经济领域，资本由诸如货币储蓄、自然资源所有权、具有一定生产能力的工厂构成。这些财产之后生产出产品，这些产品在市场上卖出以增加利润，这些利润之后又返回到增加的资本积累中，用于扩大生产资本。在社会领域，虽然资本和产出结果的本质都与经济领域的不同，但过程却和经济领域相似。

经济资本在两个领域是相似的，它由类似收入、财富、房屋和交通工具所有权等等构成。然而，在社会领域，"产出"的结果是高质量的生活、健康、孩子和成人的家庭成员的发展结果。金钱可以用来为孩子支付更好的学校，为家庭生活选择更好的邻里环境和住房条件。拥有一个住所，可以提升身体和心理健康，为孩子的发展和学习提供更好的环境。甚至，交通工具的所有权都可以增加目标实现的可能性，如拥有一辆车使你可以到离家更远的地方上班，可以有更多的托儿所选择(这可能会使父母双方都能工作并由此积累更多的经济资源)。

在社会经济地位的基础上，人类、社会、文化形式的资本的分配也是不平等的。例如，经济回报与财产所有权或职业地位相联系，经济回报的差异可以用来增加知识、家庭成员的能力(人类资本)，可以拓展社会纽带，而社会纽带在需要的时候能提供必要的支持(社会资

① Barrett A. Lee and Matthew Marlay, "The Ride Side of the Tracks: Affluent Neighborhoods in the Metropolitan United States," *Social Science Quarterly* 88(September 2007):766—789.

本)。在生活的经济领域和政治领域,经济资源可以带来更多的机会,可以改善生活环境,可以增加曝光和融入到一种文化环境中的机会。而这种文化环境又可以培养出精英们重视的价值观、信念和生活方式爱好(文化资本),还可以提供给个体提升身份地位所需要的元素。

家庭的社会类型

富裕家庭

我们通常认为富裕家庭是*富有的*,是处于*上层阶级*的和*统治阶级*的。与其他的家庭类型相比,富裕家庭近来的数据相对较少。富裕家庭与其他家庭相比虽然在数量上较少,但是却拥有巨大的权力和影响力。他们拥有大量的经济资源和社会资源。他们与银行、保险业和生产业等重要领域有密切联系。这些富人是拥有和控制生产资料并为工人制定规则的精英。

上层社会的家庭不相称地拥有一个国家总财富和收入的大部分。许多这样的家庭富裕了一代又一代,他们掌握大量的权力,有着极大的影响力,参加那些下层阶级无法参与的俱乐部和娱乐活动。

153 那些富裕阶层的家庭结构是有趣的,可以与维持他们社会等级地位的需要联系起来。就像迈克尔·吉尔丁(Michael Gilding)所指出的,"命运和机会很少是属于单独的一个人。原因有很多——特别是,税务最小化的商业伙伴……继承权、防止破产和刑事诉讼——他们常常在个体组成的群体中延伸。最常见的……就是通过亲戚的关系相联系。"①因为在现代资本主义社会以家庭纽带来集中财富十分重要,吉尔丁发现了那些富裕家庭生活的一些文化和社会特征。通过访谈那些被列为澳大利亚最富有200个人或家庭的名单中的个人,吉尔丁发现,对财富积累、管理权继承、遗产继承的关心导致了他们对以下几个方面的重视:家庭纽带中的信任和忠诚,将家庭利益置于个人满足感之前的价值观,家庭成员为积累家庭财富而努力工作的意愿,促进有意义活动的家庭纽带的凝聚性,家庭成员承担风险的意愿。同时,这些人也提到了信赖家庭纽带的潜在风险,如潜

① Michael Gilding, "Families and Fortunes: Accumulation, Management Succession and Inheritance in Wealthy Families," 30.

在的人际冲突、父母对孩子继承财产的过度信赖。这使得他们重视对孩子条件的限制，同时也培养了孩子的独立与自给自足①。

吉尔丁的发现与其他研究者一致，他们认为富裕家庭是世袭的并极端关注他们是谁而不是他们做了什么。他们完全地以世家为导向，意识到了“最好的”家庭与其他家庭划分的界限。甚至在今天，*社会名人录*（上等家庭的名字）还用来巩固上层等级的名誉，维持等级的凝聚力，保持“良好的教养”以延续他们的后裔②。财富积累和传递明显是以家庭为单位的。

在维持富裕和巩固权力时家庭纽带和社会关系网十分重要，这种重要性也体现在有钱妇女的广泛影响中，她们被称为许多有钱机构的“看门人”。她们提携子女，是私立学校的董事会成员，经营社会服务行业，通过如亮相慈善活动这样的事件来显示自己的美满婚姻。苏珊·奥斯特兰德（Susan Ostrander）访谈了36位上层阶级的妇女，发现她们明显喜欢和与类似的人在一起（比如通过私人和奢华俱乐部，只有受邀请的才能参加），并觉得自己比别人更 154
优越（物质上、道德上以及她们对社区的贡献和义务工作），在她们的意识中，人们定义和评价她们是通过她们是谁而不是她们做了什么③。

在上层阶级，妇女照顾并支持她们的丈夫，使他们能更好地管理社会经济和行政事务，并长久生存于上层等级。也许因为她们较多地涉入家庭和社会的角色中，相应地，对于所有能直接维持等级名望的重要经济活动则涉入得较少，这些上层等级的妻子——就像低层阶级的传统妇女一样——在地位上从属于丈夫，在家庭做决定时没有平等的发言权，她们维持着对家庭单一的责任。不过，上层阶级的妇女与其他等级的相比，有一个很大的不同点，即她们不做家务、不照看孩子，其他种族和阶级的妇女则要做这些事情。毫无疑问，上层等级的性别划分很明显。有趣的是，这种性别划分是一个已接受的事实，对此，上层等级的妇女几乎没有反抗过。为什么？奥斯特兰德提出也许是因为*性别平等*的利益不足以平衡*阶级平等*的损失。

以任何方式测量，这种富裕家庭在美国所有的社会等级中都是数量最少的，但有着最高的声望和影响力。因为富裕家庭处于等级制度的最顶层，这些成员通过保护他们的身份象征，如家谱、祖宗的传记、传家宝以及前人功绩的记录等来维持他们的地位和身份。这些富裕的家庭也通过小心控制他们孩子的婚姻选择来维持他们的地位。

工人家庭

当大多数的美国人被问及他们属于哪个等级时，他们通常回答“中等”。相对很少有

---

① Michael Gilding, “Families and Fortunes: Accumulation, Management Succession and Inheritance in Wealthy Families,” 29—45.

② David B. Broad, “The Social Register: Directory of America's Upper Class,” *Sociological Spectrum* 16 (1996): 173—181.

③ Susan A. Ostrander, *Women of the Upper Class* (Philadelphia: Temple University Press, 1984).

人能诚实地回答“富裕”，很少有人愿意承认“贫穷”，即使这是真的。一般来说，“中等阶级”的回答常常伴随着积极的涵义，即暗示着有些人拥有高地位和好声望，而其他人拥有低的职位和地位。传统地，中层等级的家庭形成了富裕、高权力家庭和工人阶级，权力较少的贫困家庭之间的联结。马克思主义的观点(见第三章)认为，中等阶级由*中产阶级*和*无产阶级*组成。中产阶级拥有少量生产资料、能控制工作条件，无产阶级则没有生产资料、不能控制工作条件，是为工资而工作的工人阶级。今天，中等阶级这个专业名词更多的是指那些不拥有生产资料的专业人士、公司职员、政府官员；但是工人阶级常常在手工或服务行业工作。然而，如前面所提到的，在现代资本主义社会这些等级差别的界限已经变得模糊。不过，在那些更接近社会经济等级制度顶层的人与那些更接近底层的人之间仍然有差别。在这一章节，我们将讨论各种机制，社会经济地位通过这些机制影响那些依靠薪水生活的家庭，那些主要依靠积累的财富的家庭或者那些依赖社会救助的家庭。

155 在社会经济等级制度里，单单在普通职位上，就可以发现工人家庭的一些差别。对于那些接近顶层阶级的人，他们对现存社会系统投资的精力和时间更多，这些人和家庭更可能拥有自己的房子，有财政投资收入，他们依赖的收入取决于稳定的社会和经济环境。他们更可能获得周薪而不是时薪。这些稳定的资源带来了一些适意，这些适意可以减少那些出乎意料的危急事件如医疗保险、退休养老金、银行信贷、投资收入等等所带来的打击。高收入和更稳定的工作也允许一些随意支配的花销和娱乐活动。另外，进入更高社会等级的实际可能和滑到较低社会等级的现实危险成为他们个人和家庭行为的动机。

蓝领或工人阶级的家庭更倾向于符合传统的丈夫和妻子角色，丈夫是家里最终权威者和主要支撑者。因为经济波动高度影响这些人的工作，所以这些家庭在经济低迷时期生活很艰难。

相比之下，那些社会经济地位较低的人几乎完全依赖于薪水/价格/利润系统的商业周期；这样，这些低等地位的家庭没有像那些较高地位家庭普遍的享受稳定的经济。大多数的收入都是来自按小时、按件、按天或者按周计算的收入。为了补充丈夫的收入，许多妇女出去工作。然而，不像拥有较高身份和地位的那些大部分在外工作的妻子，低等地位的妇女外出工作更可能因为经济的需要而不是对职业的追求。也许这种社会经济条件的差异会使得较高地位的家庭趋向于关心社会价值观，这涉及由社会变化所带来的主要问题，他们也趋向于支持道德标准。他们也更倾向于信仰那些在现在资本主义社会能带来成功的价值观，如个人主义、独立、自主以及实现目标的合理计划。这些价值观系统增强了现存社会系统和经济的关系，并提供了实现未来进步所需要的文化资本。相比之下，那些接近社会底层地位的工人家庭对于现存社会系统和经济关系花费的精力更少，他们变成较高等级地位或贫困的可能性也比较小。所以，他们可能较少地涉入社会变化的问题中，更多的是关注怎样维持生活质量。他们关注未来较少而关注现在较多。他们所关注的是忠诚、适应性而不是个人主义、自主和合理的计划。

这些社会经济上的不同价值观和取向也反映在婚姻、教养方式和孩子抚养的社会经济差异上。那些在上层等级的人可能重视妇女对自己事业的追求，而淡化了母子亲密依赖的重要性。对自主决定和自主权的信念也许可以解释为什么职业妇女反对做全职妈妈而让工作优先①。处于较低等级的家庭更可能符合传统的丈夫和妻子角色。丈夫是家庭经济收入 156
的主要支撑者，作为家里最主要的挣钱人，他是最终做决定和维持纪律的人。妻子的职责是承担家务和抚养孩子。虽然妻子也经常出去工作，但她们工作是出于经济的需要而不是为了固有的意义，而且也是位于她们丈夫工作活动之后的。处于较低等级的妇女更倾向于做全职妈妈，她们将家庭角色置于首位，工作次之。

处在上层等级的家庭也更支持丈夫和妻子之间的完全平等，如果他们没有享有的话，这被看成是他们婚姻冲突的重要指标。相比之下，对于处于较低地位的妇女，女性任务的划分才是婚姻冲突频率的恒定指标，而不是公平性。换句话说，当她们完成了“妇女的任务”就可以避免婚姻冲突，相反，对于那些处于较高等级地位的妇女，如果丈夫没有执行她们所认为的“公平分享”和家务则会引发冲突②。

关于孩子的抚养，接近顶层等级的家庭更可能强调让孩子待在学校，父母为此要做出较大的牺牲。事实上，那些较富裕家庭的子女能取得学业成功，重点在于其父母投入了大量的情感，努力激发孩子上私立学校，但又把自己上层社会和文化地位的所有便利给予了他们的孩子，尽管入学只应考虑成绩。除了处理由此所带来的情感矛盾，这些父母发现自己还要处理因为家庭的社会经济地位而使孩子没有达到设定的高期望所带来的情绪③。整体来看，在较低地位等级中，孩子的角色一定从属于父母或者家庭福利。这些父母更期望孩子能尽可能快地承担自己的经济福利(有时候是整个家庭的福利)。这样，孩子在高中的时候就需

① Beverly H. Burris, “Employed Mothers: The Impact of Class and Marital Status on the Prioritizing of Family and Work,” *Social Science Quarterly* 72(March 1991):50—66.

② Maureen Perry-Jenkins and Karen Folk, “Class, Couples, and Conflict: Effects of the Division of Labor on Assessments of Marriage in Dual-Earner Families,” *Journal of Marriage and the Family* 56(February 1994): 165—180.

③ Tiffani Chin, “‘Sixth Grade Madness’: Parental Emotion Work in the Private High School Application Process,” *Journal of Contemporary Ethnography* 29(April 2000):124—163.

要找工作,更可能在完成基本的义务教育后或者最多读完高中后就不再上学。父母教导孩子要自给自足、坚强、为个人权利和特权竞争。也许因为他们的学习和职业生涯的前景更受限制,处于较低地位家庭的男孩比较高地位家庭的男孩更早谈恋爱,性行为更频繁。对女孩来说,则可能因为婚前怀孕而更早结婚。虽然这些女孩可能想要的是爱情,但得到的却是孩子。

社区环境

除了足够的收入更利于实现家庭目标,那些较高社会经济地位的人还能居住在更有利
157 的社区中,这些社区资源充足、更安全,远离风险和应激环境。威廉・威尔森(William J. Wilson)在他关于贫民区(inner-city)很有影响力的分析中强调了社会经济地位这方面的重要性①。布朗芬布伦纳(Urie Bronfenbrenner)在他关于人类发展的生态理论中也提到了这点,社区和邻里环境的变动对孩子及其心理发展有着深刻、长久的影响②。这些影响可以是直接的,也可以通过邻里环境间接影响家庭动态。正如塔马・莱本瑟和珍妮・布鲁克斯-冈恩(Tama Lebenthal & Jeanne Brooks-Gunn)指出的,社区环境主要通过两种方式影响个人和家庭。邻里环境的不同在一定程度上为他们提供了更容易得到的机构资源(如,好的学校、优质的日托所、便利的卫生保健、社会机遇和娱乐设施)。这些资源可以降低他们经历应激事件的可能,即使遇到应激事件,也可以帮助家庭成功地应付。邻里环境在所谓的规范/集体效能上也呈现出不同,或者通过社会条件的有组织或无组织程度来反映(如社区里失业、贫困、犯罪的水平,社区居民的流动性,犯罪率和被害水平,异常亚文化等)③。这些因素可以带来重大的后果,可以扰乱个体心理健康和家庭功能,同时也要求家庭以提升特定环境适应力的方式来组织他们的活动。换句话说,社区环境中低水平的规范/集体效能可能或不能引起家庭的功能障碍,但至少,它可以改变家庭的应对方式和功能,使得在某些特定情境下,比起其他情境,家庭组织的某些方面(如家庭凝聚力、家庭灵活性、家庭大小、父母结构等)更重要。

社会经济地位影响社区环境,后者又对教养方式和孩子发展结果产生影响,后一点已经得到了广泛的研究。将美国东南部较富裕的社区和中西部较贫困的社区对比,前者环境中父母对他们的社区有更积极的观点,并很满意社区的环境,这些是通过测量社区资源(如学校和课后辅导)可及性,社区居民间非正式关系的质量,社区是否安全地远离毒品,社区居民高的"热情值"而得知的。这些更积极的看法提高了生活满意度,家庭功能感受性,提高了角

① William J. Wilson, *The Truly Disadvantaged: The Innercity, the Underclass, and Public Policy* (Chicago, IL: University of Chicago Press, 1987).

② Urie Bronfenbrenner, *The Ecology of Human Development* (Cambridge, MA: Harvard University Press, 1979).

③ Tama Leventhal and Jeanne Brooks-Gunn, "Changing Neighborhoods and Child Well-Being: Understanding How Children May Be Affected in the Coming Century," *Children at the Millenium: Where Have We Come From, Where Are We Going?* 6(2001):263—301.

色平等性并减少了工人家庭的冲突①。

考虑到这些社区环境会影响父母及其对家庭功能的感知，那么发现社区环境同样影响教养的有效性也不会令我们吃惊。在另一个由劳拉·普利邦和温迪·克莱沃（Laura Plybon & Wendy Kliewer）完成的关于城市学龄儿童的研究中，他们发现了社区环境、家庭压力与孩子发展结果之间的联系。在这个研究中，客观测量到的社区低水平的贫困和犯罪与低水平家庭压力相关，较低的家庭压力与孩子较低水平的外部行为问题相关。而且，统计检验显示在较富裕和犯罪少的社区家庭压力水平较低，这可以有效地解释贫乏的社区环境对孩子行为问题的影响。这个研究还显示，在一定程度上，较贫困和较多犯罪社区的家庭可以维持较高水平的家庭凝聚力和团结，这有效地减少了这些环境对孩子行为的负面影响②。 158

社区环境还可以通过另一种方式影响教养结果，即直接影响父母的心理困扰。许多研究显示，感知到的社区压力、社区风险和危险、社区问题对父母的心理幸福感有着重大的负面影响，这种负面影响解释了教养的低效性，如对孩子不连贯、较少的监控③。反过来，教养的低效性也解释了贫乏的社区环境对孩子的很多负面影响④。

最终，社区环境不仅改变了父母积极教养的可能性，而且也形成了或多或少有效的教养类型。罗纳德·西蒙斯（Ronald Simons）和他的同事检验了三个假设，考察不同社区环境下父母控制和体罚教养效果的差异。第一个假设关注高风险和低风险社区环境下父母监控的有效性。一方面，当获得的更多时（也就是说，当这个社区的犯罪与违法较多时），较多的控制会更有效。他们把这叫做*缓冲假设*。另一方面，社区高水平的违法犯罪率可能压倒了父母教养的有效性。他们把这称为*蒸发假设*。此研究结果支持蒸发假设，即抵抗高风险社区环境对孩子的负面影响时，教养显得无能为力，不管他们怎样尝试控制孩子的行为。

---

① Marcie Pitt-Catsouphes, Shelley M. MacDermid, Rona Schwartz, and Christina Matz, "Community Contexts: The Perspectives and Adaptations of Working Parents," *American Behavioral Scientist* 49(June, 2006): 1400—1421.

② Laura E. Plybon and Wendy Kliewer, "Neighborhood Types and Externalizing Behavior in Urban School-Age Children: Tests of Direct, Mediated, and Moderated Effects," *Journal of Child and Family Studies* 10(December, 2001):419—437.

③ B. A. Kotchick, S. Dorsey, & L. Heller, "Predictors of Parenting Among African American Single Mothers: Personal and Contextual Factors," *Journal of Marriage and Family* 67(2005): 448—460; N. E. Hill and Herman-Stahl, "Neighborhood Safety and Social Involvement: Associations With Parenting Behaviors and Depressive Symptoms Among African American and Euro-American Mothers," *Journal of Family Psychology* 16(2002): 209—219; Alexandra Loukas, Hazel M. Prelow, Marie-Anne Suizzo, and Shane Allua, "Mothering and Peer Associations Mediate Cumulative Risk Effects for Latino Youth." *Journal of Marriage and Family* 70(2008):76—85; and Rebecca M. B. White, Mark W. Roosa, Scott R. Weaver, and Rajni L. Nair, "Cultural and Contextual Influences on Parenting in Mexican American Families," *Journal of Marriage and Family* 71(February 2009):61—79.

④ K. J. Conger, M. A. Rueter, and Rand D. Conger, "The Role of Economic Pressure in the Lives of Parents and Their Adolescents: The Family Stress Model." In R. K. Silbereisen and L. J. Crockett(Eds.), *Negotiating Adolescence in Times of Social Change*(New York: Cambridge University Press, 2000):201—223.

159 家庭多样性

农民的压力

在美国133个压力职业中，农民排在12位。另外，考虑到家庭生活和农务通常不易完全分开，他们的*工作—家庭溢出*和*家庭—工作溢出*的水平也很有可能很高。因为农业工作模糊的本质和家庭生活的高度统一性，农民家庭很重视自给自足、工作道德、社区整体性、传统性别角色、稳定性、低水平冲突和宗教信仰。对于经济应激源，农民家庭在他们个人生活和社区生活中都可能有不同的反应。

在爱荷华州青年和家庭的研究项目中，雷蒙德·斯威舍(Raymond Swisher)和他的同事考察了20世纪80年代农业危机带来的后果，试图了解相对于那些非农业的职业，农民是否遭受的经济应激更多，是否对经济应激更敏感。鉴于当时他们工作的本质和经济的状况，他们假设农民家庭将面临更多经济、工作相关的压力。也预测在面对应激源时，农民将抑制家庭的冲突以维持家庭秩序，也通过社区中的亲戚或朋友经历更多压力。最后，他们预测农民对亲戚面临的压力更脆弱，但对朋友经历的压力则没有那么敏感。第二个预测的假设是农民在面临他们自己的应激时会往下比较，这是一个好的处理方式。

这个研究的结果显示，农民在生活中确实经历更多的经济应激事件，也更可能拥有一些面对应激源的亲戚和朋友。农民也更可能受到应激事件或他们亲戚的应激事件的负面影响，但是如预测的那样，相对于那些非农民，他们受*朋友*所经历的经济应激事件的负面影响较少。这支持了往下对照的假说。总的来说，虽然相对于非农民，冲突发生时农民会受到更多的心理负面影响，但农民家庭中的冲突可能会更少。

因此，农民重视的家庭生活稳定性对他们处理必须面对的、长期的、高强度的压力有着重要的作用。但是，这种稳定使他们对家庭危机更敏感，从而使稳定性被冲突打乱。

第三个假设关注处于两种相反的环境下的父母肉体惩罚教养孩子(如体罚)的有效性，这两种环境是社区居民很少运用体罚和社区居民广泛运用体罚。他们预测，当社区很少有父母体罚孩子时，体罚被看成是不合法的，导致孩子的反抗和负面的反应。相比之下，在体罚被广泛采用社区，体罚被看成是合法的，而且是比较有效的教养方式。他们的研究结果符合这个*合法假设*，即只有在体罚教养方式不盛行社区中体罚对孩子的行为有负面影响①。

---

① Ronald L. Simons, Kuei-Hsiu Lin, Leslie C. Gordon, Gene H. Brody, Velma Murry and Rand Conger, "Community Differences in the Association Between Parenting Practices and Child Conduct Problems," *Journal of Marriage and Family* 64(May 2002): 331—345.

受教育程度 160

除了收入和社区环境的影响，建立在社会经济地位基础上的受教育程度是家庭生活差异的第三个主要决定因素。在现代工业经济社会，地位获得在很大程度上取决于个人在工作中的成绩和个人职务受奖赏和重视的程度。所以，一个人在社会经济等级地位中的位置也反映了教育资源的不同，这些教育资源对家庭生活也有着重要意义。

受教育程度对家庭生活的重要性在于三个方面。第一，教育给人们提供了获得其他资源和机会的可能。教育不仅仅是获得高回报职位或职业的最重要的敲门砖，而且在需要的时候，它也可以增大获得正式和非正式社会支持资源的可能性。通过教育，个体能学会利用公共的和私人的社会支持资源，能发展能力和价值系统来提高协商能力以获得所需的支持，并利于他们的婚姻和对孩子的教养。较高社会经济地位的父母的学业参与性更有效，这个例子最好地说明了这种作用。

第二，教育程度高的个体更可能拥有更现代的价值观、态度和生活方式。所以他们更可能选择被大多数人认为是异常的生活方式(如，选择不生孩子)，更倾向于看重婚姻生活里个人的发展，看重婚姻中性别的平等，当与期望不相符时他们更愿意结束一段关系。这些态度、价值观和生活方式偏好不仅仅改变了他们处理一段关系的方式，而且还影响了不同社会和文化环境对他们的吸引力，如在城市发现的那些。这样，在他们试图建立一种关系时便有更多的选择，同时一旦长期处于一种关系中，他们更可能换到另一种关系和生活方式中(如，保持单身)，这些允许的替换选择是形成动态关系和解除关系的一个重要因素。

第三，教育直接影响婚姻和教养关系，它提供了能正确理解孩子能力发展和影响配偶的偶发事件所需要的认知能力和知识背景，同时也提供了教养孩子、与配偶协商的所需要的技能。因此，受教育程度更高的人应该拥有更和谐的婚姻，更有效的教养成果。这些作用在最近的两个研究中都能被发现。

托基尔德·林斯特德(Torkild Lyngstad)使用挪威的代表性大样本发现，在像挪威(美国)这样的现代化社会，离婚是对不幸福的婚姻一个可接受的选择，高的教育程度减少了离婚的可能。他认为这得益于配偶在受教育时发展的认知能力和关系能力。自身教育程度的影响与*父母所受*教育对其子女产生的影响是不同的。虽然个人自身的受教育程度可以减少离婚的可能性，但是在这个样本中，*父母*教育水平较高实际上增加了离婚的可能性。他 161
把这归因于他们的父母形成的较现代、不传统的态度，因为父母受教育的那个时代很少有人接受离婚，他们把这些较开明的观点传递给了孩子。所以，相对父母教育水平较低的孩子，父母教育水平更高的孩子更可能对个人婚姻形成更高的满意感期望，对离婚的消极观点更少。当他们的期望没有得到满足时，这种对婚姻更高的期望和对离婚更少的消极态度增加了他们离婚的可能。因此，他们认为在低离婚率的文化背景中，如在早期时代或比较传统的环境中(如意大利这样的天主教国家)，教育增加了离婚的可能，但在更现代和离婚被接受的环境中教育则减少了离婚的可能。这两个相反的影响是因为教育的双重影响，一方面，影响着价值观和态度,另一方面影响着技能和能力①。

至于教育程度对教养方式的影响,研究者在美国一份全国性的数据——全国青年的纵向调查(NLSY)的分析中有所解释。在随后关注那些 6～7 岁的孩子及其父母的数据分析的热潮中,学者们(Mikaela Dufur, Toby Parcel, & Benjamin McKune)发现母亲受教育程度较高时,孩子表现出高水平行为问题的可能性更小。教育水平高的父母的高水平的认知能力和自尊完全地解释了教育程度的影响②。

工作和职业

如第二章所讲,在工作—家庭溢出的背景中,能最好的理解工作和职业对于家庭生活的重要性。工作条件和角色要求可以阻碍(消极的外溢)或促进(积极的外溢)家庭职责的执行。当工作角色对婚姻伙伴和父母有所要求时,将很难履行期望的家庭角色,这样就会导致角色冲突。这种角色冲突可以引起心理上的痛苦、角色的不满足感、家庭压力以及婚姻和家庭生活满意度的降低。在另一方面,工作角色可以为婚姻伙伴和父母认知能力和价值的发展提供重要的机会,这可以使他们成为较满意的婚姻伙伴或教导有方的父母。

工作和职业的环境在社会经济地位的基础上有重大的不同。一般而言,对于那些在较高职位工作的人,他们工作角色的灵活性更大(如工作的时间和地点的要求),组织结构更能符合个人和家庭的需要,管理者和同事对他们的支持更多,他们在工作时有更多的自由时间去处理个人和家庭的需要。在最近一个关于 1000 名有工作的父母的研究中,杰弗里·希尔(E. Jeffrey Hill)发现这些工作环境对家庭生活有重要意义,提高了他们的家庭角色执行力;降低了知觉到的工作—家庭角色冲突水平;减少了个人压力;提高了婚姻、家庭、整体生活满意度的水平③。

162 除了一般的工作环境,较高社会地位中的不同职业类型也可以影响家庭生活。较高和较低职业地位的一个明显的区别就是白领工作与蓝领工作。白领工作通常是需要高水平教育程度的高薪职位。它们通常是商业、教育、政府领域中的专业人员或管理职位。在另一方面,做蓝领工作的人,由那些在美国人口普查中归类为从事精密生产、手工艺、修理;机械操作、组装、检查;器械清洁、救援等体力劳动的人构成。服务工作通常也被归为蓝领。高中和职业学校之上的正规教育通常不要求对这些职位所需要的手工技能的学习。因为许多工作都需要身体劳动的能力,所以身体健康对于蓝领工人十分重要。

大量研究证明,白领和蓝领在亲子关系和孩子抚养实践上有所差异。通常,白领职位需要个体:(1)更多涉及思想、符号和人际关系的熟练操纵;(2)涉及更复杂并需要更多灵活性、

---

① Torkild Hovde Lyngstad, "Why Do Couples with Highly Educated Parents Have Higher Divorce Rates" *European Sociological Review* 22(February 2006):49—60.

② Mikaela J. Dufur, Toby Parcel, and Benjamin A. McKune, "Capital and Context: Using Social Capital at Home and at School to Predict Child Social Adjustment," *Journal of Health and Social Behavior* 49(June 2008):146—161.

③ E. Jeffrey Hill, "Work-Family Facilitation and Conflict, Working Fathers and Mothers, Work-Family Stressors and Support," *Journal of Family Issues* 26(September 2005):793—819.

思想和判断的工作；(3)需要的监督更少并且他们的报酬来自实践和创新。相比之下，蓝领的职位通常需要个体：(1)涉及对事情或无生命的物体操控，而不是对人或者思想；(2)参与涉及较低水平的认知功能和灵活性、较少的独立思想和决策的工作；(3)较多监督，遵守工作的规章制度以获得回报。差不多50年前，梅尔文·科恩(Melvin Kohn)提出，父亲的工作活动和环境上的差异可能外溢到家庭生活中，特别是关于训导孩子的教养方式。他的研究显示，在那些父亲从事白领职业的家庭中，父母更可能用理性、口头威胁或者撤销奖励来惩罚孩子或者恳求孩子的顺从①。相比之下，从事蓝领职业的父母更可能使用体罚。自从他早期的研究后，后来其他的研究者在美国②、德国和荷兰的重复研究也得到了一样的结果③。

科恩理论的核心观点是，不同职业群体的成员经历的工作环境不同，使他们看待世界的方式不同，形成了对社会事实和理想人格特征的不同概念，同样也形成了不同的志向。白领的价值观倾向于包含自我决策、自由、个人主义、主动、创造和自我实现。因此，父母从*内在*
*的*标准来鼓励他们的孩子，如关心、好奇、自控。父母对于孩子的教导是建立在对于孩子特 163
定行为动机的解释的基础上的④。

后来，这个理论扩展到包含职业活动怎样形成不同的认知类型和能力，并反过来影响不同的教养方式是否可行。特别是，白领工作本质涉及的思想和人更具*实际复杂性*，这些复杂性培养了父母更好的*知识灵活性*，这反过来使得父母更可能使用讲理的教养方式⑤。最近许多研究将科恩的理论延伸到了年龄更大的工人⑥和母亲职业特征效应上⑦，职业实际

---

① Melvin Kohn, "Social Class and Parent-Child Relationships: An Interpretation," *American Journal of Sociology* 68(January 1963):471—480; and Melvin Kohn, *Class and Conformity*(Homewood, IL: Dorsey, 1969).

② See Tom Luster, Kelly Rhoades, and Bruce Haas, "The Relation between Parental Values and Parenting Behavior: A Test of the Kohn Hypothesis," *Journal of Marriage and the Family* 51(1989):139—147.

③ Robert C. Williamson, "A Partial Replication of the Kohn-Gecas Nye Thesis in a German Sample," *Journal of Marriage and the Family* 46(November 1984):971—979; and Maja Dekovic and Jan R. M. Gerris, "Parental Reasoning Complexity, Social Class, and Child-Rearing Behaviors," *Journal of Marriage and the Family* 54(August 1992):675—685.

④ In contrast, lower-class or blue-collar workers deal more with the manipulation of physical objects, require less interpersonal skill, have more standardization of work, and are more closely supervised. This leads to values of conformity to external standards such as orderliness, neatness, and obedience. Discipline is based on the consequences of the child's behavior rather than on the interpretation of motive for the behavior.

⑤ See Carmi Schooler, "Psychological Effects of Complex Environments during the Life Span: A Review and Theory." In Carmi Schooler and K. Warner Schaie, eds., Cognitive Functioning and Social Structure over the Life Course(Norwood, NJ: Ablex Publishing Corp., 1987):24—49.

⑥ C. Schooler, M. S. Mulatu, and G. Oates, "Occupational Self-Direction, Intellectual Functioning, and Self-Directed Orientation in Older Workers: Findings and Implications for Individuals and Societies," *American Journal of Sociology* 110(2004):161—197.

⑦ Toby L. Parcel and Elizabeth G. Menaghan, "Early Parental Work, Family Social Capital, and Early Childhood Outcomes," *American Journal of Sociology* 99(January 1994):972—1009; and Elizabeth G. Menaghan and Toby L. Parcel, "Social Sources of Change in Children's Home Environments: The Effects of Parental Occupational Experiences and Family Conditions," *Journal of Marriage and the Family* 57(February 1995):69—84.

复杂性对认知功能的影响也得到了很好的证明。另外,这些对认知功能的影响与孩子的积极结果相联系①。实际上,工作的复杂性是了解单亲教养和母亲工作对孩子影响的一个重要因素。米纳哈恩(Menaghan)和她的同事发现,当母亲(包括单亲母亲)从事更复杂的工作时,孩子在认知刺激和行为问题上所受的不利影响更少②。

贫困家庭

要了解家庭在贫困的环境下怎样组织并适应,首先需要了解这些环境涉及什么,以及社会学家在研究时是怎样决定哪些家庭属于贫困家庭的。贫困的测定和报告是社会学和社会政策的焦点,同样也是政治的焦点。从社会学或社会政策的观点来看,我们想了解个体和家庭是怎样结束或适应这种只能维持最低生活标准的环境,最低生活标准由他们文化中的价值和准则来设定。这样一来,可以设置一些项目来更好地帮助那些有需要的人。规定贫困水平是有难度的,因为不同的文化团体都有自己设定的标准,在什么是最低生活标准和最佳生活标准之间有很大的不同。然而,每个国家都要争取在展现社会条件时的利益最大化③,
164 这就使得这个任务更复杂。对于现代的国家(和这些国家的较富裕的部分),他们关心的通常是尽可能缩减表现出的贫困,以此来使政府和当权者*合法化*并阻止叛乱。然而,在所谓的“发展中”社会(不太富裕的现代国家),维持一个正面的形象与为得到外来援助而需要提供事例证明是相互矛盾的。这些利益冲突的结果就形成了不同的贫困测量标准。

贫困的含义和测量

为了国家间的全面对比,美国测量贫困一方面用于协助发展项目的管理,一方面用于监控全球社会状态。它们采用了两种不同的方式测量,一种针对发展中国家,一种针对较现代的社会(经济合作与发展组织中的国家——OECD)。发展中国家的人口贫困指标以三个因素为基础:40 岁以前死亡的概率,成人的识字率,改良水资源的可能性和 8 岁以下孩子中体重过轻者比例组成的合成衡量。另一方面,发达国家的人口贫困指标以四个因素为基础:新生儿活到 60 岁的概率,成人实用的识字率,全国人口中可自由支配家庭收入者中排名在后 25%的人口的比例,长期失业达 12 个月或更久的比率④。运用后一种衡量标准,2007—2008 年人

---

① Dufur, Parcel and McKune, “Capital and Context: Using Social Capital at Home and at School to Predict Child Social Adjustment,” 146—161.

② Elizabeth G. Menaghan, Lori Kowaleski-Jones, and Frank L. Mott, “The Intergenerational Costs of Parental Social Stressors: Academic and Social Difficulties in Early Adolescence for Children of Young Mothers,” *Journal of Health and Social Behavior* 38(March 1997):72—86.

③ For an interesting summary of debates over the measurement of poverty in the United States, see Gordon M. Fisher, “The Development and History of the U. S. Poverty Thresholds: A Brief Overview,” GSS/SSS Newsletter [Newsletter of the Government Statistics Section and the Social Statistics Section of the American Statistical Association](Winter 1997):6—7. http://aspe.hhs.gov/poverty/papers/hptgssiv.htm.

④ United Nations, “Human Development Report 2007/2008,” http://hdr.undp.org/en/reports/global/hdr2007-2008.

类发展报告将美国列为世界上 19 个发达国家中的第 17 位。因此，这个等级评定反映了发达国家中最高水平的人口贫困。通过对比，在所有发达国家中，冰岛的人口贫困率最低，紧跟着是挪威、澳大利亚、加拿大、爱尔兰、瑞典、瑞士、日本、荷兰、法国（以排名先后为序）①。

个人主义国家如美国也通过计算自己的贫困率来监控和管理社会福利。在美国，贫困的测量公式于 1963—1964 年首先提出，此后稍加修改。基于农业部门制定的最低营养标准，符合这个标准的食物花销是多少（节约食物计划），1955 年后家庭收入的多少用于购买食物三方面，莫利 · 奥赞斯基（Mollie Orshansky）提出了一种测量方法，即假设家庭常常在食物上的花销是收入的三分之一，这样，家庭所需要的最低收入，即维持生存所需最少食物的花销的三倍。尽管这个假设本质上不切实际（考虑到现今社会，与房价、衣服价格、交通费 165
的增长相比，食物价格的增长较少），而且设定的最低营养标准也异常低，但是这种方法经过了修正。今天，大家利用这种测量来建立贫困线和贫困准则，它们随家庭人口、养家糊口者的年纪和孩子个数而变化。

贫困界线可用来进行统计学上的监控，它依据所有住在一起的家庭相关成员的来自政府或个人途径的税前收入（非现金的补助除外，如粮票、医疗补助或政府经济住房）和资本收益或损失，来建立一个生存所需的最低收入水平。这个贫困界限主要随家庭的人口和孩子的个数变化，所以*无论一个家庭处于什么情况下，每种情况下的生活所需的花销是多少*，贫困界线是一样的。当谈到官方贫困线时也是使用这种衡量方法。贫困线是贫困界线的简化版本，是用来进行项目管理的。除了一些监控数据的修改和出版日期的更新（如 2009 年的贫困线和 2008 年的贫困界线相同，都是以 2006 年收集的数据为基础），贫困线还有一个优点，它根据一个人是住在 48 个本土州还是住在夏威夷或阿拉斯加州做了一些调整（因此，对应一个贫困界线就有了三个准线）。

如表 4.1 所示，在 2008 年，对于一个由两个成年人和两个未满 18 岁的小孩所组成的家庭，其平均贫困界线是 21834 美元或每月少于 2000 美元。要提醒的是，这个贫困线是税前收入，而且要分配出一部分来支付家庭所有的花销，如食物、衣服、住房供给、交通费、暖气费、电费等。显然贫困界线只是确定了最基本的需要，所以很多研究者和项目管理者经常使用分界点来确定更高的贫困线（如，贫困界线的 125％到 200％）。在 2008 年，对于 65 岁以下的个体，其贫困线是 11201 美元；无未满 18 岁少年的两口之家的贫困线是 14417 美元；由单亲和两个孩子组成的三口之家的贫困线是 17346 美元。由两个大人和七个孩子组成的九口之家的贫困线是 47278 美元。

根据美国人口调查局 2009 年所发布的统计摘要，2006 年，在*个体*水平上，美国所有居民中有 12.3％的生活低于贫困水平，16.8％的生活低于贫困水平的 125％。这个比例从 2000 年开始增长，当时分别是 11.3％和 15.6％。这意味着自 1980 年来在减少贫困上取得

---

① United Nations, "Human and Income Poverty: OECD Countries, Central and Eastern Europe and the CIS," http://hdrstats.undp.org/en/indicators/27.html.

的进步又倒退了一半多回去，1980 生活在贫困线以下的比例是13%。①就*家庭*而言，2006 年，贫困线以下的家庭比例上升到了 9.8%，125%贫困线以下的比例上升到了 13.4%。这个比例从 2000 年开始增长，当时分别为 8.7%和12.2%。②个人贫困率比家庭贫困率更高，这是因为许多处于贫困的个体是家庭中的孩子。2006 年，所有 18 岁以下的*孩子*有 16.9%生活在贫困线以下。与个人和家庭的变化趋势相同，此比例也从 2000 年开始增长，那时生活在贫困线以下的孩子的比例为15.6%。③总之，在 2006 年，美国十个家庭中就有一个收入低于维持生活所需的最少收入，并且这些家庭的贫困率影响了全国大约 17%的孩子。

166 表 4.1 由家庭人口确定的贫困界线:2008 年

家 庭 的 大 小	贫困界线/美元
1个人(没有亲戚)65 岁以下	11201
65 岁及以上	10326
2个人(无未满 18 岁的孩子)户主在 65 岁以下	14417
户主在 65 岁或以上	13014
2个成人和 1 个 18 岁以下的小孩(3 口人)	17330
1个成人和 2 个 18 岁以下的小孩(3 口人)	17346
2个成人和 2 个 18 岁以下的小孩(4 口人)	21834
2个成人和 3 个 18 岁以下的小孩(5 口人)	26338
2个成人和 4 个 18 岁以下的小孩(6 口人)	30288
2个成人和 5 个 18 岁以下的小孩(7 口人)	34901
2个成人和 6 个 18 岁以下的小孩(8 口人)	39270
2个成人和 7 个 18 岁以下的小孩(9 口人)	47278

来源:U. S. Census Bureau, "Poverty Thresholds for 2008 by Size of Family and Number of Related Children Under 18 Years," http://www.census.gov/hhes/www/poverty/threshld/thresh08.html.

对于理解美国的不同种族、不同民族、不同家庭结构中贫困的不相称，贫困界线同样有重要作用。2006 年，非西班牙裔白人家庭的贫困率是 8.0%，亚裔和太平洋岛民家庭的贫困率是 7.8%。相比之下，西班牙裔家庭(18.9%)和黑人家庭(21.6%)的贫困率要高得多④。女性为户主，且没有丈夫的家庭中，贫困率更高，虽然仍然存在种族和民族的不同:非西班牙

① U. S. Census Bureau, "Table 689: People Below Poverty Level and Below 125 Percent of Poverty Level by Race and Hispanic Origin: 1980 to 2006," *2009 Statistical Abstract* http://www.2010census.biz/compendia/statab/tables 09s0689.pdf.

② U. S. Census Bureau, "Table 693: Families Below Poverty Level and Below 125 Percent of Poverty by Race and Hispanic Origin: 1980 to 2006". *2009 Statistical Abstract*. http://www.2010census.biz/compendia/statab/tables/09s0693.pdf.

③ U. S. Census Bureau, "Table 690: Children Below Poverty Level by Race and Hispanic Origin: 1980 to 2006," *2009* Statistical Abstract http://www.2010census.biz/compendia/statab/tables/09s0690.pdf.

④ U. S. Census Bureau, "Table 693: Families Below Poverty Level and Below 125 Percent of Poverty by Race and Hispanic Origin: 1980 to 2006".

裔白人家庭增长到了25.1%，亚裔和太平洋岛家庭为 15.4%，西班牙裔家庭为 36.0%，黑人家庭为 36.6%。最后，贫困与年龄成曲线的关系，与青年人（18 岁以下，16.9%）和老年人（75 岁及以上，10.3%）相比，中年人（45 到 54 岁）的贫困率最低（7.8%）①。 167

贫困女性化

今天，美国生活贫困的女性比男性更多，这在很大程度上是因为老年人中男性/女性的比率很低，还有在年轻女性中盛行的单亲家庭。

考虑到在单亲和老年人中有更高的贫困率（女性都尤为明显），贫困存在性别差异一点也不意外。2006 年，美国 13.6%的女性生活水平低于贫困线，而男性只有 11.0%。这个差异反映了美国以及其他现代西方国家中，贫困的一个长期的趋势——贫困女性化的趋势。戴维·布雷迪和丹尼斯·克拉尔（David Brady & Denise Krall）早在 1969 年就证明了美国和其他 8 个西方国家存在这种趋势（从贫困比例和贫困程度两方面的差异）②。同他们所研究的大多数国家一样，在美国，贫困的性别差异也存在于处于工作年龄的女性中，且把老年妇女涵盖进来时差异甚至更大。女性贫困率最高的国家包括爱尔兰、奥地利、挪威、英国和美国。贫困性别差异最低的国家包括比利时、芬 168
兰、荷兰、瑞典和瑞士。瑞士是他们研究中唯一一个在工作成年人没有发现贫困女性化，同样在所有成年人中也没有发现贫困女性化的国家。

布雷迪和克拉尔对这种贫困的性别差异提出了三种可能的解释。*自由经济理论*认为贫困的性别差异是恶劣的经济条件和总体贫困水平的作用。也就是说，当经济增长时所有群体的贫困率都将降低，女性和男性在就业和收入水平上的差异也将消失。*结构理论*认为即使经济增长，贫困水平的性别差异仍然存在。因为与那些其他没有家庭成员供养负担的中年个体相比，老年人和那些有孩子的人（特别是单亲母亲）承担生产经济角色的能力同样受到了限制。因为女性中老年人和单亲比例尤其高，所以贫困的性别差异会依然存在。但是

① U. S. Census Bureau, "Table 694: Families Below Poverty Level by Selected Characteristics: 2006," *2009 Statistical Abstract*, http://www.2010census.biz/compendia/statab/tables/09s0694.pdf.

② David Brady and Denise Kall, "Nearly Universal, but Somewhat Distinct: The Feminization of Poverty in Affluent Western Democracies, 1969—2000," *Social Science Research* 37(2008):976—1007.

通过对这些人的社会政策和社会救济可以降低或者消除差异。最终,*权力资源理论*认为即使社会福利救助增加,性别差异依然存在,因为与经济领域一样,国家也由父权制构成。所以,在制定福利政策时,国家常常更多是针对男性,为他们提供额外的失业救济金或者收入再分配,而不是提高女性和孩子的社会福利和救济金。

布雷迪和克拉尔的研究显示,总体贫困水平变化并没有使贫困的性别差异发生重大变化,因此否定了自由经济理论。他们确实找到了支持结构理论的论点,然而,因为女性失业、单亲母亲和老年人的低性别比率(老年人中女性多于男性),所有这些都预示着更大的贫困性别差异。资源力量理论只得到了有限的证据,社会保障可以直接降低贫困的性别差异,但是其他社会女性权力的权衡并没有影响,社会福利(如在斯堪的纳维亚所发现的)对女性和男性的贫困都有重要的影响,即社会福利的确可以在某种程度上降低贫困的性别差异。

考虑到单亲率和贫困率的密切联系,许多研究都开始关注这个亚群体的贫困原因、结果及减少贫困的政策。所以,贫困的问题就变成了一个解决人群中高单亲母亲率的问题,更直白的说,变成了要加强传统家庭规范和行为①。后面我们还会对这个问题进行更深入的讨论,但此时我们可以保险地说,贫困的问题是一个复杂的问题,以至于不可能通过简单地减少人群中的单亲母亲和老年女性数量得到解决。

贫困对于家庭的重大含义

贫困的挑战性类似于较低地位的工人家庭所面临的挑战(没有足够的资源去最大程度实
169 现家庭目标,危险的社区环境)以及那些*工作的穷人*面临的挑战(无保障的工作环境、不稳定的工资和工作—家庭溢出的高可能性)。但因为他们生活环境恶劣的本质,生活贫困的问题与那些只能挣到*最低生活工资*的较低地位的工人家庭所面对的问题还是有着质的区别。

对于个体和家庭,生活贫困意味着他们在身处的环境中,只有很小机会能摆脱个人的社会经济背景或者达到个人或家庭甚至最小的目标。在现代资本主义社会,个人自己不能利用机会也常常被认为是贫穷的。贫穷应由个体自己承担责任,并且贫困常常导致了个人和道德的缺点。所以,很多污名都是与贫穷连在一起的。再者,那些试图通过婚姻和家庭关系来维持生活和寻找生活意义的人,面临着极端的风险。找到一个可以与其维持良好关系的婚姻伴侣,忍受使离婚风险大增的经济压力,成功应对在家庭外面孩子要面临的风险环境,组建一个有意义的、丰富的家庭生活,这些都因为贫困的条件而变得更难,因而对个人来说也更加重要。最终,高水平的男性失业、男性监禁、离婚和婚外生育使得男性处于更边缘的贫困家庭。这些边缘家庭造就了一种强大的文化:强调母亲—孩子为家庭生活的核心,且贫穷的母亲们有了更大的开放性,从而使得"家庭"包括了她们经常接触并有亲密情感联系的各种各样的亲戚和朋友(通常为其他妇女)②。

---

① Melanie Heath, "State of our Unions: Marriage Promotion and the Contested Power of Heterosexuality," *Gender and Society* 23(February 2009):27—48.

② Becker and Charles, "Layered Meanings: The Construction of 'the Family' in the Interview," 101—122.

在个体的水平上，贫困状况常常会引起长期高水平的压力和心理幸福感的减弱。持续担心饥饿和无家可归，加上缓解压力的切实可行的选择受到限制，这些可以导致贫困家庭中高水平的抑郁和物质滥用。缺乏资金和缺少晋升到较高地位的机会，这些影响结合引起高水平的绝望。另外，男人的收入过少和妇女工作的高度需要（特别是单亲母亲）会导致他们的失败感，使他们觉得自己不是称职的配偶和养家糊口者。

孩子也因为贫困而受苦。格雷格·邓肯(Greg Duncan)和同事研究了儿童期的贫困如何影响孩子生活中的机会①。他们除了分析两组全国性的美国家庭数据还总结了大量文献。这些文献和他们自己的研究结果显示：(1)贫困家庭的收入对孩子有广泛的消极影响，比起健康和行为，家庭收入对成就和能力相关的发展结果有很重大影响；(2)儿童早期是受家庭经济条件影响最严重的阶段；(3)相比高收入家庭孩子的学习，家庭收入对低收入家庭孩子的学习影响更大。这些影响不仅仅是贫困扰乱家庭生活的结果，也对这些群体维持好家庭提出了更长远的挑战。

贫困对个体压力和心理幸福感的影响可能渗透到了人际关系和家庭动态学的领域。的确，贫困对父母消极的心理影响也许可以解释贫困家庭中孩子的消极结果。如第二章提到 170
的，家庭经济压力模型解释到：生活在低社会经济条件下的孩子的不好的结果，是由经济压力和父母经历的心理痛苦所导致的。拉斯梅特·米斯特里(Rashmita Mistry)和同事在一个研究中检验了这个家庭经济压力模型，他们使用的样本来自密尔沃基州和威斯康星州反贫困示范项目，这个样本的被试收入水平极低并高度依赖社会补助。通过测量被试对收入是否充足的感受性，研究者发现，两个地方的被试都被不同的经济资源影响了，这些效应造成了普遍的心理压力、抑郁和低的自身效能感，从而进一步影响了父母对孩子的反应，并感到对孩子缺乏控制。此外，父母对孩子的控制和反应受到低收入的消极影响，这也解释了那些来自只有最低收入和其他供给的家庭的孩子所存在的高水平的行为问题和低水平的积极行为②。

这个研究的另一个重要结果发现，在按家庭"所想"(如，去某处游玩)可随意花销的这个领域内，收入充足性感知除了满足家庭需要方面(如，食品、交通、住房、衣服等)的收入充足性感知外，还可以独立预测父母的心理压力。这个结果证实了之前的研究，之前的研究有若干证据显示，几个原因决定了，对于维持自己是优秀父母的积极自我知觉，帮助孩子调整情绪以适应贫困的环境，以及提供机会以构建能加强亲子互动和交流(可能的教养方式)的"家庭时间"，保持不过分的欲望和需求是至关重要的。

贫困对家庭动态学的更多具体影响体现在贫困家庭中角色执行问题和劳动的性别化分配上，特别是后者。在一个匈牙利的研究中，即关于男性和女性如何不同地经历贫困的研究

---

① Greg J. Duncan, W. Jean Yeung, Jeanne Brooks-Gunn, and Judith R. Smith, "How Much Does Childhood Poverty Affect the Life Chances of Children?" *American Sociological Review* 63(June 1998):406—423.

② Rashmita S. Mistry, Edward D. Lowe, Aprile D. Benner, and Nina Chien, "Expanding the Family Economic Stress Modes: Insights from a Mixed-Methods Approach," *Journal of Marriage and Family* 70(February 2008):196—209.

中，伊娃·福德(Eva Fodor)强调贫困是如何更加严重地影响女性的家庭生活，甚至是对于那些结婚的女性。贫困家庭中，女性不仅仅要承担更多的精打细算过日子的责任，也要在购物(购买廉价产品)、家务、吃穿用度、照顾孩子、维持亲戚和朋友的关系网这些传统领域的角色活动上投入更多的时间。不像工人家庭和富裕家庭，贫困家庭的女性只有很少或者没有可随意使用的收入去浪费，也没有收入可用在购买物件或服务上以减轻家务和照料任务。她提到贫困家庭中的女性在艰难的环境下不仅要挣扎着去维持优秀妻子和母亲的积极自我形象，而且也常常承担着额外的情感负担，即她们要关心丈夫更多的情感需要，丈夫因为没有达到传统的男性角色期望——即成为优秀养家糊口者——而感到“失败”①。这些给她们增加了更多的负担。

171 **跨文化视角**

适合东欧的展延家庭策略

低结婚率和大龄结婚构成了西欧和北欧的“欧洲婚姻形式”，而东欧的家庭构成形式与在西欧和北欧所发现的一般家庭形式不一样。因此，工业化之前，西欧和北欧的家庭生活大多数为核心家庭。然而在东欧，经过了社会主义时期，房子紧缺致使展延家庭模式一直存在并延续着。东欧今天的家庭形式是什么？是否与偏爱的生活方式或者社会经济条件相关联？帕特里夏和丽贝卡(Patricia Ahmed & Rebeca Jean Emigh)试图研究五个后社会主义东欧国家的家庭构成来确定这两个问题的答案，这五个国家是保加利亚、匈牙利、波兰、罗马尼亚、俄罗斯。在做这个研究时，他们提出了两个假设：(1)偏好假设即家庭形式是强烈偏好的结果，这些偏好是建立在生物、文化信念、或者其他一些因素的基础上的，(2)适应假设即家庭形式使经济生存更加容易并提升了经济目标。

关于这些国家的家庭构成形式，他们发现虽然大多数家庭都不是展延家庭，只有少数是，这种展延家庭在贫困家庭、吉卜赛家庭和贫困的亚群体中更普遍。这个结果揭示适应假设更有根据性。对数据进一步分析，他们发现了另外的证据支持适应是展延家庭能延续下来的原因。例如，那些可以意识到他们喜好的家庭——富裕家庭和良好教育水平的家庭——表现出了更加核心的显著趋势，这表明了这种家庭类型的偏好。另外，吉卜赛人有喜爱展延家庭形式的文化传统，不过当社会经济条件一致时，他们与非吉普赛家庭并没有不一样的趋势。相比之下，大多数支持家庭的适应性的额外证据来自展延家庭——贫困家庭、单亲家庭和有退休人员的家庭——这样的家庭明显更容易延伸扩大，即使展延家庭中也有喜爱核心家庭形式的团体。

---

① Eva Fodor, “A Different Type of Gender Gap: How Women and Men Experience Poverty,” *East European Politics and Societies* 20(2006):14—39.

贫困家庭的生存

我们观察到，在没有丈夫/父亲（他们可以提供稳定和过得去的工资）帮助的情况下，贫困家庭（特别是贫困的单身妈妈）维持家庭生活的原则就是依赖家人和朋友的支持网络。就如35年前卡罗尔·斯塔克（Carol Stack）在关于纽约黑人单身妈妈的研究中观察到的一样，她们使用的一种生存策略就是老生常谈的“种什么因结什么果（一切都在循环之中）”①。换句话说，在个体和家庭中分享衣物、家具、食物、器具、金钱，共同照顾孩子。人们给予他们所能提供的，拿走他们所需要的。

这种交流的家庭形式导致了*虚构的亲属关系*，通过这些朋友变成了家人。虚构的亲属 172
关系涉及一个关系网络，其中个体不是通过生育、抚养或者婚姻相联系，而是与相关个体拥有相同权利和职责。物品和服务的交流不只导致了在大多数社会交流中盛行的互惠准则，也稳固了这种亲属形式的友谊。如斯塔克发现的一样：

> 那些符合他人期望的非亲属个体详细履行了友谊的诺言，并以亲属的风格来指导他们的社会关系。这些“接近于亲戚”的朋友之间的交流与那些亲密亲属间的交流相同②。

在之后关于非裔美国人的全国性研究中也再现了这些结果，家庭和朋友提供的支援都是切实帮助的重要资源③。这些关系网不是刚好碰巧具有帮助性，而是生存所必需的。

然而，个体需要对亲属（或者甚至是虚构的亲属）对贫困者的帮助能力保持谨慎。有一个研究显示当代年轻非裔美国母亲获得的代际关怀可能没有之前理论上认为的那么亲密。当亲属支援可获得时，福利改革为黑人母亲实现经济独立和流动性创造了机会。但是在许多情况下，亲属支援是没有或者非常缺乏的，在这种情况下，福利改革使得许多母亲没有了任何形式的支援④。在另一个关于生活在农村活动住房的贫困和较低社会等级的女性的研究中，玛吉·凯特·爱德华（Margie Kiter Edward）发现，与那些更成功的“安定的女性”相比，“生活艰苦的女性”与亲戚朋友的关系贫乏得很多，且在维持家庭同一性上也更不可能成功⑤。因此，在贫困家庭利用关系支援作为适应策略的程度上出现了差异，但是这样的支援

---

① Carol B. Stack, *All Our Kin: Strategies for Survival in a Black Community* (New York: Harper & Row, 1974), Chapter 3, 32—44.

② Deborah L. Padgett, "The Contribution of Support Networks to Household Labor in African American Families," *Journal of Social Issues* 18(May 1997):40.

③ Ibid., 227—250.

④ Katrina Bell McDonald and Elizabeth M. Armstrong, "De-Romanticizing Black Intergenerational Support: The Questionable Expectations of Welfare Reform," *Journal of Marriage and Family* 63(February 2001):213—223.

⑤ Margie L. Kiter Edwards, "We're Decent People: Constructing and Managing Family Identity in Rural Working-Class Communities," *Journal of Marriage and Family* 66(May 2004):515—529.

是成功适应的一种重要资源①。

考虑到较大的依赖朋友、家人和社会公共机构,将这些作为财政资源和其他支援,我们将毫无意外地发现那些在贫困家庭中成功适应的女性付出了很大努力去经营这些关系。不过,这不是一个简单的问题,因为外人涉入家庭会威胁到家庭的边界和家庭的凝聚感。又因
173 为在邻居高度密集的社区维持家庭隐私很困难,且避免社会污名对整个家庭特别是对孩子消极影响是很有挑战性的事情,所以这样的威胁更会出现。凯特在关于活动房屋家庭的研究中,提到了贫困家庭的妻子们经营家庭同一性的四个重要策略:保持家庭界限(经营家庭成员和朋友的支援系统);保持领土界限(管理和维护家庭相互交流和社会化活动的隐私空间);流动限制(管理孩子外面的活动、孩子的朋友以及与权威者的关系);社会限制(处理他人对自己家庭的感知,在他人面前建立积极的家庭形象,以此来增加机会,并减小负面结果的可能性)。

贫困家庭对第三个适应策略的使用涉及家庭时间的构造。贫困家庭中,家庭经济有很大的强制压力,且缺乏可随意使用的收入去换取"空闲"时间。卡罗琳·凯文和琳达(Carolyn Tubbs, Kevin Roy, & Linda Burton)研究了这类低收入家庭怎样构造"家庭时间"。研究者使用芝加哥74个贫困家庭(收入低于贫困线200%)的人类学数据(由福利、孩子和家庭研究构成),发现贫困家庭的母亲不仅仅重视家庭时间,而且在涉及孩子的相互交流上花了更多的时间。她们所使用的一些方法包括形成每天的习惯或仪式(如家庭晚餐、宗教仪式、睡前仪式、看电视),这些都给孩子提供了与父母"交流"的机会;创建统一时间用餐的小组,并适时重新安排用餐时间(如适应父母不规律或非最佳的工作时间,调整计划的用餐时间)以确保家庭所有的成员都有表达自己需求的机会;建造与孩子的"娱乐时间"以帮助他们发展,处理他们的情感需求;以及提供一些方法帮助孩子定义自己的"特殊性"。这些策略不仅可以帮助孩子的适应和发展,而且也让父母感觉到了作为父母,以及作为人类的控制感和效能感②。

帮扶贫困家庭的项目和政策

就如第二章提到的一样,美国是一个实行自由福利政策的国家。因此,美国的特征便是:福利津贴少,获得福利的必要条件和政策复杂以限制福利只援助贫困者和防止有人骗取福利,高水平的社会污名与获得的援助联系在一起。虽然对不同的贫困群体有许多类型的援助,但美国最大的福利花销由以下几方面构成:老年人和残疾人的附加保障收入(SSI),医疗保健与医疗补助,食品券,针对低收入人群的劳动所得税补贴制度(EITC),以及贫困家庭

① For a recent study of the causes and consequences of social support networks among the disadvantaged, see also: Kristen Harknet, The Relationship between Private Safety Nets and Economic Outcomes among Single Mothers, *Journal of Marriage and Family* 68(February 2006):172—191.

② Carolyn Y. Tubbs, Kevin M. Roy, and Linda M. Burton, "Family Ties: Constructing Family Time in Low-Income Families," *Family Process* 44(2005):77—91.

临时资助(TANF)项目。TANF 项目旨在帮助有子女家庭(之前叫作对有子女家庭的援助计划——AFDC)。当然,这些社会福利形式忽视了由政府提供的其他类型的援助,这些援助没有帮助到贫困者,如资本盈利的税率低于收入税率,多套房屋抵押贷款的利息优惠,社 174
会保险税的上限额度(有效地减少了他们的税率),等等。迈耶(Meyer)同时提到种族、等级、婚姻状况的偏见与非付费养老金福利相联系,这些福利对中高社会等级的白人女性最有利[1]。政府在支持"富人福利"吗?

在目前讨论贫困家庭的这个背景下,将低收入家庭作为补助对象的项目最让人感兴趣。2006 年,国家贫困儿童中心报道有 100 万成年人,180 万家庭和 320 万孩子得到了这种形式的援助。这个项目 2006 年在"基本补助"上花销总额为 99 亿美元[2]。这个补助花销大大低于在这个项目的前身——AFDC 上的花销。20 世纪 90 年代中期,国会行动使得 AFDC 项目改变很大。国会行动是共和党"与美国公民契约"以及克林顿政府 1996 年颁布《个人职责和工作机会协调法案》(PRWORA)首次改变"众所周知的福利"的一部分。在改革这些福利的行动中,许多雄辩的主张集中在五个主题或话题上:(1)这些项目促成了一种贫困文化,这种文化暗中破坏了那种将努力工作作为自给自足和成功的手段的价值观和信念,这些项目也促使了贫困在两代间的传递和对福利的依赖;(2)这些项目的动机结构(相对于家中成人的数量,在家庭中孩子数量的基础上)鼓励了再生育和逃避婚姻以避免失去救助金;(3)鼓励受援助的人去工作,这将会减少他们的依赖性,抵抗贫困文化,帮助他们逃离贫困环境;(4)女性,特别是单身母亲,缺乏嫁给他们的伴侣或者孩子的父亲并维持婚姻关系的动机,这是造成贫困的原因之一;(5)婚姻使家庭收入和孩子的积极结果都有所增加。在评价这些改革的成功之前,首先必须评估这些假定。

首先,像 AFDC(对有子女家庭的援助计划)和 TANF(贫困家庭临时资助)这样的公共援助是否促成了那种破坏工作准则的"贫困文化"?是否促使了贫困在两代间的传递和对福利的依赖?有证据表明,父母的福利很少促使这种可能,即他们的孩子在成年时也时常获得援助。来自一个全国性的大样本的数据揭示:虽然四分之三的被援助者不是成长于受援助的家庭,但是那些在受援助的家庭长大的孩子,在成年时更有可能受到援助。作者认为,这种两代间的联系与福利本身没有什么关系,但是与经济等级有很大关系。就给孩子提供的机会和资源来说,较低经济等级的父母从财政上受到限制[3]。

---

[1] Madonna Harrington Meyer, "Making Claims as Workers or Wives: The Distribution of Social Security Benefits," *American Sociological Review* 61(June 1996):449—465.

[2] National Center for Children in Poverty(NCCP), "Temporary Assistance for Needy Families(TANF) Cash Assistance," http://www. nccp. org/profiles/index_36. html.

[3] Mark R. Rank and Li-Chen Cheng, "Welfare Use across Generations: How Important Are the Ties That Bind?" *Journal of Marriage and the Family* 57(August 1995):673—684; and Lisa Greenwell, Arleen Leibowitz, and Jacob Alex Klerman, "Welfare Background, Attitudes, and Employment among New Mothers," *Journal of Marriage and the Family* 60(February 1998):175—193.

175 最近，一个关于路易斯安那州福利接受者的研究支持了这个观点[1]。研究期间，在这个样本中，母亲接受福利津贴这点明显地预测到了接受者会离开福利的更低的可能性。不过，这个影响没有导致人们丢弃工作准则信念。不管是母亲早期的工作经历还是母亲早期的福利状况，都没有影响福利接受者的工作准则价值观和信念。相反，母亲依赖福利对成年孩子依赖福利的这种两代间的影响是间接的，贫困环境对孩子积累将来的教育和工作的人力资本有所影响。研究者总结道，这些研究结果支持两代间的传递应该用贫困结构来解释，而不是用贫困*文化*来解释。因此，支持单身妈妈的项目对她们孩子之后的价值观和信念没有消极影响，那些旨在为单身父母和他们的孩子建立一个健康的环境并提供受教育机会的项目会更加有效。

第二个假设，由那些主张限制对单身妈妈和她们的孩子给予福利津贴的人提出，这个假设是：这些福利激励女性不结婚并生更多的孩子，以此来看，提供慷慨的福利津贴起着反作用。关于脆弱家庭和孩子心理健康的研究，提供了一些新近的证据[2]，研究揭示相对于没有接受过 TANF（贫困家庭临时资助）的人，在那些接受过 TANF 的人中，结婚的可能性有轻微的减少。即使在控制了社会统计学的特征之后，也发现了这样的影响，但是这种差异很小，并且当这些女性不再得到福利津贴时，这些影响就没有了[3]。很明显，福利津贴会降低结婚的经济动机，因而压制了结婚率。这是否是一个消极的结果则不是那么明显。这个研究不能控制每个女性小组面对的伴侣类型，且关于之后的婚姻和孩子的结果，这个研究也不能评估 TANF 小组与控制组的不同。我们随后将讨论的其他研究引用了这些结果。

关于福利津贴使单身妈妈生更多孩子的动机假设，马克·兰克（Mark Rank）的研究完全否决了这个假设。他发现接受福利津贴的母亲的生育率远远低于一般人群中的女性。而
176 且，女性接受福利津贴的时间越长，她生孩子的可能就越小[4]。这些女性自己也表明她们的财政和社会状况不利于有很多孩子。怀孕和生育孩子在经济、社会和心理上的代价明显超过了那些福利津贴。考虑到这些结果，有人觉得经济、社会和心理的暗示影响了政策的制定，就像许多国家所做的那样，制定政策来减少怀孕的女性（特别是那些贫困家庭的女性）的社会基金，从而使她们去堕胎。

---

① M. A. Lee, Joachim Singelmann, and Anat Yom-Tov, "Welfare Myths: The Transmission of Values and Work among TANF Families," *Social Science Research* 37(2008):516—529.

② For more details about this important study of families at risk in urban centers of the United States conducted by the Bendheim-Thoman Center for Research on Child Wellbeing at Princeton University, go to http://www.fragilefamilies.princeton.edu.

③ Julien O. Teitler, Nancy E. Reichman, Lenna Nepomnyaschy, and Irwin Garfinkel, "Effects of Welfare Participation on Marriage", Center for Research on Child Wellbeing Working Paper #2205—2224, See a brief of this research at: http://www.fragilefamilies.princeton.edu/ffpubs.asp.

④ Mark P. Rank, "Fertility among Women on Welfare: Incidence and Determinants," *American Sociological Review* 54(April 1989):296—304.

就如前面的两个假设，通过与福利津贴相联系的规则鼓励受援助者工作将会帮助受援助者脱离福利津贴和逃离贫困，这个假设也受到了质疑。大多数人认为依赖福利津贴的贫困母亲应该工作，一些研究也揭示了较大额度的社会补助收入减小了就业的可能性①。的确，得到福利津贴的母亲中大约有三分之一在工作，而所有的单身母亲中有二分之一与劳动市场有所接触。另外，一个关于孩子在 6 岁以下的非裔美国女性的研究发现，那些教育程度和收入相对较低，以及那些从没结过婚的母亲的就业被聘可能性都较低，不管她们得到了多少社会公共援助。

全国性的数据显示母亲就业率只有实现非常大且不现实的增长时，孩子的贫困率才会明显降低②。要解决贫困问题在于不仅仅要鼓励父母工作，而且也要创建支付家庭工资的工作岗位。“福利陷阱”不是用来依靠的，而只是福利比低收入工作的工资多。因此对于那些工作的人来说，至关重要的是，他们可以挣到维持生活的工资，工作环境安全可靠，还可以避免未来怀孕和生育。这意味着要移除障碍去工作，社会就要确保给贫困者提供承受得起的孩子照管服务、健康保险、公平和有利的税收政策、孩子抚养费等等。

促进结婚的政策是应当的吗？

提出最后两个假设的人，主张福利政策的客观改变要对准低收入母亲和她们的孩子。这两个假设都尝试结合婚姻状况、贫困和对孩子的消极结果，都被写进了 1996 年的 PRWORA（个人职责和工作机会协调法案）福利法律中，但在小布什政府 2005 年健康婚姻计划中更为突出。作为赤字缩减法案的一部分得到资助，这个计划每年提供 1.5 亿美元主要来促进单身父母结婚，还提供咨询和其他服务来帮助那些婚姻有问题的夫妻战胜困难并维持婚姻。对处于困境中的家庭，这个项目加强了社会和心理咨询服务，从这点来说，这个项目确实是需要的并且应该是卓有成效的。但它最重要的焦点是加强传统婚姻，鼓励接受福利救济的单身妈妈结婚，然后不再需要福利救济。 177

就如前面提到的，基于这个倡议的一个假设（和“福利改革”的第四个假设）是应该激发单身妈妈结婚的动机。她们的福利依赖以某种方式，使她们不渴望与孩子的父亲形成一个长期、稳定的异性关系。研究使用脆弱家庭的数据，再一次驳斥了这个假设。在脆弱家庭的研究中，大部分的贫困单身妈妈和稍小的单身爸爸认为：(1)结婚比同居更好；(2)父母结婚对孩子会更好。他们也强烈渴望结婚并强烈感觉到他们会结婚③。而且，在调查中，结婚的

---

① Marta Elliott and John F. Packham, “When Do Single Mothers Work? An Analysis of the 1990 Census Data,” *Journal of Sociology and Social Welfare* 25(March 1998): 39—60.

② Daniel T. Lichter and David J. Eggebeen, “The Effect of Parental Employment on Child Poverty,” *Journal of Marriage and the Family* 56(August 1994): 633—645.

③ Wendy Sigle-Rushton and Sara McLanahan, “Is Marriage a Viable Objective for Fragile Families?” Center for Research on Child Wellbeing Working Paper #2005—9, See a brief of this research at: http//www.fragilefamilies.princeton.edu/ffpubs.asp.

渴望、与孩子另一方家长结婚的期望不只是渴望更积极的表现自己在考虑到他们已经参与了不同于常人的行为(未婚生育)——社会期望偏差①后,将自己置于更积极的位置上。就像吉布森-戴维斯、埃丁和麦克拉纳汉(Gibson-Davis, Edin, & McLanahan)报告的一样,当以较不正式态度来访谈这些情侣时,几个月后他们渴望结婚的程度轻微降低,但是仍然足够高,预计许多这些未婚的妈妈在不久的将来都会结婚。

尽管有这些对婚姻的积极态度,分析三年后来自同一未婚妈妈的数据,发现只有很少的人实现了他们的愿望和期望。尽管有51%的女性在孩子出生时与孩子的父亲住在一起,另外32%与经常"来访"的父亲处于一种浪漫的关系,但最终只有不到15%的人在干预时期结婚②。

考虑到他们强烈支持和希望结婚,那么维持不结婚的敏感状态以持续依赖福利和处于贫困的原因是什么?这些未婚妈妈结婚要面对两个主要的障碍。第一个是强烈的态度,担心可行婚姻的需要是些什么。如吉布森-戴维斯、埃丁和麦克拉纳汉(Gibson-Davis, Edin, & McLanahan)报告的那样,这些女性对于结婚关心三点:财政、关系、离婚的可能。财政上,她们感觉婚姻要求财政稳定,积累财产,夫妻双方高度的财政责任感。她们也觉得有能力负担起一场真正的婚礼是结婚一个重要的先决条件。关系上,这些女人将婚姻看成一个长期的承诺——"终极"关系——要求情侣另一方充分的准备,需要同居磨合期来确定他们准备好了。最后,对于婚姻的明显害怕可能最会导致离婚。许多人信仰神圣的婚姻,大多数人认为婚姻应该是终生的关系,并希望避免离婚带来的坏名声和伤害③。

178 这些强烈的态度和担心构成了这些女性面临的个人和结构的障碍。在个人水平上,35%的母亲和31%的父亲报告了一些身体上的局限④。另外,这些父母差不多25%的是成对的情侣,其中包括一个成员有临床水平的抑郁,另外的5%有普遍的焦虑问题,21%的人报告至少一个成员有毒品成瘾和酗酒的问题,9%的人报告在以前经历过家庭暴力,10%的父亲牵涉到暴力⑤。在结构水平上,婚姻的障碍包括社会和经济状况,如父亲和母亲低的教育水平、父亲的高失业率和高监禁率、父亲的低收入,这些使婚姻处于潜在的风险中,使婚姻潜在的有利之处受到局限。

---

① Christina M. Gibson-Davis, Kathryn Edin, and Sara McLanahan, "High Hopes but Even Higher Expectations: The Retreat from Marriage among Low income Couples," *Journal of Marriage and Family* 67(December 2005):1301—1312.

② Maureen R. Waller and H. Elizabeth Peters, "The Risk of Divorce as a Barrier to Marriage among Parents of Young Children," *Social Science Research* 37(2008):1188—1199.

③ Gibson-Davis, Edin, and McLanahan, "High Hopes but Even Higher Expectations: The Retreat from Marriage among Low Income Couples," 1301—1312.

④ Sigle-Rushton and McLanahan, "Is Marriage a Viable Objective for Fragile Families?"

⑤ Bendheim-Toman Center for Research on Child Wellbeing, "Barriers to Marriage among Fragile Families," *Fragile Families Research Brief* 16(May 2003), http://www.fragilefamilies.princeton.edu/ffpubs.asp.

最终,这些数据表明单单在态度上促进结婚的项目可能是无效的。贫困的未婚妈妈对婚姻有强烈积极的态度,但是基于考虑到自己的人格特征、情侣对方的特征和社会经济状况能经营好婚姻的可能,她们合理地做出了不结婚的决定。

莫林·沃勒和伊丽莎白·彼得斯(Maureen Waller & H. Elizabeth Peters)对脆弱家庭数据集进行了额外创新的分析,揭示了这个决策过程的明智之处①。这些研究第一次用差不多1200位*已婚*的被试来估价一个预测模型,这个模型旨在预测孩子出生三年后父母离婚的可能性。这个模型包含的预测指标有低的结婚年龄、低教育程度、父亲的犯罪史、与父亲关系的高冲突、较少分享社会关系网、高离婚率的城市居民。利用这个模型,他们随后在离婚倾向的研究中测量了3700位*未婚*妈妈。当这个测量加入了预测未婚妈妈结婚可能性的模型,他们发现对于未婚妈妈在孩子出生三年后结婚的可能性,最显著的预测指标是:非黑人、宗教活动的高出席率、孩子出生时父亲的受聘状况、孩子出生时父亲工资高、孩子出生时离婚倾向大。因此,贫困的未婚妈妈认识到因为个人、结构、文化的状况,结婚对他们来说是非常冒险的,似乎这样的决定是基于对这些风险的合理评估。

基于最近对贫困家庭的福利改革和促进结婚项目,最后一个假设是:这样的项目通过减少贫困和贫困带来的压力,增加父亲的参与,提高父母教养的有效性,将给孩子创建一个更好的环境。不幸的是,这个假设只得到部分的支持,因为贫困单身妈妈试图成为好父母所面临的情形更复杂,用简单的测量如结婚是不能解决的。比如,吉布森-戴维斯(Christina 179
Gibson-Davis)在那些脆弱家庭的妈妈中发现②,是她们的社会经济状况影响了她们的教养行为,而不是她们是否结婚、同居或者单独抚养。对于父亲,家庭结构的影响更加显著,但是是那些新的同居情侣(不是生父)在抚养中有高水平的参与和合作。对于这个与之前研究相冲突的结果,吉布森-戴维斯解释道:他们控制的用来选择的重大家庭结构作用影响到了婚姻。正如她推论的:"……对于父亲或母亲,婚姻都不是决定抚养行为的关键……应该注意不要把婚姻状况与那些选择结婚的人的特征相混淆。"③

格雷戈里·阿克斯(Gregory Acs)在一个研究中也直接质疑这个主题和促进结婚的政策④,这个研究使用一个具有全国代表性的数据集,即全国青少年性的纵向研究。在这个研究中,他对比了六种家庭类型对儿童(2—11岁)的影响,这六种类型是:婚姻稳定家庭、婚姻不稳定家庭(那些最终迟早离婚的家庭)、重组家庭(父母是继父或继母的家庭)、与亲生父母居住的家庭、与养父养母居住的家庭(有一个不是孩子的父母)、单亲家庭。阿克斯也观察已

---

① Waller and Peters, "The Risk of Divorce as a Barrier to Marriage among Parents of Young Children," 1188—1199.

② Christina M. Gibson-Davis, "Family Structure Effects on Maternal and Paternal Parenting in Low-Income Families," *Journal of Marriage and Family* 70(May 2008):452—465.

③ Gibson-Davis, "Family Structure Effects on Maternal and Paternal Parenting in Low-Income Families," 463.

④ Gregory Acs, "Can We Promote Child Well-Being by Promoting Marriage?" *Journal of Marriage and Family* 69(December 2007):1326—1344.

婚父母的家庭、单亲家庭或父母同居家庭,怎样将影响传递到孩子身上。通过比较婚姻稳定家庭和婚姻不稳定家庭的孩子,让我们得知了一些关于父母为孩子而“住在一起”的价值观和使离婚变得更难的或仅仅鼓励夫妻住在一起的项目可能带来的结果。比较那些父母没有结婚的孩子和父母结婚了的孩子,结果让我们得知了一些关于促进未婚妈妈嫁给孩子的父亲的项目。

从整个样本来看,他得到的结果或多或少支持了促进结婚的项目,因为来自婚姻稳定家庭和婚姻不稳定家庭的孩子,在各种认知和行为测量上,都比那些来自同居和单亲家庭的孩子表现得好。这个优势在婚姻稳定家庭的孩子身上更大,但甚至在婚姻不稳定的家庭也确实存在,只是程度较小。阿克斯也发现,虽然结婚最开始对小孩是不利的,但是生活在父母结婚家庭的益处抵消了这些消极作用。

另一方面,他的研究结果对婚姻有益于贫困环境的孩子这一点也提出了疑问。当阿克斯将样本的被试限定为那些生活条件在贫困线下 200%的人,他发现生活在父母结婚的家庭的大多数益处都消失了,特别是当婚姻关系不稳定时。他也发现,过渡到父母结婚家庭所带来的消极影响,比与两个结婚的父母生活所增加的任何积极影响都大。最后,阿克斯的研究结果还显示母亲教育程度对孩子的影响远远大于父母婚姻状况的影响。所以,他推论:促进结婚的项目在改善贫困家庭孩子的发展结果上未必有很大的效果,促进母亲教育的项目
180 将会有更大的作用。

考虑到基于近来福利改革的假设受到质疑,那么对于那些得到 TANF(贫困家庭临时资助)或它的前身 AFDC(对有子女家庭的补助计划)的家庭和孩子以及自愿或能够离开这些援助项目的家庭和孩子发生了什么?迈耶和坎西安(Meyer & Cancian)发现经济上的幸福感在离开援助五年后有巨大的差别①。离开 AFDC(对有子女家庭的补助计划)后,在职女性做得更好,就像那些结婚或者有伴侣的女性,高收入和高教育程度的女性,孩子更少或更大的女性做得一样好。虽然一些家庭取得了适度的经济成就,但仍有 41%的家庭甚至在离开 AFDC 五年后还继续处于贫困中。这些结果突出了离开福利援助与脱离贫困的区别。作者推论以减少贫困人数为目标的改革可能相对很少能增加经济上的成就。

总之很明显地,削减政府食物、住房、健康津贴对那些生活在贫困线以下者打击最大,将可能增加下一代人对救济的需要。提高生活标准能明显解决一般贫困和女性贫困,尤其是后者。但是如何提高生活标准②?通过扩充救济金或者增加收入或许可以做到。考虑到民众和政府公开反对福利和公共救助,答案肯定不是扩充救济金。现实的解决办法包括教育和工作——但是是薪水足以使家庭和孩子生活并脱离贫困的工作。教育投资和较高的工资

---

① Daniel R. Meyer and Maria Cancian, "Economic Well-Being Following an Exit from Aid to Families with Dependent Children," *Journal of Marriage and the Family* 60(May 1998):479—492.

② See Alvin L. Schorr, "Ending Poverty," *American Behavioral Scientist* 35(January/February 1992):332—339; and Catherine S. Chilman, "Working Poor Families: Trends, Causes, Effects, and Suggested Policies," *Family Relations* 40(April 1991):191—198.

是脱离福利达到经济独立的两个非常重要的因素①。讽刺的是，鉴于近来通过努力促进结婚来试图解决贫困问题，研究者强烈建议：通过能维持生活的工作来移除达到自给自足的社会、经济障碍，进而解决贫困问题，这对创建和维持双亲家庭可能有着深远的积极作用。

社会流动：改变家庭生活方式

家庭和社会阶层的一个基本特征是：在多大程度上有机会从一个等级转移到另一个等级。虽然社会流动经常被认为是*社会(等级)上升*的意思，但是流动可以是向上的、向下的或 181
者横向的。第一种的两个类型(上升和下降)涉及*垂直社会流动*，后者涉及*水平社会流动*。

新 闻

保姆困局被疑具有选择性

自由党国会议员卢比指控保姆虐待，这不仅提出了关于自由党国会议员可信性的问题，而且也提出了关于性别歧视和孩子照料的问题。

细想：在边境的南边，一些男性和女性常年被政府盯住。最近，美国总统奥巴马的财政部长蒂莫西受到了批评，因为他管家的移民批文已经到期。

同时，商业顾问南茜没能获得高级内阁成员职位，表面上是因为她在2005年没有及时支付她保姆的失业保险费。

(他进来了，而她出去了)

富人和有权力的人应该受到严厉谴责，他们有时利用有弱点的工作者，这些工作者努力帮助家庭成员回家直到可以把家人带到加拿大。

显然，但是这种事情确实发生，且一直存在。所以，难道没有一个单身男性加拿大国会议员曾经虐待过园丁、遛狗者、铲雪工作者吗？所有男性政客都在台面上对房间清洁员支付了体面的工资吗？所有男性议员家庭中的所有保姆都只做她工作分内该做的事吗？……

国会议员中很少有女性——美国的这种现象在发达国家中算是最严重的——一个原因是缺乏孩子照料服务。而且，女人常常要担负起照看老年人、生病父母的重担。就在上个月，白宫联系办公主任艾伦因为婚姻和两个初学走路的小孩，成为奥巴马政府第一个辞职的高级顾问。

---

① Kathleen Mullan Harris, "Work and Welfare among Single Mothers in Poverty," *American Journal of Sociology* 99(September 1993):317—352.

现在从各方面考虑起来，也许你会认为奥巴马政府应该有就地的日托所。但是没有。事实上，米歇尔·奥巴马的妈妈马里安·罗宾森被说服来照顾孙女，最初她也是不情愿的离开她芝加哥常年生活的家的。许多父母没有这么幸运能有这样可信赖的后盾支援。

不可否认，卢比在米西索加的家中并没有孩子。她、她弟弟和她妈妈看起来也没有特别的残疾或体弱多病。

至少合格的加拿大家庭护理员项目还是很少的。

那些给我发邮件的妇女现在害怕的是，不管保姆项目发生了什么，都不会减轻她们的负担。

第一，因为想要托儿服务的加拿大人要越过更多的繁杂包围事项，有更多出现法律错误的可能。

第二，如果加拿大的父母们小心翼翼地逃避护理者项目，因为那些想要生活得更好的移民妇女将没有机会实现这些。

不管怎样，都将会是妇女——和孩子——付出代价。

通常，水平社会流动用来指在相似的社会阶层或等级内转换到一个不同的职位。住宅或者地理上的移动同样可能是水平性质的社会流动，他们有着重要的影响。例如，相比于那些生活在双亲家庭的孩子，只与一个家长或者继父母居住的孩子都经历了(1)更多的居住流动(2)更高的退学率①。重组家庭的孩子和完整家庭的孩子在退学的风险上有多达30%的
182 差别，而居住流动解释了这差别。

垂直社会流动的可能性

垂直社会流动的可能性是三个不同现象的函数。第一个是个体可以使用的*机会结构*。这是一个社会的组织结构，除了限定实现成就的通道，还限定了个体可能的最高成就。不同的机会适用于同一个社会中不同的个体、团体、亚文化。不过，社会结构——包括存在和缺乏的工作、教育和培训项目的可获得性以及其他的社会特征——将部分地决定流动发生的程度。

垂直社会流动可能性的第二个成分是*个体*。人格特征——如智力、动机、动作技能和价值观系统——决定了个体充分利用机会结构的能力，并影响流动的可能性。

第三个成分可能被称为*摩擦因素*，也就是，两个面对相同机会结构的匹配个体仍然可

① Nan Marie Astone and Sara S. McLanahan, "Family Structure, Residential Mobility, and School Dropout: A Research Note," *Demography* 31(November 1994): 575—584.

能获得迥然不同的流动。这些因素、个体和机会结构都不是与生俱来的，也许涉及机会、运气或者命运①。

对理解贫困孩子和家庭的低成就，垂直社会流动可能性的第一个因素即机会结构比心理因素（如人格类型和动机）或单纯的好运气更重要、更关键。流动的机会是什么？

垂直社会流动的程度

美国梦揭示在这个充满机会的地方，任何人都可以从“贫穷到富裕”。人们普遍相信努力工作、忍耐力和动机能使所有人在社会等级阶梯上得到提升。事实是：可能永远不会像美国公民相信的那样获得社会流动和公平的机会。但是近来的数据揭示美国的社会流动正在增加。

估计有四分之一或五分之一的人在他/她的生活中提升了至少一个社会等级。最大数量的向上流动发生在蓝领工作者中。而对向下流动的认识和研究都较少。

帕特里夏·史密斯（Patricia Smith）在两篇文章中（一篇的标题是“涨潮时下沉的船”）提到，尽管经济增长了，在两个各自不同的三年中，确实有少数的美国人（5%到20%）经历了收入的下降②。大部分的向下流动来自中等等级或更低的等级。分居或离婚的妇女面临着高风险的向下流动。增大向下流动几率的因素包括：女户主、少数民族户主、家庭解散、空巢 183
现象以及家庭支柱在采矿业、建筑业、制造业、交通运输业、商业贸易或农场工作。降低向下流动几率的因素包括：家庭户主受过大学教育；保持同一个家庭户主；以及从事专业、技术工作或者财政、保险工作，或者房地产工作。

向下流动涉及的不只是失去工作和收入下降。向下流动也包括失去职业声望、降职。结婚、抚养孩子、离婚、守寡、妻子工作都影响家庭和他们所拥有的地位。男性在童年经历家庭破裂将大大地增加他停留在较低社会阶层的几率③。对于女性，离婚是一个特别的创伤，甚至将导致向下流动。大多数向下流动的受害者，男性和女性，都会感到生气、气馁、不公平。

社会流动的实证研究揭示了一些普遍的结论：

1. 大多数孩子最终将会生活在与他们父母相同的等级水平。

2. 很大比例的儿子和女儿将经历一些流动。一个关于三代人的研究发现每一代的下一代都有比前一代更高的职业成就④。

---

① Bradley R. Schiller, “Stratified Opportunities: The Essence of the ‘Vicious Circle,’” *American Journal of Sociology* 76(November 1970):427.

② Patricia K. Smith, “Recent Patterns in Downward Income Mobility: Sinking Boats in a Rising Tide,” *Social Indicators Research* 31(1994):277—303; and Patricia K. Smith, “Downward Mobility: Is It a Growing Problem?” *American Journal of Economics and Sociology* 53(January 1994):57—72.

③ Timothy J. Biblarz and Adrian E. Raftery, “The Effects of Family Disruption on Social Mobility,” *American Sociological Review* 58(February 1993):97—109.

④ Timothy J. Biblarz, Vern L. Bengtson, and Alexander Bucur, “Social Mobility across Three Generations,” *Journal of Marriage and the Family* 58(February 1996):188—200.

3. 向上流动比向下流动更普遍。

4. 当流动确实发生时,它可能是转换到一个与个体父母所在等级临近的等级;也就是说,短距离的流动比长距离的流动更普遍。

社会流动的结果

很少人能不受到向下社会流动的影响,并且许多人喜欢接受向上社会流动的机会。这个机会随之带来的是更好的工作、更高的收入、更豪华的家、更有名望的邻里环境、旅游的机会、更好的衣服、一辆新车、没有贷款——简而言之,一种更奢侈、更典雅的生活方式。如果不是大多数人,那么也有许多人相信教育意味着获得这些报酬。在美国,等级系统相当开放,对专业化和高度受训的技术人员和专家的需求在加大,"脑力"常常意味着更高的地位。但是一个最近关于开放等级系统的调查显示,不是所有的流动结果都是积极的,甚至是向上社会流动。向上流动可能会以各种各样的方式产生很大的代价,且惩罚也会很严重。

许多学生发现他们受教育水平的提高(可能会带来向上社会流动)也会带来一些破坏性作用。最明显的可能就是与父母关系的疏远的加剧。许多学生发现,随着他们接受更多的教育,他们的信念和价值观可能变得与他们父母的相冲突,特别是如果他们的父母是缺乏正
184 规教育的工人阶级时。与此情形相矛盾的是:经常有父母为孩子接受大学教育而做出较多牺牲。令人痛苦的结果是孩子在社交上疏远了他们。

在某些情况下,婚姻本身可能受到向上社会流动的威胁。那些工作来协助丈夫完成学业的妻子可能会发现,当自己的价值观系统和生活方式保持不变时,她丈夫却发生了改变。商业上的成功可能鼓励丈夫去找寻更高雅的朋友关系或志趣相投的女性。职业取向的妻子可能会发现,随着经济和社会机会的增多,她们可以自给自足和独立,也许这些减少了对丈夫的需要和渴望。职业女性可能更容易发现具有自己喜爱的价值观和行为模式的男性,而不是具有她们丈夫的价值观和行为模式的男性。向上社会流动的这样那样的例子说明了这种想象的令人向往的现象可能破坏夫妻关系。

总　　结

1. *社会分层*被定义为在一个社会地位不平等的等级制度中,个人和集体的地位。结构—功能论和冲突理论与理解社会等级尤其相关。功能主义理论主张分层系统对完成维持一个社会所需要的任务是不可避免和必须的。冲突理论认为分层系统不是必然的,导致了相互竞争以实现各自利益的团体之间的不公平、不满和冲突抵触。因为某些团体获得的有利因素多于其他一些团体,它们就会建立起支持自己有利地位的社会和文化,这样就出现了分层。利益团体基于一个人的年龄、性别、种族、民族、宗教、生活活动关系(个体的工作类型),或其他许多不同的因素。

2. *社会等级*只是社会分层系统的一种类型,它基于个人与生产资料的关系。其他的类型有种姓制度和物权制度。社会等级取决于一个人是生产资料拥有者还是生产系统的劳动者。但在当代社会

因为所有权常常被分散遍及到人群的股东手中,差距常常是不明显的。不过区分富裕家庭(从事非体力劳动工作)或工人家庭(从事能维持生活的体力劳动工作)与贫困家庭(没有工作或者工资不足以维持生活)仍然是有用的。一个能更好理解当代资本主义社会的概念是*社会经济地位*——在分层系统中,对个体进行基于教育程度、职位声望和收入的所在位置的连续测量。

3. 社会经济地位对家庭的重要性在于它在社会中创建机会和权力,从而形成文化信念和价值观、环境或生态环境,以及用于实现目标和适应社会环境的经济、人力、社会和文化资本的可得性。

4. 富裕家庭的特点为非常富有、上层等级和统治阶级。通过个人或通过家庭和亲戚关系网,这个精英团体在公司拥有和控制大多数的股份。富裕家庭关心他们是谁,努力保护他们的名声和资源。他们很关心家庭纽带,因为这些纽带决定了他们的能力,即在社会中巩固财富和维持特权的地位的能力。

5. 区分中层等级家庭和工人阶层家庭不再有用,因为在现代资本主义社会这些团体之间的界限变得更模糊了。那些必须依靠月薪或日薪来维持最低生活标准或较高生活标准的家庭构成了工人家庭。工人家庭间存在很大的差别,基于他们声望和经济资源(经济资本)的普遍水平;他们居住的邻里环境的类型以及由此得来的机会、资源和挑战;他们获得的教育水平;他们的工作类型和工作职位环境;他们为达到个人和家庭目标所积累的人格、社会和文化资本。 185

6. 在等级制度中,因为上升到较高的社会经济地位的可能性更大,下移的损失可能也更多,所以较高的社会经济地位意味着更高的社会价值观和社会改变的意识,也更强调个人主义、独立、自主以及合理计划要完成的目标。这些价值观的不同反映为更注重夫妻关系的平等;对孩子心理、情感和财政更多的投资;培养孩子思想和行为独立的教养价值观和行为。

7. 较高的社会经济地位在当地社区有更多的机构资源,在邻里环境中有更高的规范/集体效能。这些更有利的条件反应为个人和家庭较少的压力应激事件,更好地应对压力应激事件和避免压力的能力,更有效的父母教养以及更积极的教养结果。

8. 在较高地位家庭发现的较高的教育水平以三种方式影响家庭生活:(1)可利用资源和机会的增加,这些资源和机会通常提高了婚姻、教养和家庭生活的质量;(2)形成了更现代和较不传统的价值观,改变了婚姻和家庭关系重要性的看法,这使那些较高地位家庭对传统的社会标准较不敏感;(3)更好的认知能力、背景知识和提高婚姻和教养结果的社会技能。

9. 通常,较高社会地位的工作和职业将涉及较低水平的消极工作家庭溢出,因为其角色更灵活,工作环境对个人和家庭更具支持性,且更自由的工作时间来处理必要的家庭任务。另外,较高地位的职位倾向于涉及关于人和思维的工作,而不是关于物体的工作。这些人也更多被鼓励以创新和独立的思想获得回报。这些工作条件提高了父母的认知灵活性,影响了他们教养的价值观和实践行为,促进了孩子在当代社会的发展和成功。

10. 在当代世界,美国是贫困率最高的国家之一。甚至使用极端传统的贫困测量,都有几乎10%的家庭和17%的18岁以下的孩子生活在国家贫困线以下,青少年和老人、黑人和拉美裔、单亲、女性的贫困率尤其高。整个世界中,都发现当今女性贫困率较高;这个新的趋势被称为贫困女性化。

11. 贫困对地位较低的工人家庭的家庭生活提出了许多同样的挑战,但是对贫困家庭这些挑战明显更大。因为极端的经济条件,贫困家庭需要适应高水平的社会负面评价和高水平的个人痛苦。因此,他们对于广义的家庭定义更开放,这种广义的家庭可能加入不相关的他人,还可能会排除父亲如果他不提供抚养费。他们也需要用不同步骤去建立家庭意识以及提供“家庭时间”的机会。

12. 考虑到处于贫困和依赖福利救济的单身妈妈和他们的孩子的数量很大,近来有许多关注体现在怎样更有效的设计福利项目。不幸的是,多数讨论都是集中在减少福利项目而不是解决贫困问题上。近来关于福利改革有效性的研究——特别是那些关注将促进结婚作为解决方法的研究——显示这些改革做出的大多数假设都不能站住脚。鼓励单身妈妈结婚不能解决贫困问题(以及贫困对孩子的消极结果)。事实上,帮助贫困者在劳动力市场提高竞争力需要的教育项目和增加低收入工作者的工资的项目可能更有效,它们既能减少贫困,又鼓励了双亲家庭的增多。

13. 家庭社会流动的机会和结果是什么?在美国,向下社会流动可能永远没有普遍认为的那样普遍,但是似乎正在增加。大多数人渴望的向上流动可以带来新的认同和社会声望,或者可能带来摒弃和社会隔绝。

本章呈现了一个人的社会等级地位条件如何定型家庭生活,社会等级的不同生活条件如何给家庭带来不同的意义。第五章将继续讨论这一主题,但是是从种族和民族的角度。种族和民族作为形成我们生活条件的另一个限定特征,从而影响家庭的性质。

186

关 键 词

社会分层(Social stratification) p. 146
结构—功能观(Structural-functional perspective) p. 147
冲突理论学家(Conflict theorists) p. 147
利益团体(Interest group) p. 147
社会种姓制度(Social caste) p. 147
物权制度(Estate system) p. 148
社会等级(Social classes) p. 148
社会经济地位(Socioeconomic status) p. 149
富裕家庭(Wealthy families) pp. 152—154
工人家庭(Working families) pp. 154—163
机构资源(Institutional resources) p. 157
规范/集体效能(Normative/collective efficacy) p. 157
角色冲突(Role conflict) p. 161
白领工作(White-collar jobs) p. 162
蓝领工作(Blue-collar jobs) p. 162
发展中国家的人口贫困指标(Human poverty index for developing countries) p. 164
发达国家的人口贫困指标(Human poverty index for developed countries) p. 164
贫困界限(Poverty threshold) p. 165
贫困准线(Poverty guidelines) p. 165
贫困女性化(Feminization of poverty) p. 167
虚构的亲属关系(Fictive kinship) p. 172
贫困家庭临时资助(Temporary Assistance for Needy Families)(TANF) p. 173
个人职责和工作机会协调法案(Personal Responsibility and Work Opportunity Reconciliation Act)(PRWORA) p. 174
贫困文化(Culture of poverty) p. 174
贫困结构(Structure of poverty) p. 175
脆弱家庭和孩子心理健康研究(Fragile Families and Child Well-being Study) p. 175
社会期望偏差(Social desirability bias) p. 177
离婚倾向(Propensity for divorce) p. 178
社会流动(Social mobility) p. 180

问题讨论

1. 什么是社会分层？在社会中它是怎样出现的？又是怎样与社会等级的概念相联系的？

2. 什么是社会经济地位？它的三个主要成分是什么？一个人在社会经济等级制度中的位置在哪些方面对家庭生活有重要意义？

3. 富人的关键问题和主要关心的是什么？这些问题和关心怎样影响富人构建家庭的方式？

4. 区别不同社会经济地位的人群的一些主要方面是什么？这些差别如何影响他们的家庭生活？

5. 收入和声望的差别如何影响工人家庭的价值观和所关心的事？这些价值和关心的事怎样影响他们的家庭生活？

6. 教育程度的差别对家庭功能有怎样的重要性？

7. 在工作性质、职业活动，社会经济地位上的不同社会经济地位的差别（尤其是白领和蓝领之间的差别）怎样影响工人家庭的婚姻关系和教养关系？

8. 在国际和全美范围上，怎样测量贫困？这些测量用于识别生活受消极经济条件影响的人，对于它们的妥善性，你怎么认为？

9. 什么是贫困女性化？在现代社会这是怎样出现的？

10. 贫困怎样影响家庭？贫困家庭使用什么策略来适应他们的贫困状况？

11. 美国近来在福利项目上的改革是基于什么假设？关于这些假设的效度，研究者有什么结果？

12. 什么因素滋养了向上社会流动和向下社会流动？为什么许多向上流动的结果扰乱了亲属关系和社区纽带？

第5章

种族与民族多样性

189 ## 案例

三个孩子的爸爸，不是任何人的丈夫

“我叫拉里，23岁，非裔美国男性，高中毕业，是全职保安及电工。我从未结过婚，但有3个孩子，分别是7岁、4岁和3岁，为三个母亲所生。另外我还导致了两次怀孕，但它们都夭折腹中了。在第一次使对方怀孕前，我想我已经和20位不同的女性发生过性关系了。

“我最大的儿子被他妈妈怀上时，我15岁时，孩子妈妈18岁。我一生中就和她睡过一次，她就怀上了。我想要她堕胎，但被她拒绝了。我接受了成为父亲的事实，每个月都资助孩子，定期看望他。

“几年后，我有了一个女儿，是我的初恋也是曾经唯一一个得到过我的承诺的女人所生的。我们高中时就在一起了，她怀孕我很开心。她那时才16岁，我们都同意不结婚，但每隔一年或一段时间要去看对方。在此期间，我一直和其他女人发生性关系，并且有了第三个孩子，是个儿子，在我女儿出生前就怀上了。

“我给钱让第三个孩子的妈妈让她去堕胎，但她不愿意。我跟她一点都不亲密，尽管我资助我两个年龄大点的孩子，但我对于这个孩子一点也没有给予经济上的支持。无论如何，她挣的钱比我多。

“不，这五次怀孕没有一次是我计划的。我和约130至150个女人发生过性关系，最近两年，我都随身携带安全套，性交时每次都用一个。我不想有更多的孩子了，同时性病也真的很令我恐惧。大约有1/3和我性交过的女人会来找我。我尊重女性，如果她们想发生性
190 关系，我同意。我愿做她们想做的一切。但是我永远都不会和不想和我性交的女人睡在一起。我永远不会嫖娼，但为了让彼此关系进展的快一点，我同意给个别女人一些金钱。我反

正会为她们花费。

“我的目标是接受大学教育并获得学位。未来三年内，我可能会和第二个孩子的母亲结婚。我孩子们的母亲都没有结过婚，但是这位真的不错。我会为我女儿，为她的其他孩子，为我的最大的儿子，做很多事情，希望他们在学校里都能够表现不错。

问题思考

对于他的孩子和孩子的母亲们而言，拉里的角色及责任是/应该是什么？非洲裔美国文化里是否有存在某些独特因素，使得其男人的地位和角色不同于大的社会？在这方面，你认为非裔美国人如何不同于其他种族的？

与白人和亚裔美国人相比，你如何解释非裔美国人、拉丁裔美国人和土著美国女性的低结婚率和高单亲率？全社会是否有责任为贫困的单亲父母和孩子提供帮助，而不论种族和民族呢？

基于外在身体特征（种族）和/或其文化起源（民族），人类被分为几个社会群组，在这章中，我们将考察这种划分对家庭生活的意义和重要性。但首先，搞清这两种分类体系的意义及其为何是理解家庭生活的重要因素十分重要。

种族和民族的意义

种族（race）是一种多数人（包括许多科学家和学者）接受的划分人类的方法，它是基于共有的身体特征来划分的，这些特征反映了一种普遍的进化历史和世代为适应环境而产生的隐性特征。因此，比起来自其他种族的个体，来自同一种族的个体总被认为有更多的相似性，如相似的能力和行为倾向。①

主要基于对三种身体特征——皮肤颜色、发质和面部特征的分类，过去的人类学家区分出了三个基本种族：高加索人种（白种人），黑色人种（黑人）和蒙古人种（亚洲人）。在过去几个世纪中，科学家致力于找到他们假定的智力和身体能力上的差异，这些能力反映出来潜在的基因差异是与外部身体特征差异相关的。多年以来发现了很多差异。但在最近几十年里，先前所有的工作都被质疑，一是因为方法学上的缺陷，二是因为在研究问题的提出、能力的测量和由结果形成结论时的固有偏误。现在，大多数科学家推断，没有证据表明不同种族间有智力和其他能力的差异。事实上，随着两方面证据（不同种族间不共享独特的、同种类 191

① The discussion in this section is based on an excellent and highly readable discussion of the meaning of race by Susan Pitchford Susan Pitchford in the *Encyclopedia of Sociology*: Susan R. Pitchford, “Race,” in Edgar F. Borgatta and Rhonda J. V. Montgomery, eds. *Encyclopedia of Sociology*, 2nd edition (NY: Macmillan Reference USA, 2000).

型的进化历史,以及基因特征差异在种族内比种族间大)的出现,种族作为一种基因/生物的分类系统的重大意义受到了质疑。

然而在生活中,种族仍然是个人成就的一点重要预测因素,不同种族的家庭生活方面现在也存在很大差异。然而,理解这些差异很重要,因为具有某种身体特征的个体的各方面的成就是由个体所处的社会来“定义”的。换句话讲,种族是基于外部身体特征的*社会结构*,这些特征*被认为*反映了身体、智力、价值观、信仰、态度上的差异,以及相似情境下表现出不同行为的倾向。这些社会结构的发展得益于不同*文化*群体间的碰撞和权力的适当更迭的历史情境,如一种文化的成员接触另一种文化。一旦群体成员资格被确定了,个体就被期望以某种特定方式行事,被限制获得机会及有价值的社会地位。因此,随着种群被如此定义,为专制和多数人服务的定义成了现实。

那么在人类行为研究中,为何继续采用种族概念呢?一些人认为,在心理状态或社会制度研究中继续使用种族作为一种解释因素,只会助长一个观点:种族差异确实是遗传的和一致的。尽管我们赞同这种主张,但社会结构及其带来的后果才是社会学家关注的中心。基于种族的差异与其他群体间差异(如男人与女人,天主教徒与新教徒,北方人与南方人等)同样真实。比起与群体的其他类型间差异,它们同样稳定和组内变化程度也大体相同。因此,我们将考察家庭生活中的种族差异性,但我们这样做并不是假设这些差异是基因、生物、或进化历史中任一方面的结果。许多在美国的黑人共享一种普遍的移民和同化历史,这一事实能够解释这一群体与其他种族群体相比,家庭生活中的差异为何会出现。事实上,这是为何我们将种族差异的讨论和民族差异的讨论放在一起的原因。我们将阐述这两种类型的差异都是共有的历史和文化经验及当前对环境的适应的结果。

历史背景

文化遗产及其与主流文化的相互作用的历史对于理解和解释种族和民族间在家庭生活方面的普遍差异起着重要的作用。在下面,我们将探讨一些关键的文化定义要素和经验,它们设置了一个情境,从中我们可以看到四个主要的种族和民族——非裔美国人、拉丁裔美国人、亚裔美国人和本土美国人是如何适应当前的环境背景。但是在研究这些文化因素和经
192 验时,我们要谨记每个种群内部存在许多差异,和种群之间一样。例如,非裔美国人绝大部分是非自愿地从非洲大陆被奴役来美国的,但也包括那些自愿来美国的。另外,相当比例的非裔美国人来自加勒比海,尤其是海地岛。拉丁裔美国人的历史起源多样性更明显,范围从早期并入美国的墨西哥居民,到来美国找工作的为美国商业和政府所鼓励墨西哥移民,到从中南美(许多人为了逃避迫害或内乱)过来的避难者和其他人,到美西战争后国有化的波多黎各人,等等。①在亚洲人中,多样性包括中国大陆来的早期移民;从日本和印度来的很固定

① Linda Citlali Halgunseth, “Continuing Research on Latino Families,” in Marilyn Coleman and Lawrence H. Ganong, eds. *Handbook of Contemporary Families* (Thousand Oaks, CA: Sage Publications, 2004), 333—351.

且通常有经验的移民；最近更多的移民者是来自韩国、菲律宾和东南亚——他们中的很多人是朝鲜战争和越南战争时的移民。①本土美国人间也有很多的不同，例如，沿海居民和平原印第安人的区别，等等。

历史根源为何重要呢？由于对地区环境条件的独特适应，与不同文化的独特接触历史和独特的制度创新，从不同地区来的群体发展了他们自有的一套价值观、信仰和对世界的看法及在社会上的人际关系。这些价值、信仰和观点此后会引导他们的未来行为和对新环境的适应。对每一种族/民族，我们将讨论他们与当前多数北美白人或欧裔美国人的文化接触之前所具有的价值观、信仰和观点。我们将讨论在价值观的三个关键方面，包括集体主义/地方自治主义、家族主义和父权制。

集体主义/地方自治主义涉及这样一种信仰：每一个社会成员对整个社会都有责任，且要将公共利益置于个人需要之上。在集体主义社会，有着高度的共同责任以满足个人和社会需要。家族主义与集体主义密切相连，但是适用于亲属关系群体。在家族文化中，有一项强烈的义务是将家庭角色的行使置于满足个人需求和社会需求之上。另外，这种家族主义还能适用于大范围的扩展的家庭关系（如亚洲人的家庭体系），或适用于由核心家庭成员和有限数量亲人构成的更局限的群体（如在拉丁文化里）。父权制是种族/民族文化差异中第三重要的因素。在父权社会里，人们拥有一个强烈的信仰：社会上的男人应该有更多的权威和决策权，男孩比女孩更宝贵。

种族/民族差异的历史背景的第二部分就是每一群体所独有的、与主流文化相互作用的历史。由于自己与在美国的欧洲定居者间的相互影响，我们将讨论的每一种族/民族群体都
有自己要应对的一系列独特的情境。一些人，如非裔美国人，要应对奴隶制和移民到北方大 193
城市中心，而那些中心并不利于获得成功。其他如墨西哥裔美国人，不得不应对他们土地的被替代和城市少数民族聚居区（贫民窟）的隔离，或为寻找季节性农活雇佣而进行的高水平持续迁徙。本土美国人也不得不应对他们土地的被替代问题，但仅针对农村和工业水平低的地区。政府为强制进行完全同化和文化渗透积极采取干预措施，他们也不得不这样应对：将小孩从他们的父母家庭中逐渐脱离出来，并送进寄宿学校，在那里孩子们能学到“正确”的道德价值观，学到技能以备在大多数是白人的“新世界”中生存。此后，本土美国人还不得不面对为生计来到城市中心的大规模移民的挑战。最后，亚裔美国人不得不忍受一些移民政策，这些政策禁止早期的男性移民来美国时带着妻子和孩子。另外，二战期间的日本裔美国人不得不适应被抓去拘留所的生活。上述每一条经验及其他的一些经验改变了可能的景象，每个群体在努力建立自己家庭生活模式时，都受到了这些经验的限制。

种族/民族群体和欧裔美国人的主流文化相互影响的历史甚远，这种历史所引起的一个

① Masako Ishii-Kuntz, “Asian American Families: Diverse History, Contemporary Trends, and the Future,” in Marilyn Coleman and Lawrence H. Ganong, eds. *Handbook of Contemporary Families* (Thousand Oaks, CA: Sage Publications, 2004), 369—384.

重要的结果就是文化渗透和同化的程度。文化渗透是“一个民族群体将自己适应于主流或大多数群体的文化模式。这种文化渗透不仅包含外在文化特征,如衣着、语言,也包含内部特征,如信仰、价值观”。①相反,同化涉及“一个民族群体的成员进入了与主流群体成员间的亲密的或首要的关系”。②高水平的文化渗透被看作是同化的前提,尽管多元文化社会如加拿大允许各族群在完全或近乎完全参与社会联系时保持他们的原有文化。在美国的历史上,文化渗透对同化至关重要的观点被“大熔炉”的观点取代了,即各种文化差异被融合成了单一的美国文化。不幸的是,这种文化看上去更像欧裔白种美国人的文化,而不是其他种族/民族的。

当前的生态学背景

有一种观点认为,种族/民族差异直接来源于他们的原有文化差异和/或他们独有的历史经历。这种观点没能意识到,在解释当前种族间在家庭生活上区别时环境的重要性。如威廉·朱利叶斯·威尔森(William Julius Wilson)在他有影响力的书“日益降低的种族重要性”③中第一次指出的那样,比起种族特征,当下非裔美国家庭面对的社会生活经济条件才是个人和家庭成就的一个更有力的预测因素。换句话讲,比起在不同社会经济条件下生存的两个白人家庭或两个黑人家庭,在同样贫穷的社会经济条件下生活的一个白人家庭和一
194 个黑人家庭要更具有相似性。如第四章所讨论的那样,社会经济地位在一定范围内对家庭生活有着重要的指示作用,因为社会经济地位决定了家庭赖以生存和实现目标的资源或资本,决定了家庭在具体环境中所面临的风险和挑战。在某种程度上,种族/民族性和社会经济地位有重叠的部分,在将种族/民族在家庭生活方面的差异归结于文化或其他因素之前理清社会经济地位的影响很有必要。

新　闻

研究发现:少数群体住房短缺最严重

据皮尤拉丁裔研究中心周二的一个报道,在经历了十年的增长之后,比起白人,非裔和本土拉丁裔美国人在住房所有权上取得的进步被快速地侵蚀掉了。此报道还指出,少数民族在1995至2004年间取得的进步很大程度上与宽松的借贷政策和次贷有关。

---

① Richard D. Alba, “Ethnicity,” in Edgar F. Borgatta and Rhonda J. V. Montgomery, eds., *Encyclopedia of Sociology*, 2nd edition(NY: Macmillan Reference USA, 2000), 842.

② Ibid, p. 842.

③ William Julius Wilson, *The Declining Significance of Race*: *Blacks and Changing American Institutions* (Chicago: The University of Chicago Press, 1980).

少数群体住房所有权的下降折射出了高的抵押赎回率和较低的房屋购买率。

尽管有所下降，但所有群体加起来的住房拥有率大约为68%，仍然高于房地产市场繁荣前的拥有率，1994年为64%。

但白人与少数群体住房拥有率之间的差距依然明显，亚裔为59.1%，黑人为47.5%，拉丁裔为8.9%，而白人高达74.9%。

与以前的研究类似，报道发现黑人和拉丁裔陷入次贷危机的可能性是白人的两倍多，即使贷款者有相当的收入。2006年，也就是次级贷款发放最多的年份，选择了次级贷款的白人有17.5%，拉丁裔为44.9%，而黑人为52.8%。

这些贷款需要很少的或者不需要首付就可以得到，因此对借贷者的信用要求不高，使得很多黑人和拉丁裔在房产繁荣时期也拥有了住房所有权，但同时也导致了高的抵押赎回率。"这个差距基本上接近不应发生的不良贷款，使得很多群众及其邻居都受到了伤害。"凯文，加利福尼亚在投资联合会（一个非营利住房组织）的副总监说。

非裔和拉丁裔美国人的按揭贷款申请被拒率也比白人要高，拉丁裔为26.1%，黑人为30.4%，而白人只有12.1%。

关于抵押赎回率，尽管没有得到关于种族或民族的数据，但研究者发现，移民高度集中的国家有特别高的抵押赎回率。

但此研究并没有表明，自身的高移民率会造成高抵押赎回率，科克哈先生说。高失业率、房价下跌、次贷危机以及较高的负债收入比率都在继续……

来源：John Leland, *New York Times*, May 13, 2009.

当然，种族/民族性和社会经济地位相叠的原因与这些族群的历史经验，及其种族/民族性的社会性结构定义有关。大多数人相信，面对来自与自己不属同一群体的少数群体的特征，人们会对其产生某些期望和行为，这反过来导致了他们不利的社会经济地位。对少数群体成员的消极印象和成见（偏见）导致对其的消极和排外的行为（歧视），这就限制了他们的机会，导致他们出现消极或异常的身份认同。事实上，歧视和偏见的作用还表现在独立于社会经济地位之外，依然对少数群体产生影响。在威尔森的"不断下降的民族重要性"理论测试中，迈克尔·休斯和梅尔文·托马斯（Michael Hughes & Melvin Thomas）指出，在控制社会经济地位的影响后，种族差异仍然在生活总体质量、幸福感、婚姻幸福感、独立的感受、不信任感，以及糟糕的健康状况几个方面存在。①这些效应同样可以扩展到 195

① Michael Hughes and Melvin E. Thomas, "The Continuing Significance of Race Revisited: A Study of Race, Class, and Quality of life in America, 1972—1996," *American Sociological Review*, 63(December 1998), 785—795.

生活环境中。例如,道格拉斯·马西和南希·登顿(Douglass Massey & Nancy Denton)指出,在当今美国,针对少数民族的高水平的居住隔离仍然存在。①居住隔离主要是源自"白人逃离"拥有高比例少数群体的城市,也有银行借贷政策和其他社会压力的原因。因此,黑人和其他少数民族就留下来住在更贫穷的环境中:学校没钱,社会秩序高度混乱。如第二章和第四章指出的那样,高风险的环境对家庭生活提出了重大挑战。种族/民族少数群体经常尝试着通过多种方法来应对这些挑战:建立民族社区,或建立一种维持社会秩序的替代系统。

非裔美国家庭

2001 年前,非裔美国人是美国人数最多的少数民族,在那年第一次被拉丁裔美国人所超过。由于独特的历史和社会原因,许多非裔美国人有着明显区别于欧裔美国人多数派的生活方式和价值取向。过去几十年里,美国白人和黑人的关系是许多主要社会问题的根源:商业、种族隔离、工作歧视、定额制、平权行动,以及种族间婚姻,等等。

历史背景

历史背景决定了今天非裔美国人所面临的环境条件以及他们的适应策略。这些历史背景可以概括为三方面的转变:

1. 从非洲到美国
2. 奴隶的解放
3. 从农村和南部地区到城市和北部地区

从非洲到美国

从非洲过渡到美国中的三方面因素都对黑人有重要关系。首先是*肤色*,在美国社会,这个因素是对非裔美国人最有影响的特征。肤色可以辨别出黑人身份。有些美国黑人肤色
196 较浅,会被误以为是白人,有些美国黑人肤色较深,不会被误认为是白人,这两类黑人所面临的一系列人际间互动是不同的。事实上,肤色并不仅仅是白或黑的问题。肤色(面色)还对非裔美国人的接受教育、职业以及收入等有显著影响。②希尔(Hill)发现,比起家庭背景,非裔美国男性社会经济地位上的大多数肤色差异更可能是由肤色偏见(肤色主义)造成的。③在当代美国,比起肤色较浅的黑人,肤色较深的黑人一直处于不利的地位,也会受到更多的

① Douglass Massey and Nancy Denton, *American Apartheid: Segregation and the Making of the Underclass* (Cambridge: Harvard University Press, 1993).

② Verna M. Keith and Cedric Herring, "Skin Tone and Stratification in the Black Community," *American Journal of Sociology* 97(November 1991):760—778.

③ Mark E. Hill, "Color Differences in the Socioeconomic Status of African American Men: Results of a Longitudinal Study," *Social Forces* 78(June 2000):1437—1460.

歧视。

从非洲过渡到美国的第二个因素是文化不连续性。非裔美国人社会性习得的，被社会成员所共享的行为系统不适用于他们在美国所面临的社会条件。若不是不可能，但可能也很难找到其他的种族，他们来到或被带到美国，且面临着这样的文化模式的破坏。然而许多非洲文化模式还是得到了保持。因此有了*非裔美国人*的概念。

第三个因素是*奴隶制*。再次强调，和其他的美国群体不同，非洲人没有选择来到美国。非洲人仅作为奴隶来到美国，只有少数人例外。奴隶制当时出现时对家庭模式和规则的影响，以及现在奴隶制对了解非裔美国人家庭的重要性，成了一个有争议的问题。例如，一些作家强调婚姻和家庭联系的不稳定性，夫妻和亲戚联系的破坏，母权的延伸，父权的丧失。其他学者认为奴隶家庭比人们之前认为的要强大得多。不稳定、混乱和无序不是非裔美国家庭的正常模式，相反，双亲家庭才是。然而比起其他民族和种族群体，在非裔美国家庭中，女性的比例相对较高是不争的事实，这就不是光靠奴隶制就能解释的了。一般而言，社会经济条件对黑人家庭结构有重要的影响。黑人男性有着高死亡率，带着孩子的女性结婚或再婚就很困难。

尽管对奴隶家庭的性质存在着不同看法，但大多数学者认为，美国的奴隶制历史仍将对当今的非裔美国家庭有很大的影响。在美国，奴隶代表着下等。奴隶们没有法律权利，婚姻不被许可，许多女性奴隶被性奴役或被性虐待，种族间通婚——一个指不同种族的成员结婚和交配(这是违反当时的社会标准的)的术语——频繁出现。

从奴隶制到奴隶解放

1863年，林肯发表奴隶解放宣言，解放仍在和盟军交战的所有领土内的奴隶。每个人不能再被他们家庭卖出。黑人间的婚姻受法律保护和登记。至少理论上讲，奴隶被从奴役、束缚和限制解放出来了。然而，对成千上万的非裔美国人而言，解放带来的自由是通向饿死或者病死。在很多方面，这种过渡给许多黑人家庭造成了危机。 197

至少三种家庭生活模式从这场危机中出现了。

1. 大多数非裔美国人仍是他们以前主人农场的租户，他们的劳动能得到很少的报酬，甚至没有报酬。

2. 允许建立普通住宅的家庭通常在一小块土地上为家庭种植些额外的食物。家中男性是技工、传道士，或家庭仆人的家庭在过渡时遇到的困难最少。

3. 一些男女在宽松和非正式的情况下结合了，但在奴隶解放危机出现时，这种结合就切断了，即便有了孩子。在找工作过程中，许多男人一起徘徊在农村。女人被迫成为主要的生产力和可靠的家庭成员。这种模式可能是家庭生活中最有破坏性的。

史蒂文·拉格尔斯(Steven Ruggles)追溯非裔美国家庭的当代单亲模式的起源，提出了许多历史性解释。首先，这是对内战后刚获得自由的黑人和1950年获得自由的黑人所面对的极度贫穷的社会经济地位和没有充分的就业机会的一种回应。第二，这种模式可以反映出黑人和白人间社会规范的不同，要么是从奴隶制的经验发展而来，要么是欧洲和非洲文化差异的结果。①

从农村和南部地区到城市和北部地区

总的来说,从农村和南部地区来的非裔美国人是跟着其他人口迁移的;然而,很少非裔美国人移民到西部各州,加利福尼亚除外。1930 年,大于 4/5 的非裔美国人住在南部,人数比 2003 年的一半(55.3%)稍微多点。同样,变化发生在向大都市迁移中。1960 年,64.8% 的黑人家庭住在大城市。到 1970 年,数字戏剧性地上升至 79.1%,到 2003 年,增到了 87.5%。52%的非裔美国家庭现在住在中心城市,36%住在中心城市周边地带,12%的住在农村(非城市)地区。②

谁会在意呢?迁移到北部,在大城市定居,且大多数人定居在中心城市,这意味着什么?一个后果是贫穷的高度集中。20 世纪 70 年代,低技术含量制造业工作逐渐消失,工作逐渐转变为需要更多的教育和更高的技术,这就加速了许多贫民窟中贫穷的集中。贫穷的加剧和贫民窟社会秩序混乱程度的加深刺激了中产阶级和工人阶级家庭的迁出,因此加深了这些地区的贫穷。

一项关于住在贫民窟里的非裔美国家庭的研究显示,社区的贫穷和社会隔离有很大的联系。③贫困社区的居民几乎没有拥有稳定工作或大学毕业的朋友,这些居民多数靠社会救
198 助。研究者肯定了这样一个观点,极度贫困社区的居民被剥夺了传统角色榜样和重要的社会网络资源,尤其是获得非正式工作的网络资源。

以黑人的选择为中心是使这些迁移模式变得重要的另一个因素:不是所有年龄段的黑人都被迁移到城市或北部所吸引,也不是全部家庭成员都被吸引。工业化需要年轻男性,这对留守人群和非裔美国人迁入社区中的人群都有着极大的影响。核心家庭的破坏和延展家庭关系地理上的分离影响了家庭生活。特别是非裔美国男性,他们背负着改善经济条件的梦想来到城市或北部;但对他们中许多人来说,这些梦想没能实现。与来自中产阶级的人士因有新的工作机会而迁移不同,低阶层的男性更可能因为当前的失业或不规律的工作日程而迁移。

另一方面,从农村/南部向城市/北部地区迁移的结果并不总是消极的。许多稳定的因素和积极的方面已经出现了。尽管在美国社会中,城市通常被描述为罪恶的中心,但从实际意义上讲,它也是一些非裔美国人希望的中心——提供好的学校,好的社会福利服务,好的医疗和公共健康设施,和对少数民族的更加宽容。

斯图尔特·托尔内(Stewart Tolnay)指出,比起非移民者,北部城市中有"南部血统"的

---

① Steven Ruggles, "The Origins of African-American Family Structure," *American Sociological Review* 59 (February 1994):136—151.

② U. S. Bureau of the Census, *Current Population Reports*, pp. 20—541, "The Black Population in the United States: March 2002"(Washington, DC: U. S. Government Printing Office, 2002), Figures 1 and 2.

③ Bruce H. Rankin and James M. Quane, "Neighborhood Poverty and the Social Isolation of Inner-City African American Families," *Social Forces* 79(September 2000):139—164.

居民显示出了更传统的家庭模式。①与北部出生的黑人比较，南部移民中，更多的孩子和父母住在一起，更多已婚女性与其配偶住在一起，更少的家庭分裂，更高比例的人从事劳动，因此，失业更少，贫穷和依赖社会福利的更少。为什么呢？经济机遇和更高收入的确是一部分原因，但土生土长的北方人早就具备这些条件了。其他的解释包括一种选择性迁移因素，即能力更强、更有抱负、更有决心的人成为了迁移者。可能南部移民比相应的北方出生的人更加信仰宗教，这就降低了婚姻破坏率和未婚先孕率。无论南部移民家庭模式更加传统的原因是什么，都没有证据表明：迁移到北部的南部移民身上带有或导致了一种"机能紊乱的家庭文化"。

社会经济背景

有些人认为，理解当今非裔美国家庭唯一重要的变量是社会阶层。许多家庭形式更像社会阶层的结果而不是民族或种族的结果。如果对生活在贫困线以下者和生活在亚文化群的中产阶级进行区分，重大的差异就会出现在非裔美国家庭中。这就是很少被宣传的非裔美国中产阶级。这是一个以双亲为单位的阶层，其中大多数婚姻稳定，丈夫有着高中或更好的学历，在商界、政府、教育界任职。从根本上来说，这些家庭与在美国社会中占主导的白人家庭形式，是更相似而非更不同。

跨文化视角

伦敦城中的白人化、社会阶级与父母教养

聚焦于研究种族和少数民族就要强调"差异"。但是这种差异到底来自何处？社会
科学家试图去揭示与不同种族与民族相连的独特文化价值观，但什么才是白人拥有的独 199
特文化价值观呢？使用盎格鲁美国人和欧裔美国人的概念是为了在白人中传达一些共同的文化历史和共有的价值观，但事实上这些历史是多样化的，且盎格鲁和欧洲过去所拥有的文化已经变得更加融合。有些人认为，"白人化"是一个很空泛的概念，只是白人用来区分"其他"少数民族的一种自我定义。

为了研究这个过程在家庭中是怎样进行的，黛安娜·雷伊(Diane Reay)和他的同事在伦敦和周围的几个社区中发起了一个有趣的研究。在研究中，他们重点考察了中产阶级白人父母的学校选择，尤其是那些送自己的子女去多民族混合学校的父母。他们发现，这些父母对多文化主义有着高度的认同，也强烈希望自己的子女能够接触到不同的文化，认为这是根据他们多文化主义价值观负责任、合乎伦理地履行父母职责的一种方式。

① Stewart E. Tolnay, "The Great Migration and Changes in the Northern Black Family, 1940 to 1990," *Social Forces* 75(June 1997): 1213—1238. See also Thomas C. Wilson, "Explaining Black Southern Migrants' Advantage in Family Stability: The Role of Selective Migration," *Social Forces* 80(December 2001): 555—571.

然而,同时他们也发现这些父母的行为和动机中有一种很强的工具性。他们对学校的选择,以及鼓励其子女与来自其他文化的孩子发展友谊,都是为了进入另一种价值系统。他们认为这种选择可以更好地使其子女做好在全球一体化和经济多元化中的竞争准备,也是提高孩子社会自信心和自尊感的一种手段(相对于大量表现较差的少数民族孩子)。他们也把这种学校的选择视为与白人工人家庭的孩子区分的一种手段,他们认为在良好的行为和价值教育、进取和成就等方面,白人工人家庭的孩子甚至比自己孩子的少数民族朋友更差。

研究也表明,在这些父母试图让子女更好地融入多元的民族文化的同时,也存在着一些矛盾,尤其是担忧孩子的安全问题。他们有效地限制孩子对其他民族文化的接受程度,他们让孩子选定那些他们认为拥有正确价值观的少数民族孩子,与其培养友谊、进行交往,而不是让孩子自己去选择。这样做的同时不但再次强化了子女的"白人"文化价值观,也再次强化了他们对于和自己没有共有价值观的工人阶级孩子(白人和少数民族都包括在内)的优越感。

最后,研究人员认为,对于少数民族的孩子来说,与白人中产阶级的孩子不断交融也会带来一些积极的结果。但少数民族文化价值观受到主流白人文化价值观的压制,其压制程度造成这些积极结果被高估了。他们引用马克思的观点来总结自己的研究:道德行为被一系列不平等的资源分配所限制。他们写道:"当白人中产阶级做出维护公共利益的选择时,更多的利益和价值仍然是归属于他们的,而不是他们的阶层和其他种族。这是一个被特权困住的案例,它有力地证明了我们需要有效的政策来消灭经济和社会特权。"(1055)

来源:Diane Reay, Sumi Hollinghorth, Katya Williams, Gill Crozier, Fiona Jamieson, David James, and Phoebe Beedell, "'A Darker Shade of Pale?' Whiteness, the Middle Classes and Multi-Ethnic Inner City Schooling," *Sociology*, 41(2007):1041—1060.

由负面的社会地位向正面的社会地位的转变,促使对美国黑人家庭研究方法和解释的转变。传统的美国黑人家庭建构起的是一个负面的刻板形象:家庭是一个巨大的处于社会
200 底层的实体,它本身就是一个社会问题,有着婚外生育和家庭破碎等危险,妇女是家中顶梁柱,而男性自尊水平较低。后来提出的模型对这些负面的观点提出了挑战,强调在不同的社会阶级水平,美国黑人家庭分为很多种类;反对将社会问题和病理学取向作为中产阶级民族优越感的解释;认为家庭有许多优点,如平等主义,自力更生的男性,有力的家庭纽带,高成就取向;最后,作为社会组织的一种形式,就其自身性能而言是值得研究的。

35 年前甚至更久以前,丹尼尔·帕特里克·莫伊尼汉(Daniel Patrick Moynihan)在现在成为其经典的莫伊尼汉报告(Moynihan Report)①中生动地描述了美国黑人家庭的旧模型。他主张,非裔美国人社会结构一直存在着严重的缺陷,且在社会经济水平较低时,家庭稳定

① Daniel P. Moynihan, *The Negro Family: The Case for National Action* (Washington, DC: U. S. Government Printing Office, U. S. Department of Labor, 1965).

性呈下降趋势。莫伊尼汉在他的报告中总结道:美国黑人社区的家庭生活结构成一种病态的混乱形式,而在非裔美国人社会结构的堕落的核心就是家庭的堕落。因此,根据他的报告,通往平等的障碍便是女家长制的家庭。言下之意即非裔美国孩子由母亲为中心的家庭中抚养长大,此过程中缺乏双亲的有益影响。反过来,莫伊尼汉认为,这便是非裔美国人在二十世纪六十年代只取得很小进步的一个主要原因。

比林斯利(Billingsley)和另外一些人十分强烈地直接反对莫伊尼汉的观点。①他们主张,非裔美国家庭并不是"病态的混乱"的一个原因;相反,它是一种有吸引力的、有适应性的、韧性极强的机制,为儿童的社会化和非裔美国人社会的文明化服务。

就像人口普查数据显示的那样,在就业、收入和教育方面,非裔美国人经历了特殊的转变吗,社会地位由消极变为积极了吗?考虑此问题时要注意:(1)在最近几年美国的黑人男性和黑人女性都获得了巨大的进步;(2)在白人和黑人间仍存在巨大的差距。

就业

越来越多的美国黑人逐渐跻身于领导岗位,如在企业和政府部门。然而,黑人的未就业人数和比率使这些改善黯然失色。多年以来,黑人的未就业率都是总人口未就业率的两倍。即如果国家的未就业率为5%,那么可推测出黑人的未就业率为10%。2007年,白人成年人年度平均未就业率为3.3,黑人6.2,西班牙裔4.6,亚裔只有2.8。尽管这些数值较之往年有 201
相当程度的下降,但黑人未就业率仍然接近白人的两倍。②黑人妇女未就业率比黑人男性略低,但比白人女性未就业率的两倍还要高。且要注意到,黑人女性主要从事服务行业、小办事员及蓝领工作,这些行业总体上地位低,报酬也低。从全体国民就业情况来看,没有证据支持这样一个普遍的看法:双重否定的社会地位(作为黑人且是黑人女性)会带来就业的优势。

有趣的是,黑人妇女不仅在未就业率上比白人妇女要高,布朗(Browne)指出,在二十世纪后期黑人女性第一次在劳动力市场的参与率要低于白人妇女。③历史上,黑人妇女一直在劳动力市场上保持着很强的参与性,因为她们的收入对于维持家庭十分必要。黑人妇女外出工作比率的降低可以从几个方面来解释:黑人—白人人力资本上的差异,辍学情况,孩子的出现,以及得到长期的福利等因素。福利接受者和从未结过婚的母亲,比起没有这些属性的妇女,更不愿意外出工作。

收入

毫无疑问,在过去的50年里,从就业、教育和收入的角度来说,非裔美国人的社会地位取得了重大提升。尽管他们获得了绝对的进步,但相对于同收入水平的白人,他们仍处于权

---

① Andrew Billingsley, *Black Families in White America* (Englewood Cliffs, NJ: Prentice Hall, 1968), 33.

② U.S. Census Bureau, *The 2009 Statistical Abstract* "Table 607—Unemployed and Unemployment Rates by Educational Attainment, Sex, Race, and Hispanic Origin," http://www.2010census.biz/compendia/statab/cats/labor_force_employment_earnings/unemployed_persons.html.

③ Irene Browne, "Explaining the Black-White Gap in Labor Force Participation Among Women Heading Households," *American Sociological Review* 62(April 1997): 236—252.

历史上，比起白人女性，非裔美国女性的就业率一直更高，但她们大多数人都从事体力工作或服务性工作，这是不成比例的。

力被剥夺的地位。美国社会中，隔离黑人和白人的经济鸿沟一直在扩大。

据人口普查数据（表 5.1），黑人和白人在经济上的差距在过去一个世纪中基本保持不变，差距拉得最大的时期是二十世纪九十年代。1970 年，中等白人家庭收入是 10236 美元，而中等黑人家庭收入是 6279 美元，只是白人的 61.3%，相差 3957 美元。到 1980 年，经历了一场大范围的社会预示变革后，黑人在经济上取得了很大的成就，但相对于白人来说，他们还是远远地落在了后
202 面。尽管黑人收入增长了三倍，达到了 12674 美元，白人收入只增加了两倍，达到了 21904 美元；但黑人收入的强劲增长势头并不足以保持下去，更别说超过白人收入；虽然相对于最初的差距，黑人收入达到了白人的 57.9%，但相差的数额却翻倍到了 9230 美元。到了 2007 年，黑人收入增长势头再次看好，当中等白人家庭收入增加了一倍多，达到 54920 美元时，黑人收入差不多增加了两倍，达到了 33916 美元，但也只是稍微缩小了一点比例上的差距（为白人的 61.8%），实际差额却增加到了21004 美元。

表 5.1　白人、黑人、西班牙裔，以及亚裔中等家庭 1970—2007 年的收入中位数（以现行汇率为参考）

年份	白人	黑人	比率：白人比黑人*	西班牙裔	亚裔
2007	$54920	$33916	62	$38679	$66103
2000	53256	34204	64	35050	56026
1995	42646	25970	61	24570	46356
1990	36915	21423	58	23431	42246
1985	29152	16786	58	19027	NA
1980	21904	12674	58	14716	NA
1975	14268	8779	62	9551	NA
1970	10236	6279	61	NA	NA

* Ratio means black income as a percentage of white income.

NA=Not Available

来源：U. S. Bureau of the Census, *Current Population Reports*, Series P60—213,"Money Income in the United States: 2000"(Washington, DC: U. S. Government Printing Office, September 2001), Table 4; and U. S. Bureau of the Census, *Statistical Abstract of the United States*, 2001, 121st ed.

(Washington, DC: U. S. Government Printing Office, 2001), no. 669, 437; DeNavas-Walt, Carmen, Bernadette D. Proctor, and Jessica C. Smith, U. S. Census Bureau, *Current Population Reports*, P60—235, "Income, Poverty, and Health Insurance Coverage in the United States: 2007"(Washington, DC: U. S. Government Printing Office, 2008).

比收入差距更重要的是，黑人和白人中等家庭维持家庭正常运转的必需费用的差距。在2007年的美国，每四个黑人中差不多就有一个(24.5%)被列入贫困线以下，而白人每十个中还不到一个(8.2%)。①像这样的数据导致了许多社会学家认为，经常碰到的种族问题很大程度上是经济问题。

像这样的数据对非裔美国家庭的生活有着什么含义呢？布罗曼(Broman)指出，黑人对婚姻的和谐感可能显著低于白人，黑人妇女对婚姻的满意感也可能低于白人女性。②对此给出的一个重要的解释是以经济因素为中心的：婚姻幸福感的增加是与家庭经济幸福感带来的满意感相连的。总体上，被证实的社会学发现都认为，社会经济地位和婚姻的稳定性是正 203
相关的。因此，如果严格基于经济因素，我们可以预测，黑人家庭的婚姻瓦解率很高(见第14章)。

教育

非裔美国人的社会地位从负面转变到更加正面，还可以从25岁及以上的非裔美国人取得了高中和大学学位的人数比例上看出来。2007年，有81.9%的黑人男性和82.6%的黑人女性完成了至少四年的高中学业。同年，有18%的黑人男性和19%的黑人女性完成了至少四年的大学学业。1970年，黑人男性的高中毕业率是30.1%，黑人女性是32.5%；2007年，黑人男性和女性的高中毕业率分别约为当时的2.5倍，增长率高于白人(表5.2)。与1970年相比，黑人男性和女性的大学毕业率均为当时的3倍多，但比例还是和白人有相当大的差距。这些变化对于这个时期来说是相当剧烈的。总的来说，随着经济条件的改善和受教育程度的提高，家庭的瓦解率就会降低，家庭生活就会变得更加稳定，家长对孩子的期望值就会更高，夫妻对社会的性道德就会更加遵守。

表5.2 1970—2007年间，不同性别和种族25岁及以上人群完成高中或大学学业的情况(百分比)

年份	白人		黑人		西班牙裔		亚裔	
	男性	女性	男性	女性	男性	女性	男性	女性
完成高中学业								
2007	85.3	87.1	81.9	82.6	58.2	62.5	89.8	85.9
1990	79.1	79.0	65.8	66.5	50.3	51.3	84.0	77.2
1980	69.6	68.6	50.8	51.5	47.3	45.8	NA	NA
1970	54.0	55.0	30.1	32.5	37.9	34.2	NA	NZ

① DeNavas-Walt, Carmen, Bernadette D. Proctor, and Jessica C. Smith, U. S. Census Bureau, *Current Population Reports*, pp. 60—235, "Income, Poverty, and Health Insurance Coverage in the United States: 2007" (Washington, DC: U. S. Government Printing Office, 2008).

② Clifford L. Broman, "Marital Quality in Black and White Marriages," *Journal of Family Issues*, 26(May 2005):431—441.

续表

年份	白人		黑人		西班牙裔		亚裔	
	男性	女性	男性	女性	男性	女性	男性	女性
完成大学学业								
2007	29.9	28.3	18.0	19.0	11.8	13.7	55.2	49.3
1990	25.3	19.0	11.9	10.8	9.8	8.7	44.9	35.4
1980	21.3	13.3	8.4	8.3	9.4	6.0	NA	NA
1970	14.4	8.4	4.2	4.6	7.8	4.3	NA	NA

NA=Not Available

来源:U. S. Bureau of the Census, "*The 2009 Statistical Abstract*," Table 222-Educational Attainment by Race, Hispanic Origin, and Sex. http://www.2010census.biz/compendia/statab/cats/education/educational_attainment.html.

家庭生活模式

204 当今非裔美国家庭的主导模式是单亲家庭,而其中大多数又是女性或母亲主导的家庭。2007年,53%的黑人家庭中户主都为没有丈夫的女性,还有5%的家庭户主为没有妻子的男性,只有42%是双亲家庭。相比之下,白人家庭中的双亲家庭比例为75%,西班牙裔家庭为69%(图5.1)。这个比例分布自1980年以来并没有太大的改变。①

图5.1 有未成年孩子的家庭类型比例情况(黑人、白人和西班牙裔)

来源:U. S. Census Bureau, The 2009 Statistical Abstract. "Table 66. Family Groups With Children Under 18 Years Old by Race and Hispanic Origin" http://www.2010census.biz/compendia/statab/cats/population/households_families_group_quarters.html.

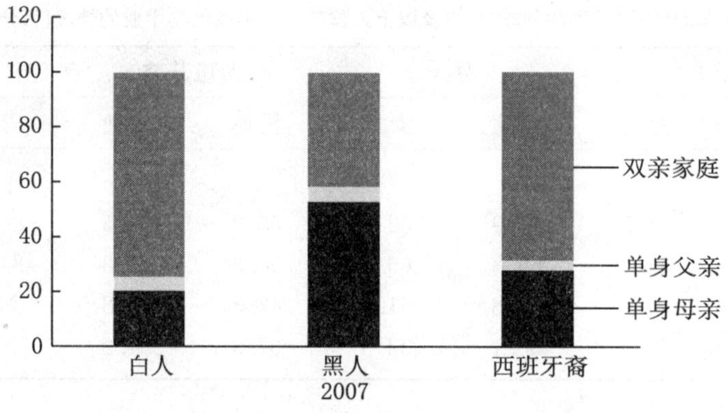

① For chapters on African American families, see Harriet Pipes McAdoo, "African-American Families," in Charles H. Mindel, Robert W. Habenstein, and Roosevelt Wright, Jr., eds., *Ethnic Families in America*. 4th ed. (Upper Saddle River, NJ: Prentice-Hall, Inc., 1998), Chapter 15; and Ronald L. Taylor, "Black American Families," in Ronald L. Taylor, ed., *Minority Families in the United States: A Multicultural Perspective*, 2nd ed. (Upper Saddle River, NJ: Prentice-Hall, Inc., 1998), Chapter 1.

考虑到黑人家庭中很多是单亲家庭，所以将家庭模式分为两类来讨论会很有用：(1)以女性为中心的家庭模式；(2)双亲家庭模式。尽管这些家庭模式指的是家庭的核心单元，但并不排除其他亲人。在黑人核心家庭中有侄子(女)、姑(姨)母、(外)祖父母、表兄弟(表姐妹)，以及其他的成人亲属，是很常见的。这些延展的亲属，以及非血缘关系，如住在一起的舍友、寄宿者、或客人，对非裔美国家庭的生活方式有重大影响。

在这里，有三点需要指出：(1)除了这两种家庭模式外，还有许多其他的家庭结构，(2)比结构本身更重要的是家长的参与程度，以及(3)黑人家庭是很有弹性的。无论是以母亲为中心的家庭，还是其他类型的家庭，都不会轻易地“瓦解”——面对历史的和当前的社会情况，黑人家庭都能够做出重大的调整。①

女性为中心的家庭模式

女性为中心的家庭模式是指女性在家庭中处于主导地位。家庭中心是与孩子住在一起 205
的母亲或祖母，而丈夫或是父亲长时间不在家。过早成为母亲，缺少教育，以及收入微薄，导致这种家庭模式具有了“问题丛生”的特点，这种家庭还很可能生活在贫困线以下。

低收入家庭中，女性为中心的家庭占了相当大的比重。黑人女性为中心，且没有丈夫的家庭中，有三分之二处于贫困线以下。很明显，在排除种族因素后，女性为中心的家庭与贫困是高度相关的。但谁是因谁是果还存在争议，即是以女性为中心，没有丈夫的家庭模式，导致了家庭的贫困，还是家庭贫困导致了这样的家庭模式。更有可能的是，二者互为因果，而政府的政策也是催生二者的原因。

直至 1980 年的女性为中心的家庭数量的迅速增长，是黑人家庭在过去 50 年中最显著的变化之一。②但像上面已经提到的那样，自 1980 年以来，黑人中这种家庭模式的比例几乎没有上升。1980 年前女性中心家庭数量显著上升，有一个最明显的原因：与之相应的婚外生育率的上升。尽管白人女性和黑人女性的婚外性行为发生率相差无几，但黑人女性的初次性行为发生较早，且极有可能是不受保护的性行为，且怀孕后也不大可能结婚或流产。

除婚外生育率外，导致女性中心家庭数量增加的一个稍不明显的原因是，相对于处于婚龄的女性数量来说，男性数量较少(即性别比例低)。男性数量越多(性别比例越高)，黑人女性的结婚率就更高，就会有更多的丈夫—妻子类型的家庭，更多的孩子就会生活在这种家庭之中，婚内生育率也会随之上升。③

---

① U. S. Census Bureau, *The 2009 Statistical Abstract* “Table 66. Family Groups with Children Under 18 Years Old by Race and Hispanic Origin,” http://www. 2010census. biz/compendia/statab/cats/population/households_families_group_quarters. html.

② Ann M. Nichols-Casebolt, “Black Families Headed by Single Mothers: Growing Numbers and Increasing Poverty,” *Social Problems* 33(July/August 1988):306—313.

③ Cynthia M. Cready, Mark A. Fossett, and K. Jill Kiecolt, “Mate Availability and African American Family Structure in the U. S. Nonmetropolitan South, 1960—1990,” *Journal of Marriage and the Family* 59(February 1997):192—203.

除了男性数量较少给婚姻和家庭带来的负面效应之外,男性的经济地位对结婚率及对黑人女性的婚内生育率有着正面的效应。但对于黑人女性来说,较高的经济待遇和公共资助水平通常与低婚率及低婚内生育率相联系。总之,低婚率和高婚外生育率似乎和以下有关:(1)黑人数量较少,(2)合适的社会经济地位较低的黑人男性较少,(3)黑人女性有着较高的教育程度和经济地位。黑人女性渴望婚姻,但是她们不愿与受教育程度比自己低,经济收入比自己低的男性结婚。

男性数量少到什么程度呢,这又意味着什么呢?据美国人口普查局统计,2007 年的黑
206 人性别比例是 91.2,或者说 100 个女性才对应 91 个男性。而白人是 98.3,即 100 个女性对应 98 个男性。考虑到男性幼儿出生数量是过剩的,所以成年男性数量少必定归因于两个方面:一是婴儿死亡率较高(2005 年,黑人婴儿死亡率为 13.7‰,而白人婴儿死亡率仅为5.7‰)①,二是黑人年轻男性死亡率较高(如被杀、车祸、自杀、药物滥用、战争牺牲等原因造成的死亡)。此外,由于服兵役而离异或分居的男性,失业的男性,或是被法定禁闭的男性(如监狱罪犯或精神病医院病人),以及酒精或毒品成瘾者,他们也被排除在了"婚姻市场"之外。像这样的因素,严重加剧了黑人女性在挑选心仪丈夫时,或是在维持婚姻时的弱势。

过去几十年中,非裔美国家庭的一个最显著的变化就是单亲家庭的增多,尤其是女性为中心的家庭。但无论结构怎样,家庭都是孩子社会化和发展重要人际关系的关键平台。

在美国,人们普遍认为,孩子除非是在双亲家庭里成长,否则便不能完全社会化。尽管几乎没人怀疑双亲家庭能使对孩子的教养更容易,也可能更成功,但这并不能保证双亲家庭就一定能培养出成功的孩子;有证据表明,单身父母也能培养出有亲社会行为的孩子,也能使孩子成长为成功的人。威尔(Willie)提醒我们,要克服民族优越感,并意识到这样一种方法(如现象论):人们在一定的条件和情境中认识自己,那么个体和群体的行为和家庭结构就倾向于是这些条件和情境的功能。如果黑人在权力结构中处于次优势

① U.S. Census Bureau, *The 2009 Statistical Abstract* "Table 111—Infant Mortality Rates by Race—States," http://www.2010census.biz/compendia/statab/cats/births_deaths_marriages_divorces/deaths.html.

地位，这种情形就需要或就会导致黑人特定的适应形式，此适应形式是不同于白人的、或是其他掌权群体的适应形式的。①

黑人母亲能够很成功地运用社会支持系统。在最近一份关于住在新奥尔良贫民窟的单亲黑人母亲的报告中，学者们(Louisiana, Beth Kotchick, Shnnon Dorsey, & Laurie Heller)发现，高水平的环境压力(如流氓团伙、打架斗殴、吸毒酗酒、枪击、恶劣的住房条件，及其他指标)预示着高水平的母亲压力，欠积极的父母教养和子女更多的问题行为。然而，由于家庭和朋友的大力支持，这些影响都缓和了。换句话说，当有了强有力的支持系统时，社区压力对父母教养和孩子成长都不会产生显著影响。只有在没有支持系统的家庭中才发现了社区的负面影响。② 207

双亲家庭模式

双亲家庭模式并不一定就会带来家庭的稳定、生活的满意和个人的幸福感。但与白人一样，婚姻本身是决定成年黑人的生活满意度的原因之一。③

健全非裔美国家庭的数量正在增加。这类家庭通常包括双亲，且其中一个或两个大学毕业，有稳定的职业。

与单身家庭相比，双亲家庭更可能是中产阶级或高收入工薪阶层家庭。家中男性更容易拥有较稳定的工作，在家庭决策和子女抚养上扮演着更积极的角色。完整的黑人双亲家庭相对被社会学家忽视了。这可能是因为此类家庭相对稳定，顺从社会，积极进取，且几乎不会给他人造成麻烦。家中父母亲都在，那么家中拥有两个挣钱者的可能性就随之上升，家庭收入和其他经济来源的水平也会随之上升。与前面指出的一样，经济来源和家庭结构间存在着直接的联系，非裔美国家庭也不例外。

黑人双亲家庭也是培养出黑人领导最多的家庭。一份三代社会系谱图显示，美国当代黑人领导大都成长于稳定的家庭中；有67.8%与双亲居住(有15.3%与母

---

① Charles V. Willie, "Social Theory and Social Policy Derived from the Black Family Experience," *Journal of Black Studies* 23(June 1993):451—459.

② Beth A. Kotchick, Shannon Dorsey, and Laurie Heller, "Predictors of Parenting among African American Single Mothers: Personal and Contextual Factors," *Journal of Marriage and Family*, 67(May 2005), 448—460.

③ Mookherjee, Harsha N. "Marital Status, Gender, and Perception of Well-being," *Journal of Social Psychology* 137.1(1997):95—105.

亲居住,4.1%与父亲居住,5.6%与亲戚居住,4.9%和其他人居住)。[1]有趣的是,这些杰出的黑人主要是具有以下特点的家庭的后裔:南北战争前就获得了自由,肤色较浅,住在城里,教育水平较高,有职业成就。双亲家庭模式中,父亲发挥着更加主导的作用,孩子对父亲的
208 认同感也更高。在以母亲为中心的家庭(即使家中也有父亲)中,父亲作为孩子的玩伴、老师、管教者的角色更不容易完全发挥出来。

西班牙裔美国家庭

前面已经提到,西班牙裔人群是美国人口中增长最快的部分,这种增长激起了人们对西班牙裔人群在政治和学术上的关注。前面还提到了,西班牙裔美国人包括几类人:墨西哥裔(64.1%),波多黎各裔(9.0%),古巴裔(3.4%),多米尼加裔(2.7%),中南美洲裔(13.2%),以及"其他西班牙裔"(7.6%,来自西班牙或其他西班牙语国家),详见表5.2。"其他西班牙裔"中还包括那些将自己简单划分为*西班牙裔美国人*、*西班牙裔*或*拉丁裔*,以及那些没有指出自己祖国的。

西班牙裔现在是美国最大的少数民族群体,但他们也是一个多样性的群体,有多种文化传统和独特的历史经验。

历史背景

术语"西班牙裔"是指以西班牙语为母语(由于西班牙对美洲的殖民统治)的许多文化群体。首先,这类人中包括了来自墨西哥、波多黎各、古巴、多米尼加共和国和拉丁美洲其

① Elizabeth I. Mullins and Paul Sites, "The Origins of Contemporary Eminent Black Americans: A Three-Generation Analysis of Social Origin," *American Sociological Review* 49(October 1984):672—685.

他地方的本土居民。这些文化群体也指具有“拉丁”标签，来自中南美洲其他地方但不讲西班牙语的人群。①也许考虑到这些文化群体的多样性，很难将他们归为单一的文化群体，除了对他们进行相同点归类(基于环境条件，以及更重要的，基于西班牙的殖民统治 209
对他们本土文化的影响)。此外，前面我们也提到了，西班牙裔在美国分布不均，我们对他们的了解大多来源于对墨西哥裔的研究。明白这些后，我们将会首先考察当今西班牙裔美国家庭生活的历史背景，接着探讨当今的环境条件在西班牙裔家庭建立中扮演的角色。

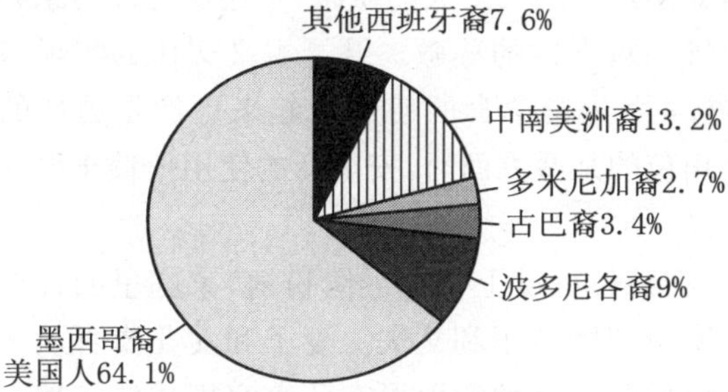

图5.2　西班牙裔来源地：2006
来源：U. S. Bureau of the Census, Current Population Reports, Series P20—535, “The Hispanic Population in the United States: March 2001”(Washington, DC: U. S. Government Printing Office, 2001), Figure 1, p. 1.

在西班牙裔美国人被合并到或是移民到美国社会之前，他们的文化信仰系统中有四个特征：集体主义/地方自治主义、家庭主义、父系思想，以及母系思想。这四种特征前面我们已经提到过。

强烈的*个人主义/地方自治主义*价值观来这类群体被殖民统治之前的农村生活。但这些文化价值观都被殖民统治和西班牙家庭的奴役破坏了。此外，西班牙天主教影响人们家庭关系置于公共关系之上。因此，西班牙裔美国人高度重视*家庭主义*，特别关注核心家庭单元，同时注重对祖父母的责任，还与远亲保持一定程度的联系。

在西班牙裔中等核心家庭和中等延展家庭中，教父(compadres和comadres)发挥着重要的作用。这是家庭主义的一个例外。教父母的确定仪式(compadrazgo，西班牙语)一般是在婴儿洗礼时，但也可能在首次人际交流时，结婚时，以及其他仪式上。在这些时刻，父母与教父母、孩子与教父母之间就确立了某种关系。传统上，当孩子还在腹中时，父母亲通常就会在好朋友中，或是亲戚中选择一对夫妇作为孩子的保护人(sponsors，应该和教父母是一个意思)。被邀请成为保护人是人人都不会拒绝的荣幸。通过洗礼仪式，父母和教父母(共同父母，co-parents)间就建立了一种重要的社会纽带，并希望这种纽带持续一生。当孩子的父母不能履行父母职责时，就要求教父照顾好孩子，不管在身体上还是精神上。但威廉姆斯
(Williams)认为，现在的*确定教父母的仪式*(compadrazgo)不再是传统地为维系“人为的亲属 210

① This section relies heavily on a summary of Hispanic American family history and contemporary research found in Linda Citlali Halgunseth, “Continuing Research on Latino Families,” in Marilyn Coleman and Lawrence H. Ganong, eds. *Handbook of Contemporary Families* (Thousand Oaks, CA: Sage Publications, 2004), 333—351.

系统”(fictive kinship system)服务了。①这种传统的许多元素都消失或改变了。

西班牙裔美国文化中其他两大主题是父系思想和圣母崇拜(marianism)。西班牙裔美国男性信奉男子主义(machismo)的理想,并将此等同为权利、力量、男性魅力和无畏精神。男人是决策者,决定家中重要事务。他是强壮而勇敢的。他可以寻找别的性伴侣,但他的妻子却不能。导致这种观念的原因众多,一种可能是源自西班牙殖民者和其本土女性奴隶之间的关系。这种结合(殖民者同女奴隶)的孩子被称为麦斯蒂索混血儿,②且这种结合是以严重的权力不平等为特点的,这点已经扎根于男子主义思想中了。然而,男子主义思想不仅意味着男性以刻板的主导方式来对待女性,如摆出一副大丈夫的做派,它还视男性为家庭的供养者、保护者和代表者。男子气概包括勇气和对女性的尊敬。男子主义文化的实际情况随处可见,如安全套的使用和艾滋病的预防。③因为避孕套的使用看起来更像是男性的特权,而不是女性;人们发现,在男性扮演男性角色的某些方面时,安全套的使用依赖于男性获得、使用它的熟练程度。④

传统上,墨西哥裔美国女性一直扮演着(在某种程度上仍在继续扮演)家庭里的补充角色。“好女人”的标准是:已婚,育有孩子,在家里照顾孩子和丈夫。妻子和女儿要听从于丈夫和父亲,罗马天主教的教义强化了这种角色类型。这种意识形态和家庭模式的宗教起源反映在了描述它的术语上——圣母崇拜。然而,除了女性在家中的从属地位外,圣母崇拜还包括把母亲的职责尊为神圣的,认为母亲是家庭生活的焦点——母亲中心主义。

现在,家庭生活的这些性别角色模式在多大程度上仍然存在?与非西班牙裔美国家庭相比,墨西哥裔美国丈夫仍用权力压制妻子,妻子仍然承担着主要的子女教养和家务劳动。然而,丈夫和父亲一直对孩子的行为有一定的兴趣,很看重孩子的自主独立、自我控制、遵纪守法、人际交往,以及运动成绩。但奥佩萨(Oropesa)的发现对墨西哥女性地位的传统刻板印象提出了很大的挑战,传统上认为墨西哥女性在家庭中只是丈夫的必要附属。⑤丈夫的主导地位不像据说的那样是普遍的,是工具性的。典型的妻子并不觉得她们被排除在了大多
211 数决策之外,且可能觉得她们和丈夫一样有决策权。另一个典型的误解是丈夫利用权力带来家庭紧张的气氛(尽管19%的受访者提到曾被配偶打过)。研究还发现,妻子的教育可以降低暴力犯罪率,可以促使决策权更加平等,可以提高对决策的满意度。

现在,美国西班牙裔身上依然保持着传统的文化信仰和习俗。但由于与欧裔美国文化

---

① Norma Williams, *The Mexican American Family: Tradition and Change* (Dix Hills, NY: General Hall, 1990), 44.

②④ Linda Citlali Halgunseth, “Continuing Research on Latino Families,” in Marilyn Coleman and Lawrence H. Ganong, eds. *Handbook of Contemporary Families* (Thousand Oaks, CA: Sage Publications, 2004), 333—351.

③ James K. Mikawa, Pete A. Morones, Antonio Gomez, Hillary L. Case, Dan Olsen, and Mary Jane Gonzales-Huss, “Cultural Practices of Hispanics: Implications for the Prevention of AIDS,” *Hispanic Journal of Behavioral Sciences* 14 (November 1992): 421—433.

⑤ R. S. Oropesa, “Development and Marital Power in Mexico,” *Social Forces* 75 (June 1997): 1291—1317.

的相互影响，以及适应美国主流社会经济关系的需要，它们已经有所调整和改变。又由于不同的西班牙裔亚群体经历的历史过程不同，所以导致这些有着相同民族认同感的群体在社会和家庭生活中也有了相当大的差异。

根据进入美国的经历，可以将墨西哥裔美国人分为四种：奇卡诺人、合法移民、短期合同工以及非法移民。术语奇卡诺人是墨西哥人（Mexicanos）的简称（Mexicanos 在古纳瓦特尔语中发音为“meschianos”）。有 100 多万的墨西哥裔是本土墨西哥人的后代，他们住在美西战争后成为美国的西南部地区。1848 年，当德克萨斯州、加利福尼亚州、新墨西哥州和亚利桑那州成为美国的领土时，这些本土墨西哥人也变成了美国人。现在，这四个州再加上科罗拉多州，是墨西哥裔最稠密的地区。虽然他们已经定居了下来，但语言障碍和不适应需求的技能让很多人被迫住进了城市里的贫民窟，建立起了种族社区，这限制了主流文化的渗透。如今，大多数墨西哥裔美国人住在加州，尤其是洛杉矶。

到达美国的第二部分墨西哥裔是由于二十世纪初的大规模移民，这次大规模移民部分因为墨西哥革命和墨西哥国内不稳定的经济情况，同时还有加州棉花农场和铁路建设对劳动力的需求。早期合法移民的生活更加糟糕，他们经常发现自己孤独地生活在农村地区。第三部分移民是短期合同工，参加美国早期“客籍工人”项目的工人。在最低工资法通过之前，比起当地工人，农场主比较喜欢雇佣短工，因为可以付给短工更少的工资；且当不再需要劳动力时，短工便会返回墨西哥，不会成为政府的负担。最后，每年都有大批未经许可的非法移民从墨西哥来到美国，来寻找就业机会或是与家庭团聚。由于缺少国家的保护，这些移民过着极易被破坏的、高风险的个人及家庭生活。

由于早期的历史经验，墨西哥裔美国人可分为两类：一个是有着稳定的居住模式，住在美国西南部城市和小镇的庞大的种族社区；另一类在农村地区从事移民劳动，特别是美国西海岸沿线地区。此外，最近产生了第三类墨西哥裔美国人——他们移民到了南部和中西部，主要从事肉类行业。这些新移民获得了一些经济上的成功，因为比起别的地区的墨西哥裔，他们可能贫困率更低。① 212

其他几类主要西班牙裔群体的历史经历没有墨西哥裔的经历那样五花八门，但又是不同于其他亚群体的。如果算上波多黎各与美国东部间的积极移民活动，波多黎各裔就有很长的历史。这种模式往往是男性离家来到美国大陆寻找就业机会，并将钱寄回家里。1917 年美西战后，随着波多黎各被美国合并，这种模式得到了进一步的强化。因此，许多波多黎各人搬到城市中心来长期居住，如波士顿、纽约、迈阿密，在那里他们在工作和住房方面遇到了歧视，不得不在贫穷中挣扎生存。还有，中南美洲的西班牙裔到美国的时间较晚，更不可能奢望有发达的民族社区来帮助他们适应了。这些移民中许多是政治避难者，试图逃避国内的政治迫害和武装冲突。

---

① Martha Crowley, Daniel T. Lichter, and Zhenchao Qian, Beyond Gateway Cities: Economic Restructuring and Poverty among Mexican Immigrant Families and Children, *Family Relations*, 55(July 2006):345—360.

社会经济背景

同非裔美国家庭一样,要了解美国西班裔家庭,我们必须根据他们的社会经济状况:从失业水平、收入状况、受教育程度出发。①前文提到过,总体说来,美国黑人男性和女性的失业率高于白人的两倍。对于美国西班牙裔来说,他们的失业率介于白人和黑人之间,(分别为 4.6 vs. 3.3、6.4)。如图 5.1 所示,2007 年美国西班牙裔家庭收入的中值为 38679 美元,大概是全白人(家庭成员全部为白人)家庭收入中值的(54920 美元)70%。2006 年,有 18.9%的美国西班牙裔家庭生活在贫困线以下。如图 5.3 所示,此比率为全白人和非西班牙裔人群(6.2%)的三倍,并伴有相当大的地区差异。贫困率最高的是来自波多黎各和墨西哥的家庭(分别为 21.8%和 20.1%),贫困率最低的是来自古巴的家庭(10.2%)。②

213 图 5.3 2007 年,各类生活在贫困线下的西班牙裔人群(百分比)
来源:U. S. Bureau of the Census, The Hispanic Population in the United States: March, 2002 Detailed Tables (PPL-165), Tables 14.1 and 14.2. www.census.gov/population/www/socdemo/hispanic/ppl-165.html.

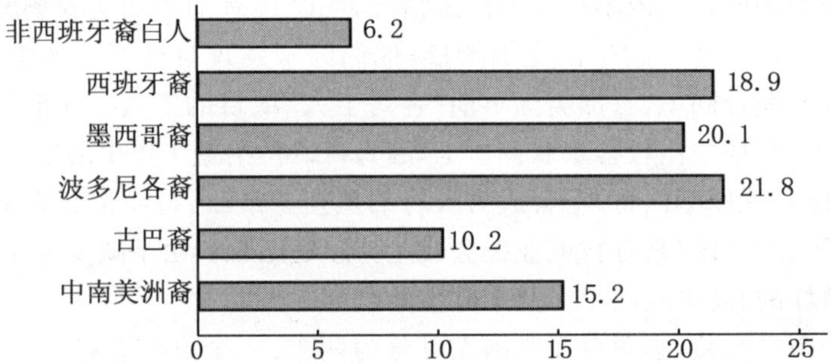

城市研究院的一份报告指出,尽管拉丁裔的贫困一直持续着、加深着,但政府在制定大多数国家政策时,都没有将贫穷与拉丁裔/西班牙裔的经历联系起来。③为什么呢,我们给出了以下五点理由:

1. *误解的身份*。尽管拉丁裔美国人中有 64%是土生土长的,但大多数还是被认为是移民者,被认为是来美国争夺稀缺资源的、暂时的、或"不公平"的竞争者。

2. *对有工作的穷人的忽视*。大多数改革都致力于改善没有工作的下层阶级的状况,而

---

① Readers with a particular interest in Hispanic ethnic minorities should see Charles H. Mindel, Robert W. Habenstein, and Roosevelt Wright Jr., eds., *Ethnic Families in America*. 4th ed. (Upper Saddle River, NJ: Prentice-Hall, Inc., 1998), Chapters 7—9; and Ronald L. Taylor, ed., *Minority Families in the United States: A Multicultural Perspective*. 3rd ed. (Upper Saddle River, NJ: Prentice-Hall, Inc., 2002), Chapters 4—6.

② U.S. Census Bureau, *The* 2009 *Statistical Abstract* "38—Social and Economic Characteristics of the Hispanic Population: 2007," http://www.census.gov/compendia/statab/cats/population/elderly_racial_and_hispanic_origin_population_profiles.html.

③ Maria Enchautegui, "Policy Implications of Latino Poverty," *The Urban Institute/Policy and Research Report* 25(Winter/Spring 1995): 10—12.

忽视了拉丁裔的贫困状况，虽然他们中大多数有工作。

3. *地理分布集中*。所有拉丁裔中，有四分之三住在五个州(加州、佛罗里达州、伊利诺伊州、纽约州和德克萨斯州)；因此，指令更多地偏向地方而不是面向全国。

4. *政治参与度*。只有三分之一的拉丁裔是登记的选民(相比之下，美国黑人参与率是64%，非西班牙裔的白人是70%)。

5. *亚群体差异*。强调民族群体间在就业、福利分配、女性主导的家庭等方面的差异，使与所有亚群体的贫困有关的、更大更深层次的问题得到了掩盖。

前面已经提到，拉丁裔的贫困率是很高的，特别是波多黎各裔等亚群。这似乎与以下两个因素有关或是部分有关。

1. 较高比重的波多黎各裔住在城市，从事着低收入的全职工作，兼职工作，或根本没有工作。比如在纽约，一开始，城市提供了大量几乎不需要技术和教育的工作；但这些制造工业都已经离开了纽约。

2. 相对于其他的西班牙裔，更多的波多黎各裔建立家庭时，并没有从婚姻中获益。结 214
果就导致了较高比率的没有丈夫、由女性维持的家庭的出现。

这两种因素，即父母工作模式和家庭结构/妇女主导的家庭与贫困相关。有研究者以拉丁裔孩子为被试对此进行了考察。[①]丹尼尔·利希特尔和南茜·兰代尔(Daniel Lichter & Nancy Landale)指出，如果严格地以经济幸福感为尺度，波多黎各裔和黑人孩子为“家庭破裂”付出的代价很高。单是家庭结构的不同，就贡献了波多黎各裔和白人孩子的贫穷差异的55%，如果综合考虑家庭结构与父母的工作模式，就可以解释孩子贫穷差异的78%。父母没有工作，波多黎各裔妇女较少外出工作，这都进一步加剧了儿童贫穷问题。

不幸的是，工作不仅对波多黎各裔妇女是一个问题，对男性一样。相对于非拉丁裔白人和其他拉丁裔来说，波多黎各男性外出就业率较低，并有更高的失业率。这种危险的经济情况，对波多黎各裔男性的婚姻(伴侣关系)解体和非婚生育率偏高起着推波助澜的作用。此外，结果还强调了就业在父亲抚养孩子的能力中的关键作用。[②]父亲并不愿意放弃对下一代的责任，而是没有能力负起经济责任和照顾孩子。特别是对居无定所的父亲来说。

美国西班牙裔的受教育程度怎么样呢？如图5.2所示，白人中85%以上的25岁及以上的青年，黑人中80%以上的25岁及以上青年，完成了四年或者更长时间的高中教育。对于美国西班牙裔来说，这种比率降到了大约60%。至于大学毕业率，白人中有四分之一以上的人完成了四年或是更长时间的大学教育，相对来说，黑人完成大学教育者的比例为18%以上，而美国西班牙裔只有12%以上。

---

① Daniel T. Lichter and Nancy S. Landale, “Parental Work, Family Structure, and Poverty among Latino Children,” *Journal of Marriage and the Family* 57(May 1995)：346—354.

② Nancy S. Landale and R. S. Oropesa, “Father Involvement in the Lives of Mainland Puerto Rican Children: Contributions of Nonresident, Cohabiting and Married Fathers,” *Social Forces* 79(March 2001)：945—968.

家庭生活模式

我们可以从图 5.1 中发现,大概 69%的西班牙裔家庭为双亲家庭,超过四分之一的家庭由女性维持着,她们没有丈夫。西班牙裔已婚家庭数量低于白人已婚家庭,而远远高于黑人。相应地,由女性维持的家庭的数量要高于白人,但远远低于黑人。

再次,许多差异可以从祖籍国看出。大约 80%古巴裔家庭和 70%墨西哥裔家庭由已婚夫妇组成,然而波多黎各裔家庭中这类家庭的比例仅略高于一半。这可能是由于波多黎各裔女性中非婚同居的盛行。全国的调查数据显示,波多黎各人更加接受非正式同居,无论是打算还是不打算结婚,她们更能容忍非婚生育和性关系。①相比之下,墨西哥裔美国人一般只能容忍婚前非正式同居。墨西哥裔美国人坚持着非常强烈的结婚理念,女孩们都被传统
215 社会化了,她们相信结婚是"上帝计划的一部分",应该成为她们重要的人生目标。对于墨西哥裔美国女孩来说,结婚经常被描述为对女人的肯定。

跨国家庭

拉丁移民劳工家庭的困苦与韧性

对于世界上许多家庭来说,跨越国界从事劳务是一个现实,尤其是那些来自经济欠发达地区的家庭。在美国,一个典型的例子就是拉丁裔移民家庭(大多来自墨西哥),他们每年从墨西哥穿越国界到加利福尼亚州、西南、西北及其他地区从事农业工作。这是一个特殊的利益群体,因为它包含着许多移民家庭单位,而不仅仅是个人。虽然美国农业工人中 81%是拉丁裔,但这个群体却在很大程度上被目前的调查研究所忽视。乔斯(Jose Ruben Parra-Cardona)及其同事通过运用定性访谈数据,以来自密歇根的劳工家庭为子样本,对农村劳工家庭的状态多样性进行了研究。此研究的一个特别的关注点是移民劳工家庭如何调整自己去适应充满挑战的社会境况。在家庭的应对措施方面,研究者发现他们有适应和做出改变的能力,术语"韧性"就是用来描述这些能力的。

此研究对 13 位来自移民劳工家庭的妇女进行了一系列访谈,其中有六点值得关注。第一,尽管经济地位相对较低,但她们仍有很高的生活满意度。她们认为同在墨西哥的境况相比,自己的家庭会有更好的生活,或者说至少会有更好的可能性,这就是满足感的来源。第二点涉及勤奋工作的思潮与观念。对于她们来说,工作不仅仅是为了获得报酬和收入,更重要的是能够体现一种尊严和对家人的责任。第三,这些受访者注意到,对于家庭生活和孩子教育的挑战主要是源于即刻迁移的需要,迁移又基于农业需要。第四,他们目前也面临着歧视和发展的挑战。这些压力都导致了在收入和医疗方

① R. S. Oropesa, "Normative Beliefs about Marriage and Cohabitation: A Comparison of Non-Latino Whites, Mexican Americans, and Puerto Ricans," *Journal of Marriage and the Family* 58(February 1996):49—62.

面的不公待遇，有时当他们长途跋涉从远方来到异国他乡时，却发现雇主们改变了原来答应的条件。他们在工作中经常处于危险化学品及其他危险环境之中，但又缺乏工会组织以及法律的援助。第五，这些家庭也表现出了一种"在移动中生活"的价值追求。虽然可能没有提高社会地位的机会，但他们确实看到了通过学习英语，寻找工资更高、工作条件更好的工作等来改善日常生活的希望。最后，"团结在一起"这一特质反映了他们的集体主义和家族本位的拉丁文化价值传统。这些价值观念使他们不太关注个人在获得财富时的缺憾，而是更加强调通过他们的工作如何使他们的家庭和社区更加的幸福。

虽然工资和生活条件窘迫，工作环境危险，以及社会保障贫乏，但这些家庭保持着韧性。这是因为他们的文化价值体系，使他们找到了工作的意义所在，那就是为社区和家庭做出贡献，而不仅仅是为了工资。他们也从不同角度重新看待当下的生活条件，不断使"意义多样化"(372)。他们认为，自己的境况可以带来发展的机会——尤其是就逃离墨西哥的窘迫生活而言——他们对美好的未来怀有希望和乐观的心态。

来源：Jose Ruben Parra-Cardona, Laurie A. Bulock, David R. Imig, Francisco A. Villarruel, and Steven J. Gold, "'Trabajando Duro Todos Los Dias': Learning from the Life Experiences of Mexican-Origin Migrant Families," *Family Relations*, 55(July 2006): 361—375.

纽约市的一个研究表明，在波多黎各裔中，非正式结合类似于婚姻。①虽然非正式结合不是真正的婚姻，但和单身女性相比，在抚养孩子和对职业、教育的追求方面，这类关系中的 216
女性与已婚女性更相似。这种非婚结合(同居)也是波多黎各裔妇女婚前生育孩子的一个重要因素。同居不仅大大增加了婚前怀孕的危险，且生活在非婚关系中，使怀孕和分娩这段时间内的结婚率也在降低。②

波多黎各裔的高贫困率和较低的家庭平均收入与他们在纽约的高度聚集相关，他们在那里从事着低报酬的工作，且已婚家庭的数目很少。大多数没有丈夫的波多黎各家庭生活在贫困线以下。

使西班牙裔贫困率高的另外一个重要因素是每户的高生育率和过多的人口。对于西班牙裔家庭来说，每户有3个或更多孩子是很正常的；而其他美国家庭一般只有1个或2个。例如，2007年，有3个或更多孩子的西班牙裔家庭的比例为16%，而非西班牙裔白人家庭为8%，黑人家庭为12%。这种情况在墨西哥裔家庭中尤其常见，紧随其后的是波多黎各裔家

① Nancy S. Landale and Katherine Fennelly, "Informal Unions among Mainland Puerto Ricans: Cohabitation or an Alternative to Legal Marriage?" *Journal of Marriage and the Family* 54(May 1992):269—280.

② Wendy D. Manning and Nancy S. Landale, "Racial and Ethnic Differences in the Role of Cohabitation in Premarital Childbearing," *Journal of Marriage and the Family* 58(February 1996):63—77.

庭,再其次是古巴裔家庭。①

双亲家庭模式

关于今天的西班牙裔家庭生活,家庭是否属于*延伸型*是争论的焦点之一。争论中,正反观点可以用两个词——*高度集中*和*极度分散*——来概括。高度集中假设是指,西班牙裔家庭(特别是墨西哥裔家庭)有着强烈的集体主义和父权制文化价值观,且高度信奉天主教。这些价值观使他们与亲属的群居水平和交往频率比较高,且对家庭有着较强的责任感,亲属间在金钱、情感支持,以及工具性支持(如抚养孩子,家庭和养护服务等)上都相互支持帮助。
217 天主教的共同价值以及在教会活动中的共同交往会增强这些延伸的家庭关系。相反,极度分散假设认为,由于和主流文化价值观的融合水平越来越高,以及经济压力和贫困,西班牙裔家庭为延伸家庭的理想化概念已经不存在了。西班牙裔家庭变得越来越像白人家庭,且倾向于选择核心家庭形式,与亲属间的交往十分有限。另外,用于满足家庭成员需要和维持亲属间交往的资源是有限的,这限制了亲属间相互支持的水平和相互交往的力度。

墨西哥裔家庭高度重视家庭主义,认为家庭利益大过个人利益。家庭的荣誉和团结是这类延伸家庭的特点。

纳塔利、玛丽安娜和内奥米(Natalia, Mariana, & Naomi)总结了大量研究,考察西班牙裔美国人和盎格鲁美国人在共同居住、拜访和交往水平,以及相互帮助水平等方面的不同。②由于调查的取样、测量方法,以及额外因素的控制程度等方面的不同,这些结果显示出了较大的冲突。他们采用全国家庭和住户调查进行研究发现,要解决这个争论很复杂,并不

① U. S. Census Bureau, *The* 2009 *Statistical Abstract* "Table 63-Families by Number of Own Children Under 18 Years Old," http://www.census.gov/compendia/statab/cats/population/households_families_group_quarters.html.

② Natalia Sarkisian, Mariana Gerena, and Naomi Gerstel, "Extended Family Ties among Mexicans, Puerto Ricans, and Whites: Superintegration or Disintegration?" *Family Relations*, 55(July 2006): 331—334.

是单独的文化因素能解释的。例如，他们发现，在共同居住和就近居住方面，西班牙裔家庭（墨西哥裔和波多黎各裔）比白人家庭更为集中，但控制了社会经济地位因素后，两者间在经济支持或工具性帮助方面并没有显著的不同。另外他们还发现，性别观念、延伸型家庭 218
主义，以及参与宗教活动等方面的文化价值观，并不能解释两者共同居住和就近居住的差异。①

随后，研究者们使用同样的数据，但按照性别重新分析，他们发现比起白人妇女，墨西哥裔妇女表现出更高的工具性支持水平，但男性不存在这种差异。他们还发现，比起白人，在与延伸家庭亲属交往和提供经济帮助（对小额帮助使用了更敏感的测量方法）上，不论是西班牙裔男性还是妇女，都没有表现出更高的水平。②

因此，西班牙裔美国家庭的模式，在与亲属的关系方面，并没有像许多人认为的那样，与白人差距很大，至少在考虑了不同社会经济地位的影响时是这样的。因为西班牙裔的社会经济地位是低于白人的，所以经济资助水平也是有限的，这种支持的出现率也是较低。另一方面，由于意识到了要提高效率、降低区域流动性，所以社会经济地位较低，增大了他们共同居住和与其他家庭成员就近居住的可能性。反过来，近距离的居住可以使他们能更好地提供工具性支持。

这些传统亲属关系模式的转变，已经对于祖—孙关系质量产生了巨大的影响。西班牙裔家庭从传统家庭不断蜕变，不断融合到白人家庭文化中，这通常会使得祖孙分离。成年孙辈比祖辈更大程度地融入白人文化，这使得祖孙间的交流越来越少，随着时间的流逝他们与祖辈的感情也疏远了。③

亚裔美国家庭

2007年，美国人口普查显示，大约5.4%的美国人口为亚裔、夏威夷土著民，或太平洋岛民——纯种或与其他种族融合。④与西班牙裔一样，亚裔美国人也不是一个同质的群体，他们来自不同的民族，有着不同特色的文化、语言，以及历史发展历程。在美国，亚裔和太平洋岛民至少来自29个亚洲国家和20个太平洋岛屿，其文化多种多样，从远东，到东南亚，再到印度次大陆以及太平洋岛屿。

① Natalia Sarkisian, Mariana Gerena, and Naomi Gerstel, "Extended Family Ties among Mexicans, Puerto Ricans, and Whites: Superintegration or Disintegration?" *Family Relations*, 55(July 2006):331—334.

② Natalia Sarkisian, Mariana Gerena, and Naomi Gerstel, "Extended Family Integration among Euro and Mexican Americans: Ethnicity, Gender, and Class," *Journal of Marriage and Family*, 69(February 2007):40—54.

③ Teresa W. Julian, Patrick C. McHenry, and Mary W. McKelvey, "Perceptions of Caucasian, African-American, Hispanic, and Asian-American Parents," *Family Relations* 43(January 1994):30—37.

④ U. S. Census Bureau, *The 2009 Statistical Abstract* "Table 6—Resident Population by Sex, Race, and Hispanic Origin Status, http://www.census.gov/compendia/statab/cats/population/estimates_and_projections_by_age_sex_raceethnicity.html.

219 尽管亚裔美国家庭极具多样性,但其子女培养模式都倾向于强调对家庭的义务,强调服从,强调学业成就的追求。

以下祖籍国或背景的人最经常被划分为亚裔群体:华裔(23.7%)、菲律宾裔(18.1%)、亚裔印度人(16.4%)、越南裔(10.9%)、韩国裔(10.5%)、日本裔(7.8%),以及其他亚裔(12.6%,包括老挝、柬埔寨、泰国或苗族—Hmong)。

在美国人口普查和赞许性行动计划等形式中,太平洋岛民是作为一个重要的亚类出现的,但他们不是少数民族群体。①他们从来没认为自己是太平洋岛民。有一些人可能认为自己是波利尼西亚人、美拉尼西亚人,或密克罗尼西亚人,但大多数认为自己是萨摩亚人、毛利人、或斐济人,甚至自己有着多民族血统。人口普查的结果显示,美国太平洋岛民(占总人口的0.4%)主要由夏威夷土著居民(35.3%),萨摩亚(22.8%),关岛人(14.5%),以及其他岛屿的居民(27.3%)。相对很少的岛民是出生在国外的;当然,夏威夷人本来就是美国土著人。

历史背景

无一例外,每个亚裔群体都有自己的祖先、语言、文化以及移民的近因。像华裔和日裔在美国已经有相当的规模,且已历经了很多代人。而来自像越南、老挝、柬埔寨等国的移民则是比较晚的。亚裔美国人高度集中在加利福尼亚和夏威夷,也有相当一部分在纽约州、得克萨斯州、伊利诺伊州和新泽西州等地。90%以上的华裔都居住在大都市。

220 最早的亚洲移民是中国人。1852年,一大批中国男性涌入美国西部,主要从事挖煤或者铁路修建工作。这些早期移民是不允许带妻子和家庭来美国的。1882年的排华法案和

① Paul R. Spickard and Rowena Fong, "Pacific Islander Americans and Multiethnicity: A Vision of American's Future," *Social Forces* 73(June 1995):1365—1383.

1924 年的国籍法案，进一步加强了此限制及其他一些限制。工资待遇低、又没有家属陪伴，导致大城市里出现了大规模的华人聚集区。尽管有一些早期中国移民和后来的中国移民设法把家属带到美国了，但主要是通过中间人的援助。

在二战期间，亚洲人被怀疑，且受到了歧视和偏见。很多日本裔被迫离开了家庭和所生活的社区，被投进了拘留所。然而在战后，来自亚洲的移民获得了一定的成功。这源于 1965 年的移民改革法案，它使一部分受过良好的教育和具有专业技能的亚洲人能够携家带口地移民到美国。这些人发现，自己和主流的欧裔美国人在价值体系上高度一致的，比如说，勤劳、守时、自律、高成就动机、礼貌以及尊重权威。并且他们来美国的时候，也是美国经济需要他们的技能的时候。

第三类亚洲移民是越战后来到美国的。这些新近的移民主要来自东南亚，为了逃避那里的迫害以及贫困的境况。但由于缺乏系统的教育训练、专业技能以及熟练的语言，他们没能获得成功。此外，在后来的家庭重整计划中，一些来自印度的移民与他们组成了家庭。由于这些二十世纪六十年代的印度移民也缺少教育和技能，这就增加了亚裔社群的经济社会多样性。

在家庭的价值观方面，他们有着强烈的集体主义/共产主义思想，以及强烈的孝顺、家族本位，以及父权制的观念。这些观念使他们更难融入中产阶级队伍。但亚裔比其他任何民族都更好地融入到了白人文化中，且他们与白人间的通婚率也很高(见第 6 章)。

社会经济背景

与非洲裔、西班牙裔家庭一样，通过研究其社会地位的总体特点，我们可以更好地了解亚裔家庭。比起非西班牙裔白人，亚裔的年龄是偏小的，而比西班牙裔的年龄要大。例如，2006 年，亚裔的年龄中位数约为 33.7 岁，白人非西班牙裔为 39.6 岁，黑人为 30.6 岁，西班牙裔为 26.7 岁，美国土著人为 28.9 岁。①

在整体的人口中，亚裔美国人的教育程度相对较高。2007 年，89.9%的亚裔男性和 85.9%的女性完成了至少四年的高中教育，而白人分别为 85.3%和 87.1%，黑人为 81.9%
和 82.6%，西班牙裔为 58.2%和 62.5%(表 5.2)。例如，高于平均分的数学成绩有力地树 221
立了亚裔好学生的形象。更高的测试分数反映了亚裔极高的大学入学率及毕业率。25 岁以上者中，55%的亚裔男性和 49%的亚裔女性获得了大学学位，而白人分别只有 30%和 28%。拥有的教育水平越高，收入水平也会越高。2006 年，亚裔家庭的收入中值为 64238 美元，比白人(50673 美元)高 13000 美元。②

---

① U. S. Census Bureau, *The* 2009 *Statistical Abstract* "Table 8—Resident Population by Race, Hispanic Origin, and Age," http://www.census.gov/compendia/statab/cats/population.html.

② U. S. Census Bureau, *The* 2009 *Statistical Abstract* "Table 669—Money Income of Households—Median Income by Race and Hispanic Origin, in Current and Constant (2006) Dollars: 1980 to 2006," http://www.2010census.biz/compendia/statab/cats/income_expenditures_poverty_wealth.html.

但是也应注意到,将亚裔和太平洋岛民归为一类,其实是掩盖了亚群体间的差异。例如,仅有5.3%的日本裔生活在贫困线以下,而对于华裔、印度裔和越南裔,此比例处于11.1%和27.9%之间。很多菲律宾裔(26.2%)和越南裔(32.9%)有至少六名家庭成员,而韩国裔此类人比例很少(5.5%)。有17.2%的越南裔和12.8%的韩国裔将自己的健康状况归类为一般或较差(而不是很好或良好),相比之下,在华裔、菲律宾裔和日本裔中,此类人占的比例处于6.1%到17.4%之间。①

家庭生活模式

2006年,美国的亚裔和太平洋岛民的结婚率为80.4%,稍微高于白人的80.1%,但比起西班牙裔的67.8%和黑人的46.6%,已经相当高了。同样,没有丈夫、女性为户主的家庭的比例为11.8%,比起西班牙裔的22.6%和黑人的44.8%,也是比较低的。②

亚裔婚姻与西班牙裔和非洲裔的婚姻相比,尤其是华裔、日裔和菲律宾裔的婚姻,其稳定性和持久性水平是最高的。离婚率低,亲属关系就稳定和密切。大部分亚裔有着坚定的道德标准,有着照顾老人(尤其是父母)的责任感。许多亚裔父母通常和成年子女在一起生活。

跨文化视角

222

大洋洲华裔的孝道、身份冲突及对老年人的照顾

在过去150年中,澳大利亚和新西兰已历经了很多次来自中国大陆和台湾的移民浪潮。移民开始于十九世纪中期的淘金热,随着二战的结束,二十世纪八十年代教育和劳工的扩招,这股移民热一直持续着。因此在最近这些年里,无论是年轻人还是老年人,大洋洲的民族多样性都在不断地增加。这两类群体所面临的问题与孝道的观念,及孝道在年轻人经历的文化身份冲突中的作用,还有年轻一代对老年人的照顾程度交织在一起。最近的两项研究为这些问题提供了一种思考。第一项研究主要是针对在新西兰和新加坡的华裔年轻人,主要研究与家庭相关的变量系,以及不同群体之间的关系变量对他们身份认同冲突的影响。身份冲突是"内省挣扎的一种类型,是一种处于两种或多种文化之间,产生的一种四分五裂的主观感受,通常是由于他们早期的社会化文化环境与

---

① JoAnn Kuo and Kathryn Porter, "Health Status of Asian Americans: United States, 1992—94," *National Center for Health Statistics* (Hyattsville, MD: Centers for Disease Control and Prevention, no. 298, August 7, 1998):5—6.

② U.S. Census Bureau, *The* 2009 *Statistical Abstract* "Table 55—Marital Status of the Population by Sex, Race and Hispanic Origin," http://www.2010census.biz/compendia/statab/cats/population/marital_status_and_living_arrangements.html.

现在生存的环境不同导致的"。此研究预测，高度的孝道意识会使那些居住在外国环境中的中国年轻人产生身份冲突。因为孝道强调的对父母和祖父母的责任这与现代西方强调的平等、民主以及个人自由相互冲突的。正如所料，他们发现在16岁到26岁的年轻一代中，对孝意识的责任增加了他们的身份冲突，甚至在可能控制了很多"组间"变量，如歧视、对主流文化的接受，以及适应时的文化延续感之后，仍然如此。

第二个研究主要是针对早期在澳大利亚布里斯班的华裔。此研究表明，在澳大利亚华人社区都存在孝道的这种假设是如何不够充分，以及正是这种假设导致了对这个脆弱人群的某种忽视。研究发现，这个民族亚群体表现了较高的孤立性，很大程度上是因为人们认为他们居住在成年子女家中，就应该能得到相应的照顾，但其实他们缺少子女的关心和照顾，在交通和社会福利方面也缺少保障。在调查中，年长的父母意识到，在现代华裔背景下，孝的思想已经从子女的一种义务和权力逐步转化成了一种脆弱的责任感。由于老年人没有财产也就失去了以前处于优势的地位，所以亚布里斯班的华裔老人依靠于孩子们的照顾，孩子们也较尊重那些不抱怨并且默默承受孤单的老年人。

来源：En-Yi Lin，"Family and Social Influences on Identity Conflict in Overseas Chinese，" *International Journal of Intercultural Relations*，32（2008）：130—141.；and David Ip，Chi Wai Lui，and Wing Hong Chui，"Veiled Entrapment：A Study of Social isolation of Older Chinese Migrants in Brisbane，Oueensland，" *Aging and Society*，27（2007）：719—738.

一些传统文化标准，例如讲母语，尊重父母权威，对妻儿的严格的角色期待，以及强调孩子对父母的顺从和忠孝，都促成代沟的出现。第二代和第三代的孩子更倾向于融入到所生活的文化中。他们更易于接受英语作为他们的主要语言，穿衣的标准和音乐的爱好都与同时代的年轻人（许多都不是亚裔）相像，约会方式和对于性的态度都与传统和父母的价值取向不一致。

在一项研究中，研究者选取了600多名青少年，其父母是亚洲和拉丁美洲移民，考察了
语言对于亲子关系中的重要性。①那些和父母有着共同语言的青少年与父母往往有着更紧 223
密的关系。他们也愿意和父母讨论现在和将来所关注的问题。在美国出生的第二代青少年，在与父母的交谈中更愿意使用英语，而他们的父母往往感到不适，因为不具备孩子们运用英语的熟练程度。结果父母与孩子之间的冲突可能会很大，父母的权威在孩子眼中被削

---

① Vivian Tseng and Andrew J. Fuligni，"Parent-Adolescent Language Use and Relationships among Immigrant Families with East Asian，Filipino，and Latin American Backgrounds，" *Journal of Marriage and the Family* 62(May 2000)：465—476.

弱,父母也更难发现和欣赏孩子的观点。父母蹩脚的口音,以及父母常常帮不上孩子,都使孩子感到尴尬。

不同亚裔之间,亚裔和非亚裔之间的通婚越来越多,它也反映了文化融合的一种迹象。在对六个亚裔群体(日本裔、华裔、菲律宾裔、韩国裔、印度裔、越南裔)进行的通婚调查中发现了有趣的结果。①其中,五个亚裔群体男性更倾向于选择同族婚姻,即与同民族的女性结婚(印度裔除外)。在这六个群体中,日本裔的通婚率最高,约有一半男性和至少一半女性的配偶为非日本人裔。菲律宾裔和韩国裔女性也有着较高的通婚率。虽然朝鲜战争和越南战争使很多韩国和越南女性与美国白人、黑人军人通婚,但是这些“战争新娘”只占总的亚裔通婚人口中很小的比例。

美国土著家庭体系

苏珊(Suzan Shown Harjo)指出,在过去的 500 多年里,美国土著人通常被称为“印第安人”。②他们曾经是,并且现在依然是由数百个部落或民族组成,他们有 300 种不同的语言和方言。1492 年哥伦布发现新大陆时,印第安人的人口大约为 100 万。2007 年,大约 1.5%的美国人口(有 450 万)是美国土著或是阿拉斯加土著。③

虽然具体的人口增长模式很难确定,但是人口普查显示,美国土著人口的增长率约为全国平均水平的 4 倍。这主要是由于出生率的提高,婴儿死亡率的降低,并且许多人认为自己都有土著祖先。埃施巴赫(Eschbach)认为,在过去的几十年里,人口普查显示美国土著人口
224 在增长,增长的这部分中包括以前并不认为自己是土著居民的,且不是土著人聚居地的本地人。他还指出,根据 1960 年和 1990 年的人口普查可以看出,这部分“非聚居区”内的土著居民数量约有 6 倍的增长,这表明了这种新出现的种族身份得到了一定的认可与理解,或者说至少反映了种族身份表达方式的发展变化。(在这部分人口的增长中,来自其他地区的移民起到的作用是比较小的)④

---

① Sean-Shong Hwang, Rogelio Saenz, and Benigno E. Aguirre, “Structural and Assimilationist Explanations of Asian American Intermarriage,” *Journal of Marriage and the Family* 59(August 1997):758—772.

② Suzan Shown Harjo, “The American Indian Experience” in Harriette Pipes McAdoo, *Family Ethnicity: Strengths in Diversity*(Newbury Park, CA: Sage, 1993), 199.

③ U.S. Census Bureau, *The 2009 Statistical Abstract* “Table 6—Resident Population by Sex, Race, and Hispanic Origin Status”, http://www.census.gov/compendia/statab/cats/population/estimates_and_projections_by_age_sex_raceethnicity.html.

④ Karl Eschbach, “Changing Identification Among American Indians and Alaska Natives,” Demography 30(November 1993):635—652; and Jeffrey S. Passel, “The Growing American Indian Population, 1960—1990: Beyond Demography,” *Population Research and Policy Review* 16(1997):11—31.

土著美国家庭保持着根深蒂固的家庭间和家庭内相互合作和分享的传统，其时间概念以及与自然和谐共处的观念与西方标准背道而驰。

历史背景

同非裔、西班牙裔以及亚裔美国人一样，将美国土著民视为高度同质的群体是不准确的。虽然在某些价值上是一致的，但是他们有自己的语言、本部落的规矩、家庭准则、生活礼仪、血统模式，以及亲属关系。例如，许多部落的亲属关系是属于父系的，但是在赫比族中，他们的关系则是以母系为主导。许多部落的婚后居住模式都是随男方居住，但赫比族是随女方居住。当然，和其他主要的种族/民族/少数民族群体一样，美国土著人也有自己的特征。 225

美国土著人来自数百个不同的部落。最大的切罗基部落，它的人口占到了美国土著总人口的大约 16%。第二大的那瓦霍部落，占 20%。其他一些较大部落人口占总数的 2.3% 到 5.5% 之间，这些部落主要有 Sioux、Chippewa、Choctaw、Pueblo、Apache、Itoquois、Lumbee，以及 Creek 等。①大部分土著人都居住在美国的西部地区，如加利福尼亚、亚利桑那、俄克拉荷马、新墨西哥、华盛顿以及阿拉斯加。

沃特·卡韦莫托和塔马拉·切希尔(Water Kawamoto & Tamara Cheshire)试图用一个常用的美国印第安术语“七代”去解读土著人的文化信仰。②七代这一词主要是指一个人的决策是如何影响部族的下七代的。例如较强的集体主义和孝的思想就是如此的。虽然在不同的土著部落间，在父权制还是母权制，在家庭延展性上，都存在着差异，但是集体主义和孝的观念还是在土著的文化之中有着充分的体现。

---

① *Statistical Abstract of the United States*, 2000, nos. 43 and 44, p. 45.

② Walter T. Kawamoto and Tamara C. Cheshire, “A Seven-Generation Approach to American Indian Families,” in Marilyn Coleman and Lawrence H. Ganong, eds. *Handbook of Contemporary Families* (Thousand Oaks, CA: Sage Publications, 2004), 385—393.

另外,不论是在美国大平原还是在西北沿岸地带,印第安妇女在家庭和村庄都是处于中心地位的。因为通常男人的责任是处理部落的外部事务,尤其是通过打猎或捕鱼等方式来获得食物,以及保护本社区的安全和与其他社区的人进行谈判。而女人是处于社区的中心地位是因为她们主要负责采集在社区周围的食物或缝制衣服,并通过口头的故事讲述来完成文化的传承,以及共同照看小孩。

但不幸的是,在美国所有的少数民族群体中,随着与主导的欧裔美国社会和文化的接触,美国土著文化是受破坏最严重的。尽管大部分少数民族都在融合中为争取他们的地位而不断的挣扎着,希望得到社会的接受,经济力量,以及平等的权利。而美国印第安人恰恰相反,他们为避免被征服,保有他们的土地、水、传统以及独特的法律权利而不断挣扎。①不像其他的少数民族,他们同政府谈判并签订了600多个条约,并且被迫割让了数十亿英亩的土地以及数不清的自然资源。

哈乔(Harjo)认为,对美国土著的同化主要体现在官方试图通过公开的文化谈判,来摧毁他们的语言、传统、习惯法、服饰、宗教,以及财产。这主要通过如下三种方式完成:(1)政府特许在部落专属领地上进行基督教的传教和"社会工作";(2)通过强制的教育体制将土著孩子与其家庭相隔离,并灌输其非土著的文化;(3)通过政府的努力来打破部落的领地,将领
226 地划分给个人所有,并征收土地税。

教育体系的扩张应当追溯到十九世纪初,当时政府为土著的教育拨款,成立了"文明基金"。1871年,总统格兰特指定了特殊的领地作教堂用,严禁土著居民自己的宗教仪式(包括太阳舞和鬼魂舞),禁止他们讲土著语言,通过送12岁以下的土著孩子去寄宿学校或寄养家庭来迫使其与父母相隔离。哈乔认为,直到现在,教育界仍然认为土著人比白种人低劣。土著孩子通常被告知他们的传统是粗鲁和不道德的。不幸的是,这些不但摧毁着土著的文化,而且导致了许多上寄宿学校和在寄养家庭生活的孩子的危险行为不断增加,这些孩子缺乏土著传统价值的控制和指导。②

现在,得益于二十世纪七十年代通过的教育改革法案,土著美国人的教育更多的是在自己部落的掌控之下,其文化历史的教授也在领地内进行。但在大多数美国小学生、中学生和大学生使用的历史课本中,土著美国人的内容被压缩到了几页,最好的也就一章。感恩节前后,非土著美国人学校可能会设立一天或一周为"铭记土著美国人日"。

除了教育之外,许多方面也可以使我们更贴切地理解土著居民及他们今天的家庭生活。比如说土地。不只是游牧民族被限定在一定的范围内,而且政府还不断致力于分配土地给每个家庭,使他们变成农民,使他们看起来更加文明和开化。这些土地大多数是沙

---

① Harjo, "The American Indian Experience," pp. 199—207. The information in this section comes primarily from this source.

② Walter T. Kawamoto and Tamara C. Cheshire, "A Seven-Generation Approach to American Indian Families," in Marilyn Coleman and Lawrence H. Ganong, eds. *Handbook of Contemporary Families* (Thousand Oaks, CA: Sage Publications, 2004), 385—393.

漠或半干旱土地,根本不适合耕种,虽然政府许诺要灌溉这些土地,但多数诺言都没有实现。

土著美国人经历的一切或许可以用哈乔的话来描述,他写到:

> ……掠夺其土地,强迫其迁徙,对其实行不合理的种族教育,将其孩子与家庭分离,美国政府以家长作风自居,为土著的自治设置种种障碍,粉碎土著的种族认同感,否定土著的宗教自由,这种种恶行一直给土著家庭造成了巨大压力。毫无疑问,这些政策会导致土著的高失业率以及酒精和毒品滥用。①

社会经济背景

美国人口普查显示,只有不到一半(40%)的土著居民居住在土著聚集地、托管地或部落
指定地。联邦美国印第安人聚居地通常是条约、法令以及法院的判决批准建立的,在此范围
内他们有自治权。托管地是指与某一特定部落相关,但位于土著聚集地边境之外,且联邦政
府授权土著掌管的地区。部落—指定统计地区既没有特别的土地基础,也没有托管地,它只 227
是根据人口普查数据提供的统计学上的地区,是一种数据制定。其余60%的土著主要居住
在大城市或其他社区,与这些指定的地区是分离的。为了在城市工作和学习,土著居民也在
不断地离开他们的聚居地。

土著人的一个让人触目惊心的特点就是其年龄中值和寿命。2006年,他们的年龄中值是30.3岁(相比之下,其他人群的年龄中值为36.6岁)。②其寿命预计刚过50岁(而白人的寿命大约是75岁)。婴儿的高死亡率、酒精中毒、肺结核、糖尿病以及其他疾病,再加上心理压力、自杀、犯罪,以及意外伤亡,这些都是导致寿命偏短的原因。

虽然大部分的学龄土著有机会上学,但失学率还是很高。2000年,能够升入大学的土著不到其总人口的6%,而女性占了其中的58%。正好有一半(50%)以上的是两年制大学,一半以上的是四年制大学。教育程度不断提高的土著人主要还是集中在大城市。③

但总体而言,教育水平偏低,大部分男女仍然从事的是服务工作和技术水平较低的工作,这就导致了美国土著家庭收入中值是美国各民族群体中最低的。城市研究院的一份报告显示,土著的居住条件在美国也是最差的。④部落中有40%的土著人缺乏足够的住房,这个水平几乎是全美国平均水平的七倍。

---

① Harjo, "The American Indian Experience," pp. 199—207.

② U. S. Census Bureau, *Facts for Features*, "American Indian and Alaska Native Heritage Month: November 2008," http://www.census.gov/Press-Release/www/releases/archives/facts_for_features_special_editions/012782.html.

③ Karl Eschbach, Khalil Supple, and C. Matthew Snipp, "Changes in Racial Identification and the Educational Attainment of American Indians, 1970—1990," *Demography* 35(February 1998):35—43.

④ "American Indian Housing," *The Urban Institute/Policy and Research Report*(Spring 1996):7—9.

家庭生活模式

2007年,58.6%的土著家庭是已婚家庭。①这个水平低于西班牙裔、亚裔以及美国白人,但高于黑人(参考图5.1)。尽管美国土著的初次性交年龄偏大,但单亲率仍很高。②

跨文化视角

228 **新西兰土著居民:毛利人**

新西兰的土著居民——毛利人——不像美国和加拿大的土著那样,受到了系统的隔离和文化上的削弱。一项历史性的研究考察了毛利人在福利国家是如何被对待的。布朗温·拉伯罗姆(Bronwyn Labrum)在研究中指出,在1944年到1970年间,毛利人长期以来在各种福利体制下一直被平等对待。从过去到现在,新西兰政府一直保持对毛利人及其文化的高度尊重和保护。之所以受到尊重,在一定程度上是由于毛利人高度融入城市生活,以及在二战中毛利人所表现的英勇和无畏。然而,在今天的新西兰社会中,毛利人仍然处于弱势,并且新西兰的福利政策不像美国和加拿大早期对土著居民实行的政策(出于好意帮助土著),它们无意中也成为了毛利人弱势的原因之一。

尽管新西兰政府有着去满足毛利人需求的愿望,但是社会福利政策的构架方式使毛利人"问题累累"。一些活动致力于使毛利人融入新西兰文化,但居住在大城市的毛利人却使自己及其"外国"文化在更多人心中的印象更不好了。布朗温指出,住房政策就是事与愿违的一个方面。这些政策试图使毛利人像大多数欧裔白人一样,住进为核心家庭设计的那种房子。这与毛利人的大家族文化是不相符的。他们有着很多亲属并且热情好客。所以随之产生了许多问题,他们的许多邻居抱怨这些新邻居对其个人财产不尊重,来访的亲戚过多,以及经常玩到深夜,这些都是不符合中产阶级价值标准的。由于福利政策的"好意的接纳",使得毛利文化的其他很多方面为我们所见,被我们加上"问题累累"的标签,例如他们结婚年龄较早,他们婚姻传统不很正式,孩子的抚养和收养方式也不正式等传统。

来源:Bronwyn Labrum, "Developing 'the Essentials of Good Citizenship and Responsibilities' in Maori Women: Family Life, Social Change, and the State in New Zealand, 1944—70," *Journal of Family History*, 29(2004):446—465.

---

① U.S. Census Bureau, *Facts for Features*, "American Indian and Alaska Native Heritage Month: November 2008," http://www.census.gov/Press-Release/www/releases/archives/facts_for_features_special_editions/012782.html.

② Walter T. Kawamoto and Tamara C. Cheshire, "A Seven-Generation Approach to American Indian Families," in Marilyn Coleman and Lawrence H. Ganong, eds. *Handbook of Contemporary Families* (Thousand Oaks, CA: Sage Publications, 2004), 385—393.

尽管部落间存在差异，但都认为亲属关系是最重要的，并一直会将延展的家庭网络维持下去。延展家庭成员可能会，也可能不会住在单独的居住单位里，并通过分享租金或物质等经济资源来履行经济个体的职责。①这可能是由于他们虽然不住在一起，但也住得很近。这些成员相互帮助，积极参与重要的仪式。家庭身份来源于亲属、部落、基于土地的地位，以及个体间有价值的人家关系。

土著居民的家庭分工，尤其像在那瓦霍等部落中，比其他大多数民族/文化群体都更加 229
平等。霍珊(Hossain)报告说，虽然母亲比父亲花费了更多的时间和精力在家务上，但父亲的参与度也非常高。②那瓦霍部落的父亲，在洗衣、做饭以及陪孩子玩耍方面都积极地参与。他们在家庭系统中，都比较自信和具有责任感，这使他们对自己的孩子以及家庭劳务的参与保有较高的自觉性。家庭对他们来说最重要的，人们期望丈夫也参与家庭日常劳务，并帮助他们的妻子维持家庭财产(传统的母权制家庭思想使得那瓦霍的母亲们拥有家中土地和财产的所有权)。

老年人也在美国土著社区和家庭中扮演着一种特别重要的角色。孩子们从小就被教育要尊重和赡养老年人。祖辈积极地教育孙辈、侄子辈，以及其他的亲戚，同时肩负起了传承文化遗产，包括语言、部落礼仪以及家庭传统的责任。较为特别的一点是他们教导后辈与自然和谐相处并珍惜土地。其他的价值——许多都与欧裔美国文化相背离——包括时间的概念，他们认为时间是过去和未来的融合。

与亚裔一样，美国土著不同种族间通婚是普遍的。埃施巴赫指出，六个地区有较高的通婚率：东北、西北、南部、加利福尼亚州、中部草原以及中西部地区。③(通婚率较低的地区包括阿拉斯加、亚利桑那、新墨西哥、北卡罗来纳，以及北方平原各州)1990年，在通婚率较高的地区，有四分之三以上的已婚土著的配偶是非土著。在25岁以下的土著中，此比例大约占到了80%。

威尔金森(Wilkinson)④认为，这些联姻，不是身份的改变，而是许多社会条件的结果：居住在大城市，新的就业机会，同其他族人的频繁接触，有着较好的教育背景，以及渴望融合也有融合的可能性。

我们可以预测，随着越来越多的土著离开他们的聚居地前往城市，他们的时间观念、合

---

① Michael Yellowbird and C. Matthew Snipp, "American Indian Families," in Ronald L. Taylor, ed., *Minority Families in the United States*, 227.

② Ziarat Hossain, "Division of Household Labor and Family Functioning in Off-Reservation Navajo Indian Families," *Family Relations* 50(July 2001):255—261.

③ Karl Eschbach, "The Enduring and Vanishing American Indian: American Indian Population Growth and Intermarriage in 1990," *Ethnic and Racial Studies* 18(January 1995):89—108.

④ Doris Wilkinson, "Family Ethnicity in America," in Harriette Pipes McAdoo, ed., *Family Ethnicity: Strengths in Diversity*(Newbury Park, CA: Sage, 1993), 44.

作与分享的精神以及对他人的责任感都可能不断地弱化。随着更多的妇女外出工作,传统的性别角色也有可能就此打破。随着一些人获得了更好的教育机会和更高的收入,“有产”阶级与那些居住条件简陋、靠政府救济勉强过活、“什么都没有”的阶级间的对比会越来越鲜明。以上和其他的一些改变会带来生活的多样性,不单单是在部落群体和家庭之间,个体间也会有丰富的多样性。

总　结

230 1. 种族是一种社会建构的分类体系,这种体系认为外在生理上的差异可以代表内在基因的、生物的和心理的能力和素质。但是有研究和理论逻辑观点反对这些假设。相反,种族最好是被看成是一种可以对来自不同文化背景的人进行分类的方法,不同群体之间的差异可以归因于他们不同的背景以及群体与主流的文化和社会条件相互作用的方式。

2. 为了理解种族/民族群体的差异,我们应该在与占主导地位的欧裔美国文化发生接触之前,以及在获得由此产生的唯一的历史经验之前去理解各种族/民族的文化,这点是很重要的。有三种重要的文化价值观能够将少数民族和种族群体与占主导地位的欧洲美国文化区分开来,它们是:集体主义/社群主义、家族主义和父权制。它们对于理解这些群体中的家庭是怎样适应美国社会起了十分重要的作用。另外两个重要的概念就是文化适应和同化。他们分别代表了不同种群适应主流文化价值观的程度和将主流文化整合到社会关系体系中的程度。

3. 除了先存的文化和历史经验,考虑这种可能性也是很重要的。那就是种族差异其实是当前生态环境的产物,并且经常是由之前的历史经验所导致的。尤其是社会阶层、偏见、歧视和种族隔离,它们产生的影响是十分显著,能够解释在家庭生活中观察到的许多种族差异。

4. 非裔美国家庭一直被他们的祖先带到美国的传统文化所影响,被他们使用这些传统来适应奴隶制的方式所影响,被奴隶制引进新文化传统的方式所影响(这些引进的新文化传统也是对奴隶制的一种适应),非裔美国家庭还受到了大移民的影响。除了这些文化传统和历史经验,非裔美国家庭也正在积极地适应他们当前的生态环境。但是这些环境并不是一成不变的。尽管较低的社会经济地位、高的贫穷水平和高风险的邻居使许多非裔美国家庭面临困难,但是最近几年,黑人的中产阶层数量有所增加。结果导致了两种家庭模式出现:母权制的女性中心家庭和双亲家庭。

5. 美国西班牙裔人口主要是由墨西哥裔、波多黎各裔、古巴裔、中南美洲裔以及其他一些说西班牙语的民族组成。这些群体文化传统和历史经验迥异,从而使他们之间存在着很大的差异,但他们又共同被集体主义/社群主义、家族主义和父权制这三种价值观所影响。集体主义对西班牙裔文化的影响可以体现与教父母结成的*仪式亲*(compadrazgo)上,这种仪式亲将朋友和大家庭成员纳入到孩子及其父母的生活中。西班牙裔文化的家族主义涉及一种对家庭成员高度的责任和义务感(尤其是对直系亲属和外祖父母、祖父母)。父权制可以由“男子主义”和“圣母崇拜”这两个概念来体现。

6. 西班牙裔各群体间在社会经济条件上存在着显著的差异。尽管古巴裔美国人在经济上是最富裕的,但是与白人相比他们的地位仍然是较低的。波多黎各裔和墨西哥裔美国人经济状况最差,贫困率很高。

7. 西班牙裔美国家庭类型的数据显示,西班牙裔已婚夫妇家庭和女性中心家庭的比例位于白人和黑人之间。与其他群体一样，处于贫穷水平状态的女性中心家庭比例是很高的。在墨西哥裔美国家庭中，男性和女性角色已经出现了改变，尽管总体来说仍然是高度传统化的。尤其是对职业女性来说，关于婚姻的决策似乎变得更加平等，并且男性的传统*男子主义*模式似乎正在消减。西班牙裔和白人相比，前者的大家庭融合水平高于后者，但是至今仍然没有证据来支持高密度集中假设。对于白人和西班牙裔美国人来说，社会支持网络已经形成并且会受到社会经济条件的影响。

8. 与西班牙裔美国人一样，亚洲裔美国人也是一个多种少数民族的集合体，其中华裔和菲律宾 231
裔是最大的种群，除此以外还有很多日本裔、印度裔、韩国裔、越南裔、夏威夷人、老挝裔、柬埔寨裔、泰国裔、苗族人、萨摩亚人和关岛人。与其他群体相比，亚洲裔美国人有较高的教育水平和家庭收入中值。其中一些亚群体，如华裔、日本裔和菲律宾裔，他们的家庭稳定性较高且离婚率较低。

9. 土著美国人是由几百个部落组成。其中大部分居住在美国的西部，但在美国的每个州和许多城市中也可以发现土著民。与其他群体相比，土著美国人的中值年龄较低且平均寿命较短。尽管会有部落间差异的存在，但是在大多数土著美国人有一些共同的价值观：亲属关系、长者权威和土地的神圣性等。由于与其他种族的通婚越来越多，迁往城市的土著人也越来越多，所以坚守传统的价值观变得越来越难。

在下一章，我们将通过考察伴侣选择和婚姻模式来探讨家庭生活周期，接下来的第七章和第八章会讨论婚前和非婚姻关系中的相互作用过程。

关 键 词

民族(Ethnicity) p. 190
种族(Race) p. 191
集体主义/社群主义(Collectivism/communalism) p. 192
家族主义(Familism) p. 192
父权制(Patriarchy) p. 192
贫民区(Barrios) p. 193
文化适应(Acculturation) p. 193
同化(Assimilation) p. 193
偏见(Prejudice) p. 195
歧视(Discrimination) p. 195
居住区种族隔离(Residential segregation) p. 195
文化的不连续性(Cultural discontinuity) p. 196
种族混合/杂混(Miscegenation) p. 196
莫伊尼汉报告(Moynihan Report) p. 200
病态的混乱(Tangle of pathology) p. 200
母权家庭(Matricentric female-headed family pattern) p. 205
双亲家庭(Two-parent family pattern) p. 207
西班牙裔美国人(Hispanic Americans) p. 208
教父和教母(Compadres and comadres) p. 209
仪式亲(Compadrazgo) p. 209
男子主义(Machismo) p. 210
圣母崇拜(Marianism) p. 210
奇卡诺人(Chicanos) p. 211
短期工(Braceros) p. 211
高密度集中假设(Superintegration hypothesis) p. 216
极度分散假设(Disintegration hypothesis) p. 217
亚裔美国人(Asian Americans) p. 218
太平洋岛民(Pacific Islanders) p. 219
多民族的(Multiethnic) p. 219

身份冲突(Identity conflict) p. 222

土著美国人(Native American) p. 225

七代(Seven generations) p. 225

文明基金(Civilization fund) p. 226

聚居地(Reservations) p. 227

托管地(Trust lands) p. 227

部落指定统计区(Tribal-designated statistical areas) p. 227

问题讨论

1. 在理解人类社会行为时,种族有什么意义和重要性?

2. 当我们在理解家庭生活中的民族和种族差异的时候,有哪些因素值得考虑?

232 3. 现代家庭特征中,有哪些可以直接追溯到非洲遗留的文化传统?在美国怎样理解奴隶制对于理解当前非裔美国家庭生活模式的作用?

4. “种族重要性下降”是什么意思?关于这个假设的证据告诉了我们什么?

5. 什么文化观是各类西班牙裔美国人所共同具有的?什么文化和社会经济因素可以区分这些不同的子群体?

6. 不同的历史经验是怎样通过不同的方式来塑造墨西哥裔和波多黎各裔美国人的家庭生活的?

7. 关于西班牙裔美国人的延展家庭网络,高密度集中和极度分散假设间的争论是怎样的?对此争论,数据又有何作用?

8. 比起其他群体,亚裔美国人具有较高的教育水平和家庭收入中值,你是怎样解释的?

9. 亚裔美国人的文化遗产和历史经验是怎样塑造他们在美国和在家庭生活中的成功的?为什么说所有的亚裔美国人都已经获得了成功又是不正确的呢?

第三部分　婚姻关系形成的过程和非婚姻关系

第 6 章

伴侣关系和婚姻形成

案例 235

与种族、信仰有关的爱情

普雷斯顿和朱莉恋爱将近七年了，最近刚刚订婚，在马里兰州买了套连体别墅，现在一起住在那里。普雷斯顿今年 32 岁，他的文科学士和工商管理学硕士学位都是在杜克大学拿到的；朱莉今年 30 岁，毕业于阿默斯特的马萨诸塞州立大学，现在正在攻读冲突解决方向的硕士。普雷斯顿现在是福特汽车公司的管理层，朱莉取得人力资源管理资格证书，进行该领域的咨询和培训工作。普雷斯顿是非裔美国人，信仰新教；朱莉是白种犹太人。

普雷斯顿和朱莉在华盛顿相遇，当时他们都在喜来登公司工作。相恋两年多后，朱莉在佐治亚州亚特兰大得到一份工作，而普雷斯顿重返了位于北卡罗来纳州达勒姆的学校。在那之后的三年，他们维持着远距离的恋爱关系，直到普雷斯顿在芝加哥得到一份工作，朱莉搬过来与他会合。

尽管他们的种族和宗教信仰背景不同，但却共享着一个基本的核心价值观即渴望一个包容性社会，共享所有个体都应被尊敬对待的信念。对于普雷斯顿来说，种族不是问题。他设想过他可能会娶一个同种族的女人做妻子，但在此之前他会和白人、西班牙裔、亚裔以及美国
本土女性约会。朱莉却从未同犹太族以外的人约会过。她说这点让她吃惊，因为她生活在一 236
个混杂的社区，在这样的社区一切都可能发生。但当她遇见普雷斯顿，新的可能性出现了。他不像她之前见过的那些男人，他很有耐心、冷静、明理、脚踏实地、聪明，能很轻松地和她谈及任何事情。而对普雷斯顿来说，朱莉是个有魅力、热心、开朗、有趣，并且很有智慧的女人。

他们的父母和朋友对他们之间的关系做何反应呢？对普雷斯顿来说，父母和朋友那边没有什么意见，他的朋友中很多都是不同种族的，他们和不同种族不同民族背景的女孩约会

过。他的父母效力于军事方面,他们自己收养了一个混种族的男孩,所以他们很快就接受了朱莉。她说他们就像对待自己的女儿那样对待她,总觉得和他们很贴心。然而,朱莉的父母一直生活在同种族的社区中,他们的朋友都是白种犹太人。因此,朱莉和普雷斯顿的关系在他们看来是有问题的,尤其是朱莉的爸爸。他固守许多传统的观念,尽管相较于种族差异,信仰的差异对他来说容易接受一点,但是他们俩的结合让他很不舒服。时间长了,朱莉的妈妈越来越支持他们,见到女儿这么幸福她也很开心。

普雷斯顿和朱莉意识到这个问题的解决更多涉及他人而不仅仅是人际间的,他们双方都为了别人的想法而纠结。有时,他们会因为陌生人盯着他们的眼神而觉得很不舒服,在感受到被人接纳之后才同别人交流。他们自己计划在未来一到两年内结婚,他们都很想要小孩,并协商好让孩子在保持基本的犹太文化传统下成长。

问题思考

◆ 普雷斯顿和朱莉已经相识七年之久,你认为他们为什么等这么久才准备结婚呢?

◆ 你觉得我们社会上的所有人都有相等的结婚机会吗? 什么可能减少一个人结婚的机会?

◆ 是否每个人都应该在生命的某个时刻结婚? 如果是的话,为什么? 如果不是的话,一个人不结婚是否也能过上幸福、充实和健康的生活?

◆ 普雷斯顿和朱莉来自不同的种族和宗教,这是他们要克服的重大挑战吗,或者爱情”就可以克服一切? 当像普雷斯顿和朱莉这样的两个人相爱时,种族和宗教背景的差异还有多大的意义?

◆ 你觉得普雷斯顿和朱莉感情的成功或者失败对于周围人(例如朱莉的父亲、朋友以及陌生人)会有什么样的影响?

这一章中,我们的讨论将从美国家庭的家庭变化和种族/民族/等级变量,转向亲密伴侣挑选和家庭组建的结构和过程中来。在这里所有提到的“*婚姻*”,都是指异性夫妇间正式的、被合法承认的婚姻。这并不是说其他类似婚姻的关系不那么重要,也不是说不允许同性
237 双方结婚,更不是说其他形式的长期承诺的感情被视为不正常或另类的。我们在这里限制这个词义,只想以此为起点去考虑在当代美国社会这些制度规范可能怎样变化,讨论当今发展出非婚姻的浪漫关系(成为结婚的前奏或者其他)的文化背景。在第七章当中,我们将详细讨论非婚姻关系。

这一章开始,我们将首先考察美国的结婚率,考察为什么越来越多的年轻人选择不结婚,或者在寻找婚姻伴侣中处于不利的地位。我们接下来将会问“为什么要结婚?”我们也将思考我们的婚姻系统和其他社会的婚姻系统或者我们自己过去的婚姻系统有什么差别,在不同的文化背景下是什么因素决定了情侣的选择或挑选。最后,我们将看看什么因素会导

致非正常的选择以及这样选择的后果。

婚姻的趋势和特征

美国现在有多少人已婚，其具体的婚姻趋势又是怎样的呢？截至2007年，在美国18岁及以上的共有2.226亿人，其中的1.297亿，即58.2%是已婚人口。①剩下的要么是寡妇、离异者及合法分居的，要么是没有结过婚的。

已婚人口的比例随性别、种族又大有不同。总的来说，男性已婚的比例似乎比女性稍多一些(各自分别为59.9%比56.7%)。亚裔美国人是已婚人数最多的群体(65%)，接下来在比例上很接近的非西班牙裔白人排第二(61%)，西班牙裔排第三(57.3%)。非裔美国人在2007年统计的已婚人口中明显少于大多数(只有41.4%)。已婚比例中，性别差异最小的是亚裔和西班牙裔，但是对于非西班牙裔白人，尤其是非裔美国人来说性别差异很大。在非西班牙裔白人中，已婚男性的比例高于女性(各自分别为62.9%比58.9%)，这一现象和非裔美国人一样，尽管后者差异更大(45.5%的男性比38.1%的女性)。

一项关于未婚成年人和当前处于离婚状态人群比例的调查显示，对于低结婚率的非裔美国人来说，很大程度上是由于这一群体中有很大一部分不婚族。尽管当前处于离婚状态的比例和没有再婚的比例差异很小，但是相比只有20%的非西班牙裔白人，有超过40%的非裔成年美国人从未结过婚。这一种族差异同时涵盖了男性和女性。②

跨文化视角 238

拉丁美洲的婚姻制度

拉丁美洲在20世纪的后五十年中，在社会、政治、经济上都经历了巨大的变化。虽然不同地区的经历未必一样，但是大多数国家都看到了高水平的经济发展，经济停滞和重组、内部政治冲突、女性受教育程度和女性就业的提高。考虑到这些变化，尤其是这些牵涉了经济发展的变化及女性就业和受教育程度的提高，你可能预料出生率和结婚率会减少，如同预料结婚年龄会增大、同居盛行一样。在该区域一项关于结婚和生育的调查中，伊丽莎白·弗斯尔和阿尔伯托·帕利尼(Elizabeth Fussell & Alberto Palloni)发现了预想中的出生率下降，但令人吃惊的是，这些下降并没有伴随着结婚年龄的增加和结婚率的降低。

①② U. S. Census Bureau, *The 2009 Statistical Abstract* "Table 55—Marital Status of the Population by Sex, Race and Hispanic Origin." http://www.2010census.biz/compendia/statab/cats/population/marital_status_and_living_arrangements.html.

在20世纪后五十年间,拉丁美洲的国家在婚姻制度上有三种变异,以高结婚率和结婚年龄早为特点。第一个变异是中美洲和一些加勒比国家(多米尼加共和国、厄瓜多尔、危地马拉、洪都拉斯、尼加拉瓜、巴拿马)的特征,这些地方同居比例高,而正式结婚的比例不高。第二个变异是安第斯国家和一些北部的南美洲国家(玻利维亚、哥伦比亚、厄瓜多尔、巴拉圭、秘鲁、委内瑞拉)的特征,这些地方同居和正式结婚有很大的混合。最后一个变异是像阿根廷、巴西、智利、哥斯达黎加、墨西哥和乌拉圭这些经济较好的国家的特征,即正式结婚的比例很高而同居却不那么频繁。这三类国家第一次同居的年龄都很早,结婚的年龄也很早,然而那些同居比例较高的国家第一次结婚的年纪最小。他们将这些组间差异归结为,"殖民地历史的地区相似,欧洲、非洲和本土人口的融合,以及经济发展…"(1203—1204)

为什么这些国家的婚姻制度没有像西欧和北欧那样受到经济发展的影响?这份分析报告的作者,指出拉丁美洲之间情况的相似性,这在工业化早期时代的南欧和东欧也有发现。为什么拉丁美洲的国家没有经历"欧洲人口结构转型"(见第二章),包括低结婚率和初婚年龄的增大,这是因为他们的生产活动没有和产权紧密地结合在一起,因此婚姻也没有同建立经济独立的先决条件联系在一起。正如南欧和东欧过去的婚姻制度,在拉丁美洲,婚姻和家庭联系仍然是适应及继续生存的关键,而这些国家对家庭主义(见第五章)的重视又加强了这一联系。尽管经济发展了,女性更多地参加到经济生产中,然而拉丁美洲的生存条件仍然有很高的不确定性——无论是经济优先权还是不利条件。因此,逐步形成了一项基本的生存策略(经常涉及恋爱男女双方同居和经济合作),即利用家庭联系以及对这些联系的强烈忠诚感。婚姻建立了家庭联系,接下来成为生存的关键,增加了结婚和早结婚的经济价值和受益。

来源:Elizabeth Fussell and Alberto Palloni, "Persistent Marriage Regimes in Changing Times," *Journal of Marriage and Family*, 66 (December 2004):1201—1213.

就所有人口当前的婚姻状况而言,2007年,只有220万多一点的人结婚,粗结婚率
239 (crude marriage rate)(每1000人中已婚的人数)为7.3。①每一个婚姻当中涉及两个人,解释这一数据时注意到这点很重要,所以这7.3的粗结婚率实际上说明在2007年每1000人中有14.6个人迈入婚姻。同样需要注意的是,这一比例的数据基础(即分母)包含了不符合结婚条件的人群(儿童、青少年、之前已经结婚的、那些不会结婚的例如老人)。所以,粗结婚率

① U.S. Census Bureau, *The 2009 Statistical Abstract* "Table 123—Marriages and Divorces—Number and Rate by State." http://www.2010census.biz/compendia/statab/cats/births_deaths_marriages_divorces/marriages_and_divorces.html.

尽管被普遍引用，但也不是评估成年人即将结婚*可能性*的理想指标。

特别在研究婚姻随时间的变化趋势时，这一数据的价值很有限，因为它会根据人口中年龄分布的变化而变化。例如，在高出生率期间（第二次世界大战后的“*婴儿潮*”，见第十章），粗结婚率会被不自然地压低（这一比例会低估结婚的普及和可能性），因为人口总数在膨胀，但是儿童和青少年是不符合结婚条件的使潜在的婚姻数量没有变化。所以在计算结婚率时，分母变大了，但分子（当年结婚的数目）没有改变。相应的，粗结婚率也会不自然地膨胀（这一比例会高估结婚的普及和可能性），在出生率短期增加的二十到三十年后（例如第二次世界大战“婴儿潮”后的二十年间），因为符合结婚条件的人口剧增（之前过高的出生率），但是没有相应数量的人口增加。因此，即使符合结婚条件的结婚人数没有变化或甚至减少，粗结婚率也会出现上升的现象。

为了纠正这些错误的解释，人口统计学家又发展了一种替代它的统计方法，称为一般结婚率(General Marriage Rate)。这一比例是基于在指定年份里，总人群中符合结婚条件的人口，同时纠正一个婚姻中包括两个人的事实。它仍沿用同样的分子（指定年份中可能发生的婚姻数目），而分母限定为 15 周岁及以上的未婚女性人数。尽管这不是一个完美的指标，但是它较少受到总人口年龄分布随时间变化的影响，这一数据也无需乘以二来估计个人结婚的可能性。2005 年一般结婚率接近于40.7。①

在图 6.1 中我们可以看到，一般结婚率在过去的 85 年里发生了变化。对婚姻变化的文化取向强化了这些波动，不过这些波动最初是因受到战争和经济状况变化的影响。长久的趋势仍然是持续下降的。

结婚率在一场大规模战争的初期通常会增加，在冲突的过程中会降低，在战后几年又会骤然增加。这是第一次和第二次世界大战的特点，可能也是独立战争的特点。在第二次世界大战时期结婚率的增加仍然保持了美国历史上空前的记录。1945 年，一般结婚率从 1940 年的 82 增长到 105，是前所未有的也是无法逾越的巅峰。到了 1950 年，这一数据又恢复到了二战前的水平，其下降的速度和它飙升得一样快。与战前战后的两段时间对比起来，经济衰退和大萧条通常会对结婚有抑制作用。1935 年，在大萧条的最低谷，一般结婚率从 1925 年的 240
78 跌入了 57 的谷底。下跌的这一时期可能也是美国除独立战争以外前所未有的阶段了。

从 1970 年到 2005 年，结婚率逐步稳定的下降同样也反映了经济的变化，但是更多是由于不同领域重要性的变化。随着工业产业的减少，信息和服务产业的增加，对经济上可行的职位的培训需求有所增加，对女性劳动力的需求也有根本上的增加。这些变化导致了建立婚姻所需要的经济前提被延迟（积累资源和建立稳定的经济保障来源），同时由于女性作为一个社会地位来源，女性对于婚姻的依赖降低了。结果，每年都有越来越多的男性和女性推

① The general marriage rate is no longer calculated by the U. S. Census Bureau. Rates reported here were based on data reported in: The National Marriage Project, *The State of Our Unions 2007: The Social Health of Marriage in America*. http://marriage.rutgers.edu/Publications/SOOU/SOOU2007.pdf

图 6.1　1920—2005 年的一般结婚率
来源：For years prior to 1970：Yearly volumes of the *Statistical Abstract of the United States* prior to 1960. For 1970—2005：The National Marriage Project，*The State of Our Unions 2007：The Social Health of Marriage in America*. http://marriage.rutgers.edu/Publications/SOOU/SOOU2007.pdf

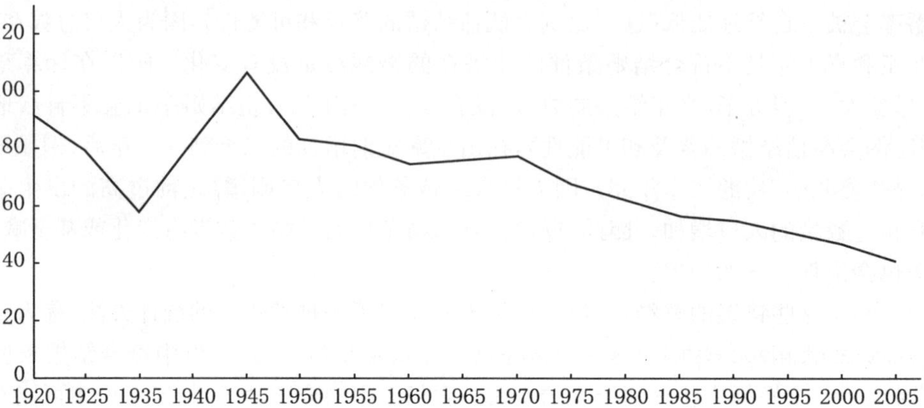

迟结婚(因此降低了结婚率)，更多的女性甚至选择不婚(稍后讨论)。除了这些结构因素，这一长期的趋势可能是现代社会对于婚姻意义的理解发生转变的结果，从以前把婚姻当做义务的观念转化为一种为了共同实现生活目标，以实现个人幸福为目的的自愿结合。

与结婚率变化相反，未婚率自 1970 年起骤增。这一变化在那些大部分男性和女性都为传统结婚的群体中显得尤为明显。例如，在 20 到 24 岁这群人中，未婚女性的数目是三十年前的两倍多(从 1970 年的 35.8%到 2007 年的 76.4%)，而未婚男性的数量增加也超过 50%以上(从 1970 年的 54.7%到 2007 年的 86.9%)。①而 25 岁到 29 岁这群人的增加就更加剧烈了。

241 图 6.2　1890—2007 年美国初次结婚人口平均年龄的分布图
来源：U.S. Bureau of the Census，Current Population http://www.census.gov/population/socdemo/hh-fam/ms2.csv

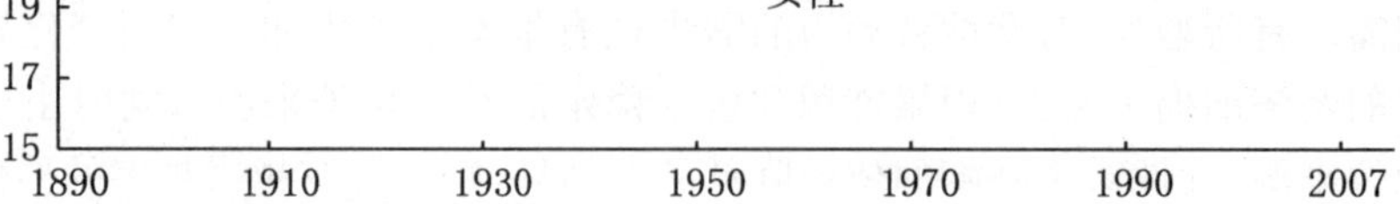

① U.S. Bureau of the Census，*Statistical Abstract of the United States*：2001；U.S. Census Bureau，*The 2009 Statistical Abstract* "Table 55—Marital Status of the Population by Sex and Age：2007." http://www.2010census.biz/compendia/statab/cats/population/marital_status_and_living_arrangements.html.

可能正如所预想的那样，这些变化反映了自20世纪50年代初期以来，男性和女性结婚年龄的戏剧性变化。从历史的角度来说，美国向来存在男性结婚年龄大而女性结婚年龄小的现象。由图6.2反映的结婚趋势调查显示，初次结婚的平均年龄和男女初次结婚的年龄差异自本世纪初发生了很大的变化。从1890年到1950年，美国朝着早婚的趋势发展，而初次结婚的新郎和新娘的年龄差距也在逐渐变小。在1890年，男性初次结婚的平均年龄为26.1岁，女性为22.0岁，年龄差距为4.1岁。到了1956年，初次结婚的平均年龄达到历史最低点：男性为22.5岁，女性为20.1岁。从那时开始，男性和女性初次结婚的平均年龄便逐步而间断地增加。在过去的二十年里，男性和女性初次结婚的平均年龄都分别增大了3岁以上。今天，美国人初次结婚的平均年龄已经达到了历史最高点(男性27.7岁，女性26岁)。

如何解释这几十年间平均结婚年龄不可思议的增加？有很多因素来解释这种趋势。年轻人推迟结婚是因为他们花更多的时间在学校，在寻求和建立自己的事业上，他们背负着助学贷款和其他形式债务的重担，花更长的时间积累资产来维持婚姻和家庭。甚至有解释说，年轻人会花更多的时间在寻找伴侣、决定和谁结婚上，因为原来寻找伴侣的机制被打破，谁才是最好选择的明晰标准变得复杂而又模糊了。①或者，年轻人只不过对婚姻不太确定，较少将婚姻置为终生的状态，因此，不到充分肯定的时候他们不会做出结婚的决定。因为社会认可同居的这些新现实，将同居作为早期结婚的另一种选择也增加了，同时这也可能推迟结婚。

更加意味深长的是，平均结婚年龄的增大同时伴随着同居(见第七章)数量的巨大增加， 242
这仅仅只意味着结婚的延迟(推迟结婚)，或者还预示人群中一辈子都保持单身的人数在增加(放弃婚姻)？一项关于美国20世纪50年代和60年代出生的女性的调查显示，结婚对于美国女性来说依然是普遍的。②近90%的女性曾被预测会结婚。尽管男性和女性结婚都变晚，同居变得很平常，但研究结果显示：美国的同居现象是婚姻的早期形式而不是婚姻的永久替代形式。所有群体对于婚姻的渴望程度仍然很高，不过研究者确认种族和受教育程度的不同会引起重大变化。

很明显，随着结婚平均年龄的增大，个体单身的状态也持续得更长。晚婚可能使他们与家人一起生活的时间更长。在1995年的调查中，全国性的数据显示，有29%的未婚成年子女同父母生活在一起(有13%的离婚子女同父母生活在一起)。③因此，晚婚和高离婚率都增加了父母对子女长期的、日复一日的责任。另一方面，随着晚婚和更长时期的单身状态，子女离开父母家独立生活的时间也可能增加了。尤其对于女性，长期单身和独立生活的一些结果便是，她们会更多地为自己的事业打算，降低期望的家庭规模，相较于那些和父母生活

---

① Ulrich Beck and Elisabeth Beck-Gernsheim, *The Normal Chaos of Love* (Cambridge, MA: Blackwell Press, 1995).

② Joshua R. Goldstein and Catherine T. Kenney, "Marriage Delayed or Marriage Forgone: New Cohort Forecasts of First Marriage for U.S. Women," *American Sociological Review* 66(August 2001):506—519.

③ Lynn White and Debra Peterson, "The Retreat from Marriage: Its Effect on Unmarried Children's Exchange with Parents," *Journal of Marriage and the Family* 57(May 1995):428—434.

在一起的女性，她们对于职业女性接纳度更高，对于性别角色的认识更加非传统化。[①]

结婚率的结构性限制

正如前面提到的，在美国，结婚率和单身状况随着种族和民族群体的差异有着显著的变化。这些差异多数正好使不同群体中婚姻对个体的可能性和利益变得多样化。[②]非裔和西班牙裔十分支持婚姻，[③]并有很强烈的结婚意愿，但是很多人发现由于贫困的经济状况和*婚姻挤压*的作用，而使得结婚的代价超过了婚姻的有益之处。

婚姻挤压描述的是男女人口比例或总人口中男性数量和女性数量失调的作用。无论什么原因，任何符合结婚条件的男性的短缺（低性别比）或者女性的短缺（高性别比），都会导致婚姻挤压。当婚姻挤压存在，由于可获得的异性变少，那么结婚率会趋于降低，结婚年龄可能也会因此变小。举个例子，一项对111个国家的调查显示，高性别比（男性过量和女性相对少量）同已婚女性比例正相关，而同女性平均结婚年龄负相关。[④]也就是说，女性相对男性的数量越少，结婚的比例会越高，而结婚人群的年龄会越小。

243

大多数婚姻伴侣的年龄都相对一致，这意味着大多数伴侣的年龄都非常接近。在美国，当结婚伴侣的年龄出现差异时，最常见的就是年长男性娶年轻女性的类型。

当男女人口比例这一概念被用到可获得的结婚伴侣这个领域时（现代社会众所周知的婚姻市场），它的意思拓展为不仅仅是可获得伴侣的短缺，也指合*适中意*或*令人满意*的伴侣的短缺状况。因此，相对另一性别，不仅男性短缺或女性短缺会造成结婚率降低，而且任何具备令人满意特征的男性或女性的比例失调或短缺也会带来同样的作用。例如，美籍非裔女性在之前的几十年中，结婚率都很低，造成这一结果的原因，不仅包括此前

---

① Linda J. Waite, Frances Kobrin Goldscheider, and Christina Witsberger, "Nonfamily Living and the Erosion of Traditional Family Orientation among Young Adults," *American Sociological Review* 51(August 1986):541—554.

② Julius Wilson, *The Truly Disadvantaged: The Inner City, the Underclass, and Public Policy* (Chicago, IL: University of Chicago Press, 1990).

③ Richard A. Bulcroft and Kris A. Bulcroft, "Race Differences in Attitudinal and Motivational Factors in the Decision to Marry," *Journal of Marriage and the Family* 55(1993):338—356.

④ Scott J. South, "Sex Ratios, Economic Power, and Women's Roles: A Theoretical Extension and Empirical Test," *Journal of Marriage and the Family* 50(February 1988):19—31.

二三十年出生的男女人口比例失调，年轻美籍非裔男性死亡率高，还包括美籍非裔男性的高监禁水平、高失业率和低就业率，美籍非裔男性的教育水平相对于女性的教育水平较低。①

这一章接下来将会讨论配对梯度，除了美籍非裔女性以外的群体同样也经历了婚姻挤压。例如，在一个阶级或者等级制度中，处于高层的女性和底层的男性结婚率更低，因为缺乏具备理想条件的伴侣。不仅美国存在这种类型的婚姻挤压，其他国家也一样。印度上层等级社会的女性就是这一特点最好的说明。②

在考察婚姻挤压时年龄是最常考虑的典型因素。假定这样一个群体，27 岁的男性通常和 24 岁的女性结婚。如果每年的出生人口数都减少，那么 27 岁的男性将会在比他小三岁的更小的女性群体(一个特定年龄群体)中寻找新娘。这样男性将陷入婚姻挤压，因为他们遭遇了女性短缺。相反的，如果出生人口每年都大量增加，同样的操作程序，会使女性遭遇婚姻挤压。这样，早三年出生的男性将会比人群中那些晚三年出生的女性人数少。

克劳迪和托利(Crowder & Tolney)举例说明了黑人和白人之间的联姻(见之后本章的 244
讨论)如何也带来黑人女性的婚姻挤压。③联姻的黑人男性会减少黑人女性当前结婚或者向婚姻过渡的可能性。白人女性喜欢与受教育程度高、收入高、职业声望好的黑人男性联姻，这对那些经济贫困的黑人男性产生了负面的影响，特别是对于那些高学历的黑人女性。因此，黑人女性的婚姻前景有着更长远的挤压。

在以色列和巴西也发现了类似婚姻挤压的影响。在以色列，女性生来就面临严重的婚姻挤压，因此她们更可能保持单身，那些结过婚的女性更可能是嫁给外族，即异族结婚。④在巴西，婚姻挤压导致极不稳定又非正式婚姻(同居)的增加。

结婚率的变化

在美国，婚姻率有一个明显的季节化特征：六、七、八月结婚的明显多于其他月份。结婚趋势减少的季节是一、二、三月。季节性的变化很大程度上也受到假期、学年开始和结束、气候条件和像四旬斋这样神圣的宗教时期的影响。

结婚率在一周中也有很大变化。超过一半的婚礼在周六举行，周五是第二受欢迎的日子，而周二、周三和周四是最不受欢迎的日子。

婚姻由举行婚礼所在州的法律保护，并以这个州的法律为准。宽容的婚姻法吸引着来

---

① Wilson, *The Truly Disadvantaged*.

② Michael S. Billig, "The Marriage Squeeze on High-Caste Rajasthani Women," *The Journal of Asian Studies* 50(May 1991):341—360.

③ Kyle D. Crowder and Stewart E. Tolnay, "A Marriage Squeeze for Black Women: The Role of Racial Intermarriage by Black Men," *Journal of Marriage and the Family* 62(August 2000): 792—807.

④ Haya Stier and Yossi Shavit, "Age at Marriage, Sex-Ratios, and Ethnic Heterogamy," *European Sociological Review* 10(May 1994): 79—87; and Margaret E. Greene and Vijayendra Rao, "The Marriage Squeeze and the Rise in Informal Marriage in Brazil," *Social Biology* 42(1995): 65—82.

自其他州的情侣们,尤其是当相邻州对婚姻有更多限制性法律时。主要的吸引包括:(1)法律不要求申请结婚和发布结婚证之间的等候期,或者发放结婚证和婚礼之间的等候期;(2)法律不要求体检或血液测试。这些因素具有一个双管齐下的作用:它降低了那些情侣原来所在州的结婚率,而提高了吸引情侣去结婚的那些州的结婚率。

美国的结婚率(每1000人中)在州与州之间一直存在着明显的差异,部分是由于政策不同,部分是由于文化、政治和社会气候不同。考察这些差异的一种的方法是关注那些基于政治取向的差异。如果赞同并规定婚姻是一种联系着更大范围的文化和政治冲突的制度,那么我们可能预计"红州"(倾向于共和党的州)和"蓝州"(倾向于民主党的州)之间的结婚率会有所不同。这些投票模式上的政治差异与更大的文化差异相关联,这些文化差异又同信仰、传统主义和现代化相关。

245 在一份对这些潜在差异的分析中,即国家婚姻项目,报道2005年"红州"的一般结婚率明显较高,[1]结婚率最高的一些州出现在南部的"红州",堪萨斯州(77)和阿拉巴马州(54)列在榜首,山区的爱达荷州(66)、怀俄明州(60)和犹他州(58)也很高。相对的,结婚率最低的一些州出现在东北部的"蓝州",垫底的有宾夕法尼亚州(24)、新泽西州(27)、特拉华州(28)和康涅狄格州(28)。

婚姻的目的和结果

即使美国近几十年的结婚率在降低,未婚成年人数量在增加,但是婚姻以及类似婚姻的恋爱关系仍然很受人欢迎。尽管存在冲突、离婚和婚姻变故,大多数美国人结婚或者选择一夫一妻制、以性为基础和以异性或同性为基础的感情。世界各地,标准期望是将婚姻看成一种恰当、合意的状态,尽管包括同居在内的标准在各国有所不同。这些社会中的大多数人和群体仍然会实现这些标准期望,尽管需要完成复杂的任务,包括精通伴侣选择的相互作用,处理婚姻活动伴随的仪式和婚礼,满足家庭生活需要。让我们来考察促使人们结婚的因素。

为什么结婚?

当进行跨文化研究时,结婚的原因和结果对个体和广泛的社会来说是存在差异的(见第一章)。这些差异可能导致婚姻结构的差异,但并没有明显削弱婚姻的重要性。例如,在其他社会中,想要孩子是结婚的一个重要原因,当今美国社会也提到了这个原因。许多社会中,婚姻是血缘关系和大家庭系统的具体延伸,提供一些基本的功能诸如生殖、传宗接代、补充劳动力和继承资产。因此,婚姻为生育孩子、在血缘群体间建立财产关系提供了条件,而

① The National Marriage Project, *The State of Our Unions 2007*: *The Social Health of Marriage in America*. http://marriage.rutgers.edu/Publications/SOOU/SOOU2007.pdf.

这些才是结婚的主要动机。的确，在这些社会中，没有一个孩子（或者更确切的说，没有一个男孩）是结束婚姻、新伴侣代替现任妻子的充分理由。

然而在美国，核心家庭的功能不再是作为一个经济生产单位，传递财产只是少数精英和一些务农家庭结婚的理由。因此，尽管大部分孩子是已婚夫妇生的（大多数已婚夫妇想要孩子），但是没有孩子也很难作为离婚和再婚的充分理由。相反的，不想要或者不能够拥有孩子——一些男人和女人自我本身不热衷于生小孩，或者一方不能生育，又或者感觉自己太老而不能生孩子——也不是不结婚的充分理由。那么，现代美国社会，是什么促使我们去结婚呢？

跨国家庭 246

英国—巴基斯坦包办婚姻的风险和仪式

居住在西方国家的巴基斯坦人与居住在巴基斯坦的伴侣之间的包办婚姻已经出现很长时间了。这样的婚姻与巴基斯坦的文化传统高度一致，当潜在伴侣范围很少的时候，可以帮助这一民族群体中的成员找到伴侣。然而，近几年新的移民限制约束使得这一操作在英国变的更加广泛、复杂和高风险。在一项关于这一操作的研究中，凯瑟琳·切尔西（Katharine Charsley）展示了，传统仪式是如何适应去处理显著的特征和这些真正的跨国婚姻所涉及的高风险。在她的文章中包含一些特定的注释，传统的 *nikah*（婚约的签署）和 *rukhsati* 的操作（将新娘送到丈夫家）是如何从三部分婚礼习俗“*menhbi*、*barat* 和 *walima*”中抽取出在英国而新郎来自于巴基斯坦时进行。延迟进行法定结婚程序的形式敲定了婚姻，这样可以有很多的优点，诸如获得好的结婚对象，但又可以在进行正式结婚程序前，给双方及双方家人彼此了解的时间。更重要的是，提前举办 *nikah* 可以保障英国定居者的结婚对象，无需经历变成“移民寡妇”的风险，因为她的丈夫可能不被英国政府批准居住权。

第二个修改包含了对 *rukhsati* 的延迟或修改。一对新人在巴基斯坦已经进行了 *nikah* 的签署，但是他们在圆房前一直等待直到配偶抵达英国。正如 *nikah* 中的例子，这一操作的许多动机可以在这些风险中发现：签证申请被否决、变成移民寡妇和单亲妈妈。另外，怎样以各种各样的方式去处理这些婚姻所涉及的风险。

在巴基斯坦传统的结婚仪式上，常见但并不是每次都有的 *nikah* 作为 *barat* 的一部分——婚礼的第二阶段，新郎的家人去拜访新娘的家人以庆贺并签订书面的结婚协议。*Nikah* 的签署在巴基斯坦被认为是等同于合法婚姻的，当 *nikah* 在巴基斯坦举办而不是在英国举办时，英国政府也是认可的。而 *rukhsati* 传统上都是在 *barat* 的最后举行，标志着新娘将从娘家送去夫家，这一习俗也包括洞房花烛和圆房。接下来紧跟着的是新娘的家人到丈夫家拜访——*walima*。如果这些婚礼是跨国界的，这些传统又是如何被抽取和修改的呢?一种修改是夫妻双方在英国合法结婚前的几个月甚至半年举行 *nikah*。这种操作通常是新娘居住外性行为对于巴基斯坦人的生活来说是很有影响力的,在仪式结束之后可能会面临长时间的分别,直至双方等到签证被批准,这一过程被认为过于艰难而无法忍受。最后,作者也表达了对保持新娘童贞的担心,因为意识到如果丈夫没有获得签证可能需要随后的巴基斯坦式的离婚。

来源:Katharine Charsley, "Risk and Ritual: The Protection of British Pakistani Women in Transnational Marriage," *Journal of Ethnic and Migration Studies*, 32(September 2007):1169—1187.

从一种结构功能论的观点来看,在家庭系统背景下进行的结婚和同居,大体上继续实现了家庭的许多功能。这些家庭功能包括:形成基本人格、获得地位身份、培养社会化、上层管理,通过再生产、经济合作、成人同一性和行为的稳定来更换成员等等。即使这些功能并不需要结婚,性的排他性和异性的排他性都得到满足,婚姻体系也增强了这些功能,而这一体系是以成年人间自愿建立一种长期互信的感情为前提。

247 从个人的层面来说,美国及其他现代西方社会的婚姻服务于很多目的,并且包含很多积极和消极的结果:自己的家庭、孩子、同伴、幸福、爱、自我支持、经济保障、许可的性发泄途径、感情、逃避、孤独的消除、怀孕等等。在婚姻中婚姻需要得到满足的程度越大,取代未满足需要的选择余地就越少,结婚的可能性和婚姻的延续性就越大。

需要强调的是,在美国社会和文化背景下的婚姻呈现了种种形式,除了传统的一夫一妻制、性排他性、异性、一生的婚姻模式来实现社会功能和个体的需要外,一个已经出现的熟悉的模式可能被归类为连续的或有序的一夫一妻制:结婚、离婚、再婚、再离婚模式。另一种模式涉及将婚姻维持一辈子,同时夫妻关系以外的性和情感的需求都得到满足。第三种模式是未婚同居的出现,是当今一种相对常见的形式,涉及两个同性或异性的未婚成年人像结婚那样共住一处。

这些新出现的模式也许标志着婚姻制度的重塑,或是对新出现的社会需求(结构功能论)、或是对社会强有力关系重构(社会冲突理论)所作出的反应。当然,或者这些模式是婚姻以及类似婚姻的关系在扩大的个人主义面前衰弱或者崩溃的标志。[①]考虑到对于婚姻持续强烈的支持态度,考虑到大多数人仍然会在人生的某一时间结婚的事实,考虑到离婚后有

① David Popenoe, Jean Bethke Elshtain, and David Blankenhorn, eds., *Promises to Keep: Decline and Renewal of Marriage in America* (Lanham, MD: Rowman & Littlefield Publishers, Inc., 1996); and David Popenoe, "American Family Decline, 1960—1990: A Review and Appraisal," *Journal of Marriage and the Family* 55 (August 1993):527—555.

很大可能会再婚，考虑到同性恋情侣渴望加入到婚姻制度中(见第一章)，我们相信婚姻行为的这些改变是婚姻的重塑而不是对婚姻的一种遗弃。这个答案还有赖于对它们所展现的趋势进行观察和分析。

婚姻状况和幸福

婚姻作为一种习俗不断延续的一个基本原因，在于个体幸福这一结果。罗伯特·库姆斯(Robert Coombs)在回顾了 1990 年之前超过 130 份的关于一些幸福指标的研究，发现已婚的男女普遍比未婚男女更加快乐、压力更少(包括那些分居、离婚或者守寡的)。①这一模式具有很高的一致性，并且在 1990 年后的其他研究中也重复出现。②关于酒精中毒、自杀、死亡、发病率(疾病的相对发生率)；精神分裂症及其他心理问题；自我报告幸福程度的研究，248
同样也支持了这个假设，即已婚者比未婚者经历更少的情绪和健康问题。

然而这些研究结果也不能引导我们去假设所有的已婚者都经历着同样的好处。研究也发现那些是女性的、年纪较轻、社会经济地位较低以及非白种人的已婚被试，抑郁水平显著高于具有相同特点的未婚人群。③但是总的来说，婚姻可能改善经济状况，增加社交网络，这些社交网络可以更便利地获得医疗信息和服务，限制有风险的行为，在压力应急情况下扮演了缓冲机制。

解释这些研究的时候也需要谨慎，因为大部分研究都是横向研究，许多研究都不能充分解释伪造因果关系的来源(见第三章)。这样的研究经常带有因果效度的问题。例如，我们预料较快乐、较健康、较富有、没有负面人格特质和习惯的人更有可能结婚，并且能够吸引更加值得的结婚伴侣，这种想法是合情理的。因此，当研究者们比较已婚者和未婚者，发现甚至在已婚组结婚之前两组就存在了差异。因此，婚姻可能不是这些积极特质的原因而是其结果。在尚未评估这些特质是在婚前还是婚后出现前(在纵向研究中可以进行)，我们不能明确地断定这些特质就是结婚的原因。

在解释这些研究时，另一个会被问到的问题是，在未婚群体中该作用的一致性达到了什么程度。通常在概述结果时，那些从未结过婚的人同那些因离婚或者丧偶而导致单身的人归为一组。考虑到离婚或丧偶对个体带来的损失，他们不结婚我们也不感到惊讶，他们经历了这么多负面结果而导致不结婚。然而，未婚可能不是他们的状态，未婚是出于对这些结果

---

① Robert H. Coombs, "Marital Status and Personal Well-Being: A Literature Review," *Family Relations* 40 (January 1991):97—102.

② See Steven Stack and J. Ross Eshleman, "Marital Status and Happiness: A 17-Nation Survey," *Journal of Marriage and the Family* 60 (May 1998):527—536; and , Allan V. Horwitz, Helene Raskin White, and Sandra Howell-White, "Becoming Married and Mental Health: A Longitudinal Study of a Cohort of Young Adults," *Journal of Marriage and the Family* 58 (November 1996):895—907.

③ Shelia R. Cotton, "Marital Status and Mental Health Revisited: Examining the Importance of Risk Factors and Resources," *Family Relations* 48(July 1999):225—233.

负责，他们的状态实际上是*已经*结过婚。伴侣的离世或者离婚导致已婚身份的丧失可能会降低幸福感。

最近的一项研究分离出那些从未结过婚的单身个体，控制了选择因素发现，那些在两年内未婚和两年内结婚的个体很少有差别甚至不存在差别。①确实，研究显示那些结婚的人和那些同居的人与那些既没结婚又没同居的人相比，健康水平大大下滑，抑郁增加。

就婚姻的益处来说，夫妻和亲密联系的伴侣会提供伴侣关系、人际间的亲密、情感上的
249 满足，以及在对抗生理和心理病状的时候起到缓冲的作用来支持彼此（婚姻保护假设）。②例如，已婚者更可能戒烟、适量饮酒、避免有风险的行为，以过上更安定、安全和有规律的生活。婚姻保护假设的一个结果是，已婚者比未婚者寿命更长。

另一个关于为什么已婚女性比单身女性更健康的解释是安全网假设，这一假设是基于这样的观点，即在面对负面生活境遇和压力应激事件时，婚姻增加了可获得的经济资源。③通常已婚夫妇享受两份收入，甚至在只有一个人养家糊口的婚姻中，家里和工作中特定的规模经济可以增加收入减少开支。相较于一个男人或者一个女人，这一合算的“安全网”为通往更好的、食物和服务提供了道路，也就是压力应激水平较低而健康水平较高。

安全网假设和婚姻保护假设实际上共同作用，使得婚姻对一些群体比对其他群体更为重要。研究结果显示，无论男女，收入在婚姻状况和死亡率之间的关系上有着*缓和作用*。这就是说，婚姻状况对死亡率的影响是不同的，或者更恰当的说，是通过夫妻收入的多少来影响的。对于那些高收入的、已婚个体的死亡率只比未婚个体的稍微低一点，但是对于低收入的，这个差异就大很多了（那些既穷困又单身的人死亡率是最高的），④这说明在风险较高和只有较少资源应对风险的情况下，婚姻更具有保护性（至少在这项结果计算中）。

婚姻除了有益于那些收入水平低的人，研究还显示婚姻以及类似婚姻的感情尤其有益于男性。调查结果已经明确地否定（至少从健康结果方面来说）了流传的民俗，即称婚姻是女性的幸运状态，而是使男性负重的陷阱。事实是，男性相比女性，从婚姻当中得到更多心理健康。女性相比男性，提供更多的情感援助和其他支持。甚至在公共民意调查当中也显示，更多的已婚男性比已婚女性满足于他们的婚姻。当被问及，“对于你的婚姻你如何评价：比较快乐、非常快乐还是非常不快乐？”，差不多三分之二（67%）的男性选择“比较快乐”，相

---

① Wu Zheng and Randy Hart, “The Effects of Marital and Nonmarital Union Transition on Health,” *Journal of Marriage and Family* 64 (May 2002): 420—432.

② Walter R. Gove, “Sex, Marital Status, and Mortality” *American Journal of Sociology* 79 (1973): 45-67; and Francis E. Kobrin and Gerry E. Hendershot, “Do Family Ties Reduce Mortality? Evidence from the United States, 1966—1968,” *Journal of Marriage and the Family* 39 (1977): 737—745.

③ Beth A. Hahn, “Marital Status and Women's Health: The Effect of Economic Marital Acquisitions,” *Journal of Marriage and the Family* 55(May 1993): 495—504.

④ Richard G. Rogers, “Marriage, Sex, and Mortality,” *Journal of Marriage and the Family* 57 (May 1995): 515—526.

比而言女性只有57%。①很少有人会说“非常不快乐”(1%的男性和4%的女性),但是在考虑这些数据时需要很仔细。可能在我们研究中很多人没有回答“非常不快乐”是因为他们已经离婚了。

已婚者和未婚者之间的差异也许正在缩减。诺弗尔·格伦(Norval Glenn)使用全国调查数据显示了,婚姻关系稳定性和质量在大幅下降,同样已婚和未婚个体幸福感水平的差异也在下降。②这揭示着这些变化可能同已婚与未婚越来越相似的环境有关。正如绝大部分 250
的未婚者,拥有常规的性关系却没有坏名声。也考虑到夫妻任意一方想离婚都很容易实现,婚姻不再像以前那样提供安全感、财产及其他。换句话说,以前在婚姻中实现的社会性和个人性的功能,可能越来越多的发现在婚姻以外的其他环境中也有。

家庭多样性

结婚的年龄和欲

结婚态度和行为的研究长期忽视了美国社会中一个重要的亚群体——老年人。他们几乎完全依靠对青年人的研究来获取关于婚姻态度的信息,而且刻意忽视婚姻和家庭生活的主要调查,这些调查使用对老年人包容性更大的样本以了解35岁以上者的婚姻态度。这些都激发了对老年人婚姻态度和行为的忽视。不过,有一个确实存在的证据资源可以研究这些态度,即综合社会调查(GSS)。

在对综合社会调查关于婚姻态度的数据分析中,詹妮·马和艾莉莎·卢因(Jenna Mahay & Alisa Lewin)指出,单身的比例(从未结婚或者结过婚但离异或丧偶而导致的单身)近几十年在不断增加,尤其是老年人。尽管美国的再婚率很高,但是这些单身的人再婚的可能性在不断减小,很多人不愿意再婚。为了帮助理解为什么会出现这样的情况,他们提出老年人的看法是否同样受到理性决策过程和那些影响着青年人态度的有利因素的影响。换句话说,他们感兴趣的是这一群体的结婚与否是一个“市场”的行动,结婚的积极态度由三个因素决定:

一个人自己的可销售性,在潜在伴侣的市场中可找到的潜在利益,接近市场的途径。基于这一观点,他们接着研究影响结婚可能性的五个因素,同样态度也建立在这些可能性的基础上:个人资源、有孩子、离婚经历、宗教信仰以及例如种族和性别的人口学特征。

---

① Floris W. Wood, ed., *An American Profile—Opinions and Behavior, 1972—1989* (Detroit: Gale Research, Inc., 1990), 239.

② Norval D. Glenn, “The Recent Trend in Marital Success in the United States,” *Journal of Marriage and the Family* 53 (May 1991): 261—270.

她们的结果显示,年纪稍大的单身人群相较于年纪较轻的,明显不愿意再婚,而她们考察的所有因素都没有解释这个差异。拥有孩子减低了结婚欲望,在这个范围内,有孩子的确可以解释一些作用。这一作用可能是由于孩子提供了情感和经济支持的另一可选择来源,使得婚姻为生活收益的排他选择较少;或者说,考虑到在一个有孩子的家庭系统中加入一个新的伴侣所带来的复杂性。她们的结论是,为了理解老年人对于婚姻的决策和态度形成过程,用这样的方法考察很重要,即影响青年人的变量可能在后半生有着不同的影响,因为就收益而言,意义变得不同。例如,当一个年龄稍大的寡妇再婚,她已故丈夫的退休福利可能因此很难保障,即减少了婚姻的收益——即使她可以从新丈夫那里得到新的资源。另外一些重要的考虑因素是,在和一个伴侣生活了多年之后,个体的健康、流动性和价值已经独立。这一问题尤其存在于女性当中。

来源:Jenna Mahay and Alisa C. Lewin, "Age and the Desire to Marry," *Journal of Family Issues*, 28(2007):706—723.

这一点可能对于女性来说尤为正确,因为已婚者和未婚者之间差异变小,主要是从未结
251 过婚的男性报告的幸福感增加,以及已婚女性报告的幸福感下降。因此,已婚男性基本保持着同样的幸福感水平,但是已婚女性却发现她们婚后的生活没有婚前幸福。在美国,至少对于女性来说,保持单身的后果绝大多数是积极的。例如,单身与较高的受教育水平、较高的收入、较高的事业地位以及普遍较高的成就水平相联系。

然而单身者和已婚者差异的这一减少并不是普遍的。例如在当代日本,单身者的死亡率比已婚的高出很多。①未婚者不仅受到歧视和耻辱,而且死亡率相对高,健康状况也差很多。例如,日本20世纪90年代中的死亡率数据显示,20岁的单身男性和女性期望自己还会活15年,而这一数据小于与他们条件相当的已婚男性和女性。

伴侣的挑选和选定系统

大量的研究指出对于谁可能和谁结婚,如何挑选合适的伴侣,所有的社会都有一个标准体系,有时有具体的规则。这些标准可能会根据文化不同而变化,如男性和女性,富人和穷人等等。第一次结婚与再婚也有差异。不过所有社会里都有标准、规则和控制。

这些规范在一个连续体上,可能从完全包办婚姻的一个极端,到完全自由择偶(自主婚姻)的另一个极端。当婚姻被包办时,夫妻对于这件事无话可说。选择权通常由父母和

① Noreen Goldman, "The Perils of Single Life in Contemporary Japan," *Journal of Marriage and the Family* 55 (February 1993):191—204.

亲戚来行使，但也不全是。另一个极端：完全自由选择，因为这种形式的婚姻极少见以至于对它的讨论仅仅只是推测。而美国，是世界少数接近这一连续体末端即完全自由选择的国家。在这种极端的形势下，没人会咨询父母或亲人，在某些情况下甚至没有通知他们即将结婚。

在这两个极端之间有很多包办与自由选择的可能组合方式。父母可能会安排婚礼，但给予儿子或女儿否定的权利。儿子或女儿可能会自己选择而给父母否决的权利。一个人要结婚，通常儿子和他的父母会挑选新娘。不论伴侣挑选采取什么方式，每个社会都有一套描述恰当程序的标准。

在传统的经济社会，家庭通常主管伴侣的选择，与其说建立一个新家庭，倒不如说婚姻意味着为现有家庭提供延续性和稳定性。包办婚姻有一个作用（功能），即可以让长辈控制年轻的家庭成员，控制谁将进门成为家庭的一分子。另外，包办婚姻维持了家庭财产、促进政治联系、维持经济和地位、保持从一代到另一代的家庭完整。

因此，几乎没有例外，包办婚姻选择的伴侣必须共享类似的集体身份。种族/民族、宗教信仰，尤其是经济地位必须相似。包办婚姻并不是建立在诸如浪漫爱情、想要孩子、孤独或 252
者性需求的标准之上的；相比而言，更像是建立在这些因素上，例如嫁妆（新娘家给新郎家的礼金）或者新娘价值的大小（新郎家给新娘家的礼金）、未来可能配偶的家族名望、寡嫂制（寡妇与亡夫兄弟的结婚）和娶姨制（丈夫因妻亡故或不育而娶妻之姐或妹为妻）的义务以及包办婚姻指定的惯例。

包办婚姻的一个当代例子来自日本，日本1995年大概有25%到30%的婚姻是包办的。①由于所谓的"婚姻干旱"使得年轻人很难找到合意的伴侣，在较传统的包办婚姻之后出现了专业的"媒人牵线服务"模式。这种包办婚姻选择伴侣的客观标准基于家庭根基例如名望、社会等级、家系，同样还有被选者的受教育水平、收入或魅力水平。这两人之间的配对必须是平等以防止对任何一家因差异带来窘迫。

包办婚姻导致了被选伴侣的承诺，在许多情况下，就像婚姻自身的捆绑物一样。因为婚姻存在最主要的是实现社会和经济需要，与关注诸如两人不相容、爱，以及个人满足不相关。因此，离婚实际上是未知的，或者并不多见。对于那些婚姻必须终止的情况，会玷污整个家庭和家族，使之蒙羞。

证据已经揭示：随着传统的文化暴露在西方现代化的模式之下，随着它们进入工业化和适应外部世界的新技术，婚姻模式将改变。也就是说，传统文化的这些部分极大地受到外部影响，使得越来越多的婚姻脱离包办婚姻模式变到自由选择或者以爱之名的婚姻模式，这些我们将在第七章中详细讨论。

---

① Kalman D. Applbaum, "Marriage with the Proper Stranger: Arranged Marriage in Metropolitan Japan," *Ethnology* 34(Winter 1995):37—51.

挑选和选定的模式

通常用*同族结婚*(*endogamy*)和*同类结婚*(*homogamy*)来描述从拥有相似特征的人群中挑选或选择首要亲密伴侣的情况。同族结婚描述那种结婚和恋爱的双方属于同一个社交文化群体。这一名词更多会出现在人类学家的跨文化研究中,用来研究那些婚姻被包办和伴侣由一个群体来挑选的社会,这些都是考虑到整个群体的生存需要、权利等级或者同其他群体之间的关系。同类结婚表示夫妻或者恋爱伴侣之间的相同性或相似性,在讨论自主择偶体制中个体自由择偶的模式时会用到。人们更多的是选择与自己相似的伴侣,而不是完全靠缘分,这就是我们所知的同类配对。这些"被同类化"的伴侣在特定的结构方面相匹配。

美国的大多数人相信,我们可以自由地同自己挑选的任何人结婚。但是在挑选伴侣的现实世界中,存在着各种各样的约束。在选择同性、已婚的人、孩子、自己的兄弟姐妹、特定
253 民族/种族群体等等时,你有多自由?很明显,自由选择仅仅是在选定的、社交上合适的群体中的"自由"。世界上没有一个社会会使亲密伴侣或结婚伴侣的选择无标准和无区别。

跨文化视角

中国的包办婚姻

中国的伴侣选择模式正在发生巨大的变化,正戏剧性地从包办婚姻向一种有更多自由和个人选择的方向转变。过去,婚姻主要由父母或者第三方来安排的,安排婚姻的第三方(通常是新娘的父母)会要求并收到新郎家的大量礼物来作为结婚的前提。订婚礼物(有时也称为新娘价值)实质上包括钱财或物品,常常是为新娘准备的嫁妆。嫁妆一般指随新娘带入婚姻的所有物质财产,包括衣物、首饰和土地。在传统体制中,将要结婚的新人通常在婚前没有机会见到对方。然而,越来越多的年轻女性坚持自己决定和以爱为基础的感情。

柯京(Kejing)从两份关于三个年龄群体的中国女性调查中,得到采访数据,发现到结婚那年为止,包办婚姻的比例从1946年的83%降到1953年的38%,再降到1986年的2%。自由选择结婚伴侣的比例从1946年的0%到1953年的14%,升至1986年的22%。然而,很明显父母仍然对结婚的决定有主要影响。赖利(Riley)发现,住房短缺、持续紧密的家庭关系、年轻一代和老一代的接近以及约会文化的缺乏,都导致了父母和孩子将继续共同做决定。

来源:Dai Kejing, "The Life Experience and Status of Chinese Rural Women from Observation of Three Age Groups," *International Sociology* 6(March 1991):5—23; Nancy E. Riley, "Interwoven Lives: Parents, Marriage, and Guanxi in China," *Journal of Marriage and the Family* 56(November 1994):791—803.

遍及世界的研究报告了同类种族/民族、宗教信仰、等级、受教育程度和年龄结婚的高比例，甚至在自主择偶系统中也是如此。为什么会这样？一个关键的因素关系到那些社交和文化相似的人们的相互作用。这是说，通常遇见同自己相似的人的机会大于遇见同自己不同的人的机会。一项对荷兰已婚夫妇和同居伴侣的研究关注于五种相遇环境（工作、学校、邻里、平常的家庭网络和志愿组织）和五种相同类型（年龄、学历、目标社会等级、原属社会等级和宗教背景）。这五种环境解释了伴侣可能相遇地点的一大部分。校园提供了大部分的同类型形式。工作环境增进了目标社会等级的同质性。邻里和平常的家庭网络增进了宗教的同质性。简而言之，配对需要遇见可获得的伴侣群，已经共享了相似特征的各种机构的组织安排形成了这些伴侣群。①

而对于同质性结婚的解释已经超出了简单的相遇可能性问题。人际间的不断变化也可能可以解释为什么拥有相似特质的两个人能够形成长期忠贞的感情。这在研究中可以体现，这些研究还显示，和同类型同时存在有甚至较个人特征的维度，例如在焦虑症和酒精或药物成瘾的人群中。②这个选择无论是由本人、父母、亲戚、委托人或群体，还是特定社会中 254
介做出，记住以下这点很重要，即选择通常容易受到社会规则和文化的控制。

在所有方面，我们都不应该去相信，同族结婚和同类结婚是首选或要求的标准形式。关于婚姻和性关系——乱伦禁忌——的所有规范中最普遍的是异族通婚（exogamy）的标准。异族通婚描述的是与自己社会文化群体之外的人结婚。这样，所有的婚姻都是异族通婚，同一个核心家庭的成员之间不会结婚。异族通婚（exogamy）和异类结婚（heterogamy）这两个词经常会交换使用。不过，异族通婚关注于世俗的规定，限制群体内结婚而鼓励和群体外的人结婚；而异类结婚关注由自由选择伴侣而引起的所有差异。在接下来的内容里，我们将涉及更多同类结婚和异类结婚的内容，而同族婚姻和异族的内容相对较少。我们这样做的原因在于像美国这样的西方现代社会更接近于自主的——而不是包办的——选择系统类型。

通婚

另外一个用来描述异族选择或异族通婚的词汇是通婚（intermarriage），或者是指结婚的双方来自于不同社会文化群体。过去这个词通常和另外一个类似的词，*混合通婚*（*mixed marriage*），包含了一些负面的言外之意。当同族通婚的标准存在于一个社会，或在一个特定社会文化群体中，任何在这一群体之外的婚姻都被认为是不正常的。今天，通婚在不断增加，因为在现今主张个体自由和选择为前提的社会，同族结婚的标准逐渐变弱。而群体间的界限也越来越模糊了，因此在看待这一现象的时候，我们需要首先明白通婚是如何定义的，在决定一份感情是否是混合或者异族的，哪些人包含或者不包含在其中。我们同样还需要

---

① Matthijs Kalmijn and Henk Flap, "Assortive Meeting and Mating: Unintended Consequences of Organized Settings for Partner Choice," *Social Forces* 79(June 2001):1289—1312.

② Jane D. McLeod, "Social and Psychological Bases of Homogamy for Common Psychiatric Disorders," *Journal of Marriage and the Family* 57(February 1995):201—214.

考虑通婚比例如何受到报道影响,与个体相比,尤其是使用夫妻统计时。最后,我们将研究什么社会和文化因素可能培养或影响通婚的可能性。

通婚的定义

两人在恋爱之前的年龄差异必须达到多少才算是年龄相异?一个卫理公会教徒和一个路德教徒(都是新教徒)之间的婚姻才是彼此忠贞的婚姻?任何差异或特征的那些方面决定了是同类婚还是异类婚、同族结婚还是异族结婚?

很明显,在所有关于比例研究或报告中,某一定义一定会用来决定包含什么人,不包含什
255 么人。研究中,会用到操作定义;换句话说,根据他们将要测量的方式来定义变量。结果是,超过四年的年龄差异也许会被武断地定义为年龄相异。或者不同种族/民族间的感情也被定义为情侣双方自己定义的那样,不考虑肤色或血统。在明确比例和对比研究中,什么婚姻算是或者不算是通婚是一个很重要的问题。在涉及特定社会维度时,这个问题受到更多的关注。

通婚的报道

明确地说,通婚率会受到相对于个体的夫妻报道的影响?大多数公布的通婚比例是建立在*结婚*总数的基础上。但是有些比例在解释的时候仿佛它们是建立在结婚人数上的。通婚率涉及结婚的比例,即特定类别中个体的所有混合婚姻,这是关于*每对夫妻*的比例。个体通婚率涉及加入通婚这一特定类别中已婚*个体*的百分比。

举例说明这些比例的差异,假设这里有 10 对夫妻,4 对是黑人—白人配(种族间),6 对是白人—白人配(种族内)。通婚率(或者,在这个例子中,种族间结婚率)是 40%、25%还是 100%?考虑到 10 对中有 4 对(40%)是种族间的(夫妻对的比例),但是 16 个白人中有 4 个(25%),全部的 4 个黑人(100%)是种族间关系(白人和黑人*个体*各自的通婚率)。没有哪个必然地比另一个好,但是当调查信息、比较研究和试图理解和解释通婚的时候,我们清楚给出的是哪个比例,这很重要。

除了区别夫妻对和个体间的比例,也可能从*预计*的比例来辨别一个群体的实际通婚率,*实际*通婚比例指那些的确发生的婚姻。预测通婚率是指,如果他们随机挑选自己的结婚伴侣,那些可能在自己群体外选择了伴侣的人数百分比;这一比例基于人群中这些特群体的频率分布。两者的比率在确定是否实际通婚比例比预测发生的或如果随机择偶的高很重要。例如,如果你住在一个只有小部分人和你具有相同特征的社区,相对于你住在一个具有高质性的社区,那里很少有人具有与你不同的特征,你的预测通婚比例会高很多。

在一个关于不同宗教信仰者的婚姻研究中,格伦举例说明了期望通婚比例的重要性。基于宗教种类的相对大小,他预测 68%的新教徒、26%的天主教徒、2.3%的犹太教徒在随机配对中选择同类型的伴侣。事实上,正如之后将展示的,绝大多数的新教徒、天主教徒和犹太教徒与相同宗教信仰的伴侣结婚。①在对这两个比例比较的基础上,他可以明确地推

---

① Norval D. Glenn, "A Note on Estimating the Strength of Influences for Religious Endogamy," *Journal of Marriage and the Family* 46(August 1984):725—727.

测,和大多数社会群体一样,宗教信仰的类聚婚配是有效的。人们在自主择偶体系中,与同类的人结婚远远多于简单地通过随机或偶然预测的。

促使通婚的因素 256

同类婚(相对于通婚)的实际比例受到各种因素的影响,很多都围绕着择偶的标准、合格规则,这些以社会中主要社会文化群体的利益为前提,例如:社会等级、宗教信仰和种族/民族。不过,除了这些规范化规则之外,还有非规范的因素,这些因素既促进了同类婚又提高了通婚比例。例如,像群体规模、社区差异性、性别比例、群体控制力、文化相似度、浪漫爱情情节和特定心理因素这些都是考虑的因素。

群体规模

一个群体的规模关系到,较多的人口可能对实际通婚比例多大程度上大于或小于随机预测产生影响。一般来说,与其他群体相似的群体规模越大,它的通婚比例就越低;群体越小,通婚的可能性就越高。例如美国摩门教徒聚集的中心犹他州,因这一社会特质,婚姻具有高同类性。但是二十世纪七十年代后期的佛罗里达州,那里的摩门教徒人不到总人口的1%,研究表明生活在那里的摩门教徒,三分之二的和非摩门教徒结婚。①犹他州和佛罗里达州的摩门教徒与非教徒结婚的比例差异,源于不同宗教信仰而导致的远不及源于遇见和接触一个摩门教背景的可能性而导致的。

异质性

彼得·布劳(Peter Blau)和其他人提出,除了群体规模之外,社区中的异质性程度也确实会影响通婚比例。②然而异质性的性质很重要。一方面,当人们生活在有很多和他们不同的人的社区中时,通婚更容易发生。另一方面,证据支持同类结婚与不平等相抵触的这个观点。③这样,一个悖论出现了。异质性社区中的人们,更可能遇见、接触与自己不同的人,甚至与他们结婚。然而受教育程度和社会经济地位的不平等限制了异类通婚,提高了追求相同地位的欲望。结果,实际通婚比例可能比随机预测的低。

性别比例

性别比(每100名女性中男性的数量)可能影响通婚比例。在社区或背景中,一种性别的数量超过另一种性别,由于某一性别人数的膨胀,而使得可获得的同类型伴侣数量受到限制, 257
通过在自己以外的群体中择偶可以跨越这个传统的障碍。很明显,通婚率在两个群体中都会提高,但对于较小的群体通婚率将更快速地提高(见之前计算白人和黑人结婚比例的例子)。

群体控制力

通婚比例很可能也受到社会或群体对其中个体控制程度的影响。阿米什人和正统犹太

---

① Brent A. Barlow, "Notes on Mormon Interfaith Marriages," *The Family Coordinator* 26(April 1977):148.

② Peter M. Blau, Terry C. Blum, and Joseph E. Schwartz, "Heterogeneity and Intermarriage," *American Sociological Review*(February 1982):45—62.

③ Steven Rytina, Peter M. Blau, Terry Blum, and Joseph Schwartz, "Inequality and Intermarriage: A Paradox of Motive and Constraint," *Social Forces* 66(March 1988):645—675.

教徒都属于美国小教派，他们通过那些不鼓励与外教人结婚的教授和宗教实践来保持群体约束力。不过群体正经历着较少地控制个人的择偶，他们同别的群体接触越多，其文化的特殊性就丧失的越多。所以，随着少数民族或族群进入公立学校，在多种多样的社会环境里工作，认同新的或更大的社会、语言和衣着的差异，传统实践的减少。通婚的可能性因此而增加。

浪漫爱情情结

通婚比例也会因为所谓的浪漫爱情情结而增加：爱情比群体控制力、文化差异和相同特征（见第七章）更重要。与这一情结相联系的是个人理想选择，揭示每个人都有权选择自己的结婚对象，最小限度地受他人干预。因此，心理因素在个人选择中发生了作用。我们将在第七章看到，很多这些心理因素会加强在社会地位特征方面的同质性选择模式，但其他人也可以扰乱它们。例如，像反叛自己的群体、被疏远的感觉和情感不成熟这样的因素，都可能导致异质性的选择。

同类结婚和通婚的不同维度和结果

接下来的讨论将考察那些影响人际关系和择偶的社会/结构特征。这些特征包括年龄、社会等级、宗教信仰和种族/民族。很明显，这些并没有涵盖所有与择偶相关的社会结构。但是对于这些特征的讨论将会清楚地显示，在美国同类结婚占主导的程度。我们也将会从不同的维度来讨论通婚的结果。

结婚年龄

在很多国家结婚年龄是一个重要的社会/结构特征。它影响着家庭/亲属网络、出生率、
258 教育上的进步，反过来，结婚年龄也受到社会等级、女性角色、职业、教育机会以及无数其他因素的影响。例如，来自40个发展中国家的数据显示，有相当一部分女性在青少年时期就结婚了；但如果女性接受了中等及以上教育，就会更少如此。①全世界在结婚年龄上的一般趋势是呈上升状的（如爱尔兰、日本、澳大利亚、美国等国家），即在婚姻上有所延缓或转变。②那么在同质性，或者说年龄相似性因素上又如何呢？

年龄同质性

大部分夫妻就他们的结婚年龄而言有相对同质性。尽管在许多国家，一个人可以自由地和比自己大或者小很多的人结婚，但是多数的单身人士还是会在一个年龄相近的群体中

---

① Susheela Singh and Renee Samara, "Early Marriage among Women in Developing Countries," *International Family Planning Perspectives* 22(December 1996):148—157.

② James A. Schellenberg, "Patterns of Delayed Marriage: How Special Are the Irish," *Sociological Focus* 24 (February 1991):1—11; Kenji Otani, "Time Distribution in the Process to Marriage and Pregnancy in Japan," *Population Studies* 45(1991):473—487; and Peter McDonald, "The Shift Away from Marriage among Young Australians," *Family Matters* 30(December 1991):50.

寻找伴侣。2007 年在美国，男性初婚的平均年龄为 27.7 岁，女性为 26 岁，年龄差异只有 1.7岁，虽然在较早时年龄差异更大。

年龄的同质性在婚姻中本来就是年龄的一个功能。各种社会中毫无例外，新郎结婚时的平均年龄总是比新娘的大，据估计，美国七分之六的婚姻中，男性的年龄与新娘的年龄相同或略大。年龄上存在差异性的两类婚姻（丈夫比较大或者比较小），与年龄相似的婚姻比较时（操作定义为正负四年），年龄上存在差异性的婚姻存在存在以下特征的趋势：低水平的受教育程度、多重婚姻、家庭收入较低以及丈夫的工作地位较低。

为什么有男性比女性大这一压倒性的可能呢？在这里有很多种解释，包括：男性的生理及心理成熟与同龄女性相比较慢，丈夫传统的责任是养家糊口（这需要更多的准备时间），在之前的二十年中，在配对梯度上（见本章后部分描述），持续的征服力方面略超过女性。随着社会越来越主张人人平等，最后的这一性别论点与女性—男性结婚年龄差异缩小的主张相一致。

一项研究发现，婚姻中的年龄差异影响女性的寿命：女性和比她年轻的男性结婚，她的寿命比预想的长，而女性和比她年纪大的男性结婚，死得比预想的要早。[①]这些结果可以通过两个方面解释，一种解释是择偶因素。也就是说，健康、活跃的女性挑选或被比她年轻的男性挑选，无论嫁给谁都将会活的更久。第二个解释是基于女性生物上的长寿、心理学和婚姻相互作用的社会学的角度，结合基因因素、人际交往和社会标准，使得伴侣发展出相同的活动、兴趣、外形、情感状态等等。婚姻中年龄差异和长寿的因果因素，可能与人们在亲密关系中所产生的正面效应有关。

年龄同质性要解决的最后一个问题是，年龄的差异是否影响婚姻的质量。夫妻年龄存在差异的婚姻是不是使得婚姻问题丛生并且不稳定？大部分证据表明不是这样的，但是一些相矛盾的证据的确存在。一方面，一篇关于夫妻年龄异质的婚姻的综述[②]引用一些研究 259
显示，年龄相异和年龄相似的夫妻之间并不存在婚姻满意度的差异，而且年龄差异对于婚姻质量并没有负面影响。另一方面，引用的研究也显示年龄差异的组合更容易受到解除婚约的影响，特别是当妻子年龄更大的时候。似乎夫妻结婚的时间越久，年龄相异的作用越小。

社会地位

社会地位在第四章已经讨论过，就择偶而言，从自己所处的等级或之外的等级选择一个人的可能性是什么？美国社会以及全球的等级同质性，是一种可取的社会标准，尤其是拥有较高地位的父母对于自己的孩子。不管是由个体自己、父母来选择还是由他人选择，大多社会都显示出婚姻伴侣在社会等级上相似。

---

① Laurel Klinger-Vartabedian and Lauren Wispe, "Age Differences in Marriage and Female Longevity," *Journal of Marriage and the Family* 51(February 1989)：195—202.

② Felix M. Berardo, Jeffrey Appel, and Donna Berardo, "Age Dissimilar Marriages: Review and Assessment," *Journal of Aging Studies* 7(1993)：93—106.

等级同质性

过去五十年中的很多研究发现,男性和女性的结婚对象来自与他们相同等级的人,这比随机水平的预期具有更高的一致性。早在 1918 年,一项对费城婚姻的分析显示,同一行业中通婚的男女比随机水平期望的更普遍,揭露了同质性的趋势。①

如职业的同质性一样,教育水平同质性的婚姻比随机水平预期的多。不管是美国还是全世界,一份关于六十五个国家教育水平同质性的分析都揭示了这点。②各国的受教育同质性大不一样,但是并不是线性的。比较最不发达国家和中等发展中国家,受教育同质性的水平随着经济发展水平的增加而增加,但是当中等发展中国家和最发达国家相比较时,受教育同质性的水平是随之减少的。这一形式反映了在社会发展初级阶段,文化差异越极端,不同
260 教育水平结婚的可能性越小。在较发达的社会背景下,不同受教育水平的文化价值差异较小,而外在地位特征在择偶中也变得没那么重要。在美国,教育程度同质性在所有群体中都很普遍,但在受教育水平最低的人群中尤其如此。根据黛布拉·布莱克维尔和丹尼尔·利希特(Debra Blackwell & Daniel Lichter)的研究,那些不到高中学历的人,更可能与相似教育水平的人结婚,比随机水平预测的高 53 倍。那些具有专业学位或研究生学位的人,也更可能在与自己相同教育水平的群体中择偶,但是只比随机水平预测的高出 16 倍。③

正如我们将要在第七章讨论的,在现代社会,意义系统、价值观和世界观上的共识是发展亲密关系的关键要素。为什么社会等级地位(尤其是受教育水平)在择偶中有如此强大的作用,一个理由是,它决定了个体之间在意义和价值观系统上的社会化和区别。因此,那些具有相同社会等级背景的人会更吸引彼此。另外,出于维持群体价值和巩固群体资源,人们也受到同个社会等级里其他人的强大影响而和同质性等级的人结婚。最后,社会交换理论告诉我们,那些拥有相同资源的人可以更好地维持互惠的继续,因此我们发现同类婚增强了长期利益和平等感。即使这些社会力量作用于个体,促进社会等级同质性的婚姻,但配偶间的差异仍在发生。如果有这样一个例子,一个社会等级低的人不得不与另一个社会地位较高的进行"交易"会怎么样? 以下我们将沿着社会等级来考察一些婚姻形式。

门不当户不对的婚姻

把与一个社会地位较低的人结婚称为门不当户不对的婚姻(mesalliance)。这种婚姻的特例是:高攀婚姻(Hypergamy),指女性与社会等级或地位比自己高的男子结婚的形式;下嫁婚姻(Hypogamy),指女子与社会等级或地位比自己低的男子结成的婚姻。

---

① D. M. Marvin, "Occupational Propinquity as a Factor in Mate Selection," *Publications of the American Statistical Association* 16(1918—1919):131—150.

② Jeroen Smits, Wout Ultee, and Jan Lammers, "Educational Homogamy in 65 Countries: An Explanation of Differences in Openness Using Country-Level Explanatory Variables," *American Sociological Review* 63(April 1988):264—285.

③ Debra L. Blackwell and Daniel T. Lichter, "Homogamy among Dating, Cohabiting and Married Couples," *The Sociological Quarterly*, 45(June 2004):719—737.

美国的很多作者曾推断高攀婚姻比下嫁婚姻更普遍，这也就是说女性嫁给比自己地位高的男性的频率，高于男性娶地位比自己高的女性的频率。基于交换理论的论点，高攀婚姻的社会好处主要面向低地位的女性。为了公平起见，这类交换形式要求：期望迎娶的女性具有所嫁入的文化所定义的值得肯定的品质。随社会而定，决定了社会地位的女性品质，可能包括皮肤的颜色、长相及形态特征和相对的年龄。

美国男性渴望女性所具有的特质中，将女性身体的吸引力排在首位或者接近首位。另一方面，女性更关注未来伴侣的社会经济地位。①因此可以想象到，通过自己的职业而获得地位的男性，将用社会地位换来美女和有独特魅力的女性。关于门不当户不对婚姻的观点已经得到证实。一种情况是，当男性与自己等级之外的女性结婚，大多数情况会选择地位低的而非高的。而且男性的职业地位越高，选择地位较低女性的情况越普遍。相反地，当女性与自己等级之外的男性结婚，大多数情况会选择地位高的而非低的。

简而言之，高攀婚姻比下嫁婚姻更加普遍。这一观念同样延伸到约会，并成为配对梯度 261
的参考。

配对梯度

如之前称述的，如果当一个人同自己社会等级之外的人结婚，男性趋于娶低地位的，女性趋于嫁给高地位的，那么我们接着可以假设，同样的形式在婚前就出现了。所以，当男性和女性在约会或参与亲密私人交往时，女性寻找与自己地位相似或者更高的男性，男性则选择与自己地位相似或者较低的女性。这一趋势被称为配对梯度。深深植根于这个观念中的是上层地位的男性比底层地位的男性有更大的择偶范围，女性则相反；即上层地位女性的择偶范围比底层女性窄很多。

这些选择产生了一个有趣的结果，那就是过量的处于社会经济等级底端的未婚男性，和过量的处于社会经济等级顶端的未婚女性。地位低的男性势必要与其他相同地位的男性以及地位较高的男性共同竞争较低地位的女性。相反，地位较高的女性也要同其他地位高的女性以及地位较低的女性共同竞争高地位的男性。所以，未婚男性可能比例失调，多为较低身份的，而未婚女性可能多为较高身份的。然而对于女性，正如我们接下来在婚姻部分要讨论的，那些经济较独立的拥有较高社会地位或者专业的女性越来越多地选择不结婚(或维持婚姻)，尽管有小部分合格的男性。非裔美国女性的结婚比例较低，这可能与符合条件的高地位男性人数较少有关。

配对梯度似乎在大学校园的约会中也起着作用。例如大一男生和大四女生约会伴侣的选择范围可能最小。大一女生可以成为学校所有年级男生的选择对象，然后在更大程度上，大一男生只能选择大一女生。到了大四，情况就颠倒了：男性可以挑选各年级段的女生，而女生只能选择大四和大三的男生。

---

① Scott South, "Sociodemographic Differentials in Mate Selection Preferences," *Journal of Marriage and the Family* 53(November 1991): 928—940; and Susan Sprecher, "The Importance to Males and Females of Physical Attractiveness, Earning Potential, and Expressiveness in Initial Attraction," *Sex Roles* 21(1989):591—607.

宗教信仰与通婚

在美国,宗教同质性的观念根深蒂固。相同宗教结婚的人数远多与随机水平。根据布莱克维尔和利希特的估计,相较于基于随机水平的预测,所有宗教群体都明显更可能与同一宗教的人结婚。最有可能与相同宗教信仰结婚的是“其他”种类,包括犹太教、穆斯林和其他非天主教和非新教的宗教。这些“其他”种类群体中的个体,同自己群体内结婚的可能性是同群体外结婚可能性的 63 倍。相比之下,天主教是 6.1 倍,新教为 4.1 倍。[①]

262 然而,尽管高比例的宗教同质性,卡尔米金(Kalmijn)显示了近一个世纪以来,天主教徒和新教教徒之间的社会界限是如何变弱的,结果天主教和新教之间通婚的数量戏剧化增加[②]。卡尔米金的论点是,在择偶过程中受教育因素已成为比宗教更重要的因素了。

全世界,大多数夫妻有相同的宗教背景;但是不同宗教信仰间的婚姻数量正在增加,特别是随着择偶朝向个人选择和以爱为标准的趋势。

有趣的是,同质性已经不仅仅是当宽泛地分类为新教/天主教/犹太教时的主导婚姻模式,而且在新教教派之间也同样是主导婚姻模式。正如前面调查所显示的,新教徒也会和其他新教徒结婚,但他们是与那些共享相同从属宗派(路德教派、卫理公会教派、浸礼会等)的新教徒结婚。在不同的教派系统中通婚的比例变化不是很大,不同宗教的婚姻在那些信仰并不是非常虔诚的个体身上更普遍。

---

① Debra L. Blackwell and Daniel T. Lichter, “Homogamy among Dating, Cohabiting and Married Couples,” *The Sociological Quarterly*, 45(June 2004):719—737.

② Matthijs Kalmijn, “Shifting Boundaries: Trends in Religious and Educational Homogamy,” *American Sociological Review* 56(December 1991):786—800.

不同宗教信仰婚姻的定义

确定一个人的宗教信仰是什么是一个相当复杂的问题。更不用说不能确定的定义，定义不同宗教信仰（混合宗教）的婚姻所涉及的问题很少有人乐意解决。例如，教派分别为卫理会和路德的夫妻组合算是宗教内还是宗教间结合？如果一个虔诚的天主教徒和一个成长于传统天主教背景下，但对天主教漠不关心的人结婚，这样算是混合婚姻吗？如果一个无神论者和一个不可知论者结婚，他们的婚姻是相同信仰的还是不同信仰的？如果一个新教徒与天主教徒结婚，之后新教徒改变信仰为天主教，这将算是不同信仰还是相同信仰的结婚？ 263

如何定义不同宗教信仰影响着发生率同样也影响着结果。例如，桑德（Sander）举例说到，如果使用当前的宗教信仰而不是成长环境中的宗教，天主教通婚的发生率会大大降低。①而在美国，对于不同信仰婚姻的大多数研究都局限于天主教、新教和犹太教三种教派，在宗教信仰培养、宗教信念强度、宗教活跃程度上这三种教派的差异很小，或者在同一分类教派里差异也很小。

例如，天主教被趋于认为结婚同质性很高。而在犹太教中，即使只定义不同宗教信仰婚姻和基督教内部的婚姻的差异时，已经发现存有三个主要的分支——正统犹太教、保守犹太教和改革犹太教，而对它们的区别研究却很少。而对于一些新教派：卫理公会、长老会、路德教、浸礼会等也存在同样的问题。缺少区分是非常令人遗憾的，甚至对于完全没有受过宗教思想培养的人，也可以认识到新教各派*之间*的差异，但却对*同一教派中*的差异却一无所知。

解决这些模糊衡量的一种方法是斯科特·迈尔斯（Scott Myers）的例子②，他将宗教信仰同质性重新定义为或生活中共享宗教权威的信念（宗教权威同类婚），或共同出席宗教活动（共享宗教活动）。迈尔斯认为这两种衡量，不仅与同质性维度具有高相关，而且也更好地反映出，宗教信仰同质性将如何及多大程度上影响婚姻和家庭生活。

不同宗教信仰婚姻的后果

通常对不同宗教信仰婚姻的反对是源于这个普遍的信念，即不同宗教信仰间的婚姻很不稳定，而且会产生大量问题，而同一宗教信仰内的婚姻不会。一些实证研究的结果支持了这样的信念：即相较于宗教信仰相同的婚姻，不同宗教信仰的婚姻满意度会少一些，而且较不稳定。③不过那些彼此都没有信仰的夫妻的婚姻是所有婚姻中最不稳定的。同属一个教派的夫妻，和那些经常一起去教堂的夫妻，会比宗教信仰不同或者声称无信仰的夫妻更快乐，婚姻更稳定。然而这一种类型的关系在过去四十年中不断被削弱，主要由于宗教权威的

---

① William Sander, "Catholicism and Intermarriage in the United States," *Journal of Marriage and the Family* 55(November 1993):1037—1041.

② Scott Myers, "Religious Homogamy and Marital Quality: Historical and Generational Patterns, 1980—1997," *Journal of Marriage and Family*, 68(May 2006):292—304.

③ Evelyn L. Lehrer and Carmel U. Chiswick, "Religion as a Determinant of Marital Stability," *Demography* 30(August 1993):385—404; and Tim B. Heaton and Edith L. Pratt, "The Effects of Religious Homogamy on Marital Satisfaction and Stability," *Journal of Family Issues* 11(June 1990):191—207.

减低,以及一种对家庭和工作生活现代观念的兴起。①

对于横断研究的这些结果即同类/异类婚的比较一定要很慎重地解释,即使这些报告是准确的。在当前的已婚人口中,那些曾经不幸福或者已经因离婚而结束的婚姻并没有促成
264 之后的不幸福。不过,甚至考虑了曾经不幸福的婚姻和离婚这一因素,不同信仰婚姻也比相同宗教信仰婚姻的幸福感水平低,离婚率稍高。无论在宗教信仰相同还是不同的婚姻中,都发现“无信仰”的婚姻离婚率最高,婚姻最不稳定,这强调了宗教信仰的重要性。

不同宗教信仰婚姻中的孩子又怎么样呢? 有观点指出,与那些来自相同宗教信仰家庭的孩子相比,这些孩子受到的宗教社会化的影响较不深刻、较不一致,以至于他们自身的宗教信仰微弱。换句话说,这个观点主张不同宗教信仰的婚姻对孩子有社会化的作用。

在极大程度上,这一断言并未发现是正确的。拉里・彼得森(Larry Peterson)在研究了超过一千名成年天主教徒后声称,相对于把教育从宗教脱离的假设,不同信仰婚姻对于宗教承诺只有微不足道的影响。②在这项研究中,不同信仰婚姻的后代与相同宗教信仰婚姻后代相比,在普通宗教测试中并没有一致性地出现低分。总的来说,不同信仰婚姻的是天主教后代,以及相同宗教信仰家庭的天主教后代,都很忠于基督教和天主教,来自相同信仰婚姻的天主教尤其如此。

黑人白人通婚的现象尽管在增加,但还是只占总婚姻数量的很小一部分。发生通婚时,比例失调夫妻中包括:黑人男性和白人女性。

总的来说,常常假设的不同信仰婚姻的负面结果,关于婚姻的成功、孩子的世俗化,没有足够的实证研究结果来支持。

种族、民族和通婚

通婚涉及所有标准,相较于那些种族和民族本源,很少大范围举办或严格实施。尽管有科学性结果和消除了法律障碍,但是对不同种族间婚姻的限制仍然是所有择偶界限中最坚定。

不同人种和民族起源的人混合,这在世界上已不是什么新闻。根据历史和生物学方面的证据,“纯种”或者“纯正的民

① Scott Myers, Religious Homogamy and Marital Quality: Historical and Generational Patterns, 1980—1997," *Journal of Marriage and Family*, 68(May 2006):292—304.

② Larry R. Peterson, "Interfaith Marriage and Religious Commitment among Catholics," *Journal of Marriage and the Family* 48(November 1986):725—735.

族群体”的说法是完全不正确。贯穿有记载的历史，种族和民族的混合已很明显；很多证据还证明种族/民族混合在史前时代就存在。没有证据证明纯种族的观点，同样也没有证据说明种族/民族混合的后代在生物性方面低下。从生物学方面来说，没有什么阻止不同种族或民族群体的人结婚或者生育后代。

1967年，当美国最高法院宣布1924年颁布的禁止不同种族之间结婚的弗吉尼亚法案无效，是违反宪法的，美国解除了对不同种族通婚的法律禁止。高等法院的决定表明这些法 265
律是违反宪法的，在大部分地区，所有主要的种族、宗教以及民族群体如此强烈的社会的道德观念以及不赞同强加种族间通婚以至于种族间通婚相对很少。

1991年的盖洛普民意调查(Gallup poll)显示48%的美国人支持种族间通婚，42%的人反对，10%的人弃权。黑人持支持态度的比白人多(70%对40%)，男性比女性持支持态度的多(52%对44%)，30岁以下比50岁以上持支持态度的多(64%对27%)。来自美国西部和大城市的，受过良好教育的，以及无信仰人士更倾向于赞成通婚。①这些态度在随后的十五年发生了很大的转变。2007年6月一项类似的民意调查显示，赞成率达到77%，只有17%的人反对。非西班牙白人中赞成率达75%，黑人和西班牙葡萄牙裔中赞成率高达85%或者更高。另外，之前的年龄差异较少被报告，比起50岁以上67%的赞成率，50岁以下的人有85%的赞成率。②

尽管经过了几十年，趋势变成越来越多人支持种族间通婚，但是反对的强度——尤其反对黑人—白人通婚——仍然很高。有趣的是，主要的分歧在于口头赞成种族间通婚但当实际情况发生时却不赞成。

种族/民族间通婚的频率

确定混合或者种族/民族间通婚的频率是极其困难的。就宗教而言，存在一个分类的问题。如果一个非裔、亚裔或者土著美国人能够“通过”同一个美国白人结婚，这算是一种通婚还是同族结婚呢？考虑到各州的法律，在那些地方当地人如果拥有八分之一或者是六分之一的非裔血统就被认为是黑人(经验来说是不可能的)，不论与哪一种族结婚，都不算一种通婚吗？还没有一种分类方法能够精确确定并被人认可，即美国大部分地区，对种族/民族间婚姻特定类型的社会认可是如此的严格以至于报道的通婚数目可能少于实际数目。

从1960年开始，美国的人口普查便制成表以显示那些有相同或不同种族背景的丈夫和妻子数目。这个信息像所有含有种族的人口普查信息一样，并不代表任何生物学上的清晰的科学定义，而是建立在调查人的自我认识之上的。

图6.3显示了在过去几十年种族间和民族间的通婚率是如何变化的。如图显示，自

---

① George Gallup, Jr., and Frank Newport, *The Gallup poll Monthly* 311(August 1991):62.

② Joseph Carroll, “Most Americans Approve of Interracial Marriages,” *Gallup News Service* (August 2007). http://www.gallup.com/poll/28417/Most-Americans-Approve-Interracial-Marriages.aspx.

1980年开始,种族间和民族间的通婚率大幅度增加,从原来各自的1.31%和1.79%升至3.65%和3.51%。不过在同一时期,黑人和白人通婚率并没有改变。到2004年,丈夫是黑人而妻子是白人的通婚率不到0.5%(只有0.49%)。而丈夫是白人妻子是黑人的百分比甚至低于0.21%。

266 图6.3　1980—2004年种族/民族间通婚率
来源:U. S. Census Bureau, Statistical Abstract of the United States: 2006, "Table 54. Married Couples by Race and Hispanic Prigin of Spouse: 1980 to 2004." http://www.census.gov/compendia/statab/2006/population/pop.pdf

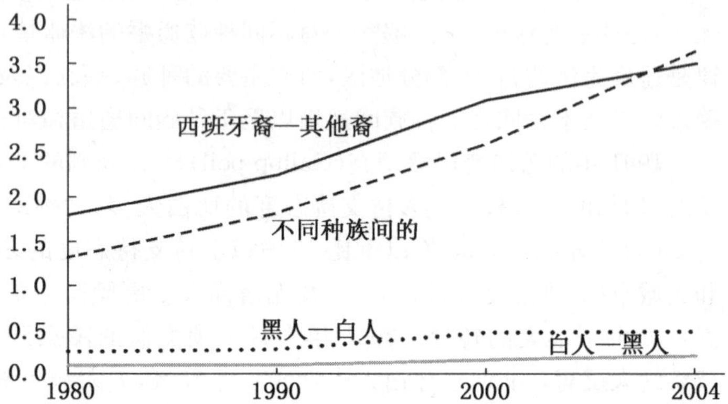

所以,美国大多数种族间的婚姻并不是发生在黑人和白人之间。而美国土著印第安女性和白人男性,日裔女性和白人男性,菲律宾裔女性和白人男性之间的通婚最常见。钱(Qian)指出在1980年到1990年间,白人与亚裔通婚的频率最高,接下来是白人和西班牙裔,最低的是白人与非裔间的通婚。①种族间婚姻的人口普查数据在解释的时候必须谨慎,因为数据是建立在自我报告基础上的,缺乏信度或者效度的核查;然而这些数据的确提供有价值的频率信息来源,而且每次都在增加,也提供了有价值的关于丈夫—妻子形式的差别的来源。

种族/民族间婚姻具有很重要的社会学意义,因为它们是各种族和民族群体间关系的指示器。如果达到了完全平等、赞同社会标准,那么种族/民族间通婚率将会变高。例如黑人—白人间如此低的通婚率,指示出了种族间的隔离,以及美国对于种族间通婚的反对。

男性—女性种族间通婚的差异

正如上面人口普查数据所显示的,美国的种族间通婚大多数是在白人男性同美国土著
267 印第安裔、日裔和菲律宾裔女性之间。然而很多文章和书籍都针对黑人—白人间通婚,发现黑人男性娶白人女性的频率高于白人男性娶黑人女性的频率。这一丈夫为黑人—妻子为白人的模式,在图6.3的人口普查数据中得到了很好证明。

种族间通婚率的性别差异的原因还缺乏一致的解释。试图建立种族/等级交换的研究

① Zhenchao Qian, "Breaking the Racial Barriers: Variations in Interracial Marriage between 1980 and 1990," *Demography* 34(May 1997):263—276.

也没找到一致的支持结果。[1]例如，当教育程度被用作等级的指标时，受教育程度高的黑人男性更愿意选择种族间婚姻。但这一趋势对于同样受高等教育的黑人女性和白人男性却并不那么适用。什么原因呢？可获得性也排除在答案之外，相比于黑人男性，有更多的黑人女性引导我们去预测较多的通婚是来自黑人女性。 268

斯科特·科尔特恩和兰德尔·科林斯(Scott Coltrane & Randall Collins)指出，[2]就黑人通婚的性别差异而言，一种可能的解释是，美丽的完美典范是以白人为标准建立的，年轻窈窕的高加索模特形象充斥着媒体。他们提出的另一种解释是，在黑人社区中男女之间存在着一种尤其强烈的差异。黑人女性传统上是很独立的(不是完全地从属于男性)，这也许可以解释她们自己较低的通婚率，以及黑人男性趋于向别处寻找妻子。 267

新　闻

同性结婚和种族公平的共同点

3月加州最高法院审判了男同性恋和女同性恋伴侣是否有结婚的宪法权利，在这之前不久的口头争论中，审判长伦纳德·乔治就表明了他的意见。

他三次引用了1948年 *perez v. Sharp* 法案的法院决定，这个法案宣布了加州禁止种族间通婚的无效，这在有名望和有影响力的法院历史上是一个顶点……

当时香农·明特作为女同性恋权利国家中心的律师，他知道情形对他这一方有利。审判长看来会接受同性结婚。明特的乐观在周四被证实，当时大多数法官意见不一致，引用 Perez 的案例发现同性伴侣拥有结婚的宪法权利。

对于同性婚姻持反对意见的人说，他们觉得将其与禁止种族间结婚相类比很不舒服。支持传统婚姻的婚姻法修订主席斯图尔特说："这很好地适应了言简意赅的文化(Sound-bite Culture)"。

"当然，它只起到表面作用，"斯图尔特先生继续说。"但是它实际却被婚姻自身更深处的现实所击败。在深层逻辑中，婚姻和种族无关，而和一个男人和一个女人的结合有关……"

就和周四决议的分歧一样，Perez 法案判决是一个法庭审判的大地震。在美国最高法院……规定种族分开的公立学校违反了宪法，这之前过去了六年，在法院跟随 Perez

① Tim D. B. Heaton and Stan L. Albrecht, "The Changing Pattern of Interracial Marriage," *Social Biology* 43(1996):203—217.

② Scott Coltrane and Randall Collins, *Sociology of Marriage and the Family: Gender, Love, and Property*, 5th ed. (Belmont, CA: Wadsworth/Thompson Learning, 2001), 275.

法案在1967年的Loving v. Virginia法案中推翻种族间通婚的禁令,这之前过去了13年……

"Perez法案形成了法庭环境,形成了他在其中裁决的风景,"加州法学教授苏珊娜·戈德堡说……"法庭否决种族间通婚禁令是值得载入史册的事情,并没有看到天塌下来"……

圣弗朗西斯科的城市和乡镇律师特里萨……询问法庭,对于1948年加州宪法以不同的名义给予种族间伴侣相同的权利这件事,是否感到满意。"我们把它称为'交换种族的结合'而不是婚姻",她嘲笑地说。

但是婚姻法修订的斯图尔特先生说,不能将其同种族歧视相类比,他说男女同性恋群体会利用这一对于婚姻的争论发展成政治问题。

"我们明白",他说,"这中间有一个截然不同的道德等价,一方面是白人至上主义的议程,另一方面是主张男女同性恋的平等权利。"

限制种族间通婚的历史可以通过两种方式了解。Perez法案可以认为是为平等而战的较早一击。或者可以说他优先于民主进程,强加了一项大多数州还没有准备接受的决议。

皮泽作为拉姆达法律律师,作为男女同性恋伴侣就同性婚姻案例的代表,说与Perez法案相类比存在限制。"我们在谈论宪法原则,"皮泽先生说,"不是社会并行。"但是他说Perez法案表示了对她们这边的支持,也将继续产生共鸣。

来源:Adam Liptak, "Same Sex Marriage and Racial Justice Find Common Ground," *New York Times*(May 2008).

Http://www.nytimes.com/2008/05/17/us/17marriage.html? ex=1368763200&en=2641eaf9c25fd&ei-5124&partner=permalink&exprod=permalink.

同样可以假设,在联系到女性时,对于白人男性和黑人男性的操作标准是不同的。例如,黑人男性和白人男性都比女性更可能主动择偶和结婚。另外,由于历史和社会经济的差异,相比于白人男性主动与黑人女性交往,黑人男性主动与白人女性交往有更好的声望,其他的因素或解释也同样起作用。

成功的种族/民族间通婚

种族/民族间通婚会成功吗?一种被普遍认可的观点是,那些走进种族/民族间婚姻的人很可能离婚。然而支持这一观点的证据是有冲突的。例如,夏威夷提供的数据显示了种族间(混合)婚姻比种族内(群体内)婚姻更可能导致离婚,但是在夏威夷的研究中,这些通婚的绝大部分是非常住居民之间的。当考察常住居民婚姻的离婚比例,种族内婚姻比种族间婚姻更有风险。其他混杂的结果来自于一份对相异群体的分析。一些跨种族的结合表现出的离婚风险比其他的更大。例如,新娘收入高于新郎时,其离婚风险显著高于新娘收入低于新郎时。①

总的来说，种族间或民族间婚姻的成败，并不只取决于它们混合这一事实；正如其他的婚姻，成功也受到年龄、宗教信念、受教育水平、居住地、初婚或再婚、父母及家庭的支持以及其他因素的影响。认识到夏威夷的研究只是一个特例，认识到种族/民族间婚姻的成功，取决于哪个种族或民族群体之间通婚，婚姻周围的环境；认识到不同的方法和研究问题，研究结果应该必定引导人们严肃询问，种族/民族间婚姻本身的负面是通婚夫妻自己的观点。

但是种族间和民族间夫妇的孩子又怎么样呢？他们会存在人格和适应困难的危险吗？ 269

受欢迎的文献，经常是建立在推测或者非典型案例之上，会严重偏向一个观念，即跨种族/跨民族婚姻的后代更可能遭受到适应问题。至少，从夏威夷和新墨西哥的研究得来的数据表明这些文献是不正确的。②在这些州，他们发现两种文化社会化对群体间的交流和意见、熟悉多种语言和享受少数群体文化有着积极作用。相较于单一遗传的同龄人，混合遗传的学生没有出现低自尊或者被疏远，也没有经历较多的压力。

无论是解决夫妻、亲子还是雇佣关系，成功关系取决于整体情况，而不仅仅取决于父母具有不同肤色和不同民族遗传的事实。各种类型的人际关系都明显受到外部压力的影响。父母、亲戚、邻里、教师、政治家和社会对于婚姻、家庭或者就业状况，都会有不同程度的或支持或反对。成功与社会文化背景相联系，已远远超过了任何两个人间的界限——无论他们的肤色相同与否。

总　　结

1. 有很多方式来总结社会上婚姻关于普及、流行和可能性的信息。一种方式是考察人口中不同婚姻状况（已婚、离婚、分居、丧偶或者从未结过婚）的比例，或者考察给定年份的结婚率（*粗结婚率*和*一般结婚率*）。一般结婚率在考察婚姻行为随时间的变化中尤其有用，并且是一种合理的关于婚姻变更的普及型的测量。

2. 1997年，美国18岁以上已婚人口比例不到60%。另外，自第二次世界大战后一般结婚率有一个下滑，虽然这个下降的开始可能标志着美国历史上结婚率的最高峰。近来一般结婚率的下降大都发生在二十世纪初，同类水平上适婚年龄男女数量同时增加。

3. 很少有数据表明美国年轻人反对结婚。反而，数据好像显示了结婚率的下降，源于推迟结婚直到完成必须的生活课程任务（例如：教育、培训、稳定的职业）。

4. 有很多因素来解释为什么人们还是会结婚。婚姻或者婚姻的一些变异形式继续执行许多社会需要的功能，在现代社会甚至可能承担着更大的个人意义，在现代社会中更难找到和维持婚姻之外

① Fung Chu Ho and Ronald C. Johnson, "Intra-ethnic and Inter-ethnic Marriage and Divorce in Hawaii," *Social Biology* 37(Spring/Summer 1990):44—51

② Walter G. Stephan and Cookie White Stephan, "Intermarriage: Effects on Personality, Adjustment, and Intergroup Relations in Two Samples of Students," *Journal of Marriage and the Family* 53(February 1991):241—250.

的持久首要的关系。

5. 婚姻继续为个体提供很多健康和幸福的利益,虽然这一观察到的作用在近几十年变得很小甚至可能是假的。健康的人更可能结婚,或者已婚者和未婚者间的大多差异是因为离婚和守寡的负面作用而不是不结婚的决定。

6. 结构性条件导致一些人低的结婚可能性。术语"*婚姻挤压*"用来描述男女性别比例失衡所产生的影响,或者适婚男女数量的失衡。仅仅基于年龄,这一挤压导致了二十世纪五十年代女性短缺和八十年代男性的短缺。结婚挤压在黑人女性中尤其严峻。

7. 同族结婚和同类结婚是指那些具有相似特征的人通婚的程度。这一章主要考察了在美国,人们挑选亲密伴侣时,通婚的本质和四项标准结构:年龄、社会地位、宗教信仰和种族/民族。

8. 报告和解释通婚的类型是很困难的。种族/民族、等级和宗教信仰的界限很少精确区分。个体的比例通常和结婚的比例相混淆。实际通婚率会因很多社会因素而变化,例如:群体规模、异质性、性别比例、群体对婚姻的控制、文化相似性的发展、浪漫爱情情结和特定心理因素的影响。

9. 美国大多数夫妇的结婚年龄都是相对同质的。自二十世纪初以来,男女结婚时的年龄差距出现变窄的趋势,从二十世纪五十年代开始,出现结婚推迟的趋势,也就是说结婚年龄变大。

10. 择偶研究推断出,结婚夫妻双方在社会等级上有高同质性,高于单单凭随机水平的期望。当与社会地位较低的人结婚(*门不对户不当的婚姻*),被称为*高攀婚姻*或者*下嫁婚姻*。男性约会和结婚的普遍趋势是更多得寻找地位比他低的女性,较少寻找地位比他高的女性,这被称作*配对梯度*(mating gradient)。

11. 宗教信仰同质性,尽管没有种族/民族间同质性那样严格,但在择偶中仍然作为一个重要因素。宗教信仰虔诚的人与同类人结婚的频率高于与信仰不那么虔诚的人结婚的频率,宗教信仰同质婚姻的幸福感水平比不同宗教信仰婚姻的要高,而离婚率较低。

12. 在美国,种族/民族同质性标准比其他本章提到过的任何其他方面都更严谨执行。研究结果揭示黑人男性与白人女性结婚的频率高于白人男性与黑人女性的。虽然种族/民族间通婚趋势在上升,但发生率仍旧很低,并且在所有可能的方面,这个数量对种族融合基本起不到什么作用。

13. 总的来说,各种类型的通婚都在增加,但是同族结婚仍然远远高于随机水平的期望。

14. 正如我们所看到的,大部分人在一生的某刻结婚,但是年轻人正在推迟结婚时间,独立生活的单身状态时间延长。下一章我们将考察婚前关系发展的过程,以及不顾结婚的未婚关系的动态过程。

270

关　键　词

粗结婚率(Crude marriage rate)　p. 237

一般结婚率(General marriage rate)　p. 239

婚姻挤压(Marriage squeeze)　p. 242

连续或有序的一夫一妻制(Sequential or serial monogamy)　p. 247

未婚同居(Nonmarital cohabitation)　p. 247

婚姻保护假设(Marriage protection hypothesis)　p. 248

安全网假设(Safety net hypothesis)　p. 249

包办婚姻(Arranged marriage)　p. 251

自主结婚(Autonomous marriage)　p. 251

嫁妆(Dowry)　p. 252

新娘价值(Bride's price) p. 252
同族结婚(Endogamy) p. 252
同类结婚(Homogamy) p. 252
同类配对(Assortive mating) p. 252
通婚(Intermarriage) p. 254
操作定义(Operational definitions) p. 254
通婚率(Intermarriage rate) p. 255
个体通婚率(Intermarriage rate for individuals) p. 255
实际通婚率(Actual intermarriage rate) p. 255
预测通婚率(Expected intermarriage rate) p. 255
年龄同质性(Age homogamy) pp. 258—259
等级同质性(Class homogamy) pp. 259—260
门不当户不对的婚姻(Mesalliance) p. 260
高攀婚姻(Hypergamy) p. 260
下嫁婚姻(Hypogamy) p. 260
配对梯度(Mating gradient) p. 261
不同宗教信仰婚姻(Interfaith marriage) pp. 261—264
宗教权威同类婚(Religious authority homogamy) p. 263
共享宗教活动(Shared religious practices) p. 263
种族、民族和通婚(Race, ethnicity, and intermarriage) pp. 264—269

问题讨论 271

1. 关于当今婚姻的流行性统计资料告诉我们什么?以及在过去几百年时间里它是如何变化的?讨论不同统计的含义以及一些统计可能如何歪曲当今婚姻状态。

2. 讨论*婚姻挤压*。什么因素可以解释从女性短缺到男性短缺的转变,以及反之的转变?为什么黑人女性的婚姻挤压如此明显?

3. 你觉得结婚对你有好处吗?关于反对结婚有益的观点,你有什么论点?

4. 区别以下配对词语:同族结婚/异族外婚;同质婚配/异质婚配。同类婚配意味着什么?通婚或混合婚是由什么组成的?

5. 讨论可能使得美国通婚发生率增加的因素。什么因素对于不鼓励或阻止通婚作用最强?

6. 就年龄而言,什么趋势可能存在于婚姻、居住场所、社会等级、宗教信仰和种族/民族间?为什么?

7. 讨论:高攀婚姻和下嫁婚姻——各自发生的可能性有多大,为什么会发生,以及将会导致的结果。

8. 配对梯度在你们学校是常见现象吗?为什么这样或为什么不这样呢?大学生之间这一基本模式在今后十年可能变化吗?

9. 社会交换理论在多大程度上能够解释等级间和种族间婚姻?在交换中会出现什么因素(例如:黑人男性和白人女性之间)?如何解决例外情况?

10. 关于黑人—白人种族间结婚:为什么发生的频率如此低?怎么解释丈夫为黑人—妻子为白人婚姻的显著性?为什么相反的模式不常见?对于种族间婚姻可能缺乏实证研究支持的异议是什么?

第 7 章

婚前和非婚关系

案例

273 ### 乔赛娅建议未婚同居

乔赛娅,30 岁,是一名韦恩大学的本科生。她成长于一个虔诚的基督教家庭,20 岁结婚,27 岁离婚,随后回到她父母家住了两年,接着搬去和乔一起生活。这对于她来说是个好主意吗,她能建议别人这样做吗?乔赛娅说:

"在你结婚之前同居绝对是一个好主意。当你早上、中午和晚上都能看到他,而不是偶尔的一个夜晚或周末才能看到他,你就能更清晰地了解他。在许多方面,我很传统。我可以做所有家务、做饭,但是毕业后我想全职工作。乔接受这些,但是他只对我传统家庭主妇的角色感到满意和高兴。

"我想我对乔的承诺很传统。我甚至不去想和其他人出去或者睡觉,虽然我离婚后和其他男人上过床。但是现在我郑重向乔承诺不会这样,如果他和其他人出去也是对我严重的伤害。我知道他也感同身受。我爱他,我知道他也爱我。

"我们想过结婚,但是我不认为这会改变很多。我能想到结婚的唯一的原因是:结婚也许是我们彼此真正信任对方的一种陈述。有时候,我认为我的生命是他的从属,不那么重要,因为他挣来我们所有的收入。但我在返校之前还在全职工作时存了很多钱。自从我有了优秀奖学金,他承担全部家用,我没有看出任何与结婚的不同。我现在不向他要钱,即使我们结婚了我也不认为我会这么做。

274 "乔是一个非常好的人,不像我的前夫,我们可以坦诚地谈论所有事情。例如,我前夫从来不谈及性——我喜欢的或者我的感受——同时他好像永远不倾听或者在听完后给出任何表态。现在则完全不同。对我来说,生理上的愉悦是不够的。我必须要强烈感知对方,同时能和他们坦诚地交流和分享。

“我认为是上帝引导我来到乔身边。他就是我想要的那个人——温柔、深情、善于表达、愿意说话、会关心人。我们也许某一天会结婚，但是他会比我更愿意提出这个问题。我喜欢和他住在一起，我没有看到结婚如何使生活变得更好。到目前为止，我很满意现状。”

问题思考

◆ 乔赛娅 20 岁结婚，你认为这是个好主意吗？为什么是或者为什么不是？

◆ 你认为今天选择一个长期的亲密伴侣——知晓谁将会是最好的选择，在你的寻找中有一个清楚的步骤，确信你的选择等等，相比过去是更难还是更容易？解释原因。

◆ 同居与婚姻是相似的关系吗？同居和结婚的不同是什么？例如，考虑到家务劳动的分工、性关系、孩子、结束关系等等。乔赛娅说“在你结婚前同居绝对是一个好主意”，她没有“看到婚姻如何改进了生活”。你同意哪一个观点还是都同意？为什么同意或者为什么不同意？

正如我们在第 6 章讨论的，挑选亲密伴侣并不是简单的喜欢或者自由选择的问题。尽管无论老少，他们选择自己喜欢的人的机会和自由都增加了，但是许多个人控制之外的因素严重限制了合格人选的人数。乱伦禁忌以及很多社会中对于年龄、性、婚姻状况、社会等级、宗教信仰和种族/民族的限制，大大缩小了“合格人选的范围”。在这一章中，我们将进一步考察择偶和关系发展的社会文化背景。我们接着将会考虑个人因素和包括人际吸引和择偶在内的互动过程。最后，我们将考察包括婚前和非婚关系的相互动态作用，例如约会和同居，同时考察在以后的婚姻中，例如同居这样婚前经验的作用。

非婚关系的社会文化背景

不管我们谈及的关系是以结婚为目的还是为了满足目前更多的需要和欲求，重要的是考虑社会结构和文化意义系统领域以哪种方式影响我们对伴侣的选择，影响我们赋予这些关系的意义，以及我们在这种关系中的行为方式。早期择偶过滤器理论认识到了社会限定合格人选领域的方式（作为一个过滤器），但当时假定，这些社会力量屈服于个人需求满足或同领域内特定他人相吸引的互动过程。[①]一个例外是艾拉·赖斯（Ira Reiss）的爱情车轮理论，该理 275
论认为两人吸引的过程和关系的形成从来没有独立于社会文化的影响。随着关系进展到

① Alan C. Kerckhoff and Kingsley E. Davis, “Value Consensus and Need Complementarity in Mate Selection,” *American Sociological Review* 27(1962):295—303.

需求满足的最亲密阶段，由于人与人之间揭露的不断增加以及社会网络与文化理念背景的持续影响，关系来回摇动。我们相信这个模型为择偶过程和关系动态提供了更多信息。

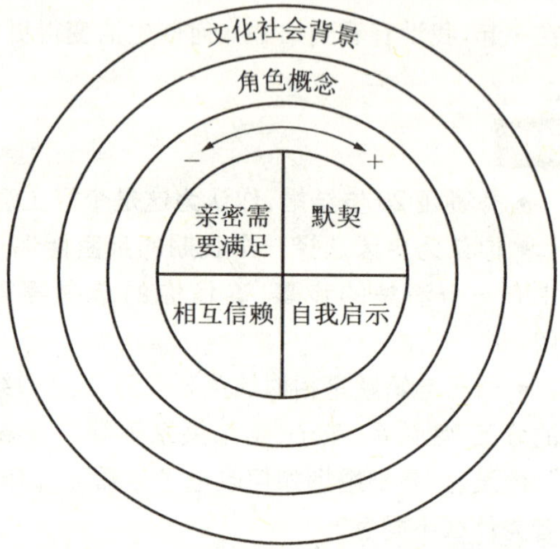

图 7.1 艾拉·赖斯的爱情车轮理论
来源：From Family Systems in America, 3rd edition, by Reiss. © 1980. Reprinted with permission of Wadsworth, a division of Thomson Learning: www. thomson-rights. com. Fax 800-730-2215.

对于婚姻，尤其是第一次，所有社会都有一些社会认可的和结构的程序来遵循。如前所述，婚姻安排这个程序一般发生在亲属团体间，为了使婚姻安排更容易，所有成人间的婚前性亲密关系受到高度限制。但是，在较自主的婚姻系统中，选择结婚对象和将关系发展至结婚都被控制在关于个人行为的制度化组织系统和标准下。在一些自主婚姻的背景中，所有婚前性亲密关系也被视为"婚前"关系，这种关系的形成和发展更加制度化。在这些背景下，个体有清晰的指导，关于应该和谁形成伴侣关系，应如何去寻找伴侣关系，在发展关系的过程中应如何采取行动，以及在婚姻终点上相互关系的状况是什么。换言之，一个清晰社会脚本（或程序标准和期望的设定）的存在是为了指导行为者在过程中的行为。这样高度制度化
276 的体制是在北美和西欧从传统向现代的转型中发展起来的。①今天，在仪式和约会与恋爱相关准则方面，转型的残余仍然可以看到。

但是，最近，现代化进步已经削弱了北美和西欧的这些制度化组织和标准，对婚姻关系外的亲密关系引入了更多的不确定性，②在伴侣选择的标准上，在遇到和开始亲密关系的过程上，在亲密关系中的行为适宜性上，随时间变化的关系状况上，以及关系的目的或目标上。

在十九世纪和二十世纪初，父母或其他人（年长的监护者）普遍介入到非婚的亲密关系

---

① John R. Gillis, *For Better, For Worse: British Marriages, 1600 to the Present* (New York: Oxford University Press, 1985).

② Ulrich Beck and Elisabeth Beck-Gernsheim, *The Normal Chaos of Love* (Cambridge: Polity, 1995); Richard A. Bulcroft and Silvia K. Bartolic, "Risk in Relationships," in Harry T. Reis and Susan K. Sprecher (Eds.), *Encyclopedia of Human Relationships* (Thousand Oaks, CA: Sage Publications, 2009).

中，年轻人清楚地了解从哪些社会类别中挑选伴侣（基于组内的认同），了解在约会中或者在“追求”和“订婚”中如何表现的准则，以及了解标志着关系发展中一些变化的符号系统（例如，“走向稳定”、“固定”、订婚戒指，等等），关系朝亲密程度和承诺增加的方向发展。然而在今天的现代社会，这一过程已变得更加个性化、灵活、个人化和模棱两可。旧的标准和期望继续通过社会化过程传播，但远不能被普遍认可。因此，这些程序留给了个体，涉及个体在这些程序之间的协商，由于不同的社会化经验以及社会脚本缺乏一致性，误解的可能性增加。一致性社会脚本的缺乏导致了近来像《恋爱准则》这样关于约会的出版物流行起来。①

伴侣选择的标准也变得更加个性化和模棱两可。在“表现自我”比“工具性自我”更重要的社会中，②伴侣选择的标准已经从传统的、外在的地位标准（如宗教、社会等级、种族等）转向以人格特质和他人满足心理需求的能力为基础的更内在和更模糊的标准。因为每个人都是独一无二的，并且一个人的心理需求和能力是不易了解的，找到最好和最合适的伴侣在成为非婚关系中最重要的议题，也是不确定性和风险的重要来源。

表现自我和现代化进步出现的另一后果是，在大大扩充的生命历程中，家庭内部和外部的亲密关系作为建立个人传记的一种手段，呈现出了更加重要的作用。不同于前现代/前工业化/前资本主义社会，今天我们活得更久，在生命历程中许多人将会多次改变社会背景。个人传记不再在出生时就确定，在个人的生活历程中也不再稳定。我们必须创造和保持我们自己的身份和传记，建立如婚姻这样的长期亲密关系成为了这样做的一种方式。③ 277

新　闻

对于网上的约会服务，火热和道德不太可能并存

出现在约会网站(True. com)广告中的女性，几乎必定不需要从网上寻找约会。

那些体态丰满、常常几乎不穿衣服的模特们，在“淘气很好”的广告语旁摆出各种姿势，被数日贴在网络上，在 Myspace 这样的社交网站上很难避免。

Ture. com 成为点击率最高的几个网站之一，并且年收益超过 70 亿美元，一部分原

---

① Ellen Fein and Sherrie Shamoon, *The Rules: Time Tested Secrets for Capturing the Heart of Mr. Right* (Lebanon, IN: Warner Books, Inc., 1995). These authors have since published several other *Rules* books including one on the rules for marriage and one on the rules for online dating. They also have a website for purchasing their publications and DVDs.

② Marlis Buchmann and Manuel Eisner, “The Transition from the Utilitarian to the Expressive Self: 1900—1992,” *Poetics* 25(1997): 157—175.

③ Kris Bulcroft, Linda Smeins, and Richard Bulcroft, *Romancing the Honeymoon: Consummating Marriage in Modern Society* (Thousand Oaks, CA: Sage Publications, 1999).

因可能就在于那些火辣的广告,在上个月就吸引了380万人。

True的崛起很受争议,它激怒了像Marth. com和Yahoo这样的竞争者,它们说True那些低趣味的广告与高尚的游说和合法努力的成果相冲突。True引导那些有犯罪背景的人来点击用户,它是支持一个两年运动的主要动力,这个运动使得州立法机关规定无论他们是否执行这样的检查,社会网址都要明显公开……

"我想要保证我们的会员有个好的相处环境",True的建立者和总执行官维斯特说。"为了宣传,竞争者丢弃公司的虔诚就如同一场游戏……"

True在2004年加入了网上交友的圈子,为了使自己同别人区别开来,提供一系列的个性和性方面的调查,还请了专业数据代理商ChoicePoint来监控用户点击的后台操作,保证他们没有犯罪记录或者已婚。

这些公司随后试图在许多州通过法律来要求对其他网站进行原本没有的背景检查和公开。

像拥有Match. com的Yahoo, Google和IAC/Inter Active Corp这样的公司,游说议员反对这个提议……集团的执行总监马克汉姆·埃里克森说,背景检查是不起作用的,因为一些重罪犯很容易通过一些假信息来掩盖自己,他说"他们的开始的采访话语听起来很好,但是一旦执行起来,就会发现很不管用。"

……被称为交友网站的权威人士戴维·埃文斯……说到,同True的竞争让人不安,因为它有大量的广告,包括与约会相关的搜索条目的一些文字广告,这抬高了广告成本,同时损害了产业的信誉。

"他们很努力地去克服因提供这些服务所带来的污点",埃文斯先生说。

维斯特先生否认他们的广告是剥削的和半色情的。"我们很注重我们的信誉,"他说,"色情会引入色狼和变态,我不希望这样的人出现在我们网站上。另一方面,你可以用粗体字从我这儿声明:True赞同性。"

这个网站也因为它产生的随机"闪烁图片"——从其他会员那里得到信息的产业术语——而受到批判。现年49岁,来自Vancouver Wash.公司的工程师丹·康西格奥说:他在注册了True之后就收到了12位女性的闪烁图片,并给其中几位进行了回复。但最后只收到了一位女性的回复,她却说自己并没有给他闪烁图片。

维斯特先生承认这个服务发送了虚假的闪烁图片,但他说用户可以选择不使用这些,按照自己的目标去寻找。"我们试图给那些胆小害羞的人们创造见面、相爱和一起生孩子的机会,"他说,"我们只是努力在做好一个媒婆的工作。"

来源:Brad Stone, "Hot but Virtuous Is an Unlikely Match for an Online Dating Service," New York Times, March 19, 2007. http://www.nytimes.com/2007/03/19/techology/19true.html? ei=5090&en=2bf2b5ff6107fd0e&ex=1331956800&partner=rssuserland&emc=rss&pagewated=print.

此外，对个人幸福和成就的责任已经从公共领域机构转换到私人领域的个人选择。自 278
由选择的后果之一是，如果做了一个不好的选择，除了自己你也不能责怪别人。所以，与此同时个人的利害关系增高，选择变得更加困难。

使非婚关系进一步复杂的是年轻人在形成关系中增加的各种目标和目的。对于一些人来说，形成这种关系的目的是找一个婚姻伴侣。然而，对于其他人，则会寻求短暂的、不那么永久的安排。因此，家庭课程和教材中的传统主题如择偶或婚前关系，已不再足够。我们需要了解个人如何经营他们关系的目标，同时了解维持这些目标的过程，而不是假定所有的非婚性亲密关系是由最主要的选择结婚对象的目标所形成和决定的。

这一新的文化背景是如何影响关系的形成和发展过程？今天，许多年轻人在其性亲密关系中继续保持着选择结婚对象的目标，他们常常沿着文化脚本限定的那条线，依靠传统的机制来寻找伴侣和发展他们的关系。但是这个相对"安全"的途径不是所有人都能做到的，许多人已经或者想要通过传统制度结构之外的方式，这些人因此也承担更多的风险和不确定性。

正如尤里克·贝克(Ulrich Beck)所指出的，在现代社会中，对付风险的方法是运用理性的原则做出选择。①今天我们可以看到这个方法，随着像约会和做媒服务这样理性的选择结婚对象的方式越来越受欢迎，加上越来越流行的技术性个人广告，在广告中个体能详细说明自己的特征和认为与自己匹配的他人特征；在某些情况下，"专家"设计的计算机程序为他们做出最好的配对。②不过，任务仍然可能很艰巨，因为许多人恢复到了传统的标准和方法，或在只有部分信息的情况下做出选择，然后希望是最好的选择。③正如我们将在第九章中讨论的，现今非婚关系所涉及的风险和不确定性也许可以解释围绕着从非婚到结婚这个过渡所增加的细致仪式(如婚礼和蜜月)。

爱的社会建构

在类似于我们现在这样一个现代社会里，与择偶过程和非婚关系发展相关的难题是爱的文化概念的高度发展。爱是一个难以捉摸的概念。我们都谈论它，有些人一见钟情，还有些人说他们坠入爱河，创造爱，拥有爱，或想找到爱。但是，什么东西叫作爱？字典给出了一些定义，诸如：爱是对别人的一种基于家庭或个人关系的强烈感情，爱是一种基于共同经历
或兴趣的依恋，爱是一种主要基于性欲的对别人的强烈吸引。爱还被定义为网球比赛中的 279
零分，但这一定义很难和伴侣选择具体联系在一起。

社会学家认为爱是个人在相互关系中所体验到的一种多层面的结构，但由特定社会结

---

① Ulrich Beck, *Risk Society* (Beverly Hills, CA: Sage Publications, 1992).

② Richard Bulcroft, Kris Bulcroft, Karen Bradley, and Carl Simpson, "The Management and Production of Risk in Romantic Relationships: A Postmodern Paradox," *Journal of Family History* 25(January 2000):63—92.

③ Bruno S. Frey and Reiner Eichenberger, "Marriage Paradoxes," *Rationality and Society* 8(1996): 187—206.

构的文化背景所定形和解释。我们可以把爱分成四种相互关联的维度——情感、认知、关系和行为。

作为一种*情感*，爱是一种特殊的生理唤起状态，伴随着一种对爱的客体用特殊的方式实施行为的倾向。无论爱是所有人类本能所具有的原始情感，还是一系列在某些情形(在适当的环境中存在文化上适当的爱的对象)①中被解释为爱的其他情绪(恐惧、满意度等)，我们对那些情绪的情感内容和反应会很明显地受到生活中的占统治地位的社会文化结构的影响。②

作为一种*认知状态*，爱是想某人或某物的一种方式。当我们的思想专注于某人时，我们将这种状态解释为处于爱中。我们的这种专注可能根源于一种情感的反应，或者可能是感知收获或心理需求的结果。当我们把其他人作为爱的对象时，我们对对方行为的理解也不同。一方面，我们对我们爱的人表现出更多的关注，同时，当他们的行为违反了我们的预期时，我们更有可能往好的方向想，认为他们是无辜的。另一方面，当我们定义我们的关系是基于爱时，我们也对别人持有不同的期望。

从*关系*来说，爱情可以被定义为对另一个人强大或亲密的依恋。这种依恋可能是很牢固的，牵涉其中的个体在感到亲密和相连的同时保持着独立，或者这种依恋可能更焦虑/矛盾，牵涉其中的人希望完全拥有对方，和/或者对方对其拥有强烈的情感。

最后，爱是一种具有许多外在*行为*表现的建构，在这种建构之中，不遵从社会规定的行为会表明或造成一种缺少爱的状态(不顾情绪、认知和关系等条件)。例如，男子有时会认为洗车或清扫院子是在向妻子表达爱(有点像古代骑士为处于危险中的女子杀死恶龙)这真的是爱吗？这个问题没有答案。重要的是，对方如何解释那些行为。

作为社会建构，爱的含义已经随着时间流逝和文化的变迁而改变。③对于早期的希腊
280 人，爱可以有几种形式，其中两个——爱神与爱德——是最重要的。爱神描述的是与性相关的身体/情感维度，而爱德描述的是理性、理智和对对方的无私责任等精神/认知关系维度。这两个方面被认为是彼此相互排斥，分别属于男人和女人。

相比之下，后来罗马社会更多地把爱视为一个男性和女性都参与其中的游戏(amor ludens)。像早期的希腊人一样，爱和男女婚姻无关。相反，它被看作是婚姻以外关系的基础。与罗马爱情的定义截然不同的是，早期基督教社会在纯粹的精神意识层面上考虑爱情，认为人类之间的爱是上帝的爱的外在表现。但是，像早期的希腊人和罗马人，这些社会没有把爱情和婚姻联系在一起。这时所关注的重点是在社区和邻居的爱(朋友还是敌人)。

---

① For a discussion of love as a primary emotion, see Theorore D. Kemper, "How Many Emotions Are There? Wedding the Social and the Autonomic Components," *American Journal of Sociology* (1987): 263—298. For a theory of love as a secondary emotion, see Steven Schachter, "The Interaction of Cognitive and Physiological Determinants of Emotional State," in L. Berkowitz, *Advances in Experimental Social Psychology*, Volume 1 (New York: Academic Press, 1964), 49—80.

②③ Bernard Murstein, *Love, Sex, and Marriage through the Ages* (New York: Springer Publishing Company, 1974).

现代性的曙光，见证了爱的概念的又一次转型。文艺复兴时期的宫廷爱情观是一个由情感、认知和行为等要素组成的复杂多维度建构。这是由当时各种著作以及其他文化形式所诠释的一个概念。在许多方面，这是我们关于浪漫的爱的现代观念的起源，这种爱是我们在考虑别人时忽略等级和其他社会界限，是改变我们的生活和克服障碍的一种强大动力，是一种不能与其他关系竞争存在的排他关系，是一种偏执的认知状态，比如占有欲，是一种强烈的情绪感觉的来源，比如嫉妒。虽然爱可能以婚姻持续，但是它既不限制于婚姻也不是婚姻所必不可少的。只有在中世纪维多利亚时期的英国，我们才看到了爱情和婚姻的明确联系。

今天，什么是爱呢？如 Cancian 指出，爱已越来越成为一种与女性相连的情感体验。①她通过对文化表现形式的分析，指出随着妇女在创造和维持爱情关系上越来越多的责任，爱在 20 世纪期间变得越来越女性化，虽然卡曾（Cancian）认为，我们正朝着被他称为"雌雄同体的爱"的更平等的状态发展。吉登斯（Giddens）注意到了现代爱情文化概念中的一个相似转变，尽管他所关注的是爱情关系向更平等关系（他所说的汇合的爱）的理性转变。②

从一个更心理学的角度看去分析伴侣之间的关系和激情式的爱（以高水平的情绪强度为特点）与伴侣式的爱（以安全和信任的依附关系为特点）的区别。虽然前者是重要的，但如果没有后者的发展，这种关系在现代社会亦不能长久。③除了这个区别，也有其他区别；最值得注意的是，李（Lee）基于历史观念的爱的六种类型的类型学和斯滕伯格（Steinberg）基于承诺、激情和亲密的三角形维度的九种分类。④

跨文化视角

爱与越南解放 281

几个世纪以来，不仅爱情的意思和它与婚姻的联系改变了，同时文化上关于爱情的论述在较短的时间周期里也变化了。最近的一个例子是二十世纪哈里特·菲尼（Harriet Phinney）对越南文学和官方历史著作所做的分析。

在法国殖民之前，越南是一个基于儒学的集体主义和父权制社会，那时婚姻以工具理性为安排，家庭关系最优先考虑，夫妻只有在结婚之后才有望找到亲密和陪伴。被法

① Francesca Cancian, *Love in America: Gender and Self-Development* (Cambridge, United Kingdom: Cambridge University Press, 1987).

② Anthony Giddens, *The Transformation of Intimacy: Sexuality, Love and Eroticism in Modern Societies* (Cambridge, United Kingdom: Polity Press, 1992).

③ Ellen Bersheid and Elaine Walster, *Interpersonal Attraction* (Reading, MA: Addison-Wesley, 1969).

④ John A. Lee, "Love-styles," in Robert J. Sternberg & Michael L. Barnes, *The Psychology of Love* (New Haven, CT: Yale University Press, 1988), 38—67; Robert J. Sternberg, "A Triangular Theory of Love," *Psychological Review* 93(1986): 119—135.

国作为殖民地后，浪漫爱情的思想被引进，“老方式”被作为封建主义和对个人自由与表达的限制——尤其是对妇女自由的限制——而抛弃。这些思想是30年代初的两类作家——*Tho Moi* 派诗人和 *Tu Luc Van Doan*（自力更生文学集团）的基本元素。这些作家的作品所表达的主题包括通过探索对儒家思想相联系的感觉和抵制观念来关注自我的发展。然而，爱情的这些新观念的来源是与法国殖民者的文化影响相关联的。同样的，他们变得与“种族二头政治”(335)的“殖民政策”有关，并受当时的马克思主义革命者权力起义的影响，并发生转变。

因此，马克思共产主义的崛起，是越南第二次爱的文化意义的转折点。革命党人试图从传统方式提高个人的自由，还试图摆脱法国殖民统治和资本主义的祸害。因此，他们积极寻求一种促使个体献身新共产主义国家的方式，来塑造爱的文化表现形式。他们强调传统的家庭和父权制中限制的自由，但是把个体对爱的表达对象从另一个个体转变到国家。在那段时间，个体爱的表达以一种提高国家条件的欲望为动机，而这种提高通过贡献于革命运动而实现。特别是妇女以和母性相连的爱为目标——一种国家母性——同时，夫妻间的爱也很可能是由对国家的共同的爱组成。这些思想在1959年的婚姻和家庭法中形成，其中为自愿婚姻、婚姻中的两性平等制定法律，并从大家庭的干涉中解放出来。

这一发展中论述的第三阶段是社会主义经济模式失败和二十世纪八十年代经济改革运动的结果，这一改革的关键是从“集体土地使用”向“以个人和家庭的土地权利为基础的家庭控制经济”的转变(346)。因此，婚姻和家庭法修改为更加强调婚姻和父母子女的联系。国家母性改为生物母性，这成为家庭生活所必不可少的纽带。就像菲尼总结的：“尽管当时的构造有利于国家并促进了国家进步，但是它通过限制母性身份的形式而讽刺性地减少了女性的主观性。然而，在同一时间，*Doi Moi* 派关于母爱的论述挽救了革命前的个性感和与生俱来的自我表达，讲述了浪漫爱情和革命后的小说的浪漫憧憬……”(351)

来源：Harriet M. Phinney, “Objects of Affection: Vietnamese Discourses on Love and Emancipation,” *Positions* 16(Fall 2008):329—358.

最后，帕特里夏·诺勒(Patricia Noller)写到了支持婚姻和家庭的爱。她回顾了文献，探
282 讨了成熟和不成熟的爱的情感、认知和行为方面。她讲道：

> 考虑到爱是社会建构的证据，不过，爱的关系是在社会、文化背景下发生的，爱的认知方面可能是那些处于爱情关系中的人体验爱情的最重要的决定因素。看来，爱的情感和行为方面都受到相关个体所接受的关于爱情的想法的深刻影响。①

① Patricia Noller, “What Is This Thing Called Love? Defining the Love That Supports Marriage and Family,” *Personal Relationships* 3(1996):111—112.

在伴侣的选择方面，比起自己的自由选择，包办婚姻中的爱有着更不同的意义，这是社会建构的。

伴侣选择的个人因素

随着亲属关系对个人伴侣选择控制的减弱，特别是在西方社会，自由择偶的同时带来了一个极其复杂的过程。这个过程显然在第一次约会之前就开始了很久。对于许多人来说，选择过程永远不会结束，因为在美国，人们可能拥有一个以上的婚姻伴侣（虽然在法律上，一次只能有一个）。大多数心理学理论和个人主义理论解释伴侣选择的时候都是基于广泛的经验，以及各种潜意识驱动和需求。

本能和生物理论

其中最古老、最极端的择偶理论认为，指引男人选择一个女人的力量（反之亦然）是本能。本能是建立在遗传和不可习得的行为思想上。一些社会学家会说没有人类的本能这样的事情，但许多生物学家和心理学家会反驳说，本能是人类基本的行为。

据我们所知，从来没有人发现任何本能的、无意识的或纯粹生物的择偶因素。然而，进化生物学家声称，生物倾向确实存在，并在某个方向指引我们的选择。①当然，事实上，这种倾向是无意识和天生的，因而使得它们很难被发现。简言之，比起归因为命运、精神和超自然的力量，将伴侣选择归因于本能、无意识、甚至生物倾向将更能增加我们对伴侣选择基本过程的理解（顺便说一句，有些人承认这个来源）。

父母形象理论

和本能理论密切相关的是弗洛伊德和他的追随者的精神分析思想，这意味着，一个人往往爱上或者娶一个与他或她的异性父母类似的人。这也是源自于无意识的理论。

根据恋母情结，男婴把他的母亲当成了他的初恋对象。但是，他的父亲禁止他乱伦的欲 283
望。因此，男婴因为父亲抢走了他爱的对象而产生了对父亲的敌对情绪。这样，转而产生了一种杀死他的父亲并同他母亲结婚的无意识欲望。男婴对于他母亲的欲望，以及害怕父亲的想法使得他产生一种阉割的恐惧，或如弗洛伊德称之为，*阉割焦虑*——是父亲想要阉割自己的阴茎和睾丸的一种恐惧。不过，由于父亲也保护和帮助母亲并且受到母亲的尊重，儿子就产生了很多矛盾，唯一的解决方式是对父亲的首要类型的定义。因此，男性的恋母情结暂时得到了解决，但他对母亲压抑的爱依然存在。到青春期时，男性自由恋爱，他选择了一个拥有其母亲特质的恋爱对象。

---

① David M. Buss, *The Evolution of Desire: Strategies of Human Mating* (New York: Basic Books, 1994); and Mary Batten, *Sexual Strategies: How Females Choose Their Mates* (New York: G. P. Putnam's Sons, 1994).

在女性身上出现了相反但类似的结果。在很小的时候,女孩就意识到她们的确没有男孩的生殖器官,表现出*阴茎羡慕*。她们感觉被阉割了,这种感觉转变为希望拥有一个阴茎,尤其是父亲的。这种对禁止对象的压抑感觉一直贯穿整个童年,但她爱她的父亲,即众所周知的恋父情结,当她选择了一个有她父亲特质的伴侣,这种恋父情结便以结婚而告终。(恋母情结和恋父情结将在第 11 章更充分地讨论)

虽然似乎有理由相信,年轻人在选择伴侣时,将敏锐地意识到父母的特质和自己婚姻的本质,但是没有明确的证据支持男孩试图寻找像他母亲的人,或有女孩要求别人像她的父亲这一假设。即使这些证据确实存在,这个同样的假设可以来自其他理论。

互补需要理论

伴侣选择的互补需要理论,是 50 年前由罗伯特·温奇(Robert F. Winch)提出的。①他相信,虽然是择偶在许多社会特征上都是同质性——年龄、种族/民族、宗教、近邻、社会经济地位、受教育程度和以前的婚姻状况——但当涉及心理层面和个人动机,择偶往往是互补而不是相似。这种理论产生于图谋需求的动机理论的一个修正和简化版本,但是这种需求趋向于互补而非相似。

择偶往往基于爱——也就是说,由于互补的需要——男人和女人在这个问题上都必须有一些选择是可以理解的。该理论在包办婚姻的背景下(由父母、婚姻经纪人或其他人包办)是不可行的。因此,爱只有在以下文化条件下才可能是一个重要的标准:(1)配偶的选择
284 是自愿的,(2)文化鼓励婚前男女之间的相互交流,以及(3)婚姻友谊从人文学角度被定义为满足感的丰富潜在来源。因为爱根据需求来定义,一般的假设是,当人们为爱结婚,他们的需求将得到满足。

温奇和其同事的报告引发大量试图重新验证互补需求假设的文章的发表。结果基本上是消极的,不能为这种观点提供实证支持,也就不能说明人们往往会选择那些能弥补他们自身需求的伴侣。

对于为什么互补需要理论与大众的观点格格不入,为什么它未能获得研究支持,人们提出了各种解释。或许是需求测量存在问题;也许互补理论的基本出发点是不正确的;或许,就像在前面的章节介绍了同族通婚这个因素的结果,需求具有更多的同质性而非异质性,相似性而非不同;也许是"臭味相同",而不是"互补相吸"。

所有这些原因可能都是正确的。很明显,作为新建立的理论,互补需要理论的实证支持

---

① Robert F. Winch, Thomas Ktsanes, and Virginia Ktsanes, "The Theory of Complementary Needs in Mate Selection: An Analytic and Descriptive Study," *American Sociological Review* 19(June 1954):241—249; Robert F. Winch, "The Theory of Complementary Needs in Mate Selection: A Test of One Kind of Complementariness," *American Sociological Review* 20(February 1955):52—56; and Robert F. Winch, "The Theory of Complementary Needs in Mate Selection: Final Results on the Test of the General Hypothesis," *American Sociological Review* 20 (October 1955):552—555.

相对较少。事实上，试图基于个人特质——无论相似、不容、互补或一些合并理论——来解释伴侣选择的大多数研究似乎都陷入了冲突结果的泥潭之中。大部分的发现表明，进一步追求个性匹配可能是徒劳无功的。也许本能、驱力、需要、情结（包括恋母情结）和人格特质都无法找到实证的支持，因为它们都是基于人的本身而不是人的互动结果。这些需求、驱力和特质在文化背景和社会环境中表达，但是都没有考虑文化背景和社会环境。

伴侣选择的互动过程

年龄、等级、宗教、种族/民族是影响亲密伴侣选择的社会文化因素。这些变量指出了社会中亚群体的成员，这些亚群体不仅适应了社会压力（通过同族或者异族通婚），同时形成了社会化的经验，而这些社会化经验决定社会价值观和习得的社会脚本（角色期待），关于非婚和婚姻关系中自己和他人所渴望的行为，也决定了在与他人形成和发展关系中哪些资源是可以用来和他人交换的。因此，重要的是要考虑价值观、角色、资源在关系形成与发展的互动过程中的作用。

价值理论

择偶的价值理论认为，当人们分享和感知她们自己具有共同的、相似的价值取向时，人际间更容易相互吸引。价值界定什么是好、美观、道德、或值得的。他们是在评价事物的标准或概念（包括对象、观念、行为、情感和事件），关于他们的善良、可取性或价值。价值不是具体的行为目标而是选择目标的标准。

择偶的价值理论认为，当人有着相同的价值观时，能够有效地促进情感上的满足和提高交流手段，这在事实上被每个人证实。当价值被直接攻击或者在某些情况下被忽视时，这些持有相同价值的人就 285
会不满。由于这种情绪，人们寻求与那些不加批评就接受他们的基本价值观并因此在情感上提供安全感的人来建立非正式的关系就显得非常合理。这种互补的同伴在重大的事情上——吸烟、堕胎、干细胞研究、和平主义或其他任何事——可能会有相同的看待方式（有共同的价值）。这表明婚姻倾向的同质性，同时解释了为什么友谊（*同质*）和婚姻涉及相似的社会背景。

共同的价值观使得互动更能持久，创建一种友好关系，增加关系潜在的知觉到的回报，鼓励人们在沟通过程中更为坦然地展现自己。这些效果可以促使长期关系的发展。

反之亦如此。来自不同背景的人学习不同的价值观,这些人之间互动的回报很少,同时可能导致关系紧张和不满,并且会不太愿意继续这种关系。再比如说,假设一个女人对异性的约会、婚姻、性活动给予高度的评价。她会接受一个约会或结婚对象参与过同性恋活动吗?价值理论认为(预计),她不会,同时研究有力地支持这个理论。①

在人们心中,哪些价值观在择偶过程中是重要的呢?这些价值观是否变化,在同一个国家的不同地方价值观是否有差异?在1939年到1996年间的不同的时间段内,对美国(和一个加拿大样本)四个不同的地区的一项研究,调查了学生在伴侣选择过程中持有的重要价值观。②一些重要的价值观包括独立的特征、情绪的稳定和成熟、对孩子和家庭的渴望、贞节观念、身体吸引力、财政资源、教育和智力、善于持家、相互吸引和爱情等等。

其中一个随时间发生了显著的变化的价值观是男女双方的贞节观念。文化价值对于贞节的要求在1939年到1977年间呈下降趋势,但此后保持稳定,得克萨斯州实际上还上升了。身体上的吸引力在男女双方的价值观中稳步攀升,这种攀升体现在基于化妆品行业、保健饮食行业以及整容手术行业巨大增长的现实中。男女双方,尤其是男性,对财政资源的重视呈现日益增加的趋势。近几十年,男性对对方在厨艺和家务上的要求,在1939年和1967年之间下降,之后有所上升,但是女性方面没有变化。相互吸引和爱的价值在最新的统计中占首位,男女双方都呈现稳步上升。对于大学生,婚姻可能会从更制度的形式演变为更同伴的形式。

286 角色理论

作为对婚姻选择的整体解释,角色理论和价值理论一样,比起之前个人主义的解释似乎在概念上更加合理。所有社会人——或者更具体地说,所有结婚的人——都对自己的行为以及自己伴侣的行为有所期待。一种*角色*的观念(就像第一章描述的)指的是一系列对特定地位的人相恰当的社会期望:丈夫、妻子、男性、女性、单身等等。这些期望,或明或暗,已经被内化,并用于指导和影响个人的行为,同样也影响对未来婚姻伴侣所期望的行为。基本上,人们往往希望(内化)由社会、亚文化,以及他们生活的家庭定义角色。

角色和人格需求有一个很重要的不同点。角色主要关注某环境下恰当的行为和态度,与个人无关;而个性化的需求,重点关注的是行为和态度的个体特征,与环境本身无关。这个差异是至关重要的。角色关注定义、意义以及社会的期望。在择偶方面,个人的选择基于角色共识(一致)或者是基于对恋爱、婚姻和家庭的相同期望,这些期望是关于他们的关系和未来活动的。

---

① John D. Williams and Arthur P. Jacoby, "The Effects of Premarital Heterosexual and Homosexual Experience on Dating and Marriage Desirability," *Journal of Marriage and the Family* 51(May 1989):489—497.

② David M. Buss, Todd K. shackelford, Lee A. Kirkpatrick, and Randy J. Larsen, "A Half Century of Mate Preferences: The Cultural Evolution of Values," *Journal of Marriage and Eamily* 63(May 2001): 491—503.

角色共识，被广泛用于婚姻成功或调整的指标，却较少应用到伴侣的选择上。然而，在择偶中两人相似的角色期待在婚前以及婚后似乎也相当有效。当角色差异存在时，婚姻从一开始就不可能发生。如果一个男人期待他的妻子照顾孩子、做饭、打扫房间，那他会娶一个鄙视这些活动的女人吗？或者反过来，这种女人会想嫁给拥有这样期望的男人吗？

总之，夫妻结婚可能是男性和女性有着类似的角色定义和期望。当然，前提是假设其他力量——如果现有的婚姻、年龄、父母、金钱、学历或其他社会文化因素——不妨碍或阻止它。

交换理论

我们在第三章讨论过交换理论，在当前与现在的章节的几个实例中也谈到过这个理论。这个理论认为择偶过程中发生了几种基本的交换。无论是体型与美的交换或者是金钱与性的交换，这个理论最核心的思想是：亲密伴侣的选择过程涉及了一些基本的交易和讨价还价。

到1940年之前，威拉德·沃勒（Willard Waller）对家庭问题研究最重要的贡献是他把恋爱作为一种讨价还价和/或剥削的行为进行分析。用他的话说，"当一个人结婚，他做出了许多不同的交易。大家都知道这一点，这方面的知识影响了对爱的感知以及恋爱过程本身。"①

今天，仅仅做出交易以及"人人都知道这一点"很值得怀疑。不过，在伴侣选择的时候发生讨价还价或某些类型的社会交换，并影响恋爱的过程，这些已得到很好的证实。*讨价还* 287
*价*和*交换*的差异是，讨价还价意味着某种目的性的交换奖励的意识。讨价还价的双方都要清楚地知道对方能为自己提供什么，而在简单的交换中这种意识却并不明显。显而易见的是几乎没有人能毫无付出却获得什么；伴侣选择是一个社会交换的过程。

交换理论家认为，社会化的人的行为是有目的，或是目标导向的，而不是随意的。很明显这暗示着人们重复那些能带来回报的行为，并避免重复那些没有回报的行为。此外，交易各方会试图使自己收益最大化和成本最小化。然而从长远来看，考虑到互惠的原则，实际交易结果将趋于均衡。如果不存在互惠——也就是说，付出没有回报——那么交易各方的关系将会终止。但在交换理论中值得注意的是，备选关系的缺失会制止或拖延不公平交易的终止。但如果备选关系优于当前关系，交易的一方为了追求更具吸引力的交易关系，会终止目前的关系。

社会交换在约会和择偶过程中表现得再明显不过。例如，在约会过程中，男性会认为性交是理想的目标和值得重视的奖励。要得到这一奖励，他可能要提供奉承的话语（"我的天，你今晚看起来多么美丽"）、承诺（"你是我唯一的爱"）、物品（"我想你可能会喜欢这些花朵"）

① Willard Waller, *The Family: A Dynamic Interpretation* (New York: Cordon, 1938), 239.

和服务(“让我给你一杯饮料”)。

伴侣选择过程中的社会交换理论既没有解释互动是怎样发生的,也没有描述选择的社会大环境。相反,它旨在解释为什么某些行为会发生这样那样的结果。

序列理论

至此,我们可以很明显地看到,虽然一些单个因素已被认为是选择亲密伴侣过程中的重要因素,大多数的解释也考虑了其他的解释中蕴涵的因素。有几位作者已经自觉地、有意识地选择组合各种单一因素或把单一因素依次放置:角色、价值观、需要、交换等等。比如伯纳德·默斯坦(Bernard Murstein)的刺激—价值—角色(SVR)的观点。[①]

SVR 理论认为,在选择相对自由的情况下,比如在美国,多数夫妻在决定结婚之前会经过三个阶段。在*刺激*阶段,一个人可能会被另一个人的某些品质所吸引(身体特征、声音、服饰、名誉、社会地位)。因为两人最初的行动主要是由非直接人际交往的暗示性因素引起的,这些因素被称为刺激因素。

如果相互之间的刺激性吸引发生在男女之间,而且他们都感到满意,那么进入第二阶段——*价值比较*。这个阶段包括通过口头交流的形式来评估双方价值观的匹配程度。双方可能比较他们对待生活、政治、宗教、堕胎、核能源的态度,或者对男女在社会和婚姻中各
288 自的角色态度。如果当他们讨论这些和其他领域时,发现有非常相似的价值取向,那么彼此的感情很容易发展下去。

第三阶段——*角色*阶段。这是一对恋人已准备好结婚之前的阶段,需要完成许多任务。如果彼此对诸如情人、伴侣、父母和主妇角色的理解已经让对方满意了,那么仅有相同的价值观还是不够的。伴侣们必须越来越信任对方,并越来越能意识到对方各自行为举止的目的。他们必须衡量各自的不足之处。如果这对伴侣成功地完成这三个阶段,很可能会成为一对永久的伴侣(结婚或同居),并共同面对来自父母、朋友、工作调动、更具吸引力的伴侣等等的影响。

实际上还有许多其他的序列理论。但是,所有关于关系发展以及伴侣选择的序列理论都把向着结婚或同居发展的关系视为一系列不断变化的标准、阶段或者规律性的模式。但是,向着婚姻的进展可能不会这么简单而有序。许多替代性途径可能涉及其他伴侣,或者反复和同一个伴侣断绝、发展情侣关系,或者一些与我们在关系发展过程中经常见到的人际间互动交换完全分离的因素。至少从社会学的角度来看,永久性的外部因素(如家庭/亲属的影响、社会经济条件、社区多样性、技术变化)是理解从单身到结婚这个变化过程的重要因素。

---

① Bernard I. Murstein, “A Clarification and Extension of the SVR Theory of Dyadic Pairing,” *Journal of Marriage and the Family* 49(November 1987):929—933.

婚前/非婚动态关系

在美国，伴侣的选择过程，尤其是第一次婚姻，是高度以青年为中心，同时竞争非常激烈。它包括了广泛的婚前社会关系，对承诺的要求也在不断增加。作者们用各种不同的术语来描述这一过程，但整体来说，这个过程需要经历一系列的阶段，可能包括小组活动、随意地约会、外出、搭讪、订婚、同居或其他一些较有约束力的关系，甚至是对婚姻的承诺。这个过程非常灵活，人们可以在婚前一次或多次地重复这个过程，其时间跨度可以从几天到几年，可以包括或省略一个或几个阶段。

对于这个过程的一种看法是就把它比作一个游戏，有自己的规则、目标、策略和反策略。[①]游戏中的参数由文化决定，并有可能反映社会中各职能角色的关系以及社会权力结构，尤其是权力在不同性别之间的分配。即使玩游戏是自愿的，但它可能更是难以避免的，因为社会脚本提供的最初指导至少使得行为可预测，从而也使得这种互动游戏更为诱人。在小学(或之前)，家长就会打探男女朋友之类的事情。随着孩子的成熟，家长、同龄人以及 289
内在的自我概念都鼓励孩子参与这个游戏。游戏中的目标可以多种多样，从简单的休闲活动，到一份深刻的感情，再到得到大家的认同，抑或者找到一个永久的伙伴。

游戏中，男性和女性之间在社会上的职能角色和权力的差别导致了对异性各自的双重标准，比起男性，女性遵循不同的游戏标准和追求不同的目标。在美国，对于男性的传统社会规范是，他在这个游戏的基本目标是发展性层面的亲密关系。即使在第一次见面或者约会之前，男性的关键问题是，她愿意还是不愿意？在何种程度上直接或快速地来回答这个问题，取决于广泛的社会和人际关系因素：以前的婚姻、年龄、社会等级、收入、宗教、容貌和朋友。社会交换的因素也会有影响：他对于自己想要的目标能够付出什么。

美国对于女性的传统社会规范是，她在游戏中的基本目标是把关系发展成一种承诺。甚至第一次约会之前，她的最关键的问题是，他还会约我吗？他可能成为我的丈夫吗？为了获得承诺，女性有责任调整男生以性关系为目标的关系发展过程。为了得到亲密(在这一点上，性是一个更准确的术语)，该男性不得不说服该女性她并不像别的女性，是与众不同的、独特的、特殊的。

这两种不同的社会规范共同起作用。一方的进步需要另一方的配合。随着承诺增加，亲密也增加，反之亦然。在这游戏里大部分的交流很可能是非语言的暗示、符号、手势和其他象征性动作。

假如不遵循的规则：男性并没有发展亲密行为或者女性没有采取任何行动制止亲密行

---

① This idea is an expansion of Waller and Hill's "courtship bargains" and "courtship barter." See Willard Waller(revised by Reuben Hill), *The Family: A Dynamic Interpretation*(New York: Holt, Rinehart and Winston, 1951), 160—164.

为或获得承诺。女性在第一次约会后，可能会对自己或他人说，他真是个好人、真的是一位绅士之类的。假设在两次、四次或八次约会之后，男性对发展亲密关系仍然没有采取任何行动，此时女性很可能会问：他是怎么回事？或者我有什么错吗？假设女性没有采取任何行动阻止或减缓男性发展亲密行为，或她主动采取了初步行动，游戏可能还会继续，但却是在一个不那么传统的一套新的规则和条件下了。

那么今天呢？这些亲密/承诺规范还继续存在吗？让我们首先回顾一下“搭讪”和约会的场面。

搭讪和约会

一份基于以美国1000名女大学生为样本的代表性报告以及对62名大学在读女性所进行的深入访谈表明，“搭讪”十分普遍。相比之下，约会，至少传统意义上的约会，倒不那么频繁。①本研究中的搭讪指的是不带任何承诺，甚至没有感情的性关系。通常情况下，发生搭
290 讪的双方彼此不怎么认识，而且谁都不曾期望这种关系将继续下去。搭讪通常有一个特点是，在它发生时，双方都在喝酒或是喝醉了。其中的行为从接吻到发生性关系统统包括在内。其中，40%女大学生说她们经历过一次搭讪，10%的表示她们做过六次以上。

约会对于这些学生来说有各种不同的意思。对大多数人来说，这只是和几个小伙子“外出”，如一起去看电影，或在图书馆学习。这些活动组织得很松散，彼此的兴趣是不明确的。对其他人来说，这意味着男女朋友的关系，因此他们将不会与别人约会。在那份全国性的调查中约半数女性说，她们目前有一个男朋友，但其中很多并没有“传统意义上的约会”。在另一组调查中，约会遵循传统的规范：男生邀请女生出去、接她、支付账单。即使是这种类型的约会也经常是发生在一些特殊的场合，如联谊会活动。

即使在学校之外，似乎传统型的约会正在消亡或者已经绝迹。今天，约会更可能是学生或青少年“出去玩”、聚集成群，在对群体的忠诚基础上发展成一对一对，他们分享食物或娱乐费用，更少涉及结构化的和预设的行为。

改变伴侣选择标准和结婚年龄推迟的一个后果是伴侣关系的新形式层出不穷，不包含传统意义上的搭讪、外出或约会。这些形式包括在互联网上聊天，发展以电脑为中介的浪漫关系，制作录影带，去单身俱乐部，在报纸上登广告，以及其他能制造接触或见面的非正式机会。②

---

① Norval Glenn and Elizabeth Marquardt, *Hooking up, Hanging out, and Hoping for Mr. Right: College Women on Dating and Mating Toddy*(New York: Institute for American Values, 2001).

② Note, for example, Aaron C. Ahuvia and Mara B. Adelman, “Formal Intermediaries in the Marriage Market: A Typology and Review,” *Journal of Marriage and the Family* 54(May 1992):452—463; and Erich R. Markle and Rhonda A. Richardson, “Digital Dating and Virtual Relating: Conceptualizing Computer Mediated Romantic Relationships,” *Family Relations* 49(April 2000):187—192.

这些人在浪漫的伴侣中寻找什么？一份关于交友广告的分析给出了不同的结果。①男性更倾向于关注外貌吸引力，希望找更松散的关系和年轻女人。女性比男人更关注经济上的安全感、事业的成功和发展长期关系。

事实上，尽管择偶的偏好随着性别、年龄、婚姻状况不同而变化，但约会的某些方面仍然非常相似。莱纳和文特恩（Laner & Ventrone）发现，和其他一些研究结果一样，成年人在约会中两性之间的隶属关系依然保持传统。②尽管人们都宣扬男女平等，但约会的模式在很大程度上显现不平等的关系。当约会发生时，男性将持续控制局势，男性会去接约会对象、决定去哪里、打开门、支付账单。女性更可能多用些准备时间，等待约会的到来，被动地接受感情和性行为，然后与朋友们讨论约会。

外出或约会的原因和双方关系的目标会影响约会主体的行为方式。换句话说，为一时之欢，因为无聊、社会地位的问题（即与“正确”的人在一起露面）或者是为了搭讪而约会的人，与那些为了婚姻或者为了寻找终身伴侣而约会的人的行为会非常不一样。比如，投入的情感、性方面的亲密程度、排外性、支付方式，以及对于未来计划的讨论都会因为约会动机而有所差异。谁投入更多的情感，给出更多的承诺，那么关系终结时谁便受到更多的伤害。最后，社会地位和声望低一些的人在这种交互活动中的话语权通常更少。

跨国家庭 291

通过 Planet-Love. com 形成的家庭：

“邮寄订购”新娘在美国已有超过200多年的实践经验。然而近年来，由于经济全球化、日益扩大的贫富国家的收入差距以及迅速发展起来且无处不在的互联网，这种活动日益频繁。据美国移民局估计，1998年美国居民通过跨国婚介结构成立的跨国家庭有4000到6000个。虽然这个数字占总结婚数量的比例并不大，但由于这些家庭中的暴力、虐待、利用的倾向大大高于普通家庭，因此受到特别关注。以前，通过跨国婚介“邮购”的新娘大多来自东欧、俄罗斯和东南亚，而且通常来自工人阶层。然而费利西蒂·谢弗-格拉伯（Felicity Schaeffer-Grabiel）注意到，互联网的发展已经重大地改变了跨国新娘市场的情形。特别是近几十年已经发现许多来自拉丁美洲的中产阶级女性和职业女性加入了一些交互性网站、聊天室和“浪漫假期”旅行中来。

---

① I. A. Greenlees and W. C. McGrew, “Sex and Age Differences in Preferences and Tactics of Mate Attraction: Analysis of Published Advertisements,” *Ethnology and Sociobiology* 15(1994):59—72; and Frank N. Willis and Roger A. Carlson, “Singles Ads: Gender, Social Class, and Time,” *Sex Roles* 29(1993):387—404.

② Mary Riege Laner and Nicole A. Ventrone, “Egalitarian Daters/Traditional Dates,” *Journal of Family Issues* 19(July 1998):468—477.

在一项谢弗-格拉伯的研究中,涉及了网站和旅行指南册子的内容分析、对聊天室里参与者的观察、对正在浪漫之旅中的40个男人的采访。通过这项研究,他向我们展示了国际市场是如何正在转变的,变得对一些"异常的人"和邮购新娘行业的剥削本质的质疑更为复杂。值得注意的是,他观察到了由于女权运动的发展和男人女性化给美国男性带来危机感,使得许多男人通过这个市场来试图保护被他们视为美国家庭必备的"大男人主义"。这些男性以及这些网站自身都表示对回归传统的"真正"的性别角色的感慨。他们认为对于保护美国的各个家庭,这种回归是必需的。正如谢弗-格拉伯所说:"(这些)男人们想象着通过进口一批更优秀的女人,他们自己便成了把全国本种族家庭的道德观念提高到更高层次的慈善家。"不仅如此,他们还把动机归为是"浪漫的骑士精神"和"对女人的拯救"。他们还表示了对现代美国社会中他们身份的真实感的怀疑,并认为外来女人能增强这种真实感:"……来自发展中国家的女人是未来社会前沿的象征;她们的身体和她们代表的产品保证了一种精神上的生命力、一种与大自然的联系,以及通向一个新的、更具活力的自我。"

对于拉丁美洲的中产阶级女性和职业女性来说,由于她们更为传统的生长环境和本国缺少理想伴侣的现实,也乐意参与到这项国际交换当中来。因为她们觉得与这些网站上的男人结婚可以带来一些潜在的好处。然而,结婚之后她们通常会发现,被科技幻想所吸引而找到的新伴侣们,只是把她们当做一种寻找"真实感"的来源,这也恰恰是她们自己正在寻找的。因此,可以说是对方的个人主义和自我的性格把她们引入这个特别的市场。所以她们一开始便觉得被排斥了,尽管她们具有更"热情的性格"。

来源:U. S. Citizenship and Immigration Services, Reports and Studies, "International Matchmaking Organizations: A Report to Congress"(February 1999); and Felicity Schaeffer-Grabiel, "Planet-Love. com: Cyberbrides in the Americas and the Transnational Routes of U. S. Masculinity," *Signs* 31(2005):331—356.

292 这种想法和沃勒在60多年前所提出的*最少兴趣原则*一致。①他观察到,很少会有两个在约会中的人都对维持关系一样感兴趣。如果双方没有平等地投入感情,那么如果约会终止,必然有一个人受伤更多。最少兴趣原则实际上是说,那个对维持约会关系不太感兴趣的人处在一个主导的、甚至可能利用对方的地位上。例如,费尔曼李(Felmlee)的研究发现支持了这个观点,即情感上投入更少的一方在这段浪漫关系中拥有更多的话语权。②

传统社会准则在男女关系中赋予了男性更多的主导权。但是当任何一方拒绝接受传统

① Waller, *The Family*, 275.

② Diane H. Felmlee, "Who's on Top? Power in Romantic Relationships," *Sex Roles* 31(1994):275—295.

规则时，这个原则可能暗示着，不平等是关系破裂中的一个关键因素。如果双方利益存在不均，则很难继续和发展这段关系。当一个人感觉到收获和付出不对等时，关系很有可能终结，或者导致权力不平衡，即一个人可以主导另一个，这与交换理论是一致的（这个原则，可能不仅适用于约会，也适用于结婚和友情）。

在选择一个浪漫的伴侣时，大多数人从一个没有承诺的关系走向一个包含了互相承诺、排斥其他异性的转变。这种关系可能会趋于稳定或者会对外宣称“我的”男女朋友，即暗示了因为浪漫的爱的关系而排斥他人的特征。通常，这样便会走向正式订婚或同居。

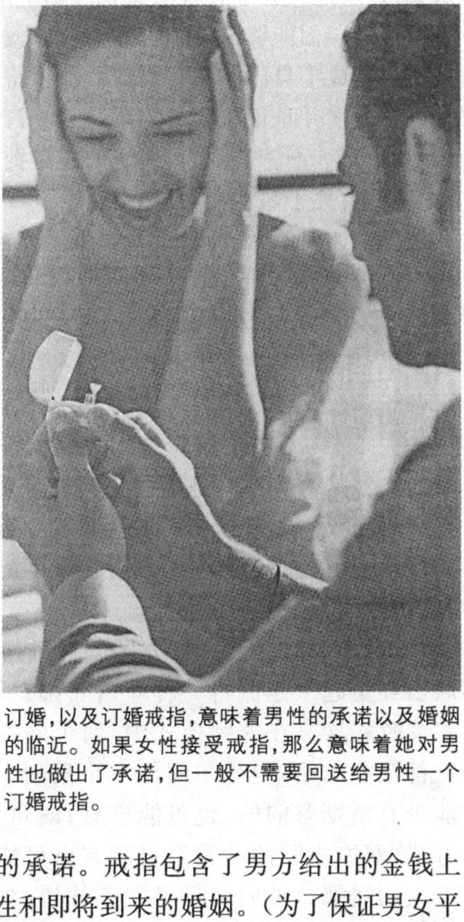

订婚，以及订婚戒指，意味着男性的承诺以及婚姻的临近。如果女性接受戒指，那么意味着她对男性也做出了承诺，但一般不需要回送给男性一个订婚戒指。

订婚

订婚，已经以不同的形式存在于世界上的每个社会。因为婚姻很少会被轻视，很多社会提供了一些社会结构以在夫妇间和共同社会群体内灌输一种意识，让他们认为这种关系是很严肃的，于是婚姻得以发生。在很多社会，人们极端重视订婚，比现代西方社会中严肃认真得多。因为订婚暗示了最终会从单身走向结婚的结果，暗示了从可以去约会到只能和对方约会的转变，通常会举行各种仪式，并赠送订婚礼物，这些都是用来加强公众中和私下里的这段关系的重要性。

在美国和许多其他国家，订婚戒指的作用 293
是使得妇女可以公开地、持续地展示其对某个男人的承诺。戒指包含了男方给出的金钱上的承诺（有时是女方），同时表示了这段关系的严肃性和即将到来的婚姻。（为了保证男女平等，也许当结婚临近时男方也能得到女方赠送的订婚戒指）

不管有没有戒指，订婚都使男女双方的计划能够公之于众。在殖民时代，宣布订婚的同时还会发布禁令。婚前几天或几周，关于某某即将结婚的通知将贴在社会大众关注的位置，并在教堂宣读。在小一点的、有团结意识和共同的认知的社区里面，消息会传播得很快，社区便成了绑定这段关系的一种重要力量。在现代城市社区里，在正式的报纸上刊登公告是一种公开双方婚姻或结婚计划的方法。许多社区的报纸上还会公布这对新人的照片，或未来新娘的照片。

对于即将结婚的伴侣和整个社会来说，订婚还有许多其他作用。对于伴侣，订婚明确地表明了婚姻即将开始。因为这种关系具有排他性，到结婚之前虽然个人的和人际间的各种问题仍需检验,但来自竞争者的威胁大大减小了。双方可以更加彻底地检验他们的价值观、对婚姻中角色的理解和对未来的期望是否一致。当然,传统习俗要求女方戴有男方所提供的戒指,这也暗示了基于性别基础的权力关系和冲突也是难免。传统要求男性给未婚妻订婚戒,是不是代表了并且从文化层面上加强了男人拥有更多权力这种观点?是不是表示男方是他们伴侣能够依赖的可靠对象?或者说是男方在女方身上印上了"所有权"的印记,并把女方变成了自己的私有财产?这很难从经验上得到证明,但是冲突理论家也许会说,这也是符合逻辑并且很重要的想法。因为订婚是结婚的序言,而婚姻中的男女将分别承担更为传统的角色,不管是刚为人父母、还是拥有更平等的思想价值观的男女们都要面对这一事实(详见随后关于婚姻和父母)。

无论如何,订婚为每个人提供了在法定结合前去理解他和她关系的最终机会。许多伴侣把订婚视为一种试婚,包括了性关系上完全亲密、某些财务义务的分担,以及同居。

非婚同居

在二十一世纪,选择一个亲密的伴侣是否可以并不为了结婚?是否可以不局限于单身的人?是否并不总是异性恋?是否无需强调天长地久?性上的双重标准的下降是否会完全消除我们之前描述的男女游戏?婚前的约会、关系走向稳定,以及订婚这些过程的重要性是否已经成为历史?或者传统的配偶选择和结婚过程只是对环境的变化作出了适应和重塑?

294 正如一些人所说的,非婚同居已经变成了结婚之外的另一种选择。大家都同意,同居已经是越来越流行一种非婚安排。非婚同居指*双方自愿住在一起的,组成没有婚姻关系的家庭*。在这种模式中,两个同性或异性的成年人,他们无论是在仪式上还是法律上都没有结婚,但是却同住一个居所。这种安排,无论对青年人还是老年人来说,既可能是有婚姻意向的,也可能没有;既可以是为了一时之方便,也可能是一种长期的生活方式;双方之间的性关系可能有也可能没有;既可以有孩子,也可以没有孩子;如果是年轻人同居那么他们父母可能不知道,如果是年纪较大的人同居那么他们的孩子很可能不知道。

要理解这些同居的情侣,我们有必要考察同居的一系列特征:其盛行程度、同居者和非同居者有什么不同、同居的影响、年龄较大的同居者的生活模式、与同居相关的法律因素。

同居的发生率和盛行程度

在美国,不结婚却住在一起的异性恋情可以发展到什么程度呢?美国人口普查局提供了一份非常有意思的数据。美国的同居现象经历了一个快速增长的过程(以每年非婚同居情侣对数来计算)。2006 年,大概 4.7%的家庭是非婚异性恋同居家庭,0.7%的家庭是非婚同性恋同居家庭。①虽然非婚同居家庭只占家庭总数的很小一部分，但是这个数字比起 1980 年已经增长了 300%，比起 1970 年更是增长了 900%。正如图 7.2 所示，没有小孩的非婚同居家庭数目增长最快，但是小孩年龄在 15 岁以下的非婚同居家庭数目也有较快的增长。然而在 1970 年以前，同居的流行程度并没有发生太大的变化。如果我们使用发生率（有非婚同居经历的人数）衡量的话，我们会发现非婚同居在今天是多么普遍。根据美国《全国家庭增长调查》（*National Surveys of Family Growth*）的数据，肯尼迪和邦帕斯（Kennedy &
Bumpass）估计 19 岁到 44 岁妇女的非婚同居发生率从 1995 年的 45%增长到 2002 年的 295
54%，这种巨大的增长在除了 19 岁到 24 岁之外的每个年龄层都有表现。②非婚同居家庭占总家庭数的百分比也从 1995 年的 12%增长到 2002 年的 15%。最后，他们还估计了从 1997 年到 2002 年间，68%的初次结合会是非婚同居而不是婚姻，其中只有 62%的情侣最后结了婚。毫无意外，这些数字还体现了从 1990 年到 1994 年同居发生率的巨大增长，这两个年份的同居率分别是 57%以及 60%。非婚同居发生率的数字要比其流行程度的数字高很多，因为大多数同居只持续两年或不到两年，这种关系要么以分裂结束，要么会以婚姻的形式稳定下来。因此，不管怎么看，目前正在同居的伴侣比例是相对较低的，然而经历过同居的比例却相当的高。

图 7.2　未婚同居的家庭（包括拥有 15 岁以下孩子的家庭）1960—2000
来源：U. S. Bureau of the Census, Current Population Reports, Series P20—537, "America's Families and Living Arrangements: March 2000"(Washington, DC: U. S. Government Printing Office, 2000), Table Uc3, p. 1.

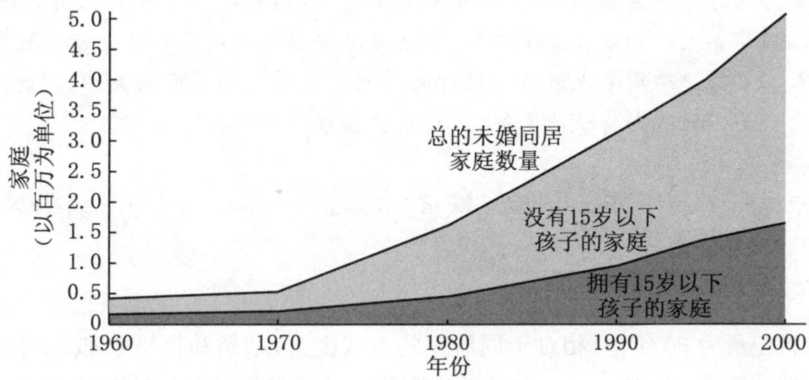

未婚同居不仅在美国正在大量增加，在大多数西方国家（瑞典、芬兰、挪威、荷兰、法国、

---

① U. S. Census Bureau, *The 2009 Statistical Abstract*, "Table 62—Unmarried-Partner Households by Sex of Partners: 2006." http://www.2010census.biz/compendia/statab/cats/population/households_families_group_quarters.html.

② Sheela Kennedy and Larry Bumpass, "Cohabitation and Children's Living Arrangements: New Estimates from the United States," *Demographic Research*, 19(September 2008):1663—1692.

英国、加拿大和澳大利亚)也大量增加。相对于其他经合组织国家而言,美国的同居率低于大多数西欧和北欧国家,而高于大多数的南欧、中欧和东欧国家。美国2002年的同居率远高于日本。①在瑞典和挪威,未婚同居能够被所有国民接受并且拥有合法地位。②在这两个国家,婚姻对于儿童已经失去了许多意义,因为政府已经采取了很多措施保障儿童的未来。同居的夫妇与已婚夫妇同等地拥有获得房屋津贴的权利。而且同性恋也能够登记其合法的伴侣关系并举行庆祝婚姻的仪式。

296

跨文化视角

瑞典的同居现象

瑞典人主要基于爱情来选择伴侣,父母尽可能少地干预子女的择偶过程;非婚同居也能被普遍接受。非婚同居是指情侣一致认同结合或居住在一起,但是他们在法律上并没有结婚。在瑞典,这种同居被叫做"近婚姻关系"的生活方式。据估计,现在有将近1/4的瑞典情侣们在这种"近婚姻"状态下生活,而且几乎所有瑞典人在结婚前都同居过。特罗斯特(Trost)注意到很少有情侣会反对结婚,且他们中的大多数都认为婚姻最终会到来。但是婚姻对于生活在一起并不是必须的,也不构成一个受人尊重的妇女生孩子的必要条件。对于同居者来说,婚姻是一种随时都能进入的状态,只要他们真的想这么做。

特罗斯特同时也注意到,LAT(共同的分开的生活)的发生率也在上升。LAT指的是两个人已经具备近婚姻条件成了一对,但是他们却在不同的居所中生活。他们可能在其中一个人家里待一个周末或者待一段时间。他们觉得他们是已婚夫妇,同时他们身边的人也这么认为。特罗斯特认为LAT或许很快会成为一种社会惯例。

来源于:Jan Trost, "Family Studies in Sweden," *Marriage and Family Review* 23 (1996):723—743.

在二十世纪最后30年里,相对于同居率的直线上升,结婚和再婚率都表现出相应的下降。拉里·邦帕斯(Larry Bumpass)和其他人声称一种趋势会被另一种补偿;就是说,结婚率的下降由同居率的升高补偿了。研究者认为未婚青年人口比例的增长不应该被认为是传统意义上的单身人口比例的增加。相反,年轻人在结婚率开始下降前便与同居伴侣一起操持家

① Organization for Economic Co-operation and Development, OECD Family Database, "SF9: Cohabitation rate and prevalence of other forms of partnership." http://www.oecd.org/dataoecd/52/27/41920080.pdf.

② Natalie Rogoff Ramsoy, "Non-marital Cohabitation and Change in Norms: The Case of Norway," *Acta Sociologica* 36(1994):23—37.

务了。在这项研究中，尽管大多数同居者预计会结婚，但是许多对结婚也持分歧态度。同居事实上已经是一种成立家庭了的状态，但是这种关系的确定性比婚姻关系的确定性要低。[1]

以下几个因素有助于解释这种同居的不完全制度化。或许是妇女参加劳动的比例增
加，使她们不愿意牺牲事业来享受夫妻生活。或许是年轻的夫妇在财务上没有为心目中的 297
婚姻生活充分准备好。克拉克伯格(Clarkberg)发现，当男性或女性没有稳定的经济来源时，他们很可能会选择同居。[2]同居为那些正在恋爱但又没有足够的财力去结婚的年轻人提供了一个很好的选择。

哪些群体最可能选择同居呢？一些人认为同居只限于尝试另一种备选生活方式的白人、自由主义者、中产阶级大学生，对于这些人来说，一些关于同居人口的统计事实可能有些意外。正如所料，无血缘关系的两个异性组成的所有家庭中，年轻夫妇超过三分之二。约23.7%是25岁以下，44%是25岁至44岁。但同居并不局限于年轻人，有24.9%是45岁到64岁，7.4%是65岁及65岁以上。[3]

从家庭背景来看，那些母亲结婚很早并在结婚时就怀孕的人，同居(和结婚)率远高于其他人。[4]尽管非裔美国人的同居率只比非西班牙裔白人稍微高一点，但是他们的同居率比西班牙裔白人的高。[5]那些教育程度低和缺乏经济资源的人比他们的同辈更有可能同居，而且他们最终选择结婚的概率也比较低。[6]

同居研究中涉及的方法论

在进一步研究同居的本质和同居对卷入其中的个体及之后婚姻的影响之前，做同居者

---

① Larry L. Bumpass, James A. Sweet, and Andrew Cherlin, "The Role of Cohabitation in Declining Rates of Marriage," *Journal of Marriage and the Family* 53(November 1991): 913—927; and Fjalar Finnas, "Entry into Consensual Unions and Marriages Among Finnish Women Born between 1938 and 1967," *Population Studies* 49 (1995):57—70.

② Martin Clarkberg, "The Price of Partnering: The Role of Economic Well-Being in Young Adults' First Union Experiences," *Social Forces* 77(March 1999):945—968.

③ U. S. Census Bureau, *The 2009 Statistical Abstract*, "Table 70—Nonfamily Households by Sex and Age of Householder: 2007." http://www. 2010census. biz/compendia/statab/cats/population/households_families_group_quarters. html.

④ Arland Thornton, "Influence of the Marital History of Parents on the Marital and Cohabitational Experiences of Children," *American Journal of Sociology* 96(January 1991):868—894; and William G. Axinn and Arland Thornton, "Mothers, Children, and Cohabitation: The Intergenerational Effects of Attitudes and Behavior," *American Sociological Review* 58(April 1993):233—246.

⑤ Sheela Kennedy and Larry Bumpass, "Cohabitation and Children's Living Arrangements: New Estimates from the United States," *Demographic Research*, 19(September 2008):1663—1692.

⑥ Judith Seltzer, "Cohabitation and Family Change," in Marilyn Coleman and Lawrence Ganong, *Handbook of Contemporary Families: Considering the Past, Contemplating the Future*(Thousand Oaks, CA; Sage Publications, 2004).

与非同居者或已婚者比较的研究或解释研究结果时需要注意两个方法论的问题。首先是涉*及因果的有效性*问题,另一个是关注同居对参与其中的人们可能存在的多种含义。

选择与经验

298 像其他许多涉及婚姻与家庭的课题,研究人员无法遵守实验设计的程序。特别是,随机地将被试分成同居和非同居两组,以观察不同的经验是否在任何方面改变他们的结果,这是不可能并且不道德的。相反,如果我们允许个体*自行选择*进入哪个群体,这就将"自我选择偏见"引入到了我们的研究当中。这是偏见,因为具有相似性格或相同生活条件的人会相似地更容易选择同居,是相似的性格和生活条件使他们做出相似的选择而并非是同居的经验本身。例如,某宗教禁止同居,那么信仰该宗教的虔诚信徒是不太可能同居的。因为宗教也是预测积极婚姻结果的一个良好因素(如婚姻的质量和稳定性),不管是否同居,所以非同居组也有相同的积极结果。这样,同居组有更多的消极结果仅仅是因为这个组里有更多的无神论者,而不是同居的经验以任何有意义的方式改变了他们或他们的生活环境。

研究人员把选择偏见看作选择效应,另一种说法是同居的影响是*虚假的*或非因果的(见第三章)。选择效应可以通过控制所有可能导致系统选择偏差的变量的统计分析来处理。在前面的例子中,一个研究者可以分别研究宗教组和非宗教组,看同居组是否仍然具有更多的负面结果,甚至当个体的宗教信仰相同时。不幸的是,在大多数关于同居的研究中,研究人员只用了部分的和常常不充分的控制变量来解释选择效应。

我们需要考虑两种类型的选择因素。首先,个人的背景特征可能置他们于更高的负面结果风险中。例如,我们知道,同居者受过的教育较少,经济基础较差,他们更可能在结婚时就有孩子。所有这些因素都会将他们置于婚姻的负面结果的较高风险中,因为这些条件会增加他们关系的压力,限制了处理这些压力的可获得资源。负面结果更可能会出现在这个组,不管他们是否同居——他们经常只是碰巧选择同居。其实,他们可能选择同居,因为它们认识到他们的生活环境对他们可能拥有的成功婚姻生活的潜在影响。

第二,同居的个体更加可能具有非传统的思想和信念,这导致他们结婚之后,婚姻关系质量较低和离婚的可能性较大。这对过去的同居来说尤其真实,那时同居还没有被接受和合法化。事实上,有一些事实证明过早的同居会增加以后离婚的风险,虽然这些证据最近受到质疑。①

299 就社会文化风险因素和非传统态度可以控制和消除最初的差异的程度,我们可以确定

---

① The initial finding of cohort differences was by Robert Schoen, "First Unions and the Stability of First Marriages," *Journal of Marriage and the Family* 54(1992):281—284. Counterevidence, however, is presented by Claire M. Kamp Dush, Catherine L. Cohan, and Paul Amato, "The Relationship between Cohabitation and Marital Quality and Stability: Change across Cohorts," *Journal of Marriage and the Family* 63(August 2003):539—549. See also Jay Teachman, "Premarital Sex, Premarital Cohabitation and the Risk of Subsequent Marital Dissolution among Women," *Journal of Marriage and the Family* 65(May 2003):444—455.

同居是否有一个有效的因果效应。如果我们仍然查找同居者和非同居者的差异,可以得出这样的结论:同居的*经历*或多或少会改变同居者、他们相互作用的本质或他们的生活环境,以这样的方式造成差异。这个真实的因果效应被称为经验效应。

同居对个体和同居关系造成影响的经验效应可能是态度、行为和情境。关于态度,由于同居是一种非传统的或者异常的生活方式,它可能会导致那些同居者以一种更异常或更开放的方式来看待自己。这可能会导致他们采取其他异常的行为或甚至更加开放的态度和信念,这些后来可能会破坏他们的关系和个人的心理健康。如果没有同居,他们不会变得如此异常或开放,因此同居可能是这种结果的一个真实诱因。

同居经历影响之后个体和情侣关系的结果的另一种方式是:以使得长期关系成功可能性较低的方法来改变相互作用的模式。因为同居发生在有限承诺的情况下,恋人之间可能发展出一些无助于长期婚姻成功的社会交换过程以及冲突。例如,我们知道,同居者不太可能通过共用收入和发展更平等的角色关系来共享他们的资源,①共用收入和平等的角色关系可能引起期望,并对之后趋向于更传统的婚姻关系施加压力。结果,情侣双方会变得越来越不满足,关系也会越来越不稳定。由于同居关系持续时间较不确定的本质,情侣之间的自我身份认同也会因此而削弱。

最终,同居的经验可能会改变那些同居关系必须适应和维持下去的生态条件。例如,我们知道同居者与家人的联系较少、较不亲密,也许是因为同居不是像婚姻这样完全制度化的实践。这些联系可以是他们减轻压力和化解危机的重要资源,可以增加满意度和关系的稳定性。如果这些联系在同居者中没有发展得很坚固、很强有力,甚至在随后的一段婚姻之后这些较弱的亲属联系还会持续,那么我们可以说同居是更多消极结果的一个原因。如果两人没有同居,他们可以形成更稳固的家庭关系,这些关系将促进高水平的满意度和稳定性。

关于同居经验可能会如何影响卷入的个体及情侣关系,这仅仅是几个少数的例子。不幸的是,除了缺乏对选择效应的充分控制之外,大多数关于同居的研究只关注结果,并没有深深地发掘同居经验为什么会产生这些结果。

同居的意义 300

由于同居情侣各种各样的特征和同居发生率及流行的剧烈变化,那么同居具有不同的意义也就不足为奇。考虑到对同居的意义缺乏共识,朱迪斯·塞尔兹(Judith Selzer)认为同居应该被看成一个不完善的制度。②这个不完善的制度是一系列的实践和关系,不断地被越来越多的人接受,而且同居的人数也不断地增加,但是它缺乏明确的角色期望去管理同居者的行为。③

一些最早期的研究和同居的理论化区分了四种同居类型或同居的目的:(1)同居是为了

①② Judith Seltzer, "Cohabitation and Family Change."

③ Andrew Cherlin, "Remarriage as an Incomplete Institution," *American Journal of Sociology* 84(1978): 634—650.

方便；(2)将同居作为“试婚”；(3)将同居作为婚姻的临时替代；(4)作为婚姻的永久替代。① 今天，最常见的区分就是将同居作为*恋爱过程的一个阶段*和将同居作为婚姻的*替代生活方式*。作为恋爱过程的一个阶段，同居是试探未来结婚对象的一个机会(即“试婚”)或者是开始夫妻关系的一个机会，情侣在形式化的婚姻之前就已经许下承诺(也就是说，一个短期的替代)以便于其他被视为结婚先决条件的任务可以先完成(如完成学业、工作稳定、为婚礼和蜜月存钱、完成兵役等等)。作为替代婚姻的生活方式，同居仅仅是稳定性爱关系和经济关系的一种方式，而这与以后的婚姻生活没有任何必然的联系。或者它可能代表拒绝将婚姻作为一种制度，至少是拒绝将婚姻作为卷入者的一种选择(“永久性替代方案”)。

使问题进一步复杂化，不同的同居者对同居有不同的理解，甚至同一对同居者在不同的时间里对同居的理解也会发生变化。大约20%的同居者不希望长期维持同居的关系不变，在那些将同居看成可能导致结婚的情侣中，有不到一半的人实际上确实在同居后的三年内结了婚。②

为什么区分同居的意义在研究中会这么重要？原因在于研究结果将会被应用到我们的日常生活和社会政策当中去。如果你考虑在恋爱阶段同居，并想知道同居将会怎样影响以
301 后的婚姻机会、幸福、稳定性，你并不希望决定是基于这样的研究，即在这样的研究中大部分同居者是为了方便和将同居作为永久婚姻的替代，但是之后因为一些不太积极的原因而结婚(如来自他人的压力、怀孕、同居双方之间的相互依赖增加)。同样，如果我们真的想知道同居是否对婚姻决策产生积极影响，那么，我们应该将研究限定在那些将同居完全作为一种“试婚”形式的对象上。不幸的是，大部分同居的研究仅限于收集大规模的数据，并没有对同居的目的进行区分。因此，这些研究结果需要谨慎解读。

同居关系的互动模式和结果

综述将同居情侣和已婚夫妇、非同居情侣或关系相当确定的情侣进行比较的研究文献，表明互动模式和个体的结果有许多相似之处和差异。

其中一个重要的差异领域涉及性别角色的态度和行为。同居情侣对于性别角色有更开明的态度，并且大部分同居家庭中是双方共同赚钱的。③同居者比已婚夫妻更可能保持各自财务的独立并且不参与住宅所有权。就家务而言，美国的数据显示，女性比男性做家务花的时间多，但是性别差异在已婚夫妻中最大。已婚女性比同居女性花更多的时间做家务，而同居女性又比未婚女性花了更多的时间来做家务。④而这三种情况中的男性做家务所花的时

---

① Ellen Macklin, “Nontraditional Family Forms: A Decade of Research,” *Journal of Marriage and the Family* 42(1980):905—922.

②③ Judith Seltzer, “Cohabitation and Family Change.”

④ Scott J. South and Glenna Spitze, “Housework in Marital and Nonmarital Households,” *American Sociological Review* 59(June 1994):327—347.

间非常接近。不过，离异和妻子去世的男性的确比其他任何男性做更多家务（如做饭、打扫、洗衣）。这项研究显示，同居情侣在劳动上的分配可能跟已婚夫妻的更接近，但是在其他方面，如小孩数、就业、入学和住宅所有权，同居者又与单身更接近。

考虑到同居男性较少参与家务（与已婚男性相比）和在同居情侣中发现的更平等的性别角色态度，我们并不意外地发现同居关系中双方知觉到的公平性和关系满意度较低。对全国家庭调查进行纵向分析，在控制了一系列变量之后（包括性别、持续时间、教育、是否有小孩、关系开始时的平等感和幸福感），发现与已婚者相比，同居者在 5 年到 7 年内知觉到的关系平等感和幸福感下降得更多，尽管在这段时间内，同居者和已婚者在沟通和分歧上的改变更相似。①

同居“夫妻”往往反映了他们周 302
围的社会和其他同龄夫妻的性行为特征。虽然大多数同居者崇尚性爱自由，但是他们大部分还是自愿限制性行为以作为对他们关系的承诺。不过，他们的性交频率确实明显高于已婚夫妻和未婚夫妻。

大多数西方国家，未婚同居（生活在一起但没有正式结婚）的现象显著上升。在很多方面这些情侣都像是结婚了，但同居者更多的保证各自经济独立，对关系的承诺水平较低，分手更随意。

一个更消极的注释是，同居情侣和约会情侣在“非法虐待伴侣”上（hitting without a license）有显著的差异②。年轻同居者对伴侣的虐待远远超过了约会情侣。同居者对伴侣的身体虐待几乎是约会者对其情侣虐待的两倍。德玛丽斯（DeMaris）研究了暴力对结束同居关系的影响，发现男性的严重暴力增加了双方分开的可能性，而由女性实施的暴力则阻碍了从同居到婚姻的过渡。③

---

① Kevin B. Skinner, Stephen J. Bahr, D. Russell Crane, and Vaughn R. A. Call, “Cohabitation, Marriage, and Remarriage: A Comparison of Relationship Quality over Time,” *Journal of Family Issues* 23(2002):74—90.

② Lynn Magdol, Terrie E. Moffitt, and Phil A. Silva, “Hitting without a License: Testing Explanations for Differences in Partner Abuse between Young Adult Daters and Cohabitors,” *Journal of Marriage and the Family* 60(February 1998):41—55.

③ Alfred DeMaris, “The Influence of Intimate Violence on Transitions out of Cohabitation,” *Journal of Marriage and the Family* 63(February 2001):235—246.

同居情侣与非同居情侣同样也存在其他方面的差异。例如,诺克(Nock)发现跟已婚夫妻相比,同居夫妻除了幸福感较低之外,承诺的水平也较低,同时与父母的关系也比较差。①他认为,同居关系的质量比较差,主要是因为同居关系缺乏相关的制度规范。正如人们可以预期的,由于承诺水平较低,同居的分手率比较高。虽然同居的分手率比婚姻高,但是并不是所有同居关系都是不稳定的。同居关系的维持取决于共享平等权利。

关于同居对个体的后果或结果,许多研究显示,控制选择因素之后,同居产生了与婚姻相似的健康效益,只是程度相对较低。②加拿大、瑞典和其他国家的全国性研究也得出了类似的结论。③对十七国婚姻状态和幸福感的研究显示已婚夫妻的幸福感比同居情侣的更高,

303 家庭多样性

同居经验的多样性

为了了解同居是如何影响个人和伴侣们的,重要的是先了解导致决定同居的动机和条件。朱丽·菲利普斯和梅根·斯威尼(Julie Phillips & Megen Sweeney)打算考察同居者的种族和民族差异对未来婚姻稳定性的影响,从而研究同居动机的重要性。他们使用了"全国家庭增长调查"(NSFG)的一个子样本,该样本包括超过4500名的在1975年后初次结婚的非西班牙裔白人女性、非西班牙裔黑人女性和墨西哥裔美国女性,预测了不同人群的同居行为对未来婚姻的影响,这种预测的基本假设在于这几个人群选择同居的原因是不同的。

在同居发生率方面,非西班牙裔白人和黑人的比率几乎是一样的,并且都远远高于墨西哥裔美国人。此外,在这三组女性中,80%甚至更多的同居者只与一人同居过——也就是她们最终的婚姻伴侣。从同居对离婚的影响来看,他们发现了同居对白人女性的婚姻稳定有不利影响,但对黑人或墨西哥裔美国女性的婚姻无影响。事实上,有一些证据表明,同居对于国外出生的墨西哥裔美国人的未来婚姻是有积极作用的。

---

① Steven L. Nock, "A Comparison of Marriages and Cohabiting Relationships," *Journal of Family Issues* 16 (January 1995):53—76.

② Kathleen A. Lamb, Gary R. Lee, and Alfred DeMaris, "Union Formation and Depression: Selection and Relationship Effects," *Journal of Marriage and the Family* 65(2003):953—962; Hyoun K. Kim and Patrick C. Henry, "The Relationship between Marriage and Psychological Well-Being: A Longitudinal Analysis," *Journal of Family Issues* 23(November 2002):885—911.

③ Zheng Wu, Margaret J. Penning, Michael S. Pollard, and Randy Hart, "'In Sickness and in Health': Does Cohabitation Count?" *Journal of Family Issues* 24(September 2003):811—838; Zheng Wu and Randy Hart, "The Effects of Marital and Nonmarital Union Transition on Health," *Journal of Marriage and the Family* 64 (May 2002):420—432.

虽然他们没有控制性活动(一个重要的"选择"因素,它解释了同居对未来婚姻的负面影响),他们的研究仍然能够显示,与多个情侣同居过的或与最终配偶之外的人同居过的非西班牙裔白人,离婚风险高于那些仅仅与最终配偶同居过的人。这些研究结果与同居理论中的假设基本一致:同居对于婚姻的消极影响,如果不是全部,也有大部分是来源于拥有多个性伴侣而非同居经历本身。

作者们将结论解释为非西班牙裔白人其他两类女性相比,有着不同的同居原因。尤其,他们推测,非西班牙裔白人女性的同居有更多的消极影响是因为她们不确定自己的同居对象就是想嫁的那个人(即将同居当作"试婚");然而,在另外两类人群中,她们的同居关系有相对更多的确定性和对伴侣的承诺(即将同居看作婚姻的替代品)。因此,非西班牙裔白人女性最终结婚更多的是因为社会压力或其他因素而非承诺,正是这一点使她们的婚姻面临风险。

虽然对于"意图"问题的这个关注是很重要的,但这些结果仍可通过其他的方式进行解释。首先,有可能非西班牙裔白人在与同居对象结婚的过程中经历的更多的压力(特别是长期同居),因为同居在白人社区中并不太合常规。另一方面,黑人和西班牙裔人群有着较长的同居历史和对同居广泛的社会认可。因此,那些由同居发展而来的婚姻一般都会比较坚固,不会受到外界的干扰。对于这些差异的第二个可能的解释是:在非西班牙裔黑人中存在较高的性活动水平。因此,在这一群体中同居并不会成为性行为的代理,因此对日后婚姻结果的影响较少。

来源:Julie A. Phillips and Megan M. Sweeney, "Premarital Cohabitation and Marital Disruption Among White, Black, and Mexican American Women," *Journal of Marriage and Family*, 67(May 2005):296—314.

而同居者的幸福感又比其他类别的单身人士更高。①虽然已婚者和同居者都有一个住 304
在一起的伴侣,但婚姻与幸福变量的关联程度是同居的3.4倍。

研究人员还表明,那些同居者对于结婚的渴望较低,结婚的可能性也随之降低。苏珊·布朗(Susan Brown)使用了两批全国性数据,发现同居者结婚和分手的可能性几乎是一半对一半。在第一年中,将近20%的同居者结婚了而15%的人分手了。两年内,1/4的同居者结婚了。尽管如此,对于很多情侣来说,可以把同居看作是合法婚姻的永久性替代品。②

---

① Steven Stack and J. Ross Eshleman, "Marital Status and Happiness," *Journal of Marriage and the Family* 60(May 1998):527—536.

② Susan L. Brown, "Union Transitions among Cohabitors: The Significance of Relationship Assessments and Expectations," *Journal of Marriage and the Family* 62(August 2000):833—846.

然而，这种结婚可能性降低在所有的社会群体中并不是一致的。曼宁和斯莫克(Manning & Smock)观察到，黑人同居者通过婚姻将关系合法化的可能性比白人同居者小，尽管研究发现孩子的存在无论对黑人还是白人而言，都会增加他们与同居对象结婚的可能。①在英国也是如此，怀孕并导致新生命的诞生是促进婚姻的关键因素。来自贫困经济背景的年轻女性更有可能在怀孕后继续同居，存在行为或情绪问题的青少年也是。②

目前还不清楚结婚可能性的降低是否是因为同居经验还是事先就存在。对来自"全国家庭调查"的纵向数据进行分析，表明原因在于前者。从那些在收集第一批数据时正处于同居的人中发现，把婚姻看作是高投入低回报的人，与未同居的同类人相比，5—7 年后的结婚意愿和期望要低很多。这些较低的觉察力、意图和期望反过来也预示着在之后结婚的可能性较低。③

同居与婚姻的质量和稳定性

建立一个未婚家庭是否为成功的长期关系提供了基础，甚至造就了美满的婚姻？同居对结婚来说是一个很好的试用期吗？还是同居使情侣在未来的婚姻中面临更大的破裂风险？这些问题的答案仍然是喜忧参半。

过去的几十年中，美国和加拿大的一些研究，大型小型的全国性数据都发现，与未同居
305 过的夫妻相比，婚前同居的夫妇的婚姻质量较低，对婚姻制度的承诺较少，对婚姻有更个人化的看法，以及更高的离婚可能性。④其他国家也发现了类似的结果。在瑞典，在近 5000 名妇女的全国性样本中发现，婚前同居者的婚姻破裂率比不同居者的几乎高80%。⑤然而，随

---

① Wendy D. Manning and Pamela J. Smock, "Why Marry? Race and the Transition to Marriage among Cohabitors," *Demography* 32(November 1995):509—520.

② Ann Berrington, "Entry into Parenthood and the Outcome of Cohabiting Partnerships in Britain," *Journal of Marriage and the Family* 63(February 2001):80—96.

③ Sandra L. McGinnis, "Cohabiting, Dating, and Perceived Costs of Marriage: A Model of Marriage Entry," *Journal of Marriage and the Family* 65(February 2003):105—116.

④ There are many studies showing the negative effects of cohabitation on later marital quality and stability, but the size of these effects varies greatly and often is dependent on the quality of the study and the control variables used in the analysis. For a review, see Pamela Smock, "Cohabitation in the United States: An Appraisal of Research Themes, Findings, and Implications," *Annual Review of Sociology* 26(2000):1—20. Some recent studies include Claire M. Kamp Dush, Catherine L. Cohan, and Paul Amato, "The Relationship between Cohabitation and Marital Quality and Stability: Change across Cohorts," *Journal of Marriage and the Family* 63(August 2003):539—549; and Catherine L. Cohan and Stacey Kleinbaum, "Toward a Greater Understanding of the Cohabitation Effect: Premarital Cohabitation and Marital Communication," *Journal of Marriage and the Family* 64(February 2002):180—192. See also Elizabeth Thompson and Ugo Colella, "Cohabitation and Marital Stability: Quality or Commitment?" *Journal of Marriage and the Family* 54(May 1992):259—267.

⑤ Neal G. Bennett, Ann Klimas Blanc, and David E. Bloom, "Commitment and the Modern Union: Assessing the Link between Premarital Cohabitation and Subsequent Marital Stability," *American Sociological Review* 53(February 1988):127—138.

着婚姻持续时间的增长，婚前同居者与未同居者之间离婚率的差距变小，对于婚姻维持了 8 年的人，同居过与没同居过的人之间没有差别。

为什么在这些来自不同国家的所有研究中，由同居发展到结婚的人群中一致存在着低质量的婚姻关系、低幸福感和高离婚率？一些证据表明，这至少有一部分是自我选择的缘故。在最近对“全国家庭调查”数据的纵向分析中发现，人们在重要的背景特征上相互配对，虽然之前的同居者和未同居者之间的差异与过去研究发现的相一致，但在本研究中，经过 5—7 年时间，所有的夫妇在伴侣关系、性互动、满意度以及承诺上都有相似的下降，然而冲突都增加。①在对相同数据使用不同控制变量的另一个分析中发现，婚前同居过和未同居过的夫妇所感受到的夫妻关系中的平等和满足感并无差别。②在另一项使用“全国青年纵向调查”(1979—1998 年)数据的研究中发现，同居的影响可以由种族、宗教和之前的犯罪水平来解释。③

在一个目前可能最综合的研究中，通过使用来自“全国家庭增长调查”的一个 6000 人以上的女性样本，杰伊·蒂奇曼(Jay Teachman)发现，同居对于婚姻破裂可能性的影响完全取决于女性婚前性伴侣的数量和类型。只与未来的结婚对象发生性关系或与他并且只与他在婚前同居并不会增加日后婚姻解体的风险。但是与不止一个的未来可能配偶发生性关系，就会增加了离婚的风险，并且这种风险随着伴侣数量的增加而增加。无论一个女性是否同居过这种效应都存在，这暗示同居的影响是虚假的(至少对女性而言)，反而是因为有过同居史的女性比较可能会在婚前拥有多个性伴侣的这个事实。④ 306

除了这些控制了重要选择因素的这些研究之外，另外一项针对 136 对夫妇的研究，观察了其婚前的交往情况和结婚 10 个月后的情况，研究显示，同居的意义或形式之间的差别十分重要。研究者将研究对象分为 3 组：未同居者、订婚后开始同居的和订婚前同居的。在控制了选择变量之后，他们发现，唯一的组间差别存在于最后一组。订婚前就开始同居的人有更多的消极互动、较少的个人承诺、较低的感情质量以及对恋爱关系较少的信心。订婚后同居的人与未同居的人之间并无差异。⑤

最后，研究表明同居与婚姻在自身结构和预期上有如此大的不同，以至于在同居过程中

---

① Laura Stafford, Susan L. Kline, and Caroline T. Rankin, “Married Individuals, Cohabitors, and Cohabitors Who Marry: A Longitudinal Study of Relational and Individual Well-Being,” *Journal of Social and Personal Relationships* 21(April, 2004):231—248.

② Skinner, Bahr, Crane, and Call, “Cohabitation, Marriage, and Remarriage.”

③ LaKeesha N. Woods and Robert E. Emery, “The Cohabitation Effects on Divorce: Causation or Selection?” *Journal of Divorce and Remarriage* 37(2002):101—119.

④ Teachman, “Premarital Sex, Premarital Cohabitation and the Risk of Subsequent Marital Dissolution Among Women.”

⑤ Galena H. Kline, Scott M. Stanley, Howard J. Markman, P. Antonio Olmos-Gallo, Michelle St. Peters, Sarah W. Whitton, and Lydia M. Prado, “Timing Is Everything: pre-Engagement Cohabitation and Increased Risk of Poor Marital Outcomes,” *Journal of Family Psychology* 18(June 2004):311—318.

发生的事并不能有效预测随后的婚姻的质量。①无论由于什么原因,现存的数据确实不支持这样的论断,即同居是婚姻的训练场和试用期,或者同居提高了婚姻质量或稳定性。

总　结

1. 在考察未婚同居与婚前关系时,考虑到文化背景的影响十分重要。在最近的现代社会中,伴侣的选择、亲密关系的发展过程以及亲密关系的长期结果都非常不模糊,并且会造成不确定性和风险。这种模糊不清现象的产生源于对自我表现的强调、要求人格特征匹配而不是社会地位的匹配以及对未婚同居与婚前关系的制度化管理的崩塌。

307 2. 爱情的概念在最近的现代社会中十分重要,因为它成了亲密关系的首要准则。爱情是一个社会建构的概念,不过,它包含了情绪方面、认知方面、关系方面以及行为方面的组成部分。

3. 一系列的解释针对谁选择谁以及为什么展开。其中一个极端是个人主义的解释,这个解释植根于本能、基因的相似性、需要、驱力、父母形象和互补需要。与之相反的是社会文化解释,这类解释植根于规范、价值观、角色和社会交换。

4. 社会文化解释在一个更容易被意识到的水平上操作,更易于测量,也比个人主义的解释有更强大的研究支持。一个社会文化理论指出,当人们分享或感受到自己在共享相似的价值取向时,人际吸引就得到了促进。

5. 共享角色与共享价值观相关联——内化了的、习得的社会期望决定了在选择伴侣时什么态度和行为是恰当或不恰当的。简而言之,人们倾向于和一个与自己有相似角色定义和期望的人同居或结婚。

6. 交换理论家们把伴侣的选择看作是一个讨价还价或社会交换的过程。伴侣选择是基于对一个拥有相等资源的人的选择;每个人都可以提供一些别人渴望的东西。

7. 一些研究者把伴侣选择看作是一些前期过程同时或连续作用的结果。一个解释涉及一个三阶段的,按时间顺序排列的刺激、价值观和角色(SVR)。

8. 伴侣选择过程是个人将身份由单身转换到已婚的一种手段。这个过程涉及男女交往中适用的各种规则和角色。总的来说,各种类型的出去玩、搭讪、约会满足了各种各样的目的,其中有很多导致了亲密和承诺程度的增加,例如订婚或同居。

9. 未婚同居在美国和大多数西方国家是一种日渐流行的生活方式。在美国,无论是否拥有 15 岁以下孩子的同居者的数量显著增长,其他年龄组包括老年人的数量同样如此。

10. 虽然未婚同居的人享受到了很多与已婚者相同的积极关系利益,但同居并不能作为婚姻能否成功的试验。同居是否对婚姻有害也一直没有定论。有证据表明个人选择偏见解释了观察到的许多消极影响,相比同居,婚前性经验对于消极的婚姻结果更有预测作用。

虽然男女性关系总体上来说是亲密关系的一个重要维度,但在这一章和前面的章节中都只给予

---

① Lee A. Lillard, Michael J. Brein, and Linda J. Waite, "Pre-Marital Cohabitation and Subsequent Marital Dissolution: Is It Self-Selection?" *Demography* 32(August 1995):437—457.

了很少的关注。婚前性关系将在后面的章节中进行描述和分析。婚内性行为将在第 8 章中进行讨论。

关　键　词

择偶过滤器理论(Filter theories of mate selection)　p. 274
爱情车轮理论(Wheel Theory of Love)　p. 275
社会脚本(Social script)　p. 275
爱(Love)　p. 278
爱神(Eros)　p. 279
爱德(Agape)　p. 279
爱情游戏(Amor ludens)　p. 280
宫廷爱情观(Courtly love)　p. 280
浪漫的爱(Romantic love)　p. 280
雌雄同体的爱(Androgynous love)　p. 280
汇合的爱(Confluent love)　p. 280
激情式的爱(Passionate love)　p. 280
伴侣式的爱(ompanionate love)　p. 280
恋母情结(Oedipus complex)　p. 282
恋父情结(Electra complex)　p. 283
互补需要理论(Complementary needs theory)　p. 283
价值理论(Value theory)　p. 284
角色理论(Role theory)　p. 286
交换理论(Exchange theory)　p. 286
序列理论(Sequential theories)　p. 288
搭讪(Hooking up)　p. 289
约会(Dating)　p. 290
最少兴趣原则(Principle of least interest)　p. 292
订婚(Engagement)　p. 292
禁令(Banns)　p. 293
非婚同居(Nonmarital cohabitation)　p. 293
盛行程度(Prevalence)　p. 294
发生率(Incidence)　p. 294
自我选择偏见(Self-Selection bias)　p. 298
选择效应(Selection effects)　p. 298
经验效应(Experience effect)　p. 299
同居的意义(Meanings of cohabitation)　p. 300
不完善的制度(Incomplete institution)　p. 300

问 题 讨 论 308

1. 你有多么确定某一类型的人是你长期伴侣的最佳选择？在任何特定的时间点，在什么情况下你会说在与人相遇、交往和认识这种关系时有着不确定性？目前在什么情况下亲密关系会有风险？

2. 与同学讨论关于异性的话题了解他们对爱情的认识。对比你和他们的看法，是否相同？有什么区别？

3. 在什么情况下伴侣的选择比较像是本能、天性驱动、父母形象和互补需要的结果？思考你自己的经验。

4. 排除互补需求理论的逻辑和理性的基础，为什么对于它的经验支持会那么少？

5. 什么价值对你最重要？你会与一个不共享这些价值的人结婚吗？为什么？

6. 列出一系列你对自己和伴侣所持有的角色期望。让你的约会对象也这么做。(例如："我希望男生洗衣服""丈夫和妻子都应该全职工作")在 1—5 分的范围内，按照你同意或不同意给对方的期望打分。对比和讨论你们的结果。

7. 对于男女游戏的描绘在伴侣选择过程中在多大程度上是准确的?这游戏随着时间的推移是否变化了?如果是,怎么变化的,为什么?

8. 你如何选择亲密的伴侣?你是否经历过搭讪、闲逛或约会?每种行为对你而言意味着什么?对于每种行为又有什么不同的期望呢?

9. 回忆你自己过去的亲密关系或者你朋友的。最小利益准则是否使用?它是如何表现出来的?

10. 什么解释了同居的增加也解释了自身与婚姻满意度和稳定性的消极关系?同居与婚姻有何异同?

11. 参照同居对于随后婚姻质量和稳定性的影响,解释选择和经历影响之间的差别。为什么选择效应表明同居对婚姻的影响是虚假的?

311

第 8 章

性关系和非婚关系

案例

高风险行为——1 次强奸，8 次怀孕，2 个孩子

29 岁的安德烈娅是两个孩子的母亲，一个 3 岁，一个 4 岁。她有一个社会科学的学士学位，一份全职工作。她目前已婚，可是和丈夫处于分居状态。在生两个孩子之前，她曾经历过 1 次强暴，5 次堕胎，1 次小产。

痛苦的强暴事件发生在 12 岁那年。一次她和比她大一岁的男友从学校回家。男友想吻她可是遭到了拒绝。于是在一座教堂后面，男友拿碎玻璃汽水瓶相威胁，脱掉了她的衣服，并实施强奸。安德烈娅回忆起当时他是如何骂自己又黑又丑，还说没有人会愿意娶她。她鼻青脸肿地回到家后，只敢对母亲说是被两个高中女生欺负了。直到 21 岁，她也从来没有向任何人提起这件事。

15 岁的时候，安德烈娅开始有定期的性行为。她第一次怀孕时只有 16 岁，和一个比她
年长的男孩子，她感觉自己很爱他，并定期跟他“睡觉”。后来她在当地的一家诊所堕了胎。 312
同年，她又和另一个男友怀孕并小产。后来她遇到了尤金，他们交往了两年。她再次怀孕，这次她想保住小孩，可是尤金却坚持让她去堕胎。用安德烈娅的话来说，“我实在很爱他，我以为性可以把他留在我身边。我甚至让他对我实施性虐待，那简直比被强暴还要糟。当时我真是受尽侮辱。后来他变本加厉，所以 4 个月后，我不得不跟他分手。”

“18 岁时，我开始和我现在的丈夫维克(化名)在一起。跟他在一起的时候，我堕过三次胎，其中两次是他要求的。当时我很想要个孩子，但是我也知道自己无法做一个单亲妈妈，而且我还要继续我的学业。而维克从来没有提供过任何支持也根本不想娶我。我们分了好几次手，最后又和好。

"25 岁时,我再一次怀孕。那时我非常沮丧甚至想自杀。之前我曾向上帝发誓说我再也不会去堕胎。而当时维克想让我回到他身边,我就说除非他愿意娶我。所以在我怀孕 5 个月之后,我们结婚了。儿子出生刚 3 个月,我又怀孕了。这次怀孕特别痛苦,后来我生下了我的女儿。然而,最糟糕的噩梦来了。因为我没有工作,当时我们的经济很困难,我不得不靠救济粮票生活,虽然我一点也不愿意,而我们的婚姻关系也越发恶劣。很长一段时间里,维克都睡沙发。直到最近,我 3 岁的女儿告诉我,爸爸对着她手淫,我意识到我们不得不分居了。

"回头看我所有的性经历,我可以说直到我结婚,我也从来没有真正享受过性生活。对我而言那是取悦男人,或者说是让他们留在我身边的方法。直到 18 岁时我才从一本杂志上读到,原来女生也会有高潮。不过现在不一样了。我最近在和一个 67 岁的已婚律师约会,他对我很好。他给我买东西,帮我付孩子日托的钱,他告诉我他爱我。这在之前从来没有过。我以前只觉得自己是个合格的学生,合格的职工,当然也是个合格的母亲。不过现在,我第一次感觉到自己是个合格的女人:美丽,被需要,被爱。"

问题思考

你怎么解释安德烈娅的高风险行为?鉴于她的情况,堕胎、生育两个孩子、离开她丈夫这些决定有多少现实性?

在性放纵行为中,认同需要和一个人的自我价值感之间有没有联系,如果有,是怎样的联系?

性,既是社会现象也是个人现象,却很少会有文章将大量的注意力和笔墨放在与之有关的事情上。现代生活中,性的重要意义已经在一系列问题的论战中得到印证,包括艾滋病、堕胎、军队中或是特定行业中的同性恋、政府官员的性事件、公共学校的性教育、色情表演、向成人发放避孕用品,还包括被普遍关注的性别认同和性别角色问题等等。

性关系的分类也有多种界定。性关系可以包括同性恋关系和异性恋关系;包括有结婚意向但尚未结婚(婚前)的性关系和无结婚意向(非婚)的性关系。同时性关系可以包括婚姻
313 关系中的丈夫和妻子。已婚人士可能与其配偶以外的情侣发生性关系(婚外),也可能牵涉到交换配偶的性关系(交换性伴侣)。性关系可能包括曾经结过婚但因离异或丧偶而目前单身的人群间的关系(婚后)。

艾拉·赖斯(Ira Reiss)在对人类性行为的社会学分析中,将*性行为*定义为社会文化脚本所产生的性爱的和生殖的反应。[①]他认为性的概念是通用的,因为在所有的社会文化中,

---

① Ira L. Reiss, *Journey into Sexuality. An Exploratory Voyage* (Englewood Cliffs, NJ: Prentice-Hall, 1986), 37.

性都是重要的，且需要某种形式的社会规范。性之所以重要，最基本的理由就是*性脚本*通常包括肉体享乐（physical pleasure）和自我披露（self-disclosure），这些都是形成社会关系、性关系或者其他关系的关键因素。

金赛（Kinsey）于1948年和1953年发表论文，将人类的性生活（包括婚内和婚外的）带进公众的视野。①金赛的研究给性研究的合法化创造了条件，而且提供了有价值的信息，让性成为公众可以合法谈论的对象，具有划时代的意义。

与金赛相比，之后的研究如何呢？这恐怕很难回答，因为后来关于人类性行为的研究受到了限制。二十世纪八十、九十年代的政治和宗教氛围限制了性研究的资金并将其划入了禁区。由于一部分保守派立委的反对，一个价值1800万美元的提案被撤回，因为他们觉得那是“自由主义左派和有组织的同性恋团体的阴谋”，而这个提案已经通过了同行评审，并由美国国立卫生研究院（NIH）批准并投资。

性关系的社会规范

所有的社会都有它的社会规范，允许某种性行为而不允许其他的性行为。比如全球最普遍的禁忌就是乱伦，最被认可的就是婚内性行为。显然，没有哪个社会对性自由会不加限制。这又是如何做到的呢？

首先，基本的社会制度是控制人类性表达的主要成分。在社会化进程中，*家庭*在规范和控制性行为上扮演了重要的角色，控制谁和谁结婚，当性规范被违反时家庭提供负面制裁。

其次，世界各地的*宗教*也规定了哪些是合法的性伴侣，哪些行为是允许的。比如在美国，一些教堂具体化了性的生殖定位。一些没有生产功能的行为——比如手淫、鸡奸（肛交、口交、兽交）、同性恋——就是罪恶和禁忌，诸如乱伦和通奸是威胁家庭的行为。同时，*教育*通常在定义、分类和教导哪些是合适的性行为上有调控作用。甚至*工作场所*也会通过规定员工着装和行为的章程来建立性表达的界限和限制，如性骚扰的规定。②

除了法律制度，社会规范、社会身份和角色、社会制裁也规范并控制着性表达。男性和 315
女性在性期待、性权利和性特权方面都是不同的。不仅如此，大人和孩子、公共场所和私下、已婚和单身、祖父母和祖孙、甚至异性恋和同性恋，在性期待、性权利和性特权方面都是不同的。法律可以制裁妓女，制裁强迫儿童卖淫的人或者强奸犯。违法行为一经核实，面临的将是公众的谴责、嘲笑、罚款、监禁、精神或肉体上的折磨，甚至死刑的判决。简单地说，性表达在全球的每个社会中被各种方法高度控制约束着。

---

① Alfred C. Kinsey, Wardell B. Pomeroy, Clyde E. Martin, and Paul H. Gebhard, *Sexual Bebavior in the Human Female*(Philadelphia: W. B. Saunders, 1953); and Alfred C. Kinsey, Wardell B. Pomeroy, and Clyde E. Martin, *Sexual Behavior in the Human Male*(Philadelphia: W. B. Saunders, 1948).

② J. Richard Udry, “The Politics of Sex Research,” *The Journal of Sex Research* 30(May 1993):103—110.

性行为的生物学和社会学研究方法

是不是我们在基因上就偏向于有性冲动和性需求，去找出特定性别的性伴侣，在社交上和性上具有竞争力？我们的性行为和性兴趣是生理上就决定了的么？或者是否曾经有人细心地教导过我们什么是性欲，如何表达或奉行我们的性冲动，哪些性行为是合适的哪些又是异常的？生物学理论倾向于强调和关注人类(包括动物)性行为中涉及的天生、基因、荷尔蒙和心理因素，而社会学理论着眼于人类性行为所涉及的社会化和社会控制因素。

关于性需要、性兴趣和性行为究竟是先天还是后天的争论由来已久。可能这样的争论根本是无意义和不必要的。难道先天因素和后天因素不可能协同作用吗？性别间有决定性的生理差异，而这些与社会因素一起作用增加了性兴趣和性行为的差异。这是由约翰·鲍德温和贾尼丝·鲍德温(John & Janice Baldwin)指出的，他们发现一些涉及性兴趣的生物因素以不同的方向倾向于男性和女性。①

这种状况虽然消除了“先天还是后天”的分歧，但是仍没有解决到底哪个作用更大的问题。是否大多数的性行为和它的差异都可以用生物学理论来解释？那么，基于基因、荷尔蒙水平、解剖学因素、先天生理倾向等原因，性行为是不是在不同国家、不同时代甚至不同性别中都有所不同呢？

如今，很少有人认为荷尔蒙、睾丸激素或者其他解剖学或化学变化与个人的性冲动和性无关，而将其不予考虑。比如，一项关于 12—13 岁男生，耗时三年的纵向研究，将睾丸激素的正常变化与性行为的变化相联系。②研究发现，睾丸激素的增多与性启蒙和增多的性行为相联系。

另一方面，存在相当多的身体证据显示，男性和女性在性需要、性冲动和反应上十分相
316 似。40 年前马斯特斯和约翰逊研究发现，女性和男性一样也具有性高潮，总体上来说，女性在性反应上具有更大的潜力，因为女性对性刺激的反应来得更迅速、猛烈及持久。除了明显的解剖学上的差异，男性和女性对性刺激的生理反应上具有相同的机制。③

金赛在 15 年前就做出了同样的结论：

> 解剖结构，是性反应和性高潮的基本，在人类男性和女性身上基本相同。差异相对很小。在繁殖过程中，解剖结构与男女的不同功能相联系，但是在性反应和性高潮的起源和发展上却没有显著差异。如果要说男性和女性在性上的任何基本的差异，这些差

---

① John D. Baldwin and Janice I. Baldwin, “Gender Differences in Sexual Interest,” *Archives of Sexual Behavior* 26(1997):181—210.

② C. Halpern, J. Udry, and C. Suchindran, “Monthly Measures of Salivary Testosterone Predict Sexual Activity in Adolescent Males,” *Archives of Sexual Behavior* 27(1998):445—465.

③ William H. Masters and Virginia E. Johnson, *Human Sexual Response* (Boston: Little, Brown, 1966), Chapter 17 and p. 285.

异肯定来源于两性生理或心理的其他方面。①

这样的想法让大部分社会学家，包括家庭学者，忽视了家庭或性行为的生物学解释。生物成分只是解释或预言价值观和行为的必要不充分因素。②而且，难道生物因素仅仅是生物学家的事情，这些理论不会对社会学家造成任何影响吗？美国北卡罗来纳大学的社会学家理查德·尤迪(J.Richard Udry)不这么认为。他和同事研究了生物倾向和青少年性行为的社会学模型之间的相互影响，他们认为生物成分不能被忽视。③

尤迪考察了通常被看作性行为基础的青春期的荷尔蒙变化，以证明他们在青少年性行为中的作用。他说，由于青少年的成熟在程度和年龄上存在差异，有些人可能比他人更具有性活动的倾向。包含有荷尔蒙测量的社会控制方法会使得社会学模型更加完整。尤迪利用包含荷尔蒙倾向指标的生物学模型，来检验结合了社会科学元素的生物社会学理论。

尤迪发现同社会学因素一样，生物学因素也对性交有强烈的影响，对主观上的性差异(思想和感觉上的)有更温和的影响。社会控制抑制了荷尔蒙对行为的影响。尤迪认为，性行为的生物社会学模型比单单使用社会学或生物学模型得出的结论更具有说服力。然而，317
他强调，这一结果只能应用到早期青少年身上，而不能用来研究更早或者更晚发生的性交的机制上，在这方面要很谨慎。

无论是青少年时期还是成年时期，男女性行为不仅仅包含荷尔蒙和生理因素，还包括社会和科技因素。比如，男性女性的差异逐渐被女权运动(寻求男女平等)、避孕的发展(降低了受孕的风险)，还有工业革命(赋予女性更多的经济机会)削弱。但是在美国，性别所造成的行为差异仍然十分明显。

社会学维度的性行为

劳曼纳(Laumann)和其他学者④参考了三个传统理论，构建出一个更加综合化的社会学维度的人类性行为理论。涉及社会网络理论、选择理论和脚本理论三个互斥的理论，它们关注性行为中不尽相同却有内在联系的问题。这里我们简单介绍一下前两个理论，而把重点放在脚本理论上。

---

① Kinsey, Pomeroy, Martin, and Gebhard, *Sexual Behavior in the Human Female*, 593.

② Note, for example, Alan Booth, Karen Carver, and Douglas A. Granger, "Biosocial Perspectives on the Family," *Journal of Marriage and the Family* 62(November 2000):1018—1034.

③ J. Richard Udry, "Biological Predispositions and Social Control in Adolescent Sexual Behavior," *American Sociological Review* 53(October 1988):709—722. See also Carolyn Tucker Halpern, J. Richard Udry, Benjamin Campbell, Chirayath Suchindran, and George A. Mason, "Testosterone and Religiosity as Predictors of Sexual Attitudes and Activity among Adolescent Males: A Biosocial Model," *Journal of Biosocial Science* 26(1994):217—234.

④ Edward O. Laumann, John Gagnon, Robert T. Michael, and Stuart Michaels, *The Social Organization of Sexuality*(Chicago: University of Chicago Press, 1994), 3—24.

社会网络理论

社会网络理论着重于研究大型社会关系网络中的性行为的双方(sexual dyad)。不管是直接还是间接的(如性幻想或手淫),性活动都包括两个及以上的成员。人们在各自的网络中挑选具有相似地位的"意中人"。前一章节中提到过的最小兴趣原则,也在两者的性关系(dyad sexual relationship)中发挥作用。即如果双方没有相似的地位,或者没有可以等价交换的事物,一方可以要求对方付出更多。

性关系中的两人或更多的人是庞大的社会网络中的一部分,这个社会网络包括他们的亲朋好友,而这些亲朋好友亦有着来自更大社会团体、亚文化和文化的准则及价值观。性关系中所牵涉的人暗指着参加或避免各种活动的压力。一些官方的组织,比如学校和计划生育组织,在性知识的普及和提供避孕用品等一系列环节上功不可没。而大众传媒、宗教、政治团体和其他一些社会形式也对性关系网络和其成员产生影响。简而言之,社会网络理论表明性伴侣关系并非独立存在,而是处于社会关系中。

社区对青少年性行为的重要作用是社会网络理论的一个重要分支。特别的是,社区*集体效能*(第四章中介绍过)的概念也反映了社会网络作用。克里斯多夫·布朗宁(Christo-
318 pher Browning)和同事在一项研究中采用了芝加哥的一个人类发展项目中的代表性数据,这个项目涉及居民评价社区邻里关系的"紧密结合"和相互支持的程度,社区正是孩子的好朋友的家长了解彼此和照顾对方小孩的地方,也是给居民的小孩"树立榜样"的地方。他们的分析结果显示,在过去的3年内,高水平的社区集体显著有效地降低了青少年与多人发生性行为的可能性。在他们的研究中,这一效应在所有的青少年(12岁至16岁)身上都普遍存在,但在那些年长青少年的早期甚至更明显。①

选择理论

选择理论着重研究性决策和个体如何选择该做什么。不管是在经济领域还是在性领域,人们可以选择用某种资源去换取"商品"或回报。必要的资源可能包括时间、金钱、体力、吸引力和可获得的伴侣等。因为资源有限,所以必须做出选择。选择时应当设定特定的目标,可以是身体上的愉悦感、情绪上的满足感、婚姻、拥有孩子、维持良好的名声等等。

这些目标影响到了所需资源的数量和类型。与寻求一次"一夜情"相比,寻求一段长期的关系需要不同的时间、金钱和精力资源。当然这两种情况为了收益都要付出成本,而且都可能产生合意和(或)不合意的结果。合意的结果可能是更加快乐、性满足和拥有一个忠诚的伴侣,而消极的结果可能是意外怀孕、感染性疾病甚至犯罪。选择理论和社会交换理论一致认为,个体关于性行为的决策是在衡量潜在的付出成本和回报的基础上作出的。

---

① Christopher R. Browning, Lori A. Burrington, Tama Leventhal, and Jeanne Brooks-Gunn, "Neighborhood Structural Inequality, Collective Efficacy, and Sexual Risk Behavior among Urban Youth," *Journal of Health and Social Behavior*, 49(September 2008):269—285.

总的来说，一个人手头边关于结果的信息越多，做出的决策越明智。但不幸的是，选择总是在变化的信息和确定性下做出的。个体做决策通常没有达到利益最大化，因为他们缺乏足够的信息以做出最符合目标的决策。要做出最好的决策，要求个体能够计算出获得满意结果的正确概率，而避免可能的代价和付出。这样，在相同的付出—回报结构下，即使设定了相似的目标，个体在相当大的空间内也可以做出不同的选择。我们会习惯地认为这些选择是私人和个人的，但是社会网络理论提醒我们，这其中还涉及其他人。伴侣的决策同样会影响结果，个人的结果或关系的结果还会受到集体和社会水平的影响：如性疾病传播、社会福利支出、家庭声誉等等。所以，他人会试图影响我们对备选方案的看法、实际的付出和回报，以及对结果的评估，通过这些方法使他们自己的利益最大化。

综上，选择理论包含了性决策，它要求决策应当基于我们心中的目标和可得的能满足目标的资源。每一个决策都会产生积极或消极的结果，这些结果会影响个体本身、成对关系中的伴侣、社会团体和交际网络甚至是全社会。

性脚本理论和性社会化

脚本理论解释了性的内容：什么被我们理解为性，以及如何构建理念、想法和幻想。人类一直被认为不具备“发情”这一生物本能；所以，人类必须通过性的社会化过程来学习相关行为，就是性社会化。

性社会化是指人学习和内化有关性的自我概念、性价值观、性态度和性行为的过程，这个过程从出生开始一直持续到成年或更老。关于性、性别、暴力和其他因素的社会化过程的细节，将在第十一章中详述。这里，我们将重点放在性知识、性态度和性价值观的学习和发展上，这些性社会化方面是理解性行为的关键部分。

性的社会化是一个出生就开始，持续到成年乃至更老的过程。320
社会对孩子性行为的回应影响着内化的意义——性脚本——关于什么是合适的性行为。

符号互动理论认为人们因为社会互动而变得有性欲。性发展过程中，虽说生理和荷尔蒙的基础很重要，但是仅仅依靠男女生殖器官，根本无法保证个体的性别认同和性别偏好会遵循他的解剖学组成来发展。易装癖（穿着异性服装）、易性癖（内心觉得自己是相反的性别）、同性恋（喜好同性关系）都是活生生的例子。

尽管遗传上相似而性行为不同已被证实,存在于老百姓之中被广泛接受或不接受的性行为一般有:禁欲、口交、手淫、鸡奸、窥阴癖、强奸、性体位实验等等。

同时,符号互动理论还认为,性行为只可以通过内化的象征意义来理解。这表明,要理解性行为和性行为不足,首先要理解特定行为所对应的情境和意义。如果婚前性行为被定义为是不道德的,相信手淫是荒唐的,同性恋被视为变态,那么这些行为所表示的意义会很大程度地影响到性行为是否发生和怎么发生,当然也不是绝对的。所以,定义、态度、意义、价值观和其他内在的精神过程都会对性行为产生影响。

上述观点基于对符号互动框架的参考,与威廉·西蒙和约翰·加恩(William Simon & John Gagnon)的理论相仿。他俩用"性脚本"的概念来解释"*性社会化*"。①与剧本和电影脚本相似,性脚本为"什么是性"和"性是如何发生的"提供了一个全面的蓝图。性脚本指出了性行为的5个w,即发生性行为的人(who)、形式(what)、时间(when)、地点(where)和原因(why)。

脚本是指人们脑中已有的计划。性脚本定义了发生性关系的对象(who)。不允许和某些特定类型的人发生性行为,但是另一些人却在"准许"的清单上。性脚本还定义了什么(what)性行为是正确的、合适的,而什么性行为又是错误的、不合适的。比如亲吻和手淫是允许的,而肛交和兽交是不被允许的。性脚本还包括性行为发生的时间(when)和地点(where)。是不是只有晚上在卧室做爱才是合适的?中午在车里做爱是否也合适?最后一部分,牵涉为什么(why)要发生性行为的问题。性行为是为了好玩、亲密、降低紧张感、生育还是其他理由?

一个人的性脚本是包含这5个w问题的内在观念。这种观念通过与他人的互动习得,包括身处的社会、亚文化、参照群体和重要他人的观念,还包括了与自己有互动的人的观念。个体在与他人互动的过程中建立脚本,同时认知图式也影响着他们实际的行为。

与弗洛伊德学说强调早期经验不同,性脚本则倾向于阐明成人社会化的重要性。处于青春期的孩子对成人的性生活几乎没有概念,而青春期正是成人性脚本形成、体验和修改的阶段。

321 西蒙和加恩认为,在性脚本之前,一些类似的脚本肯定已在三个不同层面上发生:即文化脚本(cultural scenarios)、人际脚本(interpersonal script)和内心脚本(intrapsychic script)。②

文化脚本是集体生活水平上的向导。事实上,任何角色的法规都反映了个体在什么样的习俗、群体和社会情境中出生和成长,以及当前的功能。大众传媒,包括电影、电视和杂

① William Simon and John H. Gagnon, "Sexual Scripts: Permanence and Change," *Archives of Sexual Behavior* 15(1986):97—120. For a more detailed discussion of sexual scripts, see William Simon and John H. Gagnon, "A Sexual Script Approach," in James H. Geer and William T. O'Donohue, *Theories of Human Sexuality* (New York: Plenum Press, 1987), Chapter 13, 363—383.

② Simon and Gagnon, "Sexual Scripts," 98—104.

志，也深刻地反映出文化脚本对现实生活的影响①。人际脚本的作用，是将经过文化脚本训练的个体，转变成具有特定情境行为的一般社会角色，即所作所为受他人反应影响的个体。内心脚本是文化脚本和人际脚本的结果，它是一种内在的对白，是幻想的世界，是一种互动的形式——个体自我和现实中的社会自我的互动。私人世界的个体愿望和欲望与社会生活相联系。所有的性行为也都包括了这三个水平的脚本。

在试图理解澳大利亚公共海滩女性裸胸的行为中就可以看到脚本理论的一个例子。②悉尼某大学有半数的女学生曾在公共海滩上裸胸，该校的女生回答了关于这一行为的一系列问题。她们普遍认为，在海滩上脱掉上衣并无不妥。曾经裸胸的女生和不曾裸胸的女生的脚本是非常不一样的。前者认为个人有享受自然日光浴的自由，这种行为并不具有挑逗性，和暴露狂也不同，她们认为公众、同龄人和重要他人都许可这种行为。这类女生具有更高的自尊水平和更健康的形体。而其他女生认为这样很尴尬，往往她们的形体也不那么优美。

可以看到，在任何给定的时间或地点，相比身体或生物因素，脚本理论可以更好地解释性态度和性行为上跨国家、跨时间的差异。芬兰的全国性数据显示，性满足感有大幅上升，尤其是在女性中间。如果芬兰可以作为任何西方国家的指示器，那么从芬兰的数据或许可以看到西方国家的发展现状。诸如性的坦白、非宗教倾向、性的自信、生活中重视性以及对多方面(多功能)性技术的认可这样的脚本，只是与寻找愉悦的性交往相联系的几个因素。③

性取向

*性取向*是关于性主要是受生物影响还是社会影响的核心争论之一。性取向是指“对另外一个人在情感上长期持久的、感觉浪漫的性吸引或迷恋。”④虽然许多人都认为性取向分 322
成两类，异性性取向(异性恋)和同性性取向(同性恋)。但是有研究发现，性取向是一个从绝对同性性取向到绝对异性性取向的连续统一体系，很多人对某一性别表现了相对主要的但不排外的性取向，而另一些人则认为他们对同性和异性有着相同的喜好(双性恋)。⑤

性取向表现的是一种“*长期持久的*”迷恋和“*偏好*”，所以它不是某类性行为的附带

① Note, for example, Laura M. Carpenter, “From Girls into Women: Scripts for Sexuality and Romance in *Seventeen Magazine*, 1974—1994,” *The Journal of Sex Research* 35(May 1998):158—168.

② Edward Herold, Bruna Corbesi, and John Collins, “Psychosocial Aspects of Female Topless Behavior on Australian Beaches, *The Journal of Sex Research* 31(1994):133—142.

③ Elina Haavio-Mannila and Osmo Kontula, “Correlates of Increased Sexual Satisfaction,” *Archives of Sexual Behavior* 26(1997):399—419.

④ American Psychological Association, *Answers to Your Questions about Sexual Orientation and Homosexuality*. Retrieved from www.apa.org/pubinfo/answers.html, 2005.

⑤ P. C. R. Rust, “Bisexuality: The State of the Union,” in J. R. Helman and C. M. Davis, *Annual Review of Sex Research*, Volume 12(Allentown, PA: The Society for the Scientific Study of Sexuality, 2003), 180—240.

属性。①根据一项调查显示(基于一个最具代表性的样本),5%的男性和4%的女性承认他们满18岁之后曾发生过同性性行为,这是最佳估算。然而,真正认为自己是同性恋(分别是女同性恋和男同性恋)或双性恋的,男性只有2.8%,女性只有1.4%。②而且,许多人的性取向在一生中会进行数次转换,当然这种转换到了17岁以后就很少发生了。③同性性取向是个体性别认同的一部分,但不能仅仅因为同性性行为这一孤立的事件就认定他是一个同性恋。

性别认同来自于什么呢?这里再次引用美国心理学协会网站的资料,"性取向是在环境因素、认知因素和生物因素复杂的交互作用下产生的……在个体早期就已形成。"④最近在同卵双胞胎、异卵双胞胎⑤和领养兄妹之间的研究发现,性取向很大程度上受到生物因素的影响。而另一项研究发现,由一对男同性恋抚养长大的孩子,其同性恋的概率很小。⑥考虑到生物因素对性取向的重要影响(尤其对男性),事实看起来是:性取向在个体早期就形成而不管其来源是什么,说性取向是一种选择是不公道的,而那些声称性取向在成年期还会发生改变的无偏见研究(unbiased study)更是无稽之谈。

性取向是家庭研究中很重要的变量。虽然美国心理学协会不再将同性恋定义为心理障碍,但是异性恋主义文化依旧把同性恋列为变态。这样的结果就是,家里年轻人若是同性
323 恋,便可能会产生矛盾,择偶和关系形成的过程也可能将不同。一旦同性恋的关系形成,他们随后必定会经受较多敌对和较少支持的社会情境,进而产生更大的压力。最终,解决诸如同性恋婚姻和同性恋领养这样的主要问题,通常可能取决于对什么是同性恋、同性恋如何影响我们、同性恋关系和社会更充分的理解。

异性恋规范

对性取向意义的争论,和将性分为两种对立的"取向"——同性恋和异性恋的文化趋势,使得一大批学者考察*同性恋*的定义如何影响"异性恋规范"自身的含义,以及异性恋的意义

---

① L. Ellis and M. A. Ames, "Neurohormonal Functioning and Sexual Orientation: A Theory of Homosexuality-Heterosexuality," *Psychological Bulletin* 101(1987):223—258.

② R. Michael, J. Gagnon, E. Laumann, and G. Kolata, *Sex in America: A Definitive Survey* (Boston: Little, Brown, 1994).

③ G. Ramafedi, M. Resnick, R. Blum, and L. Harris, "Demography of Sexual Orientation in Adolescents," *Pediatrics* 89(1992):714—721.

④ American Psychological Association, *Answers to Your Questions about Sexual Orientation and Homosexuality*.

⑤ J. M. Bailey and R. C. Pillard, "A Genetic Study of Male Sexual Orientation," *Archives of General Psychiatry* 48(1991):1089—1096; and J. M. Bailey, R. C. Pillard, M. C. Neale, and Y. Agyei, "Heritable Factors Influence Sexual Orientation in Women," *Archives of General Psychiatry* 50(1993):217—223.

⑥ J. M. Bailey, D. Bobrow, M. Wolfe, and S. Mikach, "Sexual Orientation of Adult Sons of Gay Fathers," *Developmental Psychology* 31(1995):124—129.

如何与其他系统的意义(比如作为一个男人或作为一个女人的意义)有更普遍的连接以形成一个更大的意识形态体系①。在各式各样的行为和关系中,为了清晰界定什么行为是可接受、被认可的,一些行为被消极制裁为异常行为,这些学者试图通过这个过程来显示我们关于性的信仰是如何构建的。比如,将同性恋看成是异常行为,并拒绝给同性恋人群以正当的权力并保护他们不受伤害。社会强调了性的生殖作用,并且认为这是在一个正常的两人家庭中应当发生的。社会还强调男人和女人*自然属性*上的不同,并把这种不同和他们在性行为中所扮演的角色联系起来。这样,我们在对合适的性关系和性行为的界定上,实际上是在讨论什么样的行为对男人或女人来说是合适的,是在探讨什么是*真正的*家庭。术语异性恋规范想要表达一种社会过程,即通过标签不被接受的行为和附属于这些行为的负面印象和消极制裁,来构建社会可接受行为的规则和脚本。和所有社会过程相似,异性恋规范试图控制我们的兴趣,以便于我们关于什么是合适性行为的信念与其他交叉的信念系统——性别、家庭、种族等等——相一致。社会学的目标之一,应当是*解构*这些定义,或严格地对性取向的社会定义进行检验,看看它如何反映了社会主流群体的利益并造成不平等。

虽然对异性恋规范的解构是酷儿理论(queer theory)尤其关注的一部分,但是关于性和性行为的文化信仰、规则和脚本的研究已超出了简单的对同性恋—异性恋的区别。研究者(Ramona Faith Oswald, Libby Balter Blume & Stephen Marks)强调了从当代同性恋观念中
发现的三组相对的概念:"性别二元论(gender binary)"、"性二元论(sexuality binary)"和"家 324
庭二元论(family binary)"。②性别二元论在于男性和女性生来就不同的信念,但这些不同并不只限定在自然属性和性目的上,还包括其他基于性别而存在的不平等。性二元论包括"正常的"性和"不正常的"性,并试图将性行为限制在异性之间。性二元论认为,异性恋性交是正常的,而其他形式的性行为却不会写进男女生理差异的参考书。异性恋性交中的"自然性"镶嵌于一个更大的信念中,即性应该以生殖为导向的,而其他形式的性行为都是异常的。家庭二元论指有父亲和母亲的"真正"家庭,单亲或是同居的"假冒"家庭。

这种区分优于其他的区分(如白人家庭和黑人家庭),并与这样的信念相联系,即性别是 325
人与人最基本的区分,异性恋是自然和正常的,而其他形式的性行为却不是。

奥斯瓦尔德(Oswald)和她的同事论证了一个重要的论点,即个体的行为并不完全由异性恋规范决定。虽然我们在一个或多或少有异性恋主义的情景下做出关于性行为和性别认同的决策,但是我们是主动地构建自己的性别认同和意义机制。通过可以在二元的性别、

---

① For a discussion of the concept of heteronormativity, see: Chrys Ingraham, "The Heterosexual Imaginary: Feminist Sociology and Theories of Gender," in Steven Siedman, ed. *Queer Theory/Sociology*(Cambridge, MA: Blackwell, 1996):168—193.

② Ramona Faith Oswald, Libby Balter Blume, and Stephen R. Marks, "Decentering Heteronormativity: A Model for Family Studies," in Vern L. Bengston, Alan C. Acock, Katherine R. Allen, Peggye Dilworth-Anderson, and David M. Klein, *Sourcebook of Family Theory and Research*(Thousand Oaks, CA: Sage Publications, 2005), 143—166.

性、家庭上两者择一，我们可以打破人工二元理论和其体系所带来的不平等和压迫。

非婚性行为

性行为的家庭前提

性行为的前提是那些先于或发生在性活动之前的因素。这包含生理上的前提，比如年龄和性成熟；心理上的前提，如认知和情绪发展；还有社会的前提，比如家庭、同辈、宗教和文化规范。虽然我们倾向于认为性行为是私下的个人行为，但是它的确受到社会和文化因素的影响，甚至按照人种划分的社区环境、女人参与劳动、人口的构成和家庭规划服务的便捷化也影响着性活动的可能性。①然而，这部分我们会把重点放在家庭和家长的行为上。

在形成性态度和性行为上、提供角色榜样上、促进健康社会和经济环境上、教导性行为的适当标准上，家庭和父母被认为是核心。

然而，家庭结构本身的重要性是多种多样的。在英国，研究发现，以亲子间的争论、家长离异或分居、未婚生育的家族史为特征的家庭环境都与婚前观念相关。②相对的，一些研究使用美国的全国纵向调查数据发现，一些家庭结构诸如继父母家庭、同居或女同性恋家庭、单亲妈妈或者缺少亲生父亲的家庭，对青少年(无论是白种人还是黑种人)的性启蒙并无显著影响。③

通过简单的推理就可以发现，在性的社会化进程中，影响青少年的性行为的主要前提因
326 素是家长。例如，我们能不能推理说，相对那些在较开放家庭环境下长大的孩子，在保守家庭长大的孩子较少发生婚前性行为？在一些家庭中，如果家长不经常公开表达情感，孩子对待贞操有着更严格和担忧的态度，他们从不公开谈论性，从不会拥有关于性器官的书和手册，他们的行为更加保守，与性有关的事宜也几乎没有。

然而，两个独立的关于青少年和他们母亲的研究，从中得到的数据显示了另一种事实。研究表明，无论是家长对于婚前性行为的态度还是父母与孩子之间对性和避孕的交流，都不

① John O. G. Billy, Karin L. Brewster, and William R. Grady, "Contextual Effects on the Sexual Behavior of Adolescent Women," *Journal of Marriage and the Family* 56(May 1994):387—404; and Karin L. Brewster, "Race Differences in Sexual Activity among Adolescent Women: The Role of Neighborhood Characteristics," *American Sociological Review* 59(June 1994):408—424.

② Stephen T. Russell, "Life Course Antecedents of premarital Conception in Great Britain," *Journal of Marriage and the Family* 56(May 1994):480—492.

③ Erin Calhoun Davis and Lisa V. Friel, "Adolescent Sexuality: Disentangling the Effects of Family Structure and Family Context," *Journal of Marriage and Family* 63(August 2001):669—681; and Lawrence L. Wu and Elizabeth Thom-son, "Race Differences in Family Experience and Early Sexual Initiation: Dynamic Models of Family Structure and Family Change," *Journal of Marriage and Family* 63(August 2001):682—696.

会对青少年后来的性行为和避孕行为有影响。①和母亲沟通少的青少年，相较于那些与母亲沟通良好的青少年，在采取有效避孕措施上有着相同的水平。两项研究的作者表示，家庭沟通并不会对性行为和避孕用品的使用有多大影响。其中一个原因可能是，当家长们针对性和避孕这些事与孩子们沟通时，通常表达得太模糊或太局限，以至于影响很小。因为青少年的性行为，亲子关系的质量很有可能会下降；也有可能母亲更倾向于在性行为发生之后才和孩子谈论性（时间顺序问题）。

那么性行为和家教之间有没有关系呢？家教很严的小孩是不是约会时在性方面很保守，而家教宽松的小孩是不是相对开放呢？

一项以数千名青少年（年龄15岁至18岁）和他们父母为样本的调查分析了家教对孩子性放任度的影响。②正如实验假设的那样，那些自认为家长对约会限制越少的孩子，他们的性放任度越高。但有趣的是，家教非常严、约会限制非常多的小孩反而比那些中等水平的小孩放任程度更高。换句话说，家教模式和孩子的性放任度之间是一个曲线的关系，太苛刻和太放任都会造成青少年高的性放任水平。最低放任水平的青少年来自于那些家教适度严格的家庭。

如何解释以上这些调查结果呢？首先，单亲与否并不会影响孩子们的性需求和性经历。其次，家教行为影响着孩子的性放任水平。如果家长怀疑他们的孩子参与了性交，他们可以强加更多的约会规定。第三，虽然家长对孩子的总体社会化会造成极大的影响，但是在性的社会化方面，他们的影响可能不如那些家庭外的重要他人来得大，尤其是同辈们。

性行为的非家庭影响 327

在青春期，非家庭关系对性行为的形成特别重要，可以用来解释家庭以外其他的影响因素。根据参照群体理论（参考符号互动框架）的观点，在社会关系网络中，个体基于他人的反应，不断形成和再形成他们的自我概念和相应的行为期望。童年时期，这种网络仅限于家长和家庭成员。然而，在青春期，孩子的社会网络不断扩张并形成了新的*参照群体*，而这些参照群体的反应对个体造成的影响可能比家长的还要大。

---

① Susan F. Newcomer and J. Richard Udry, "Parent-Child Communication and Adolescent Sexual Behavior," *Family Planning Perspectives* 17(July/August 1985): 169—174; and Frank F. Furstenberg, Jr., Roberta Herceg-Baron, Judy Shea, and David Webb, "Family Communication and Teenagers' Contraceptive Use," *Family Planning Perspectives* 16(July/August 1984): 163—170. See also Monica A. Longmore, Wendy D. Manning, and Peggy C. Giordano, "Preadolescent Parenting Strategies and Teens' Dating and Sexual Initiation: A Longitudinal Analysis," *Journal of Marriage and Family* 63(May 2001): 322—335.

② Brent C. Miller, J. Kelly McCoy, Terrance D. Olson, and Christopher M. Wallace, "Parental Discipline and Control Attempts in Relation to Adolescent Sexual Attitudes and Behavior," *Journal of Marriage and the Family* 18(August 1986): 503—512.

这个理论的数据支持来自西班牙的青少年。①亲子沟通和父母情感关爱的家庭测量与西班牙青少年的性参与并不相关。然而,同辈影响其性参与。无论男女,尤其是男生,如何感知同辈的性行为是预测青少年性表达的一个重要指标。当控制了年龄变量时,发现对非婚性行为的态度与西班牙青少年的性行为有着显著相关。与参照群体理论相一致的是,在西班牙青年中,他们优先选择同辈而不是父母作为判断性参与正确与否的参照。

预测青少年混乱性行为的最重要的指标之一是:其他问题行为或异
328 常行为的参与水平。性脚本仅仅只是对青少年宣称他们独立的另一
个约束。

关于青少年异常行为和性行为之间关系的研究,其结果也支持参照群体理论。从美国青年的全国代表性样本中发现,即使控制重要的危险因素(家庭完整性、学校情境、生理成熟和社会统计学特性),烟酒、大麻和违禁药物也会大大增加青少年早期性活动的风险。②药物使用水平越高、越早开始使用药物,早期性行为的可能性就越大。

这一发现和最近来自纽约、阿拉巴马和波多黎各高中生的数据高度一致,这项研究比较了四组性参与水平不同的青少年。③最活跃的那组成员有多个性伴侣,他们最有可能吸烟、喝酒和吸食大麻,他们有发生性行为、自己怀孕或者使别人怀孕的朋友,他们的心理健康程度较低,参加更危险的同辈行为,与家庭、学校和教堂的联系也更弱。这两个研究都表明,吸烟、喝酒和嗑药并不直接导致性行为。但是,同伴们相互之间形成了参照群体,促使了这些不端行为的发生,而性行为就是其中一部分。

---

① F. Scott Christopher, Diane C. Johnson, and Mark W. Roosa, "Family, Individual, and Social Correlates of Early Hispanic Adolescent Sexual Expression," *The Journal of Sex Research* 30(February 1993):54—61.

② Emily Rosenbaum and Denise B. Kandel, "Early Onset of Adolescent Sexual Behavior and Drug Involvement," *Journal of Marriage and the Family* 52(August 1990):783—798.

③ Daniel J. Whitaker, Kim S. Miller, and Leslie F. Clark, "Reconceptualizing Adolescent Sexual Behavior: Beyond Did They or Didn't They?" *Family Planning Perspectives* 32 (May/June 2000):111—117.

正式性教育的相关性

正式性教育——是指在教室、研讨班、工作场所或医疗中心等地开展的针对性的一般内容的教育——通常由公众支持。什么是合适的教育内容，应该由谁来教授，是否包括道德观等等，都是人们争论的焦点。

例如，考虑到堕胎的话题近来在美国引发了激烈的反响。是否该教授青少年一些客观信息，关于堕胎的普及、技术、安全性和带来的心理后果？该由谁来对孩子们教授这些，内科医生还是护士，还是牧师、性教育者、社会学家们？不管这些信息是否与道德观、宗教观、孩子或父母的信仰相违背，都应该被呈现吗？

虽然一些人认为我们不能否认与避孕和安全堕胎的相关信息和服务的需求，但是一些人则认为教导和禁欲的要求——或者说任何安全性行为——可以起初就消除堕胎和堕胎教育的任何需要。一项针对青少年堕胎知识和态度的调查显示了他们这方面知识的匮乏。大部分青少年认为堕胎在医学上是危险的、伤害情感，是违法行为，尽管许多已发表的研究结果都与此相反。①

有人可能说，那又如何？难道这些与价值体系相背的信息应该被呈现吗？那么，无知会更好吗？迎合价值体系的错误信息，难道比与之违背的正确信息来得更好吗？

无论主题是什么，有些人就是反对正式性教育，他们认为这些应该在各自的家里进行。然而，很多家长发现要开诚布公地和自己的小孩谈论性和避孕是件难事。甚至当家长有正确的知识，有意识地去鼓励性讨论和有效的避孕行为，但是家长与孩子关系中的情绪因素可能会让这样的讨论变得困难。性活力强的青少年，更有可能认为父母希望自己别那么活跃，也更不可能和父母谈论手淫、口交和性交的事情。他们不会向父母询问避孕事宜或者索要避孕用具。大量的立法努力要求医疗中心和各种机构，一旦孩子们进行避孕和堕胎咨询，就要通知家长，但这种做法只有让事情变得更糟。需要特别注意的是，这种努力可能无意地造成更多的意外怀孕和性病，而并非能如预期那样改善了家长与孩子的交流。

围绕正式性教育项目和医疗中心的几个关键问题包括：性教育会让性变得更活跃还是更不活跃？性教育会丰富青少年的知识吗？是否应该阻止性病和青少年怀孕？简单来说，性教育是否会带来任何改变？

对于正式性教育项目的评估研究，其结果充其量是一个大杂烩。很少有项目会得到期 329
望的正面结果或令人担心的负面结果。在世界卫生组织的支持下，开展了47项干预评估研究，用来评估HIV/AIDS病毒和性教育对年轻人性行为的影响。②其中的25项研究显示，性

---

① Rebecca Stone and Cynthia Waszak, "Adolescent Knowledge and Attitudes about Abortion," *Family Planning Perspectives* 24(March/April 1992):52—57.

② Anne Grunseit, Susan Kippax, Peter Aggleton, Mariella Baldo, and Gary Slutkin, "Sexuality Education and Young People's Sexual Behavior: A Review of Studies," *Journal of Adolescent Research* 12(October 1997):421—453.

教育不会增加也不会减少性活动,也不会增加或减少怀孕率和性病(STD)。17 项研究显示,性教育会延迟性活动、减少性伴侣的数量、降低意外怀孕和性病的发生率。只有 3 项研究发现,性行为的增长和性教育相关。所以,不管是在美国还是全世界范围内,性教育会促进乱交和更早的性活动这种说法,基本上不成立。正规课堂、校医院或是性教育项目很少影响到性活动。事实上,大部分的青少年在进入高中或在接受任何形式的性教育之前,就已经有了第一次性生活。

然而,性教育确实会影响关于避孕的知识和行为。性活跃的青少年中,接受过正式性教育指导的比那些没有接受过指导的要了解更多的避孕方法,并且能够更有效地使用这些避孕方法。①而且,性活跃的女性中,接受过正式性教育的比没有接受过正式性教育的怀孕率低。然而,避孕本身的可获得性和上性教育课对青少年的性行为并没有很大的影响。不过显而易见的是,如果性教育项目只是专门关注三个主题——禁欲、预防怀孕、"说不"的主题——其中某一个话题和方法,是不可能有效的。②

婚前性交

婚前性交是指至少有一方单身并且没有婚史的伴侣参与过性交。*婚前*是指未婚的,而不是指将要结婚。

在美国,初夜通常发生在勾搭上的或者正处于约会关系的情侣之间,是不经计划自然发生的,很少使用避孕工具。初夜通常被认为是人生重大的过渡,令大部分人终身难忘。然而,这并非常常是一次愉快的经历,尤其对女性而言。一项以超过 1600 名有过性经历的大
330 学生中为对象展开的调查显示,男性比女性初夜的愉悦感高,内疚感低。③男性女性都认为和有亲密关系的人发生性行为比一夜情更愉快。女性愉快的反应同一段持续的亲密关系相联系。

跨文化情境中,许多社会允许或鼓励婚前性行为关系,尤其是对男性。对女性来说,首要的禁忌是在非婚状态下分娩,而不是对婚前性行为的道德许可。从全球的视角来看,

① Marvin Eisen, Gail L. Zellman, and Alfred L. McAlister, "Evaluating the Impact of a Theory Based Sexuality and Contraceptive Education Program," *Family Planning Perspectives* 22(November/December 1990):261—271; and Mark A. Schuster, Robert M. Bell, Sandra H. Berry, and David E. Kanouse, "Impact of a High School Condom Availability Program on Sexual Attitudes and Behaviors," *Family Planning Perspectives* 30(March/April 1998):67—72.

② F. Scott Christopher and Mark W. Roosa, "An Evaluation of an Adolescent Pregnancy Prevention Program: Is 'Just Say No' Enough," *Family Relations* 39(January 1990):68—72; and Mark W. Roosa and F. Scott Christopher, "Evaluation of an Abstinence-Only Adolescent Pregnancy Prevention Program: A Replication," *Family Relations* 39 (October 1990):363—367.

③ Susan Sprecher, Anita Barbee, and Pepper Schwartz, "Was It Good for You Too: Gender Differences in First Sexual Intercourse Experiences," *The Journal of Sex Research* 32(1995):3—15.

特别是对女性而言，更重要的并不是婚前性行为的问题，而是未婚妈妈的问题。女性越来越不看重贞洁规范，使得婚前性行为可能从怀孕中分离出来。这样的话，如果有避孕、节育、堕胎和其他用以防止和终结怀孕的社会手段存在，性放任度就会上升(不管婚前、婚外或婚内)。

当一对恋人婚期将近，或者甚至对他们的关系做出了承诺，婚前性放任度也会上升。最保守的行为发生在初次见面或初次约会的时候；随着约会次数增加，或是对彼此做出了承诺，他们的行为会越来越大胆，甚至同居或结婚。由于婚姻意味着性行为被最大程度允许和合法化，那么如果这段关系的排他性越强(越像婚姻)，性行为会越放任。

有证据显示，几十年来，性放任度随着情侣间承诺的增多而增加。比如，1995年"全国家庭增长调查"显示，只有3%的女性的初夜是跟刚认识的人发生的。有3/5(61%)的女性的初夜对象是和自己有稳定情侣关系的人，另外1/5的女性与她们的初夜对象订婚或结婚。所有女性中有12%将她们的初夜留到了结婚之后。①

来自研究生的数据显示，无论是性爱抚、性交还是口交，每一种行为的接受程度都随着关系的深入而增加。②就是说，如果两人之间只是约会而没有感情，那么每种行为的接受程度处于最低水平；而如果只和对方一个人约会、恋爱或订婚，接受度将增加。只有1%到3%的男性认为，即使没有特别的感情，他们也能接受这三种行为的发生，却没有女性这么看。超过3/4的人认为订婚期间这三种行为都是可以接受的。

婚前性行为的改变

在当今美国，有很多社会力量会使婚前性交发生行为上的改变，不仅如此，还可能造成其他变化。在过去的几十年中，大量未婚的大学女性开始欣然接受避孕，并能容易地获取避孕药及大量其他的避孕方法。性坦白在大众媒体中变得越来越合法化，即使是一度最为保守的媒体：电视。互联网让人们可以和完全陌生的人谈论性，上面还充斥着大量的色情资料。诸如这些的社会力量使许多传统价值观被越来越多的人摈弃，结果使许多未婚人群的性行为也发生了很大的改变。

一项针对婚前性行为和性态度的调查分析显示，在1965、1970、1975、1980、1985年出生的人群中，男性和女性的婚前性行为都出现持续但渐进的增长。③也就是，随着时代变迁，增长是持续的但是幅度并不大。1980年前出生的人，其婚前性行为的发生率远高于1980

① National Center for Health Statistics, "Fertility, Family Planning, and Women's Health: New Data From the 1995 National Survey of Family Growth," *Vital and Health Statistics* (Hyattsville, MD: Public Health Service, 1992—1995, May 1997), Series 23, no. 19, p. 5.

② John P. Roche and Thomas W. Ramsbey, "Premarital Sexuality: A Five-Year Follow-Up Study of Attitudes and Behavior by Dating Stage," *Adolescence* 28(Spring 1993):67—80.

③ Ira E. Robinson, Ken Ziss, Bill Ganza, and Edward Robinson, "Twenty Years of the Sexual Revolution, 1965—1985: An Update," *Journal of Marriage and the Family* 53(February 1991):216—220.

331 家庭多样性

男同性恋生活中的性、爱与亲密

对同性恋的文化和科学思考往往关注性行为，而不考虑在当代异性恋规范的社会背景下，他们的性行为有何实际意义。为了更加深入地探讨男同性恋人群和他们的性生活，肖恩·斯莱文(Sean Slavin)和同事们(澳大利亚的艾滋病教育者和研究人员)发起了一项探索研究，以了解男同性恋如何感知他们的性行为，以及性行为是如何与他们的爱情观、他们社会边缘化的地位相互联系。在对38名男同性恋的质性访谈中，研究人员发现的主旨是:根据性和爱之间可察觉到的区别或“二元论”，想要搞清同性恋的性生活，是件很困难的事情。调查显示，不同于异性恋，男同性恋想要所有的三个——性、爱以及长期稳定的关系——但是没有机会公开地建立后者，也没有机会参与使性和爱相称的制度(如婚姻)，他们产生了分离这些关系的强烈观念。

这种分离反过来造成了同性恋文化，这种文化高度接受随意性交和男同性恋个体，这些男同性恋者对他们的性行为经历着高水平的矛盾心理。在性关系中，他们对亲密、关怀和爱有着强烈的需求，同时却强烈抵抗来自异性恋规范文化下的浪漫理想观念。结果，许多受访者表示对自己的随意性关系并不满意，对自己较不令人兴奋的爱情也感觉不恰当。从避孕套的低使用率，到使男同性恋增加感染艾滋病几率的高水平的性冒险，都可以显示出这种情感和欲望。

从积极的角度来看，一些男同性恋谈到他们的随意性交是多么频繁地卷入了高水平关心，并不用做出长期承诺。这就说明除了异性恋规范主义，我们可以找到另一种架构，让这种性和爱在等级的婚姻中变得正常。根据对访谈的分析，斯莱文总结说:

“结果让我们看到了两个挑战……第一个挑战是对性研究者而言的，……不要简化男同性恋对性行为所持欲望的复杂性。第二个挑战……不要忽视男同性恋在试图寻找和建立性关系及情感满足关系时可能遇到的困难……男同性恋必须不断努力，使他们的关系获得法律和社会的认可，但是他们追求的必须是对他们已有关系的认同，而不是理想上的和期望他人接受的(比如，同性恋婚姻)。”

来源:Sean Slavin,“‘Instinctively, I'm Not Just a Sexual Beast’: The Complexity of Intimacy Among Australian Gay Men,” *Sexualities*, 12(2009), 79—96.

332 年后出生的人。大学男生参与婚前性行为的比例从1965年到1980年增长了12.3%;在大学女生中，这个比例值增长了35%;1980年到1985年之间，男性的增长率大概为2%，女性的增长率为0.5%。

来自青少年的数据显示在二十世纪九十年代，性行为的比例有所下降(见表8.1)。表中数据来自于《全国家庭增长调查》,①显示截至1995年,在15岁到19岁的人群中间,大约有68%的男性和49%的女性有过性行为。对与男性来说,这个数据相比1988年的76%有所下降,相比1979年的66%有所增长。而49%的女性,相对1988年的51%有所降低,相对1976年的41%有所增长。作者强调,青少年性行为的长期增长可能已经结束,至少从目前来看是这样。

正如期望的那样,性活动水平随年龄增长而增加。总体而言,在调查时有52%的女性和56%的男性报告发生过性行为;71%的女性和85%的男性在19岁之前有过性行为。在被调查的所有年龄的孩子中,有过性经历的人中,男性比女性多得多,黑人比白人多,单亲家庭的孩子比双亲家庭的孩子多,未读完高中的单亲妈妈的孩子比读完高中的多。69%的女生表示第一次是自愿的,并被征求过意见;24%表示虽然自己是自愿的,但是没有被征求过意见,7%的女生表示第一次并非自愿。

图8.1　截至调查时,那些有过性交的15岁到19岁的人群中,男性和女性的比例

来源:National Center for Health Statistics, "Sexual Activity and Contracepetive Practices among Teenagers in the United States: 1988 and 1955," *Vital and Health Statistics* (Hyattsville, MD: Public Health Service, April 2001), Series 23, no. 21, p. 9.

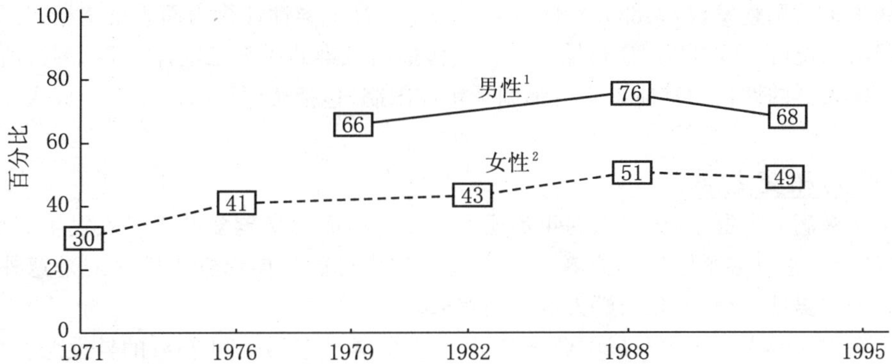

1 表示17—19岁未婚的大都市男性

2 表示15—19岁未婚的女性

确定性保守主义是否真正地回归还要看婚前性行为的性质。如果婚前性行为是指性交
和性爱抚,那么并没有回归保守主义。就是说,男性和女性的婚前性行为持续增长了长达 333
20年(尽管速度逐渐放慢),同时对婚前性行为的否定态度也持续降低。当乱交(与大量的

① Susheela Singh and Jacqueline E. Darroch, "Trends in Sexual Activity among Adolescent American Women: 1982—1995," *Family Planning Perspectives* 31 (September/October 1999): 212—219; and Leighton Ku, Freya L. Sonenstein, Laura D. Lindberg, Carolyn H. Bradner, Scott Borgess, and Joseph H. Pleck, "Understanding Changes in Sexual Activity among Young Metropolitan Men: 1979—1995," *Family Planning Perspectives* 30 (November/December 1998): 256—262.

伴侣发展随意性关系)进入人们的视野,一种更加保守的模式出现了。与二十世纪七十年代和九十年代相比,如今有更大比例的男女认为乱交是罪恶的、不道德的。乱交对女性而言仍然显著更严重:双重标准仍然存在。美国在过去长达二三十年的所谓的性革命虽然真实存在,但仍被婚前异性关系所局限。如前文提到的,对婚外关系、同性恋关系和乱交的态度,仍受到明显的限制。

过去的 20 年里,一种严重的新型健康疾病,即为人们所熟悉的性病——艾滋病(AIDS),出现在世界的视野中。一项美国全国性的报告显示,截至 2007 年,全球估计有 3300 万人群携带艾滋病病毒①,其中有 200 万是不到 15 岁的孩子。大约占全球 15 岁到 49 岁年龄段人口的 0.9%,而这个比例自从 2000 年到达最高之后就一直稳定。这一稳定趋势首先说明在非洲撒哈拉以南的艾滋病患者比例在下降,有效的项目正在实施中。全球来看,2007 年新发现的艾滋病案例大约在 270 万例,少于 2001 年的 300 万例。艾滋病发生率在男性和女性中变得更相当,全世界所有的艾滋病案例中有 50%是女性。

根据美国疾病控制中心的消息,到 2006 年底,美国地区有超过 983000 人感染艾滋病,其中超过 80%的是男性。②在艾滋病男性患者中,有 54.3%有过同性性交;另外 20.6%因毒品注射器而感染病毒;6.3%的人是因为高危异性性行为感染病毒。相比之下,2006 年对女性艾滋病患者的调查发现,大部分女性(44.4%)因为高危异性性行为而感染艾滋,毒品注射器感染居第二位(占 35.3%),通过输血等血液传播而感染的居第三位,占 27.5%。所以,对所有年龄段人群的性行为都应该进行强制干预和限制,包括美国所有的少年和成人。

高危性行为和艾滋病

感染艾滋病的人群中,很多人的年龄还不到 25 岁,而越来越多的年轻人发生高危性行为,高危性行为指有多个性伴侣或者不能有效地防止自己和伴侣感染性病或是意外怀孕。这样的行为在男性、年轻人和未婚人群中很普遍。③

334 一项在中西部大学生中开展的调查显示,80%的异性恋男生和 73%的异性恋女生有过性经历,就是说他们曾经有过性交或肛交行为。④大约 1/5 的学生有过肛交行为。男生的性

---

① Joint United Nations Programme on HIV/AIDS (UNAIDS), *Report on the Global HIV/AIDS Epidemic*, 2008.

② U. S. Census Bureau, *The 2009 Statistical Abstract*, "Table 177-Reported AIDS Cases for Adults and Adolescents, by Transmission Category and Sex: Cumulative Through 2006." http://www.2010census.biz/compendia/statab/cats/health_nutrition.html.

③ M. Margaret Dolcini, Joseph A. Catania, Thomas J. Coates, Ron Stall, Esther S. Hudes, John H. Gagnon, and Lance M. Pollack, "Demographic Characteristics of Heterosexuals with Multiple Partners: The National AIDS Behavioral Surveys," *Family Planning Perspectives* 25 (September/October 1993):208—214.

④ June M. Reinisch, Craig A. Hill, Stephanie A. Sanders, and Mary Ziemba-Davis, "High-Risk Sexual Behavior at a Midwestern University: A Confirmatory Survey," *Family Planning Perspectives* 27 (March/April 1995):79—82.

伴侣比女生的要多(男生平均有 8 个,女生有 6.1 个)。超过 1/3 的受访者在过去一年的性行为中没有做性病防护和避孕措施。大量证据表明,这种高水平的性活动、多个性伙伴的趋势,以及没有持续使用或者根本不用避孕套或避孕用品的行为,都是导致意外和感染性病的先决条件。

青少年涉足高危性行为和什么因素相关呢?一项针对中西部数千名青少年性活动的调查报告显示,低危性行为人群(有固定性伴侣,并且定期使用避孕用品)和高危性行为人群(多个性伴侣,较少或根本不使用避孕用品)有显著差异。①高危性行为人群 GPA 更低,更常喝酒,父母监控水平更低,与母亲在避孕问题上缺乏沟通,常有自杀念头,曾经遭到暴力和性虐的可能性更大,跟家长的相处可能更有问题。

高危人群感染艾滋病的可能性有多大?以超过 3000 个男性为样本的全国代表性数据显示,总体上只有很小一部分人的性行为涉及高风险艾滋病传播。②在有过性行为的 20 岁至 39 岁的人群中,只有 2%的人在过去的 10 年中和同性发生过性关系,有 1/5 的从未结婚和曾经结过婚的男性,在长达 18 个月内有过 4 个或更多的性伴侣,2/3 的从未结过婚的男性和 1/3 曾经结过婚的男性在接受采访之前的 4 周内没有性行为。

对 HIV 和其他性病的关注改变了未婚女性使用的避孕模式。1982 年、1988 年和 1995 年的全国样本调查显示,避孕药和子宫帽的使用有显著下降,而女性对避孕套的依赖越来越高,尤其是那些 25 岁以下的黑人和西班牙裔女性,或未婚女性③。相对而言,已婚夫妇对避孕套的使用率没有多大改变。

从 8500 名女性身上取得的全国代表性数据显示,在有过性经历的未婚女性中,有近
1/3 的因为艾滋病的威胁而改变了她们的性行为。最普遍的改变就是将性伴侣的数量减少 335
到 1 个。④这或许可以解释为什么大部分女性认为自己感染艾滋病的可能性很低;80%的女性认为她们感染人类免疫缺陷病毒(HIV)而导致艾滋病的几率很小甚至不存在。这项调查还显示,虽然美国女性大体上知道什么是艾滋病,但是在非洲裔、西班牙裔和低收入女性中,这方面的知识还是很缺乏。

---

① Tom Luster and Stephen A. Small, "Factors Associated with Sexual Risk-Taking Behaviors among Adolescents," *Journal of Marriage and the Family* 56(August 1994):622—632. Note also Daniel F. Perkins, Tom Luster, Francisco A. Villarruel, and Stephen Small, "An Ecologicai, Risk Factor Examination of Adolescents' Sexual Activity in Three Ethnic Groups," *Journal of Marriage and the Family* 60(August 1998):660—673.

② John O. G. Billy, Koray Tanfer, William R. Grady, and Daniel H. Klepinger, "The Sexual Behavior of Men in the United States," *Family Planning Perspectives* 25(March/April 1993):52—60.

③ Linda J. Piccinino and William D. Mosher, "Trends in Contraceptive Use in the United States: 1982—1995," *Family Planning Perspectives* 30(January/February 1998):4—10.

④ J. W. McNally and W. D. Mosher, "Digest," *Family Planning Perspectives* 23 (September/October 1991):234—235.

总 结

1. 人类性活动受到社会制度、社会规范和各种社会约束力的管制。

2. 在婚前性态度和性行为问题上,社会学家将男女差异和国别差异归因于社会情境、社会化属性和社会控制因素。而大批研究者探索了人类性行为中的生物性取向和社会化模型之间的相互作用。

3. 利用三种传统理论——社会网络理论、选择理论和脚本理论——从社会学维度构建关于人类性行为的综合理论。

4. 脚本理论和性社会化解释了人类如何获得性自我概念、性价值观、性态度和性行为的过程。这些定义和含义组成了个体的性脚本,指明了性行为中的*何人*、*何时*、*何地*、*何原因*和*做什么*。

5. 关于人类性行为到底受到生物性影响多还是社会因素影响多的争论,其中一个重要的焦点就是性取向。性取向是认同的一个方面,而不是特质或某种特性。大部分人不是极端的异性恋或同性恋。很多人认为自己更像是双性恋。

6. 对性取向来源的研究表明,生物性因素和环境因素有着复杂的相互作用,尽管生物因素看起来像是起主要作用。而且似乎在个体早期就受到这两种作用的影响,几乎没有选择的权力。

7. 家庭中的性行为前提包括教养行为。然而,无论是教养态度还是亲子沟通似乎都不会对青少年后来的性行为和避孕行为造成影响。家教产生的影响是曲线形的,最严格和最宽松的家教模式都会造成青少年对性的放任。

8. 正式性教育方法很少会产生所期望的好结果,也不会产生所不希望的恶果。性教育课不会影响进行性活动的决定,但却对避孕知识和避孕用品的有效使用产生影响。

9. 青少年异性性行为是众多研究关注的焦点。性行为的改变主要出现在未婚人群中。尤其是女性,她们的性放任度增大;男女上差异越来越小,但是双重标准仍然存在。

10. 尽管害怕感染艾滋病,高危性行为还是频频发生,很多人拥有多个性伴侣并且不采取安全措施。而有些人则加大了对性对象的选择性和避孕套的使用率(而不是戒掉性行为)。

这一章阐述了非婚关系情境下的性关系。无论在非婚关系中,还是在婚内或婚外,亲密伴侣之间的互动是有显著差异的。下一章继续在伴侣选择和婚姻生活历程次序下,将重点直接放在婚姻建构和婚姻过程上。

336

关 键 词

人类性行为(Human sexuality) p. 313
性关系的社会规范(Social regulation of sexual relationships) pp. 313—315
生物学理论(Biological theories) p. 315
社会学理论(Social theories) p. 315
社会网络理论(Social network theory) p. 317
选择理论(Choice theory) p. 318
脚本理论(Scripting theory) p. 319
性社会化(Sexualization) p. 319
性脚本(Sexual scripts) p. 320
文化脚本(Cultural scenarios) p. 321
人际脚本(Interpersonal scripts) p. 321
内心脚本(Intrapsychic scripting) p. 321
性取向(Sexual orientation) p. 321

异性恋(Heterosexual) p. 322
同性恋(Homosexual) p. 322
双性恋(Bisexual) p. 322
男同性恋(Gay) p. 322
女同性恋(Lesbian) p. 322
异性恋规范(Heteronormativity) p. 323
性别二元论(Gender binary) p. 323
性二元论(Sexual binary) p. 324
家庭二元论(Family binary) p. 324
参照群体理论(Reference group theory) p. 327
性教育(Sex education) p. 328
婚前性交(Premarital sexual intercourse) p. 329
性放任度(Sexual permissiveness) p. 330
婚前性行为改变(Changes in premarital sexual activity) pp. 330—333
高危性行为和艾滋病(High risk sexual behavior and AIDS) pp. 333—335

问题讨论

1. 所有社会都控制性活动,为什么?如何控制?
2. 以下哪项对于理解性行为更重要,并给出解释。(a)生理需要、生理驱动、荷尔蒙等;(b)社会常模、社会价值观、社会态度等;(c)社会控制和社会约束力。
3. 男女在性社会化过程中有没有天生的差异?如果有,社会以什么方式造成这种差异?
4. 思考你自己的性脚本——和谁、干什么、何地、何时、何原因等等。什么因素最影响你的性脚本?
5. 思考性态度和性行为之间的关系:你相信什么和你会做什么。对你而言,性行为经常超过可接受的价值观或信仰脚本,这反过来会改变信仰和价值观,这样的观点有多正确?
6. 个体性取向可能以什么样的方式影响着家庭和浪漫的情侣关系?对同性恋的歧视和偏见在这些影响中起着怎样的作用?
7. 教养态度和亲子沟通似乎对青少年性行为和避孕工具的使用没什么影响,这该如何解释?
8. 性教育对青少年性态度、性行为和避孕是否有影响,如果有,讨论一下什么影响。那些和个体宗教信仰和道德观相违背的话题,是否也能在性教育中谈到(非婚性行为、堕胎、同性恋)?为什么?
9. 在过去的几十年中,性行为发生了怎样的改变?为什么女性的改变比男性要更大?
10. 如何解释高危性行为的现象?讨论一下艾滋病对性行为的影响。

第四部分　在家庭中的生命历程和变化

339

第 9 章

婚 姻 系 统

案例

五十多年的婚姻和家庭生活

吉姆和埃菲已经度过了五十七年的婚姻生活。他们比任何一对我所认识的夫妇都更加符合我心目中模范家庭的形象。我非常高兴他们愿意接受我的采访。

吉姆是丈夫、父亲、祖父、退休的农场主、退休的邮局工人和宾夕法尼亚州兰开斯特郡的兼职阿米什导游。而埃菲是妻子、母亲、祖母、主妇和缝被人。他们共同养育了三个子女，而如今他们已经是六个孩子的祖父祖母。另外，他们还为一个癌症患者照顾过她刚出生的女儿。八年来，他们每个夏天都在照顾纽约贫民区的儿童。事实上，成千上万的朋友，包括他们的孩子、家庭成员、教会及社区人员和来自世界各地的客人，都品尝过埃菲所做的美味食物，接受过吉姆的导游和其他各种帮助。

吉姆和埃菲在不同的高中学习，但他们却在同一个青年团体和同一个教会合唱团服务。他们结婚的时候，埃菲 19 岁，吉姆 21 岁。埃菲那时已经完成了大学一年级的课程并计划修读一个家政学的学位。但她最后还是退学去结婚了，她说一个农妇取得大学学位在三十年代还是非常罕见的。而吉姆作为独子，在家庭的期望下接管了家里的农场。于是，吉姆的家就变成了他们两个人的家，也正是他们现在居住的地方。

那他们的婚姻生活呢？他们认为彼此有何特别之处呢？吉姆谈到了埃菲眼中特有的光芒，谈到了她的整洁，她对孩子的付出和她的家政能力。他还很自豪地谈论埃菲缝被子取得的成就（到写这篇文章为止，她已经自己缝了大约 130 条被子，她把其中的大部分赠与了家人和朋友）。她已经凭此赢得了很多的荣誉，并成为宾夕法尼亚州东部公认的缝被
340 子权威。而埃菲谈到了吉姆的宽容和理解，谈到了他的同情心、幽默感，谈到了他们一起

度过的快乐的日子，比如他们一起做园艺、一起唱歌、一起参加社区音乐会、一起陪伴他们的孩子们。

不论是吉姆还是埃菲，他们两人从未怀疑过彼此的爱。他们提到了一些艰难的时刻，既有经济上的困难，也有因为工作给婚姻和孩子带来的巨大压力。他们还谈到了他们的一些不同之处，比如吉姆喜欢旅行而埃菲不喜欢，吉姆如何喜欢棒球而埃菲只好容忍。埃菲觉得她更关注存钱而吉姆更乐意消费，甚至需要的时候借钱。他们也提到了一些心烦的时候，他们会提高嗓音说话，却从来没有对彼此发过脾气。

吉姆和埃菲都把他们相爱至死的结婚誓言看作是神圣的誓约和承诺。他们都认为对方宽容、慈爱、善解人意，并富于同情心。他们都谈到了基督教价值观和他们在日常生活中向对方以及其他遇到的人展示这些价值观的尝试。他们一直把他们称作教会家庭的理念放在生活的第一位，比如他们和善的话语，在医院的慈善工作，志愿服务，在需要时为别人提供食物和帮助，而且爱邻居简直就像爱他们自己。

思考

你是如何理解“模范”家庭的呢？根据案例中给出的埃菲和吉姆的信息，你觉得他们如何符合这个模范的概念呢？

你觉得婚姻誓言、结婚年龄、做决定时的公平、工作、收入和宗教信仰这些因素对于拥有一段五十年以上的婚姻有多重要？

你觉得使吉姆和埃菲的婚姻保持如此之久的因素在今天也能帮助人们获得成功持久的婚姻吗？

在前三章里，我们研究了婚姻行为、伴侣的选择和在婚前男女及非婚恋男女关系动态变化规律。跟随着生命发展的进程，我们现在一起来看看在婚姻及类似婚姻中的关系变化的动态模式。首先将介绍的是向婚姻过渡的这一进程，然后我们将要讨论在配偶之间的分工性质、在婚姻中的权力和决策原则、性行为随着婚姻进程的改变，以及婚姻质量与稳定性的含义。在本章的结尾我们将看一看同性间的关系。

向婚姻的过渡

在当今的后现代社会，婚姻的过渡期往往以盛大精致的婚礼和延长的异域蜜月为标志。但是这样的风俗是否一直都标志着向婚姻的跃迁以及这样的风俗本身是否在今天还附有其他的目的或功能呢？

341

新 闻

不景气的经济使得婚礼费用大大减少

只要有爱,就有出路。

结婚季正在火热进行中,就算是惨淡的经济状况也无法熄灭真爱的火焰。然而惨淡的经济却能压制婚礼消费的热焰。

很多夫妻正在寻找创造性的方式来削减他们婚礼的花费。在一些案例中,一些夫妻修改结婚日期并缩减宾客名单,而另一些夫妻通过选择远一些的婚礼场地从而保证只有家庭成员和亲密的朋友来参加他们的婚礼,并选择一些相对廉价的品牌来削减消费。

一些夫妻选择忽略来宾的喜好,而另一些夫妻则减少甜点或主食的供应。

另外,一些年轻的女性通过选择伴娘的礼服代替昂贵的婚纱而节约了上百美元。

去国外结婚

乔·里迪是一家提供蜜月套餐服务的旅行结婚登记公司的老板。他本人认为他的生意在800亿美元的婚礼行业中的表现还是非常优秀的。

通常来说,宾客名单总是相似的,只是选择的目的地有些不同。应该说非常的不同,比如说墨西哥城的坎昆、米兰或者蒙特哥湾。尽管要削减开支,但是这些具有异域情调的地方依然是新婚夫妻们的选择底线,但是出席的人员将大大减少。

"他们知道如果婚礼地址选的较远的话将不会有那么多人积极地去参加婚礼。"里迪说道。

这个想法似乎很流行。

"婚礼目的地正在变得越来越丰富",有1000名成员的国际婚礼专业人士协会的会长理查德·马克尔说道。

伴随着低消费婚礼带来的益处,新人可以采取旅行结婚这种低调的方式减少花费。

去法院结婚

还有很多夫妻选择去法院大楼在法官主持下举行婚礼仪式,这个方法快捷简单而且相当节约。

乔里埃特市区的法院大楼提供每星期六次的婚礼服务。夫妻们甚至不需要预约,而只要带上结婚证和10美元的法官费用,并经过至少一天的等待期就可以进行他们的婚礼仪式了。

一个电话中心发言人表示,截止到今年的5月20日,法院大楼已经见证了300对夫妇的婚礼,而2008年的总数是401对。

衰退之后

不管婚礼在哪里举行，它都不可能随着经济的衰退而消失。内珀维尔地区正在抵制婚礼减少的趋势，但在其他地区，这还是一个被搁置的梦想。

马克尔表示，婚礼本身并不会消失。人们可能会更加节约并邀请较少的宾客，所以那些第二代堂兄妹们很可能不会被邀请。

像往常一样，在婚礼的6—8星期之前，很多人依旧会在自己的邮筒里发现乳脂色的厚重的邀请信函。"你会看到大多数新娘还是会在她们愿意的时间和想要的地点举行婚礼，"马克尔说道，"婚礼行业不是刀枪不入也不是丝毫不受经济衰退影响，但它至少是有一定抵抗力的。"

来源：Susan Frick Carlman, *The Naperville Sun*, May 27, 2009. http://www.suburbanchicagonews.com/napervillesun/news/1592474, Down-economy-weddings_na052709.article.

历史研究表明，虽然中世纪时人们已经开始举行大型的婚礼，但是这些婚礼的目的却不尽相同，而且随着时间的推移这些习俗本身也发生了改变①。比如说度蜜月这个习俗的起源就很短②。 342

中世纪的盛大婚礼与其说是为夫妇举行的，倒不如说是一种社区活动。婚姻制度是农业社会组织的核心，所以当一个婚姻关系可以体现和巩固社会规范和社会责任感的时候，社会成员有强烈的兴趣通过类似于婚礼这样的仪式来承认这个婚姻关系。但是随着现代化和工业化的开始，风俗也慢慢发生了变化。十七世纪初的清教徒曾经试图禁止这种奢侈的挥霍，但他们的努力并没有成功。然而，随着时间的推移，婚礼的社会意义开始慢慢削弱。十七、十八世纪开始出现一种"竞标婚礼"，这种婚礼的所有花费都是被称为竞标者的年轻男性从周边地区雇来的宾客支付的。很多宾客都不是新婚夫妇的熟识并来自于不同的社会群体。婚礼依然是非常公共的活动，这从一些惯例中可以看出。比如说"喧闹夜曲"（一种在新婚之夜播放的用来打扰新婚夫妇的吵闹音乐）和宾客在新婚之夜闯入婚房的习惯依然保留，但是以婚礼仪式团结社会的意义已经不复存在了。随着时间的推移，清教徒的早期情感慢慢固定下来。在维多利亚时代，作为为新婚夫妇举行的活动，婚礼本身的神圣性真正超过了

① John R. Gillis, *For Better, For Worse: British Marriages, 1600 to the Present* (New York: Oxford University Press, 1985).

② See Kris Bulcroft, Linda Smeins, and Richard Bulcroft, *Romancing the Honeymoon: Consummating Marriage in Modern Society* (Thousand Oaks, CA: Sage Publications, (1999); and Kris A. Bulcroft, Richard A. Bulcroft, Linda Smeins, and Helen Cranage, "The Social Construction of the American Honeymoon Experience, 1880—1995," *Journal of Family History*, 22(1997):462—490.

它的社会意义。这种改变也是跟社会的发展进程所同步的——现代社会更加重视个人的价值,婚礼变得小型而私密,新婚之夜的隐私权也得到了很好的尊重。大型婚礼直到二战后才重新出现,但是缘由可能已经大不相同。

在十九世纪末以前,新婚夫妻在婚礼结束后就会立即回到日常的生活。那时候人们既没有时间也没有必要来一场蜜月旅行。在婚后第一年,人们也会为新婚夫妇提供一些可以随意支配的时间,但是夫妇二人彻底消失一段时间去享受私密的二人世界是人们闻所未闻的。在这之前,上层阶级可能已经开始结婚旅行,但这个旅行并不是为了新婚夫妇进行的,而是出于探访远方亲戚的需要。

现代的蜜月可以在结婚旅行那里找到源头,但是现代蜜月已经远非当初走亲访友那么简单。在十九世纪末二十世纪初,越来越多的夫妇开始挑选一些相对原始的自然区开始他们的蜜月期,这使得新婚夫妇可以练习新的家庭角色,这种性别化的角色是建立在公共和私人领域分离的基础之上的(丈夫为供养者而妻子为照顾者)。那时候的蜜月主要是以丈夫为中心的。然而,到二十世纪中期时,情况发生了很大的改变。

343 新婚夫妇依旧在自然风景区度过蜜月期,但是习俗的内容发生了衍生和扩展,而蜜月经历的性质也发生了变化。第一个蜜月度假村的成立也标志着这一转变。新婚夫妇们不再练习适应家庭角色。度假村负责照顾他们的日常需要。相反,他们需要探索对方的性格以及与其和睦相处的方式。这个新的蜜月着重点也同样是以"婚姻专家"的出现为标志的,这些专家常常为那些忧虑的夫妇提供有关蜜月和新婚之夜的意见。同时,度蜜月也变成了一个以新娘为中心的活动,这很像爱的性质在同时期所发生的演变(见第八章)。最后,伴随着现代社会焦虑的增多和社会财富的增长,人们越来越精心地计划他们的蜜月生活,而今天的国

现代的蜜月是一个相对近代的发明创造。在一个日常起居都被照顾的很好的度假村度蜜月的想法最初得以实践是得益于宾夕法尼亚州的波科诺斯山上的一个名为"农场"的蜜月度假村的建立。

外蜜月也开始出现了。现代的新婚夫妇远行并不是为了发现和睦相处的方法，而是为了逃离他们必须生存其中的高度理性化的世界。这是一段高度计划和完美管理的梦幻般的经历，这样的蜜月既不会出现任何差错而新婚夫妻也可以得到最大程度的满足。

在婚礼和蜜月上的消费已经变成了夫妇社会地位的一种象征，人们通过这种方式从日益松散的社会团体中获得一种肯定，同时也在他们的人生传记中写下标志性的一笔。曾经具有某种社会功能的仪式现在完全变成了为个人服务的活动——帮助人们缓解在现代生活中的不确定感。夫妇通过如此精心策划的仪式来庆祝向婚姻的跃进，可以向对方展现自我，可以在他们共同的人生历程中写下特别的一笔，也可以确认自己选择了正确的伴侣并感到将会拥有美好的未来。

344

婚姻生活中的分工

婚姻早期的首要任务之一就是建立起夫妻二人都可以接受的家庭分工，而这也是一个贯穿整个婚姻历程并需要不断沟通和协调的命题。已婚夫妇，特别是首次结婚的夫妇，必须决定他们将如何满足彼此的工具性和情感性需求。夫妇需要决定谁负责购物、洗衣、打扫房间、打理庭院、保养汽车、理财等等。他们还要决定谁将在外工作挣钱，而当他们有孩子的时候谁又将主要负责照顾和抚养孩子。这些决定并不像人们想象的那么简单，因为个人的选择往往蕴含着社会职能的分工、利益集团的冲突、个体的身份认同，以及在婚姻中付出与获得的程度。

传统上，女性在婚姻中的角色很少超出妻子和主妇的范畴。相反，男性的工作往往被界定为社会中被雇用的劳动力，而不是家务劳动或照料孩子的角色。传统上，至少就近代历史而言，丈夫和父亲不会承担任何繁重的家务劳动，也极少照料孩子。丈夫的责任在于通过工作为家庭提供经济上的支持。就角色差异来说，男性主要负责家庭外部的人际关系和各种需求，而女性负责家庭内部的联系和需要。就角色互补来说，丈夫以自己的工作和经济服务换取了妻子的陪伴和家庭服务。

这些传统的观念是否在改变？一些观察者会给出肯定的回答，但是这些变化并不显著。2007年，尽管家中孩子年龄较大的已婚妇女的就业率有所提高，但是家庭中依然有38.4%的已婚妇女没有在外工作①。你同样会发现，妻子毫无疑问地继续承担着家务劳动和照料孩子的责任，而这种情形改变的步伐缓慢而细微。尽管如此，男性的行为似乎正在慢慢改变。虽然现代男性并没有向家庭妇男转变的重大趋势，但是有关婚姻中对双就业与双事业的研究显示：男性已经越来越多地参与到家庭事务与照顾孩子的事情上。

---

① U. S. Census Bureau, *The 2009 Statistical Abstract*, "Table 578: Employment Status of Women by Marital Status and Presence and Age of Children." http://www.2010census.biz/compendia/statab/cats/labor_force_employment_earnings.html.

家务劳动的含义和家庭主妇的角色

全职的家庭主妇是一个在社会学研究中经常被忽略的群体。社会学家对就业女性的关注程度大大超过非就业女性。显然,专为家庭主妇这一角色而设立的固定资格证书也是不存在的。Factors such as age, education, skills, hours, and productivity are basically ignored in job performance, as are benefits such as sick days and bonuses. 家庭主妇这一角色一般被归为一种低地位的身份,没有太多的社会声望与经济价值。

345 研究显示,不管有没有孩子,有没有就业,女性总是承担着大部分的家务劳动和照顾孩子的任务。不管在任何国家,女性更可能负责清洁、洗衣、洗碗和做饭,而男性则负责修理和庭院工作。

伯德和罗斯的研究结果显示,家务劳动比有报酬的劳动要常规得多,它是所有被研究工作中最难让人愉快的一种工作,做得再好也很少得到赞扬①。"我仅仅是一个家庭主妇",这句话代表了很多女性的观点。

而事实上家庭主妇的工作不仅具有经济价值,而且一个家庭如果要在市场上购买这些劳动的话,那么价格会非常昂贵。家庭主妇为家庭提供着各种各样的服务,她们有时候是厨师、糕点师、服务员、教师、性伴侣、女裁缝、管家、图书管理员、秘书,有时候又是司机、护士、治疗师、家庭教师、顾问、女主人和娱乐总监。家务劳动与家庭妇女究竟有怎样的生产价值呢?我们很难得到具体的数据,因为在工资支票和美元支出中很少能发现家庭主妇的贡献。但是如要购买刚刚所提到的各种服务将是极其昂贵的。可以肯定的是,一个女性所做的工作对家庭经济以至于对整个社会经济总量都是有贡献的。如果没有全职家庭主妇提供的各种服务,家庭的生存质量将会极大地下降。

346 虽然各项研究都倾向于把家庭主妇的地位描述得比较负面(低声誉、繁重的工作量、没

① Chloe E. Bird and Catherine E. Ross, "Houseworkers and Paid Workers: Qualities of the Work and Effects on Personal Control," *Journal of Marriage and the Family* 55 (November 1993): 913—925.

有工资和福利)，但不可忽视的是有许多女性对这个角色感到很满意。这是一份没有竞争的工作，时间表也相当的灵活。这个职位甚至成为了女性可能的选择之一。比起其他类型的工作，一些女性更喜欢家务劳动。有些女性把她们对丈夫和孩子的服务看作是自身最大的贡献。

一份由密歇根州大学的调查研究中心所做的国际性调查报告显示，从1980年开始，家庭主妇中有50%的人对家务劳动持积极态度，有44%的人持中立或矛盾观点①。只有6%的家庭主妇认为家务劳动是无建设性的。观点的积极性与受教育程度呈现出负相关。也就是说，受到更多正规教育的女性更少对家务劳动持积极态度。这些女性同样希望拥有自己的事业。在这个群体中最不喜欢家务劳动的是那些受过大学教育的年轻妻子。

在过去的几十年中对家庭主妇的态度是否发生了改变呢？答案是肯定的，但改变的方向也并不完全向人们所想象的那样。在1972年至1986年间对家庭主妇的一个国际性调查显示，对于婚姻中的角色、母亲的就业、性行为和堕胎，越来越多的女性保持着很传统的态度②。兼职家庭主妇的态度与全职家庭主妇非常相似。但是在全职家庭主妇与全职工作妇女之间存在着愈加扩大的观念分歧。虽然调查对这些差别进行了控制，但是全职主妇与全职工作妇女对待一些主题的态度仍然存在着极大的不同，比如已婚妇女的堕胎和母亲就业对孩子的影响等。

家务劳动中的性别差异

男性或者丈夫参与了多少家庭与照顾孩子的工作呢？而相比于就业女性，家庭主妇又做了哪些工作呢？性别差异在已婚人士中是最明显的，似乎大多数国家的女性无论就业与否都承担着大部分的家务劳动和照料孩子的工作③。就业女性花在家务劳动方面的时间要少于家庭主妇，而当妻子在外工作时丈夫也会花一些时间在家务劳动上，但是平等仅仅是理想而非现实。

然而，家务劳动中性别分工的不平等性正在发生改变。一些具有代表性的美国成人的 347
时间日志显示，自1965年以来，男性和女性在家务劳动上平均所费时间的差距已经缩小④，

① Alfreda P. Iglehart, "Wives, Work, and Social Change: What About the Housewives?" *Social Service Review* 54(September 1980):317—330.

② Jennifer Glass, "Housewives and Employed Wives: Demographic and Attitudinal Change, 1972—1986," *Journal of Marriage and the Family* 54(August 1992):559—569. Note also Karen A. Schroeder, Linda L. Blood, and Diane Maluso, "An Intergenerational Analysis of Expectations for Women's Career and Family Roles," *Sex Roles* 26(1992):273—291.

③ Scott J. South and Glenna Spitze, "Housework in Marital and Nonmarital Households," *American Sociological Review* 59(June 1994):327—347; and David H. Demo and Alan C. Acock, "Family Diversity and the Division of Labor: How Much Have Things Really Changed," *Family Relations* 42(July 1993):323—331.

④ Suzanne M. Bianchi, Melissa A. Milkie, Liana C. Sayer, and John P. Robinson, "Is Anyone Doing the Housework? Trends in the Gender Division of Household Labor." *Social Forces* 79(September 2000):191—228.

尽管这种改变更多的源于女性从事家务劳动时间的急剧减少而非男性从事家务劳动时间的大量增多。1965 年,女性花费 30 个小时在无报酬的家务劳动上,随后便慢慢减少至 1975 年的 24 小时,1985 年的 20 小时和 1995 年 17.5 小时(共减少了 12.5 小时)。相比之下,男性所花时间从 1965 年的 5 小时升至 1985 年的 10 小时并在 1995 年稳定在了 10 小时(共增加了大约 5 小时)。换句话说,1965 年,女性在家务劳动方面所花费的时间是男性的 6 倍,而 1995 年这种差别已经降至 2 倍或更小。女性家务劳动时间的急剧减少主要归因于各种综合的变化:更多的事业工作,结婚的推迟和较少的孩子。这种劳动力的解放更多的依赖于服务经济的发展(如外卖)和家务劳动总体的贬值,这使得床单再也不需要熨烫,越来越多的衣服变成了免烫型,而碗碟只需要放进洗碗机就可以了。

丈夫和妻子在家务劳动中的差别似乎不仅仅存在于美国,而是存在于世界各国,甚至一直被认为具有较高性别平等的北欧国家也是如此。据各国女性报告,她们的丈夫在所有家务劳动中的贡献率如下:瑞典是 24.7%,挪威是 19.3%,加拿大是 20.5%,澳大利亚是 22.6%①。各个国家的男性所报告的贡献率比女性所报告的要多出 5%。不管从妻子还是丈夫报告的结果来看,有 75%至 80%的家务劳动是由女性完成的。

为什么世界各国的男性对家务劳动的贡献都如此之少呢?为什么在家庭中会出现基于工具性和表达性特点所进行的劳动分工呢?我们已经注意到并否定了结构功能主义的观点:群体中基于男女性别或者工具性和表达性的劳动分工是必要的和自然的。由单个领导者执行工具性和表达性两种功能的情况下群体也可以运转良好,并且男女两性不论在哪一种类型的任务中都具有同等的潜力。

从矛盾冲突和女权主义的角度来看,家务劳动的不平等分工作为一个最好的例子贴切地展示了男女两性在机会面前的不平等与男权主义的意识形态是如何影响家庭角色安排的。作为家庭主妇的女性提高了男性在更广阔社会中的权力,使得男性可以把注意力集中在高回报的工作上并创造妇女对他们的依赖性。家庭妇女在有偿工作和有利机会的获得方面受到的阻碍和排斥加强了她们对丈夫的依赖。家庭依然是男性对女性劳动行使绝对男权控制的舞台。从这个角度出发,我们会发现家庭中不平等的根源在于不利于女性就业的主流文化、职场中的不平等结构和丈夫的男性至上主义意识。所以,只有社会结构发生根本性改变才有可能真正改变家庭中家务劳动的分工状况。

在微观层面,社会交换理论学家并不考虑意识形态的重要性,他们认为家务劳动的分工是妻子与丈夫自由协商的结果,在这种协商中,拥有资源量的差异决定了谁将从事更少收益和奖赏的工作。就像我们即将在下一部分讨论的一样,拥有资源量的差异决定了谁在夫妻关系中拥有权力,而更大权力使得一个人可以得到更高报酬和奖赏的角色。相应的,不平等的角色分配又进一步加强了可获取资源量的差异。当然,在用于协商的最有效资源类型中

---

① Janeen Baxter, "Gender Equality and Participation in Housework: A Cross-National Perspective," *Journal of Comparative Family Studies* 28(Autumn 1997):220—247.

(金钱、声望、信息),有很多资源只能通过参与家庭之外的经济角色才能获得,而这种参与的可能性是受限于宏观社会进程的。

348

跨国家庭

印度朱砂痣和耳机:国际化印度人与传统家庭

信息技术行业的迅速发展对印度,尤其是对印度女性产生了深远的影响。在印度人和美国人的眼里,一个富有魅力的印度女性的形象总是穿着传统的印度服装并佩带着一个耳机,这个耳机象征着她在全球技术行业中作为一名受过良好教育、被雇用的专业人员的地位。这些形象不仅仅只是反映了印度妇女参与在现代劳动力现状,同时也暗含了社会深远的变迁。

然而,传统服饰与现代设备混合的形象也反映了受过教育的印度妇女的尴尬境地。这一窘境涉及身份的形成以及我们获得身份认同的工作环境和家庭塑造过程。正如拉达克里希南·史密莎在她的族志学研究和对在硅谷和印度班加罗尔工作的数百名职业妇女的访谈中所发现的那样,这些女性常常在事业与家庭生活中感觉到矛盾与冲突,她们希望她们的家庭生活方式是与“国际化印度人”的观念相一致的。

这些女性所承担的平衡家庭生活与工作的挑战还附加着另外的含义,这些附加含义源于职业身份相对于民族身份、个人身份与家庭身份之间的矛盾。训练有素的印度男子和妇女在科技领域的进步已成为印度的骄傲源并为当地的生活质量的提高作出了贡献。而印度妇女的这种进步在某种程度上具有更加特别的意义,因为这与在西方世界中日益增长的对印度妇女身体吸引力的赞誉相一致。因此,在IT行业成功的女性有着强烈的责任感并致力于国家的建设。然而,这种作为国际化印度人的责任感所宣扬的价值观往往与新兴的独立自主的个人身份的价值观背道而驰,而这种个人身份感恰恰为个人事业和成功提供了大部分的动力。例如,印度的民族特征是与父权制、宗族制、母亲的身份高度交织在一起的。认可这些价值观并把她们的工作与家庭生活调整至与这些价值观相一致实非易事。

很多妇女在自己的职业生涯中获得了尊重(和收入),并因此在个人和家庭生活中体验到了积极的感受。对许多人来说,职业给她们带来了很多,她们在家庭中有更多的决定权,婚姻中有更多的自由,更有能力分配经济资源以加强印度的大家庭生活,并从丈夫和孩子那里获得了更多的尊重。她们同样看到了保持事业的发展可能会对自己的孩子产生潜在的积极影响,而这也是非常重要的,因为将来她们的孩子也将继续为印度在全球经济中的地位作出贡献。然而,也有很多女性在生育子女之后,为了履行“印度”女性的职责而选择了减少工作时间或完全脱离工作岗位。

因此,作为全球经济参与者的印度女性面临着平衡家庭与工作的问题,这与美国的其他女性是相似的,但不同之处在于,印度女性所面临的问题还牵连着由印度民族观念带来的积极与消极影响,这种观念要求女性努力获得事业上的成功。印度女性在整个劳动力大军中持续的参与和成功使得“印度人”成功的转变成了“国际印度人”,并使得个人主义和独立自主的价值观被缓和并与家庭和养育子女的价值观相结合。

来源:Smitha Radhakrishnan, “Examining the ‘Global’ Indian Middle Class: Gender and Culture in the Silicon Valley/Bangalore Circuit,” *Journal of Intercultural Studies*, 29 (February 2008), 7—20.

其他学者,从符号互动论的观点出发,认为男性不愿意从事家务劳动是因为他们把家务劳动看作“女人的工作”,因此男性认为家务劳动是与他们的男性身份不相符合的并会损害
349 他们的男子气概的。阿里利和莫尔姆(Arrighi & Maume)认为这与工作的分工直接相关①。因为男性往往会以控制权和工作中的自主权来定义自己,所以男性在家庭中极不愿意从事被打上女性身份标签的家务劳动并以此来保证自己的男性身份感。同样,女性不愿意放弃她们家庭主妇的角色或者发现很难不去考虑家务事,这也是由于女性的社会化角色和与之相关的内心规则②。霍克希尔德指出,这些内心的规则实际上就是当女性在家务、养育和照料孩子等方面的内化角色期待没有被履行时女性所感受到的负面情绪反应。

而这些身份与期待从何而来?正如我们将要在第十一章中所讨论的那样,我们在儿童时期就开始观察与我们相似角色的人并从中习得各种角色标准与期待。因此,幼儿在家务劳动方面的社会经验,很可能是有益的。在对一个大型的跨代际纵向研究的数据结果进行分析后,米克·坎宁安表示,不管是父母的态度还是在儿童青少年期的劳动分工,对儿童的态度和他们将来在婚姻中参与家务劳动的程度都有很大的影响。在预测子女成人期的平等主义态度方面,母亲的态度比父亲的态度更为重要,但是如果父亲参与家务,母亲也参与工作,那他们的子女更可能在家务劳动中有平等的分工③。另外,孩子在家务当中的角色也是不可忽视的。研究表明,孩子对家务的贡献是极少的,但是随着年龄的增长,他们也会越来越多地承担家务劳动,而承担的程度也是基于性别的。女儿比儿子做得要多,这种性别差异在中学开始慢慢明显,另外大家庭和单亲家庭的孩子做得要比小型家庭和

---

① Barbara A. Arrighi and David J. Maume, Jr., “Workplace Subordination and Men's Avoidance of Housework,” *Journal of Family Issues* 21(May 2000):464—487.

② Arlie Hochschild, *The Second Shift: Working Parents and the Revolution at Home* (New York: Viking, 1989).

③ Mick Cunningham, “Parental Influences on the Gendered Division of Housework,” *American Sociological Review* 66(April 2001):184—203; and Mick Cunningham, “The Influence of Parental Attitudes and Behaviors on Children's Attitudes toward Gender and Household Labor in Early Adulthood,” *Journal of Marriage and Family* 63(February 2001):111—122.

双亲家庭的孩子多①。

促使丈夫参加家务劳动的因素有:妻子拥有更多的资源,妻子没有太多的传统价值观,丈夫有更多空闲时间,妻子空闲时间很少和不断增加的照顾孩子的需要。换句话说,普通女性承担着大部分的家务,但是普通男性参与家务的程度也受工作表、空闲时间、相关资源和角色意识所影响②。

对公平的不同观念 350

正如前文所述,从花费在家务劳动方面的时间来看,夫妻之间并不真正客观的平等。但是这些在家务劳动上的差异真的会被看作不公平或不平等的吗?多个研究(其中包括一个对过去十年有关家务劳动研究的回顾性研究)表明对许多女性来说,这些不同并不真的意味着不公平。尽管已婚女性承担着大部分的家务劳动,但是相对而言,很少女性感到这种安排是不公平的③。而对于有着传统性别观念的女性尤其如此,非传统的女性更可能把这样的不均等的家务分配看作是不公平。一种相对剥夺理论认为,现实的不平等与感受到的不公平之间的差异是因为性别角色观念在其中起到了缓和剂的作用。此外,比起确切的不均等程度,妻子感受到的家务分配的平等程度更能够预测夫妻之间的冲突。研究同样发现感受到的不公平与妻子的心理压力程度成正相关,与父母亲的婚姻质量成负相关④。

现在问题就变成为什么有些女性会把这种客观存在的不平等的家务分配看作公平呢?像其他人一样⑤,汤姆森也鼓励家庭学者运用公平分配的观点(注意第三章的社会交换理论)来理解这种现象。公平分配观点认为妻子会认为家务分配是公平的有如下几种原因:

---

① Constance T. Gager, Teresa M. Cooney, and Kathleen Thiede Call, "The Effects of Family Characteristics and Time Use on Teenagers' Household Labor," *Journal of Marriage and the Family* 61(November 1999): 982—994; and Glenna Spitze and Russell Ward, "Household Labor in Intergenerational Households," *Journal of Marriage and the Family* 57(May 1995):355—361.

② Harriet B. Presser, "Employment Schedules among Dual-Earner Spouses and the Division of Household Labor by Gender," *American Sociological Review* 59(June 1994):348—364; and April Brayfield, "Juggling Jobs and Kids: The Impact of Employment Schedules on Fathers' Caring for Children," *Journal of Marriage and the Family* 57(May 1995):321—332.

③ Scott Coltrane, "Research on Household Labor: Modeling and Measuring the Social Embeddedness of Routine Family Work," *Journal of Marriage and the Family* 62(November 2000):1208—1233; and Theodore N. Greenstein, "Gender Ideology and Perceptions of the Fairness of the Division of Household Labor: Effects on Marital Quality," *Social Forces* 74(March 1996):1029—1042.

④ Patricia Voydanoff and Brenda W. Donnelly, "The Intersection of Time in Activities and Perceived Unfairness in Relation to Psychological Distress and Marital Quality," *Journal of Marriage and the Family* 61(August 1999):739—751.

⑤ Linda Thompson, "Family Work: Women's Sense of Fairness," *Journal of Family Issues* 12(June 1991): 181—196; and Alan J. Hawkins, Christina M. Marshall, and Kathryn M. Meiners, "Exploring Wives' Sense of Fairness about Family Work," *Journal of Family Issues* 16(November 1995):693—721.

(1)妻子感受到替代性的价值成果(感到被欣赏、为所爱的人付出、巩固了她们传统的性别角色观念);(2)选择另外的比较目标(把丈夫参与家务的多少与其他丈夫相比而不是与自己比,把自己所做家务的价值与有酬工作的价值相比);(3)编造一个正当的理由(一切都是互相讨论过后决定的,或者是“男人不擅长做家务事”,“女人对居住整洁度的要求比男人要高”等)。根据这种观点,拥有更多平等意识的女性把平等看得比其他价值收获都更为重要,她们把自己与丈夫作比较而不是与其他女性作比较,并且不太愿意为不平等寻找合理化的原因。因此,她们更容易感受到确切存在的不公平。

最后,我们也许会问家务劳动的不均等分工是怎样影响婚姻和婚姻中的个体的呢?一
351 般文献表明,男性对婚姻的满意度要远远高于女性[1]。杰西·伯纳德在研究报告中更明确地指出,妻子比丈夫更多的表达婚姻中的沮丧和不满等消极情绪、婚姻问题、婚姻不快乐、后悔结婚、寻求婚姻咨询、提出离婚、有神经衰弱、婚姻中有更多不胜任感、责备自己缺乏适应能力等等。伯纳德把家务劳动描述成卑微的、孤独的、没有出路并且永无晋升机会的工作。“事实上,做一个家庭主妇会让一个女性变得厌烦[2]。”伯纳德说道。

跨文化视角

中国城乡的家务分工

美国学者卢、大卫·莫尔姆和玛西娅·贝拉的研究表明中国传统文化中有“男主外女主内”的习俗。然而,他们特别提到1949年中华人民共和国的成立和之后的大跃进都改变了中国家庭生活的思想观念和物质生活状况。因此,问题就变成中国社会的改变是否显著改变了中国家庭生活中的男女角色状况呢?虽然过去也有人尝试过回答这个问题,但大都是以城市高阶层家庭为对象的小型研究。而卢、莫尔姆和贝拉的研究分析是建立在对中国具代表性的8个省的大型研究的基础之上的(1991年对中国家庭健康和营养状况的调查研究),其中包括乡村、城郊、城镇和城市。

中国过去50年中发生的显著改变之一就是城乡妇女大量的就业。考虑到女性在资源获得量方面的改变,我们自然会预测到在家务劳动的分配方面也会发生相应的改变,因为女性可用于家务劳动的时间变少了,并且有更多的资本在与丈夫协商家务劳动时讨价还价。大体上来说,这个研究支持了这个预测。工作更长时间(在农村背景下)或者是家庭中唯一就业者(在城市背景下)的妻子往往有一个更多参与家务劳动的丈夫。当农村丈夫从事有偿工作时(除了农耕之外),他们从事家务劳动的时间便会减少,而当农村妻子担任有偿工作时,丈夫从事家务劳动的时间便会增加。女性更高程度的受教育程度

① Jessie Bernard, *The Future of Marriage* (New Haven: Yale University Press, 1982), 26—53.

② Ibid., 48.

同样也会增加丈夫做家务的时间,特别是在教育总代表着进步观念的农村。

影响男性做家务时间的因素不仅仅有时间上的考虑和文化信念,还有由雇用工作所导致的资源差异。在城市夫妻中,与丈夫相比妻子有更高的收入,丈夫就会做更多的家务。最后,还有证据表明,家庭中孩子的存在(特别是年幼和年长的女儿或者是儿媳)往往会巩固传统的性别角色,至少在城市中是如此。

来源:Zai Zai Lu, David J. Maume, and Marcia Bellas, "Chinese Husband's Participation in Household Labor," *Journal of Comparative Family Studies*, 31(March 2001), 191—215.

看到这些研究结果,你一定会有这样的疑问:就业女性真的比家庭主妇对生活更满意吗?来自六个国家的调查研究结果都没有能够支持就业女性比家庭主妇更快乐这一假设①。在外工作与在家做全职太太各有得失。最终的结果证实在就业女性组与家庭主妇组在生活满意度方面并没有一致性或显著性差异。康斯坦斯·希恩(Constance Shehan)同样也对就业女性与家庭主妇进行了调查研究,发现两个群体在抑郁情绪、健康、焦虑或生活满意度方面均没有显著性差异。两个群体的大部分被试者在心理上很富足②。 352

就业女性与婚姻

正如第二章中提到的那样,在过去的三十年中,就业大军中的女性(特别是已育女性)数量和比例大大地提高了。这些趋势对经济和家庭系统具有很大的影响。现代的经济社会离不开女性从事的工作与扮演的角色。大部分就业女性已婚的事实又带来了双收入、双事业、生育能力、孩子的抚养和各种其他婚姻和家庭问题。

女性就业对婚姻关系、亲密关系和其他关系有非常显著的影响,影响的程度取决于女性的工作是全职还是兼职、她是否有学前孩子、她和她丈夫的年龄、他们在生命周期中所处的阶段和其他各种各样的因素。

当妻子就业后夫妻之间的权力关系似乎也会发生显著的变化。一般来说当妻子就业后,她的权力就会增加。(见下一章节——权力与决策)因此,就业女性获得了收入、独立和新的社会联结(社会资源),从而为家庭作出更多贡献。这种就业女性权力增加的现象不仅仅是在美国发生,而是一个跨越文化的共同现象。

---

① James D. Wright, "Are Working Women Really More Satisfied? Evidence from Several National Surveys," *Journal of Marriage and the Family* 40(May 1978):301—313. See also Myra Marx Ferree, "Class, Housework, and Happiness: Women's Work and Life Satisfaction," *Sex Roles* 11(1984):1057—1074.

② Constance L. Shehan, "Wives' Work and Psychological Well-Being: An Extension of Gove's Social Role Theory of Depression," *Sex Roles* 11(1984):881—899.

这种权力变化还会对家庭暴力产生隐性的影响。丈夫对妻子的暴力并不会因为妻子的就业状况而改变多少,而是受夫妻两人的就业状况所影响。当男性处于就业状态时,女性的就业会降低被虐待的风险。但是当男性处于失业状态时,女性就业反而会大大增加家庭暴力的风险①。女性就业往往会给失业男性带来经济上的不安全感,从而使他们想要强行控制他们的伴侣。

353 母亲的就业不仅仅影响着收入、子女和婚姻,同时也影响着女性自身。有研究显示,就业对女性的角色和责任有显著的影响但是对她们关于女权主义的立场影响甚微(对平等权利修正案的支持、对堕胎合法化的支持、对成年人之间性行为的赞同等等)②。就业母亲很享受与孩子的互动关系,对自身有更多的积极感受、自我认同和自信。简单点说,就业可以对自尊与个人价值感产生积极的影响。

斯科特·索思指出,在过去三十年中,妻子的就业对于离婚的影响有增长趋势。他提出三项社会变化也许可以解释这种妻子就业对婚姻不稳定性的影响:(1)慈善机构对未婚妈妈的支持的增长;(2)越来越少的就业妻子倾向于接受传统性别角色来缓和她们经济独立带来的影响;(3)随着工作场所中性别区分的减少,就业女性在婚姻问题上也有了更多的选择余地③。

决定妻子就业对婚姻影响程度的因素之一是女性的非传统性别角色观念。葛林斯丁发现每周工作时间对持有传统性别角色观念女性的婚姻影响很小,但是与持有非传统性别角色观念女性的婚姻稳定性却有很大的负相关④。正如本章前文所提,丈夫往往不愿意与妻子平等分配家务劳动。这对于传统女性来说并不成为一个问题。但是非传统女性对于平等关系有更多的期待,并且家务劳动不平等分配本身就意味着婚姻满意度的下降、婚姻冲突的增加并最终导致离婚率的上升。

另一个抵消妻子就业对婚姻消极影响的因素是家庭传统为适应妻子就业作出调整的程度。当女性的工作得到丈夫的支持,并在养育孩子的责任上有一定的自由度时,婚姻的质量将会因为妻子就业而上升⑤。家庭规模的扩大也是另一个缓和妻子就业对婚姻影响的因

---

① Ross MacMillan and Rosemary Gartner, "When She Brings Home the Bacon: Labor-Force Participation and the Risk of Spousal Violence against Women," *Journal of Marriage and the Family* 61(November 1999): 947—958.

② Eric Plutzer, "Work Life, Family Life, and Women's Support of Feminism," *American Sociological Review* 53(August 1988):640—649.

③ Scott J. South, "Time-Dependent Effects of Wives' Employment on Marital Dissolution," *American Sociological Review* 66(April 2001):226—245.

④ Theodore N. Greenstein, "Gender Ideology, Marital Disruption, and the Employment of Married Women," *Journal of Marriage and the Family* 54(February 1995):31—42.

⑤ Dana Vannoy and William W. Philliber, "Wife's Employment and Quality of Marriage," *Journal of Marriage and the Family* 54(May 1992):387—398.

素。罗杰斯对全国数据的分析①表明当家庭规模扩大时，妻子的全职就业将带来更高的婚姻幸福感和更少的婚姻冲突。母亲对家庭收入的贡献可以缓解家庭的经济压力并提高婚姻的质量。

针对27项研究的综述文献跨越三十年并探讨了妻子就业状况与婚姻调节度之间的关系，得出的最重要的结论就是妻子的就业状况这一单独因素对于婚姻调节度没有影响或者只有轻微影响②。人们通常相信妻子就业本身会让婚姻陷入危机，并认为妇女就业水平的提高增加了其经济独立性从而降低了妇女对婚姻的需求，但是研究发现对这一观念提出了挑战。 354

跨文化视角

英国和沙特阿拉伯的性别角色

媒体在强化传统性别角色方面的作用早已被家庭社会学所注意。媒体呈现的内容被什么左右？主要是控制广告传媒势力的价值观、与目标人群相符合的占主导地位的意识形态和目标人群的现实生活。西方社会如美国过去大部分的研究都表明媒体广告所传达的讯息中是有性别偏见的，广告总倾向于把男性表现成主动的、占支配地位的工具性角色，而把女性表现成顺从的、家庭的或具有身体吸引力的。最近的研究表明美国媒体开始在性别角色的平等性上有了改变，但更多的改变是增加了女性同时从事传统女性和男性活动的形象，而不是增加了男性从事传统女性活动的形象。

因此，当经济权力改变了女性的生活并在配偶之间创造了更多的平等时，广告传媒却是强化传统性别角色的主要约束力量。随着两性关系开始发生变化，传媒讯息也应该会紧跟其后。但是在一个父权规范依旧强硬、政府和宗教控制仍将女性限制在家庭领域并阻止其参与公共生活的社会中，媒体又扮演着怎样的角色呢？在这样的背景下，电视广告——西方的传播媒介——真的会给性别角色带来解放性的影响吗？西方广告传媒对影响力和市场性的追求会胜于占统治地位的父权制文化，还是会改变自身以迎合占统治地位的传统性别角色信念？

阿提夫·纳西夫和巴里·冈特的研究对这个问题给出了一些答案。对英国最受欢迎的频道(ITV1)和沙特阿拉伯最受欢迎频道(第一频道)六个月内164个电视广告的分析显示，性别歧视和刻板形象在英国的广告中并不多见，但在沙特阿拉伯的广告中却很

① Stacy J. Rogers, "Mothers' Work Hours and Marital Quality: Variations by Family Structure and Family Size," *Journal of Marriage and the Family* 58(August 1996):606—617.

② Drake S. Smith, "Wife Employment and Marital Adjustment: A Cumulation of Results," *Family Relations* 34(October 1985):483—490. Note also Valerie Kincade Oppenheimer, "Women's Employment and the Gain to Marriage: The Specialization and Trading Model," *Annual Review of Sociology* 23(1997):431—453.

常见。就男女的差异来说，沙特阿拉伯的电视传媒更明显地倾向于把男性放在主角位置，把男性塑造成安逸的角色而把女性塑造成家庭的角色，把女性放在家务劳动背景中而把男性放在户外背景中，并在家务和个人护理产品中更多地使用女性。然而同样有证据显示，在以年轻人为目标人群的广告中女性显示出越来越重要的主导作用。

来源：Atif Nassif and Barrie Gunter, "Gender Representation in Television Advertisements in Britain and Saudi Arabia," *Sex Roles*, 58(2008), 752—760.

355 在婚姻和亲密关系中的权力

在家庭系统(婚姻关系)和其他亲密关系中的另一个重要方面是伴侣们的权力地位——作为个人和相互之间的关系。权力就是影响对方和不顾对方抵制而改变对方行为的能力。权力可以通过由谁作决定和谁从事完成工作来衡量，尽管这样的指标并不涉及反抗的程度。

权利涉及权威和影响力，社会规范决定了谁拥有权力，这种文化限定了哪些职位拥有合理的、法定的权力(权威)。在一些社会中，权威由丈夫创造(父权制)；在另一些社会中，权威取决于大规模家庭的年长男性；而还有一些社会中的权威取决于年长女性(母权制)。其他家庭成员可以影响——也就是施加压力——权威人物。这种影响也许表明了家庭系统中其他非权威人员的权力。然而我们却不能轻易断定这种间接的影响是权力的必要指标，因为权威人物不会因为在意这种结果而允许这种影响发生。

在家庭大舞台上，女性、妻子和母亲也许并不像人们通常所描述或相信的那么被动和无权力。家庭权力——在性关系、家务和孩子生活方面的决定权——常常与男性的理想背离。例如，一位人类学家对西班牙南部家庭权力的一项研究表明，工人阶级妇女在家庭决策当中常常与她们的母亲相联合从而占据优势地位，无论她们的丈夫反对与否①。事实上，下层社会中男性的支配地位只存于想象之中。

而这又该如何解释或理解呢？在男性处支配地位和父权制规范的背景下女性是在何处又是如何获得权力的呢？下一章节将讨论婚姻中权力的特点和可对这些疑问作出解释的核心理论。

权力的特点

玛丽·罗杰斯②在几十年之前对权力提出了至今仍然有效的观点：

---

① David D. Gilmore, "Men and Women in Southern Spain: 'Domestic Power' Revisited," *American Anthropologist* 92(December 1990):953—970.

② Mary F. Rogers, "Instrumental and Infra-Resources: The Base of Power," *American Journal of Sociology* 79(May 1974):1418—1433.

1. 权力是一种能够影响他人的身份或能力，而不是对这种能力的具体运用。能力并不是社会功能的代号。人们理解中的或者实际的影响他人的能力即使在没有具体实施权力行为的情况下也可以影响事情的结果。

2. 个体的权力必须以特定的社会系统和个体在给定社会系统中的职位（身份）为参照进行考量。需要特别指出的是这种权力并不是个体的内在固有属性。权力必须在动态范围内进行考虑；值得注意的是个体影响他人的能力是与其社会地位和在特定社会系统中所承担的社会角色密切相关。 356

3. 如果说权力是一种影响他人的能力，那么资源便是这种能力的决定因素。资源就是任何能够提高其所有者影响其他个人或群体能力的特性、境况或所有物。[1]特性可能包括年龄、性别、种族、健康状况和能力水平；境况可能包括所在地、朋友或熟人关系、适应性和获取信息的途径；所有物可能包括金钱、土地、财产、产物等等。

玛丽·罗杰斯的论点认为拥有更多资源的人与没有资源的人相比具有更多优势。社会交换理论认为，这些人可以在“讨价还价”中占据有利地位，因为他们可以用自己拥有的资源换取他人的认同与服从。

丽贝卡·沃纳和其他人一起有力地证明了资源的概念还应包括某些家庭特征和亲属结构（家庭组织结构）。[2]例如，妻子在小型家庭中比在大型家庭中拥有更多的权力，在具有母系风俗的社会家庭中比在具有父系风俗的社会家庭中拥有更多的权力。这种权力往往源于能用于与伴侣进行讨价还价的资源的缺少或增加和对伴侣依赖程度的增加或削弱，这两个因素可能单独起作用也可能共同起作用。对超过100个非工业社会的民族志研究数据为这些观点提供了支持，研究结果特别突出了结构性资源与婚姻及个人资源在理解婚姻权利方面同样重要。

亲密关系中的权力和决策

传统上判断权力的一种方法就是确定配偶或情人的哪一方负责主要决策和两方决策领域的差异。罗伯特·布拉德和唐纳德·乌尔夫在五十年代末的研究是被最广泛引用的研究之一，掀起了此类研究的热潮。[3]为了衡量夫妻之间的权力平衡状态，他们采访了底特律的731名妻子。布拉德和乌尔夫挑选了他们认为具有普遍意义的包括男女两性决策范围的八种情境。妻子们对八种情境的回答显示有两种决策主要是属于丈夫的职责（他的工作和汽

---

① Mary F. Rogers, “Instrumental and Infra-Resources: The Base of Power,” *American Journal of Sociology* 79(May 1974):1425.

② Rebecca L. Warner, Gary R. Lee, and Janet Lee, “Social Organization, Spousal Resources, and Marital Power: A Cross-Cultural Study,” *Journal of Marriage and the Family* 48(February 1986):121—128.

③ Robert O. Blood, Jr. and Donald M. Wolfe, *Husbands and Wives: The Dynamics of Marital Living* (Glencoe, IL: The Free Press, 1960), 20.

车),也有两种决策主要是属于妻子的职责(她的工作和食物),而所有其他的情境均由夫妻共同作出决策(有关保险、假期、住宅和医生选择的决策)。从平均分的角度来看,就连妻子的工作也是一项相当中性的决策项目,这样便只剩下食物开销这一项完全属于妻子的职责范围。

布拉德和乌尔夫对于夫妻为何各自决策而非共同决策的理论解释是建立在资源的可获
357 得性上的。换句话说,权威和权力的来源在于每个配偶可使用的相对资源。权力的天平会向拥有更多资源的配偶倾斜,就像夫妻另一方常常感觉到的那样。

新 闻

妻子应该对丈夫"优雅地顺从"

《纽约时报》(1998 年 6 月 10 日)报道南浸信会对其教义和基本信念进行了修改,新增加的教义内容宣称一个女性应该"优雅地顺从"于丈夫的领导而一个丈夫应该"提供经济支持、保护并领导他的家庭"。

这份 250 字的关于家庭生活的修订案在盐湖城浸信会年会上作为教派基本神学理论和浸信会信念与教义的补充被采纳。因为南浸信会是一个几乎没有信条的组织,没有教友会被强迫认同教会的教义与信条。虽然如此,教义还是非常重要的。它代表着教派的核心神学宣言,并且美国南浸信会的牧师必须认同教义。

然而并不是所有的牧师和教职人员都认同这些教义。例如,《夏洛特观察家报》(1998 年 9 月 26 日)特别提到在经过了 153 年之后,美国北卡罗来纳州纳罗利最古老的浸信会教堂一定程度上因为这个"优雅地顺从"而与南浸信会决裂。经常去做礼拜的人表示他们再也无法容忍这个拥有 1560 万成员的教派中的独裁趋势。

这也是早期众人对保守公约不满的必然结果,比如保守派坚决反对授予女性神职和 1997 年出台的抵制迪斯尼公司的议案。

来源:Gustav Niebuhr, "Southern Baptists declare wife should submit to her husband," *The New York Times*, June 10, 1998; Associated Press, "First Baptist in Raleigh quits convention," *The Charlotte Observer*, September 26, 1998.

资源论问题

不少学者对基于资源讨论权利的理论持怀疑态度。资源理论(事实上更应该称之为一种观点)主张伴侣中占有更多有资源的一方将拥有更多权力。相关研究数据却表现出了一些混合的、不一致的结果。为了探其究竟,我们需要更加仔细深入地研究这个问题。

资源理论是很多后续研究得以立足的核心概念。在过去的几十年间，有很多作者也强调权力不仅仅是基于相对资源之上的，同时也取决于社会规范的文化背景。例如，由海曼·罗德曼发展起来的文化资源理论就同时考虑了夫妻双方对家庭的相对贡献和夫妻互动所处的文化语境。①例如，在某些社会，中上层群体（最高的收入水平、教育水平和职业地位）往往会率先接受平等的婚姻规范。事实上，这也削弱了资源分配对婚姻中权力的影响。

基本资源理论与文化资源理论的差异为理解男女之间、社会阶层之间、不同群体之间 358
甚至是国家之间的权力差别提供了一些线索。一项对双职业夫妻的研究把注意力集中在这种差异上。在这项研究中，半数的家庭里妻子的收入比丈夫至少高出三分之一，半数家庭里丈夫的收入比妻子至少高出三分之一。②与资源理论相一致的是，有更多收入的一方认为自己的事业更为重要并且与收入较少的一方相比拥有更多的话语权。与文化资源理论相一致的是，男性在经济事务上更具有话语权，对孩子与家务承担更少的责任，并把他们的事业看得比妻子的事业更为重要。因此，尽管资源这一因素对拥有资源的妻子具有显著性影响（那些收入比丈夫高的女性），但是女性仍然更可能为了丈夫的利益而搬家。

其他的研究也得出了类似的结论。马克·兰克发现妻子拥有资源量的增长与妻子的影响力成正相关关系，这印证了资源理论的观点。③但是丈夫拥有资源量的增长却与丈夫的影响力成负相关，这一结果表明更多资源并不意味着更多影响力或权力。可能的解释是，当丈夫获得更高的收入水平、教育水平和职业声望时，他们会更多地接触到夫妻关系中的平等规则。简单点说，当夫妻同时获得资源时，女性在经济上将更少地依赖她们的伴侣，同时男性也会在交流中获得更多的平等意识。

凯琳·派克提到，在我们接受资源理论时，需要注意另外一个现象。④她认为在婚姻中妻子所从事的雇用工作有时并不被看作一种资源，对婚姻中的权力也并没有积极的影响。为什么呢？根据符号互动论的观点，我们有必要考察一下夫妻对他们生活的物质与结构状况所赋予的意义。因此，如果一个女性嫁给了一个把她事业当作威胁而非礼物的男性，那么她的事业并不会意味着更多的资源。同样，一个女性把她的有偿或无偿劳动看作何种程度

---

① Hyman Rodman, "Marital Power in France, Greece, Yugoslavia, and the United States: A Cross-National Discussion," *Journal of Marriage and the Family* 29(May 1967): 320—324; and Hyman Rodman, "Marital Power and the Theory of Resources in Cultural Context," *Journal of Comparative Family Studies* 3(Spring 1972): 50—69.

② Janice M. Steil and Karen Weltman, "Marital Inequality: The Importance of Resources, Personal Attributes, and Social Norms on Career Valuing and the Allocation of Domestic Responsibilities," *Sex Roles* 24(1991): 161—179.

③ Mark R. Rank, "Determinants of Conjugal Influence in Wives' Employment Decision Making," *Journal of Marriage and the Family* 44(August 1982): 591—604.

④ Karen D. Pyke, "Women's Employment as a Gift or Burden? Marital Power Across Marriage, Divorce, and Remarriage," *Gender and Society* 8(March 1994): 73—91.

的礼物或负担将同样影响她在婚姻中的权力。

派克(Pike)的研究也支持了这些观点,那些并未感到事业有成的男性不太可能把妻子的雇用工作看作一份礼物;一些对丈夫的失意很敏感的妻子为了平衡丈夫的受伤的自尊心而处处维护丈夫的统治地位。派克的研究表明任何对婚姻权力的解释都必须考虑研究对象的性别和这些研究对象对权力过程赋予的性别意义。

蒂奇纳(Tichenor)同样地也支持这一观点。她调查了妻子比丈夫拥有更多收入或更高职位的婚姻,包括妻子同时拥有高收入和高职位的婚姻①。她认为当女性为婚姻带来更多金钱和地位时,资源和交换理论便站不住脚了。相反,比起收入和地位,婚姻中权力的平衡与性别有更加密切的相关。换句话说,对已婚女性来说,由收入和职位带来的资源本身并不会在婚姻中带来更多的权力。

359 *平等主义道德规范*

共同做决定、分享婚姻权力、公平合理分配家务劳动、感到公正似乎更能够使人们对婚姻和关系感到满意,当丈夫的性别观念不那么传统时更会如此。②调查报告显示,思想观念较为进步的丈夫(不那么传统)的婚姻质量往往更高;持有较多平等观念的丈夫报告的婚姻生活中的消极面也比较少(问题、分歧、离婚倾向性)。然而,对于女性而言,情况却不尽相同。持有非传统性别观念的女性报告的婚姻中消极面反而更多(更多的分歧、不快乐、问题)。在当代婚姻中,当丈夫和妻子一样支持角色分担和性别平等观念时,婚姻中的压力便会减少。

也许是女权主义者最先开始强调平等主义的道德规范的。女权主义者已经证实了婚姻与家庭生活的问题本质,并警示人们,传统的婚姻给女性带来了巨大的经济成本、情感成本以及生理成本。考虑到婚姻中的平等理念和其事实之间的差异,关键的问题就在于女权主义思想中的完全平等是否能够存在于真实婚姻中。

一项关于女权主义者异性恋婚姻状况的研究对这个问题给出了部分答案。③女权主义者并不排斥婚姻,他们会通过提高*平等意识警觉度*来给自己的婚姻关系注入新的活力。这一过程包括以下一些重要方面:(1)伴侣对关系中的性别不平等进行评论(关于性别期待的发展性对话);(2)平等的参与公共活动(使用不同的姓名,共同作出经济决策);(3)丈夫对妻子活动的支持(如妻子的事业);(4)深思熟虑的评估(检测双方的贡献);(5)情感投入(坦诚表达感受)。研究表明支持女权主义的女性并不需要放弃与男性的关系,而可以努力使得男性接受女权主义信念并身体力行。

---

① Veronica Jaris Tichenor, "Status and Income as Gendered Resources: The Case of Marital Power," *Journal of Marriage and the Family* 61(August 1999):638—650.

② Paul R. Amato and Alan Booth, "Changes in Gender Role Attitudes and Perceived Marital Quality," *American Sociological Review* 60(February 1995):58—66.

③ Karen R. Blaisure and Katherine R. Allen, "Feminists and the Ideology and Practice of Marital Equality," *Journal of Marriage and the Family* 57(February 1995):5—19.

社会交换理论和公平模型认为，当个体(包括男女两性)认为他们的伴侣与他们一起公平地分担家务、照顾孩子并且认为彼此的交换公平合理时，个体幸福感、婚姻满意度最高而抑郁水平最低。女权主义的相关研究结果对此提供了支持性证据。对很多已婚人士，特别是妻子而言，在婚姻中感受到权力不平等是一个严重的问题。

平等主义道德规范和伴侣幸福感之间究竟有什么关联呢？斯泰尔①在对实证性研究的总结中表示：

1. 妻子在决策中占主导地位(相对较少)会导致伴侣双方的满意度均为最低水平。

2. 丈夫在决策中的主导地位更能够带来丈夫的高满意度，而非妻子的。

3. 共同决策可能使得妻子的满意度最高。

4. 当婚姻满意度以外的其他测量标准被纳入考量范围时，相对平等对婚姻关系最为有利。

斯泰尔进一步表示相对平等的关系有很多共同的特征，包括更多互相支持的交流、更少 360
操控性的影响、与任何一方占统治地位的关系相比夫妻二人对性和婚姻有更多的满意感。

婚姻质量

有关婚姻和类似婚姻关系的质量的文献非常多。②人们为了评定关系的质量已经做了很多的尝试，使用了各种概念，如顺应度、成功、满意度、稳定性、幸福感、福利、共识、凝聚力、适应度、融合度和角色压力等等。有时候这些术语可以替换使用，也有时候每个术语有不同的含义。这些术语同样被用作心理学意义，用来描述伴侣中某一方的心态，或者被用作社会/心理学意义，描述关系的状态。这些术语同样被用作社会学意义，用以描述群体或系统的状态。另外，这些术语还涉及目标的实现或发生改变的动力进程。所有的概念强调了与失调、不满、不稳定和不幸福相对比的特征。

评定婚姻的质量

从前文的介绍中可以看出，需要明确的一点是婚姻质量、婚姻顺应度和婚姻福利是一些在定义上没有达成共识的不同概念。婚姻质量或顺应度实质上是一种夫妻在何为重要事务、类似事务与活动的分享和彼此表达爱意等主题上的相对一致性。与婚姻质量不同，婚姻 361
的成功大体上是指一个或多个目标的实现：持久、伙伴关系、履行社会的期待等等。与婚姻

---

① Janice M. Steil, *Marital Equality: Its Relationship to Well-Being of Husbands and Wives* (Thousand Oaks, CA: Sage, 1997), 39.

② See Norval D. Glenn, "Quantitative Research on Marital Quality in the 1980s: A Critical Review," *Journal of Marriage and the Family* 52(November 1990): 818—831; and Thomas N. Bradbury, Frank D. Fincham, and Steven R. H. Beach, "Research on the Nature and Determinants of Marital Satisfaction: A Decade in Review," *Journal of Marriage and the Family* 62(November 2000): 964—980.

就作者所知，这对夫妻已经结婚超过四十年。一个婚姻的质量基于各种各样的因素。其中包括对关系的满意度、在经济和朋友等问题上的一致性、喜欢一起做事情和互相表达爱意与支持。

顺应度和成功不相同，婚姻幸福感或满意度是一种个人的情感反应。尽管婚姻幸福感是一种个人现象，而婚姻质量、成功和顺应度是一种双边的成就或婚姻、关系的状态。第四个概念是婚姻稳定性，或者说是一段婚姻最终以分手或离婚而告终的可能性。这个概念将在有关*婚姻承诺*的下一章节中进一步探讨。

对婚姻和亲密关系质量的评定从二十年代末开始如火如荼地进行。之后每十年都有大量的旨在预示成功婚姻与决定性因素的有关婚姻质量与顺应度的心理学及社会学文献涌现。

大约 40 年以前，杰西·伯纳德把关系质量归入了婚姻顺应度的三大主要方面之一。就是说，婚姻质量由以下三个方面决定：

1. 相关双方之间差异的程度与性质。
2. 相关双方之间交流的程度与性质。
3. 相关双方之间关系的品质（正面的或是负面的，友好的或是敌对的）。①

差别可能只是数量程度上的，也可能是性质上的（没有顺应性和余地）。原则问题常常是绝对的，因此也是最难解决的问题。第一方面，如果在“我们不会错过任何一次弥撒”这样的态度和如“口交是错误的”这样的信念上有不同感受的夫妻或伴侣间是不太可能有灵活与顺应存在的。另一方面，如果只是程度上的差异，那么互相迁就、讨价还价和协商都是有可能的。重点是这些差异（包括这些差异的程度与性质）还影响了相互的人际适应。

第二方面，交流需要互动。没有人会怀疑或质问交流对于任何形式的关系成功的重要性。然而交流在婚姻关系中是一个相当综合的因素：它可能是言语的也可能是非言语的，可能是明确的也可能是暗示的，可能是澄清也可能是误导，可能使关系拉近也有可能彻底摧毁一段关系。完全不交谈、经常交谈、命令、唠叨、指责、赞美，都可能传达着一种特定的信息。

---

① Jessie Bernard, “The Adjustment of Married Mates,” in *Handbook of Marriage and the Family*, ed. Harold T. Christen-sen(Chicago: Rand McNally, 1964), 690.

一项对过去20年的回顾性研究明确揭示了交流与婚姻满意度之间的关联。①这种关联不管是对于交流内容还是交流过程都成立。一再有研究发现，自我表露和表达爱意、支持、感情更多的夫妻更易于体验到满意的婚姻。对过程变量的研究表明，积极的非言语交流形 362
式，如笑声、语调、触摸和身体姿态，在幸福的夫妻中更常见。幸福的夫妻更多地表现出良好的倾听技巧、清晰的言语能力和对伴侣行为的积极解读。

关系的品质是伯纳德理论中婚姻顺应度的第三个方面。她使用了“品质”这一术语，然而，这个术语并不是对关系的综合评定标准，而是夫妻间互动的一个具体方面或特征。友好相爱的夫妻并没有必要为适应婚姻而作出特别的努力，但是这样的品质却会使得双方的调和更加容易。如果夫妻彼此相爱并真诚关心，那么作出牺牲或者改变计划将会容易得多。如果夫妻关系充满了温情，其品质也将与敌意或冷漠（没有亲密关系、没有冲突也没有愤怒）的关系大不相同。②

也许在伯纳德提到的差异、交流和关系品质的基础上还可以再加上第四方面，那就是社会支持与社会人际网络的影响。没有夫妻是远离家庭、朋友和社会环境的孤岛。有研究结果指出社会人际网络不管是在婚姻关系还是在同性与异性婚姻中的顺应方面，都有影响。③即使是婚后几十年，来自法律、其他亲属和朋友中对特定关系的支持都能提高婚姻成功的可能性与关系的品质。

如今，被最广泛用以衡量婚姻品质和人际适应的工具之一就是由格雷厄姆·斯帕尼尔研制出的配偶调适量表。④在对所有存在的概念和量表（包括伯纳德的量表）进行综合的基础上，这一量表共32题四个分量表：满意度、凝聚力、一致性、情感表达。

满意度将通过有关幸福与否和对彼此关系后悔与否的问题来衡量。

---

① Patricia Noller and Mary Anne Fitzpatrick, “Marital Communication in the Eighties,” *Journal of Marriage and the Family* 52(November 1990):832—843; and W. Kim Halford, Kurt Hahlweg, and Michael Dunne, “The Cross-Cultural Consistency of Marital Communication Associated with Marital Distress,” *Journal of Marriage and the Family* 52(May 1990):487—500.

② Linda J. Roberts, “Fire and Ice in Marital Communication: Hostile and Distancing Behaviors as Predictors of Marital Distress,” *Journal of Marriage and the Family* 62(August 2000):693—707.

③ Chalandra M. Bryant and Rand D. Conger, “Marital Success and Domains of Social Support in Long-Term Relationships: Does the Influence of Network Members Ever End?” *Journal of Marriage and the Family* 61(May 1999):437—450; Danielle Julian, Elise Chartrand, and Jean Begin, “Social Networks, Structural Interdependence, and Conjugal Adjustment in Heterosexual, Gay, and Lesbian Couples,” *Journal of Marriage and the Family* 61 (May 1999):516—530; Diane H. Felmlee, “No Couple Is an Island: A Social Network Perspective on Dyadic Stability,” *Social Forces* 79(June 2001):1259—1287; and Chalandra M. Bryant, Rand D. Conger, and Jennifer M. Meehan, “The Influence of In-Laws on Change in Marital Stability,” *Journal of Marriage and Family* 63(August 2001):614—626.

④ Graham B. Spanier, “Measuring Dyadic Adjustment: New Scales for Assessing the Quality of Marriage and Similar Dyads,” *Journal of Marriage and the Family* 38(February 1976):15—28; and Graham B. Spanier and Linda Thompson, “A Confirmatory Analysis of the Dyadic Adjustment Scale,” *Journal of Marriage and the Family* 44(August 1982):731—738.

凝聚力聚焦于夫妻是否一起做事情和交换想法。

一致性衡量的是在如经济、朋友、宗教事务和家务等问题上的夫妻一致的程度。

情感表达涉及感情深度、性关系和夫妻间的爱意表达。

363 然而,这个量表因为其混淆因果的逻辑和可能引起的偏差而受到了批评。①凝聚力、一致性和情感表达是否真的就是婚姻品质的指标或是决定婚姻是否成功运转与夫妻满意感的条件?例如,一个"好"婚姻中的夫妻就必须要一起做事情吗?没有争吵的婚姻就真的比那些有不一致或冲突的婚姻要好吗?对芬彻姆和布拉德伯里来说,这些都是经验主义的问题,我们不能假设高度一致性、凝聚力和情感表达是所有成功和令人满意的婚姻必不可少的。因为这样做就有可能使测量受到偏见的影响。婚姻中一致性或冲突的问题就是一个很好的例证。

在夫妻互动过程中,他们要不断界定他们的关系,而在日常生活和各自履行角色期待的过程中,冲突是不可避免的。如果这些冲突持续不断且未得到解决将很有可能导致双方对关系的不满,甚至是关系的终结。并且,演变成愤怒和暴力的冲突不仅仅对夫妻本身有害,对他们的孩子也是不利的。例如,有研究发现孩子的愤怒状态与父母的言语和身体愤怒表达有关。②常常暴露于父母愤怒冲突的环境中的孩子与那些没有暴露于此种环境的孩子相比,表现出更多更异常的愤怒表情。

那么,如果冲突是不可避免的,问题就不是如何消除冲突,而是如何用一种夫妻都满意的方式解决冲突。在题为"婚姻冲突是一种积极力量"的研究中,约翰·斯坎内佐尼主张,理解夫妻互动系统的第一步是放弃必须平等和稳定的想法,第二步是放弃冲突从本质上来讲对婚姻就是有害无益的想法。③

冲突把一方或双方平日感到错误或不公平的问题公开了。当这些问题以双方都满意的方式被表达、协商并解决,那么婚姻将在一个全新的更高的水平上达到调和与团结。相反,如果冲突并未妥善处理,不仅仅会使得双方处在一个更无利无益的处境,甚至会增加离婚的可能性。

因此,婚姻中无冲突并不是健康与高质量关系的必要指标。甚至可以说,高水平的一致性和情感表达也不是高质量婚姻的必要指标。个体对夫妻互动的细节可能有不同的期待,对舒服交往方式的定义也千差万别。定义一个高品质婚姻的重点是确定夫妻可以达成关系目标、长期维持关系和感到自我满足与幸福的夫妻互动方式的特征。从这一标准出发,我们

---

① Frank D. Fincham and Thomas N. Bradbury, "The Assessment of Marital Quality: A Reevaluation," *Journal of Marriage and the Family* 49(1987):797—809.

② Jennifer M. Jenkins, "Marital Conflict and Children's Emotions: The Development of an Anger Organization," *Journal of Marriage and the Family* 62(August 2000):723—736.

③ John Scanzoni, *Sexual Bargaining: Power Politics in the American Marriage*, 2nd ed. (Chicago: The University of Chicago Press, 1982), 61—102. Note also Suzanne M. Retzinger, *Violent Emotions: Shame and Rage in Marital Quarrels*(Newbury Park, CA: Sage, 1991).

可以相信每一个婚姻的质量标准是不一样的，因为每对夫妻的具体期望都是不同的。因此，任何对婚姻品质和调适的测量都必须包括被测个体的想法。如果被测个体是因为他们的婚姻现状同等于或超过他们的期望而对婚姻感到满意，那么这个对婚姻满意度的测量才可能成为判断婚姻质量的一项重要标准。 364

进一步说，个体提高关系满意度的期待常常会受到他们对自己付出的评价和所处情形的影响。杰西·伯纳德提出这样一个观点，她认为我们努力建立的标准不应该是想象中的最好关系的标准，而应该是*可能的*最好关系的标准。[1]因此，当一个婚姻能提供它可能提供的最高程度的满意度，而不是想象中的满意度时，这个婚姻就可能是成功的婚姻。蒂布特和凯莉[2]提出了一个用来描述这种过程的概念——*相对水平*。相对水平是一种个体以自身在各种关系中期待的最佳状态为摹本发展起来的一种参照或标准。因为在所有的社会交换中，个体要从他人那里得到多少就必须付出同等或更多，我们慢慢明白没有无限制的回报存在。我们得到的是由我们所能付出的决定的。我们在过去现在的人际互动中，在通过对他人的观察中慢慢发展出这些期待。当我们得到的与我们心中的“相对水平”相等甚至超过这种“相对水平”，便会感到满意和快乐；但如果我们的所得低于这种“相对水平”，就变得不满意。因此，即使低质量的关系也可能是令人满意的，高质量的关系也可能是令人不满的。

最后，我们也许会问，婚姻品质和满意度是否是个体带入婚姻的一种人格特质或者仅仅是一种过去互动经验的产物？约翰逊和布斯[3]探讨了婚姻质量中个体的本性与相互关系的本性。婚姻质量更多的取决于个人特质还是关系本身的性质呢？约翰逊和布斯分析了一个全国样本的数据后得出结论：婚姻质量在很大程度上是二元关系状况的产物。这个结论是建立在一系列分析结果上的，他们对经历了连续两次婚姻的人与一直保持同一伴侣关系的婚姻质量进行了对比研究。约翰逊和布斯发现，后一组研究对象的婚姻质量更少变化，这就表明，尽管一些人把可能影响婚姻质量的个人特质从一段婚姻带入了下一段婚姻，但这些特质也不是一成不变的，而是随着婚姻本身发生变化的。

不同代际的婚姻质量

在第一章中，有人指出有些学者声称婚姻已经开始衰落，结婚是一种腐败的制度。考虑到婚姻与类婚姻关系的流行，尽管发生了很多改变，但是结婚的制度依旧很受欢迎。但是婚姻关系的质量呢？在过去的几十年间，婚姻质量是否也下降了呢？

---

① Bernard, "The Adjustment of Married Mates," 732.

② John W. Thibaut and Harold H. Kelly, *Interpersonal Relations: A Theory of Interdependence* (New York: Wiley, 1978).

③ David R. Johnson and Alan Booth, "Marital Quality: A Product of the Dyadic Environment or Individual Factors," *Social Forces* 76(March 1998):883—904.

罗杰斯和阿马托考察了代表典型结婚大军的两代人:1980 年的原始样本中 20 岁至 35 岁的已婚人士和 1992 年的后代样本中 20 岁至 35 岁的已婚人士。①

365

家庭多样性

当非裔美国家庭的女性挣得比丈夫多

非裔美国女性在外工作已有很长历史,另外由于创历史新高的男性高失业率,非裔美国女性常常比那些白人女性为家庭收入做更多的贡献。这段历史大部分可以被归结到后奴隶制时期,那时候,尽管缺少其他的技能,尽管雇用市场严重的歧视也使得她们没有太多的就业机会,但是非裔美国女性在北方城区依然更有能力找到家务与制造业方面的工作。同时,非裔美国男性往往会承担更多的家务劳动,但是这种模式与黑人女性"男性应该为家庭提供经济支持"的信念不相符合,而这也很容易导致婚姻中的不满。考虑到这些历史上的模式,霍利·弗德尼娜和她的同事开始着手研究男女之间的收入差异对非裔美国女性的影响与对白人女性的影响有何不同。

仅就白人女性来说,他们使用婚姻幸福这一单项指标就能够证明,当妻子挣得与丈夫一样多,甚至比丈夫多的时候,妻子对自己的婚姻的满意度会显著下降,尽管当妻子对男女两性在婚姻中经济角色持有比较开明的态度和家庭的经济需求上升时,这种负面影响会发生颠倒性改变。另一方面,对非裔美国女性来说,不管家庭的经济需求和传统的性别角色观念如何,挣得比丈夫多对她们的婚姻满意度几乎没有影响。然而,非常严谨的非裔美国女性依然会在自己挣得比丈夫多的时候感到不快乐。作者认为收入差距没有对非裔美国女性造成影响的原因可能是非裔美国女性非常清楚她们的高收入可能会加剧丈夫因不利社会地位而导致的痛苦,因此当她们的丈夫无法履行期望中的经济支持者角色时,她们也会避免任何的消极评价。他们还指出非裔美国女性必须在糟糕的婚姻市场这一背景环境下协商她们的婚姻事务,而如果决定离婚的话,她们的丈夫将会有更大的选择余地。

来源:Holly E. Furdyna, M. Belinda Tucker, and Angela D. James, "Relative Spousal Earnings and Marital Happiness Among African American and White Women," *Journal of Marriage and Family*, 70(May 2008), 332—344.

---

① Stacy J. Rogers and Paul R. Amato, "Is Marital Quality Declining? The Evidence from Two Generations," *Social Forces* 75(March 1997): 1089—1100. Note also Paul R. Amato and Alan Booth, *A Generation at Risk: Growing up in an Era of Family Upheaval*(Cambridge, MA: Harvard University Press, 1997).

在对性别、种族、婚姻持续时间与婚姻阶层等因素进行控制的情况下,两代人在婚姻品质的五项特征中有两项具有显著性差异。年轻一代报告的婚姻互动较少而冲突与婚姻问题较多。不管对于妻子还是丈夫,婚姻的衰落都是显而易见的。然而有趣的是,年轻大军的婚姻幸福感并不比上一代低,并且也没有表现出更强的离婚倾向,而他们致力于终身婚姻的想法似乎更加强大。这些改变可以归因于经济资源的改变、职业与家庭的需要、妻子的性别角色观点和婚前的同居生活。作者得出的结论是这样的研究发现意味着年轻已婚人士可能会致力于拯救婚姻,不断增加的婚姻压力与问题的报道反映的并不是一种过时社会制度的挣扎,而是婚姻在融入一个高度发展变化的社会环境时遇到的内在困难。 366

人生不同阶段的婚姻质量

随着时间的流逝,婚姻与婚姻质量会发生什么样的变化呢?大多数研究通过比较在生命周期中处于不同阶段的群体来寻找这个问题的答案(横断研究方法)。换句话说,新婚家庭常被用来与有学前儿童孩子的家庭相比较,而后者又被用来与有青少年的家庭相比较,以此类推。

加州大学伯克利分校的人类发展研究所却采取了与横断研究方法不同的纵向研究方法。[①]在1928年和1929年间有250对夫妻接受了初次访谈,并在随后的年月里不时地接受回访,而最后只剩下70对夫妻,他们的婚姻已经度过了50至69年。在所有幸存的婚姻中,伴侣有各自的与共同的兴趣爱好,并且都心怀着对婚姻的承诺与对彼此的接纳。比起妻子,丈夫似乎对他们的婚姻更加满意。在作者整理出的6个非常长的婚姻类型的模型中,很多呈现出U形或曲线图案,这就是说,婚姻中爱意与满意度的曲线在开始时最高,而在孩子出生与孩子离开家这些年间开始下降,并在后期慢慢上升至与婚姻开始时一样的高度。所有其他的夫妇被归为稳定的(积极的、中立的或是消极的),并且没有夫妻在婚姻满意度方面表现出持续的上升或下降(任何这样的夫妻都有可能是因为经历过离婚)。

大量的其他研究试图发现各个家庭是如何管理自己的生活的,相对成功或失败的原因又是什么,夫妻关系随着时光流逝又会发生怎样的变化。有一项研究调查了1140个家庭对于"是什么使得家庭运作下去"的回答并使用了家庭生命周期七阶段模型分析了调查结果。[②]这项研究证实了其他研究的结果,[③]也就是说,对婚姻与家庭生活的满意度在生命周期前半阶段呈下降趋势,在后半阶段呈上升趋势。如果把数据绘成曲线会形成一个U形

---

① Sylvia Weishaus and Dorothy Field, "A Half Century of Marriage: Continuity or Change?" *Journal of Marriage and the Family* 50(August 1988):763—774.

② David H. Olson, Hamilton I. McCubbin, and Associates, *Families: What Makes Them Work* (Beverly Hills, CA: Sage, 1983).

③ David M. Lawson, "Love Attitude and Marital Adjustment in the Family Life Cycle," *Sociological Spectrum* 8(1988):391—406. Canadian data as well show a curvilinear relationship. See Eugene Lupri and James Frideres, "The Quality of Marriage and the Passage of Time: Marital Satisfaction Over the Family Life Cycle," *Canadian Journal of Sociology* 6(1981):283—305.

(见图 9.1)。具体来说,从没有孩子的年轻夫妻(阶段 1)到有学前孩子的家庭(阶段 2)到有学龄孩子的家庭(阶段 3)到有青少年的家庭(阶段 4),不管是丈夫还是妻子对家庭的满意度呈下降趋势。在孩子开始踏入社会的时期(阶段 5)妻子的满意度继续呈下降趋势,但是丈夫的满意度会在此阶段呈现轻微上升。家庭满意度在"空巢"阶段(阶段 6)骤然上升,在退休时期继续小幅上升或者稳定在高水平状态。

图 9.1 生命历程中不同家庭阶段的满意度

来源:David H. Olson, Hamilton I. McCubbin, and Associates, *Families: What Makes Them Work* (Beverly Hills, CA: Sage, 1983), figure 10.5, p. 181. Reprinted by permission of Sage Publications, Inc., and David H. Olson.

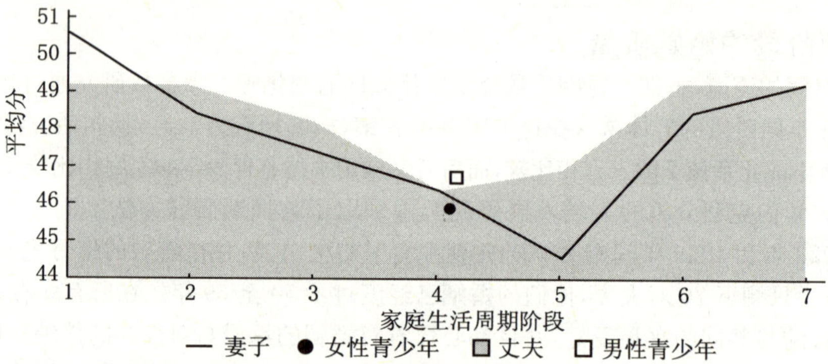

为什么在孩子踏入社会阶段和之后的阶段中夫妻的满意度会发生如此巨大的上升呢?
367 有解释认为这也许是因为性别角色的放松、夫妻共度的时光和归属感。当孩子离家后,女性可以更自由地找工作或是在外面担任组织者的角色,而男性会发现自己的经济责任减轻并且可以更多地表现出被动与依赖。拉塞尔·沃德认为在人生后期的婚姻质量非常的高,老年夫妻相互陪伴并感到更平等,而争吵相对来说就少有发生了。①不管是男性还是女性,较长期婚姻的品质都意味着亲密感、互相依存感和一种相互陪伴的感觉。

生养孩子对于夫妻的婚姻幸福有什么影响呢?很多研究得出了高度一致的答案。压倒性的证据证明在美国社会,孩子的出生会降低父母的婚姻幸福感。格伦和麦克拉纳汉在实施全国调查和回顾其他众多研究的过程中,没有发现任何孩子会给婚姻质量带来积极影响的明确证据,并发现了消极影响的有力证据。②考虑到如此高度一致的证据,他们认为大部分人想要而且非要有孩子具有讽刺意味。另外,这个现象也许是无知的社会功能的又一实例;也就是说,人们被养育孩子的心理回报会超过代价这一错误信念所激励,而执行着再生

① Russell A. Ward, "Marital Happiness and Household Equity in Later Life," *Journal of Marriage and the Family* 55(May 1993):427—438.

② Norval D. Glenn and Sara McLanahan, "Children and Marital Happiness: A Further Specification of the Relationship," *Journal of Marriage and the Family* 44(February 1982):63—72.

产与照顾儿童的基本职能。也许人们可以感受到养育孩子的心理回报，但是并无研究发现婚姻满意度的因素中包括这一项。

这种孩子对婚姻调适的消极影响对于白人夫妻和非裔美国夫妻同样存在。①那些成为父母的夫妻比之前没有孩子的时候报告出更低的婚姻幸福感、更多的紧张气氛和更频繁的冲突。这样的结果提醒我们，当我们想要通过生养孩子减少家庭冲突或是提高婚姻质量时需要三思而后行。 368

《*家庭*》杂志上奥尔森-麦金托什的研究，像其他研究一样也为生命周期研究的数据提供了一些值得注意的说明。首先，尽管在某一阶段到另一阶段间发现了一致性的变化，但是改变的量并不如书上提到的那么巨大或显著。例如，如果把那些最终解体的婚姻数据纳入研究将会减少大多数研究中所报告的婚姻满意度的增加。

第二，尽管男与女、夫与妻之间的差异也在大多数研究中被证实，但是这些差异似乎被夸大了。而性别差异更是常常表现得明显低于整个生命过程中的差异。

第三，在对婚姻进程发展趋势的研究中对横断研究方法的依赖可能是非常具有误导性的。也就是说，比较处在生命历程不同阶段的人群（横断比较）而不是跟踪研究同一群体随着时间和生命阶段变化而发生的改变（纵向研究）并不能解释世代效应、社会期许或在纵向研究中发现的趋势。事实上，很多研究表明中期和长期婚姻中的成功差异很大程度上是一种世代差异和横断研究分析的人为结果。②使用群组类型分析（在某一特定时期出生的人）的结果并不支持婚姻质量会在中期上升而婚姻晚期是黄金期的普遍信念。也就是说，在各种跨文化研究中得出晚期婚姻质量比中期高的结婚很可能是源于婚姻成功的世代差异。

婚姻责任与稳定

一个人是否愿意待在一段关系中并努力维持这种关系反映了一个人的责任心水平。在心理层面，责任是保持信念、行为或关系的愿望或动机。这个定义是一个很好的直观感受，因为它指的是我们可以直接体验的心灵状态，但是并没有说明这种动机从何而来。迈克尔·约翰逊③提出了另一个替换概念来更好地理解婚姻中的责任心。他区分出了责任心的

① Susan E. Crohan, "Marital Quality and Conflict across the Transition to Parenthood in African American and White Couples," *Journal of Marriage and the Family* 58(November 1996):933—944.

② Norval D. Glenn, "The Course of Marital Success and Failure in Five American 10-Year Marriage Cohorts," *Journal of Marriage and the Family* 60(August 1998):569—576; and Jody VanLaningham, David R. Johnson, and Paul Amato, "Marital Happiness, Marital Duration, and the U-Shaped Curve: Evidence from a Five-Wave Panel Study," *Social Forces* 78(June 2001):1313—1341.

③ Michael P. Johnson, "Personal, Moral, and Structural Commitment to Relationships: Experiences of Choice and Constraint," in Jeffrey M. Adams and Warren H. Jones, *Handbook of Interpersonal Commitment and Relationship Stability*(New York: Kluwer Academic/Plenum, 1999):73—87.

三个类型——个人的、结构的和道德的。

369 个人型责任心是一种因为这段关系有益而留在这段关系中的愿望——也就是说,因为他/她想要维持这段关系。结构型责任心是一种因为个体没有其他更好的选择或者结束关系要付出太大代价而想要留在一段关系中的愿望——也就是说,因为他/她不必须维持这段关系。术语“解散障碍”就是有关造就高程度结构性责任心的情况(缺少其他选择并且离开要付出太高代价)。当个体为了孩子或是因为无法独立生活而待在不快乐的婚姻中时,有较高的解散障碍(高结构型责任心)。当离婚法律非常严厉时,解散障碍同样很高。最后,道德型责任心所涉及的留在一段关系中的愿望并不是因为任何益处或不能离开,而是因为应该这样做——也就是说,因为他/她*应该留下*。道德型责任心可能源于自我认同感(“我作出了承诺,如果我结束关系将无法面对我自己”)和强烈的信念系统。

责任心在各种关系中至关重要,因为它不仅影响关系解体的可能性也影响个体对关系益处的评价。①责任心很高的个体倾向于忽视其他的选择并更愿意承担所有的代价而不离开。然而,责任心较低的个体倾向于与其他可能的关系做积极的比较(也就是说,他们“货比三家”)并且因此更可能因为其他看似有益的关系而放弃现有关系。因此,责任心低也就意味着婚姻稳定性的降低。

当个体将已有关系与其他可能关系进行比较时,他们实际上便使用了蒂博和凯利②提到过的“其他选择的比较水平”。这种比较水平涉及替换行为或关系中可能获得的最大期望收益。它随着所估计的可能收益的增加而提高(和获得这些收益的可能性),随着结束现有关系可能付出代价的增加而下降。如果个体认为现有关系的益处要超过其他可能选择的比较水平,那么理智的选择就是留下。然而,如果个体现有关系的收益水平低于其他可能的比较水平,那么理智的选择便是为了其他选择而离开。

另外,婚姻质量和稳定性的区别也是值得一提的。总体上来说,这两个变量是正相关的(高质量—高稳定性;低质量—低稳定性)。然而,也存在其他两种可能。有一定几率会出现的一种情形就是低质量但高稳定性。在这种情况下,个体并没有感到太多的益处但是也没有其他更好的选择或者感到离开的障碍太多(低比较水平)。莱文杰把这种婚姻称作“空壳”
370 婚姻。③这也许是很多女性继续留在虐待性关系中的原因之一。第二种可能的情况是高质量但低稳定性。尽管这种情况较少发生但也是可能的。这时,关系本身往往非常令人满意,但是可替换性如此之高、障碍如此之少(高比较水平),以至于从已有婚姻中得到的益处很难与之抗衡,个体很可能为了追求其他替代关系中更高益处而选择放弃已有婚姻。会造成这

---

① Carol E. Rusbult, J. Weiselquist, C. A. Foster, and B. S. Witcher, “Commitment and Trust in Close Relationships: An Interdependence Analysis,” in Jeffrey M. Adams and Warren H. Jones, *Handbook of Interpersonal Commitment and Relationship Stability*(New York: Kluwer Academic/Plenum, 1999):427—449.

② John W. Thibaut and Harold H. Kelly, *Interpersonal Relations: A Theory of Interdependence*.

③ George Levinger, “A Social Exchange View on the Dissolution of Pair Relationships,” in R. L. Burgess and Ted L. Huston, *Social Exchange in Developing Relationships*(New York: Academic Press, 1979):169—193.

种结果的情形中可能包括高度不平衡的男女比例、拥有大量高级资源的未婚伙伴、支持无过失离婚的法律、低水平的经济或情感依赖和关系中孩子的缺失。

理查德·尤迪认为婚姻可替代性似乎比婚姻满意度的测量更能够预测离婚的概率。①他使用来自美国16个城区夫妻的纵向研究资料来估量被测者对于婚姻中其他选择的观点，也就是说，如果他们离开了现在伴侣将变得多好或多糟以及伴侣被其他可能性所取代的难易程度。在这些资源被测量之后的一到两年间，在婚姻可替代性上得分较高的夫妻的离婚率是那些得分较低的夫妻的数倍。

这项研究也许对为什么很多不幸婚姻依旧保持完整给出了明确的回答：这些夫妻没有其他更好的选择或者选择较少，或者如社会交换理论所说，存在的其他选择带来的代价可能要超过其收益。有数据表明在完整婚姻中大约有7%的婚姻并不幸福。年龄、缺乏婚姻经验、把婚姻看作制度的责任心、低水平社会活动、对人生缺少自我掌控、依赖，以及相信离婚会损害幸福的信念，这些是不幸婚姻保持稳定的因素。②

性与婚姻

在全世界关于性的社会规范中，夫妻之间的性行为是被认可的异性活动类型。几乎没有人会否认婚姻中性交往的重要性。这也是婚姻关系与其他任何社会关系有所区别之处，至少从规范上来讲是这样。

从金赛研究所的一份报告来看，婚姻性行为的频率随着年龄增长而减少，从十几岁的每周平均3.7次降至30岁的2.7次，在40岁会降至每周1.4次，而在60岁降至每周0.8次。③男性和女性的估算非常接近，尽管女性比男性更倾向于把性频率高估。婚姻性行为的发生率与频率在婚后的一二年间达到高峰。而从那之后，性频率便稳定降至老年群体的平均频率。女性中没有其他的活动像性行为这般随着年龄稳步下降。

金赛同样发现随着时间推移男女两性在渴望的性生活模式方面具有普遍的差异。很多 371
丈夫表示，在结婚早期，他们比妻子想要更多的性行为，而年轻女性却认为如果性频率稍低一点她们将会更加满意。但是在稍后的日子里，较年长的女性中有很多人表现出比丈夫更多的性渴望。随着时间推移，大多女性越来越少地抑制自己的欲望从而发展出对性关系的兴趣并有可能将其保持到五六十岁。④

① J. Richard Udry, "Marital Alternatives and Marital Disruption," *Journal of Marriage and the Family* 43 (November 1981): 889—897.

② Tim B. Heaton and Stan L. Albrecht, "Stable Unhappy Marriages," *Journal of Marriage and the Family* 53(August 1991): 747—758.

③ Alfred C. Kinsey, Wardell B. Pomeroy, Clyde E. Martin, and Paul H. Gebhard, *Sexual Behavior in the Human Female* (Philadelphia: W. B. Saunders, 1953), 77.

④ Ibid., 353.

第八章中引用的数据显示了在过去几十年间非婚性行为放任倾向有所提高,因此我们也许会猜想婚内性行为的频率和形式种类是否也同样增加了呢?为什么会有这样的猜想呢?举例来说,可靠的避孕方法和人工堕胎可能减少了意外怀孕的焦虑并从而解除了性表达的种种约束。另外,大众传媒中的性描述;大量可获得的色情录像与可以在家中私密观看与实行的网络性爱;愈加受到强调的女性得到满足的个人权力;女性从传统被动性角色向更独断行为方式的转变;另外把性看作本身看作自然现象的观点、更少的清规戒律一起促成了约束的减少和性频率及可接受性行为方式的改变。然而,一项大型全国调查的最新数据(图 9.2)显示金赛所报道的性频率与当代并没有多少不同。

图 9.2 不同年龄和婚姻状态的每月性频率

来源:Vaughn Call, Susan Sprecher, and Pepper Schwartz, "The Incidence and Frequency of Marital Sex in a National Sample," *Journal of Marriage and the Family* 57(August 1995):646. Copyrighted 1995 by the National Council on Family Relations, 3989 Central Ave, NE, Suite 550, Minneapoleis, MN 55421. Reprinted by permission.

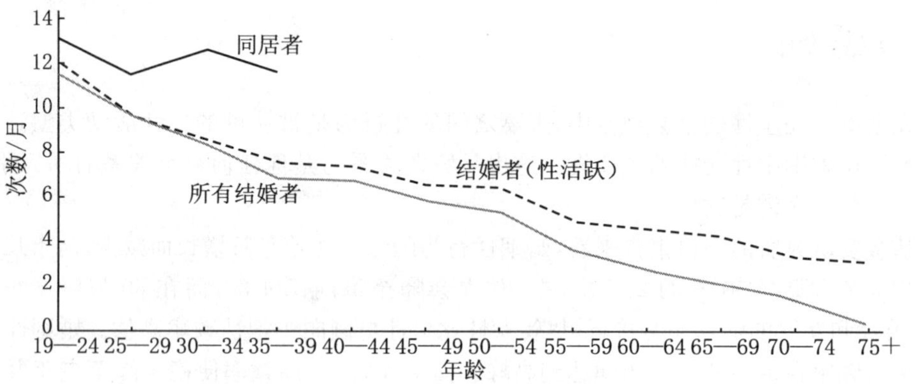

生命不同历程中的婚姻性活动

婚后第一年显然是性活动最频繁的阶段。第一年过后,夫妻生活中发生的每一件事——孩子、工作、上下班往返、家务、经济压力、熟悉、厌倦,甚至是老年化进程,都减少了夫妻间的性生活频率,却没有一件事情能增加性频率。

372 图 9.2 描绘出了所有有性生活的已婚与同居者的性频率随着年龄增长而发生的变化。对所有的已婚夫妻来说,性频率随着年龄增长稳步下降。具体来说,一对 19 至 24 岁的年轻夫妻的平均性频率是一个月 11.7 次。在 30 至 34 岁间便降至 8.5 次,在 50 至 54 岁间便降至 5.5 次,在 65 至 69 岁间降至 2.4 次。据作者所述,同居关系确切来讲应该称之为"性关系"。①他们报告的每月平均性频率为 11 至 13 次,但是超过 35 岁的样本量太小所以无法对

① Vaughn Call, Susan Sprecher, and Pepper Schwartz, "The Incidence and Frequency of Marital Sex in a National Sample," *Journal of Marriage and the Family* 57(August 1995):646.

35 岁以后的同居者性频率作出估计。这种较高的频率至少部分上是因为他们放任的价值观,包括对婚外性行为的合理化解释。

导致性交往频率下降的因素包括生理老化、健康状况下降和对性的习惯。年龄是导致性频率下降的第一重要因素,第二重要的指标就是婚姻幸福感。总体上婚姻幸福感越高,夫妻性生活频率也越高。作者表示结果并没有揭示出夫妻是否因为婚姻幸福感降低从而减少了性行为,或者是否性频率的减少影响了婚姻的幸福感。这个问题将在后面继续讨论。

研究也发现了一些对性交往频率产生适中影响的因素:怀孕、孩子的降生和绝育(提高了性频率)。那些曾经婚前同居过或者是二婚与多婚的夫妻比没有经历过这些事件的夫妻有更加频繁的性行为。

这些对性频率随着年龄增长而下降的讨论并不应该被理解为性对于 40 岁或 70 岁以后的夫妻来说已经变得不重要了。事实上,对随机抽取的 1500 名年龄在 60 至 80 岁之间的瑞士男女的调查结果表明总群体中有 61%的人报告了他们在交往中的性兴趣、相互的性挑逗(除了性交)和手淫。①即使是在美国,也有一项对超过 1200 名老年人(平均年龄 77.3 岁)的调查表明大约有 30%的夫妻在过去一个月间有性活动,并且有 67%的人对现有的性活动水平感到满意。②男性更可能保持性活跃,但是女性对性活动水平更易于满意。

与婚内性活动有关的因素

除了年龄以外还发现了很多与婚内性活动有关的因素。例如,我们都知道例假期间性交往频率会减少。怀孕同样会对性活动产生影响,不管是已婚还是未婚。③已有证据表明,
特别是在怀孕前三个月和末三个月,女性会经历性欲、性频率和性满足的下降。对男性来 373
说,仅仅在伴侣怀孕的末三个月会出现性欲的减少和性满足的降低。

早期有研究支持了性交往与婚姻中压力有关联的假说。婚姻中压力水平越高,性行为频率就越低。其他研究表明性交频率随着妻子受教育程度的上升而上升,就业女性有较高的性频率,并发现性频率与避孕方法的有效性呈现正相关的联系。

避孕方法的使用

关于避孕,值得一提的是,一项对 15 至 45 岁之间女性的调查结果显示出在主要宗教团

---

① Maj-Briht Bergstrom-Walan and Helle H. Nielsen, "Sexual Expression among 60 to 80-Year-Old Men and Women: A Sample from Stockholm, Sweden," *The Journal of Sex Research* 27(May 1990):289—295.

② Ruth E. Matthias, James E. Lubben, Kathryn A. Atchison, and Stuart O. Schweitzer, "Sexual Activity and Satisfaction among Very Old Adults: Results From a Community-Dwelling Medicare Population Survey," *The Gerontologist* 37(1997):6—14.

③ Lennart Y. Bogren, "Changes in Sexuality to Women and Men During Pregnancy," *Archives of Sexual Behavior* 20(1991):35—45.

体中大量使用避孕方法的长期趋势。①新教派女性中大约有77%而基督教派女性中有75%的人采用避孕措施或其他控制怀孕的方法。在使用避孕措施的女性中,新教派使用女性绝育手术比率最高(占30%,基督教派使用绝育手术的女性占18%,而犹太教为12%)。基督教女性使用避孕药比率最高(34%,而新教徒中有28%,犹太教有14%)。犹太教女性最有可能使用女用避孕套子宫帽(占26%,新教徒有5%,而基督教有7%)或者男用避孕套(占23%,新教徒有13%,而基督教有18%)。

阶级差异

尽管男女之间、基督教与非基督教之间的某些差别似乎在慢慢减小,但是婚内性活动还是在很多方面有着差异,例如社会阶层。人们普遍认为低社会阶层的人更少受到性压抑,但相反的是,来自社会中高阶层的人群更有可能进行赤裸裸的性交往,在性交往中采用更丰富的姿势并更多地实施口—生殖器接触。尽管社会分层文献表明工人阶级已经越来越多地接受中产阶级的价值观,但是马丁·温伯格和科林·威廉斯发现社会阶层仍然是性行为的一个重要决定因素。②与低阶层和工人阶级相比,中产阶级的男女两性更晚开始性活动,更可能享受第一次性活动,并更可能对手淫抱有积极的态度。

婚姻中的性调适

性调适作为婚姻调适重点的重要性已经为一些研究者强调。然而,任何调适都不太可能被一分为二来看。在任何婚姻中,性质量在特定时间和不同的情境中有好有坏。同样,想
374 当然地把性交往频率、女性高潮的获得或者不加抑制等同于性调适,这是非常具有误导性和错误的。把性与婚后各种各样复杂的相互作用完全区分开是非常困难的。性顺应也许是婚姻顺应的重要标志,但是否意味着有好的性生活就可以维持一段糟糕的关系也很值得怀疑。婚姻中的不满很可能反映在婚内性生活的频率和表现中,而性交中的冲突也是婚姻关系中矛盾的征兆。

在一个超过6000对已婚夫妻的样本调查中,唐纳利想确定无性婚姻是否比那些性活跃的婚姻更缺少幸福和稳定。③调查中有16%的夫妻在受访前一个月没有性行为,这说明了这样的无性婚姻并不少见。这些没有性生活的婚姻也被证实并不幸福与稳定。性活动的缺失似乎与婚姻中的其他问题有关,也许这是许多婚姻中的一个危险信号。

---

① Calvin Goldscheider and William D. Mosher, "Patterns of Contraceptive Use in the United States: The Importance of Religious Factors," *Studies in Family Planning* 22(March/April 1991):102—115.

② Martin S. Weinberg and Colin J. Williams, "Sexual Embourgeoisment? Social Class and Sexual Activity: 1938—1970," *American Sociological Review* 45(February 1980):33—48.

③ Denise A. Donnelly, "Sexually Inactive Marriages," *The Journal of Sex Research* 30(May 1993):171—179.

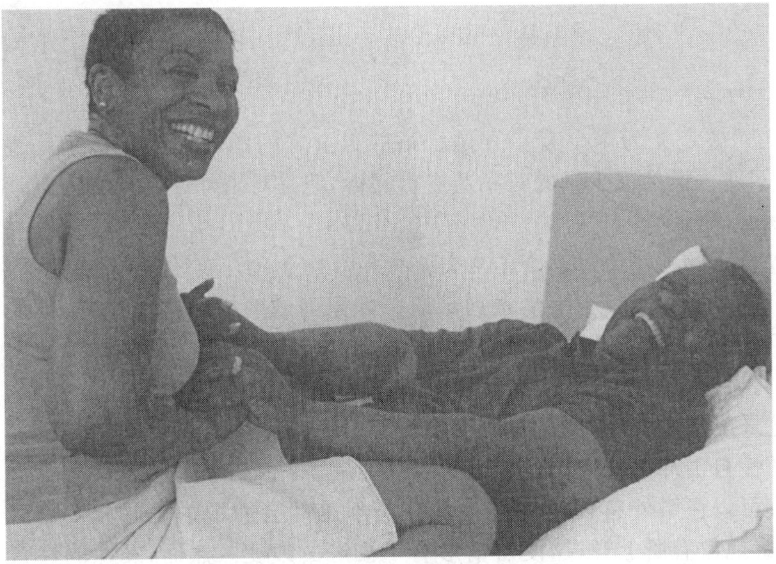

性交或性交往——尽管不只是局限于婚姻、同居或性伙伴——是关系中的男女会有所期待的行为。夫妻间的性交往频率会随着年龄增长和关系持续时间，趋于下降；性在整个生命历程中仍然很重要。

婚姻中性活动与婚姻满意度的关系是斯尼克·埃利奥特和黛布拉·昂伯森发现的关于婚姻性生活的两大著名论述之一。①对超过30对已婚8至52年的夫妻的性调查中（对丈夫妻子分开做了62次采访），他们发现一个被普遍提及的主题"性是婚姻幸福的指示器"。②他 375
们发现与这一主题共存的还有另一个可能影响婚姻幸福潜力的挑战——男性天生比女性要求更多的性。如果后一表述是真的，那么婚姻中将不可避免地出现导致婚姻满意度下降的紧张感。

为了调和这两个表述，他们发现已婚夫妻会围绕性进行大量的"情感工作"。"情感工作"包括主角们为了改善彼此关系而对自己与对方感情进行控制的活动或行为。这种类型的工作往往需要人们改变自己的个性和行为方式，而这种改变往往与自我概念背道而驰。例如妻子有意识地尝试增加性兴趣而丈夫努力减少自己的性兴趣。

他们同样发现这种对性兴趣的双重标准也对两人关系其他各个领域的协商产生着影响。特别是男性会利用参与家务作为提高性活动水平的策略而女性在这场交换中也把丈夫的家务活动看作他们"挣得"更多性生活的"本钱"。

因此，尽管一方面性兴趣的性别差异给予妇女更多的谈判话语权，但另一方面，这需要她们在彼此的关系中进行更多的"情感工作"，就这次研究显示，这无疑增加了她们的家庭负担并在很多女性心中引起不满，对就业女性尤其如此。

---

① Sinikka Elliott and Debra Umberson, "The Performance of Desire: Gender and Sexual Negotiation in Long-Term Marriages," *Journal of Marriage and Family*, 70(May 2008):391—406.

② Ibid., 403.

婚外性行为

术语婚外行为和“*私通*”被定义为至少有一方是已婚的男女之间的性交往。私通是违法的,这在美国几乎没有例外。虽然很少真的对私通进行起诉,但是对婚外性行为的道德谴责要远远多于未婚者之间的性行为。

世界各地对妻子婚外行为的关注要远远高于丈夫。大多数社会允许或纵容男性的婚外性行为,只要男性保持适度的谨慎、不要把事情做到足以摧毁家庭或忽视家庭的程度、不要激怒自己的原配妻子、不引起公愤或者造成情妇丈夫或其他相关者的困扰。①而对于女性来说,这样的婚外性行为相对来说难以被允许或纵容。

尽管在美国存在着这样的双重标准,但与其他很多国家相比,其程度仍然低得多。很多国家男性享有相当宽松的性自由却对女性设立严厉的限制。例如,在二战以前,日本被称作“男人的世界”。日本丈夫可以在婚外有性行为但是女性的不忠却会被视为犯罪。二战以来,日本女性的社会与经济地位有所上升,这使得情形有了彻底的改变。然而,女性的性自由还是无法与男性相比。即使在今天,日本男性与美国或欧洲男性相比依然公开地享受更多的性自由。

376 婚外性行为的发生率与人们的态度

是什么因素导致了婚外性行为或者与之相关?在金赛考察的所有因素中,宗教信仰比其他任何因素更加显著地影响了婚外性行为的发生率,对女性来说尤其如此。拥有最高程度宗教信仰的人群有最低的婚外性行为发生率,样本中所有的新教派、犹太教和基督教群体都是如此。②

一项女性全国调查的最新数据显示宗教依然是性专一的明显影响因素。③非主流宗教团体的女性(除新教派或基督教派之外)或者根本没有宗教信仰的女性有第二性伴的可能性是主流教派女性的两倍。同一调查显示,可能降低已婚女性性忠诚的因素包括多性伴历史、婚前同居经历和高于伴侣的受教育程度。其他的全国代表性调查数据显示具有以下特点的人群性不忠的可能性更高:有较强烈的性兴趣、有较放任的性价值观、对婚姻的主观满意度较低、与伴侣的性联系较弱并有较多的性机会。④

奇恩·刘指出婚姻持续时间对婚外性行为发生率的影响因性别而异。对女性来说,婚

① Kinsey, *Sexual Behavior in the Human Female*, 414.

② Ibid., 424.

③ Renata Forste and Koray Tanfer, “Sexual Exclusivity among Dating, Cohabiting, and Married Women,” *Journal of Marriage and the Family* 58(February 1996):33—47.

④ Judith Treas and Deirdre Giesen, “Sexual Infidelity among Married and Cohabiting Americans,” *Journal of Marriage and the Family* 62(February 2000):48—60.

外性行为的发生率会随着婚姻持续时间而降低。①对男性来说，两者呈 U 性关系。也就是说，在婚姻进程中，男性的婚外性行为发生率在前 18 年呈下降趋势而在之后呈上升趋势。他对这种性别差异的一种解释是中老年男性的婚内性行为与来自妻子的威胁都有所减少，这是因为妻子对婚姻本身投入的巨大精力和双方再婚可能性减少。然而，他补充到这种理论性的解释仍然需要更全面的考察。

在美国，婚外性行为至少是一种不被认同的行为。1990 年，一项针对婚外性行为的全国性观念调查结果显示，有 78%的人认为婚外性行为是“总是错误的”(比 1980 年的 70%有所上升)，另外有 13%的人认为这种行为是“几乎总是错误的”。只有 2%的人认为“完全没有错”。② 调查对象对婚外性活动发生率的估计结果是男性为 25%至 50%，而女性为 15%至 35%。但是九十年代的全国数据却低于估计范围的最低值：男性为 22.7%而女性为11.6%。③

婚外性行为的辩解理由往往与很多方面有关，包括性方面、情感方面和外部原因。④男 377
性使用较多的辩解理由是性方面的原因，包括性兴奋、性好奇、新奇性或多样性和性享受。女性提到较多的理由是情感方面的原因，包括浪漫、得到爱与情感、分享智慧、理解、陪伴、自我提高、加强自尊以及得到尊重。外部原因包括事业发展和与配偶“取得平等”。

配偶一方婚外性行为的变化形式包括配偶双方参加的婚外性行为：滥交、双方同意的通奸、交换配偶、共同的婚姻性行为或者群体性行为。尽管这些仅仅取决于性放任的程度，但是他们并没有发现这些行为得到普遍的接受，并且这些行为的发生率是否能够赶上配偶一方的婚外性行为发生率也值得怀疑。这些婚外小聚会与私通的不同之处在于其伴侣之间的不保密与开放。

同性关系

尽管同性恋家庭在总人口中所占的比重很小(不到 100 万)，⑤但是这个数字已经值得我们进一步地研究了。另外，最近有关同性婚姻与收养的争论也使得了解这些关系的性质变得更为重要。不幸的是，有关同性伴侣的数据非常少并且在研究中出现了大量的方法论

① Chien Liu, “A Theory of Marital Sex Life,” *Journal of Marriage and the Family* 62(May 2000): 363—374.

② Floris W. Wood, ed., *An American Profile—Opinions and Behavior. 1972—1989* (Detroit: Gale Research, Inc., 1990), 603.

③ Michael W. Wiederman, “Extramarital Sex: Prevdence and Correlates in a National Survey,” *The Journal of Sex Research* 34(1997): 167—174.

④ Shirley P. Glass and Thomas L. Wright, “Justifications for Extramarital Relationships: The Association between Attitudes, Behaviors, and Gender,” *The Journal of Sex Research* 29(August 1992): 361—387.

⑤ Lawrence A. Kurdeck, “Gay Men and Lesbians: The Family Gontext,” in Marilyn Coleman and Lawrence H. Ganong, *Handbook of Contemporary Families: Considering the Past, Contemplating the Future* (Thousand Oaks, CA: Sage Publications, 2004)

问题。劳伦斯·库德克已经开始着手对男同性恋与女同性恋伴侣①进行较好的纵向研究并回顾了其他学者较好的研究成果。②因此,我们将在他的研究基础上对有关同性关系的已有研究结果进行一个简单的回顾。

然而,在介绍同性关系的相关数据之前,我们有必要先讨论一下影响同性关系性质的重要因素。显然,与异性夫妻首要的不同点在于同性婚姻不受跨异性互动因素影响。例如,在社会中广泛存在并渗入婚姻生活的男女两性间的权力差异在同性伴侣中并不存在。基于性别的社会化差异同样缺失,如不同的交流与冲突类型、不同的态度和价值观。另外,同性伴
378 侣需要在缺少社会制度认同、较少的支持,甚至有时是充满反对的情形下互相配合并维持关系。支持水平可能是他们所面对的较大问题,他们也将缺少规范准则、面对更多的环境风险,所面对的关系中其他选择项的社会背景也有所不同。因此,在同性伴侣与异性婚姻甚至是同居者之间发现大量的差异理所应当。

另一个值得注意的地方是同性伴侣之间也存在着差异。特别是在女同性恋伴侣与男同性恋伴侣之间存在着系统性的差别,而这是由于两性在社会化和社会身份方面存在差异。如果把这两种不同的同性恋家庭归为一种将是一个严重的错误。就像异性恋家庭中有大量的差异存在一样,在男同性恋家庭与女同性恋家庭之中也存在着差异。事实上,这种预期中的差异是我们在回顾相关研究时需要注意的地方,因为大部分研究使用的仅仅是小型并不具代表性的样本(通常是年轻的白人中产阶级)。根据上述的注意事项,我们对同性婚姻有什么样的结论呢?最重要的结论便是同性伴侣与异性伴侣看上去并没有什么不同。男女同性恋伴侣会使用特别的名字来称呼对方以表示他们的关系状态(如"爱人"或者"伴侣"),他们也会使用一些如交换戒指和承诺的仪式来象征他们的关系与资源的共享。他们与异性夫妻最大的不同之处在于他们劳动的分工和权力的结构、他们对封闭性与自主性的取向与行为、性关系和社会支持。

同性伴侣,尤其是女同性恋伴侣,比异性夫妻更有可能平等分担家务琐事,尽管他们也会像异性夫妻那样,会根据各自的专长和喜好理性地分配家务并且随着关系的持续这种共同分担会慢慢减少。事实上,有证据表明同性恋伴侣为了促进在家务分配方面的平等会把技能"忘到一边"。与家务分配中的平等相似,这些同性伴侣(同样的,尤其是女同性恋伴侣)更有可能在他们的关系中抱有并遵从权力平等的道德准则。同性伴侣同样在亲密关系中更显自在,但同样更加开放并自主。涉及性别化与性行为,并没有证据表明同性伴侣会扮演传统的男女身份或性角色。所有的证据都表明所谓的男性化—女性化身份配对(伴侣一方承担男性身份而另一方承担女性身份)纯属虚构,至少那种按传统男女角色配对的说法是虚构

① For a description of this study, see Lawrence A. Kurdeck, "Relationship Outcomes and Their Predictors: Longitudinal Evidence from Heterosexual Married, Gay Cohabiting, and Lesbian Cohabiting Couples," *Journal of Marriage and the Family* 60(1998):553—568.

② Lawrence A. Kurdeck, "Gay Men and Lesbians: The Family Context."

的，并且同性恋伴侣在性关系中并不会明显地区分主动与被动的角色。最后，涉及社会支持系统，同性恋伴侣可依靠的家庭成员往往更少，他们比异性夫妻更倾向于依赖朋友（特别是同性朋友）。

总　结

1. 当今盛大的婚礼和精心设计的蜜月旅行具有其独特的功能和形式。盛大的婚礼在遥远的过去是一种社区事件，然而现代婚姻的功能更多的是为个人关系服务。蜜月旅行源于近代并同样是为个体需求服务。两者都可能是由现代社会日益增长的人际关系不确定性而衍生出来的仪式。

2. 在家内家外的分工问题上取得一致是步入婚姻的一项重要任务，并需要在婚姻历程中不断重 379
新协商和沟通。尽管家庭主妇这一角色有很多的价值，但这一角色通常是无报酬的和不受重视的。另一方面，家外的工作角色却能带来更多的酬劳和独立。因此，当伴侣双方公平合理的分担家务劳动时往往能够提高婚姻的满意度评价，尽管当人们持有传统思想和身份认同时这一影响将会减少。

3. 婚姻领域最重要的也是被最多研究的便是丈夫和妻子或是亲密关系中个体的权力地位和权力关系。*权力*是指不论对方抵抗与否依然能影响他人及其行为的能力。权力包括关键的权威领域（合法权力）和影响力。

4. 对决策结果的研究表示有些决策主要由丈夫进行，有些主要由妻子进行，还有些由双方共同进行决策。谁来做决策这一问题已得到了一种资源理论的解释：谁拥有最多资源（信息、教育、收入等等），谁就拥有决策权。

5. 资源理论本身并不能令人们信服。因此，一种相对资源理论或文化资源理论又被发展起来并不断接受检验。这种理论认为资源固然重要，但它必须被放在一个社会或文化的主流价值背景下才有可能被真正理解。

6. 与婚姻权力一样，人们也做过很多的尝试试图测评婚姻质量。尽管对于*婚姻质量*的定义不尽相同，但高质量婚姻在通常观念里大体包括夫妻高度的一致性、共同从事各种活动和任务、相爱。因为个体对于婚姻的期待和目标不尽相同，所以最佳的测评方式可能是将婚姻现实与个体的婚姻目标以及对于婚姻满意度的主观评价进行比较。“比较水平”这一概念可以帮助人们更好地理解个体对于自己在关系中的获利程度有不同标准这一事实。

7. 当考察了生命全程的婚姻质量、顺应度和满意度后，满意度似乎在婚姻开始早期最高，而子女青春期时最低。研究指出，婚姻全程的关系发展呈一个曲线（U型）——婚姻开端和结尾为满意度最高点。然而，一种同期组群型分析研究也对此结论提出了质疑。

8. 婚姻责任感和婚姻稳定性是婚姻关系的截然不同的两个方面。一个人的婚姻可以是低质量但同时是高责任感和高稳定性的，或者也可以是高质量但同时是低责任感和低稳定性的。原因在于责任感又分为三种不同的来源或类型——个人的、结构性的和道德的。第一种更可能与关系质量和个体满意度相关，而后两种却是建立在社会压力和个体道德感的基础之上的。因此，与婚姻顺应度或满意度的测量相比，很多作者也提出也许婚姻的可替换性更能够预测离婚的概率。可替换性比较水平这一概念的提出能够更好地帮助人们理解个体拥有各种不同的替代性资源并会将自己在婚姻关系中的所得与这些替代性资源相比较。当替代性选择被认为是弊大于利的时候（低比较性水平），许多不幸的婚姻仍会维持下去。

9. 研究表示婚内性交的发生率和频率在婚后的一到两年内达到最高水平，而自此以后便稳定下降。与非婚性行为相同，婚内性交率在过去几十年中有增长现象。

10. 已婚人士的异性性交行为并不是都发生在伴侣之间。婚外性交似乎变得广泛，并且不同性别和文化之间存在着很大的差异。

11. 尽管对同性关系的研究非常有限，但是已有为数不多的研究表明同性伴侣关系与异性关系并没有多少不同。已发现的不同点倾向于以下几个领域：亲密行为、自主权、社会支持、家务和权力划分的平等性。

很多家庭概念只包括婚姻系统，但是大多数家庭包括了子女或单身父母。正如我们所见到的那样，孩子的出现将对婚姻系统产生深远的影响。考虑到这些潜在的影响以及社会赋予生育的价值的差异和改变，那么不同社会、不同个体以及不同时代的生育决策各不相同也就情有可原。第十章讨论了生育模式、与生育有关的问题决策和家庭规模对婚姻和家庭功能的影响。第十一章讨论了子女在家庭中社会化的过程。

380

关 键 词

竞标婚礼(bidden wedding) p. 342
喧闹夜曲(rough music) p. 342
结婚旅行(wedding tour) p. 342
蜜月(honeymoon) p. 342
主妇(homemaker) p. 344
家务(housework) p. 344
家务中的性别差异(gender differences in housework) pp. 346—349
公平观念(perceptions of fairness) pp. 350—352
公平分配理论框架(distributive justice framework) p. 350
就业女性与婚姻(employed women and marriage) pp. 352—354
权力(power) p. 355
权威(authority) p. 355
影响力(influence) p. 355
权力的特征(characteristics of power) pp. 355—356
亲密关系中的权力和决策(power and decision making in intimate relationships) p. 356
资源理论(resource theory) p. 357
文化资源理论(cultural resource theory) p. 357
平等主义道德规范(egalitarian ethic) p. 359
婚姻质量和顺应度(marital quality or adjustment) p. 360
婚姻的成功(marital success) p. 361
婚姻幸福或满意度(marital happiness or satisfaction) p. 361
婚姻稳定性(marital stability) p. 361
比较性水平(comparison level) p. 364
代际间的婚姻质量(marital quality between generations) pp. 364—366
生命不同阶段的婚姻质量(marital quality over the life course) pp. 366—368
责任感(commitment) p. 368
个人型责任感(personal commitment) p. 369
结构型责任感(structural commitment) p. 369
离婚的阻碍(barriers to dissolution) p. 369
道德型责任感(moral commitment) p. 369
其他选择的比较水平(comparison level for alternatives) p. 369

婚姻的其他可替代性选择(marital alternatives) p. 370

与婚内性行为相关的因素(factors related to marital sexual activity) pp. 372—373

避孕措施的使用(contraception usage) p. 373

婚姻中的性适应(sexual adjustment in marriage) p. 373

情感工作(emotional work) p. 375

婚外性行为(extramarital sex) p. 375

婚外性行为的发生率以及人们对此的态度(incidence of and attitudes toward extramarital sex) pp. 376—377

同性关系(same-sex relationships) pp. 377—378

问题讨论

1. 虽然盛大的婚礼和精心设计的蜜月对于社区或婚姻关系不再具有功能性意义,但它们为什么会在当今社会如此流行?

2. 如果很多女性能够在主妇角色中找到快乐,那么为什么家务分工会成为婚姻冲突中如此重要的问题?

3. 比较婚姻中劳动分工的冲突观点、交换观点和符号互动论观点。每种观点是如何回答婚姻中如何创造劳动分工和权力关系平等性这一问题的?

4. 分辨术语*权力*、*权威*和*影响力*的区别。为什么女性和其他群体在权力关系中处于不利地位。

5. 你对婚姻中的权力有何看法?在怎样的情况下(如果存在的话)个体尽管拥有最多的资源却没有拥有最大的权力?又是在怎样的情况下(如果存在的话)个体尽管拥有很少的资源却拥有高水平的权力?

6. 阐述*平等主义道德规范*的定义并讨论它与婚姻满意度的关系。那么在高度男权的国家里婚姻关系的质量又会有什么不同呢?

7. 讨论*婚姻质量*的概念。婚姻质量是什么?它可以被测量吗?怎样测量?为什么一些认为婚姻质量很低的夫妻依然在一起?

8. 想一想你认识的年长的和年轻的夫妻,并挑选不同生命阶段中看上去婚姻或关系最为理想的两到三对。什么因素使得这些关系最为理想?理想婚姻关系间是否存在共同的特征?请举例说明。

9. 如何解释婚姻顺应度与家庭生活周期和生命全程之间的曲线关系?

10. 想一想你认识的年长的和年轻的夫妻,并思考什么使得他们一直在一起。他们在个人型、结构型和道德型责任心水平上有多大程度的不同?

11. 婚内性行为可能是如何受到以下因素的影响的:已婚时间、年龄、媒体、丈夫和/或妻子的就 381
业、宗教、子女数量和/或居住状态等等?如何解释已经发生的变化?

12. 良好的婚内性适应包括哪些内容呢?性适应度高而婚姻顺应度低这种情况可能存在吗?相反的情况可能存在吗?为什么?

13. 关于婚外性行为和“乱交”有哪些支持性和反对性争论?这些性活动一定会破坏婚姻吗?是否可能对婚姻有利或提高婚姻质量呢?为什么?

14. 你认为同性伴侣在亲密行为、开放性、自主性、劳动及权力分工的平等性等方面与异性夫妻为什么会有不同?

383

第10章

为人父母和繁育后代

案例

在大家庭里成长

斯图尔特和乔伊斯已经结婚45年。两个孩子双双成年，都是美国北卡罗来纳州大学的研究生，已婚，事业成功。他们有一个孙女和一个孙子，两个都是他们的骄傲和开心果。斯图尔特是家庭十四个孩子中第十二个孩子，乔伊斯是家庭十二个孩子中最小的一个。在这样的大家庭里成长，对他们的人生有怎样的影响呢？

斯图尔特和乔伊斯的童年经历十分类似。他们都以农场为生，都有特别指定的任务或家务要完成，包括运输木材和煤炭，帮忙农场杂务。那个时候他们的食物并不富裕但足以充饥，社区里的其他家庭也是这样。他们两家都没有通电，也没有汽车。父母中都是妈妈负责管教孩子，爸爸负责打屁股；妈妈们准备好一日三餐，一大家子围在长桌边聚餐。作为较年幼的弟妹，对弟弟妹妹比对哥哥姐姐的感觉更亲近，即便到了今天，也依然如此。

乔伊斯，作为家中最年幼的一个，觉得她比别的孩子拥有更多的特权。她喜欢有很多的兄弟姐妹，这样在她周围总会有人帮助她。她对兄长们有着特殊的记忆，他们的工作离家很
384 远，每周末回来并给她些零花钱，而她的母亲会用多彩的棉饲料袋给她制作新裙子。她回忆起有一次想要烫头发，但是没有钱，只好靠捡黑莓来支付。让她最遗憾的是没有像其他孩子一样有一个祖母。

斯图尔特也认为他拥有一些特权，但是与他最小的弟弟不同，弟弟可以像国王一样生活，获得任何他想要的。另外，他也有工作方面的特别记忆，他跟随父亲在家附近学习技艺，而他的父亲是一个熟练的木匠。因为他所就读的学校造在他祖父提供的土地上，所以他和他的兄弟姐妹只要步行250米便可去学校读书，还可以每天步行回家吃午饭。

如今，斯图尔特和乔伊斯和兄弟姐妹保持着密切联系。乔伊斯记得他们所有人的生日，斯图尔特说他只记得某些人的生日。乔伊斯的兄妹以及他们的配偶，和她的侄子侄女们一年聚两次，一次在 6 月，一次在 12 月，这个时候他们送出写好名字的圣诞礼物。斯图尔特的家庭每年 5 月聚会。他们会因有这么多亲戚而感到困扰吗？答案是不会。他们都认为这样很好。

问题思考

你是怎么看待"大家庭"的？为什么？你是怎样解释所需孩子数量和实际出生量的显著减少的？

斯图尔特和乔伊斯拥有有众多的兄妹，有什么优劣势吗，这些优劣势今天仍然存在吗？

在十二个孩子中最后出生还是在十四个孩子中倒数第三个出生，是男孩还是女孩，这些有特别的意义吗？如果他们是第一个或第三个出生的话，情况是否会不一样呢？为什么？

在所有社会中，孩子有相当大的辅助价值或情感价值，而且在大多数社会中，婚姻领域和家庭制度中包含了生育的责任以及之后的孩子成人化的责任。然而值得一提的是，尽管婚姻常常被认为是抚养小孩的先决条件，但这并不是绝对的。同样，家庭并不总是为早期的社会化负责任的。

在这一章里，我们将讨论不同社会类型中孩子的价值，特别是像美国这样的现代西方社会。我们也会探讨有孩子对家长到底意味着什么。这些因素都对是否要孩子和在特定时间和不同规模家庭出生孩子的数量具有重要影响。随后我们将会看一看不同社会间和美国社会内部不同的生育模式。我们将讨论出生率如何随时间改变、不限制孩子数量或没有孩子的婚姻模式，以及父母年轻化和未婚先孕的现象。最后我们会思考因为拥有孩子而产生的积极和消极的结果，以及有多个孩子对家长和孩子的影响。养育行为和孩子社会化的问题将会在第十一章中予以讨论。

孩子的价值

在大多数国家，一般的已婚夫妇，特别是女方，在成为父母时将面临相当大的社会压力。在美国和其他高工业化国家，首次妊娠的年龄延后；节育能力增强；出生率下降；越来越多的女性加入劳动力大军，更多家庭偏好将家庭规模限制在只有两个小孩或更少，这些都说明了文化和社会压力在近几年似乎有所降低。当然，许多意外怀孕是由于一些以乐趣而非以生殖为目的、或是受人强迫而非自愿的性行为。这些计划外的并且通常是不受欢迎的怀孕又 385

引发了个人及社会的争论,是堕胎、单亲抚养还是供人收养。

尽管存在意外怀孕,出生率不断降低,平均家庭规模在减小,和丁克家庭在增加(这些都会在后面加以讨论),男人和女人仍然希望并且自愿想要孩子。考虑到想要领养孩子的已婚和单亲父母的庞大数量,以及离婚后对孩子监护权的法律诉讼的众多案件,甚至大量断断续续的孩子诱拐事故(一个家长从另外一个家长那里诱拐小孩),可以肯定的是,孩子是很有价值的。

虽然孩子对这世界的男男女女来说很重要,但是孩子的数量和他们的重要性却在不断改变。在早期工业社会,提高人口出生率主义的价值观很流行。提高人口出生率主义(pronatalism)是指坚信有孩子(和许多孩子)是非常有价值的。但是这价值从何而来,如今在诸如美国这样的现代社会是否还存在?菲利普·摩根和罗莎琳德·伯科威茨·金表明有三个因素支持着高生育率,并且它们将助长提高人口出生率主义的观念。①

可以肯定,有些想要小孩的需要来自于生理因素。如果遗传物质不能随着繁殖一代一代流传,则物种将无法生存下去。然而,遗传物质到行为的转化既不是一个直接结果也不是一个既定的过程。遗传物质产生生理条件(如,一些特定荷尔蒙和神经传输物质的出现),使一些行为和外部条件比别人更赏心悦目。在繁殖行为中,保持繁殖驱动力的最显著的行为是性刺激。其次较为复杂,涉及由近亲利他行为,特别是在与婴儿互动行为中产生的生理反应。第三,有小孩可以产生积极的情感反应,因为有小孩可以反映并强化个人的能力和地位,继而提高了孩子的成活率。

因此,那些性活跃的人和对孕育孩子拥有强烈积极情感体验的人更有可能成功孕育出健康长大的孩子,而这些孩子也将继续繁衍下一代。最终,他们的这种积极怀孕的驱动力和倾向在家长—孩子的相互作用中将会代代相传,并在文化价值如提高人口出生率主义中得以表达。这些驱动力中没有一个可以决定繁殖率。更确切地说,它们影响着个体去繁殖。然而,这些倾向可能并且常常受到限制,有时候会使给定的现有环境条件发生改变。

第二个促进提高人口出生率主义的因素是高产率的*制度性结果*。分娩带来的新成员的增加和妇女由于重复怀孕产生的对男人的依赖性都可对社会及其中的制度性安排产生影响(如性别角色和性别阶层)。

例如,当孩子的能力对生产活动有高的经济价值时(如早期农业社会),提高人口出生率
387 主义的呼声和出生率就高。当文化和政治疆界受到威胁时,社会也应该鼓励多产。提高生产率可以提高将来的战斗力,同时志同道合的人建立起有凝聚力的社会群体,有助于在一代又一代人中传承文化价值观。既然多产会带来女性对男性的依赖并由此产生权力的差别,那么提高人口出生率主义和高生产率就应该对社会中性别阶层系统负责。

---

① S. Phillip Morgan and Rosalind Berkowitz King, "Why Have Children in the 21st Century? Biological Predisposition, Social Coercion, Rational Choice," *European Journal of Population*, 17(2001):3—20.

跨国家庭 386

全球化及拉丁美洲孩子的重要性

在一项对拉丁美洲家庭生活和童年时代的历史研究中，伊丽莎白·库曾索夫认为现代化和全球化力量在几方面起到作用：一是对以往功能亲属关系的打乱；二是针对认为童年环境充满问题的观念；三是针对认为家庭系统已在近年被破坏的歪曲观念。先前的功能亲属关系已经被渐长的不平等性所挑战，这是由于全球化使得不同社会阶层亲戚间的互助变得越来越少。由于全球化过程对"童年期"形成了一个非常狭隘的定义，而没有考虑到拉丁美洲的孩子所处的特殊环境和他们的街道生活与其家庭适应力的关系，从而使得越来越多的人认为他们的童年期充满了问题并需要额外的社会控制。最后，家庭是不可修复的这一观点被孩子们的失败加强。因此只有那些富有家庭的孩子能够达到所谓童年期的种种标准——即一段独立的、成熟的、保护主义的、玩耍和教育的阶段。

拉丁美洲的孩子长久以来一直被认为是边缘的，在西方人看来是需要社会控制的。这一认知大多源于以下三点：历史上孩子在人口中的高数量(年龄小于 20 岁的人口在十八世纪占总人口 30%—50%并在二十世纪末超过 50%)、历史上的高私生率(十六至二十世纪间为 30%—60%)、认为孩子应该在稳定的核心家庭过西式生活的期望。近年来，由于全球化进程导致的不平等性，拉丁美洲的无家可归之人和街道家庭的数量有所增长，更强化了这一认知。

虽然帮助那些需要帮助的人是必需的，但过分夸大拉丁美洲孩子的问题也是不对的。拉丁美洲的孩子不是过着如其他西方孩子那样的"被养育"的童年，而是过着"自我养育的童年"。而这种自我养育的童年经历正体现了儿童的价值。在高度母权并且存在大量单亲妈妈的平民社会中，孩子是作为家庭的积极贡献者存在的。所以，他们的童年期应该从另一个角度来理解。街区孩子通常是有其家庭背景的，他们在街区的活动时间常常受到家庭适应性的限制。很大程度上，这些孩子本身并不是需要得到"控制"的"问题"。不幸的是，全球化是一个会导致以单维度思维来理解世界的过程，这种单维思维又强化了全球化进程本身。结果，孩子的重要性和边缘国家的孩子的需求常常被误解并忽视。

来源：Elizabeth A. Kusnesof, "The House, The Street, Global Society: Latin American Families and Childhood in the Twenty-First Century," *Journal of Social History*, 38 (Summer 2005):859—872.

最后，孩子对成人的投入是有反馈结果的，这结果会使得家长去拥有更多或更少的孩子，对生育没有严格控制制度的社会尤为如此。当养育一个孩子可以带来较多的好处时，个体和夫妻想要孩子的愿望和积极态度的表达会很高。因此,有孩子是个*理性选择*的过程。如果养育孩子需要投入很少(经济上的,社会和情感上的)同时又会带来很多好处时,个体和夫妻便会想要更多的孩子——或至少不会强烈地想要限制孩子的数量。当怀有孩子需要付出更多(直接及机会成本,如就业或升职机会的降低),繁殖率就会比较低,对提高人口出生率主义这一文化规范的支持也会降低。

理性选择是如何在是否要孩子的决策中起作用的呢?“不确定性减少理论”①便是一个很好的例证。这个理论假设,在世界范围内,人们都追求不确定性的减少。在一定情况下,如当家长面临离婚、守寡和经济危机时,孩子的价值在于可以提供安全保障(提高了确定性)。因此,当老人除了家庭关系外没有任何其他的社会供给时,生育率和提高人口出生率主义就会上升一些。如果婴儿和孩子死亡率较高,这些效应会更强,因为家长试图通过生育更多孩子来增加小孩存活到成年的几率。

在美国这样的现代社会里,提高人口出生率主义的种种影响因素又将透露些什么信息呢?你可以想象生育率将越来越低,提高人口出生率主义会由于现代社会中的一些理由得到削弱。

首先,现代社会的女性能更好地控制她们的性生活,并且生育的可能是建立在性别平等和先进生育技术(如,避孕和堕胎)相结合的基础之上。进化理论声称男性女性在繁殖问题上存在不同的利益,这就是广为人所知的“父母投资理论”。②这个理论认为雄性喜欢与物种中最“适合”的雌性尽可能多地发生性行为。与健康、有繁殖能力的雌性繁育的小孩越多,雄性便能拥有越多的后代长大成人,并继续繁衍后代。然而,物种中的雌性却倾向于限制繁殖量,以确保在每个后代身上投入更多的心理、情感和物质资源,从而确保后代的存活。因此,社会中女性权力的增加将会减少每个人繁殖后代的数量,但是想要孩子的欲望仍然是很强烈的。

第二,工业化和现代资本主义使得儿童的经济生产价值发生重大转变,也削减了男性在主流性别意识形态方面的控制力。既然孩子的生产价值降低了,那么社会在促进高水平繁殖上的兴趣也就减少了。当然,为了维持经济活动的发展和增长,社会依然会提倡保证一定程度的生育率,以便提供必要的劳动力。

388 男性对主流性别意识形态控制的放松会削弱提高人口出生率主义的行为准则的力量,因为这些准则在某种程度上增长了女性对男性的依赖,尽管科技的进步、儿童看护的出现及其他相关机构已经大大减少了由照料儿童带来的依赖。

最后,作为现代化的作用之一,提高人口出生率主义的行为准则也将被削弱,因为个体拥有更多的自由去自己作决定,并且更有可能拒绝因为传统压力而生孩子。在这些文化背

① Debra Friedman, Michael Hechter, and Satoshi Kanazawa, “A Theory of the Value of Children,” *Demography* 31(August 1994):375—401.

② See David C. Geary, “Evolution of Paternal Investment,” in D. M. Buss, ed., *The Handbook of Evolutionary Psychology*(Hoboken, NJ: John Wiley & Sons, 2005):483—505.

景下，生育越发成为一种理性选择而非对社会准则的顺从。可以肯定的是，在现代社会中，这种社会准则依然存在，并且性别意识形态在促使女性变成母亲方面依然扮演着重要的角色。正如女性主义学者①指出的，提高人口出生率主义在当代西方社会依然完好生存着，只不过以一种更加隐蔽的形式，比如当代文化把生育孩子和母亲身份等同于女子气质的概念，在这个层面上，无法成为母亲意味着作为一个女性的失败。

繁殖行为

不管是为了什么原因，美国的已婚夫妻在他们的生命历程中的某个时段总是想要、不得不要或者期待拥有自己的孩子。然而，“*什么时候*”要“*多少*”孩子显示出了一种与以往不同的提高人口出生率主义的类型，人们不再聚焦于孩子的经济、政治和文化价值，而聚焦于只生育一两个孩子所带来的积极的个体结果(对自己、夫妻和孩子)。这种新形式的提高人口出生率主义是从2007年的民意调查结果②中显现出来的，在这次调查中，有56%的美国人表示最好只要一两个孩子，有34%的人表示要三个及以上的孩子，有9%的人表示还没有想好。只有1%和3%的人分别表示不要孩子和只要一个孩子，这一事实显示出拥有至少一个最好是两个孩子的重要性。调查显示在美国人心中最理想的家庭规模平均为2.5个孩子。与遥远的过去相比，这个数字确实低了很多。自从二十世纪七十年代以来，尽管在家庭生活其他方面，公共观念已经快速地向小型家庭模式转变，但是理想的家庭规模所需要的孩子数量却没有多大改变。但是这些仅仅是观念和预期，真实的出生率又是怎样的呢？

出生率是当今记录最为完好的可获得的社会描述性数据之一。2009年，美国人口普查局估计在2006年有427万人口出生，也就是每1000人口有14.2人出生的概率，这是过去 389
60年中最低的出生率之一。③当然，出生率并不能告诉我们一个育龄女性将要生育孩子的可能性，因为出生率很容易受到人口中非育龄人口(0—15岁和45岁及以上)比例的影响，

---

① See: Elaine May, *Barren in the Promised Land: Childless Americans and the Pursuit of Happiness*(New York: Basic Books, 1995); Ann Phoenix, Anne Woollett, and Eva Lloyd, eds. *Motherhood: Meanings, Practices and Ideologies*. (Newbury Park, CA: Sage, 1991); Carolyn Morell, “Saying No: Women's Experiences with Reproductive Refusal,” *Feminism and Psychology*, 10(2000), 313—322; and Rosemary Gillespie, “Contextualizing Voluntary Childlessness within a Postmodern Model of Reproduction: Implications for Health and Social Needs,” *Critical Social Policy*, 21(2001):139—159.

② Joseph Caroll, “Americans: 2.5 Children Is ‘Ideal’ Family Size,” Gallop News Service, June 26, 2007. http://www.gallup.com/poll/27973/Americans-25-Children-Ideal-Family-Size.aspx.

③ Department of Health and Human Services, *National Vital Statistics Report*, vol. 50, no. 5, “Births: Final Data for 2000”(Hyattsville, MD: National Center for Health Statistics, April 17, 2001), Tables 1, 10, 15 and 16, pp. 27, 40 and 45; and U. S. Census Bureau, *The 2009 Statistical Abstract*, “Table 77—Live Births, Deaths, Marriages, and Divorces.” http://www.2010census.biz/compendia/statab/cats/births_deaths_marriages_divorces.html.

并且这一概念不仅包括女性还包括男性。因此,对于女性生育模式更有效的测量手段是“生育率”。2009 年,美国人口普查局调查显示,在 2006 年时人口中每 1000 名 15 至 44 岁的女性生育的孩子数量为 68.5 名,与 2005 年相比大约增长了千分之二,幅度虽小却出乎意料,因为在过去十年中生育率相对稳定在 64 和 66。①

2006 年的出生率在不同地理区域间差异甚大。从整个国家来看,低于国家平均出生率
390 水平的有东北地区和大部分中西部地区、濒临大西洋诸州、西北地区,而高于国家平均水平的是南部和西南地区。②从各个州来看,犹他州的出生率高达 21.0,而佛蒙特州、缅因州、新汉普州的出生率却低至 11 以下,分别为 10.4、10.7 和 10.9。这些差异与先前的研究结果保持了一致。考虑到这些地域差异,我们也不难想象摩门教徒(大多生活在如犹他州和爱达荷州这样高生育率的州)、西班牙人(这也是新墨西哥州、亚利桑那州、加州、得克萨斯州拥有高生育率的原因)、传统基督教徒(是南方诸州高生育率的原因)中的高出生率。

正如图 10.1 所示,美国每年的出生数量和生育率也随着时间推移而发生巨大变化。例如,在 1930 年,生育率大概为每 1000 名 15 至 44 岁女性平均生育 85 个孩子。这个比率在大萧条期(1930—1940 年)降至 80,继而在二战后的 1956 年骤升至 120,这就是众所周知的“婴儿潮”。年出生数量在战后的突增并不意味着重新回到十九世纪的大型家庭时期。更确切地说,婴儿潮是一场脱离单身、丁克婚姻和独生子女婚姻的运动。这次生育的高峰,只有一小部分归功于拥有三个及以上孩子的家庭数量的增长。生育率在 1975 年陡然降至 60,至 2005 年一直保持稳定或微幅上升。

图 10.1 出生量和生育率:1930—2005 年

来源:Department of Health and Human Services, *National Vital Statistics Reports*, vol. 50, no. 5, “Births: Final Data for 2000”(Hyattsville, MD: National Center for Health Statistics, February 12, 2002), Figure 1, p. 4.

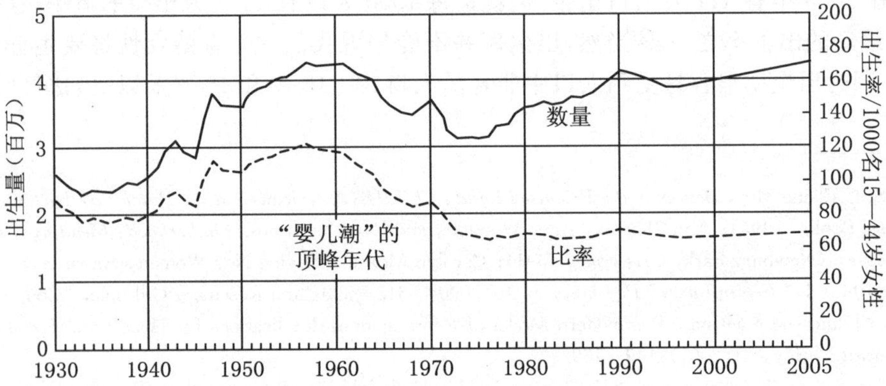

---

① U. S. Census Bureau, *The 2009 Statistical Abstract*, “Table 78—Live Births, Birth Rates, and Fertility Rates by Hispanic Origin Status.” http://www.2010census.biz/compendia/statab/cats/births_deaths_marriages_divorces.html.

② U. S. Census Bureau, *The 2009 Statistical Abstract*, “Table 81—Live Births by State and Island Areas: 2006.” http://www.2010census.biz/compendia/statab/cats/births_deaths_marriages_divorces.html.

让我们一起来看一看同一时期的出生数量的变化曲线，其走势与 1975 年至 2007 年的生育率变化曲线非常相似。与这一时期的生育率不同，活产数量呈螺旋式上升趋势，这一现象被称为"小婴儿潮(baby boomlet)"或"婴儿潮共鸣(baby boom echo)"。因为这一时期的生育率相对平稳，那么出生数量的增长既不能归因于生育妇女比例的增长也不能归因于女性人均生育孩子数量的增长。相反，这实际是源于婴儿潮过后 25 到 35 年，女婴儿潮一代进入 391
最佳生育年龄，造成新生儿出生数量的突增。换句话说，尽管生育的可能性和每个女性生育孩子的数量保持不变，但是人口中的育龄妇女数量却增加了。

二战后的婴儿潮改变了美国一个世纪以来生育率下降的趋势。有理论认为其原因包括促使女性生育的社会规范压力的增大、由战争带来的人口断层和混乱、战后的经济繁荣、经济大萧条期对成长所带来的长期心理影响。

用于考察生育行为及其前因后果的最佳手段便是"*总生育率*"(TFR)。"总生育率"对某一年中的每个育龄女性一生的生育量进行了估计，实际上，它假设一个妇女在整个育龄期都按照某一年的生育年龄模式进行生育。换句话说，这一概念假设 2008 年人口中的 20 岁女性在 2009 年(当她 21 岁)生育的概率与 2008 年观察到的 21 岁女性的生育率相同。在 2010 年(当她 22 岁)她生育(无论第一胎与否)的概率与 2008 年观察到的 22 岁女性的生育率相同。将这些特定年龄生育率结合该年人口中女性年龄分布来看，就可以估计女性一生的生育量。显然在这些估算中有些重要的前提假设并不充分，但是 TFR 在理解生育率的长期趋势方面却被证实非常有用。

在美国，2006 年的总生育率大概为2.10。①这一概率意味着通过自然生育途径(比如没有外来移民)几乎可以"接替"人口。由于只有女性可以生育，所以每个女性要生育两个孩子，这样才能弥补她和一个男性死后人口中的空缺。考虑到性别比并不是精确地各占一半，而且有一小部分女性生理上不能生育，这就需要人口中能生育的女性平均每人生育两个以上(2.11)的孩子，才能够填补人口空缺(接替阈限值)。如果将美国的生育率和模式与其他西方国家相比较又会得出什么结果呢？表 10.2 所显示出的欧洲国家的长期总生育率趋势已经成为政治家和决策制定者关心的重要问题。尽管表中低于接替阈限值的国家数量趋于稳定，但是 39 个受测国家中有 25 个国家的总生育率都一定量地低于接替阈限值，并有 10 个及以上的国家的总生育率极度低于接替阈限值。表 10.3 显示，南欧、中欧、东欧的总生育率最低。总生育率的下降使得人们开始重新呼吁"新的提高人口出生率主义"，从而对女性施加社会规范的压力使其生育更多的孩子。②然而，也有人提出我们需要更为综合的解决方

---

① U. S. Census Bureau, *The 2009 Statistical Abstract*, "Table 82—Total Fertility Rate by Race and Hispanic Origin." http://www.2010census.biz/compendia/statab/cats/births_deaths_marriages_divorces.html.

② European Commission, *The Demographic Future of Europe—From Challenge to Opportunity*, Communication of 12 October 2006[COM(2006)571]. http://ec.europa.eu/employment_social/news/2006/oct/demography_en_pdf.

案,对待这一问题需要更为谨慎和多方论证。①

392 图 10.2　1970—2005 年,欧洲阶段性总生育率低于 1.7、1.5 和 1.3 的国家数量

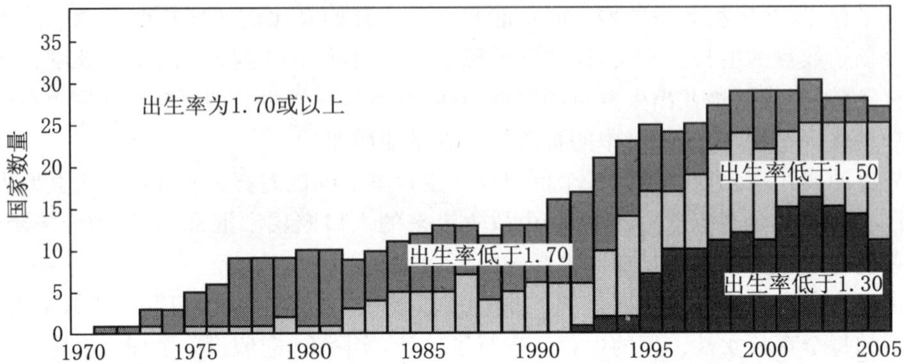

图 10.3　1950—2006 年,欧洲主要地区和美国的阶段性总生育率

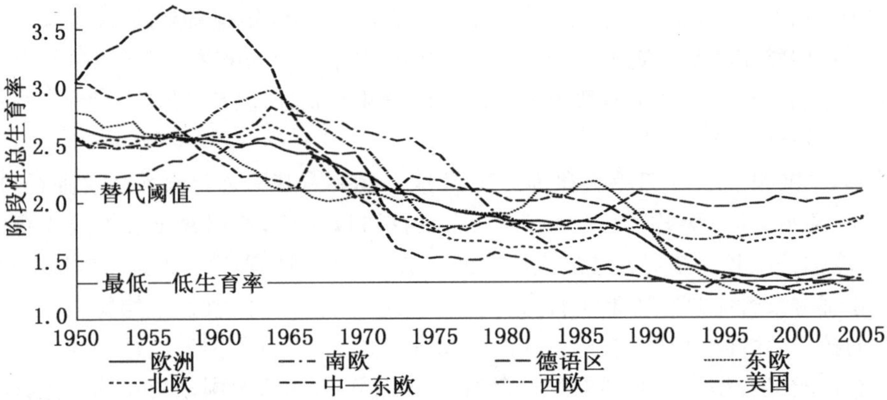

总体来说,美国的总生育率与欧洲国家相比仍相对较高,尽管其过去 50 年的下降率比研究中的其他任一欧洲国家都要高(见图 10.3)。生育率降低的原因何在?而这对于这些社会又意味着什么呢?

在过去几十年中,推迟第一胎的趋势非常明显。特别对于大学学历的女性来说,随着她
393 们对于事业的追求和儿童照料机构的发展,在推迟婚姻和生育方面的改变非常巨大。②世界各地推迟生育的女性与在平均年龄生育的女性相比,生育更少的孩子并且显著地更为富裕。

① Jonathan Grant and Stijn Hoorens, "Does the Commission's Report Adequately Address the Key Issues of the Demographic Future of Europe," *Vienna Yearbook of Population*(2007):13—17.

② Ronald R. Rindfuss, S. Philip Morgan, and Kate Offutt, "Education and the Changing Age Pattern of American Fertility, 1963—1989," *Demography* 33(August 1996):277—290.

例如，日本是世界上生育率最低的国家之一，过去二十年中其生育率的下降并不能归因于避孕措施的使用，而是源于初婚年龄的推迟。①日本女性结婚的平均年龄——27 岁——为全球最高，并且可能永远不结婚的人数比例在过去三十年中已增至三倍。推迟的婚姻和不婚都降低了生育率。

在西方现代社会，随着各种机制之间相互关系的改变（如教育、工作和家庭生活之间）、习俗制度对行为控制约束的失用、对满足个体需要的关注，婚姻和生育的推迟已成为西方社会大进程中的一部分。在前现代社会，个体的生活在很大程度上受到所生存社会的制度结构的控制，其行为必须满足于大众的需求。在现代社会，个体需要为他们的行为寻找动因，这一动因往往和他们渴望的目标或结果有着合理的联系。个体最为重要的人生目标之一便是为了自身的发展。现代社会重视个人价值和个人的心理及情绪能力的发展。

一方面，这些改变使得男女为了提升自己的事业、追求自己的婚姻和总体幸福感而推迟甚至放弃生育。这些推迟对总生育率有着消极的影响。另一方面，这些变化也导致了新的提高人口出生率主义，这种观念将女性的个人自我实现与养育小孩联系在一起，并主张限制每个女性生育孩子的数量以达到优生优育。因此生育率在一个已大大降低的水平上终于保持了稳定。

托马斯·弗雷杰凯和托马斯·索博特卡指出，在社会层面而言，生育率降低的影响是广泛而严重的。②低的总生育率是人口年龄分布扭曲的先兆，老年人比例上升，年轻人比例下降，而正是年轻人负责赡养老年人并保持经济活力与增长。在短期内，企图通过宽松的移民政策增加劳动人口会在政治局面产生消极影响，并会增加社会、国家和文化认同等问题。幸运的是，这些总生育率的趋势是暂时的，尤其是在欧洲的发展中地区正经历着巨大的社会转型。一旦这些转型完成，生育率便很有可能返回到人口接替水平。

新　闻 394

出生率危机席卷中欧

发达国家许多地区的人口水平正在下降，但这一现象在前东欧集团尤为显著，那里的儿童人数在一代人的时间内骤然跌落。

---

① Naohiro Ogawa and Robert D. Retherford, "The Resumption of Fertility Decline in Japan: 1973—1992," *Population and Development Review* 19(December 1993): 703—741.

② Tomas Frejka and Tomas Sobotka, "Overview Chapter 1: Fertility in Europe: Diverse, Delayed and Below Replacement," *Demographic Research*, 19(July 2008): 15—46.

斯洛伐克是一个例外,那里从十九世纪七十年代开始每天就有一捆捆盖有邮戳的包裹到达。前捷克领导人古斯塔夫·胡萨克不断给老百姓带来福利。在他执政期间,公寓廉价、产假长,又缺乏其他合适的活动,人们出于百无聊赖制造了一个婴儿潮。而他的主要功绩便是在当今又重新制造了一个小的婴儿潮。

在巴迪斯拉华城郊 Petrzalka 和多瑙河沿岸的妇女已经达到了生育的最佳年龄。而斯洛伐克正是中欧唯一出生人数多于死亡人数的国家。勇敢的斯洛伐克人颠簸于各个区域之间,自豪地繁衍着后代。

措施

来自斯洛伐克人口统计研究中心的鲍里斯·范诺对统计数据没什么好印象。他叹息道:在 1974 年有 10 万个婴儿在斯洛伐克出生,而现在一年只有 5 万婴儿出生。他预言,即使女婴儿潮一代拥有她们的小孩——幸运的话有两个,那时斯洛伐克也将同中欧其他地区一样陷入人口收缩的窘境。

他在布拉格的同仁解释道,在十九世纪七十年代,两人交往平均 3 个月以后便会结婚。这时女孩一般在 22 岁,并且通常已有了身孕。那样的婚姻或许已经不存在了,而他们的后代们也已经改变了观念并将结婚年龄推迟到了 30 出头。这些后代们已经进入了避孕的普及时期,而这些是他们的父母未曾想到的。在共产主义社会,人工流产才是最普遍的方式……

前欧洲共产主义国家还有另一件具讽刺意味的事风靡一时,那便是“以在坦克道上抵抗开始,以呆在妇产科病房结束”。在 1956 年事变失败后的匈牙利、在 1968 年布拉格之春后的捷克斯洛伐克、在 1981 年戒严后的波兰,出生率都大幅度增加。这是因为年轻一代在渴望更多政治自由的道路上受阻,只能在其他方面寻求安慰。

婴儿奖励计划

在华沙,家庭部长乔安娜正翻阅日历。她是共产主义时期最后的婴儿潮一代,1983 年出生,她已经开始考虑有关生育的事情。她所处的保守政府正寻求方法去鼓励女性生育。她解释道:“我们的研究表明波兰的女人仍然是想要小孩的”,但是她们同时又想持续工作。所以她已经制定出了一系列措施,包括延长产假,为企业减税,增加自雇的灵活性以及在工作场所修建幼儿园和托儿所,从而希望她的同胞们能够生育小孩。法国便是一个成功的典型,那里的人口一年增加了 25 万。

华沙另一个地方的人口统计学家克里斯蒂娜·伊格尔利卡提到,在波兰是不可能实现这么大的人口增长的。她仔细研究了法国的数据,发现在现代法国那些拥有很多小孩的妇女都是移民,“而我们并不允许移民长期居住”。

波兰劳动力短缺逐步加剧,因为年轻有技能的工人都流动到西部地区,如英格兰和爱尔兰。而且最新研究表明他们打算在那里呆上比预期更久的时间，未来的波兰小孩可能在都柏林和达灵顿诞生。

来源：Nick Thorpe, "Birth rate crisis hits Central Europe," BBC News, Poland. http://news.bbc.co.uk/2/hi/programmes/from_our_own_correspondent/6929516.stm.

为人父母的社会后果 395

如果想要理解近年来生育率为何降低，那么就应该先了解生育对父母亲生活的影响。如上文所述，在现代社会是否要小孩是一种理性选择的过程，许多夫妻不得不做一个预判，看看小孩将给他们的幸福生活带来多大的影响，以做出最好的选择。那么，在研究文献的记录中，父母身份又带来了哪些社会影响呢？其中之一便是父母身份将改变父母的雇佣模式和双方的收入。

对于男性而言，有关父亲身份的观点认为"有孩子"对于他们的工作有着积极的影响。① 一方面，研究表明与那些没有为人父的男性相比，父亲更可能找到工作，并且工作时间也更长；另一方面，随着越来越多的已婚妇女分担起养家糊口的责任，许多主张平等主义的年轻的父亲也会牺牲在外的工作时间，以投入更多的精力到家庭和孩子身上。换句话说，"养家糊口的父亲"模范要求他比未为人父的男性更多地工作，然而一个"投入的父亲"模范却要求父亲少工作。对于女性而言，绝大多数已婚女性在怀孕前都会工作，但大部分女性都会随着怀孕的进阶而离开工作岗位。在琳达·韦特和其他一些人的研究中发现，仅仅五分之一的女性在临盆那一个月仍在上班。②很多母亲在生育两年后会重新回到工作岗位，但是她们的就业率仅为生育前的60%，收入也会因为孩子的出现而受到影响。即使对兼职这一雇佣关系进行了控制，有孩子对女性收入的消极影响仍然存在。

父母身份所带来的另一个社会后果与心理影响有关。研究发现那些有孩子的家长比那些没有孩子的家长的心理困扰与怒气水平更高。③小孩给母亲带来的压力比父亲大，并且这

---

① Gayle Kaufman and Peter Uhlenberg, "The Influence of Parenthood on the Work Effort of Married Men and Women," *Social Forces* 78(March 2000): 931—949.

② Linda J. Waite, Gus W. Haggstrom, and David E. Kanouse, "Changes in the Employment Activities of New Parents," *American Sociological Review* 50(April 1985): 263—272; and Young-Hee Yoon and Linda J. Waite, "Converging Employment Patterns of Black, White, and Hispanic Women: Return to Work after First Birth," *Journal of Marriage and the Family* 56(February 1994): 209—217.

③ Chloe E. Bird, "Gender Differences in the Social and Economic Burdens of Parenting and Psychological Distress," *Journal of Marriage and the Family* 59(November 1977): 809—823; and Catherine E. Ross and Marieke Van Willigen, "Gender, Parenthood, and Anger," *Journal of Marriage and the Family* 58(August 1996): 572—584.

种压力随着孩子数量的上升而上升。两种典型的压力包括经济压力和照顾孩子的压力。因为经济地位的不平等和家庭责任的不均分配,导致母亲的烦恼和压力最大。

父母身份所带来的第三个影响与婚姻稳定性有关,至少从短期来看确实如此。在第9章中我们给出的数据表明了婚姻满意度会随着孩子出生而降低。在本章中随后的数据也将显示出那些丁克夫妻与有孩子的夫妻相比有更高的婚姻适应水平。相反,来自新西兰和美
396 国的研究却表明,头胎出生和学前班的孩子对年轻夫妇的婚姻*稳定度*有着强烈的积极影响。据估计,在第一个孩子2岁之前,如果没有这个孩子的话将有超过20%的父母离婚或者分居,而实际的离婚率只有5%—8%。①家庭中的学前期幼儿在降低家庭破裂风险方面是一种保护性因素。

林恩·怀特和艾伦·布思把这个因素称作"制动假说"。他们认为尽管孩子不能阻止离婚,但起码可以让父母更慢地做出离婚的决定。②这些研究者同样发现,与那些三年中还没有孩子的夫妻相比,初为父母的夫妻离婚的可能性更小,这与前文提及的孩子和婚姻幸福之间持续的负相关又一次大相径庭。为什么研究结果如此不一致呢?原因在于并不是拥有更稳定婚姻的人们就一定有孩子(一种选择性论证),并且它是部分地立足于"孩子的诞生是使婚姻结构发生消极变化的主要原因"这一论点上的。相对地,怀特和布思把注意力投向了人们对于离婚的不同倾向性。他们发现,没有孩子的夫妻相较而言更注重婚姻本身的幸福。因此当他们感到不幸福时便更有可能离婚。无论出自怎样的原因,有年幼孩子的夫妻确实较少离婚。

不孕(childless)/无子女(childfree)的婚姻

许多年以来,各种神话中都认为想要生孩子是女性的本能。这个关于母性本能的神话进一步发展,认为孩子一旦出生,母亲就会本能地爱护和照顾他们。因此,终生没有生小孩的女性被认为是有生理或心理缺陷的。

很快,各种各样反面的例证便出现了。数据、研究报告、报纸和八卦网络让我们看到也有很多的女性通过合法或非法途径终止妊娠、频繁虐待甚至杀死她们的孩子、或者根本不希望有小孩。并且不论结婚与否,那些从未有过孩子的女性并没有遭受严重的生理或情感损伤。这种种的一切都使女性想生孩子并给予疼爱是本能的这一观念被动摇。不要孩子越来越被看作是一种生活方式的选择而非缺陷。因此,很多学者主张更改相关的专业术语,比起

---

① David M. Fergusson, L. John Horwood, and Michael Lloyd, "The Effect of Preschool Children on Family Stability," *Journal of Marriage and the Family* 52(May 1990):531—538; and Linda J. Waite, Gus Haggstrom, and David E. Kanouse, "The Consequences of Parenthood for the Marital Stability of Young Adults," *American Sociological Review* 50(December 1985):850—857.

② Lynn K. White and Alan Booth, "The Transition to Parenthood and Marital Quality," *Journal of Family Issues* 6(December 1985):435—449.

"不孕","无子女"这一术语显得更为中立。然而,正如之前指出的,仅仅 1%的美国公民不希望有孩子。

同一般的社会调查结果相比,实际无小孩者占的比率比 1%要高得多。2006 年,在 40 到 44 岁(标志着女人繁殖力旺盛期的结束)之间的女人,有 20%是没有小孩的。这个数据与二十世纪八十年代相比翻了一番。①然而纵观历史,这一比例也曾达到甚至高于 20%,从 1880 年的 18%到 1940 年的 22%不等。②在使用这个比例的时候要注意两个问题:第一它并不是反映当前年轻女性的比例;第二它并没有告诉我们这些女性之所以没有子女是否出于个人选择。不论怎样,这一比例都是很值得关注的。 397

家庭多样性

生殖科技

如今,在受孕、孕育和生育等相关问题上,家庭面临着与以往大不相同的选择。值得注意的是这些选择的出现都源于科技的进步。

如今新的*避孕方式*给男女两性同时带来了多样的选择和问题。花费、使用方法、安全性、副作用、道德问题以及合法性都可能会限制他们的选择。不需要任何准备措施的*事后避孕药*究竟如何?*皮下埋植避孕药(Norplant)*怎么样呢?荷尔蒙植入的效果能长达 5 年。利用物理手段(免疫反应)的*避孕疫苗*又如何?它可作为常规避孕手段。*切除输精管*或*结扎输卵管*从而阻碍精子或卵子的运动怎么样?我们应该继续研究*"杀精剂"、"避孕套"、"口服避孕药"、"泡沫"、"凝胶剂"、"乳脂"、"子宫颈帽"、"植环"、"宫内避孕器"*呢,还是其他避孕、避免性传染病的方式呢,还是两者同时进行?

如果怀孕已经发生,便要开始选择是继续还是终止妊娠。*人工流产*在宗教群体和法律分析家之间引起了很大的争议,然而这种方式依然在世界范围内被广泛采用。一些国家首先证明了 RU486 药物能够使得 8 星期孕期以上的孕妇流产,法国就是其中之一。这些方法或药物应该对所有女性开放,还是完全不开放?还是对某一部分能够负担得起药费、或是有健康风险的、因强奸或乱伦而怀孕的或是医学证明胎儿有缺陷的女性开放?需要考虑的社会因素很多:母亲和孩子的生活质量、婚姻的质量、怀孕的意外性、经济上的考虑等等。

当然,对于*体外授精*也有一些可用的技术:即众所周知的"试管婴儿"。女人的卵子

---

① Jane Lawler Dye, Fertility of American Women: 2006, *Current Population Reports* (pp. 20—558) Washington, DC: U. S. Census Bureau, August 2008.

② S. Morgan, "Late Nineteenth-and Early Twentieth Century Childlessness. *American Journal of Sociology*, 97(1991): 779—807.

由手术移植，男性的精子由手淫所得，卵子和精子在人工胎盘上结合。如果受精成功，将所得的胚胎植入女性的子宫。一旦受精卵在子宫壁上着床，妊娠就开始了。这种技术，使得怀孕和性交分离开来，尤其是对同性伴侣或代孕妈妈特别有用。

还有些新的生殖技术旨在“*保存人类胚胎*”。如今，胚胎冷藏技术在妇产门诊得到了应用并据说是作为常规部门来建立。虽然有用但也并不能排除其中存在的道德问题，例如父母一方或双方的死亡、离婚的夫妇和个人、用他人的胚胎以及做决定者的身份。

以上所列出的生殖技术并未包括全部。实际上，生物医学研究发展如此之快，很有可能在这篇文章被阅读之前就已经出现了新的生殖技术。这些新技术的确为家庭和为人父母的计划提供了新的思路和可能性。

398 根据过去几十年的研究，我们发现对于无子女状况的最重要的人口统计预言包括以下几点：

- 没有生育能力——部分人生不了小孩。
- 婚姻状况——与结了婚的人相比，从未结婚的人更可能不要小孩。
- 年龄——随着年龄的增长，没有小孩的可能性更大。
- 劳动力参工率——正在上班的或临时被解雇的人生小孩的可能性更小。
- 教育——受教育水平越高，不要孩子的可能性越大。
- 种族——与其他种族相比，亚裔美国人和美籍印度人要小孩的可能性更小。[①]

自愿的无子女

莎伦·豪斯克尼科[②]对女性不要孩子的原因进行分析后发现，个体的动机受到其所在时代的主流文化的影响。她通过回顾归纳出了几个原因，排名如下：(1)更多的自由和自我实现；(2)更好的婚姻质量；(3)出于职业和金钱的考虑；(4)担心人口增长（女性）和讨厌小孩（男性）；(5)早期的社会化经历和对自己承担母亲角色能力的怀疑；(6)为分娩和恢复感到担忧（女性）；(7)担心在不稳定和消极的世界环境下抚养小孩（女性）。罗斯玛丽·格莱斯皮[③]补充说，从她最近的研究来看，大多数自愿不要孩子的女性在人生早期就主动做出了选择，并将拒绝成为人母作为一生的选择。她们大多认为孩子并不具有多少“吸引力”，尽管很多女性也会从事与儿童有关的工作。而对男性而言，他们不想要孩子的主要原因在于早期接受的社会化过程强调的传统男子汉角色更重视经济上的成功而非孩子与

① Cardell K. Jacobsen, Tim B. Heaton, and Karen M. Taylor, “Childlessness among American Women,” *Social Biology* 35(1988):186—197.

② Sharon K. Houseknecht, “Voluntary Childlessness,” in M. P. Sussman and S. K. Steinmetz, eds. *Handbook of Marriage and the Family*(New York: Plenum Press, 1987):369—395.

③ Rosemary Gillespie, “When No Means No: Disbelief and Deviance as Discourses of Voluntary Childlessness,” *Women's Studies International Forum*, 23(2000):223—234.

家庭生活①。

父母身份似乎不光影响着个人快乐和自由，也同样影响着婚姻和家庭生活。正如前几章所述，孩子会对婚姻带来压力。这是否表明无子女的夫妇比有子女的夫妇更加健康，夫妻间的调节能力更好，对生活更加满意呢？

显然，事实的确如此。一项研究表明：与母亲相比，不想要、还没决定要以及推迟生孩子的妻子对生活的平均满意度更高②。大量证据表明自愿不要孩子对个人和婚姻的积极影响要大于消极影响。

非意愿性不孕 399

但是，对于想要孩子但却不能生育的女性或夫妻，情况又怎么样呢？据估计，美国大约有 15%或 1/7 的夫妇患有不孕症。研究结果显示他们面临着巨大的压力③。不孕症是一个重大的消极生活事件，对男女双方的主观幸福感都会造成不利的影响。不孕似乎只在性生活与婚姻的范畴之内，然而其影响却可能扩大至全面的身心健康范围。不孕导致的挫败感将放大到生活的方方面面，诸如工作、财务以及社会生活，并使他们与同事、朋友和家人的关系愈加紧张。

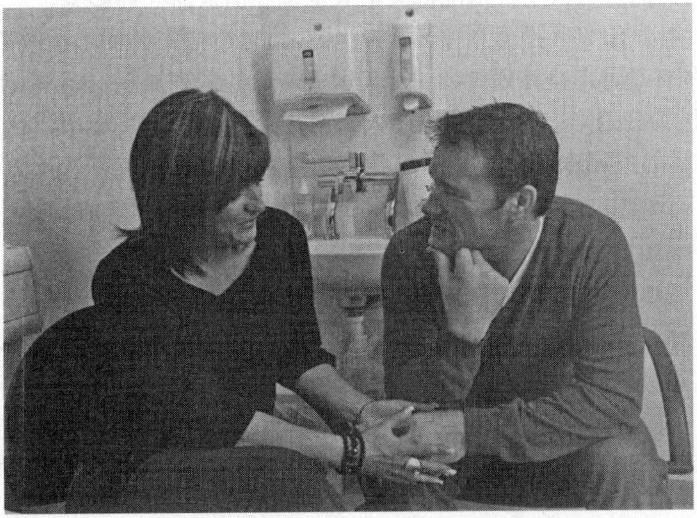

越来越多的夫妇选择不要子女作为自己的生活方式，但也有很多夫妇很想要孩子却无法获得。他们花费了巨大的生理、心理和经济代价来治疗不孕症，而想要一个孩子的愿望只会更加强烈。

① Patricia Lunneborg, *Chosen Lives of Childfree Men* (Westport, CT: Bergin and Garvey, 1999).

② Karen A. Polonko, John Scanzoni, and Jay D. Teachman, "Childlessness and Marital Satisfaction," *Journal of Family Issues* 3(December 1982):545—573.

③ Margaret V. Pepe and T. Jean Byrne, "Women's Perceptions of Immediate and Long-Term Effects of Failed Infertility Treatment on Marital and Sexual Satisfaction," *Family Relations* 40(July 1991):303—309; and Antonia Abbey, Frank M. Andrews, and L. Jill Halman, "Infertility and Subjective Well-Being: The Mediating Roles of Self-Esteem, Internal Control, and Interpersonal Conflict," *Journal of Marriage and the Family* 54(May 1992):408—417.

或许,对于处于生育年龄的夫妻而言,对无子女的状态满意与否,最重要的影响因素之一是其是否出于自身的选择以及自己做出选择的能力。换句话说,有能力生育却选择不要孩子的夫妻和想要却不能生育的夫妻之间存在着极大的差异。与因命运而不孕的人相比,自行选择无子女的人对生活更为满意。

400 目前存在的生殖技术可以减少非意愿性无子女夫妇的数目。一直以来患不孕症的女性和夫妻为了遵从社会规范都会收养小孩。然而,能被收养的婴儿数量在不断减少,这使得他们另辟蹊径,比如:采用丈夫的精子进行人工授精(AIH);采用匿名捐赠人的精子进行人工授精(AID);在生物机体外营造人工环境进行体外授精;以及代孕妈妈,这一方式采用别的女性授孕、孕育和生育小孩。但这些方法在社会、法律和道德上所附的寓意,引起了人们的激烈争论。

年轻父母和未婚父母

早婚(通常指在青春期或十几岁)、早育(在十几岁时生孩子)和未婚先孕(没有结婚就生孩子,这里不考虑年龄)是三类相互关联的社会结构模式,他们通常被认为是非计划性的、不被希望的且不受欢迎的。此外,人们认为这三种情况都会造成困境和消极的社会影响。

据估计,在美国新生婴儿中至少有40%是由意外怀孕产生的,同时约有23%的妇女做了人流。这证明大多数美国妇女的怀孕并不是计划性的。对美国成年人的调查显示,这种非计划性的怀孕在未婚的年轻人中极为普遍,这对此年龄段的人来说是个很严重的问题,人们对这样的现象极为担忧①。约88%的被调查者将这一现象归结于年轻人道德水准的下降、教育的缺失以及避孕措施的失败。这里我们将关注与那些年轻父母和未婚父母相关的问题。

关注年轻未婚父母

为什么青少年会怀孕并成为了父母?有报道称,在怀孕的少女中有26%选择了堕胎,22%的少女在孩子出生前就结了婚,还有52%的少女在没有结婚的状态下分娩②。处理意外怀孕对任何人来说都不是一件容易的事情,而对一个年轻的未婚少女而言更为困难。与
401 同龄的黑人少女相比,白人少女选择堕胎的可能性更高③。传统意义上来说,黑人女性与白

---

① Jane Mauldon and Suzanne Delbanco, "Public Perceptions about Unplanned Pregnancy," *Family Planning Perspectives* 29(January / February 1997):25—29.

② Elizabeth C. Cooksey, "Factors in the Resolution of Adolescent Premarital Pregnancies," *Demography* 27 (May 1990):207—218; and J. Richard Udry, Judith Kovenock, and Naomi M. Morris, "Early Predictors of Nonmarital First Pregnancy and Abortion," *Family Planning Perspectives* 28(May / June 1996):113—116.

③ Naomi B. Farber, "The Process of Pregnancy Resolution among Adolescent Mothers," *Adolescence* 26 (Fall 1991):697—716; and Christine A. Bachrach, Kathy Shepherd Stolley, and Kathryn A. London, "Relinquishment of Premarital Births: Evidence from National Survey Data," *Family Planning Perspectives* 24(January / February 1992):27—32.

人女性相比，较不愿意将孩子交给别人收养，现在依然如此，但八十年代之前，白人女性也不太愿意让孩子被收养。此外，不管是白人还是黑人少女，选择不结婚的越来越多，但黑人少女更愿意成为单亲母亲。家庭成员与其他重要的成年人在她们做此决定的过程中有着非常重要的影响作用。父母的反应与其自身受教育水平有着显著相关，例如，受过高等教育的父母更有可能建议女儿选择堕胎。

即使男性在导致女性怀孕这件事情上难辞其咎，但他们作为研究对象的频率远小于女性，且通常不容易被贴上异常的标贴。一项美国全国代表性调查显示①，对非婚姻内的怀孕负有责任的少年父亲大约有 1/3 在女性怀孕的 12 个月之内便结了婚，并约有一半的年轻男性在孩子出生后立刻与母子住在一起。年轻的黑人男性较之其他种族或特殊种族背景的男性对非婚姻内出生的第一个婴儿更有责任，但只有 15%的黑人少年父亲与他们的第一个小孩一起生活，而这一比例在西班牙裔人群中达到了 48%，贫困的白人为 58%，而对富有的白人而言，此比例达到了 77%。

一份全国性调查表明青少年有小孩并不是理性选择的结果，而是其冒险性行为的非意愿性结果。在被调查的已有小孩的未婚青少年中，约 85%的人是非意愿的②。另一针对青少年怀孕者的研究显示，92%的未婚怀孕者和大约一半已婚青少年的怀孕是非计划性的③。惊人的证据解释了青少年非计划性怀孕比率如

① William Marsiglio, "Young Nonresident Biological Fathers," *Marriage and Family Review* 20(1995): 325—348.

② Katherine Trent and Kyle Crowder, "Adolescent Birth Intentions, Social Disadvantage, and Behavioral Outcomes," *Journal of Marriage and the Family* 59(August 1997):523—535.

③ James Trussell, "Teenage Pregnancy in the United States," *Family Planning Perspectives* 20(November/December 1988):262—272.

此之高的原因:仅有 1/3 的年轻女性在性行为中主动避孕,且这其中只有一半的人使用的是最佳避孕措施,对性事的没有预计和认为怀孕的风险极小是他们未采用避孕措施的两个主要理由。其他研究也解释了青少年高怀孕率的原因,包括低下的社会阶层、种族(譬如非洲裔与墨西哥裔美国人)、过早的初次性行为以及男朋友的性虐待等①。

402 青少年婚姻和怀孕问题中同时存在代际内和代际间模式。帕特里夏·东在几篇文章中表示,青少年中弟弟和妹妹(代际内)的怀孕受到了其姐姐怀孕的消极影响②。与没有怀孕姐姐的青少年相比,有怀孕姐姐的妹妹更容易接受生小孩的事情,更容易认为较早发生性行为是适宜的,更容易不看重学业和事业,自尊心也不强,并更容易养成一些不良行为,诸如吸毒、抽烟、聚会、逃学等。这些怀孕青少年的妹妹更容易成为青少年父母。

美国和英国对于生育的代际间影响情况的研究都表明:不管白人还是黑人,与母亲年龄大一些的女孩相比,有早孕母亲的女儿更易在青少年时候怀孕③。值得注意的是,即使大多数少女妈妈的女儿并没有在青春期就生小孩,但是她们确实在青春期就具有很高的怀孕风险。

显然,美国的青少年比其他发达国家的同龄人更容易怀孕。查尔斯·韦斯托夫发现,在加拿大、英国、威尔士、芬兰、荷兰、挪威、瑞士这六个国家,青少年早孕率是美国的 13%~53%④。美国的青少年结婚或者发生性行为的可能性并不比加拿大和欧洲的同龄人高,但他们采取避孕措施的可能性却较小。

即使是与诸如加拿大或英国这样与美国情况非常类似的国家的同龄人相比,美国青少年的情况也非常不同,原因何在?韦斯托夫认为可能有如下原因:美国青少年获得避孕工具的途径与其他国家不同;与那些有国家医疗体系的孩子相比,他们面临着不同的计划生育服务花费;身处于具有巨大的民族多样性社会的下层,不公平的收入分配使得他们与中产阶级价值观格格不入;他们可能是喜欢冒险;也可能是他们对性行为有着矛盾情绪。即使美国的电视节目、电影、广告充斥着性,但这些传媒并没有教育青少年应该对性行为负责任,在很大程度上,对青少年的生育控制是一个忌讳的话题。

青少年早孕和成为父母的高概率对相关个人及总体社会带来了巨大的教育、社会以及

---

① Mark W. Roosa, Jenn-Yun Tein, Cindy Reinholtz, and Patricia Jo Angelini, "The Relationship of Childhood Sexual Abuse to Teenage Pregnancy," *Journal of Marriage and the Family* 59(February 1997):119—130.

② Patricia L. East, "Do Adolescent Pregnancy and Childbearing Affect Younger Siblings?" *Family Planning Perspectives* 28(July / August 1996):148—153; and Patricia L. East, "The Younger Sisters of Childbearing Adolescents: Their Attitudes, Expectations, and Behaviors," *Child Development* 67(1996):267—282 .

③ Joan R. Kahn and Kay E. Anderson, "Intergenerational Patterns of Teenage Fertility," *Demography* 29 (February 1992):39—57; and Jennifer Manlove, "Early Motherhood in an Intergenerational Perspective: The Experiences of a British Cohort," *Journal of Marriage and the Family* 59(May 1997):263—279.

④ Charles F. Westoff, "Unintended Pregnancy in America and Abroad," *Family Planning Perspectives* 20 (November / December 1988): 254—261; and S. Philip Morgan, "Characteristic Features of Modern American Fertility," *Population and Development Review* 11(1996):30—31.

经济影响。衡量成为青少年父母所带来的影响和代价的一个方法就是将放弃(送给他人抚养)孩子的青少年与那些抚养孩子的青少年进行比较。研究表明:当背景和其他特征等因素得到控制后,放弃孩子的少女更可能完成职业训练、有更高的受教育愿望、参与高风险性行为的可能性更小①。她们更可能来自高收入家庭,更可能推迟婚姻并在生育后的 6—12 个 403
月内再次就业。选择抚养孩子的年轻父母更有可能很快再次怀孕并通过堕胎解决后来的怀孕事件。有人指出,放弃孩子的青少年在短期内会表现出悲伤和懊恼的情绪,但这些情绪在产后两年内便会消失。简而言之,与那些自己抚养孩子的少女相比,放弃孩子并不会带来更多的负面心理影响,而是会带来相当多的积极社会影响。

跨文化视角

瑞典生育现状

在人口过剩增长的戏剧性对比下,瑞典却开始关注过低的出生率。这种关心在他们家庭休假政策制定中占据主要因素——瑞典政府规定新生儿父母享有 15 个月的休假。在瑞典,怀孕被当做一件值得鼓励的事情,瑞典人会因为生育而得到很高的回报。产假将父母与工作角色结合起来,被认为可以增加夫妻生育的几率。

鉴于瑞典的未婚同居率很高,那么已经生育幼儿的是不是未婚妈妈居多呢?这是一个重大的社会问题吗?第一个问题的答案是肯定的,而第二个却是否定的。特罗斯特声称,有 65%的新生儿是由未婚妈妈生育的,然而证据表明这些孩子中只有 2%—3%是由真正的单身母亲生育的。绝大多数孩子是来自于同居伴侣,他说,在瑞典和丹麦,婚姻关系和生育的传统链接已经消失了。

尽管同居率很高,但是瑞典女人却因为生育限制很少会计划外怀孕,而且首次生育的年龄也偏高。然而即使怀孕率不低,非婚生的界定和耻辱感也不会产生。1917 年,非婚生一词在瑞典被取消,1970 年初,瑞典所有的法律法规取消非婚生儿童的概念。几乎没有瑞典儿童生活在绝对的经济剥夺或者贫穷状态下(相对于美国 20%的儿童贫困率),与其他欧洲国家相比,瑞典儿童享有更好的健康状况,而且父母与孩子的关系也很好。

来源:Jan Trost, "Family Studies in Sweden," *Marriage and Family Review* 23 (1996):728.

---

① Brenda W. Donnelly and Patricia Voydanoff, "Parenting versus Placing for Adoption: Consequence for Adolescent Mothers," *Family Relations* 45(October 1996):427—434; and Steven D. McLaughlin, Diane L. Minninen, and Linda D. Wingers, "Do Adolescents Who Relinquish Their Children Fare Better or Worse Than Those Who Raise Them?" *Family Planning Perspectives* 20(January / February 1988):25—32.

对于一些迄今经常被讨论的父母职责的问题,年轻的父母还会将这些问题放大。与年龄段在20—35岁的女性群体相比,少女妈妈更可能延误胎儿期的护理,同时,生育过轻婴
404 儿、婴儿死亡的几率也很高①。即使在同样的家庭背景下,未婚妈妈与她们的姐妹相比,完成高中学习、上大学、结婚的可能性更小。她们更可能变得贫困或者依赖公共救济生存②。

在男孩中,诺克用实例说明几乎没有未婚爸爸和自己的孩子生活在一起,他们更喜欢同居而非结婚③。与没有孩子的同龄人相比,未婚爸爸们较早结束学业、薪水较低、工作时间也较短、生活更容易陷入贫穷。这些因素显然会成为年轻父亲为妻子和孩子们提供经济支持的障碍。总而言之,所有关于未婚父母的信息都在表明:与性行为本身相比,双重标准在因性行为产生的怀孕后果方面要明显得多。

一提到青少年父母,公众总会把他们与单身母亲(父亲)、女性独自支撑家庭的情况联系在一起,但是大部分15—19岁的少女妈妈并不是单独和孩子住在一起。90%以上的少女妈妈与她们的丈夫或者亲人住在一起④。白种人比非裔和亚裔美国人更有可能结婚并建立自己的核心家庭(尽管他们面临离婚并成为单身家庭的风险较高)。与白种人相比,非裔和墨西哥裔美国人的家庭更喜欢那种"五世同堂"的扩大家庭生活模式。这些大家族成为了未婚妈妈经济上和情感上的主要支持来源。这些支持主要通过提供免费膳食住宿、部分或全部儿童托管的形式来实现。这些救助能够显著地改变年轻妈妈的生活际遇,提高她们接受教育和改善经济状况的机会。

关于未婚父母的担忧

除了对青少年未婚生育问题的合理担忧,对处于其他年龄段的未婚父母需要担忧吗?回答这个问题之前,我们首先来看一下它的普遍性(婚外生育的比率),之后我们将讨论"那又怎么样"或者"谁在乎"这样的问题(婚外生育的后果)。

婚外生育的比率

就在出生率大体上不断下滑或停滞不前的时候,婚外生育率却出现戏剧性的增长。在2007年,婚外出生的婴儿*数量*就接近了175万(见图10.4),自1940年以来大约增长了700%。未婚生育率在1980—1990年期间以及2000—2007年期间的增幅最大。这种改变

---

① Steven L. Nock, "The Consequences of Premarital Fatherhood," *American Sociological Review* 63(April 1998):250—263.

② H. A. Hein, L. F. Burmeister, and K. A. Papke, "The Relationship of Unwed Status to Infant Mortality," *Obstetrics and Gynecology* 76(1990):763; and Richard A. Davis,"Adolescent Pregnancy and Infant Mortality:Isolating the Effects of Race," *Adolescence* 92(Winter 1988):899—908.

③ Saul D. Hoffman, E. Michael Foster, and Frank F. Furstenberg Jr. ,"Reevaluating the Costs of Teenage Childbearing," *Demography* 30(February 1993):1—13.

④ Katherine Trent and Sharon L. Harlan, "Teenage Mothers in Nuclear and Extended Households," *Journal of Family Issues* 15(June 1994):309—337.

也体现在未婚生育率(在 2007 年 15—44 岁之间的未婚女性中每 1000 人就有超过 50 名未婚妈妈)和全部未婚女性的生育率中(将近 40%)。

图 10.4　美国，1940—2007：生育数量、生育率、未婚女性生育的比例 405

来源：Ventura, SJ. "Changing Patterns of Nonmarital Childbearing in the United States." NCHS data brief, no. 18. Hyattsville, MD: National Center for Health Statistics. 2009.

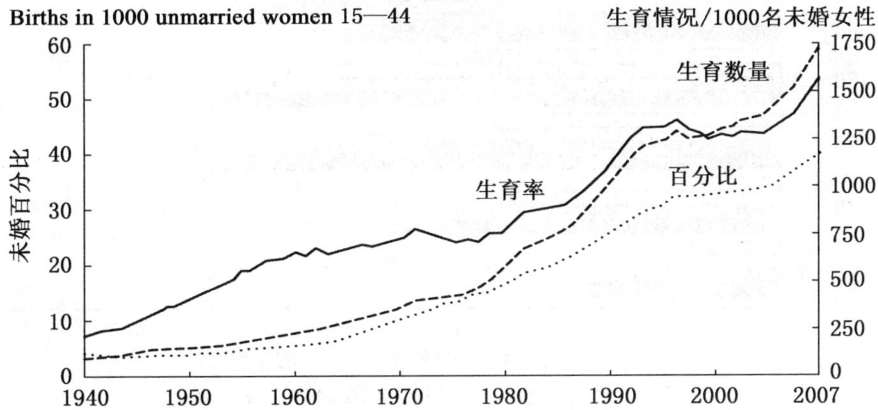

将未婚女性生育率的增高归因于未婚青少年生育的增多在过去似乎合情合理，但是近几十年来似乎并非如此。一个以年龄层分组的对比显示，关于 1980 年以来的显著改变，在 1980 年至 1995 年间急剧增长的出生率是由 15—39 岁各个年龄层造成的(见图 10.5)。然而，15—17 岁的未婚妈妈的生育率在 1995—2002 年之间大体上在减少，在 2002—2006 年之间基本与前年持平。18—19 岁的未婚生育率也显现出同样的趋势，虽然与前者比起来，最初的下降没那么明显，在 2002—2006 年之间还有一个小小的回升。然而在第三年龄层 20—34 岁间，未婚生育率在三个时期里都在增长。在 1980—1995 年以及 2002—2006 年期间的增长尤为明显。这些改变带来的结果是：青少年未婚先育的形象戏剧性地发生了改变。在图 10.6 中可以看到，在 1970 年，50%的未婚妈妈都是那些未满 20 岁的青少年，还有 42%来自于 20—29 岁的女性。到 2007 年，只有 23%的未婚妈妈低于 20 岁，然而来自于 20—29 岁年龄段的未婚妈妈有 60%。

为什么这些年长的单身女性会变成未婚妈妈呢？第 7 章中已讨论过的同居的过快增长是一个明显的因素，但当今对于情爱关系的态度和认知也起着较大的作用。通过单身妈妈和已婚妈妈对比调查显示(在两者都满 25 岁的前提下)，她们都把母亲身份作为她们女性身份的基本组成部分。但是单身妈妈在对于婚姻以及如何看待与男人关系的问题上，有更多的矛盾心理。这种矛盾来自于两方面的结合，一是对婚姻的理想化构想，二是不愿意将妥协作为维持基本关系的策略①。

① Judith M. Siegel, "Looking for Mr. Right? Older Single Women Who Become Mothers," *Journal of Family Issues* 16(March 1995): 194—211.

406 图 10.5 1980 年、1995 年、2002 年、2006 年:不同年龄组未婚女性的生育率

来源:Ventura, SJ. "Changing Patterns of Nonmarital Childbearing in the United States." NCHS data brief, no. 18. Hyattsville, MD: National Center for Health Statistics. 2009.

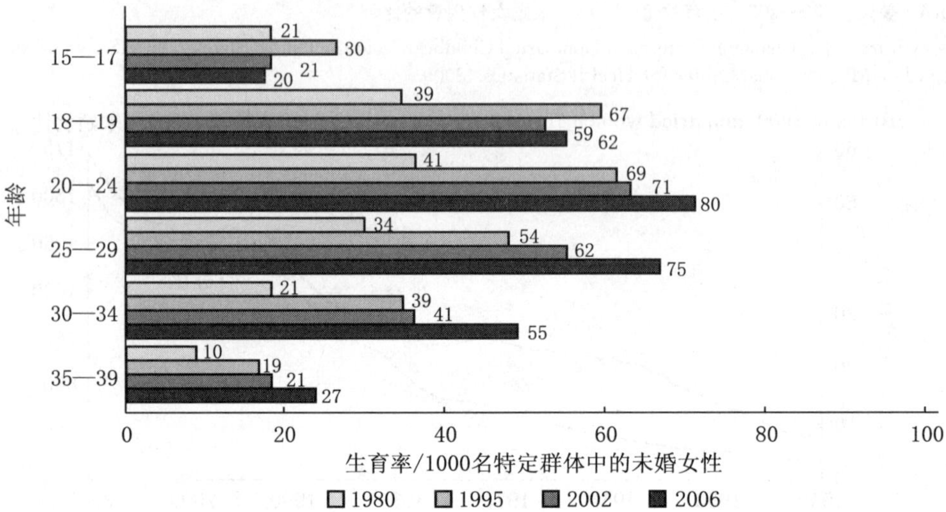

图 10.6 1970 年和 2007 年,不同年龄组婚外生育所占的比例

来源:Ventura, SJ. "Changing Patterns of Nonmarital Childbearing in the United States." NCHS data brief, no. 18. Hyattsville, MD: National Center for Health Statistics. 2009.

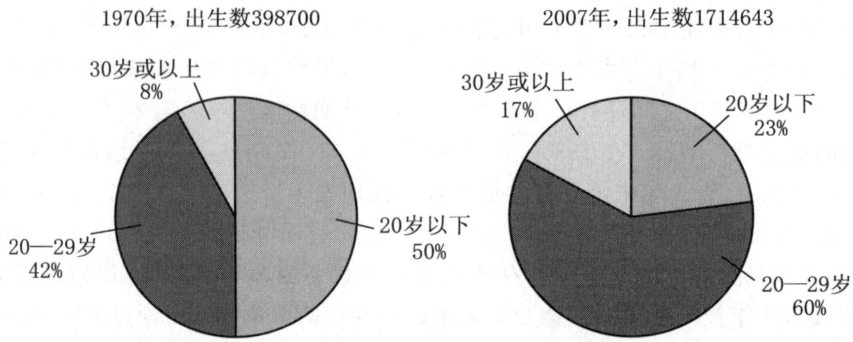

虽然年长单身女性将婚姻和生育分离开来的趋势所反映的问题,相较那些不成熟的、退学的、无育儿技巧的青少年要少一些。但是资料显示这种积极的解读只对于那些年满 25 岁,并在青少年时期无婚育史和同居史的白种人来说是正确的①。与同年龄段的已婚妈妈相比,年长单身妈妈的经济状况与青少年妈妈更接近。

① E. Michael Foster, Damon Jones, and Saul D. Hoffman, "The Economic Impact of Nonmarital Childbearing: How are Older, Single Mothers Faring," *Journal of Marriage and the Family* 60(February 1998):163—174.

除了年龄上的不同，以人种和民族分组来看，未婚妈妈生育率和百分比也呈现出戏剧性的不同。在表 10.1 中可以看到，在 2007 年，黑人未婚女性的生育率是非西班牙裔白人的两倍以上(72‰∶32‰)。然而这种差距与 1990 年时相比已经缩小了，那时黑人未婚女性生育率将近是白人的四倍。这一方面是因为白人未婚父母在 1990—2007 年期间的增加，一方面是因为黑人未婚父母的显著减少。西班牙裔人在这一时期未婚父母数量的增加引人注目，未婚生育率由 90‰增加到 106‰。资料显示，亚洲人在各个时期的未婚生育率都是最低的， 407
尽管他们也由 2000 年的 21‰增加到 2007 年的 26‰。

如何解释这些人种和民族群体的差异呢？理解这些人种和民族出生率的广泛差异的关键在于理解不同的社会对于性行为、怀孕和同居的准则。比如，在许多亚裔美国人眼里，对性行为的准则是限制，这也是他们几乎不会成为未婚父母的原因。宗教准则在摩门教徒和部分西班牙裔亚文化群体中起着主要的作用。北欧诸国的同居准则是，许多孩子虽然出生在未婚环境下，却生活在有父母双亲的家庭中。其他的准则是有关于避孕措施和人工流产被接受的程度和可行性相关。这些要素中许多都与孩子、家庭和社区的社会经济以及社会地位息息相关。

表 10.1　1990—2005 年，不同年龄和种族未婚女性的生育率

	年份				
种族和年龄	1990	1995	2000	2005	2007
总比率(数量/1000)	44	44	44	48	52
非西班牙裔白人	24	28	28	30	32
黑人	91	75	71	68	72
西班牙裔	90	89	87	100	106
亚裔[a]	—	—	21	25	26

a No data is available on unmarried birth rates for Asians and Pacific Islanders in 1990 or 1995.

来源：U. S. Census Bureau, *The 2009 Statistical Abstract*, "Table 84—Births to Unmarried Women by Race, Hispanic Origin, and Age of Mother." http://www.2010census.biz/compendia/statab/cats/births-deaths-marriages-divorces.html; and Ventura S. J. *Changing Patterns of Nonmariltal Childbearing in the United States*. NCHS data brief, no. 18. Hyattsville, MD: National Center for Health Statistics. 2009. http://www.cdc.gov/nchs/data/databriefs/db18.htm#citation.

这张表可以预测中下阶层的未婚夫妇受到的社会关注没有上层未婚夫妇多。在中下阶 408
层中，可保护和继承的财产较少，对血统和家族荣誉缺乏关注；因此中下阶层家庭在未婚先育的情况发生时被迫放弃的东西不多。所以大多数未婚父母来自中下阶层是在意料之中的。

在上层阶级中，财产控制和家族名誉更大程度上受到威胁，未婚父母很有可能会有不同的结果，包括被强制结婚，将孩子转交到领养机构，或者脱离家族去抚养孩子。如果父母教育水平和经济水平允许的话，他们也可能通过人工流产来终止怀孕。

图 10.7　1980 年和 2007 年部分国家未婚女性的生育比例

来源：Ventura，SJ. "Changing Patterns of Nonmarital Childbearing in the United States." NCHS data brief，no. 18. Hyattsville，MD：National Center for Health Statistics. 2009.

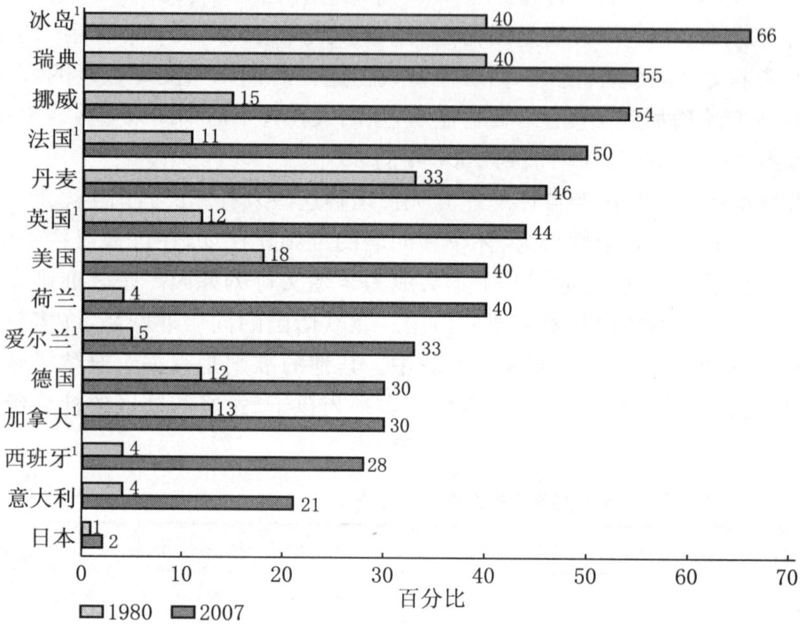

标 1 的数据来自 2006 年。

最后，每个国家未婚先育的发生率有很大的不同。可以预见这些差别在其他国家的
409 家庭生活和社会政策中的某些领域也存在。北欧诸国是未婚父母比率最高的地区。在图 10.7中可以看到，未婚妈妈的比率在冰岛、瑞典和挪威是最高的。法国、丹麦、英国、荷兰有着和美国相同甚至更高的未婚生育率。然而在这些国家中，有许多国家的(特别是在北欧)——比如前面提到的瑞典——*未婚*并不等同于*单身父母*。高同居率、更长的同居期限、更稳定的同居关系以及法律对于同居联盟的支持，都使得这些法律上的未婚先育家庭处于具备父母双方、类似婚姻的环境。与之形成对比的是，在两个天主教为主的西欧国家——西班牙和意大利，这两个国家的未婚父母的比率要低得多；在日本，未婚先育的现象几乎不存在。除了日本，不管是以绝对数字或是比率的形式来看，所有欧洲国家的未婚生育率都在大量增加，最明显的城市如法国、荷兰、爱尔兰、西班牙和意大利，在 1980—2007 年间，未婚生育率翻了不止五倍。

各个国家对于出生率的关注政策也多种多样，一些国家如瑞典取消了“不法私生”的概念，不管是婚姻关系内或关系外出生的孩子都享有平等的地位和权利。而在美国未婚妈妈和她的孩子经常受到侮辱，那些授予已婚父母及其孩子的认可和祝贺，他们很大程度上也得不到。

看来，婚姻更大程度上是授予父母身份的合法性，而非性关系。更确切地说，大部分社会对于未婚生育的关注比婚外性行为要大得多。对未婚父母的关注超过对未婚性交的关注也许是理解对于母亲的强调和关注超过对父亲的关键所在。

未婚生育的后果

现在来看看“那又怎么样”或是“谁在乎”的问题。在美国，每年出生超过 130 万的未婚新生儿会产生很大的影响吗？这些未婚生育的孩子和已婚生育的孩子比起来，在社会、经济、和身体健康上有更多的问题吗？父母双亲的存在对于孩子的成长和发展是必不可少的吗？那些未婚妈妈是否面对着日益增多的情感和经济上的困难，而且同时严重影响着自己和孩子呢？

未婚生育对孩子、父母和社会确实有影响。数据清晰显示了青少年未婚生育的持久性消极后果。年轻的未婚父母与他们的同龄人比较起来，受教育程度更低；他们从事受人尊敬职业的机会更少，以女性的情况来说，她们更有可能从事一些毫无出路的工作。社会大体上给予那些希望自己抚养孩子的年轻未婚妈妈的容忍极小，但是在中下阶层，对合法婚姻的要求却没那么严格，对于未婚妈妈的容忍度会更大一些。研究表明生活在社会经济条件较差的居民区中，会增加年轻妈妈冒险进行婚前生育的可能性。在贫困社区中，同龄人的行为和对于未婚父母更加宽容的态度为生育婴儿提供了温床①。

尽管对于婚外生育附带的耻辱感已经降低，对这些孩子和妈妈的服务和方案的增殖繁衍 410
也在减少，但是年轻未婚妈妈的孩子与那些年长或者已婚女性的孩子比起来，生活的起跑点并不相同。这种不公平从婴儿时期就开始了。一个全国性的关于年轻妈妈的纵向研究发现，和其他孩子比较起来，少女妈妈的孩子在学术技能测验中成绩较差，更容易被留校，更可能开始早期性行为，并且更有可能发生逃学和斗殴等不良行为②。一个关于成就较高孩子和成就较低孩子（都是来自低收入家庭）的对比表明，成就较高孩子的妈妈教育水平更高，更乐意就业，平均拥有的孩子也更少，邻里关系更和谐，而且更有可能与男性伴侣生活在一起③。

家庭规模和相关因素

除了关于怀孕的决定外，不管是个人还是夫妻都面临着这些问题：要几个孩子？生完一胎后间隔多久再生第二胎？想要男孩还是女孩？这些问题有相当多的民俗（或者说智慧）包含在里

---

① Scott J. South and Eric P. Baumer, “Deciphering Community and Race Effects on Adolescent Premarital Childbearing,” *Social Forces* 78(June 2000):1379—1408.

② Judith A. Levine, Harold Pollack, and Maureen E. Comfort, “Academic and Behavioral Outcomes among the Children of Young Mothers,” *Journal of Marriage and Family* 63(May 2001):355—369.

③ Tom Luster, Laura Bates, Hiram Fitzgerald, Marcia Vanderbelt, and Judith Peck Key, “Factors Related to Successful Outcomes among Preschool Children Born to Low-Income Adolescent Mothers,” *Journal of Marriage and the Family* 62(February 2000):133—146.

面,研究者们正在尝试去核定哪些民间知识是真的有效,哪些只是小说和神话里的虚构。

家庭规模对于家庭成员的影响

第一个要被检验的“真理”就是独生子女会有缺陷因为他们没有兄妹陪伴成长。这里有很好的社会学理由来质疑这个概念,因为合作的数量、产生分歧的可能性和接受个人观点的可能性都受到群体人员数量的影响。因此相同的因素在家庭体系范围内也同样存在。独生子女家庭与那些拥有两个、三个或是四个孩子的家庭比较起来,更容易形成固定的生活模式。

独生子女家庭

总的来说,独生子女家庭不管是从父母还是从孩子方面都不被看好。独生子女总是被描绘成被宠坏的、自私的、过度依赖的、难以适应环境的和孤独的形象。独生子女的父母也被描绘成自私、自我中心、不成熟、冷酷和反常的形象。近三十年来的全国性调查表明大部
411 分调查对象都指出做独生子女是很不利的。正如本章前文所述,很少有人愿意只生一个孩子或者说认为一个家庭只生一个孩子是理想的。人们对独生子女的普遍刻板印象是不开心、不适应环境,并且认为独生子女家庭既不是首选的又不是可取的家庭规模,而上述这些对小型家庭的观点是需要经过实证研究的检验的。

从长大成人的独生子女来看,7个全国性调查收集的数据证实了拥有一定数量的兄弟姐妹对于幸福感的八个方面的影响①。无一例外,拥有兄弟姐妹的影响都是消极的,或者换一个说法,那就是作为独生子女产生的影响都是积极的。独生子女更有可能说他们很快乐,觉得生活有激情,觉得他们身体很棒,而且还能从生活的地方,从工作活动中,从家庭生活中,从朋友关系中以及从自己的身体状况中得到满足,这些证据显然颠覆了公众眼中不快乐、适应能力差的独生子女形象。

同样的结果来自于朱迪斯·布莱克,她得出结论说关于独生子女研究并不支持对独生子女的负面刻板印象②。她声称独生子女的智力发育更好,没有突出的人格缺陷,更可能觉得自己是快乐的,而且可以从生活、工作和健康这些重要方面得到满足。独生子女只有在这几种情况下才会产生越来越多的健康和成就问题:一种是生活在因家庭不完整而经济堪忧的环境中,一种是当孩子们出生时,即使母亲足够年轻自己抚养孩子,但她们因为自己的原因没有这么做。如果家庭背景是一定的,那么独生子女会比有兄弟姐妹的孩子更优秀。

额外的兄弟姐妹与成就水平

是不是大家庭会更好一些呢?更多的兄弟姐妹是否会使孩子们在学校表现和成绩有所改善?朱迪斯·布莱克通过分析大量的全国性数据,给出了确切的答案:数据表明兄妹数量

---

① Norval D. Glenn and Sue Keir Hoppe, “Only Children as Adults,” *Journal of Family Issues* 5(September 1984):363—382.

② Judith Blake, “Number of Siblings and Personality,” *Family Planning Perspectives* 23(November / December 1991):272—274; and *Family Size and Achievement*(Berkeley: University of California Press, 1989).

412

的增加对大人和孩子的成就结果都有消极的影响。比如，家庭越大，在校学习年数越少。尽管排除了父母的主要背景差异，比如种族和年龄，但大家庭和小家庭比较起来，在教育成就方面有近两年的差距。

作为传统，美国家庭拥有六个或八个孩子是很常见的。如今，现代婚姻中的孩子数量较少，而大规模的家庭通常包括配偶和孙子女作为基础家庭网络。

为什么增大的家庭规模会对教育表现和毕业率有消极的影响呢？布莱克和多尼都提出了资源稀释的假说，就是说大家庭里孩子只能得到稀释了的家庭资源，而小家庭能让家庭资源集中①。比如多尼通过分析来自全国的近 25000 个八年级学生样本，发现父母的*人际资源*（谈话的频率、教育期望、认识他们孩子的朋友及父母）都会受到“多生”的消极影响。父母的*经济资源*（拥有电脑、拥有其他教育客体——书房，报纸和杂志、百科全书和地图册，超过 50 本的书、计算器；储备了上大学的基金；在艺术、音乐、舞蹈领域的文化课程；关于艺术、科学和参观历史博物馆的活动）也会因“多生”而受到消极影响。

不仅孩子能够获得的父母资源会因家庭成员的增加而减少，学校表现（年级、标准数学及阅读测试分数）也会因为家庭成员的增加而减少，而且令人惊讶的是，就算大家庭里的孩子和小家庭里的孩子享有同样水平的父母资源，他们得到的好处却比较少。生更多的孩子明显是有代价的，即使你能负担得起。依照布莱克的说法，“大家庭里年长的孩子能承担起父母的作用”这一观点更多地是臆断了兄弟姐妹间的友善和成熟。孩子并不是成年人，在情感上和智力上与父母也有差距。

大家庭

大家庭和小家庭的概念是相对的。在今天的美国，有四个及以上孩子的家庭很可能被认为是大家庭了。但是在其他许多国家或者说世纪之交的美国，拥有四个孩子可能得到的

---

① Blake, *Family Size and Achievement*, 10—12; and Douglas B. Downey, “When Bigger Is Not Better: Family Size, Parental Resources, and Children's Educational Performance,” *American Sociological Review* 60(October 1995):746—761.

回应是:“只有四个?”家庭规模无疑与文化情境息息相关。

不管大家庭是什么,小家庭是什么,小家庭之所以“小”是因为这两个主要原因:一是父母想要一个小家庭来控制他们的家庭规模,或者父母想要一个大家庭但却心有余力不足。在这两种情况中,意外怀孕的几率很小。与之形成对比的是,大家庭之所以形成,是因为父母达到了他们想要的家庭规模,或者因为父母生养了他们计划外的孩子。所以有这样一种可能性:大家庭中计划外的、不被需要的、不受宠爱的孩子也更多;家庭中最小的孩子和他的哥哥姐姐比起来,更有可能显得多余。

413 关于家庭规模(或说儿童数量)和儿童教养、虐待、忽视、犯罪、健康之间的关系,已经收集了大量证据。根据一个家庭规模影响汇报显示:在大家庭中,抚养孩子的过程中规则更多,个性化更少,体罚更加普遍,而时间及金钱资源则更加有限①。来自小家庭的孩子更有可能有着较高的智商,在学术成绩和职业表现中取得的成就更高。大家庭中违法和酗酒的孩子更多。至于健康方面,大家庭中围产期发病率和死亡率更高,而且母亲发生身体疾病的风险也更大。

一些研究者认为:“有很多孩子的妇女更有可能出现压力症状、高血压、胆囊疾病、糖尿病和 孕后抑郁症。而且她们患子宫颈癌、消化器官癌和腹膜癌症的风险更高,但是乳房癌的风险较低……大家庭中的男人们患胆囊疾病和消化溃疡的风险较高。”②

难道拥有兄弟姐妹的大家庭就没有一点积极的影响吗?比如说,大家庭的孩子难道不是更加好交际,礼貌、友好、热心、亲和和热情吗?

答案显然是否定的。一些全国性的调查在兄弟姐妹的数量和交际能力以及亲和力之间没有发现必然的联系③。虽然大量调查发现家庭规模无所谓消极和积极的影响,还有极少的一些研究证实了一点点大家庭的积极影响。在大部分社会结构变量的作用下,大规模家庭的影响也将随着教育水平、社会阶层和宗教亚文化的不同而改变。

出生次序和兄妹关系

出生次序在各种行为和态度现象中起着主要的作用。研究表明,一般来说头胎出生的孩子智力较高,而且自尊心更强。特别是头胎出生的女性,比较严谨,在性方面也更加保守,更加趋向于传统女性角色,而且更乐意与成人交往。

最后一个出生或者是最年轻的孩子,如独生子女,对待性的态度更自由,更有可能参与社会活动,访问朋友的频率也更高,更乐意使用媒体,而且一贯更不传统。关于这些差异的解释经常集中在“年长的孩子是年幼孩子的榜样”,“年长孩子对弟弟妹妹有更多的责任”,

---

① Mazie Earle Wagner, Herman J. P. Schubert, and Daniel S. P. Schubert, “Family Size Effects: A Review,” *The Journal of Genetic Psychology* 146(March 1985):65—78.

② Ibid., p. 72.

③ Judith Blake, Barbra Richardson, and Jennifer Bhattacharya, “Number of Siblings and Sociability,” *Journal of Marriage and the Family* 53(May 1991):271—283.

“当弟弟妹妹出生时，受到的关注变少”[1]。

甚至中间出生的孩子也跟首先出生的和最后出生的不一样。一个针对全国性的上千个男性少年的样本分析发现，中间出生的孩子的自尊心水平明显低于首先出生的和最后出生的[2]。兄妹间有 1 岁或者 3 岁的差距比 2 岁的差距更加有利于孩子自尊心的培养，同样只 414
有姐妹的家庭比只有兄弟或者有兄弟姐妹的家庭更有利于自尊心的培养。中间出生的孩子之所以自我评价水平较低可能是基于这样一个理论：第一个出生和最后一个出生的孩子的独特性能促进父母和兄妹对其赞赏和关注。中间出生的孩子缺乏这种与生俱来的独特性。

弗里茨和其他人也提出了一个关于出生顺序的警示，特别是有关社会态度的。他们的研究证明了他们的论点，即性别、阶级或是种族都比出生顺序更好地预示社会态度。他们发现在各个时期和各种文化中都没有证据表明出生顺序的普遍影响，诸如长子都比其他孩子更保守，更乐于助人，更具权威性，意志更坚强[3]等现象。

但是不管出生顺序如何，拥有的兄弟姐妹是不能忽视的。很显然兄弟姐妹对个体的社会化有主要的影响，对彼此也产生影响，因为相互之间扮演着朋友、同伴的角色，同时也对父母产生了影响。兄妹关系的一些方面相对来说是恒定的，如陪伴和情感支持。但是另外一些特殊方面，如看管照看、同胞争宠，则在生命过程中是不断变化的。兄弟姐妹之间的关系在他们的生命中是无可替代的，因为他们有着共同的遗传基因和社会传统，还有共同的早期家庭生活经历。

在再婚频繁的时期，形成了许多无血缘关系和半血缘关系的兄弟姐妹，也许会有人问这种关系在成年后和亲兄妹是否有所不同。全国调查数据显示这两者之间确有不同[4]。一方面，只有个别人将*无血缘关系的兄妹*看成真正的亲人，而且将这种关系维持到了成年。另一方面，兄妹关系有亲疏远近之分。据报道，与无血缘关系的兄妹相比，亲兄妹之间的联系更加紧密。促进亲兄妹和无血缘关系的兄妹联系的因素主要有地理位置的临近、都还年轻、都是女性等。没有亲兄妹也会使无血缘关系或半血缘关系的兄妹联系得更密切。

性别控制

假如父母可以控制生男孩还是生女孩，后果会是什么？父母想随意控制性别指日可待， 415
只要使用这两个基本步骤中任意之一即可：(1)控制授精于卵子的精子类别；(2)在怀孕时确

① Note, for example, Joseph Lee Rodgers, David C. Rowe, and David F. Harris, “Sibling Differences in Adolescent Sexual Behavior: Inferring Process Models from Family Composition Patterns,” *Journal of Marriage and the Family* 54(February 1992):142—152.

② Thomas Ewin Smith, “Sex and Sibling Structure: Interaction Effects upon the Accuracy of Adolescent Perceptions of Parental Orientations,” *Journal of Marriage and the Family* 46(November 1984):901—907.

③ Jeremy Freese, Brian Powell, and Lala Carr Steelman, “Rebel Without a Cause or Effect: Birth Order and Social Attitudes,” *American Sociological Review* 64(April 1999):207—231.

④ Lynn K. White and Agnes Riedmann, “When the Brady Bunch Grows Up: Step / Half-and Full-sibling,” *Journal of Marriage and the Family* 54(February 1992):197—208; and Lawrence Ganong and Marilyn Coleman, “An Exploratory Study of Stepsibling Subsystems,” *Journal of Divorce and Remarriage* 19(1993):125—141.

认胚胎的性别,如果发现不是想要的性别就终止妊娠①。羊膜穿刺术和超声拍片的风险也越来越低,有诊断胎儿健康状况以及判断他们的性别的日常检查。简单来说,有性别选择地保证子孙后代的繁育很快不再是不切实际的了。

当然,对性别控制问题本身的讨论比技术方面要多得多。争论围绕着控制生命的普遍性问题,对流产、代孕妈妈问题的争议以及各种遗传研究和工程的问题都是证明。传统观点认为生命是天生的,无论出于何种目的都不能被人类所操控。其他观点认为控制生命的相关知识和能力应当用来维持和改善人类生存条件。随着技术的发展如性别鉴定的普遍盛行,争论正在升级。但事实是,技术依然存在。

性别鉴定技术会不会导致男女比率的不平衡?事实证明重男轻女会导致男孩出生率平均高出 7—10 个百分点。一系列的研究报告指出在很多非洲、亚洲和中东地区,欧洲的瑞士、比利时、意大利,美国的犹太教以及天主教中都有重男轻女的现象存在。如果男孩“过剩”的现象发生,会增加那些因“婚姻紧张”而无法成婚的男子数量吗?会使得男子不得不晚婚吗?会促使同性恋和卖淫的数量增加吗?甚至会否促成一妻多夫制?

中国的独生子女政策通过奖励独生子女家庭来降低生育率,已经成功地降低了人口增长速度。

性别选择会造成出生率下降吗?因为父母不再需要为了一个特定性别的孩子而去生育额外的孩子。研究指出生育更多孩子的需求和儿子的数量是紧密相连的。

性别控制会造成长子的比率增加吗?出生顺序的一些相关结果已经显示出来了。总体来说,长子拥有更多的朋友,更加保守,能成为更加杰出的学者。

最后,有性别选择地生育是否能改善家庭关系,因为他们得到了自己想要性别的孩子?被厌恶的或是不被接纳的孩子会更少一些吗?性别角色的干扰会被消除吗?抛开选择不谈,生育女孩会影响对女性主义和更多平等主义观念的支持行为吗?在美国和加拿大的研究中,加拿大的男性和两个国家的女性更可能认识到性别的不平等,对女性主义思想的支持更高,如果她们有女儿的话会更

① Elizabeth Moen, “Sex Selective Eugenic Abortions: Prospects in China and India,” *Issues in Reproductive and Genetic Engineering* 4(1991):231—249; and Alison Dundes Renteln, “Sex Selection and Reproductive Freedom,” *Women's Studies International Forum* 15(1992):405—426.

多地持有平等主义观念①。就孩子的性别而言，家庭结构影响着父母和孩子的态度和行为。

416

新　闻

重男轻女：性别选择是合乎伦理的吗？

据《盖洛普民意测验月刊》(1997.12)报道，一个国际盖洛普民意测验显示：几乎没有什么例外，男孩们比女孩们受欢迎。十六个国家的调查对象回答了"如果你只能要一个孩子，你想要男孩还是女孩呢？"的问题，在回答"想要男孩"的榜单上，泰国人以 44%的比率领跑榜单。27%的泰国人喜欢女孩，还有 29%表示无所谓男孩女孩。法国人以 41%的比率在"想要男孩"的榜单上排第二，其中 31%的法国人喜欢女孩，接着是印度(40% 比 27%)和哥伦比亚(35% 比 27%)。

在美国，42%的调查对象表示对性别没有偏好，但是在对性别有偏好的调查对象里，想要男孩的比率比女孩多出近 12 个百分点(35%比 23%)。其他重男轻女的国家包括英国(31%比 26%)，墨西哥(31%比 24%)，中国台湾地区(29%比 9%)，加拿大(26%比 16%)，匈牙利(25%比 12%)，危地马拉(23%比 13%)，德国(21%比 19%)，新加坡(19%比 11%)。西班牙和爱尔兰却有些"重女轻男"，想要女孩的比率分别比男孩高出 7 个百分点和 4 个百分点。

对某种性别有所偏好是一回事，但是用某些可行的手段来实现这种偏好是否道德那就是另外一回事了。美国生殖医学社团中伦理学委员会会长说，夫妇有时是可以通过选择男性胚胎或者女性胚胎，然后丢弃其余的胚胎来进行性别选择的(《纽约时代》2001.09.28 刊 A14)。夫妇必须经历试管授精，他们的胚胎在前期一段时间也必须经过仔细检查。这种胚胎选择的方法术语叫做胚胎植入前基因诊断，在十年前就可以操作了，但是这种方法似乎是专为那些怀孕时会有遗传疾病风险的夫妇保留的。然而这种方法同样可用于性别选择，通过鉴别胚胎染色体就可以判断性别，男孩染色体为 X 和 Y，女性的染色体为 2 个 X。早前，该社团发布了一个声明：针对性别选择的精子挑选技术是合乎伦理的。

来源：Gallup Poll News Service, "Family Values Differ Sharply Around the World," *1997 Global Study of Family Values*, November 7, 1997. http://www.gallup.com/poll/9871/1997-global-study-family-values.aspx#1; Gina Kolata, "Fertility Ethics Authority Approves Sex Selection," *The New York Times*, September 28, 2001.

① Rebecca L. Warner, "Does the Sex of Your Child Matter? Support for Feminism among Women and Men in the United States and Canada," *Journal of Marriage and the Family* 53(November 1991):1051—1056.

总结

1. 想要生育孩子并且希望越多越好的观点被称为提高人口出生率主义,在大部分国家,生物驱动力、体制问题以及(或者)通过对孩子能够给个体人生成果带来的好处进行的理性计算,都强烈地支持了提高人口出生率主义这一信仰。然而在现代社会,控制性驱动能力的养成以及潜在的子女抚养问题、孩子对于经济、政治和社会关系的意义的降低、个体对决定是否要孩子更多的自由,提高人口出生率主义"越多越好"的意义被削弱了。不过多生育主义仍然存在于这些社会,而且和妇女身份认同联系在一起。

2. 大部分父母想要且拥有孩子。出生率在战争期间、经济萧条和繁荣时期都呈现出不同的变化。在过去的几十年里,妇女们延迟了她们第一次分娩的时间,这种推迟使得孩子的数量减少,而且使得自己的经济境况好转。

417 3. 为人父母的影响只有在社会情境下才能被理解。许多对孩子生活中的消极影响都是因为家庭变故引起的:如离婚、单亲、母亲就业等。当然,如果说是家庭*导致*了这些消极方面未免言过其词。但为人父母确实能对就业模式和夫妻满意度产生重大影响。

4. 一些夫妇选择了不要孩子;比如一些女性选择了事业和不用担任母亲和家长身份的婚姻生活方式。没有孩子的父母与有孩子的父母比起来,显示出更好的健康水平和更高的婚姻满意度。但是非自愿性无子女夫妇的幸福感却在经受着负面影响。许多无生育能力的夫妇都会求助于收养或其他方式来怀孕或拥有孩子,如代孕妈妈,人工授精等。

5. 不管是孩子还是父母,年轻的父母和未婚父母都是被特殊关注的话题。未婚生育数量急剧增加。其中在二十几岁的女性中增加的最多,而非青少年。年轻的父母经常在婚姻、教育、收入、就业和常规培训中处于不利地位。未婚父母的孩子和已婚孩子比起来,在人生的起跑线上就处于不利地位,在婴儿期以后也很难避免各种不利情况的出现。

6. 家庭规模影响着孩子的情感和智力发育。经研究提出的"稀释假说"认为大家庭中的孩子可得到的资源已被稀释,而在小家庭中这些资源能得以集中。几乎大部分关于小家庭和独生子女家庭的消极成见都没有研究可以支持。

7. 除了家庭规模,出生顺序也影响孩子的发展。第一个出生的孩子更加具有传统倾向,在性行为方面更加保守,更具有成就倾向。晚出生的孩子在各个方面都表现出不同。

8. 迹象表明许多国家都更加偏爱男孩。也许在不远的将来,父母可以选择一个特定性别的孩子。这种控制性别的能力会引起性别比率的戏剧性变化,会影响出生率,还会影响家庭关系。

这一章概括了父母以及父母身份的一系列话题:它的价值、年轻父母和未婚父母、出生率、家庭规模、出生顺序等等。第11章将继续父母身份的话题但是会着重于父母和孩子的交互作用、社会化模式以及性别角色的差异。

关　键　词

子女的价值(Value of children)　pp. 384—388
提高人口出生率主义(Pronatalism)　p. 385
不确定性减少理论(Uncertainty reduction theory)　p. 387
父母投资理论(Parental investment theory)　p. 387
出生率(Birthrates)　p. 388
生育率(Fertility rate)　p. 389
生育高峰(Baby boom)　p. 390
小婴儿潮/婴儿潮共鸣(Baby boomlet/baby boom echo)　p. 390
总和生育率(Total fertility rate)　p. 391
特定年龄生育率(Age-specific fertility rate)　p. 391
更新阈限值(Replacement threshold)　p. 391
制动假说(Braking hypothesis)　p. 396
不孕/无子女的婚姻(Childless/childfree marriages)　pp. 396—400
自愿性无子女(Voluntary childlessness)　p. 398
非自愿性无子女(Involuntary childlessness)　pp. 399—400
年轻父母(Young parenthood)　p. 400
未婚父母(Unwed parenthood)　p. 400
婚外出生率(Rates of birth outside marriage)　pp. 404—409
婚外生育的影响(Consequences of birth outside marriage)　pp. 409—410
家庭规模对成员的影响(Effects of family size on members)　pp. 410—413
独生子女(One-child families)　pp. 410—411
资源稀释假说(Resource dilution hypothesis)　p. 412
大家庭(Large families)　pp. 412—413
出生顺序和兄弟姐妹的关系(Birth order and sibling relationships)　pp. 413—414
性别控制(Sex control)　p. 414

问题讨论 418

1. 不同类型社会提高人口出生率主义和生育率之间存在差异的影响因素有哪些？提高人口出生率主义与社会中的性别关系和性别满意度有何关联？

2. 美国出生率在过去几个世纪中发生了怎样的变化？使得出生率发生变化的影响因素有哪些？

3. 子女如何影响个人和夫妻的生活？你认为男女两性决定不要子女的原因有哪些？男女之中不要孩子的那一方所给出不要孩子的理由是什么？

4. 对于那些自主选择不要子女和那些不孕的女性，强大的提高人口出生率主义社会规范对她们会产生怎样的影响？

5. 许多国家已经通过了相关法律来控制生育，并且当青少年索取避孕套或堕胎时诊所便会通知他们的父母。这些措施可能带来哪些影响？

6. 讨论“只生两个”这一标语的含义。为什么是两个？如果每个人都有两个子女会怎么样呢？如果这一目标是可接受的话，需要采取哪些措施去实现它。

7. 列出在大家庭和小型家庭长大的利弊。独生子女会带来怎样的结果？影响家庭规模的因素有哪些？

8. 讨论身为长子、中间的孩子和最小的孩子分别意味着什么。生育次序对个人的影响会因为生育时间的间隔不同而发生变化吗？怎样变化？

9. 如果胎儿的性别可以在怀孕前几周内得到精确的控制，这将会对生育率产生怎样的影响？美国大多数父母会选择男孩还是女孩还是没有偏爱？其他国家，特别是西方国家以外的国家又会如何？

第 11 章 421

父母角色与儿童社会化

案例

一个被严重剥夺儿童的再社会化

我可以为这个被我们抚养的孩子写一个专栏。当他遇到我们的时候，才两岁零四个月，完全是一个废人。我曾经读到过一些被剥夺孩子的事例，但是我从来没有亲眼看到过。这对我们来说实在是一种震撼。

这个孩子似乎并不知道人是什么。他可以把人当作一件家具那样忽视掉。很显然他从来没有跟其他人类有过任何交往，他只有两岁却不希望任何人靠近他。我们总是抱着、搂着我们的孩子，给他们讲晚安故事，抱着他们到处走。年长的孩子跟这个被剥夺的孩子玩游戏，而他却不知道他们在干什么，每件事情都使他害怕。这绝不是“我要妈咪”这么简单，他甚至不知道“爸爸、妈妈”这样的词语意味着什么。他不会思念任何人因为他不知道人是做什么用的。他不像我们两岁的孩子那样去理解任何事情，他没有任何语言表达。他不明白“对”、“继续”、“做吧”和“不行”、“你不能那样做”之间的区别。“不”是他从未听到过的概念。

显然，他从未坐在一张桌子前吃过一顿饭，他就像一个“动物”。我真的很不喜欢在讨论人类的时候用这个词。但是你不能让他坐在一张桌子前，他不知道桌子是用来做什么的。我还记得他第一次与我们一起吃早饭的场景。只要我把橙汁给他，他就会喝完。他大概喝了四五杯橙汁。他狼吞虎咽地吃着吐司并喝了很多大碗的麦片粥。一开始我想着：“哎呀，这孩子饿坏了”。但后来我意识到他那样吃饭也许是因为他一直以来都是这样吃的。你把每次能得到的食物都吃干净是因为你不知道下一次开饭是什么时候。但是我们一天吃三顿 422
呀！在数年之后，他才能真正坐在桌子前与我们一起吃饭，并且在离席的时候不制造大的混乱。我主要的意思是,他以为可以通过把桌上的所有东西都甩到地上、抓住桌子摇晃使得食物四溅或者把自己的食物到处乱扔获得欢乐。你也许会认为这些行为将在几周之内消失。但事实并非如此,因此我们开始带他四处寻求心理专家,而那些援助机构真的非常有帮助。神经科专门医师和心理学家对他进行了检查诊断,给他做了脑电图扫描、智力测试和在机构中能获得的所有可能有帮助的检查。就所有的检查结果来看,他们能得出的结论便是这个孩子没有大脑器质性损伤但是智力可能低于正常水平。

很长一段时间内他都像一扇门一样僵硬,无法弯腰。我们有一些具体的例子。在我们的房子里,孩子们夏天会在户外玩耍。后院里有娱乐设施和孩子的自行车。我抚养了很多孩子,他们都喜欢户外活动。但是我认为这个孩子甚至从来没有离开过他生活过的小公寓。所以,当我在早晨把他带到户外时,他会用手挡住眼睛,看上去好像受不了阳光的照射。我必须和他一起待在户外,因为一旦我放开他的手,他便会转身回到室内。所以我必须再一次把他带到户外。事实上我们必须强制性地让他待在户外。你无法和他一起散步,也无法把他放在一个沙盘面前。他不知道沙盘是干什么用的,也不知道玩具是什么东西。他不明白你拿着玩具在干什么,而我们必须非常耐心地从头开始教起。

终于,他开始表现出我们对他而言慢慢变得重要,因为他开始试着讨好我们。但是,这种现象直到他到了学龄期才开始出现。在这之前,他毫不关心他是否能够取悦我们或任何其他人。他没有经历那样的社会化过程,而我认为这种社会化是在儿童的早期发生的。我从我的孙子那里更加确认了这一点。他们非常敏感,如果受到指责便会哭泣。而这个孩子从来不哭。

思考

在出生两到三年里,人的个性发展到何种程度?

就这个案例中所提到的男孩而言,早期的损害可以或可能被彻底纠正吗?或者一个人可以被再社会化吗?

你对于社会化有什么看法?你认为在抚养一个孩子时什么才是重要的?

你的看法对于这个案例中的孩子适用吗?你如何解释这个男孩的反社会行为与“打屁股”这种方法的失效。

在第10章里,我们研究了一些家庭系统的结构安排:围绕着父母身份的规则与价值观、年轻的父母、未婚父母、出生率、大家庭与小家庭的影响和出生顺序等等。在这一章中,我们将探讨好父母的含义、父母角色的性质、亲子关系的动态变化和有关儿童如何学习与发展的
423 一些理论。在本章的结尾,我们将探讨单亲父母所面临的挑战和单亲父母可以采取的带给孩子积极影响的策略。

好父母的模范

怎样才算是好的父母呢？当儿童或社会上的青年走入歧途时，我们往往会在第一时间把目光转向他们的家庭，尤其是他们的父母。但这公平吗？孩子最终变成怎样的人显然不仅仅只是受到家庭经验和父母养育方式的影响。当孩子踏上社会，他们的行为会受到各种各样因素的影响。尽管父母可以授予孩子在面对社会环境时所必须的心理与社会技能，但很多时候，父母自身也缺少足够的经济、社会与文化资本，从而不能很好地做到这一点(参见第 2 章关于不同资本形式的讨论)。另外，孩子的成功需要哪些技能与特质，在不同的社会环境下哪种养育方式才是最佳选择，这些永远都不清楚。事实上，对犯罪行为和其他负面结果的研究倾向于表明，在预示结果方面，近因比早期儿童经历的影响力要大得多。

现在有一种趋势认为好的父母便意味着西方白人中产阶级的一套标准，但这却忽视了好父母的定义是由孩子社会化所处的背景所决定的。例如，狩猎和采集社会要求孩子依靠自己，不能被过度宠爱和保护，因为他们很快就要像成人一样自立自强并适应新的环境。然而，在农业社会更强调服从、合作和长期的计划，这些特质才更适合一个较稳定的代代相传的经济系统。在现代工业社会，成功取决于个体的适应性、自信、个性、心理与情绪能力的成长。因此，好的教养方式不单单是保护和养育，还应鼓励探索与独立的决策。现代工业社会的养育目标更多地聚焦于适应社会与成功所必须的心理与情绪能力的成长。

在同一社会的不同区域，养育的目标与不同养育策略的效果也会不同。正如第 4 章所提到的那样，蓝领工人与白领工人家庭有不同的养育风格。这些父母不但根据自己对社会的理解来教养孩子，而且在他们的教养风格中也真实地反映出本身所处的职业环境，正如工作本身的复杂性能够决定认知上的灵活性，而且会反过来改变了养育行为。那么这些父母给孩子准备了一个怎样的世界，而他们又有多少潜力能够达到目标？大多数人会给孩子准备一个他们自身所了解的世界。尽管很多人希望他们的孩子将来能够成功超过自己的生活状态，但是他们本身的能力与对世界的理解常常限制了他们对养育技能的使用，而这些技能恰恰却是能够使得这种期望中的“超过”成为现实。

最后，孩子是试图适应其周围环境的大家庭系统的一部分。因此，父母的影响不仅仅是有意识的“养育方法”，还取决于家庭的生存策略。例如，父母在家庭外给孩子多少自由，会受周围环境中可能存在的危险水平所限制，也会在一些情况下作为对家庭经济资源的需求而放松，比如儿童的街头活动、拥挤的家庭环境、或是为更年幼的儿童提供空间和资源。①父母在家庭内能给孩子多大程度的自由则取决于以下两种因素：家庭拥挤程度、父母因工作不在时对家庭状况的控制需要(参见本章后文对单亲教养的讨论)。

---

① Elizabeth A. Kusnesof, “The House, The Street, Global Society: Latin American Families and Childhood in the Twenty-First Century,” *Journal of Social History*, 38(Summer 2005):859—872.

母亲与父亲

424 要理解父母角色首先要理解作为一个父亲与母亲意味着什么。有些人认为孩子需要父母双方,因为男人与女人有着不同的个性与能力,这些不同决定了他们与孩子互动的风格并满足孩子不同的成长需求。特别是有人断言母亲天生就更有爱心、善养育、温暖、接纳、自我牺牲、尊奉道德准则并更善于提供身体上的照顾,而男性是控制的、公正的、理性的、能够教授尊重和完成任务的技能。基于这些假定的差异,我们接下来就会得出母亲与父亲有着不同角色的结论。母亲应该是主要的照顾者与养育者,而父亲的角色稍显疏远,父亲应该是严格执行纪律的人和老师,而其情感角色也仅仅限于玩伴和导师。但是所有这一切都取决于这样一种观念:即这些差异是天生的,母亲无法承担"父亲"的角色而父亲也无法取代"母亲"的角色。

"父母特质是先天的"这一观念可以追溯到父母投资理论的进化论观点。据父母投资理论所说,①为了增加女性的遗传特质传递给下一代的可能性,最好的繁殖策略是限制女性的繁殖力使得女性尽一切所能保护与养育孩子直至成年。因此,当女性有了孩子之后,她们就有一种遗传倾向去承担这些角色。另一方面,男性为了提高将遗传特质传递给下一代的可能,需要限制与孩子的接触而且投资自己资源以养家糊口并保护孩子的母亲。因此,他们没有发展出照顾者所需要的素质与生理能力,而是发展出了与此相反的更为健壮的特征。

相接近的行为主义理论同样因为女性善于与依赖的婴儿建立深厚的情感纽带把女性塑造为照顾者的角色。基于这种理论,②与其说这种过程是遗传的还不如说是后天建立的,因为女性是婴儿早期生理需求的满足者(尤其是哺育)。这种需要的满足强化了情感联结,也使得女性对婴儿的反应更加灵敏,同时也提高了婴儿对母亲接近信号的觉察程度。传统意义上来说,这个理论认为儿童需要与父母一方建立深厚的情感纽带才能够正常地发展起来。

425

新　闻

母乳哺育是新的真空吸尘器?

如果你还没有听说关于本月汉纳·罗辛刊登在《大西洋》杂志上的文章的话,也许你会认为母乳喂养是最好的。在名为《反对母乳喂养的论据》的文章中,罗辛探讨了喂奶如何成为了真理,如何成为了一个母亲是否负责任的标准,并质疑了"母乳是最好的"这一

---

① See David C. Geary, *Male, Female: The Evolution of Human Sex Differences* (Washington, DC: American Psychological Association, 1998).

② John Bowlby, *Maternal Care and Mental Health* (World Health Organisation, 14, 1951).

信念背后的科学性是否真的让人如此信服。

罗辛是一个喂养了三个孩子的母亲，她一直相信通过母乳喂养保护了孩子的健康。她听说过母乳喂养可以提高孩子的智力和免疫力并降低孩子罹患过敏症以及肥胖症的风险。她第一次对此感到怀疑是去年她正在儿科医生的候诊室给孩子喂奶的时候。她这样写道：

我注意到了《美国医学协会杂志》上的 2001 年主题开篇便是关于母乳喂养的："结论：在母乳喂养、喂养持续时间与幼儿肥胖之间并没有一致性的关联。"不一致？那个时候我正一天中第十次、一个月中第一百次、一生中第一百万次在公共场合半裸地坐着喂奶，但却看到没有一致性关联这样的结论？那个晚上我彻夜未眠，对于一个新生儿的母亲来说显得太疑神疑鬼。我整夜翻阅大量的研究资料，以确认母乳喂养与过敏症、肥胖症、白血病、母婴联结、智力以及所有西尔斯博士强调之处的联系。（西尔斯博士是《父母与婴儿间的对话》杂志的撰稿者）

几个小时之后，一个基本结论浮出水面：医学文献与通俗文学看起来并没有什么共同之处。医学文献显示母乳喂养可能，也许好那么一点点，但是远没有证据表明母乳喂养如西尔斯博士所描述的那么好。那么又是什么原因使得我认识的每一位母亲歇斯底里地坚决推行母乳喂养呢？

罗辛花了很多笔墨来分析这些医学文献并进一步探讨母乳喂养的不利之处，这并不是针对所有的女性但也是很大一部分女性。她在博客中使用的类比已经激起了很大的反响，她想知道"限制着我和我二十一世纪的姐妹们的并不是空虚，而是另一种吮吸的声音"是否真的这样。

她写道：在婴儿出生的头六个月，仅仅依靠母乳喂养毫无疑问会使你无法去从事任何有意义的、能够挣钱的全职工作：

……母乳喂养确实是一件非常耗时的工作，让你没有办法以任何一种方式工作……这就是为什么当人们说母乳喂养是"免费的"时候我想狠狠揍他们的原因。只有当一个女性的时间毫无价值时，母乳喂养才是免费的……

另外她说，如果你的目标是一个平等的婚姻，母乳喂养在这方面也毫无助益。她写道，她的一个熟人有能力喂养却选择不那么做，只是因为她觉得母乳喂养会给她的婚姻带来不平等的交往方式——如果母亲要为婴儿的食物负责，也就自然意味着她需要为婴儿的其他一切事务负责。

我明白罗辛的意思，而她称目前她的文章所带来的反响也在意料之中——邮箱里满是各个女人的故事和对她文章的感谢，网络上充斥着针对她的各种喊叫，"一个失败者，说我有一个坏的婚姻，告诉我我是一个坏妈妈，说我错了"。

她问自己，这么多现代母亲把如此多的精力用来评价其他母亲是如何喂养孩子，这件事情究竟意味着什么呢？当其他母亲不依照我们的方式做事时，我们如此轻易地给她贴上"自私"的标签,对此我们又是如何看待自己的呢?

"我们有时候对做妈妈太过紧张了"她说道,"为什么是现在呢?女性们为什么要在时间更紧、机会更多的时候讨论这些?当我们讨论母乳喂养的时候,有更值得争论的话题,而不仅限于母乳喂养本身。"

来源:Lisa Belkin, *The New York Times*, March 16, 2009. http://parenting.blogs.nytimes.com/2009/03/16/is-breastfeeding-the-new-vacuum-cleaner/?pagemode=print.

这些假设真的准确无误吗?有大量的证据可以驳倒这两个理论。首先,历史学与人类学中有大量的记录表明,男性曾经在养育中扮演着主要的照顾者角色而女性承担更具工具性质的角色。此外,父母亲所扮演的角色似乎与社会中的男女平等水平密切相关。①当男女
426 更为平等的时候,父亲会更多地参与到养育事务中。第二,"女性只对自己的孩子感兴趣而男性没有能力照顾孩子"的假设同样被有关动物行为的研究所挑战。很多物种的雌性会使用"策略性的调戏"作为生殖后备的方法,从而为自己的后代获得不同的父亲,并控制着雄性的兴趣。②当雌性周围有很多亲密的雄性或者雌性有很多后代需要照顾时,一些物种的雄性也会加入照顾者的行列。③最后,一些夫妻会刻意使得父亲像母亲一样扮演照顾和养育后代的角色。针对这些夫妻的研究显示父亲不仅有能力成为全职的照顾者,而且他们的孩子会与父母双方发展出相同程度强大而健康的情感联结。④

教养风格与儿童的教育成果

父母与儿童联结的方式对儿童成年之后的表现有显著的影响。这些影响可以是直接的也可以是间接的。例如,父母对孩子的反应方式可以影响彼此情感纽带的性质,而这不仅会

① Scott Coltrane, "Fathering: Paradoxes, Contradictions, and Dilemmas," in Marilyn Coleman and Lawrence H. Ganong, eds., *Handbook of Contemporary Families: Considering the Past, Contemplating the Future* (Thousand Oaks, CA: Sage Publications, 2004).

② Sarah Hrdy, *Mother Nature: A History of Mothers, Infants and Natural Selection* (New York: Pantheon, 1999).

③ Barbara B. Smuts and David J. Gubernick, "Male-Infant Relationships in Non-Human Primates: Paternal Investment or Mating Effort?" in B. S. Hewlett, ed., *Father-Child Relations. Cultural and Biosocial Contexts.* (New York: Aldine de Gruyter, 1992):1—30; For a critical review of the evidence for evolutionary explanations of behavior(including parenting), see David J. Buller, Adapting Minds: Evolutionary Psychology and the Persistent Quest for Human Nature(Cambridge, MA: MIT Press, 2005).

④ Diane Ehrensaft, *Parenting Together: Men and Women Sharing the Care of Their Children* (Champaign, IL: University of Illinois Press, 1990).

影响儿童将来的社会化与自我控制效果，也会对儿童今后的成人关系产生长期的影响。①另外，有研究显示特定的父母行为会帮助儿童更成功地适应环境并同时减少他们的问题行为。

父母—儿童的依恋

依恋理论假设，儿童在生命早期基于父母在社会情境中对他们的反应方式会发展出一
种安全感或不安全感。这种安全感或不安全感继而决定了儿童与他人建立关系时的工作模
式。依恋理论根据儿童在接近或远离依恋对象时的情绪表现区分出四种依恋类型。根据儿 427
童的早期经验（1 岁之前）和后来的经历，儿童会发展出如下四种依恋类型：*安全型*、*不安
全—反抗型*、*不安全—回避型*和*混乱型*。②

拥有安全型依恋的个体在依恋对象接近与适度远离时都感到舒适，但是太远的距离也会使他们痛苦（父母在视线之外或者不能很快到达父母所在之处）。这种类型的依恋被认为是最好的，因为这种依恋保证了接近与亲密的关系，又鼓励孩子探索他/她的环境从而更有效地认识这个世界并更好地独立行动，同时也不会因为有离父母太远的风险。相反，不安全—反抗型依恋的孩子在父母接近时会感到非常不舒服并极度渴望保持距离。这种依恋类型是适应不良的，因为这会使得孩子暴露在危险的环境中，减少了孩子从父母那里学习的机会（孩子较少在意父母并较少受到父母的影响），不利于儿童后期和成年后亲密关系的建立。不安全—回避型依恋同样是适应不良的，但理由不同。具有这种依恋类型的孩子极度渴望亲近，只要父母稍微远离便会感到极度不安。但是当父母与之分离后再次接近时，他们又会报之以愤怒的反应。这种风格不利于探索性行为、学习和独立，并且很可能导致将来糟糕的亲密关系。不安全—回避型儿童往往太过依赖，并试图控制反复无常的父母。最后，混乱型依恋的儿童既不渴望亲近也不为分离感到痛苦。这些孩子在亲密关系中有高程度的接近—回避焦虑。

当父母对孩子不是过分担忧、既亲近也保持距离、表现出高程度的温暖、支持、一致性、对孩子需要与交流行为及时反馈时，孩子将发展出安全型的依恋。对孩子的情绪状态有较一致反应的父母更可能与孩子发展出安全型的依恋。当然，养育不仅仅是父母对孩子的单向过程，因为孩子的行为同样影响着父母。因此，一个孩子的气质对于父母的教养方式以及是否能够发展出安全型依恋具有至关重要的作用。

---

① See Kim Bartholomew, K. , A. J. Z. Henderson, and Donald G. Dutton, "Insecure Attachment and Abusive Intimate Relationships," in C. Clulow, ed. , *Attachment and Couple Work: Applying the "Secure Base" Concept in Research and Practise* (London: Routledge, 2001); and R. C. Fraley and Phillip R. Shaver, "Adult Romantic Attachment: Theoretical Developments, Emerging Controversies, and Unanswered Questions," *Review of General Psychology*, 4(2000):132—154.

② Jude Cassidy and Phillip R. Shaver, eds. , *Handbook of Attachment: Theory, Research, and Clinical Applications*, 2nd Edition(Guilford Press, 2008).

教养风格

三十多年以前,儿童心理学家黛安·鲍姆林德①提出,根据父母对孩子行为的期待与要求标准、父母对孩子的支持程度及对其需求的满足程度三个方面,可以将教养风格大体分为三类:权威型、专制型和放任型。这是最初的分类,后来这个分类又被进一步细分为四种教养类型:权威型、专制型、自由型/放纵型和冷漠型/冷淡型。②

428 跨文化视角

以色列集体农场的传统教养方式

以色列集体农场一直以来都以孩子为中心。孩子代表了未来。根据传统,孩子从婴儿到成年期的养育遵循集体模式。在这个背景下,婴儿的父母可能在分娩发生的前后没多久刚刚结婚。这符合以色列的法律,也给予了婴儿应有的权力。当婴儿从医院回来后将会被安置在婴儿房中。在婴儿生命的第一年里,只要他/她的母亲有奶,就会一直来婴儿房喂奶。而年轻的父亲在这期间负责用奶瓶喂奶和换尿布。在这种与世界大部分地区彻底脱离的教养方式中,不管是婴儿还是稍长的儿童都不会直接受到生父生母的照顾与支持或与他们一起生活。以色列集体农场的孩子的社会化与教育是保育员与教师的职责。

在婴儿出生第一年里,基本的教养模式就已经形成了。儿童的大部分时间都是与婴儿房的同龄人一起度过。到了下午,他们有两到三个小时可以与自己的父母待在公寓或房间里,与其他家庭成员聚会或者进行一些共同的活动。在安息日,除了要做一些必要的事情外,所有年龄的孩子都可以与父母待在一起。除了这些每日限时与安息日的团聚外,孩子们还可以在父母工作时或者以色列集体农场的周会上看到他们的父母。因此,虽然父母在孩子的生命中有着非常重要的地位,但是从某种意义上来说,父母又是地位不太高的伙伴。

在大多数情况下,孩子的培养地点都不在父母的居住地。在第一年里,婴儿都待在保育室。当儿童蹒跚学步时,会被转移到儿童之家,每个儿童之家中大约有两位保育员和八个儿童。在这里,儿童将学会控制排便、自己吃饭和与同龄人交往。当儿童两三岁的时候,会有一位保育教师替代其中一位保育员的位置。儿童在四五岁的时候将搬进幼

---

① Diane Baumrind, "The Development of Instrumental Competence through Socialization," in A. D. Pick, ed., *Minnesota Symposium on Child Psychology*, 7(1973):3—46.

② Martin Pinquart and Rainer K. Silbereisn, "Influences of Parents and Siblings on the Development of Children and Adolescents," in Vern L. Bengtson, Alan C. Acock, Katherine R. Allen, Peggye Dilworth-Anderson, and David M. Klein, eds., *Sourcebook of Family Theory and Research* (Thousand Oaks, CA: Sage Publications, 2005):367—392.

儿园居住。这对孩子来说意味着新的居住环境和新的保育员或教师，而最初的八人组也将扩充为大约十六人组。这个扩大后的团队将保持到 12 岁，即他们六年级结束。之后他们将进入高中，第一次遇到男性教师并第一次直接在农场经济体中工作。他们的工作因年龄不同从每天一到三小时不等，并在成人（不是父母）的监督下选择一个经济部门工作。当他们高中毕业时，需要在农场外生活大概一年时间。以色列集体农场的全体成员都必须遵循这一规则。

大多数作者都强调父母在儿童发展过程中的重要性，但是这些孩子不与父母睡在一起，没有从父母处得到生理需求的满足，没有从父母那里学得社会的、书本的或者经济上的技能，没有从父母处习得规则与社会化知识。父母是孩子自我身份认同的重要对象，并给予孩子无法从别人那里获得的某种安全感与爱。

来源：Bruno Bettleheim，*The Children of the Dream*，Simon and Shuster，2001；Daniel Gavron，*The Kibbutz：Awakening From Utopia*，Rowman & Littlefield，lanham，2000.

权威型教养方式意味着高水平的期待与要求同时也给予高水平的支持与回应。使用这种教养方式的父母更关注孩子自身的需要与发展，而不是简单地控制孩子。这些父母会设立明确而一致的行为准则，并通过理智而积极的强化而不是惩罚来使得孩子遵守这些行为准则（见下一章节的社会学习理论）。他们允许准则有例外的情况，并且会根据对孩子发展状况与需求的评估而改变准则。有研究显示这种教养方式是四种教养风格中最有效的一种，能够带来更积极的发展结果，并减少孩子整个儿童期与少年期问题行为的一种教养风格。

专制型教养风格的父母与权威型父母的共同之处在于同样会设立高标准的期待和要 429
求。两者的区别在于对孩子的支持与回应水平，专制型以父母为中心而权威型以孩子为中心。专制型父母会制定很多的规则，并使用惩罚的手段来持续严格地强化这些规则，而非与孩子讨论规则的原因，或者对孩子灌输一套行为原则以帮助他们在不同情境中控制自己的行为。这些父母大体上要求高水平的服从，但也会造成他们的孩子在权威人物在场与否的不同情况下有不同的行为表现。当权威人物在场时，儿童会更多地遵守规则，但是当权威人物不在场时（这些权威人物所代表的惩罚也不存在），这些孩子（童年期和成年期）更加可能破坏规则并依据自己的意志作出选择。

最后，自由型/放纵型和冷漠型/冷淡型教养风格的父母的共同点在于低水平的期待和要求，而两者区别在于对孩子的支持与回应水平。自由型/放纵型风格的父母更可能与孩子成为朋友并使得孩子充满信心。这种方式会使父母与孩子建立起强大的情感联结，但是却无法对孩子的行为提供足够的指导与控制。另一方面，冷漠型/冷淡型风格的父母既不给予指导与控制也不给予支持与回应。这种教养风格中成长起来的孩子将很难发展出亲社会行为。在所有的教养风格中,冷漠型的教养结果是最消极的。

尽管把父母教养方式划分为四种类型的划分方法已经在有关教养成果的研究中被广泛使用,但是这样的分类很可能太过简单并忽视了一种可能性:在不同的情境中,支持、回应、期待、要求、推理、惩罚等各个方面可能会以独特的方式互相影响并对孩子产生或积极或消极的影响。例如,有研究显示在周围父母都采用体罚方式的背景下,这一方法往往更有效果。[①]这种分类方法同样忽视了教育中可能会对儿童与青少年有积极影响的其他方面,如父母的参与度、教养的一致性、监督与管理(相对于控制)、父母的拒绝和严格的行为准则。

体罚

体罚是指用身体力量(包括打屁股)纠正或控制一个人的行为。打屁股深深扎根于美国法律文化和宗教传统文化。尽管打屁股的行为很普遍,但也会根据性别(男孩比女孩多)、儿童年龄(学前比学龄多)、父母性别(母亲比父亲多)、婚姻状态(未婚母亲比已婚父母多)、社会阶层(在底层社会更为普遍)、宗教信仰(有保守圣经信仰的父母中更普遍)、种族(黑人比白人多)和国家不同区域(南方最为普遍)而有所不同。大多数父母(90%—95%)表示曾经
430 打过孩子的屁股,而且他们中的大多数(75%—85%)认为打屁股是正确的方法,也相信这是教育孩子的必要手段。[②]

但事实上会有怎样的影响呢?打屁股会提高孩子的身心健康和幸福感还是会导致孩子的攻击性和心理障碍?打屁股会带来对他人的顺从和宽容还是会带来少年犯罪和成人虐待?一篇回顾性文献也许可以对这些问题给出回答。是体罚本身造成了特定的结果,还是父母的意图与社会环境影响了结果。

一项有关"严厉体罚"和父母参与程度对青少年攻击性、犯罪行为及身心健康的影响的研究支持了后一种观点。[③]总的来说,研究结果表明并不是体罚本身造成了青少年的不良后

---

① Ronald L. Simons, Kuei-Hsiu Lin, Leslie C. Gordon, Gene H. Brody, Velma Murry, and Rand Conger, "Community Differences in the Association between Parenting Practices and Child Conduct Problems." *Journal of Marriage and the Family* 64(2002):331—345.

② Jean Giles-Sims, Murray A. Straus, and David B. Sugarman, "Child, Maternal, and Family Characteristics Associated with Spanking," *Family Relations* 44(April 1995):170—176; Clifton P. Flynn, "To Spank or Not to Spank: The Effect of Situation and Age of Child on Support for Corporal Punishment," *Journal of Family Violence* 13(1998):21—37; Clifton P. Flynn, "Regional Differences in Spanking Experiences and Attitudes: A Comparison of Northeastern and Southern College Students," *Journal of Family Violence* 11(1996):59—80; Randall D. Day, Gary W. Peterson, and Coleen McCracken, "Predicting Spanking of Younger and Older Children by Mothers and Fathers," *Journal of Marriage and the Family* 60(February 1998):79—94; and Christopher G. Ellison, John P. Bartkowski, and Michelle L. Segal, "Conservative Protestantism and the Parentsal Use of Corporal Punishment," *Social Forces* 74(March 1996):1003—1028.

③ Ronald L. Simons, Christine Johnson, and Rand D. Conger, "Harsh Corporal Punishment versus Quality of Parental Involvement as an Explanation of Adolescent Maladjustment," *Journal of Marriage and the Family* 56 (August 1994):591—607.

果，而是忽视、不一致和父母的不作为增加了儿童行为出现问题的风险。在一个充满父母支持和关注的环境中，体罚并不会有不良后果。然而，如果家庭中缺少支持与关注，体罚常常会造成孩子的身体伤害、愤怒感、反抗、拒绝、心理障碍、攻击行为和犯罪行为。

与家庭环境密切相关的是体罚被赋予的含义或态度。对一个贫穷的南部社区的白人黑人家庭的年轻人的调查数据表明，只有当惩罚意味着照顾者的拒绝时，身体惩罚才与儿童的心理适应度相关。①与交互理论相同，重要的不是体罚本身，而是体罚发生的背景环境与其代表的含义。

体罚如此盛行，但其中大多数不是出自父母的爱与关注，因此默里·施特劳斯建议将废除体罚提上公共健康议事日程，因为体罚对美国儿童的身心健康构成了严重的威胁。②体罚不仅与儿童日后的攻击性相关，并有证据表明这种攻击性将包括成年后对伴侣的身体攻击。③另一项研究也支持了这一结论，体罚与青少年的心理困扰和抑郁症有显著联系，甚至与青春期前后儿童残忍的动物虐待行为也有关联。④

跨国家庭 431

墨西哥—美国边境的父母养育方式

虽然对于墨西哥人来说，父母一方或双方去美国工作造成家庭的短期分离已是常事，但是近来这种美国墨西哥之间的移民模式造成的分离更加长期化和“正常化”。造成这种现状的原因有三：一是美国为墨西哥劳工提供的短期工作机会很多，二是墨西哥离美国很近，三是大量的无证件移民不想让自己的孩子身限非法越境的风险之中。乔安

---

① Ronald P. Rohner, Shana L. Bourque, and Carlos A. Elordi, “Children’s Perceptions of Corporal Punishment, Caretaker Acceptance, and Psychological Adjustment in a Poor, Biracial Southern Community,” *Journal of Marriage and the Family* 58(November 1996):842—852.

② Murray A. Straus, *Beating the Devil Out of Them; Corporal Punishment by Parents and Its Effects on Children*(Boston: Lexington/Macmillan, 1994); Straus, Murray A., Emily M. Douglas, and Rose Anne Medeiros, *The Primordial Violence: Corporal Punishment by Parents, Cognitive Development, and Crime* (Walnut Creek, CA: Alta Mira Press, In Press).

③ Murray A. Straus and Carrie L. Yodanis, “Corporal Punishment in Adolescence and Physical Assaults on Spouses in Later Life: What Accounts for the Link,” *Journal of Marriage and the Family* 58(November 1996): 825—841; and Steven P. Swinford, Alfred DeMaris, Stephen A. Cernkovich, and Peggy C. Giordano, “Harsh Physical Discipline in Childhood and Violence in Later Romantic Involvements: The Mediating Role of Problem Behaviors,” *Journal of Marriage and the Family* 62(May 2000):508—519.

④ Heather A. Turner and David Finkelhor, “Corporal Punishment as a Stressor among Youth,” *Journal of Marriage and the Family* 58(February 1996):155—166; and Clifton P. Flynn, “Exploring the Link between Corporal Punishment and Children’s Cruelty to Animals,” *Journal of Marriage and the Family* 61(November 1999): 971—981.

娜·德比针对生活在美国但孩子仍在墨西哥的21名母亲与22名父亲进行了调查,通过民族志和定性访谈后展示了这些父母如何扮演父母的角色和身份,以及这些跨国家庭在为人父母上存在何种程度的性别差异。

一方面,德比表示,预期的为人父母的性别差异在这种移民背景中并不存在。具体来说,她研究中的父亲和母亲同样经常和规律地给孩子打电话以保持亲子联系;当他们在美国有了新的伴侣或者和新的对象有了孩子时,中断与墨西哥孩子联系的可能性相等;他们都通过寄钱或礼物来满足孩子经济需求,并认为这是对父母角色的要求之一。

另一方面,他们之间也存在一些重要的差别,很多是因为环境的差别。移居美国的父亲不是把他们的孩子留给自己的妻子或伴侣照顾,就是把孩子留给外婆照顾。前一组父亲通常作为季节性劳动者在美国与墨西哥间频繁往来,并且已坚持很多年。这些父亲表示与孩子保持联系对他们意义重大。短暂的分离使得他们更多地参与和投入到父母角色中来。然而,他们与孩子的联系与互动很大程度上取决于他们与远方妻子的关系如何。在已婚组中,大多数男性对于在墨西哥受外婆照顾的孩子都不太关心。他们认为孩子能受到很好的照顾(除了会有点被娇惯外),并期望在几年后能带着财富回国从而能改善孩子的生活状况。然而,身在美国的墨西哥单身母亲表达了最高程度的痛苦,并经常感到与孩子失去联系,因为她们不得不把孩子留给自己的前夫,而前夫往往会限制她们与孩子的联系并拒绝她们寄给孩子的礼物。

父母亲的工具性角色还是情感性角色的重要性差异也许是儿童养育方面最大的性别差异。父亲常常因自责于无法提供经济支持而不与孩子联系。而母亲对于把孩子留在墨西哥感到更为痛苦,并感到是自己放弃了孩子从而无法与孩子保持密切的联系。

来源:Joanna Dreby,"Honor and Virtue: Mexican Parenting in the Transnational Context," *Gender and Society*, 20(2006):32—59.

简单来说,我们必须在社会文化背景下考察自尊、健全的身心健康或自我定义内化等各方面的发展状况。因为每个人都是在与他人的互动中学习,因此我们不能只关注社会化行
432 为发生的*社会结构差异*,而同样应该关注社会化行为的*文化内涵*。

社会化理论

社会化是持续一生的过程,个人由此成为他所出生的那个社会的一分子,他的一举一动都符合该社会的民俗民德。很多相关的综合性理论对社会化进程进行了解释。这里将回顾其中几种理论来帮助我们理解不同的解释背后不同的假设和概念框架,也帮助我们理解我们如何成为社会的人。

学习/行为主义理论框架

学习理论——也被称为强化理论、刺激—反应理论和行为主义理论——认为适用于动物的概念和原则同样适用于人类。因此，在实验室里用老鼠、猫、狗、鸽子、猴子和其他动物来做实验从而了解人类便显得非常合情合理。尽管随着行为主义理论的发展出现了很多不同的分支，但各个理论间的一些基本假设仍有共通之处。

新生儿的学习或社会化意味着基于经验的行为改变。(这与基于生理成熟或生物条件的行为改变理论不同)学习所涉及的条件作用包括了经典条件作用或工具性(操作性)条件作用。

经典条件作用把“反应”与“已知刺激”联结起来。很多人都熟知巴甫洛夫的狗的实验，这为经典条件作用提供了很好的例证。实验中把一只饥饿的狗放在一个隔音的房间中，在每次给它食物之前都先让它听到音叉的声音。当狗习惯了这一模式后，在接受食物之前甚至在没有食物的情况下，狗只要听到音叉的声音便会分泌唾液。音叉作为一个条件刺激引发了反应——分泌唾液。在经典条件作用实验中，人们的关注点主要在刺激上。如果条件作用对狗有效，那么同样的原则对婴儿也应该有效，母亲的声音或接近的脚步声对婴儿来说也是一种条件刺激。当母亲的声音或脚步声重复出现后，仅就这种声音就能引起婴儿的反应。

工具条件作用(又被斯金纳称为操作条件作用)则比较关注反应。在操作条件作用中，反应并不与任何已知刺激物有关，而是起到工具的作用。个体基于自己的反应造成的结果而习得某种特定的反应。与强化相联系的是反应而不是刺激。让我们回到饿狗的例子上。在经典条件作用中，狗听到音叉这一刺激而分泌唾液。在操作条件作用中，饿狗会嗅、抓并咬周围的任何东西。如果狗通过爪子抓而打开了可以得到食物的小门，那么嗅和咬的动作就会减少，当它想得到食物的时候便会用爪子去开门。因此，操作条件作用是一种伴随着奖励(强化)的反应。

而这又如何适用于婴儿呢？倘若婴儿发出了类似“八—八—八”的声音，而孩子的爸爸就会认定孩子在叫爸爸，便会开心地抱起孩子、给孩子喂吃的或者摇晃孩子来给予奖励。结果，婴儿便会一整天都使用这一反应“八—八—八”。婴儿基于自己行为所造成的结果习得 433
某种特定行为。因此，某种特定反应是由强化塑造成的。

这些相同的基本原则被行为主义学家进一步细化为不定期强化、部分强化、正负强化、识别刺激、反应分化、行为改变等等，而这些可以解释所有行为的习得过程。社会化就是刺激—反应作用、正负强化及惩罚的结果。个体采取能带来正面结果的行为(正强化)，并避免可能导致负面后果的行为(惩罚)。个体同样会采取可能消除某种负面后果的行为——这也是一种奖励(负强化)。事实上，负强化是亲子互动强迫理论的重要组成部分。①这个理论解

① Gary R. Peterson, “The Aggressive Child: Victim and Architect of a Coercive System,” in E. J. Marsh, E. A. Hammerlynck and L. C. Handy, eds., *Behavior Modification and Families* (New York: Brunner/Mazel, 1976): 267—316.

释了亲子如何陷入增加负面行为的怪圈而这种怪圈又如何影响反社会行为的发展。拒绝一个孩子的某种要求常常会增加孩子每次要求时的情绪紧张度。如果父母持续不断地给予消极的拒绝,孩子便会进一步升级自己的要求行为。这种令人*厌烦的*行为持续不断地增加,父母最终会选择使其终结。这时,父母最终是否满足了孩子的要求已经变得无关紧要了。整个互动模式已经被这一事实强化,父母因为孩子不断增多的要求行为而终止厌恶——这比冲突中存在的情形要积极得多。

条件刺激(经典条件作用)和反应的结果(操作条件作用)对于动物或人类来说都只是*浮于表面的*。在学习理论/行为主义理论框架中,对信号、语言、推理、内在含义和其他内在心理过程都极少涉及。这与符号互动理论框架(在第1章中有所介绍并在本章中进一步探讨)形成了鲜明对比。符号互动理论认为社会个体可以创造自己的刺激和反应、可以识别和分类、可以区分自我和他人、可以区别内在与外在感受,并可以承担不同的角色。因此,大多数社会学家对于行为主义的社会化解释仍有着大量的保留意见。对他们来说,自我、角色、参照群体、符号过程、对于个体的内在含义是理解人类的行为的核心。尽管,学习理论在动物与婴儿研究方面非常具有启发性,但是在解释社会情境、群体规则和语言习得方面显得无能为力。

精神分析理论框架

由西格蒙德·弗洛伊德及其拥护者发展起来的经典精神分析理论强调生理驱力和潜意识过程的重要性。这一理论与刚刚介绍过的行为主义理论形成了鲜明对比。

在精神分析理论框架中,社会化过程由各个精确但又部分重叠的发展阶段组成。从出生到5、6岁,尽管是无意识的,但这些阶段中所发生的事情都是相对稳定和持久的。这些阶段包括*口唇期*、*肛门期*和*性器期*,随后是*潜伏期*和*生殖期*(青春期)。儿童会把注意力集
434 中在三大主要性感区域——口唇、肛门和性器,这三个区域是身体的性兴趣集中处,通过抚摸与吮吸这些部位可以缓解紧张。这些区域在社会化进程中也极端重要,因为它们是婴儿需要与之抗争的最初兴奋源,也是最初获得愉悦体验的地方。

发展的第一阶段口唇期是指儿童生命的第一年。儿童最初的性欲满足来自于口唇,而母亲为婴儿提供了食物来源、温暖和吮吸,因此儿童对母亲产生了强大的情感联结。儿童在生命第一年里是自恋的,而这种自我满足便是通过口唇获得,也就是嘴。嘴的功能包括吃、含、咬、吐和吸,这些都是对痛苦或不安状态进行适应的方法原型。这些功能也为儿童后来的人生适应提供了原型。

肛门期紧随口唇期并与之部分重叠。这一时期之所以被称为肛门期是因为儿童主要通过排便体验快感,而排便训练在这一时期成为主要问题。这个时期有两项核心任务:保留和排除。因为母亲依然是儿童生活中的权威人物,所以她训练儿童的方法和对待排便、清洁及控制等事情的看法决定了排便训练对儿童今后发展的影响。极端点说,如果儿童因排便很多而得到了母亲的表扬,那么在他/她的青少年或成人期很可能会努力制造东西去取悦别

人，就像曾经用粪便取悦母亲一样。另一方面，如果母亲非常严格并具惩罚性，儿童可能会故意弄脏自己，在青少年或成人期可能会变得脏乱、不负责任、无规则、浪费和夸张。

儿童在性器期这一成长阶段会把注意力集中在自己的生殖器上。在这一时期之前，男 435
孩和女孩的第一爱慕对象都是自己的母亲。但是在性器期，性欲望开始增加，男孩对母亲的爱慕变得更为强烈，结果便是对父亲产生嫉妒，并视其为竞争对手。男孩对母亲的偏爱就是广为世人所知的俄狄浦斯情结。同时，男孩开始恐惧父亲阉割掉自己的生殖器并发展出一种阉割焦虑。这种焦虑会随着对女性的观察而增加，因为女性在他们的潜意识里是已经被阉割了的。而对于女孩也存在着与之类似或相反的心理过程。女孩对父亲发展出爱慕之情，也就是厄勒克特拉情结，但是感情又很复杂，因为父亲拥有自己没有的东西。结果便产生阴茎嫉妒。在传统的弗洛伊德心理学理论中，阴茎嫉妒是女性心理的核心。而男性的支配与女性的顺从，男性的优越感与女性的自卑也都根源于此。

弗洛伊德把口唇期、肛门期、性器期三个阶段合在一起称为前生殖期，并认为这三阶段一般发生在儿童 0—6 岁之间。0—6 岁是儿童基本人格模式建立和稳定下来的重要时期。接下来的五至六年间直至青春期来临，儿童会经历一段潜伏期。潜伏期儿童的性欲会被压抑并与同性父母发展出紧密联系。

最后，随着青春期的到来，生殖期也随之发展。这个时期不仅仅是一个阶段而是前两个阶段的最终成果，尤其是前生殖期中口唇期、肛门期和性器期的最终结果。团体活动、婚姻、组建家庭、发展职业责任和成人兴趣在这一阶段将成为个体关注的中心。考虑到早年生活的重要性，我们也不难理解用瓶子喂奶还是母乳喂养、按规定时间喂养还是按儿童需要喂养、突然的断奶还是循序渐进、何时开始排便训练、何时开始排尿训练、如厕训练中是否进行惩罚、单独睡还是与母亲睡这些问题为什么对于弗洛伊德精神分析学家来说是如此关键的发展问题。

弗洛伊德学派的学者声称已有混合实证支持了婴儿训练对于人格适应的重要性。这些支持性的研究结果大多来自于对有情感障碍的个体的临床研究。而其他研究却得到了不同的结果。例如，五十年前曾发表的一项研究就试图验证婴儿训练原则在婴儿性格形成和人格适应方面的扮演的关键角色，并在某种程度上成为了这个主题的经典文章。①这项研究就特定的婴儿训练原则与日后的人格适应之间的关系设立了一系列的虚无假设。基本假设便是人格适应与儿童特质不会因婴儿训练方法不同而有显著的不同。这些婴儿训练经验包括按婴儿需要喂奶、循序渐进的断奶、较晚的排便训练等等。研究结果支持了虚无假设，也就是说，在婴儿期接受不同训练的儿童在人格适应方面并没有显著的不同。而在精神分析文献中被一再强调的母乳喂养、逐渐断奶、按需喂奶、排便训练和排尿训练却与人格适应几乎完全没有关系。

---

① William H. Sewall, "Infant Training and the Personality of the Child," *The American Journal of Sociology* 58(September 1952): 150—159.

同性父母对精神分析理论提出了挑战。相关研究数据表明由同性父母抚养长大的孩子并没有显著的不足和异常的人格特质。

436 **儿童发展理论框架：埃里克森和皮亚杰**

埃里克森和皮亚杰的理论同样关注社会化问题。与弗洛伊德的相同之处在于他们也主要关注人的发展阶段。与弗洛伊德的不同之处在于他们都将发展阶段拓展到青春期以后并更加看重社会结构与推理的发展。

埃里克森,作为弗洛伊德的一名学生,是一位把社会化看作从出生至年老的毕生发展过程的心理分析师。埃里克森提出的人类发展的八阶段理论早已众所周知。①每一阶段都包括由心理发展和社会情境改变所带来的心理危机。

婴儿期(0—1 岁)的危机主要是*基本信任对不信任*。儿童早期(2—3 岁)的危机主要是*自主性对羞愧和怀疑*。游戏期(4—5 岁)的危机主要是*主动对内疚*。学龄期至青春期的主要危机是*勤奋感对自卑*。

青春期的主题是*自我同一性的建立对角色混乱*。自我同一性作为埃里克森关注的焦点是指个体能够对自己的过去、现在和将来形成一种统一连续的感受。成年早期是人生的另一个重要转折点,涉及的主题是*亲密感的建立对孤独感*。成年期的主题是*繁殖感对停滞感*。老年期作为发展的最后阶段是反思人生和自我评价的时期,其主题是*自我完善对绝望*。

总而言之,埃里克森认为社会秩序源于这八个发展阶段并与之相协调。随着人们找到每个发展阶段问题的解决方案,这些解决方案也逐渐制度化到社会文化中。

---

① Erik K. Erikson, *Childhood and Society*, 2nd ed. (New York: Norton, 1963), Chapter 7.

瑞士社会心理学家让·皮亚杰对儿童的智力功能与逻辑发展方面进行观察研究超过三十年之久。①他的研究激起了对人类发展的成熟阶段和认知在发展中重要性的研究热潮。与学习理论及精神分析理论的支持者完全不同的是，皮亚杰认为发展是一种能力的发展，包括抽象推理、用合逻辑的方式思考假设情境、在复杂情境中运用一般规则（被他称之为*运算*）、高层次思维结构。例如，儿童能够自己创造从未见过或从未被强化过的想法与行为。

皮亚杰将儿童智力发展划分为四个主要阶段，分别是：1. 感知运算阶段——0—18 个月；2. 前运算阶段——18 个月—7 岁；3. 具体运算阶段——7—12 岁；4. 形式运算阶段——12 岁以上。这些发展阶段是连续性的，每一阶段都建立在前一阶段发展的基础之上并源于前一阶段。

在感知运算阶段，儿童只能依靠感知和动作来理解自身与外部世界。吮吸和握拳这样的非习得反应开始变得频繁，但儿童最初做这些动作并非出于有意或某种目的，也不是为了得到外界环境的反馈。在这一阶段的后期，儿童动作的有意识性渐渐增强。前运算阶段涉及语言及其习得。这一阶段的儿童把物体当作象征物而非物体本身来对待。例如，儿童可能会把一个玩具当作婴儿或者把一个木棍当作枪或剑。在这一阶段，儿童能够控制外部行 437
为和物体与活动的意义，但是还不能站在其他儿童或成人的角度看待世界。

在具体运算阶段，儿童学会使用工具并理解了物体不随形式改变而改变的客体恒常性。他们学会理解因果关系、给物体分类、理解他人的观点、区分梦境与现实。大约到 12 岁的时候，儿童开始步入成人世界和形式运算阶段。形式运算阶段的儿童能够以抽象概念、理论或一般原则的形式进行思考。儿童能够建立不同的问题解决方案，建立并解答命题假设。此发展阶段的核心成分便是思维的全神贯注。

埃里克森和皮亚杰这样的儿童发展专家认为认知发展与推理能力的发展在儿童生命中很早的时期就已经开始。而父母、兄弟姐妹、祖父母和其他推进儿童社会化的人物在此过程中也至关重要。

皮亚杰对于认知发展的独特见解是非常卓越的。他的阶段论既考虑了社会因素也考虑

① Jean Piaget and Barbara Inhelder, *The Psychology of the Child* (New York: Basic, 1969); and Jean Piaget, *The Construction of Reality in the Child* (New York: Basic, 1954).

了心理现象。与弗洛伊德相同,皮亚杰为成熟和成年的目标设定了特定的概念,并认为儿童会经历所有的阶段。但是他们之间也有不同之处。弗洛伊德强调情感成熟与无意识的极端重要性,而皮亚杰强调推理与意识。弗洛伊德关注身体区域,而皮亚杰关注推理的质量。

总而言之,学习主义理论学家关注行为,精神分析学家关注动机和情感(通常是指无意识的根源于儿童早期的),而儿童发展学家关注肌肉运动能力、思维、推理过程和冲突。接下来将讨论的符号互动理论与埃里克森和皮亚杰在关于语言、推理和社会影响的重要性问题上有许多相同的假设。

符号互动理论参考框架

与学习理论和精神分析理论形成鲜明对比的是符号互动理论。符号互动理论认为人生
438 前五年非常重要,但是性格并不会在此期间就固定下来,而社会化是毕生发展的过程。尽管母亲是儿童发展过程中的重要人物,但是父亲、兄弟姐妹、祖父母、教师和其他人物对儿童或成人的发展同样至关重要。

为了理解符号互动理论框架中的社会化,我们需要回顾一下此理论的基本假设和核心概念,如“*社会自我*”、“*重要他人*”和“*参照群体*”。

基本假设

正如在第一章中总结的那样,把符号互动理论应用到家庭研究和对社会化的理解上时需要基于几项基本假设。几十年前谢尔登·斯特赖克就提出了符号互动理论的四项基本假设。①

斯特赖克的第一个假设是“*人类必须基于他们自己的水平进行学习*”。符号互动理论是反对推论的。如果我们想理解社会化、婴儿发展和人类的亲子关系,我们就必须研究人类本身,而不是对非人类或类人猿的生活方式进行研究从而推断人类的行为。

“*人类*”和“*类人猿*”的基本区别不仅仅是简单的“程度”差异而是“种类”的差异。进化过程不仅仅涉及量的变化,也涉及种系间的质的改变。人类与非人类的差别包括语言、符号、含义、手势和相关过程。

因此,观察黑猩猩、狗、鸽子或老鼠对于我们理解人类的社会发展和行为几乎毫无用处。与单纯的生物、生理过程或其他非人类形式不同,社会生活涉及共享的意义和符号交流。人类可以使用语言和手势对另一个体进行反馈,传达意图和含义。

这一假设与行为主义的假设截然不同。行为主义理论认为通过研究人类以外的生命形式可以最好地理解人类。那些假设人类与动物只存在程度差异的心理学家,只可以解释并

---

① Sheldon Stryker, “The International and Situational Approaches,” in *Handbook of Marriage and the Family*, ed. by Harold T. Christensen(Chicago: Rand McNally, 1964):134—136; and Sheldon Stryker, “Symbolic Interaction Theory: A Review and Some Suggestions for Comparative Family Research,” *Journal of Comparative Family Studies* 3(Spring 1972):17—32.

控制那些没有共享意义或不能在符号水平上与其他个体进行交流的个体：婴儿、孤立儿童、严重精神病患者、严重社会剥夺者、脑损伤及失语症患者。而符号互动理论认为，正是因为拥有语言才使得独有人类能够从过去、现在和将来几方面来看待事情，并能够脱离空间甚至完全凭空想象物体或事件。

说低等动物没有文化也许可以概括社会化的人类与低等动物的区别（或是人类家庭与非人类家庭的区别）。它们没有信念、价值观，也没有在群体中以符号形式传播和共享的理念；它们没有家庭、教育、宗教、政治或经济制度；它们没有外语、艺术、文学、可祷告的上帝或是可以赋予生命意义的哲学；它们没有成套的道德规范、社会制度或意识形态。简单点说，它们不是人类。

我们常常强调动物世界与人类世界的相同点，但是也同样应该着重理解与关注其中的不同之处。正是因为这些不同之处，符号互动理论学者才强调我们应该通过研究人类来理解人类。因此，研究非人类对于我们理解无论何种生活方式与社会阶层的无论何人的社会 439
化都没有多大帮助。

斯特赖克的第二个假设是*研究社会行为的最有效方法便是分析社会*。如果要理解一个丈夫、妻子或孩子的行为，最好的方式便是研究和分析他们所属的社会和亚文化。个体行为绝不仅仅是单一的或大体上的个体现象，而是显著的社会现象。这个假设并不是说社会就是最终现实，也不是说社会对于个体有形而上的优先权或是文化决定论可以解释所有的行为。另外这个假设也不否认生物与心理因素对于解释和理解行为的重要性，但是这些因素并不是显著性变量。

出生的社会决定了一个人说什么语言、如何定义情境，行为的合适与否都是从这个社会和文化情境中习得。因此，来自菲律宾农村的夫妇绝不会在公共场合牵手；而美国夫妇却会在公园里亲吻抚摸。要理解这些行为差别只能去分析这些行为所处的社会背景。

斯特赖克的第三个假设是“*人类婴儿出生时是自我中心的*”。最初的性格是没有组织性的。因此，婴儿既不是社会性的也不是反社会的。然而，新生儿与生俱来的一些“技能”也确实成了他们社会发展的潜质。

行为发生的社会与特定社会背景决定了这种行为是亲社会的还是反社会的。一个新生儿整夜哭泣并不是为了惩罚或惹恼父母，同样，他/她整夜安睡也不是为了取悦父母。只有当父母内心有期待时这些行为才被赋予了亲社会或反社会的含义。尽管新生婴儿也像其他有机生物体一样有冲动行为，但是这些冲动行为并不指向任何特定的目的。但是，由于人类婴儿拥有社会化发展的潜能，所以随着时间和训练，他们可以慢慢对自身的冲动行为进行组织并使其指向特定的方向。新生儿成为社会人的这一过程是社会心理学家和家庭社会学者的主要关注点，前者重视社会化过程而后者重视儿童抚养过程。

斯特赖克的最后一个假设是“*一个社会人*（指可以用符号交流并分享意义的个体）*既是行动者也是反馈者*”。这不仅仅是指一个人行动而另一个反馈。社会人不单是对外部环境刺激进行简单的反应。相反，人类可以对符号环境进行反应，包括对理解中的和预期的刺激进行反馈。人类可以与自己对话、用思考的方式替代行为、为过去的行为感到内疚、想象未来的种种可能性。

“人类既是行动者又是反馈者”这一假设意味着研究者不能仅仅通过研究外部环境和外部影响力来理解人类行为,而是应该站在研究对象的角度看待世界。人类不仅仅对刺激进行反应并同样对刺激进行挑选和解释。因此,弄清楚这些解释和含义就变得关键和必要。正是斯特赖克最后的这一条假设最精确地将符号互动理论与社会学实证主义理论和心理学行为主义理论区分了开来。

“人类既是行动者又是反馈者”这一假设还意味着只有人类可以理解他人的角色。这就是说,人类可以透过他人的视角看世界。因此,我们能够站在他人的位置,会为了朋友的不幸
440 而悲伤,也会因别人孩子的笑容而快乐。一个教授能够站在学生的立场预期他们对一个三小时讲座或某种测验的反应,即使并没有真的进行讲座或测验。一个妻子可以预测到丈夫对自己的一个拥抱或者邀朋友共进晚餐有何反应。这个教授和妻子的预测也许并不精确,但是对情境的理解和对其赋予的含义或定义将会影响并指导行为。简单点说,个体的行为并不仅仅是对他人的简单反应,而同样是一种对“自发刺激”的反应:对内在符号产物的反馈。

社会自我的发展

“*自我*”是理解社会化和人格的核心概念。尽管“自我”这一定义常常被用在心理学和性格术语中,但“自我”也是一种社会现象。自我是在与他人的互动中发展起来的。社会化过程是儿童养育的关注重点也使人能够成为社会的人,这也是社会自我的发展过程:内化角色系统。

一个女性可以有很多的身份,包括妻子、母亲、姐妹、学生、主管、卫理公会教徒等等。每一种身份都包含着社会期待(角色)。个体必须明白每种角色与其他角色的关系,并把这些角色组织、融合成某种合理的、一致的统一体。这种内化角色的系统便是“社会自我”。

角色的组织与内化是在与他人的互动中实现的。社会自我永远不可能是稳定不变的或是处于最终状态的。乔治·赫伯特·米德使用“自我”这一术语表示人们可以成为自己行为的客体。他们的行动可以指向他人也可以指向自己。①因此,人类可以与自己交谈或是为自己感到骄傲、羞愧或内疚。

“我是谁”、“我的感受”、“我的需要”等等构成了一个人的社会自我。一个人的社会自我是由自我概念、自我知觉、自我价值与自尊的定义组成的。而个性是由一些具有稳定行为举止倾向性的自我定义组成的。如果一个人坚信自己无法通过考试、对某个特别的人没有足够吸引力、无法达到工作目标,那么他就会把自己放在失败者的位置上。自我实现的预言常常会起作用。也就是说,一个人会在每件他认为会失败的事情上失败。相反亦然,相信自己能够做某事也会增加他去做这件事的可能性。

这些自我概念和自我价值感是在与他人的互动中发展起来的。这些感觉和价值观念在

---

① George Herbert Mead, *Mind*, *Self and Society*(Chicago: University of Chicago Press, 1934).

婴儿出生时并不存在但必须被内化，也就是说，它们是被后天习得的。不难想象家庭成员和非家庭成员如伴侣、兄弟姐妹、父母、祖父母、朋友、老师或同学在社会自我的发展方面以及对个体的自尊与价值感的影响具有的核心作用。相应地，低自尊也是糟糕的学校表现和抑郁、焦虑情绪的重要因素。

重要他人与参照群体

重要他人和参照群体在理解儿童发展与社会自我的改变方面至关重要。并不是所有的 441
人与群体对个体来说都同等重要。互动过程中涉及的特定人物和群体会被看得更为重要、更有意义，并被作为参照比较的对象。个体用来心理认同的这些人物与群体被分别称作“重要他人”与“参照群体”。

新　闻

专家们就同性恋收养问题对布什提出质疑

由同性恋夫妻抚养的孩子真的不如异性恋夫妻的孩子吗？作为对同性恋收养孩子问题的回应，布什总统于星期四给出了明确的回答。布什先生在《纽约时报》的采访中表示：“已有研究显示，由一男一女组成的已婚家庭是抚养孩子的最理想环境。”

但是专家表示，不管是在社会性、学业还是情感方面，都没有科学证据表明同性恋伴侣抚养的孩子不如传统家庭的那些同龄人。

不同党派内的专家表示，有研究显示由两个已婚异性夫妻抚养的孩子一般来说在许多方面如学校表现上要比由单亲家长或未婚夫妇抚养的孩子发展好一些。

但是，纽约大学社会学教授朱迪思·斯泰西博士表示：“并没有任何合法学者曾经声称同性恋伴侣的抚养对孩子而言是不利的。”

斯泰西博士在 2001 年曾就这一问题发表过一篇评论性综述，支持同性恋收养孩子，另外他还表示：“科学家之间的争论总是停留在我们的研究是否够好这一问题上。”

曾研究过由男同性恋抚养的男孩的西北大学心理学教授 J. 迈克尔博士说：“你不能强迫家庭参加调查研究，他们之中也没有很多人愿意被调查。”贝利博士表示：“而且志愿者家庭往往存在被试偏见，愿意接受调查的家庭往往在性取向上有更开放的态度。”

对相关研究的批评更多地聚焦于研究者本身的偏见，认为研究者的调查不够直接从而无法发现不同之处。

杨百翰大学法学教授林恩·沃德尔对同性恋伴侣收养儿童表示反对并认为“大多数这种研究都没有真正地问出强硬直接的问题。”林恩·沃德尔教授表示，研究者就儿童自尊问题调查同性恋家庭时，“他们只会问他们‘是否有朋友’这样温和而模糊的问题，而不问性行为、性传播疾病和毒品使用情况。”

一个无需质疑的事实是，由同性恋伴侣抚养的儿童更容易因为他们的父母而在学校中受到取笑、歧视和欺负。也有些研究者表示，在通常的社会与情感风暴过后，大部分儿童能够正确对待这些侮辱，并在标准心理测验的分数上与同龄人表现无异，显示出良好的适应性。

一些社会科学家表示，随着关于同性父母收养问题的政治讨论愈加热烈，研究质量似乎也提高了很多。弗吉尼亚州大学和亚利桑那州大学的心理学家于上个月发表了一篇以 44 名青少年为调查对象的研究，这些青少年来自全国各地的女同性恋家庭。

这些家庭具有不同的收入水平，均是从一个大型的、连续的全国性调查中抽取出的。这项调查是随机的，因此并不受所谓的志愿者偏见所影响。另外，这些调查是由一个政府研究者团队进行的。这些研究者考虑到了大量的社会与人口统计学因素，从而消除了有些批评所指出的研究者偏见。

在《儿童发展》杂志上发表的调查结果确定了之前的一些研究发现：研究者发现，这 44 名男孩和女孩是典型的美国青少年，与来自传统家庭的对照组的 44 名同龄人相比，他们并不显得更为困惑或喜怒无常。研究报告的第一作者夏洛特·帕特森博士是弗吉尼亚州大学的一名心理学教授，他说："在学校生活、俱乐部活动、课外活动方面，这些同性家庭的孩子甚至有更高的参与程度。我不知道这意味着什么，但我们确实没有预料到这样的研究结果。"

来源：www. nytimes. com/2005/01/29/politics/29marry. html? ei = 507&en = c0cf490e3f6b.

442 对大多数的婴儿和年幼儿童来说，母亲是一个重要人物，特别是在儿童的发展过程中母亲是其情感联结的对象。注意这里所说的"母亲"作为互动和联结的术语是一个社会概念而非单纯的生物概念。因此，领养父母、寄养父母、祖父母或其他任何人、任何性别都可以履行"母亲"这一角色期待。而"母亲"(社会的或生物的)并不是唯一的重要他人。父亲、兄弟姐妹、同龄人、老师、运动员和电影明星都是个体进行心理认同的重要人物。个体的行为往往是为了符合自己理解中这些人物对自己的期待。个体会尝试取悦这些重要他人并从中获得赞许。

儿童或成人在与他人的交流互动中会喜欢上其中某些人并依附于他们，然后满足他们的某些期望或模仿他们的某些行为。重要他人被个体看作榜样，其行为和思想都会被模仿。在个体的社会化和社会自我发展过程中，飞行员皮特叔叔或玛西娅老师作为重要他人可能会发挥决定性的作用。兄弟姐妹、男女朋友或是电视人物都可能成为榜样、重要他人，并因此成为个体心理认同的对象。

除了重要他人外，群体(真实的或是想象中的)也是个体进行心理认同的参考框架。这些群体一般被称为“参照群体”，是指那些个体渴望被接纳于其中并进行比较的对象群体。一个教堂、一个俱乐部或是一家公司都可能成为个体与他人作比较的来源，特别是在形成自我评价方面。在一些例子中，个体可能会尝试在一个群体中获得友谊或被接纳，虽然事实并不总是尽如人意。就像重要他人一样，这些群体为个体行为提供了标准、为个体的自我评价提供了基础并成为个体形成特定倾向的来源。

大多数青少年的核心参照群体并不是父母，而是同龄人。同龄人与青少年属于同一个世界，他们能够互相理解，因此同龄人便成为了青少年问题判断、努力和雄心等方面的参考对象。把同龄人纳入参照对象也许可以帮助我们理解为什么青少年的价值观不同于他们的父母而是与同龄的孩子相似。

把同龄人看作参照对象还可以帮助我们理解为什么父母眼中青少年的异常行为在同龄人眼中却也许是得到社会赞许的行为。使用毒品或酒精、参与性行为、跨种族交往、接受某种特别的政治观点等等可能是同龄群体的一致性行为。父母眼中反社会行为也许在青少年眼中只是一种个性的体现。

社会化阶段和互动的过程

早年生活的重要性是不可否认的，早期的生命经验使婴儿对自我、他人和社会关系有了最初的认识。母亲通常是那个最初的、最主要和最重要的他人。打骂、娇惯或表扬本身也许都不是决定性的，但是重复行为的性质会决定儿童内化的自我价值感和自我形象。尽管母亲在这些概念发展过程中至关重要，但是父亲、兄弟姐妹、其他亲戚和朋友也同样非常重要。尽管母亲也许是婴儿最主要的照顾者，但是很多婴儿的社会化经验也同样包括与核心家庭 443
或大家庭其他成员和其他人的互动。

米德的自我概念发展阶段

米德把儿童自我概念的发展分为三个连续的阶段：准备阶段、扮演阶段和游戏阶段。[①]在“准备阶段”，儿童没有观察自我行为的能力，而是对他人行为进行模仿。就像学习理论框架和互动理论框架中所描述的那样，如“八—八—八”这样的特定声音会引起别人的注意和反馈。这种操作条件作用使得儿童重复并习得这种声音。

“扮演阶段”是继“准备阶段”之后并与之部分重叠的第二阶段。在这个阶段，儿童扮演他人的角色。也就是说，儿童扮演他们观察到的他人。一个儿童也许会扫地、戴上一顶帽子或假装读一本书。埃尔金和汉德尔描述了一个“扮演父亲”的四岁小男孩，他戴上父亲的帽子、穿上父亲的外套、学父亲的样子说“再见”、走出家门，但是几分钟之后就返回家中，因为他不知道下一步该做什么。[②]

接着，儿童将进入“游戏阶段”。这个阶段中的孩子不仅仅是扮演别人的角色，他们会进行有角色组织并能发展自我意识的游戏。这时候，他们必须理解其他人的预期行为，这就涉

---

① Mead, *Mind, Self and Society*, 150.

② Elkin and Handel, *The Child and Society*, 57.

及同时对好几个他人的预期行为进行反馈。这种心理构想被称为“抽象他人”。米德的著名例子便是棒球运动:

> 儿童必须对每一个与自己有关的位置作出反应。他必须知道其他的每一个同伴为了完成自己的游戏角色将会做什么。他必须理解所有的角色。他们不需要同时关注所有同伴的位置,但是在某些时刻必须同时关注三到四个人,比如将要扔球的那个人和将要接球的那个人等等。在某种程度上来说,这些反应必须时刻在他的脑海中。①

“抽象他人”这一概念使得我们理解个体为什么能在不同的社会环境中保持一贯性的行为方式。人们学会从众多他人的角度来看待自己,不管是确实存在的他人还是象征性存在的他人。

根据这种社会化观点,比起驱力和需要、无意识的心理过程和生物特性来,任何行为更加取决于互动过程和自我与他人的内化含义。因此,对于白人或黑人、王族或流浪者、犹太人或异教徒、男性或女性来说,一个行为是否合适并不是取决于肤色、性别或其他生物特性,而是取决于在与他人互动中内化的含义与定义。广义上来说,这些互动包括学校、同龄人、大众媒体和其他日常生活中的方方面面。

青少年期及之后的社会化

444 在有关社会化的大部分的书中,以及在有关儿童养育的大部分章节中,公众最大的兴趣都集中在年幼儿童身上。也许这是因为对新生儿来说整个世界都是崭新的缘故。就算是最平常普通的日常事务也需要从头学起。但是如果社会化涉及学习特定社会与文化的角色和行为方式,并且决定了适应社会的方式,那么又怎么能说社会化完全是在五六岁之后就完成了呢?特别是在如美国这样瞬息万变的社会中,人们几乎每天都会遇到不熟悉的事情。毋庸置疑的是,早期的社会化经验对各个类型的事件和经历的可接受与否具有重大影响。但是社会化是一个连续的过程。另外,之后的学习不仅仅是吸收新的东西也包括抛弃旧的部分。

家庭多样性

少数民族社会对青少年的防范和保护

文化价值观和经济背景对于少数民族父母用来指导和控制青少年家里家外行为的策略起着重要的作用。西班牙裔美国人和非裔美国人都面临着更加敌意且不稳定的外部环境,这源于异常的亚文化和社会控制手段。少数民族青少年因为轻微违法或只是因

① Mead, *Mind*, *Self and Society*, 151.

出现在错误的时间或地点就被逮捕的可能性要比英美人高得多。如果一个白人青少年犯错了，警察可能只是给他/她的父母一些建议，而如果是少数民族的青少年犯错了，将更可能遭到逮捕。因此，白人往往比以上两组的父母给予青少年在家外更多的的独立性。然而当涉及家里家外给予青少年的独立程度时，在西班牙裔美国人与非裔美国人之间也存在着差异。

在西班牙裔美国人中有两大主导文化价值观——家庭主义和父权制，这些主旋律影响了西班牙父母与子女交往的方式。尽管在青少年早期，女儿不管是在家里还是在家外都会受到更为严格的限制，但儿子在家外享有大得多的自由。然而在青少年后期，女孩在家外有了更多的自由(也许是为了建立新的家庭做准备)，而男孩的户外活动将会受到更为严格的限制(也许是为了使他们成为家庭领导者做准备)。非裔美国父母与西班牙裔父母完全相反，集体主义和社区养育的文化价值观以及女孩幼年怀孕的高发率是主要的差异。在青少年早期，这些父母给予女孩的户外自由要远多于男孩。然而随着年龄增长，女孩的活动将受到更小心的监督和更严格的控制，而男孩将被释放到更自由的户外活动中去。

来源：Richard A. Bulcroft, Dianne Cyr Carmody, and Kris A. Bulcroft, "Patterns of Parental Independence Giving to Adolescents: Variations by Race, Age, and Gender of Child." *Journal of Marriage and the Family*, 58(1996):866—883.

青春期是一段活跃的时期，这时候的青少年要完成性别角色认同、学会异性的规则与期待、参与到不同类型的崭新的社会活动中、理解未来的职业世界并为之获得技能、努力从父母那里解放出来并发展出一种新的自力更生感。父母仍然是重要的社会化推动剂，但是父母在青春期的影响力下降而同龄人的影响力上升。根据一项超过四年、每年对男孩、女孩和其父母进行数据搜集的研究分析显示，儿童晚期无效的父母养育将会增加儿童与不良同龄 445
人的交往和青春期的违法行为的可能性。①青春期良好的教育将减少儿童与不良同龄人交往的几率从而间接地减少其违法行为。

在一篇对九十年代青少年研究的评论中，弗斯滕伯格指出大部分对青年人的研究聚焦于青少年的问题特征和明显的问题行为。②还有大量的注意力被放在青少年在各个环境中所花时间的变化：在家中、同龄人圈子、学校中、社区中和工作场所。青少年在家庭以外所花

① Ronald L. Simons, Wei Chao, Rand D. Conger, and Glen H. Elder, "Quality of Parenting as Mediator of the Effect of Childhood Deviance on Adolescent Friendship Choices and Delinquency: A Growth Curve Analysis," *Journal of Marriage and Family* 63(February 2001):63—79.

② Frank F. Furstenberg, "The Sociology of Adolescence and Youth in the 1990s: A Critical Commentary," *Journal of Marriage and the Family* 62(November 2000):896—910.

时间的增加是以在家庭内时间的减少为代价的,这就意味着直接的父母监督在减少,同龄人联结在增加。

在青少年时期,家庭、同龄人、学校、社区等环境与媒体的影响力一样是强大而普遍的社会化推动力。社会化的生命历程观点强调不同生命历程的相互依赖以及连续性与发展性共存。例如,一项对女儿的性别意识形态的研究为儿童期社会化理论提供了支持,但是同样指出了女孩自身的地位实现也同样重要。①也就是说,除了女孩自身的生命经历之外,性别角色与工作角色认同也会在代际之间传承。

尽管社会化并不是在青春期终结,但是研究者对青春期以后的研究兴趣却下降了。关于 20 岁至 60 岁,似乎存在一种虚构假设,就是此阶段中对新角色、新任务和新活动的社会化既是不存在的也是不必要的。似乎社会自我本身也被认为在这段成年阶段是相对稳定或不变的。因此,成人社会化便不是一个令人兴奋的或极其重要的研究领域。而退休人群这一主题是一个例外,有文献提到随着年龄增长和老年化进程的展开,对新的生活方式的再社会化也是必要的。

社会性别认同和性别角色社会化

人们常常容易混淆*自然性别*、*自然性别角色*、*社会性别角色*和*社会性别认同*等概念。确切地说,一个人的自然性别与行为无关,是指一个人的生物属性是雄性还是雌性。因此,自然性别角色便是指与生物性别属性相关的角色期待。*社会性别*与自然性别不同,它是一个涉及身为男性或女性的综合术语,意味着男子气或女子气。因此,社会性别角色便是与男子气或女子气相关联的角色期待,这种期待可能与个体的自然性别一致也有可能不一致。"他(生理性男性)的行为女性化(社会性别期待)"这一说法便是自然性别与社会性别可以不同的例证。社会性别认同是指个体就性别方面对自己的定义与看法——是男性还是女性,是男子气还是女子气,是异性恋的、双性恋的还是同性恋的。

父母的性倾向是否对自然性别认同与社会性别认同的形成有影响呢?例如,同性恋父母收养权力的反对者声称由具有这些性倾向的父母抚养的儿童将更有可能面临各种负面结果:在自然性别与社会性别认同方面遇到困惑、成为同性恋、被性骚扰、更易于在青春期违法、药物滥用、少女怀孕、自杀、辍学、有更高的抑郁或其他情绪障碍风险、与其他人相比不止
446 有一个"真的"父亲或母亲。斯泰西和比德拉兹对这些说法和结论表示质疑,他们认为社会科学研究并没有提供立场,将性倾向纳入关于家庭权力和责任的政治分配的问题中。②他们

---

① Phyllis Moen, Mary Ann Erickson, and Donna Dempster-McClain, "Their Mother's Daughters? The Intergenerational Transmission of Gender Attitudes in a World of Changing Roles," *Journal of Marriage and the Family* 59(May 1997):281—293.

② Judith Stacey and Timothy J. Biblarz, "(How) Does the Sexual Orientation of Parents Matter," *American Sociological Review* 66(April 2001):159—183.

认为，之所以在儿童抚养和儿童发展性偏好与行为等问题上父母的性取向如此重要，其最主要的原因是对同性恋的憎恶和歧视。

自然性别或社会性别认同的形成是一个发展的过程，而不是永远有序地经历各个特定阶段。例如，一项针对 400 多位同性恋和双性恋女性的调查研究显示，这些女性都经历过为自己的性别身份左右摇摆甚至根本没有特定的性别身份的矛盾时期。双性恋定位的女性与同性恋定位的女性相比，往往是在较长的年纪才开始意识到自己对同性的感觉并质疑自己的异性恋身份。认同的改变往往取决于可获得的社会组织、社会政治背景和他们自己在其中的位置。①

男女差异

在标准、态度、行为、生理等方面男性和女性是不同的，这点毋庸置疑。人类学家已经证明，从全球范围来看，诸如打猎、诱捕、放牧和捕鱼之类的特定活动显然是由男性负责的，而诸如照顾婴儿和儿童、研磨五谷、取水、收集草药和储存食物之类的活动更多由女性负责。

不管是在原始社会还是在最平等的社会，这些分工都是存在的。芬兰和瑞典已不再强调性别角色并出台了旨在消除传统的基于性别的劳动分工的育儿休假政策，但即使是在这样的国家，也大多是由妻子和母亲来负责家庭食物、购买和清洗衣物、作为主要的儿童照顾者。②同样地，以色列集体农场也建立于性别平等的基础上，但是其中大部分的男性承担着工农业角色而大部分女性承担着服务和教育角色。相似的家务和儿童照顾的模式在今天的中国依然存在，尽管绝大多数的女性在家庭之外有自己的工作。

男性和女性不仅仅在行为上有差异，在价值观方面也同样存在差异。一项对美国青少年的代表性样本调查结果显示男女两性在以下几点上存在差异：(1)女性比男性更有可能对他人的处境表达关心和责任。(2)男性比女性更有可能接受物质主义和竞争。(3)女性比男性更可能认为寻找人生的目的和意义是非常重要的。③尽管从二十世纪七十年代中期到九十年代早期，性别角色观念和年轻女性的职业抱负发生了很大的改变，但是这些价值观的差异依然存在。

除了这些基于性别的任务与价值观差异，谁又会否认在男女两性间同样存在着生理上

---

① Paula C. Rust, "'Coming Out' in the Age of Social Constructionsism: Sexual Identity Formation among Lesbian and Bisexual Women," *Gender and Society* 7 (March 1993): 50—77. Note also Frederick L. Whitam, Christopher Daskalos, Curt G. Sobolewski, and Peter Padilla, "The Emergence of Lesbian Sexuality and Identity Cross-Culturally: Brazil, Peru, the Philippines, and the United States," *Archives of Sexual Behavior* 27 (1998): 31—56.

② Linda Haas, "Gender Equality and Social Policy," *Journal of Family Issues* 11 (December 1990): 401—423.

③ Ann M. Beutel and Margaret Mooney Marini, "Gender and Values," *American Sociological Review* 60 (June 1995): 436—448.

447 的差别呢?可能没有人。但是谁会来质疑这些男女行为差异是天生的、生物学的或是解剖学的呢?可能有些人不会质疑,有些人不确定,而也有些人会强烈反对。也许这三种群体都是部分正确的。

很多世纪以来,人们认为基于性别的男女行为差异是与生俱来的。人们认为女性天生拥有母性本能并且是顺从的;而男性天生具有攻击性和支配性。但是近来,一些社会科学家,特别是人类学家,发现在一些社会中,男性是被动的而女性是占支配地位的,这对行为与生物性因素是否有任何相关提出了质疑。他们认为所有的行为都是习得的。尽管这些作者都倾向于后一种立场,但正如第8章所提及的,最准确的答案可能存在于两种立场中间,并远比先天还是后天、生物还是文化之间的争论要复杂得多。

不管两性之间有多大程度的实际先天差别,"认为这些差别是先天的"这一信念为基于性别的阶层系统提供了意识形态上的合理性支持。因为男性/丈夫处于较为优势的权力地位,因此他们比女性/妻子更愿意相信性别差异是固有的而性别角色也是先天的。相关研究也证明了这一点。然而,婚姻中妻子和丈夫信念的相互影响将会减少他们关于性别角色来源观念的不一致性,并且最终产生更多相似的信念。①

生物学争论起源于大量社会学理论,包括在本章前文所讨论的精神分析理论参考框架。有研究显示荷尔蒙(如女性子宫分泌的孕酮和雌激素和男性睾丸分泌的睾丸激素和雄性激素)激发了胎儿期的两性差异并决定了青春期的生殖系统发育和第二性征的发展,这一研究结果又进一步证明了生物学观点。研究显示如果给女婴注射睾丸激素,她会发展出类似男性的生殖器。如果一个男性在婴儿期以前被阉割(去除睾丸),他将无法发展出诸如胡须之类的第二性征。但是荷尔蒙能决定或预测行为吗?

在理解性别认同和性别角色社会化方面,文化因素决定论的证据大量涌现。有跨文化研究数据带来的一项重要例证显示,男女两性本身在态度、价值观和行为方面都表现出丰富的多样性。玛格丽特·米德对于新几内亚三个原始部落的经典研究发现,阿拉佩什人(Arapesh)不论男女都是合作的、温柔的、和蔼的并且无攻击性的(正如我们所说的"女子气")。而蒙杜古马人(Mundugumor)却走向另一极端,无论男女都是敌意的、攻击的、竞争的、个人主义的并且无同情心的(正如我们所说的男子气)。西方文化中发现的典型性别角色在赞布里(Tchambuli)部族却是完全颠倒的:女性是支配的、有权力的、客观的,而男性是情感依赖并且不能承担责任的。②

如果我们假定这些部落男女两性的生物结构和荷尔蒙平衡状态与西方社会相似,那么如何解释这些差异呢?其实并不需要特别去三十年代的新几内亚才能证明文化因素在性别

---

① John Mirowsky and Catherine E. Ross, "Belief in Innate Sex Roles: Sex Stratification versus Interpersonal Influence in Marriage," *Journal of Marriage and the Family* 49(August 1987):527—540.

② Margaret Mead, *Sex and Temperament in Three Primitive Societies*(New York: Mentor, 1950). Originally published in 1935 by Morrow.

差异和性别角色社会化中的重要作用。例如，来自九十年代学生的数据显示，对于什么样的角色适合男女两性的态度受到多方面的强烈影响，有兄弟会和妇女联谊会身份、民族和种族特点、宗教信仰。① 448

跨文化视角

印度卡西(Khasi)部落的母系家族

印度东北部的梅加拉亚邦山区居住着独特的卡西部落。据《芝加哥论坛报》(1996年4月7日)报道，几个世纪以来，卡西人都保持着母系社会的习惯，即财产和家庭姓氏均由母亲传承给女儿。过去，这个偏远的山区时常遭到其他部落的攻击，而卡西的勇士便要离家数月，长途跋涉保卫边疆。女性便管理家庭，照看村庄，举行部落的宗教和传统仪式典礼。

因此，卡西的女性获得了西方女性为之妒忌的身份和独立地位。如今，女性在地区首府石龙(Shillong)经商，并在家庭决策中扮演着极为重要的角色。在卡西家庭中，女孩的出生更受到欢迎而很多家庭对女儿的教育投入要比儿子多得多。在农村地区，一些男孩从未上学，然而他们的姐妹却可能受教育直至大学水平。

传统上，在家庭事务中唯一重要的男性便是舅舅，家中母亲的兄弟。在婚姻问题上，卡西丈夫搬去妻子家庭所在的房子居住并不得不服从岳母的权威。

如今对这个部落的主要关注点更多地集中在那与外来人结婚的30%的卡西女性身上。这些女性跟随丈夫的姓氏并且财产也在丈夫名下。其中的一员声称："卡西的母系社会系统已经不能满足现代世界的需求。卡西男人知道自己的事业将被传给自己的女儿或女婿，又为什么要倾一生之精力来建立自己的事业呢?"然而这正是卡西男人世世代代所做的。

因此，一个由激进女性和年轻男性组成的令人难以置信的同盟正在挑战着这个部落的传统。很多城区的卡西女性相信母系社会系统摧毁了她们男性公民的自信，而现在该是用世界其他地区发现的父系系统来取而代之的时候了。

来源：Nick Haslam, "Reluctant Rulers: Matrilineal Tribe Tries to Shape Up its Men," *The Chicago Tribune*, April, 1996.

另一条更具说服力的证据来自于有关雌雄同体人的研究(拥有完整的或近乎完整的男

---

① Ilsa L. Lottes and Peter J. Kuriloff, "Sexual Socialization Differences by Gender, Greek Membership, Ethnicity, and Religious Background," *Psychology of Women* Quarterly 18(1994): 203—219.

女两性的外阴和生殖器官的人)。在二十世纪的美国(和其他地方),人们通常会基于医学判断出这些孩子的优势性别从而通过手术给予纠正。有时候个体的性染色体(X-X 或 Y-Y)与外科医生的判断并不一致,然而这种不为人所知的事实通常不会给个体造成什么困扰,因为事实显示社会化的力量要比生物学力量强得多。例如,生理上的女性如果被"定义"为男性并按照男性的方式抚养,那么"她"也会拥有典型的男性梦想,通常男性专属的运动,并与女孩坠入爱河。而生理上的男性如果被"定义"为女性并按照女性的方式抚养,"他"也会喜欢当母亲,喜欢婚姻超过事业并喜欢玩具娃娃和做家务。①因此,当社会化方向与生物的、荷尔
449 蒙的或基因的因素相矛盾时,事实证明习得的和互动的经验往往是当前社会性别角色的决定性力量。

性别角色社会化

自然性别角色(女性/男性)和社会性别角色(男子气/女子气)的社会化遵循着本章前文所描述的社会化进程。任何方面的社会化包括性别角色的社会化都是从出生便开始并贯穿一生。如果胎儿的性别在出生前未知,大多数父母想知道的第一个问题便是"是男孩还是女孩"?从知道性别的那一刻起,医院育婴室便会为男孩和女孩准备不同颜色的毛毯,而他们也将从此受到不同的对待。适应男女两性角色的社会化从出生开始并持续一生,成为个体学习经验中最为重要的一部分。在与他人的交流过程中,包括语言、事务、电影和书籍,儿童学会什么样的行为对于哪一种性别才是适宜的。

即使对青少年来说,家庭依然是性别角色社会化和性别化的核心资源。②"他"和"她"的区别在谁主内谁主外的事务上显而易见。母亲通常更多地与女儿一起准备食物、做家务和照顾家庭成员。相反,父亲通常更多地与儿子一起共同从事有关房子、院子、汽车和照顾宠物等活动。在北美的家庭生活中,这种刻板的性别角色代代相传。

性别化不仅仅局限于家庭也不会终止于青少年期。例如,对《纽约时报》过去十年(1988—1998 年)十大最畅销自助书目显示,四本最畅销书(包括《*男人来自火星女人来自金星*》)都包含了要求男女两性按照传统性别角色行事的建议。③总的来说,这些书都指出女性在与男性伴侣的关系中应该限定好自己,而女性的独立和过分自信会损害与男性的关系。

性别化行为被成年人如此有效地传授,以至于即使是处于同样的职位,就业的男性也与

---

① John Money, *Sex Research: New Developments* (New York: Holt, Rinehart and Winston, 1965). See also John Money, "Sex Assignment in Anatomically Intersexed Infants," in M. A. Watson, ed. *Readings in Sociology* (Dubuque, IA: Kendall/Hunt, 1984).

② John F. Peters, "Gender Socialization of Adolescents in the Home: Research and Discussion," *Adolescence* 29(Winter 1994):913—934; and Susan D. Witt, "Parental Influence on Children's Socialization to Gender Roles," *Adolescence* 32(Summer 1997):253—259.

③ Toni Schindler Zimmerman, Kristen E. Holm, and Shelley A. Haddock, "A Decade of Advice for Women and Men in the Best-Selling Self-Help Literature," *Family Relations* 50(April 2001):122—133.

就业的女性有着如下几点不同:(1)更关注收入、工作安全和向管理层的晋升。(2)更不希望被监管。(3)更可能追求自己当老板和工作中的权威感。(4)更重视能锻炼领导力的机会。而女性与男性相比也有如下几点不同:(1)希望与他人一起工作并提供帮助。(2)更喜欢兼职和被雇用的地位。(3)强调特殊职业技能的运用。①

如果说工作场所、父母和其他人在性别角色社会化方面的影响力如此巨大,那么我们可以预测在今后几十年内这种刻板的性别角色分工将会一直持续下去。例如,在整个学龄期,教育系统持续地将男女形象模式化。教科书、成就测验、对运动的强调、职业咨询、父母和同辈人的压力都倾向于强化刻板的性别期待和行为模式。在学校之外,大众媒体、政府政策、 450
宗教和职业世界和多数社会机构也都一贯倾向于强调男女两性应该有适合于性别的泾渭分明的行为。

从出生开始,人们就教导女孩子要像个女孩子(女子气)而男孩子要像个男孩子(男子气)。然而,随着成年角色的改变,这些区别也会变得越来越不明显。

有关性别社会化的实证研究显示,尽管人们的性别角色观念和性别意识形态发生了巨大的改变,但是性别角色的刻板模式和社会性别区分仍然保持了下来。②当前的女子气和男子气的概念与以前的概念非常相似。当代性别观念中的男性是攻击性的、重事业的、具领导力的,这与先前的研究结果非常相似。而当代性别观念中的女性强调感性、情感、重外表,这也与先前的女性刻板印象相符合。尽管人们在性别观念上有很多改变,但是自然性别/社会性别角色的社会化依然强调两性差异并关注两性不变的传统性别期待和行为。

单亲

正如前面的章节提到的那样,这几十年来婚姻已经不再那么普遍而未婚妈妈越来越多。伴随着这些趋势和高离婚率,越来越多的儿童是在单亲环境下长大。根据《2009 年美国统

① Michael Betz and Lenahan O'Connell, "Work Orientations of Males and Females: Exploring the Gender Socialization Approach," *Sociological Inquiry* 59(August 1989):318—329.

② Karin L. Brewster and Irene Padavic, "Changes in Gender-Ideology, 1977—1996: The Contributions of Intracohort Change and Population Turnover," *Journal of Marriage and the Family* 62(May 2000):477—487.

计摘要》,①有 2200 万名 18 岁以下的儿童没有跟双亲生活在一起,占到了儿童总数的 30%。这其中包括了 21%的非西班牙裔白人儿童,60%的黑人儿童和 30%的西班牙血统的儿童。这些儿童大多与母亲单独生活(26%的儿童与母亲生活而只有 3%的儿童与父亲单独生
451 活)。剩下的儿童(3.5%)没有跟父母中的任一方住在一起。然而,其中大多数与其他亲戚住在一起。

当从更大的时间范围来考察儿童的真实生活状态而不仅仅是考察某一年或某一时间点时,处于单亲环境和贫困状态的儿童数量非常惊人。在一项验证从纵向数据的 25 个波中采集的一组关于生活数据的表格的研究中,兰克和赫希(Rank & Hirschi)发现美国 1 至 17 岁的儿童中有 34%至少有一年时间处于贫困线以下。②在这 17 年的童年期,黑人儿童中有 69%、未婚家庭儿童中有 81%、家庭主要成员受教育少于 12 年中的儿童有 63%为贫困所扰。

在所有的白人单身母亲中,超过一半是离婚的(53%),而近五分之一是已婚但是伴侣缺席的(18%)。因此,多数 18 岁以下的白人儿童来自于双亲家庭,却因为父母离婚或一方缺席而身处于单亲环境。自 2000 年至 2007 年间,从未结婚的白人单亲母亲所占的比例从 20%上升至 24%。

相比较而言,黑人儿童更有可能出生在未婚妈妈的单亲环境中(62%)。不到五分之一的黑人儿童是因为父母离婚而陷入单亲(17%)。白人单亲家庭多源于离婚,黑人单亲家庭多源于未婚妈妈,而西班牙血统单亲家庭的成因却是多样的:离婚(26%)、已婚但父亲缺席(29%)和未婚妈妈(42%)各占一部分比例。

在这三种种族或民族群体中,几乎没有单亲家庭是源于父母一方过世(约 4%)。这是预料中的,因为这种情况往往发生在母亲年龄较大时,那时孩子已年满 18 岁。总而言之,未婚妈妈的数量增加、离婚的频繁、大量已婚却伴侣缺席的夫妻,这些趋势似乎使得 1990 年至 2000 年出生的大量儿童经历单亲生活环境成为必然。

正如我们预期的那样,大多数有关单亲家庭的文献只讨论了母亲—孩子的单亲模式。而且,这些文献并没有讨论家庭中的母亲,而更多地探讨了缺席的父亲。因此,这些文献的主题更确切地说应该是无父亲的家庭。

为了避免这些疏忽,我们将在下一部分分别讨论这两种单亲环境:"母亲—孩子"家庭(没有父亲的家庭)和"父亲—孩子"家庭(没有母亲的家庭)。

---

① U. S. Census Bureau, *The 2009 Statistical Abstract* "Table 68—Children Under 18 Years Old by Presence of Parents," http://www.2010census.biz/compendia/statab/cats/population/households_families_group_quarters.html.

② Mark R. Rank and Thomas A. Hirschi, "The Economic Risk of Childhood in America: Estimating the Probability of Poverty across the Formative Years," *Journal of Marriage and the Family* 61(November 1999): 1058—1067.

单亲妈妈

对单亲妈妈的关注更多地集中在了非裔美国儿童的身上，因为约半数的非裔孩子生活在只有母亲的家庭中。以下几点又进一步增强了这种关注：(1)普遍的观点认为每个孩子需要一个父亲或与父亲有相当社会职能的角色。(2)女性为首的家庭所遭遇的经济困境。(3)支持这些家庭的政府福利制度。

萨拉・麦克拉纳汉和卡伦・布斯在一篇文章中重点提出了有关单亲妈妈家庭的问题、 452
前景和政策等。[①]作者发现与双亲家庭相比，单亲妈妈家庭更有可能陷入贫困、压力水平较高、社会融入程度较低。作者认为，由于较低的赚钱能力、缺少父亲对孩子的支持、贫乏的公共福利，单亲妈妈家庭的经济不安全状况非常严重。作者同样发现单亲家庭代际间的不良影响。在单亲妈妈家庭环境中长大的孩子与双亲家庭的孩子相比在成年后更有可能陷入贫困，成为单亲父母的可能性也更大。

单亲妈妈家庭运作的好坏状况似乎与他们的具体生活情况有关。最为贫困的家庭是那些只有单身母亲和孩子家庭，紧随其后的便是那些两组单亲妈妈家庭住一起的家庭(通常是一母一女)。与已婚夫妻居住在一起的单亲家庭的经济状况就要好得多(比如与单亲妈妈的父母住在一起)。并且有数据显示，最好的状况便是单亲妈妈与无关的男性同居并且共享收入，这种状况下单亲家庭的经济状况似乎与新婚有孩子的中产家庭并没有多少差异。[②]这些发现似乎支持了邦帕斯和雷利的观点，他们认为单亲家庭的定义应该建立在具体的生活状况上，而不仅仅是父母的婚姻状态。[③]事实上，比率不断上升的婚前生育(假定的单亲家庭)是发生在父母同居的家庭中的。

对单亲母亲的援助形式根据种族和家族系统也各有不同。一项全国性代表样本调查显示，与已婚母亲相比，单亲妈妈与家族的联系更为密切并且黑人的家族联系甚于白人。[④]在这个样本中，黑人母亲更有可能与她们的家人住在一起，更有可能得到来自家庭其他成员对孩子的免费照顾(通常是孩子的外婆)，更有可能她们至少有一半的收入来自丈夫以外的人。即使这些非正式的支持网络对黑人母亲来说尤为重要，但是这网络也很难提供足够的支持以维持单亲母亲的支出。

正如前文所提及的那样，单亲妈妈家庭的孩子自身也更有可能陷入贫困并成为单亲父

---

① Sara McLanahan and Karen Booth, "Mother-Only Families: Problems, Prospects, and Politics," *Journal of Marriage and the Family* 51(August 1989):557—580.

② Anne E. Winkler, "The Living Arrangements of Single Mothers with Dependent Children: An Added Perspective," *The American Journal of Economics and Sociology* 52(January 1995):1—18.

③ Larry L. Bumpass and R. Kelly Raley, "Redefining Single-Parent Families: Cohabitation and Changing Family Reality," *Demography* 32(February 1995):97—109.

④ Dennis P. Hogan, Ling-Xin Hao, and William L. Parish, "Race, Kin Networks, and Assistance to Mother-Headed Families," *Social Forces* 68(March 1990):797—812; and Sara McLanahan and Gary Sandefur, *Growing up with a Single Parent* (Cambridge, MA: Harvard University Press, 1994).

母。他们还将会面临怎样的后果呢?一个对双亲家庭和单亲家庭的比较研究列举了两者间很多的不同之处。在单亲家庭长大的孩子完成高中①和大学教育的可能性更低,而吸烟、吸毒、发生性行为的可能性更高。②这两组儿童在其他很多方面也同样存在着差异。

453 如果控制社会经济地位等因素,结果是否会有所不同呢?也就是说,两组儿童之间的差异是更多地源于家庭结构(单亲或双亲)还是源于社会阶层呢(贫穷程度)?

20年前,巴巴拉·卡申对过去十年间发表的有关单亲母亲家庭的社会心理学研究进行了回顾性研究,得出这样一个结论:在单亲母亲家庭生活的孩子也可能有较好的情绪调控能力和高水平的自尊(除非他们被侮辱),其智力发展水平也与同社会经济地位的其他儿童相当,其青少年犯罪率也与同社会经济地位的其他儿童相当。③单亲妈妈家庭的主要问题是*贫困和耻辱*的标记。作为一个普遍社会问题,贫穷可能与儿童的学业问题和青少年犯罪相关联,也同样与母亲对自身处境的糟糕态度和失控感相关联。没有父亲的耻辱造成了儿童的低自尊感。对他们而言,即使是很小的问题甚至是没有问题的状况下,也很有可能被贴上有问题的标签。总的来说,卡申认为,如果单亲妈妈家庭没有染上贫困的瘟疫,大部分的单亲妈妈家庭养育的孩子与那些双亲家庭并无二致。

单亲爸爸

单亲爸爸家庭与单亲妈妈家庭相似,源于丧偶、离婚、分居、未婚和近期越来越多的单亲收养。尽管18岁以下儿童中只有3.2%的人与父亲单独居住,但是这个数字从1970年以来
454 不断上升。这种持续的增长可能是源于越来越多的父亲离婚后仍想养育孩子、父亲与母亲相比拥有更强大的经济来源、单身父亲在观念中更为人所称赞。

对单亲爸爸的研究相对来说没有那么多,并且大多是建立在非随机小样本之上的。如果说母亲作为儿童关键的社会化推动者具有极其重要的作用,那么对单亲爸爸家庭的研究与单亲妈妈家庭的研究相比在这一主题上就深入得多。我们需要问这样一个问题:"男人可以当'妈妈'吗?"

巴巴拉·里兹曼提出了这个问题,她对单亲爸爸的家务经验、亲子关系的性质和对自己角色的整体满意度进行了调查。④里兹曼的主要发现是:如果不考虑获得监护权的缘由和他

---

① Nan Marie Astone and Sara S. McLanahan, "Family Structure, Parental Practices and High School Completion," *American Sociological Review* 56(June 1991):309—320.

② Robert L. Flewelling and Karl E. Bauman, "Family Structure as a Predictor of Initial Substance Use and Sexual Intercourse in Early Adolescence," *Journal of Marriage and the Family* 52(February 1990):171—181.

③ Barbara G. Cashion, "Female-Headed Families: Effects on Children and Clinical Implications," *Journal of Marital and Family Therapy*(April 1982):77—85.

④ Barbara J. Risman, "Can Men 'Mother'? Life as a Single Father," *Family Relations* 35(January 1986): 95—102. Note also: Geoffrey L. Greif, "Lone Fathers in the United States: An Overview and Practice Implications," *British Journal of Social Work* 22(1992):565—574.

们的经济状况，大多数男性作为单身父亲感到很自在并完全能够胜任。即使五分之四的单身父亲没有另外请人照料家务，不管是花钱请的还是志愿的都没有，他们依然能够很好地胜任。这些男性非常喜爱并亲近自己的孩子，非常乐于身为父亲，并能够很好地实现单身父母的工具性和表达性功能。显然，"成功的母亲"并不是女性的专利，男性也可以成为很好的"母亲"。

美国单亲家庭儿童的数量在增加，并且很多家庭处于贫困当中。研究显示这些儿童常常因为糟糕的经济状况而忍受种种劣势。

另一项研究考察了单身母亲家庭和单身父亲家庭孩子是否有显著差异，研究结果也对单身父亲给出了支持。这项研究所考察的因素包括自我观念、自尊、社会竞争力、问题行为的频率和严重程度。认为单身母亲比单身父亲能更有效地胜任父母角色的传统假设并没有得到支持。①在很多方面，独自维持家庭的父亲与同等处境的母亲相比反而适应得更好。单亲父亲通常有较高的受教育水平、较好的工作并且正如前文提到的那样，他们在经济方面状况更好。

那么是否男性在单亲父亲家庭比较好而女性在单亲妈妈家庭比较好呢？换句话说，在单亲家庭，是否与同性别的父母生活会更好呢？显然不是这样的。一项对数千单亲家庭八年级儿童的全国性调查得出了三十五项社会心理学和教育学结论，其中没有一项显示与同性别单身父母居住有显著的利处。②人们通常提倡同性别父母得到监护权，而这项研究对此提出了质疑。

单亲父母综述

从已有的数据中是否能得到任何结论呢？正如在双亲家庭成长不能确保儿童能够快乐、适应良好和表现良好一样，在单亲家庭成长也不一定会使儿童向相反方向发展，这似乎是非常清楚的。但是也不能把这些研究结果理解为无论什么情况下父亲或是母亲的缺失都

---

① A. Reuben Schnayer and R. Robert Orr, "A Comparison of Children Living in Single Mother and Single Father Families," *Journal of Divorce* 12(1989):171—184.

② Douglas B. Downey and Brian Powell, "Do Children in Single-Parent Households Fare Better Than Living with Same-Sex Parents?" *Journal of Marriage and the Family* 55(February 1993):55—71; and Brian Powell and Douglas B. Downey, "Living in Single-Parent Households: An Investigation of the Same-Sex Hypothesis," *American Sociological Review* 62(August 1997):521—539.

455 不会造成任何影响。单身父母都会对自己的选择作出评价,而尤其是母亲在做选择时会特别考虑在糟糕的经济情况下如何使自己和孩子获得有意义的生活。①

单身父母要面对各种各样的事务,其时间和精力断然是有限的。我们通常相信单亲家庭的孩子比双亲家庭的孩子更具责任心并且会抛开刻板的性别模式承担更多的杂务。单亲父母通常被迫发展出兼具男子气和女子气的行为,而这可能会使他们的孩子在社会化过程中发展出非传统的灵活的性别角色价值观和行为。

总　结

1. 阐述"成为好父母"需要哪些条件,并讨论在不同社会背景下父母为子女准备的成人角色有什么不同。值得注意的是,在很多情境下,为人父母与家庭适应以及儿童在适应困难环境中所作贡献密切相关。

2. 为了更好地理解为人父母,我们首先必须理解男女两性在为人父母的倾向和能力方面所存在的潜在性差异。尽管进化理论提出了这些差别,但是大多数研究表明男性也可以成为很好的"母亲",而女性也可以成为很好的"父亲"。

3. 现代社会中成功父母的成果之一便是建立起子女的安全型依恋。安全型依恋风格的儿童更容易在以后的生活中建立起亲密关系并且学习能力也更强。

4. 心理学家和社会学家将养育类型分为四种:权威型、专制型、自由型/放纵型和冷漠型/冷淡型。权威型养育风格下的儿童成就最高,这种养育风格包括父母高水平的期待、明确的行为标准、高水平的温暖和支持。

5. 不同的理论框架解释了社会化的不同方面,它们包括:学习/行为主义理论框架、精神分析理论框架、儿童发展的参考框架和符号互动理论参考框架。

6. 学习理论(强化理论)认为适用于动物的概念和原则同样适用于人类。条件作用包括经典条件作用和操作条件作用。子女养育和社会化过程是条件作用和正强化、负强化的结果。

7. 经典精神分析理论与行为主义理论截然不同。内在驱力和无意识心理过程是核心重点。社会化过程可以被精确划分为彼此独立但又部分重叠的发展阶段。这些阶段包括口唇期、肛门期和性器期,随后是潜伏期和生殖期(青春期)。从出生到5、6岁阶段,尽管是无意识的,但所发生的事情都是相对稳定和持久的,并在以后的生命反应中起到基础性作用。

8. 儿童发展理论的重点在于机械技能、思维能力和推理能力等方面的个体发展及其发展方式。埃里克森将人类发展过程分为八个阶段,每一阶段包括由心理发展和社会情境改变所带来的心理危机。皮亚杰更为关注儿童的认知发展并将智力发展分为四个主要阶段。

9. 与学习理论和精神分析理论形成鲜明对比的是符号互动理论。婴儿并不是生来就具有社会性的,他们通过与他人的互动而发展出社会性。当互动发生时,各种意义被内化和组织起来并最终发

① Robin L. Jarrett, "Living Poor: Family Life among Single Parent, African-American Women," *Social Problems* 41(February 1994):30—49.

展出自我。社会自我使得人们能够有意识、有目的地决定在他人面前的表现。

10. 一个社会人能够承担他人的角色、下定义并解释、拥有并使用符号。在与他人的互动中，儿童学会以特定的方式定义自身和这个世界。这些定义和含义，反过来又预设了儿童的行为与自我概念相一致。社会化过程的基本概念包括*互动*、*社会自我*、*重要他人*、*参照群体*和*抽象他人*。

11. 社会化不会在任何年龄段停止，这是一个终身的过程。对青少年而言，学校和同龄人群体是他们重要的参照、互动和身份认同的资源来源。

12. *生理性别/社会性别认同*和*生理性别/社会性别角色*涉及个体的身份认同和与男女性别相关 456
的期待。男女两性的差别是普遍存在的。人们不断争论的焦点在于生理性别/社会性别角色多大程度上取决于生物因素又多大程度上取决于文化因素还是两者兼而有之。

13. 性别角色社会化遵循着任何社会化类型的原则。在与他人互动的过程中，儿童在生命最早期便开始习得性别角色。这些角色又被学校、媒体、工作场所和家庭再次强化。尽管在对待性别角色的态度方面发生了很大变化，但是当前的男子气和女子气概念与早期的性别刻板观念和传统期待高度吻合。

第十章讨论了父母系统，而这一章按照生命历程的顺序在婚姻框架内又不仅限于婚姻探讨了父母与子女之间的互动与交往。第十二章将继续沿着这一时间顺序探讨中年和晚年的家庭。

关 键 词

父母投资理论(Parental investment theory) p. 424
行为主义理论(Ethological perspective) p. 424
亲子依恋(Parent-child attachment) p. 426
安全型依恋(Secure attachment) p. 427
不安全—反抗型依恋(Insecure-resistant attachment) p. 427
不安全—回避型依恋(Insecure-avoidant attachment) p. 427
混乱型依恋(Disorganized attachment) p. 427
养育风格(Parenting styles) p. 427
权威型风格(Authoritative style) p. 428
专制型风格(Authoritarian style) p. 429
自由型/放纵型(Permissive/indulgent style) p. 429
冷漠型/冷淡型(Indifferent/uninvolved style) p. 429
体罚(Corporal punishment) p. 429
社会化(Socialization) p. 432
学习/行为主义理论参考框架(Learning/behaviorist frame of reference) p. 432
经典条件作用(Classical conditioning) p. 432
操作性条件作用(Operant conditioning) p. 432
正强化(Positive reinforcement) p. 433
惩罚(Punishment) p. 433
负强化(Negative reinforcement) p. 433
强迫理论(Coercion theory) p. 433
精神分析理论参考框架(Psychoanalytic frame of reference) p. 433
口唇期(Oral stage) p. 434
肛门期(Anal stage) p. 434
性器期(Phallic stage) p. 435
潜伏期(Latency phase) p. 435
生殖期(Genital phase) p. 435
儿童发展理论参考框架：埃里克森和皮亚杰(Child development frames of reference: Erikson and Piaget) p. 436
身份认同(Identity) p. 436

感知运算阶段(Sensorimotor stage)　p. 436
前运算阶段(Preoperational stage)　p. 436
具体运算阶段(Concrete operational stage)　p. 437
形式运算阶段(Formal operational stage)　p. 437
符号互动理论参考框架(Symbolic interaction frame of reference)　p. 437
符号互动理论的基本假设(Basic assumptions of symbolic interactionism)　p. 438
社会自我(Social self)　p. 440
个性(Personality)　p. 440
重要他人(Significant others)　p. 442
参照群体(Reference groups)　p. 442
米德的四个阶段(Mead's stages of observation)　p. 443
准备阶段(Preparatory stage)　p. 443
扮演阶段(Play stage)　p. 443
游戏阶段(Game stage)　p. 443
抽象他人(Generalized other)　p. 443
青春期及其以后的社会化(Socialization in adolescence and beyond)　p. 443
性别认同(Gender identity)　p. 445
男女两性差异(Female-male differences)　p. 445
性别角色社会化(Sex-role socialization)　p. 449
单亲妈妈(Mothers as single parents)　p. 451
单亲爸爸(Fathers as single parents)　p. 453

问题讨论

1. 何为好的父母?

2. 对于女性能够像男性一样承担“父亲角色”而男性也能够承担“母亲”角色这一观点你是怎么看待的?

3. 什么因素对于发展成稳定、健康的成人是最为重要的?为什么?

4. 比较学习/行为主义理论、精神分析理论、儿童发展理论和符号互动理论参考框架,它们分别是如何定义*社会化*的?这些理论分别作出了哪些贡献?又有哪些缺陷?

457 5. 采访学龄前儿童的三位母亲或父亲并找出以下问题的答案:他们是否在子女生命早期便开始如厕训练?他们用母乳还是奶瓶喂养子女?他们是否认为母乳和奶瓶喂养会有什么不同?他们曾使用过哪些惩罚措施?父亲在养育孩子的过程中扮演着怎样的角色?其他子女在社会化过程中起到怎样的促进或阻碍作用?父母们的回答是否存在着相似之处?

6. 你的社会化主要是通过什么方式和领域?你在何种程度上是童年早期经验的受害者:是父亲缺失的家庭、低社会阶层的背景或者是充满婚姻冲突的家庭?你是何时得到充分社会化的?为什么?

7. 青少年早期、约会、朋友关系、兄弟姐妹和青春期经历对你的性格产生了何种影响?你现在的性格在何种程度上是你早期(与近期相对)社会化经验的产物?

8. 没有生理或社会性别角色差异的婚姻可能存在吗?说明理由并举例。

9. 个体的生理性别在何种程度上决定其行为?你能够通过特定社会化过程变得以异性方式思考和行动吗?为什么?

10. 尽管有大量的女性运动、越来越多的女性参与工作、家庭规模的减少等等,但是为什么学校教材、大众媒体和职场仍然继续将人以性别划分从而区别对待?

第 12 章 459

老龄化家庭

案例

一位非裔美国寡妇和祖母

菲利斯已经守寡四年了。她跟她的丈夫结婚 38 年并育有 5 个孩子；现在菲利斯 60 岁了，是 8 个孩子的祖母。最近她受聘成为一名特殊教师，以下是她与大家分享的心得体会。

“对于我来说我丈夫死前的那段时间是最难熬的。他经常去看病，但是有一天他让我放下工作跟他一起去医生那，我有一种不祥的预感。医生说他患了白血病，并且只剩下半年到一年的寿命。8 个月后，他去世了。在那同时，我要照顾我患老年痴呆症的母亲。多亏了孩子们的支持与鼓励。工作与家里发生的一切使得时间变得很难熬。

“适应他的离去是很艰难的事情。我最怀念的是他为我做的一些小事情——准备好早饭，发动好车子，还有送我小礼物带来的惊喜。我很怀念我们一起散步的时光，怀念他的陪伴，不管你是否相信我甚至怀念我们为新闻中的一些事情而争吵的时光。当然，我们之间有不同的地方，但是现在这些已经不那么重要了。

“我很乐意成为祖母。现在三个孩子跟我在一起，而且一周至少三次看到那八个孩子。你会问作为一个祖母我要扮演什么角色，要承担什么责任？我想认为答案就是给他们爱，并也做你内心想做的事情。我只是在他们有问题需要帮助时给予意见。我的五个孩子中有四个是男孩，我很幸运的是我跟我的媳妇都很亲近。 460

“我们像一家人一样经常做很多事情，比如一起外出。当我的孙子孙女们打电话给我的时候我很开心，我也很喜欢抽出时间为他们做点事情，甚至即使是帮他们解决家庭作业问题。

“我考虑过几年退休，但是我还不知道我是不是已经准备好了。我知道当我退休以后会去做志愿工作。现在我也很积极参加教堂活动，对于我来说生活是完美的。我相信，生活就是你所做的一切。如果你想要快乐，那么你会在很多小事中发现快乐。如果你微笑，快乐就会随行。很久以前我就懂得推己及人、予人玫瑰手有余香的道理。”

思考：

菲利斯作为一名寡妇、一个祖母及其即将到来的退休，这三者之间有何联系？作为一名祖母的任务和责任是什么？请解释。祖母应该严格要求他们的孙子孙女并给他们建议——还是给其父母建议？

第10章和第11章对有孩子家庭的一些方面做了探讨。但是，当孩子进入青春期或在青春期后期时，由于结婚、上班、上学或者各种不同原因离开家里，婚姻和家庭生活并没有结束。家庭循环的这个时期(第二阶段)，家庭结构、相互关系以及生活方式在某些方面发生了改变。就生活中的婚姻满意度问题，这种改变的基本案例已经在第9章中展现。一些研究表明在为人父母的这些年中，自我意识不断加强，满意度持续下降，在孩子离开家后的几年内，满意度将持续上升。

这章将讨论人生中两个主要的阶段：第一阶段为中年，从大约40岁开始到退休；第二阶段为生命的晚期，大约从60岁或者65岁开始。其中包含对这两个阶段中家庭情况的大致描述；对祖父母、退休、年长人群社会关系的具体考虑；以及这个年龄段人群所面对的社会环境、社会问题。

后父母时期：中年期

为了描述孩子离开家庭这段时间的经历，大量的修饰语被使用。这些修饰语中有空窗期、发射期、缩减家庭成员期以及这里使用的后父母时期。

从专业方面说，后父母这个词运用得并不正确，因为父母并不会因为孩子离开家庭就不再是父母或者是变为前任父母。后父母时期实际上指的是在这个时期，孩子在法律上以及社会上都已经被认作是成年人，拥有绝对的独立及自主权利，承担相应的责任。事实上，他们已经准备好离开各自的家庭。

阿奎利诺注意到在青少年时期，离开家庭的行为被视为孩子进入生命中的崭新时期的
461 信号。这种转变显现了极大的力量去撼动较早以前的关系模式。①正如预期的那样，家长的控制会随之减轻而共同的娱乐时间也随之减少。出人意料的发现是家长并不会对离开家庭的孩子依依不舍。当孩子开始扮演父母长期扮演的角色如结婚、工作时，长大后的子女与父

① William S. Aquilino, “From Adolescent to Young Adult: A Prospective Study of Parent-Child Relations during the Transition to Adulthood,” *Journal of Marriage and the Family* 59(August 1997):670—686.

母的关系质量反而上升了。

对于许多家庭来说，后父母时期可能会有一些插曲，如孩子再度回到家庭中。但是，从根本上说，该时期的特点是婚姻家庭返回到两个人、已婚夫妇家庭；许多单亲家庭回到单人家庭。直到父母一方或双方去世，从这点来说这个时期的家庭生活可以归结为：

1. 孩子开始离开家庭——父母的年龄从45岁到54岁。
2. 退休前的家庭——父母的年龄从55岁到64岁。
3. 刚退休的家庭——父母年龄从64岁到74岁。
4. 退休很久的家庭——父母的年龄从75岁至更老。

下面这一章节将探讨处于中年时期的家庭，当父母到大约45岁到65岁时，他们送走他们的子女并开始退休生活。

婚姻状况及中年时期家庭父母与子女的共同居住

婚姻状态

根据2009年美国统计摘要显示，2007年45岁至54岁之间66.3%的男性以及65%的女性已婚且有伴侣(见表12.1第2栏)。这个比例比2000年要低，对于男性来说这个比例当然比55岁到64岁年龄组的比例低。相比男性比例74%而言，55岁至64岁年龄组的已婚且有伴侣的女性比例为62.7%。这些数据反映了婚姻状况的变化以及在过去十年中的

表12.1 2007年3月，45岁至64岁之间男女两性的婚姻状态

婚姻状态	男性年龄		女性年龄	
	45—54	55—64	45—54	55—64
未婚	13.6(9.5)%	6.8(5.5)%	10.3(8.6)%	6.6(4.9)%
已婚，配偶在	66.3(72.8)%	74.1(76.0)%	65.0(66.3)%	62.7(64.7)%
已婚，配偶不在	2.0(3.5)%	1.3(3.1)%	1.2(4.0)%	1.0(3.3)%
丧偶	1.0(0.9)%	2.2(2.9)%	3.0(3.9)%	9.0(11.8)%
分居或离异	17.0(13.3)%	15.6(12.5)%	20.5(17.2)%	20.6(15.3)%
总计	100.0(100.0)%	100.0(100.0)%	100.0(100.0)%	100.0(100.0)%

来源：U. S. Census Bureau, *The 2009 Statistical Abstract*, "Table 56—Marital Status of the Population by Sex and Age: 2007," http://www.2010census.biz/compendia/statab/cats/population/marital_status_and_living_arrangements.html.

离婚状况(见第6章和第14章)，这些数据同样表明我们需要增加对这两个年龄段人群未婚 462
以及婚前行为的理解并且不要想当然地认为45岁至64岁年龄段的人群一定会结婚。

正如以上所说，已婚人群比例的下降是过去几十年结婚及离婚状况改变的反映。这些改变反映在由于不结婚以及分居和离婚造成的未婚比例不断上升。(表12.1第1、5行)。

自2000年来,男性和女性未婚比例同时持续上升(45岁至54岁)。对于这些中年结婚的人,孩子离家之后的时间远远比婚姻生活的其他时间来得长久。有趣的是,这个现象对于二十世纪几乎所有家庭来说情况相似。在1900年,男性的平均结婚年龄是26岁,生育最后一个小孩的年龄是36岁,最后一个孩子结婚时平均年龄是59岁,失去另一半的平均年龄是57岁。女性结婚平均年龄是22岁,32岁时最后一个孩子出生,失去伴侣的平均年龄为53岁,55岁时最后一个孩子结婚。①这个研究结果并不是指后父母时期,因为在最小的孩子结婚前两年其父母便去世了。

相比现在而言,男女平均结婚年龄为25、26岁,30岁左右有小孩,45岁至50岁孩子离开家庭,75岁到80岁才可能失去伴侣。这个研究结果才能显现出持续25到30年的后父母时期,虽然夫妻双方结婚时间稍晚一些,但是结婚以后孩子少了,这样抚养小孩变轻松了。事实表明,由于现代人比以往长寿,夫妻双方在退休或者另一半去世之前有几十年的时间在一起。

子女与父母共同生活

子女与父母共同生活的含义是子女与父母共同居住在同一间屋子里。但统计数据表明,与过去几年相比,越来越多的成年人与父母居住在一起。虽然超过4/5的年轻人在23岁之前离开家庭,但是大多数人在刚成年到真正独立生活过渡期仍选择与父母住在一起,甚至在21岁至23岁之间有超过40%的人选择与父母居住在一起。②

与男性相比,女性更愿意离开家生活,但是现在更多人喜欢很晚离开家庭,尤其是男性。与以往相比,美国和加拿大的年轻人更喜欢离开家庭独立生活,不喜欢由于结婚而离开家庭。单亲家庭、再婚家庭、不稳定的家庭以及各种非传统式的家庭增加了子女离开家庭过独立生活的可能性。家庭密集度也一样,拥挤的居住环境也迫使他们离开家庭。离开家庭,经历成长过程,然后独立,这不仅仅与孩子相关,也与父母及家庭条件相关。③

463 也许就像人们认为的那样,与离开家的年轻人相比,与父母同住的年轻人从父母那里得到更多的支持。④令人意外的是,研究同时发现与父母同住的年轻人与父母之间的联系并非很密切。当孩子长大、上学、工作后,与父母同住是相当有意思的经历,比起那些较早离开家

---

① Figures are taken from Paul C. Glick, "The Life Cycle of the Family," *Marriage and Family Living* 17 (1955):3—9.

② Arland Thornton, Linda Young-DeMarco, and Frances Goldscheider, "Leaving the Parental Nest: The Experience of a Young White Cohort in the 1980s," *Journal of Marriage and the Family* 55(February 1993):216—229.

③ Nicholas Buck and Jacqueline Scott, "She's Leaving Home: But Why? An Analysis of Young People Leaving the Parental Home," *Journal of Marriage and the Family* 55(November 1993):863—874; and Frances K. Goldscheider and Calvin Goldscheider, "The Effects of Childhood Family Structure on Leaving and Returning Home," *Journal of Marriage and the Family* 60(August 1998):745—756.

④ Lynn K. White and Stacy J. Rogers, "Strong Support But Uneasy Relationships: Coresidence and Adult Children's Relationships with Their Parents," *Journal of Marriage and the Family* 59(February 1997):62—76; and Lynn White and Naomi Lacy, "The Effects of Age at Home Leaving and Pathways from Home on Educational Attainment," *Journal of Marriage and the Family* 59(November 1997):982—995.

庭的孩子，与父母同住到 21 岁以后的年轻人拥有更好、更高等的教育。

那些离开家又回家的“自食其果的孩子”怎么样呢？刚刚独立生活就返家的行为原本是非常罕见的，而现在离家的孩子中将近一半都会拥有这样的经历。有文章认为“孩子离家”方面的种种变化不是单向发展的，而更像是一个循环的互相影响的持续性过程。[1]这些年轻的成年人离开家去上学、工作、居住或干脆是独立开来，他们比那些离开家去结婚的人更有机会返家。

加拿大的一项研究发现，父母愿意接受一个或者两个回家，但是一旦一群人返回，家庭关系就紧张了，便会降低父母婚姻的满意度。[2]离开家又回来的成年子女这样做有各种不同的理由：失业、离婚、婚姻关系破裂、未婚妈妈、或者碰到困难时，尤其是经济上的困难。和先前美国研究一致的是，非家庭式的生活和同居导致的返回率比结婚导致的返回率更高。父母亲的特征，如健康、婚姻、工作状况对于孩子是否在中年时期或更晚的时期返回并无太大影响。回家与离家形成直接对比，他们并不受年龄的限制。相反，儿童的需要和情况是最重要的预测因素。[3]

孩子或者父母在中年时期回家都会影响后父母时期的特性。任何事件都可能推迟家庭变回单户主或者两人户单元的过程。

中年的意义

四十多岁（从 40 岁到 49 岁）意味着什么？对于许多夫妻来说，中年是“生活的巅峰”。尤其是生意人和职场人士，更喜欢保住他们最顶尖的地位，女性可能有自己的收入而家庭收入也进入高峰期。例如在 2007 年，45 岁到 57 岁之间家庭收入的平均数是 75692 美元，比 464
15 岁到 24 岁之间的刚成年人更可观（31471 美元），同样对于家中的超过 65 岁的老人来说也是一样的（39649 美元）。[4]

中年时期是否如家庭收入数据所显示的那样，是生命的巅峰；或是中年时期面临着巨大

---

① Frances Goldscheider, Calvin Goldscheider, Patricia St. Clair, and James Hodges, “Changes in Returning Home in the United States, 1925—1985,” *Social Forces* 78(December 1999)：695—728.

② Barbara A. Mitchell and Ellen M. Gee, “Boomerang Kids and Midlife Parental Marital Satisfaction,” *Family Relations* 45(October 1996)：442—448.

③ Russell Ward, John Logan, and Glenna Spitze, “The Influence of Parent and Child Needs on Coresidence in Middle and Later Life,” *Journal of Marriage and the Family* 54(February 1992)：209—221; and Richard A. Settersten Jr., “A Time to Leave Home and a Time Never to Return? Age Constraints on the Living Arrangements of Young Adults,” *Social Forces* 76(June 1998)：1373—1400.

④ U. S. Bureau of the Census Bureau, Current Population Reports, *The 2009 Statistical Abstract*, Series pp. 60—213, “Table 676—Money Income Of Families—Distribution by Family Characteristics and Income Level: 2006. Money Income in the United States: 2000”(Washington, DC: U. S. Government Printing Office, September 2001), Table 4. http://www.2010census.biz/compendia/statab/cats/income_expenditures_poverty_wealth/family_income.html.

的压力甚至抑郁,这个问题一直存在着争论。中年时期生理和心理都发生很大变化,这些变化可能引起混乱和焦虑。在二三十岁视自己为"偏女性化男人"的个体在40岁时需要确认自己的男子气概。当女性失去了"让男人再看一眼"的魅力时,对于自己的吸引力和性征也存在着相似的疑惑。更重要的是更年期带来的生殖能力和其他情绪的变化对女人的自我认知也是一种挑战。夫妻双方看到房子不断变化,自己一点点变老,而孩子长大成人、离开家庭结婚,都可能导致他们情绪的变化。

中年时期同样肩负着要获得成功和继续向前进的压力。对许多人来说,"过了这个村就没这个店了"。在这个时期,他/她想要获得其渴望的声望,他/她想要写的书,想要的孩子,想要成为的演员,可能会变成现实也可能会变成一个永远无法实现的梦想。过舒适生活,大学学费和婚礼等费用,退休后的计划综合在一起增加了经济压力。因此,从生理、心理、经济、社会上来说,中年时期的生活都很艰苦。

另一种相反的观点认为中年时期生活充满阳光,一片光明。收入高、休闲时间多、抚养孩子的责任已经卸下、存在前所未有的机遇。哪种观点是正确的呢?还是两者都是正确的?

二十年前,迈克尔·法雷尔和斯坦利·罗森堡对比300位进入中年的男性以及步入晚年的男性,提出了这个问题。与他们预计的恰恰相反,他们并没有发现能证明中年危机的证据,也没有不断变异的迹象,或者与社会脱离的现象。①而例外发生在最低的社会经济阶层。无特别技术的劳动者在步入中年时会表现出个性解体及精神病的症状。下层中产阶级的人(经验丰富的工人、牧师、小商贩)在忽视、扭曲、拒绝那些挑战他们世界观的信息时显示出非凡的能力。专业人士及中产阶级管理人员表现出既不否认也不赞成问题的态度,但是对工作、家庭、社会地位很满意。

女性又如何呢?她们是否认为后父母时期的家庭生活充满了纠纷与不幸呢?根据两个心理学家对700个年轻女性与老年妇女的对比研究结果,事实并非如此。②五十几岁的女性认为她们的生活质量比更年轻或年老的女性更高。这是她们生活的最佳状态,拥有较大自主权、安全的人际关系和健康良好的生活。

465 一段时期的抑郁症、身份危机、角色丧失、女性意识下降,以此为代表的空巢综合征,该概念现在很少有研究能验证。其发生情况可能因各种不同因素而不同,如社会经济水平、就业状况等。多洛雷斯·博兰假设如果空巢综合征确实存在,那么它在极大程度上可能发生在白人中产阶级妇女身上,因为她们生活所处的特有的社会环境、独特的价值观念以及所谓正确角色定位的社会规范。③具体来说,这些妇女把自己无私地奉献给家庭,她们相信婚姻和孩子是作为女性最大的幸福和快乐。

---

① Michael P. Farrell and Stanley D. Rosenberg, *Men at Midlife* (Boston: Auburn House, 1981).

② Valory Mitchell and Ravenna Helson, "Woman's Prime of Life," *Psychology of Women Quarterly* 14 (1990):451—470.

③ Dolores Cabic Borland, "A Cohort Analysis Approach to the Empty-Nest Syndrome Among Three Ethnic Groups of Women; A Theoretical Position," *Journal of Marriage and the Family* 44(February 1982):117—129.

新 闻

美好婚姻的规则

当孩子离家,维系婚姻的纽带也就消失了。

当孩子彻底离家时大多数父母都会悲伤痛苦,但是空荡荡的房子却意味着全新自由的婚姻的开始。当你的孩子搬出去之后,让你的生活充实起来并让你们夫妻的关系重新回到生活的中心。看看你和你的丈夫以前不能做而现在能做的是什么?庆祝吧!你已经成功地完成了养育子女的任务,现在你有权力决定接下来该做什么。去参加城镇的政治活动或社会活动?更经常外出就餐?不管是什么,把它当作是重新认识彼此的机会,一起享受其中。

每个人都有中年危机,你的伴侣任何时候都有可能驾着红色跑车离去。有时候男人在某个年龄会做出些疯狂的事情。他们有时会试图挽回逝去的青春,你也许会觉得像秃顶的长官戴假发一样好笑。幸好这样戏剧性的改变并不多见,但是心理学家表示我们大多会经历一段自我价值重估的中年阶段。当人们迈进他们的40岁、50岁甚至更老,他们的观念也随之改变。事业也许已经进入了停滞期或在新的方向上重新出发。第一次生严重的疾病或是父母离世,这些都会促使你重新思考什么才是人生最重要的。这些都是自然而然的改变,而最好的应对方法便是弄清楚你能做什么并顺其自然。幸运的是,人们大多都是这样做的:这些进程不仅仅对我们个人有益,也改善了我们的关系。四五十岁的人们对自己的工作、经济、婚姻更有控制感。不要再思考他人的问题,看看你自己是否为重新创造自我做好了准备。去重新找到生活的意义,尤其当你去追求自己的爱好时不要为此感到自私:对你好的也同样是益于婚姻的。

也许你会担心有天你们会发现双方只是各自成长而不再相爱。寓言中总是有些夫妻随着性格的改变和兴趣的分歧愈行愈远而最终分开。但是专家指出,如果你仔细观察最幸福的两人,你会惊讶于他们之间的相同点竟会如此之少。她可能非常喜欢做手工而他可能是最为狂热的运动爱好者。然而他们却能找到既能相互陪伴又能保持自我的方式:这就意味着,有时候她会坐在沙发上读书而他看板球比赛。专家指出,事实上共同的兴趣甚至是共同的性情都不是长久婚姻的保证。

婚姻并不是靠感觉维持的——婚姻的幸福源于双方的共同努力。长久婚姻中的伴侣值得我们去赞赏。这些夫妻也许是走过了数以百计的争执、疾病、经济危机、孩子的问题甚至是出轨才能够走到今天。他们的婚姻之所以幸存下来是因为他们明白不论境况好坏,作为人生搭档必须共同努力才能找到一直走下去的方法。我们每时每刻都在改变,事实上这是上帝的恩赐。但是你必须经常与丈夫进行沟通,婚姻中每一个小的妥协和沟通都会使你们双方感到活在彼此的人生中并觉得幸福。这样你们便能一起成长并一直沐浴在爱之海洋中。

来源:Daily Mirror,"Rules for a good marriage" May 26,2009,http://www.dailymirror.lk/DM_BLOG/Sections/frmNewsDetailView.aspx?ARTID=49938 © 2008 Wijeya Newspapers Ltd.

466 博兰认为,社会经济地位较低和较高的女性不太可能有此综合征。前者不得不为养活家庭而终身工作;而后者早已发展出不同的社会角色可用于代替其身为父母的角色,她们的家庭规模往往较小这使其较早便开始了空巢期。

中年婚姻和幸福状况又如何呢?从对 51 岁到 61 岁的受访者进行调查,结果表明已婚妇女得抑郁症的可能性比单身女性低。[1]婚姻不幸福的人比婚姻幸福者情绪更低迷。婚姻对于健康的好处在男性身上更能体现,已婚者比未婚者益处更多,富裕者、有知识者、上班者亦然。

通过对美国妇女 13 年的中年时期生活研究表明,重大事件的发生以及其顺序和间隔呈现出多样性。[2]这些妇女大部分没经历过角色的转换,至少在婚姻及家庭孩子问题上没经历过。然而有两个问题事件对于她们的事业及经济有至关重要的影响:最小的孩子离开家庭,婚姻关系中止。

这两个事件起着相反的作用,空巢过渡期(最小的孩子离开家庭)加强了劳动力市场的参与度,提高了经济福祉,而婚姻的结束(离婚或者丧偶)则使经济福祉下降,而这些事情的顺序也有区别。如果婚姻解体,那么对孩子的抚养会大大减少妇女的收入,即使空巢过渡期有很多好处,妇女也很难从这种情况中恢复过来;如果空巢过渡期先来,只要婚姻关系不变,那么妇女仍在经济上受益。

孩子的离开象征着作为母亲的重新独立时期的开始。一旦孩子离开,许多母亲形成新的非家庭关系以填补空白。这个年龄许多妇女变得更热衷于公益及宗教事务,越来越多的家庭妇女以及母亲选择开始就业,同样,这段时期也是父母变为祖父母的时期。

祖父母的身份

考虑到人一生中有三四十年时间承担祖父母身份的可能性,祖父母既可能是中年也可能是老年的常见角色。在美国,男人与女人二十多岁结婚,其中很多人在结婚第一年或第二年有小孩,父母则可能在 40 多岁时便成为祖父母。坐着摇椅,拄着拐杖的传统祖父母形象
467 已经不再符合实际情况。家庭规模缩小,孩子间更亲密,妇女在较年轻时生下最小的孩子,这使得由父母变为祖父母的过程成为中年时期的典型代表。

关于祖父母的广泛调查显示,“身为祖父母”是很普遍的经历。[3]大多数祖父母平均有 5 至 6 个孙子女,近 2/3 的妇女看到曾孙子女的出生。平均寿命的延长增加了身为祖父母及

① John R. Earle, Mark H. Smith, Catherine T. Harris, and Charles F. Longino Jr., “Women, Marital Status, and symptoms of Depression in a Midlife National Sample,” *Journal of Women and Aging* 10(1998):41—55.

② Ken R. Smith and Phyllis Moen, “Passage through Midlife: Women's Changing Family Roles and Economic Well-Being,” *The Sociological Quarterly* 29(1988):503—524. Note also Phyllis Moen, “Transition in Mid-Life: Women's Work and Family Roles in the 1970s,” *Journal of Marriage and the Family* 53(February 1991):135—150.

③ Maximiliane F. Szinovacz, “Grandparents Today: A Demographic Profile,” *The Gerontologist* 38(1998):37—52.

守寡的时间。如今的父母享受漫长的空巢期，在另一半去世前享受当祖父母的时间。尤其是黑人妇女，她们更容易进入祖父母时期(大约比白人妇女提早 9 年)，相比以往几代人，现代许多祖父母有自己的事业，在工作时间很难照顾孙子女。

两个重要的人口变化形成现代美国社会的祖父母时代格局：寿命的延长、养育孩子的变化。由于越来越多的人进入老年，更多的人经历祖父母，曾祖父母甚至高祖父母时期，与祖父母一样，曾祖父母在接受采访时透露，大多数人找到各自角色的意义，享受情感上的满足，有强烈的个人和家庭重建意识去改变生活，这同样也是长寿的标志。①

有人认为祖父母的角色代表了双重束缚。②一方面，对于孙子女来说，祖父母是很有帮助的，他们对待孙辈很热切，他们也是家族记忆传承的一个源头。另一方面，祖父母经常干预孩子的抚养问题，总是给孩子们提出不受欢迎的意见。

也许这双重约束正解释了“没有角色的角色”和集中于祖父母角色期待上的困惑。祖父母的任务包括抚养子孙，对子孙提供帮助和支持，但是同时并没有明确的、标准的期望值存在说明具体权利和义务，或者说明在什么情况下帮助可能会变为阻碍。也许祖父母，尤其是中产阶级的祖父母，作为孩子的监护者、代理家长、礼物赠送者、危机预防者等，必须构建好自己的角色。低层社会的祖父母似乎更注重日常家庭生活，外婆经常照顾孙子女，定期交流，他们觉得这责任远远比几代人之间简单的联系更重要。

祖父母身份与祖父祖母似乎有不同的含义。有时，祖父母角色往往被描述为具有母性的，女性比男性更觉得对孙子女责任重大。例如一项研究表明，对于祖父的角色而言其情感性要高于功能性。③不管是白人还是黑人老年男性，与孙子女的配合及互助水平都较低，比起合作，亲近与融洽的相处才是此种关系更为典型的特征。同一研究发现黑人男性比白人
男性更多承担祖父角色。黑人男性更多与孙子女交流、提供帮助、感到亲近、感到与孙子女 468
相处融洽。这种种族差异被认为是源于文化差异，而不是源于经济功能或结构性因素。

与祖父相反，祖母可能更多地与孙子女互动互助。祖母比祖父更可能成为经常性的孙子女照顾者。例如，一项对年轻群体的全国性调查显示有孩子的年轻母亲在工作时有超过半数依靠自己的亲人照顾孩子，而这个亲人主要是祖母。④祖母每周照顾孩子的时间很长，尽管这些中年祖母中有三分之一的人也是同样有工作的。就像是双职工夫妻为了孩子轮流调换上班时间一样，祖母和女儿同样为了照顾孩子轮流调换上班时间。

---

① Kenneth J. Doka and Mary Ellen Mertz, “The Meaning and Significance of Great-Grandparenthood,” *The Gerontologist* 28(1988):192—197.

② Jeanne L. Thomas, “The Grandparent Role: A Double Bind,” *International Journal of Aging and Human Development* 31(1990):169—177.

③ Vira R. Kivett, “Centrality of the Grandfather Role among Older Rural Black and White Men,” Journal of Gerontology 46(1991):S250—S258.

④ Harriet B. Presser, “Some Economic Complexities of Child Care Provided by Grandmothers,” *Journal of Marriage and the Family* 51(August 1989):581—591. Note also Margaret Platt Jendrik, “Grandparents Who Parent Their Grandchildren: Effects on Lifestyle,” *Journal of Marriage and the Family* 55(August 1993):609—621.

全球各地的祖父母对于他们的子女和孙子女来说都是重要的家庭成员。祖父母可以承担很多的角色:家庭历史的保管者、家庭冲突的调停者、朋友、礼物赠予者、照顾孩子者、有意义的他人、甚至还有玩伴。

这些模式的基本假设便是一个亲戚特别是祖母与非亲戚相比更加疼爱孩子。然而,这种照顾常常给祖父母特别是祖母带来压力和困难。有研究发现祖父母的压力与多种因素有关,如孙子女的年龄相对较小、照顾的孙子女有心理或生理问题或两者兼有、照顾孙子女的时间较长、较低的家庭凝聚力、缺少支持或资源。孙子女的行为问题对祖母造成的影响最
469 大,这些因素会降低她对身为祖母的满意度。①

继祖父母

考虑到离婚和再婚的情况越来越多,继祖父母便成为了新的值得讨论的主题。祖父母角色常常被描述为"没有角色的角色",但是这种描述更适合继祖父母而非亲生祖父母。与祖父母不同,继祖父母与孙子女相处时间较短且没有血缘关系。因此,儿童会更多地参与到个人与社会角色中去,与继祖父母的关系没有同祖父母的关系那么密切。②

祖父母的权利

离婚和再婚不仅对继祖父母产生影响,对祖父母同样产生巨大的影响。很多祖父母都

---

① Roberta G. Sands and Robin S. Goldberg-Glen, "Factors Associated with Stress among Grandparents Raising their Grandchildren," *Family Relations* 49(January 2000):97—105; and Bonita F. Bowers and Barbara J. Myers, "Grandmothers Providing Care for Grandchildren: Consequences of Various Levels of Caregiving," *Family Relations* 48(July 1999):303—311.

② Carolyn S. Henry, Cindi Penor Ceglian, and Diane L. Ostrander, "The Transition to Stepgrandparenthood," *Journal of Divorce and Remarriage* 19(1993):25—44; and Carolyn S. Henry, Cindi Penor Ceglian, and D. Wayne Matthews, "The Role Behaviors, Role Meanings, and Grandmothering Styles of Grandmothers and Stepgrandmothers: Perceptions of the Middle Generation," *Journal of Divorce and Remarriage* 17(1992):1—22.

经历过不能常常见到孙子女的沮丧，特别是当他们的孙子女没有跟他们的子女住在一起而是跟他们的前媳妇或前女婿住在一起时。

这种沮丧和挫折使得关于祖父母对孙子女探视权的法律官司日益增长。①美国的五十个州都立法保护了祖父母对孙子女的探视权，当孙子女的父母反对时，祖父母可以向法院申请探视权。当孙子女被继父母收养、被寄养在收养机构、与反对祖父母探视的已婚父母居住在一起时，这种探视权法律规定使得祖父母有机会探望自己的孙子女。

老年人及其家庭

老龄化人口的增长

二十一世纪以来，家庭和婚姻关系中最大的改变便是寿命的增长。人们寿命增长和人口数量增加都使得美国的老龄人口增加(见图 12.1)。结婚年龄较早、较少离婚和较长的寿命综合起来增加了婚姻的年数、家庭中代际的数量、亲戚网络的规模。

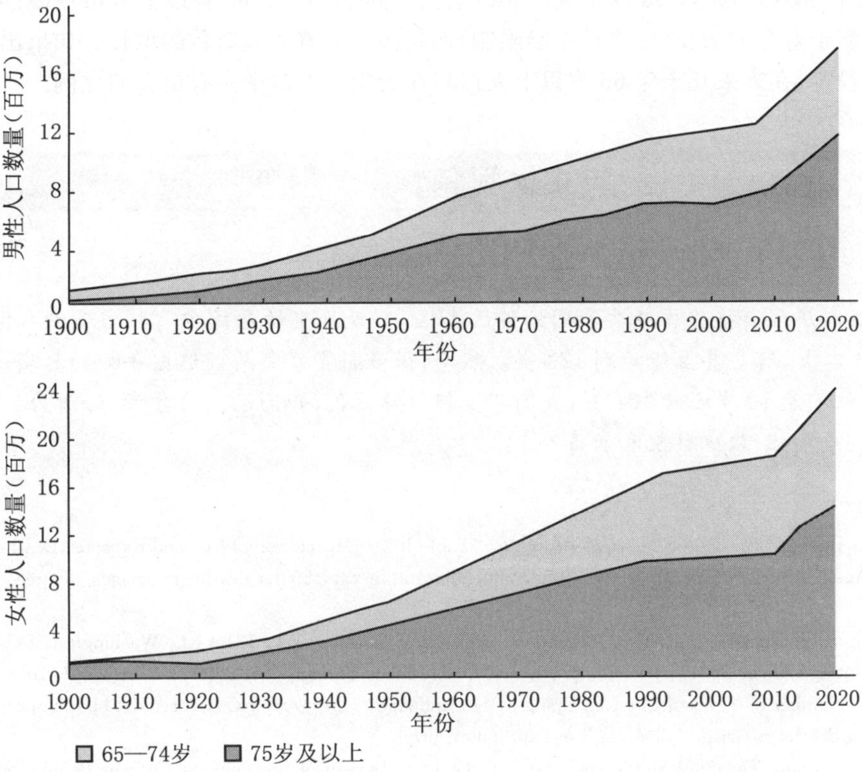

图 12.1 1900—2020 年间 65 岁及以上的人口增长 470
来源：U. S. Bureau of the Census, *Current Population Reports*.

① Edward M. Burns, "Grandparent Visitaiton Rights: Is It Time for the Pendulum to Fall?" *Family Law Quarterly* 25(Spring 1991):59—81.

一个 2005 年出生的人一般可以活 77.8 年。白人男性的平均寿命为 75.7 岁而白人女性为 80.8 岁。①黑人男性和女性分别为 69.5 岁和 76.5 岁，比白人低了很多。一个 65 岁的人平均还可以再活 18.7 年（白人男性为 17.2 年，白人女性为 20.0 年，黑人男性为 15.2 年，黑人女性为 18.7 年）。甚至是已经 100 岁的老人仍然可以期望再活 2.6 年。因此，你每多过一年，你期望的寿命也就增加一点。

从二十一世纪以来，老年人的平均寿命相对来说增长较少。在 1900 年，65 岁的老人可以期望活到 76.9 岁。在 2005 年，65 岁的老人可以期望活到 83.7 岁，或者说比一个世纪以
471 前的 65 岁老人的预期寿命再多活 7 年。值得注意的是，人们的寿命增加的同时婴儿期和儿童期的死亡率也在下降。在九十年代，大约有 74％的男性和 85％的女性能够达到 65 岁。② 1900 年前夕，只有 39％的男性和 44％的女性能够活到 65 岁。因此，平均寿命相对来说只有较小的增长，但是越来越多的人寿命变长了。

在 2010 年之前，美国公民中约有 4020 万人年龄达到 65 岁及以上。③这一群体占美国人口的 13％，并且其增长速度远高于美国总人口增长速度。尽管 2010 年的美国人口与 1970 年相比增长了 35％，但是其 65 岁及以上人口增长了 65％以上。65 岁以上人口规模的持续增长并不是源于寿命的增长（生物学年龄限制）而是源于活着的人口数的增长。如果出生率下降或保持稳定，在未来几十年 65 岁以上人口将在美国总人口中占有更大的比例。

跨文化视角

格鲁吉亚共和国长寿的阿布哈西亚人（Abkhasians）

阿布哈西亚人居住着格鲁吉亚共和国的偏远山区，据说那里的居民中有相当多的人能够活到 100 岁以上，有些甚至能活到 120 岁。然而，很多科学家都质疑这些年龄的真实性。不过，不管他们是 70 岁还是 107 岁，我们又如何解释他们的好视力、好牙齿、好听力、较少的精神疾病或癌症、极少住院和长寿？

---

① U. S. Census Bureau, *The 2009 Statistical Abstract*, "Table 103—Expectation of Life and Expected Deaths by Race, Sex, and Age," http://www.2010census.biz/compendia/statab/cats/births_deaths_marriages_divorces/life_expectancy.html.

② U. S. Burean of the Census, *Statistical Abstract of the United States, 2001*, 121st ed. (Washington, DC: U. S. Government Printing Office, 2001), no. 97, p. 73; and U. S. Census Bureau, *The 2009 Statistical Abstract*, "Table 101—Average Number of Years of Life Remaining by Sex and Age," http://www.2010census.biz/compendia/statab/cats/births_deaths_marriages_divorces/life_expectancy.html.

③ U. S. Census Bureau, *The 2009 Statistical Abstract*, 24 U. S. Bureau of the Census, Current Population Reports, Series pp. 20—537, "Table 10—Resident Population Projections by Sex and Age. America's Families and Living Arrangements: March 2000," http://www.2010census.biz/compendia/statab/cats/population/estimates_and_projections_by_age_sex_raceethnicity.html. (Washington, DC: U. S. Government Printing Office, June 2001), Table 5, p. 11.

有些解释把这些归因于他们的工作习惯和每天的体力劳动如牧者和农民，还有他们每天超过两公里的散步和山泉中的游泳。其他的解释认为这些源于他们的饮食和他们保持苗条的价值观，他们食用大量的水果蔬菜并且几乎不吃高脂肪食物。

与家庭生活有关的对长寿的解释主要集中在以下两点：(1)一致的家庭地位；(2)他们的性习惯。就家庭地位而言，据说阿布哈西亚人一生都享有一定的家庭身份而没有任何自我贬值的存在，并且很少经历突然的变故。老年人享有与年轻人不同的一些特权和优待。他们感到被自己的孩子和孙子女所需要，并享受自己在大家庭中的稳固角色和地位。

就他们的性习惯而言，文化规范要求他们把性行为推迟到30岁以后，也就是传统的结婚年龄。文学作品中表明如果一个新婚丈夫在新婚之夜行使他的性权利甚至被认为是没有男子汉气概的。为了健康，性是需要被控制的欢乐。性就如同美酒一般，随着年龄的增长愈久弥香。甚至有报道说阿布哈西亚男人100岁也能当父亲的。

来源：Harold G. Cox, *Later Life: The Realities of Aging*, 4th ed. (Upper Saddle River, NJ: Prentice-Hall, 1996), pp. 70—74.

纵观历史，老人总是扮演着重要的角色。特别是男性随着年龄增长通常会获得越来越高的身份、威望和尊重。然而，在美国和现代社会，显然年老大体上不会带来威望和身份而是意味着负面的看法和定义。老年通常被定义为生产力和生命力下降并且独立性丧失的阶段。老年人的社会经济地位取决于他们早年生活的成就，如果成就有限并且没有为养老做好充足的准备措施，那么就很难说他能实现一个完整的有意义的人生。 472

社会老人学是一门研究老年人和老龄化过程的学科，与老龄化社会学的研究领域非常接近。两者都关注对“年老”的社会定义，老年人的交往模式和行为，社会对老年人的期待，他们的年龄、性行为、住所和其他人口统计学因素，也包括老年人面临的问题和自身的需要。在这个框架下，当人们开始研究与老年人密切相关的这种种因素时，研究老年家庭便显得尤为重要。

老年期的婚姻状态

老年期家庭以连续性和变化性为特征，他们可能经历了结婚、离婚、守寡、再婚、做祖父母、兄弟姐妹关系和照顾其他家庭成员等一系列事件。2007年，美国大约有1540万名男性和2060万名女性年龄在65岁以上。65岁及以上老人中有近75.4%的男性和64.5%的女性是已婚的。①

---

① U. S. Census Bureau, *The 2009 Statistical Abstract*, "Table 33—Persons 65 Years Old and Over—Characteristics by Sex," http://www.2010census.biz/compendia/statab/cats/population/elderly_racial_and_hispanic_origin_population_profiles.html.

65 岁及以上老人中从未结婚或离婚的人数只占相对较少的比例(分别只有 4%以下和 10%以下)。然而,在这些年龄群体中,守寡状态日益常见。65 岁以上老人中只有不到 14%的男性丧偶,但是却有 42%的女性丧夫。这些数字表明女性的预期寿命相对较长。

已婚夫妻在 65 岁以上群体中占有很大的比例。那些处于头婚中的夫妻们大多已经庆祝过了他们的银婚纪念日(25 年),并且很多夫妻已经或将要庆祝他们的金婚纪念日(50 年)。这些夫妻在漫长的婚姻中分享了无数欢乐并且挨过了很多危机。很少有人听说这些老年夫妻过不下去或者离婚,但是这并不代表他们的婚姻中没有这些问题。但是由于共度的年月、共有的孩子、或者是由于没有其他更好的选择,使得这些老年夫妻即使在婚姻中并不快乐也不会真的分开。

婚姻与家庭关系是老年人获得社会参与感、伙伴关系、成就感和幸福感的主要来源。已有研究表明婚姻对于老年人的心理健康具有积极的影响(特别是与离异或守寡的老年人相比)①,正如前文所述,老年人的婚姻满意度可能要高于处于婚姻中期阶段的夫妻。

那么那些未婚或离婚的老年人的状况又如何呢?(见图 12.2)家庭对于他们又有怎样的意义?研究显示与兄弟姐妹特别是同性兄弟姐妹在地理位置上的接近会对独身老年人的生活满意度及身心健康产生积极的影响。②女性与兄弟姐妹的联系与情感联结
473 要强于男性。并且受访者报告的最常联系的兄弟姐妹是姐妹的概率要高于兄弟。总的来说,单身者与兄弟姐妹的个人联系要高于其他任何婚姻状态中的群体。单身者与兄弟姐妹更为密切的联系并不是源于更深的手足情感,而更可能是由于缺少相类似的人

图 12.2 2007 年,65 岁及以上老年人的婚姻状态和性别比例
来源:U. S. Census Bureau, *The 2009 Statistical Abstract*. "Table 33—Persons 65 Years and Older—Characteristics by sex." http://2010Census.biz/compendia/stafab/cut/population/elderly_racial_hispanic_origin_population_profiles.html.

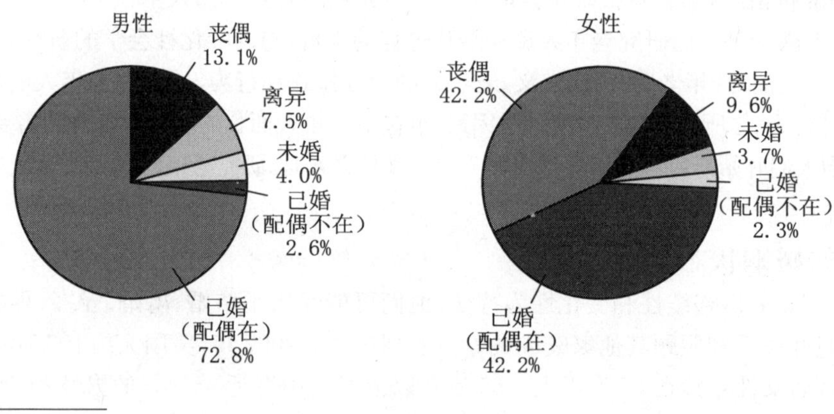

① Walter R. Gove and Hee-Choon Shin, "The Psychological Well-Being of Divorced and Widowed Men and Women," *Journal of Family Issues* 10(March 1989):122—144.

② Ingrid Arnet Connidis and Lori D. Campbell, "Closeness, Confiding, and Contact among Siblings in Middle and Late Adulthood," *Journal of Family Issues* 16(November 1995):722—745; and Lynn White, "Sibling Relationships over the Life Course: A Panel Analysis," *Journal of Marriage and Family* 63(May 2001):555—568.

际关系的竞争。

有趣的是，研究显示未婚者们用来消除寂寞的方式之一竟然是约会。①老年女性从约会中获得日益增长的自尊感和身份感，而老年男性也强调约会作为自我展示机会的重要性。对于大多数人来说，这种关系已经不是以婚姻为目的，而是出自于人类的情感天性。正如一位73岁的老年女性所说的那样：

> 我的男朋友特德去世的时候要比我四十年的丈夫去世时难熬得多。我是如此需要特德，而这是对丈夫从未有过的感受。特德和我共度了如此之久的时间，他是我的全部。我知道在我这个年龄已经很难再找到这样的人了，但我们也不得不面对这一事实。有多少男人想要一个73岁的老年女人呢？②

代际关系

代际关系涉及不同代际的家庭成员间各种各样的交往模式。第10章和第11章主要讨论的是年幼儿童与父母之间的代际关系。这一章将更多地关注父母（成年子女）和他们的老年父母之间的关系。处于中年期的父母有时候被比作"三明治的一代"，他们被自己的孩子和年迈的父母夹在中间，需要同时满足两方的需求。 474

在对全国理事会作有关"家庭关系"的市民奖演讲（Burgess Award Lecture）中，本特森·弗恩认为，与"家庭衰落"和核心家庭的瓦解相比，家庭多代间关系在二十一世纪更为重要，这主要源于以下三个原因。③第一，随着人口老龄化进程的发展，代际间共度的年月将越来越长。第二，祖父母和其他亲戚在实现家庭功能方面具有与日俱增的重要性。第三，代际间的相互支持是家庭中永久延续的力量源泉。离婚及再婚所带来的家庭结构的变化使得这种代际间的关系更为多样，并且可能比核心家庭的纽带作用更为重要，因为这种代际关系在生命全程中起到了非常重要的支持作用。

对美国成年子女和其父母的全国随机抽样调查结果的回顾研究得出了数项结论。④成年子女和他们的父母联系密切，在感情上非常亲近并且为彼此提供支持和各种建议。他们不是为对方提供日常的工具性或经济上的支持。这些拥有充足资源的父母为成年子女提供经济支持使得他们平稳地进入独立成年期。家庭中的变化，比如离婚率的增高，对老年父母与成年子女之间的关系带来了很大影响。例如，父亲在离婚后可能会较少与子女联系，在情感上也会较为疏离，并且不大可能与子女们互帮互助。

---

① Kris Bulcroft and Margaret O'Connor, "The Importance of Dating Relationships on Quality of Life for Older Persons," *Family Relations* 53(July 1986):397—401; and Richard A. Bulcroft and Kris A. Bulcroft, "The Nature and Functions of Dating in Later Life," *Research on Aging* 13(June 1991):244—260.

② Ibid., 401.

③ Vern L. Bengtson, "Beyond the Nuclear Family: The Increasing Importance of Multigenerational Bonds," *Journal of Marriage and Family* 63(February 2001):1—16.

④ Diane N. Lye, "Adult Child—Parent Relationships," *Annual Review of Sociology* 22(1996):79—102.

“三明治一代”的成员可能既要照顾年幼的孙子女又要照顾年迈的父母。家庭成员,特别是妻子、母亲和女儿同时在年幼者和年迈者间扮演着照顾者和支持与情感主要来源的角色。

475 与白人相比,非裔美国家庭中成年父母与子女间交换资源的程度要低一些。虽然非裔美国家庭的亲戚网络可能要比白人更为宽广,但是他们却不太喜欢交换资源。然而,黑人对子女(父母—子女)责任的期望确实比白人要高。这也显示了种族间的文化差异,与年迈的白人父母相比,黑人父母更多地将子女的抚养看作是道德规范。①

什么人倾向于对年迈父母提供的这种比例上失衡的支持呢?正如一些人猜测的那样,对年迈父母提供的支持对于性别存在着显著差异。女儿不仅仅比儿子和媳妇提供更多的支持并且动机也各种各样。②女儿对父母提供支持的动机大多源于代际间的情感和利他主义。而另一方面,儿子的动机却更多来源于尽义务、熟悉、利己主义。他们照顾父母的动机更多的源于对遗产所带来经济回报的期待,而非出自于真实的感情。当母亲是被照顾对象时,情感是子女提供支持的重要动机,而当父亲是被照顾对象时,继承财产便成为了更为显著的动机。不管怎样,认为成年子女会将年迈亲戚抛弃或者不管其死活的观点基本上是不成立的。

第二个荒诞的观点便是认为如果几代人住在一起会带来较大的冲突。一些特定的情况,如经济依赖和失业,似乎会增加父母—子女间的冲突,但是公然争吵的时光显然要比愉快的轻松时光要少得多。成年子女与父母住在一起的家庭中发生的冲突出乎意

---

① Gray R. Lee, Chuck W. Peek, and Raymond T. Coward, “Race Differences in Filial Responsibility Expectations among Older Persons,” *Journal of Marriage and the Family* 60(May 1998):404—412.

② Merril Silverstein, Tonya M. Parrott, and Vern L. Bengston, “Factors That Predispose Middle-Aged Sons and Daughters to Provide Social Support to Older Persons,” *Journal of Marriage and the Family* 57(May 1995): 465—475; and Sally K. Gallagher and Naomi Gerstel, “Connections and Constraints: The Effects of Children on Caregiving,” Journal of Marriage and Family 63(February 2001):265—275.

料的少。①甚至连父母的健康问题和依赖性也不会带来父母与子女的冲突。大多数父母与他们的成年子女相处相当和睦，这其中也包括那些住在一起的父母和子女。

第三个荒诞的观点与两代人的财富拥有状况有关。很多人认为处于生育高峰(见第10章)的那一代人可能是财富状况不如自己父母的第一代人。由联邦储备局对美国家庭的财富拥有量和支出状况进行的调查分析却得出了不同的结论。那一代人在成年早期积累的财富比他们的父母在生命中任一阶段所拥有的财富量都要多，并且他们比父母那一代人更加积极向上。②

那些年迈而没有子女的人们状况又如何呢？子女对于年迈父母的价值已经广为人所坚信并且也得到了经验的支持，因为子女可以为父母提供情感、物质、经济等其他各种支持。476
然而，对无子女老人的一项调查研究却证明他们的身心健康水平与那些老年父母相当，甚至在某些情况下还要高于老年父母。③无子女受调查组在经济上更为无忧无虑(见第10章无子女夫妻)并且健康水平更佳。但是有子女的老人拥有更多的朋友并且对生活的总体满意度更高。总的来说，这些研究都表明无论有无子女，老人对自己的家庭、朋友关系和人生非常满意。他们较为不满意的是健康状况和收入状况，这两个问题我们将在本章进一步讨论。

家庭多样性

非裔美国老人遭遇的欺骗行为和成年子女的辩护

贷款机构、家庭借贷公司、家庭维修承包人等等对老年人尤其是对贫穷的少数族群老年人的经济诈骗已经成为美国社会日益严重的问题之一。当老年人受骗后，成年子女常常成为他们唯一可获得的帮助及支持的来源。这使得“三明治一代”照顾自己孩子和父母的担子更加沉重。由于经济诈骗更多针对低收入的少数族群，而女性在非裔美国家庭中又处于核心地位，所以这种现象反映了一种“由种族、阶层、性别和年龄组成的‘四重打击’”。(162—163)

为了更好地理解这一问题给成年子女辩护人带来的影响以及他们的反应，两位非裔美国女治疗专家和高级顾问医生——艾莉斯·弗格森和托妮·金对她们在实践中遇到的案例进行了一次回顾。值得注意的是，成年子女辩护人一旦陷入援助父母的法律程序

① William S. Aquilino and Khalil R. Supple, “Parent—Child Relations and Parent's Satisfaction with Living Arrangements When Adult Children Live at Home,” Journal of Marriage and the Family 53(February 1991):13—27; and William S. Aquilino, “From Adolescent to Young Adult: A Prospective Study of Parent—Child Relations during the Transition to Adulthood,” *Journal of Marriage and the Family* 59(August 1997):670—686.

② Lisa A. Keister and Natalia Deeb-Sossa, “Are Baby Boomers Richer Than Their Parents? Intergenerational Patterns of Wealth Ownership in the United States,” *Journal of Marriage and Family* 63(May 2001):569—579.

③ Judith Rempel, “Childless Elderly: What Are They Missing?” *Journal of Marriage and the Family* 47(May 1985):343—348.

通常自身也会成为被害人,她们想知道成年子女的参与将会对子女自身的感受、观念、处于多系统受压迫地位的行为方式产生怎样的影响。

当她们被问及为父母辩护的原因时,她们案例中调查的女性表示他们是出于情感纽带和对家庭的忠诚"被迫"卷入的。然而,在另一层面来讲,他们同样对以弱势群体为目标的欺诈表达了愤慨。这种义愤感与她们作为少数族群女性的身份、她们自身在生活中忍受的歧视和欺骗有关。在情感反应方面,案例中的女性同样表达出两种强度的反应。就个人层面而言,他们对父母遭遇的欺骗行为感到愤怒和愤慨。他们终其半生保护子女免受来自邻里环境的威胁但却万万没有想到来自所谓合法经济部门的危险。作者将他们的个人情绪反应描述为"根休克"或者个体"情绪生态系统"的创伤。很多女性使用的术语反映了欺诈案责任人的攻击与侵略本性,并且很多时候也反映了男性施予女性的暴力。

另外,这些女性同样对坐视不管的公众感到愤慨。当法律系统拒绝相信她们的陈述,拒绝她们的求助,甚至有时候用法律或经济手段威胁作为辩护人的她们时,这种感受变得愈加强烈。来自法律系统的这些回应通常会加重她们的种族、性别和阶层意识,并最终使得她们联合起来对抗法律系统。

然而,这些案例中的女性不仅仅只是受害者。在面对父母遭遇的情境时,她们实际上是在体验另一个转变与成长的过程。很多人能够将自己的愤怒化为有效的行动,她们不会保持沉默,反而会用更加"剧烈"、"激昂"的语调来生动地描述父母受害的情形来更有效地为他们辩护。她们也可以将这种新发现的能力运用到生活中的其他领域中去。

来源:S. Alease Ferguson and Toni C. King, "Taking Up Our Elders' Burdens as Our Own: African American Women against Elder Financial Fraud," *NWSA Journal*, 18 (Summer 2006):148—169.

477 老年人的生活状态

当人们的年龄超过 65 岁,退休、收入减少、丧偶和丧亲也接踵而至。那么这些老人住在哪里呢?社会福利机构?和孩子一起住?单独住?这个问题要分性别讨论。

2006 年,65 岁及以上的老人中有 64.9%住在家庭中,①有 32.3%是户主,另外 23%是户主的配偶,有 5.6%住在某个孩子的家中,有 4%与另外的亲戚或非亲戚住在一起。显然,这种分布反映了美国核心家庭的本质。同样显而易见的是,有相当一部分老人与非家庭成员住在一起(30%与非家庭成员共住,5.1%与某群体共住)。总计有 27.5%的老人寡居。

---

① U.S. Census Bureau, *The 2009 Statistical Abstract*, "Table 34—Persons 65 Years Old and Over—Living Arrangements and Disability Status: 2006," http://www.2010census.biz/compendia/statab/cats/population/elderly_racial_and_hispanic_origin_population_profiles.html.

很多老人不是与配偶住在一起而是与孩子或其他亲戚住在一起。这种情况往往是个人选择或出于必要的结果。当父母和孩子选择住在一起,双方对这种生活安排通常会比较满意。

研究发现老年人与孩子或其他亲戚居住的模式根据民族不同也各有不同。日裔或华裔美国人比白人更有可能住在大规模的家庭中,特别是未婚子女的家庭中。①这似乎是受到传统的子女义务价值观的影响。老人与"未婚"子女或其他亲戚居住在一起更多的是源于适应老年期的特定策略而非文化传统的延续。尽管移民文化对老年人生活状态的影响已经被文化适应所削弱,但即使是那些在美国出生的人也支持子女有抚养老年父母的义务这一文化传统。

对于老年人和其已婚子女来说,另一种不错的状态便是比邻而居,这样也便于他们维持亲密的关系。很多父母更喜欢保持独立的状态并希望自己的子女也对此保持尊重。这种生活安排使得两代人在不侵犯彼此生活的前提下互相关心和帮助。另外,父母和子女还可以共享业余爱好和生活方式而不用天天黏在一起。遗憾的是,人口普查并没有提供关于与子女比邻而居的老年人的数量与比例的相关数据。

在九十年代中期,人口中大约有140万(4%)年龄超过65岁的老人住在以疗养院为主的长期护理机构中。②疗养院中的居民绝大多数为女性(75%)、75岁及以上老人(82%)、白 478
人(89%)、丧偶者(66%)。在那段时期,疗养院的大多数居民主要依靠的是公共医疗补助制度(38%)、个人保险、个人收入、家庭支持(32%)、医疗保险(26%)和其他政府资助或慈善金(4%)。正如可预期的那样,进入疗养院的人数与入住老人的年龄成正比。据估算,85岁及以上的老人中大约有20%住在疗养机构中,并且大约有四分之一的人会在这种护理机构中度过人生中的某一阶段。

这些数据为以下两个观点提供了支持:(1)大多数老人没有住在疗养院或其他长期护理机构;(2)大多数老人都没有遭到家庭的抛弃,那些已经住在相关机构中的老年人大多是无子女的、丧偶的或独居的。

老年人面对的常见问题

健康和护理

如前文所述,老年人通常面临的问题之一便是健康和护理问题。在生命后期,相当一部分老人是与世隔绝的、残疾的、疾病缠身的。衰老总是伴随着一些健康问题的。有时候

① Yoshinori Kamo and Min Zhou, "Living Arrangements of Elderly Chinese and Japanese in the United States," *Journal of Marriage and the Family* 56(August 1994):544—558; and John R. Logan, Fuqin Bian, and Yanjie Bian, "Traditon and Change in the Urban Chinese Family: The Case of Living Arrangements," *Social Forces* 76(March 1998):851—882.

② Achintya N. Dey, "Characteristics of Elderly Nursing Home Residents: Data from the 1995 National Nursing Home Survey"(Hyattsville, MD: National Center for Health Statistics, July 2, 1997), no. 289, pp. 1—7.

老人需要住院,这就带来了一系列的问题:医疗费的支付、探视模式、护理和间或发生的法律纠纷。

研究证明,对于没有住在护理机构中的老年人老说,家庭成员和成年子女特别是女儿的照顾尤为理想和重要。女儿们承担着照顾或依赖或自足的母亲的责任。

流行观点认为现代家庭没有过去家庭愿意照顾家中的老人或其他弱势的家庭成员,但各种研究结果却使得很多人开始质疑这一观点。这一被称为遗弃谬论的观点没有得到相关科学研究的支持;事实上,却有相当多的证据指向了其对立面。全国调查显示,老年人所接受的护理中来自家庭成员的非正式护理占据绝对优势比例。这种护理不仅仅包括个人护理(洗澡、吃饭、如厕)、活动(从房间到房间、坐下站起、睡下起床),还包括对年迈家庭成员安全、舒适、自主权和情感需求的关注,同样还包括陪伴和爱。①

这些护理任务对护理者来说是否意味着负担和压力呢?通常的逻辑一般会给出肯定答案并且也有大量的文献记录了照顾残疾父母给家庭成员带来的生理、情感、经济和人际损耗。交换理论也认为如果一个年老体弱的父母要求甚多却给予甚少,照顾者的压力水平将会很高。

家庭护理似乎并不会衍生出多代际大家庭。一项对四代同堂家庭的研究发现情感关联
479 仅仅可以延伸至对成年子女依然关心的老年父母。②与其他研究一致的是,母亲与女儿间的关系最为紧密。在一些家庭中,这种情感纽带可以维系三代人,但是两代人以上就已经非常罕见了。情感纽带的强度随着家庭代际的增多而削减。三代或四代同堂的家庭通常拥有众多的家庭成员,但是他们之间却没有紧密的情感联结。大多数情况下,这种生活安排不能够被称为扩展的家庭护理系统。

跨国际家庭

华裔加拿大老人中的独居者

尽管加拿大在G8国家中拥有最为年轻的人口(只有13%的人口在65岁及以上),而老年人口中有很大部分是华裔种族。由于宽松的移民政策和多文化主义的文化信念,加拿大在近几十年接收了大量的移民,特别是来自中国香港和中国大陆的移民。结果便是加拿大2001年可见的少数族群中有25.8%为华裔,而这一群体中有10%在65岁及以上。考虑到在中国文化传统中子女有赡养老人的义务,并且很多来到加拿大的华人移民

---

① Kathleen W. Piercy, "Theorizing about Family Caregiving: The Role of Responsibility," *Journal of Marriage and the Family* 60(February 1998):109—118.

② Martha Baum and Mary Page, "Garegiving and Multigenerational Families," *The Gerontologist* 31(1991):762—769.

是受到亲戚鼓动或是为了与更早来到加拿大的亲人团聚，这就使得我们产生了又一个疑问，这些老人是与家人同住还是独居呢？丹尼尔·赖和温迪·莱昂内科对660名65岁及以上的单身华裔加拿大人进行了调查研究，他们的研究主题为：华裔加拿大老人的健康和幸福。

这一研究发现华裔加拿大老人中有相当大一部分人是独居者(大约40%)。他们研究了老人独居与否的影响因素后发现具有经济能力和身体条件的老人更有可能独居。而其他研究也发现华裔加拿大老人非常不愿意与子女同住，这些研究结果获得了一致性。尽管这种偏好可能是文化适应的结果，但在他们的研究中只有两项文化变量(宗教信仰和在加拿大的居住年限)对老人独居有显著影响，而其他测量(如语言熟练度和传统中国信念量表的分数情况)中的因素对老人独居均无影响。他们得出结论认为文化适应是一个故国信念与移居国家信念相互融和影响的复杂过程。

来源：Daniel W. Lai and Wendy L. Leonenko，"Correlates of Living Along among Single Elderly Chinese Immigrants in Canada，" *International Journal of Aging and Human Development*，65(2007)：121—148.

子女问题

老年人遇到的第二个问题是一个常见主题的反问题，人们通常认为老年父母给成年子女带来了压力和负担，那么成年子女的问题是否也反过来对老年父母的身心健康造成了影响呢？

有证据对这一假设提供了支持。一项美国小型抽样调查和加拿大老人全国调查表明，480
当成年子女遭遇婚姻、精神、生理或压力相关的问题时，他们的父母要比那些子女没有这些问题的父母更有可能罹患抑郁。①祖母(祖父没有被调查)对家庭冲突有消极情绪反应，尽管没有受到直接威胁，她们依然感到某种共情和焦虑。尽管前文提到健康状况对于老年人的苦恼来说是最为重要的预言性事物，但是子女的重大问题同样会对老年人产生直接而深远的影响。

收入和生活水平

就经济地位而言，美国贫困人口中有相当一部分为老年人，特别是那些没有与家庭成员

① Karl Pillemer and J. Jill Suitor，"Will I Ever Escape My Child's Problems? Effects of Adult Children's Problems on Elderly Parents，" *Journal of Marriage and the Family* 53(August 1991)：585—594；and Edie Jo Hall and E. Mark Cummings，"The Effects of Marital and Parent-Child Conflicts on Other Family Members：Grandmothers and Grown Children，" *Family Relations* 46(April 1997)：135—143.

住在一起的老年人。然而在2007年，处于贫困线以下的老年人仅占总老年人口的9.6%，这一比例大约是1970年的三分之一。①社会保障、税收津贴和其他福利政策成功地减少了65岁以上人口的贫困数。

一项对生命全程中经济困境的调查显示，美国老年人尽管只有较低的收入水平并负担较高的医疗支出，但他们所遭遇的经济困境却比任何其他成年期人群都要少。研究发现不同年龄群体在经济困境方面的不同主要源于家中不同的子女数量、房产和医疗保险等资源、自我克制和节俭的行为方式。老年群体家中很少有孩子并更有可能拥有房产、医疗保险、自我克制和节俭的生活方式。这些因素与政府的社会保障制度和医疗保险制度等一起成功地减少了美国老年人的经济困境。②

对于那些并没有享受到经济进步所带来益处的老年人来说，其贫穷比例受到种族、性别和婚姻状况的显著影响。2006年，在65岁及以上人口中，非裔美国人（特别是黑人女性）、拉美裔美国人的贫穷比例是白人的2.5倍（非西班牙白人为7%；亚洲和太平洋岛民为12%；西班牙人为19.4%；黑人为22.7%）。③婚姻通常能够使老年人免于贫困。因此，丧偶或离婚的老年人贫困的比例要显著高于那些婚姻关系中的老年人。在这个群体中，以丧偶或离婚的女性数量最为突出。

481 总的来说，尽管依然存在着性别不平等，美国老年人的生活已经得到了显著的提高，特别是与儿童相比较的话。越来越多的老年人可以通过政府服务和支持满足所需，然而很多儿童的需求却没有得到重视。在2007年，65岁及以上人口中有十分之一（9.6%）人口处于贫困线以下，而18岁以下儿童中却有六分之一（17.4%）人口处于贫困线以下，这一比例为所有年龄群体中最高。从种族来看，儿童贫困人口中非西班牙白人儿童占10%，西班牙儿童占26.9%，黑人儿童占33.4%。④老年人与学前及18岁以下儿童的经济状况的差异可以部分归因于社会保障制度和非现金福利的发展，例如老年医疗保障制度。这种政策上的差异也显示出了由财富和规模所决定的特定利益群体的权力。儿童属于既没有选举权也没有经济影响力的群体。

---

① U. S. Census Bureau, *The 2009 Statistical Abstract*, "Table 33—Persons 65 Years Old and Over—Characteristics by Sex," http://www.2010census.biz/compendia/statab/cats/population/elderly_racial_and_hispanic_origin_population_profiles.html.

② John Mirowsky and Catherine E. Ross, "Economic Hardship across the Life Course," *American Sociological Review* 64(August 1999):548—569.

③ U. S. Census Bureau, *The 2009 Statistical Abstract*, "Table 691—Persons Below Poverty Level by Selected Characteristics: 2006," http://www.2010census.biz/compendia/statab/cats/income_expenditures_poverty_wealty.html.

④ U. S. Census Bureau, *The 2009 Statistical Abstract*, "Table 691—Persons Below Poverty Level by Selected Characteristics: 2006," http://www.2010census.biz/compendia/statab/cats/income_expenditures_poverty_wealth.html.

虐待和忽视

老年人面临的第四个问题是虐待和忽视。这可能是美国最新出现的社会问题之一,因为在七十年代末以前,没有或者很少有关于老年人在家中被亲戚或其他照顾者虐待的报道。(这一问题将在下一章进行更为全面的探讨)

当我们将老年人归类为同质性人口时需要非常谨慎。可以肯定的是,依赖、疾病、与世隔绝、被虐待等情形在老年人群中确实非常多见。但是在这一人群中也有相当一部分老年人并没有太大的健康问题、与家人和朋友快乐的生活着、对社区和社会依然创造着重要的经济和社会价值。

生命后期的社会化

关于社会化的文献资料中一直在极力强调青少年的社会化过程,而老年人的再社会化需求却被忽略和掩盖。与老年人不同,儿童的社会化大多在家庭中、同龄人中、学校里、工作中和社区中获得。但是指导老年人的社会化机构又在哪里呢?没有指导如何退休的机构,没有训练如何面对丧偶的机构,没有训练如何面对疾病和死亡的机构,也没有训练如何面对日益狭窄的社会关系的机构。

家庭系统亲密和熟悉的特征使其能够满足成员的很多需求并能够提供服务和交往的功能。即使在家庭系统缺失或者亲人过世的情况下,老年人一般也会将亲密的朋友变成某种"类亲人"来代替失去的亲人。①这种"类亲人"对于老年人的意义与第4章中提及的"类亲人"对于贫穷家庭的意义非常类似。这些非亲戚在他们的社会网络中扮演着重要亲人和满足老年人特定需求的角色。

值得注意的是,家庭各个因素对于家庭所在的文化而言并不是单独起作用的。为了避免老年人成为"社会残疾",文化目标必须与社会提供的结构性机会相一致。家庭作为社会资源的效果在很大程度上取决于更广阔社会提供的价值与服务:工作机会、娱乐活动、健康护理、清晰的角色、认为老年人具有价值、为生命全程后期提供合适的社会化和再社会化机会。

482

退休

退休所涉及的主要问题之一便是男人和女人需要再社会化以适应新的角色和生活方式。传统上,男性在家庭中承担着主要的经济责任,他们的生活总是以工作或雇用角色为中心而展开。因此,有关退休的文献大多将注意力集中在男性身上。女性的退休没有构成显

① Hazel MacRae,"Fictive Kin as a Component of the Social Networks of Older People," *Research on Aging* 14(June 1992):226—247.

著的社会问题,因而相关研究也就少得多。随着女性就业率和女性退休人士所占比例的急剧上升,越来越多的研究开始关注退休对男女两性分别产生的影响。①

比如说退休对于家务分配产生的影响。如果丈夫先于妻子退休,便会使得丈夫承担更多的家务劳动。而妻子的退休会使得丈夫从事传统女性杂务的时间减少,也就是说,妻子重新掌控了"她的"领域。②

很多退休人士的晚年生活依然充满了活力和创造力。那些身体健康、收入充足的老年人更有可能对退休生活表示满意并乐于参加各种活动。

对华盛顿1530名退休居民的调查研究显示退休对女性产生的影响较之于男性并无显著的不同。③认为退休给女性带来的压力小于男性的观点并没有得到支持。事实上,退休女
483 性报告出比退休男性报告出更低的满意度。这是因为女性退休后收入较低并且如果丧偶或离婚后更难重新找到伴侣。如果排除性别因素的话,健康并且收入较高的人更可能对退休后的生活感到满意。

退休对婚姻质量的影响可能远超过人们的预期。一项全国性研究显示离开一个高压力的工作岗位将提高婚姻质量。与性别角色转换有关的因素(如当男性先于女性退休时将需要承担更多的家务)、衰弱的身体、社会支持的减少等都将导致婚姻质量的降低。④最为麻烦

---

① Kathleen F. Slevin and C. Ray Wingrove, "Women in Retirement: A Review and Critique of Empirical Research Since 1976," *Sociological Quarterly* 65(February 1995):1—21.

② Maximiliane E. Szinovacz, "Changes in Housework after Retirement: A Panel Analysis," *Journal of Marriage and the Family* 62(February 2000):78—92.

③ Karen Seccombe and Gary L. Lee, "Gender Differences in Retirement Satisfaction and Its Antecedents," *Research on Aging* 8(September 1986):426—440.

④ Scott M. Myers and Alan Booth, "Men's Retirement and Marital Quality," *Journal of Family Issues* 17(May 1996):336—357.

的部分便是家里家外的劳动分配。因为大部分妻子比丈夫年轻，因而丈夫常常发现当自己退休时，妻子一般仍然在工作。丈夫对家务的排斥和妻子在事业上的成功降低了婚姻质量。

不管退休的原因如何，似乎男女两性都需要重新适应各自的角色。健康水平、收入水平、身份地位和自我价值感在退休期都会不同程度的降低。婚姻似乎是这一系列问题的缓冲器，伴侣之间互相提供重要的社会支持。一项全美国的调查证明，随着退休期的逼近，婚姻具有效用巨大并且无处不在的健康益处。①离婚或丧偶增加了退休对健康产生负面影响的风险并减少了可照顾退休者的家庭人际网络。婚姻不仅仅降低了死亡率，也降低了已婚者同时大量死亡的风险。简而言之，伴侣的死亡将加重健康和其他问题。

濒死和死亡

死亡是所有家庭和亲戚网络都无法回避的事件。毫无疑问，失去最为挚爱的亲人（父母、伴侣、孩子或其他家庭成员）将给个体带来巨大的悲伤。没有任何关系、任何群体比婚姻关系和家庭更加亲密和重要。

父母一方的过世给其婚姻关系和其成年子女的身心健康都会带来负面的影响。②死亡会增加丧偶一方的消极行为（至少在感觉上是如此）并减少了丧亲子女可从父母处获得的支持。丧失亲人的子女可能与他们丧偶的父母一方一样会经历心理压力的显著增加、酒精摄入的增加、身体健康状况的下降。那些在过世者生前与之关系较为重要和正面的子女将受到更为严重的负面影响，而如果他们的关系是消极负面的（相处不佳的家庭历史），那么有时候父母的过世将会提高成年子女的身心健康。对大多数人来说，悲痛的心情在父母一方过世的头几个月里会非常强烈，并在之后日渐恢复。

伴随着朋友、孩子或伴侣的死亡，家庭成员往往需要作出一系列重大决定： 484

- 对于濒死的家庭成员，是否应该给其选择有尊严的死亡方式的权力，让其自由决定死亡的时间、地点和死亡方式？
- 安乐死应该被允许吗？（一种人为结束所爱之人生命使其免受无法治愈的病痛折磨的方式）
- 如果安乐死被允许，那么应该实施被动的安乐死（解除维持生命系统的医疗措施）还是主动的安乐死（使用毒药、窒息法、射杀）？

---

① Amy Mehraban Pienta, Mark D. Hayward, and Kristi Rahrig Jenkins, "Health Consequences of Marriage for the Retirement Years," *Journal of Family Issues* 21(July 2000):559—586.

② Debra Umberson, "Marriage as Support or Strain? Marital Quality Following the Death of a Parent," *Journal of Marriage and the Family* 57(August 1995):709—723; and Debra Umberson and Meichu D. Chen, "Effects of a Parent's Death on Adult Children: Relationship Salience and Reaction to Loss," *American Sociological Review* 59(February 1994):152—168.

- 有关葬礼的种种决定,包括方式、地点、费用等。
- 有关濒死者个人财产的相关决定,包括遗嘱的订立、财产的分配等。
- 如果那些久病不愈的患者正走向死亡时,护理这些患者并支付医疗费用仅仅只是患者家庭的责任吗?
- 如果患者家庭无法提供护理或支付费用,那么教会、社区、国家或其他人是否应该承担这一责任呢?

围绕着濒死和死亡这一主题的问题还有很多很多。

在美国和在大多数国家一样,直系家庭和直系亲属网络是决策和社会支持的主要来源。卧床不起的人们可以在亲人的帮助下生活在公共机构以外。当老年人遇到困难时,他们首先会向家人求助,然后是向朋友或邻居求助,而政府机构是他们万不得已时的最后选择。调查显示大多数人都更希望在家中度过最后的时刻,这一结果毫不惊奇。

健康护理运动使得家庭/亲人与晚期病人或濒死病人之间的交往互动成为可能。一项被称为"(晚期病人的)安养院"的计划便是旨在从病人的角度出发为晚期病人创造一种对身心健康有益的环境。安养院护理的目标是为濒死的病人提供高质量的生活并帮助病人与其家人面对即将到来的死亡。治愈疾病或延长生命已经不再是重点,为病人提供全方位的护理才是目的,减轻病人的痛苦(生理的、精神的、社会的、心灵的)尤为重要。尽管住院机构也会提供这种安养院服务,但大多还是由病人的家或居住地来承担安养院的角色。

与强调隐私的常规医院不同,"安养院"强调病人与员工、家人和朋友之间的交流互动。探视时间不会被限制,年幼的子女或孙子女也可以探视病人。当病人需要一定的医疗措施时,安养院也需要一个集结医疗、护理、精神病治疗、宗教人员加上社会工作者和家庭成员的团队。安养院最为关注的是如何提高病人最后一段人生的质量并在提供好的医疗措施的同时提供人性化的护理。

当我们考察婚姻状态与死亡率之间的关系时,家庭联结的重要性便又多出了另一层含义。①已婚者的死亡率要低于未婚者,而有子女者的死亡率要低于无子女者。这些研究发现表明不同的社会联结能够保护人们抵御死亡,特别是婚姻关系、亲子关系和亲属关系。鳏寡孤独者面临的一些困难背后可能正是这些联结的丧失。

485 鳏寡孤独

对老年人来说,成为寡妇或鳏夫并不是什么少见的事情,但是人们对于 65 岁以上老人

---

① Cathleen D. Zick and Ken R. Smith, "Marital Transitions, Poverty, and Gender Differences in Mortality," *Journal of Marriage and the Family* 53(May 1991):327—336; and Richard G. Rogers, "Marriage, Sex, and Mortality," *Journal of Marriage and the Family* 57(May 1995):515—526.

“鳏寡”状态的描述与实际并不相符(表12.2)。失去亲爱的伴侣,从婚姻走向独居会带来极端的情感和财产困难。

丈夫和妻子或者父母和子女之间谈论死亡在美国社会似乎是禁忌的,这种禁忌使得对鳏寡状态的适应变得更为困难。结果,鳏寡者常常对伴侣死亡后需要作出的一系列决定毫无准备。

即使人们对死亡有一定的心理准备,丧偶仍然很可能带来寂寞感和社会孤立状况,并需要丧偶者对孤独的新生活重新进行适应。一项研究对丧偶女性的重新适应过程与离婚者的重新适应过程进行了对比,①并发现丧偶比离婚更使人痛苦,对人的性格更具有破坏性。与离婚者不同,如果没有死亡的干预,大多数丧夫女性期望能继续和丈夫一起生活。人们往往对因死亡而失去的伴侣有更为积极的评价,并且随着时间推移,已经亡故的丈夫会成为一个“超级好男人”,而离婚带来的效果恰恰相反。然而,不管是丧夫者还是离婚者,悲伤痛苦的恢复过程却是相似的。

老年人特别是丧偶老年人所面临的两大问题包括社会隔绝和孤独,这是广为人知的。“社会隔绝”是指一种与家庭、朋友少有联系的客观状态。“孤独”是一种包括空虚感、无目标感、无陪伴感的主观感受。一项对荷兰约3400名老年人的调查显示,目前没有生活伴侣的老人要比那些有伴侣者更为孤独。②此外,离婚次数越多孤独感越强烈,而最后一次离婚距今时间越长孤独感越低。时间并不能“治愈所有的伤痛”,那些失去伴侣的人们比那些从未拥有过伴侣的人们更感到孤独。与女性相比,失去伴侣对男性来说更为不利。

如果鳏居之前配偶患有严重疾病或是配偶的角色已经改变,那么对鳏居生活适应会相对容易一些。当一个人已经建立了某种自主性,长期的朋友网络,实际的人生哲学,经济保障以及有意义的兴趣爱好时,那么他对鳏居生活的适应将会非常简单。

孤独所导致的最为极端的后果便是自杀。丧偶者的自杀率一贯比已婚者要高,不论从哪个年龄段来看都是如此。男性完成自杀的概率要显著高于女性。

罗斯玛丽·布利斯泽纳从一个社会学家和女性主义者的视角对这种现象进行了解读。她写到,从某些方面来讲,那些一生依赖并顺从于男性的女性在处理丧亲之痛方面与男性相比确有过人之处。③丧夫的女性擅长各种家务和亲友关系的保持,而丧妻的男性对这些事情 486
毫无经验并更容易依赖他人。而另一方面,丧夫的女性拥有充足经济来源的可能性较小,因为她们可能既没有存款和养老金,也没有男性通常拥有的技能和工作经验。

---

① David S. DeGarmo and Gay C. Kitson, “Identity Relevance and Disruption as Predictors of Psychological Distress for Widowed and Divorced Women,” *Journal of Marriage and the Family* 58(November 1996):983—997.

② Arnold Peters and Art C. Liefbroer, “Beyond Marital Status: Partner History and Well-Being in Old Age,” *Journal of Marriage and the Family* 59(August 1997):687—699.

③ Rosemary Blieszner, “A Socialist-Feminist Perspective on Widowhood,” *Journal of Aging Studies* 7(1993):171—182.

跨文化视角

瑞典的离婚与死亡率

奥简·赫姆斯特姆对瑞典的44000名死亡案例进行了研究,并试图从以下两个方面入手:(1)分析离婚对死亡风险的长期影响;(2)探讨在死亡风险问题上是否存在性别差异。

所收集的数据主要来源于1981年至1986年间人口普查中的死亡数据和1960年、1970年、1980年的普查信息。根据人口普查的相关数据可以将受调查者分为六种婚姻状态:(1)自1970年以来保持着与同一伴侣的婚姻关系;(2)再婚者;(3)1970年至1980年间与已离婚伴侣同居,而现今与新的伴侣一起生活;(4)分居者;(5)丧偶者;(6)离婚者。

研究显示,不论是分居、离婚、同居或是再婚者,他们的死亡率都比那些与同一伴侣保持婚姻关系的人们要高。在年龄这一因素被控制的情况下,离婚者的死亡风险最高而再婚者的死亡风险最低。同居者的死亡风险在某种程度上要高于那些再婚者。

另一方面,在死亡风险问题上的性别差异是显而易见的。分居、丧偶或离婚男性的相对死亡率要高于女性,离婚男性是所有婚姻状态类型中死亡风险最高的群体。作者认为这些研究发现表明男性比女性更加依赖婚姻。

研究显示婚姻的解体与死亡率之间存在着因果关系。对此因果关系的解释包括一种应激假设:婚姻解体是一项对生命后期存活几率存在消极影响的重大应激事件。相反,婚姻通常是社会生活中的积极形态,对生存几率存在着有利的影响。

来源:Orjan Hemstrom,"Is Marriage Dissolution Linked to Differences in Mortality Risks for Men and Women?" *Journal of Marriage and the Family* 58(May 1996):366—378.

一些鳏寡者会再次组成新的家庭,但是丧妻者再婚的机会显然要比丧夫者大得多。一项研究显示,年龄是影响丧夫女性再婚的唯一重要因素,年龄越小再婚可能性越高。对丧妻男性来说,年龄的影响并不显著。年老丧妻者再婚的可能性并不比年轻的丧妻者高,尽管他们拥有更多可能的婚姻伴侣。①未婚男性与未婚女性的比率在过去几年中已经严重失衡(15岁以上所有年龄组的男女未婚性别比率约为87∶100)。在2007年,65岁以上未婚男性与65岁以上未婚女性的人数比率为44.3∶100,或者说是每两个未婚女性却只有不到一个未婚男性。在性别比例失衡的前提下,鼓励鳏寡者再婚的社会措施很难取得成功,至

① Ken R. Smith, Cathleen D. Zick, and Greg J. Duncan, "Remarriage Patterns among Recent Widows and Widowers," *Demography* 28(August 1991):361—374.

少在一夫一妻制度下确是如此。美国认为女性应该与同年龄或年长男性结婚的社会惯例使 487
得这一问题更为严重。丧妻男性所面临的再婚问题要小得多,因为与他们同龄的女性大有人在,与此同时,社会也认同他们与比自己年轻的女性结婚。

总 结

1. 这一章主要探讨了生命历程中的两个主要时期:从40岁左右至退休的中年期和从60岁或65岁左右直至生命终结的老年期。

2. 大部分人在后父母时期(子女离家之后至退休之前的中年期)依然保持着婚姻关系,也有一小部分人群处于单身、丧偶或离婚状态。这是婚姻历程中最长的时期之一,平均时间跨度达到20至25年。

3. 中年期对于男女两性而言在某种程度上似乎存在着不同的含义。尽管家庭收入在这一时期达到顶峰,依然有多种证据表明这一时期是光明抑或陷入困境存在着不同程度的差异。传统观念认为男性在这一时期存在着中年危机或过渡危机,而女性存在着空巢综合征的问题。但是对相关中年危机的理论却鲜有研究能够提供证明。

4. 成为祖父母开始变成一种中老年特有现象。对大多数调查对象而言,成为祖父母似乎是一种积极的状态,尽管这一角色并没有多少清楚的界定,并且不同社会阶层和文化背景之间也存在着极大的差异。

5. 美国大约有四分之三65岁以上男性处在婚姻关系中,而女性的这一比例却只有五分之二。与生命历程的早中期相比,晚年的婚姻对人们具有更积极的意义。这个年龄的大多数老年人都与家人住在一起或者与子女们比邻而居。相比较而言,只有较少的老年人住在疗养院等长期提供护理的特殊机构。

6. 老年人面对的问题有很多,但是这一章主要探讨的有四个问题:健康和护理、子女问题、收入和生活水平、虐待和忽视。大多数健康问题在家庭中而非医院中得到了解决,主要照顾老人的人是老人的伴侣或子女。老年人的收入锐减,但是大多数家庭能够很好地应对这一改变。虐待和忽视作为较新出现的社会问题将在下一章中进行更为全面的讨论。

7. 退休、丧偶和人际关系的改变使得老年人需要就新的社会角色和社会关系中的自我定义进行再社会化。

8. 濒死和死亡对于家庭成员而言是极其重要的生命事件。家庭成员不仅为濒死者提供心理支持,也为被死亡留下的另一位老人提供支持。对这种心理支持的认识似乎推动了"安养院"等运动,这一理念倡导为晚期病人及濒死患者提供兼具家庭氛围和医疗设施的安享环境。

9. 丧偶对于老年人家庭来说并不鲜见,但是这在65岁人群中却存在着显著的差异。与其他任何婚姻状态相比,这一年龄组的女性最有可能处于丧偶状态。老年人再婚的比例也存在着失衡的性别差异,大多数老年女性再婚的可能性都较小。

这一章有选择性地就后父母时期的相关因素进行了探讨:中年期、退休和老年期。冲突、危机和婚姻解体尽管多发生于生命历程中的这些时期,但却也不仅仅局限于这些时期。第13章就危机和婚姻解体进一步探讨了其社会模式,并对亲人间的虐待和暴力予以了特别的关注。

关 键 词

后父母时期(Postparental period) p. 460

中年期的婚姻状态和居住状态(Marital status and coresidence in the middle years) p. 461

空巢综合征(Empty-nest syndrome) p. 464

生命晚期的家庭和老年人(Families of later life and people who are aged) p. 469

老年人口的增长(Growth of the elderly population) p. 469

平均寿命(Life expectancy) p. 470

预期寿命(Lifespan) p. 471

社会老年学(Social gerontology) p. 472

生命后期的婚姻状态(Marital status in the later years) p. 472

代际间人际关系(Intergenerational relationships) p. 473

“三明治”一代(“Sandwich generation”) p. 474

老年人的生活状态(Living arrangements among the elderly) p. 477

老年人面对的常见问题(Common problems of people who are aged) p. 478

生命后期的社会化(Socialization in later life) p. 481

退休(Retirement) p. 482

濒死和死亡(Dying and death) p. 483

安乐死(Euthanasia) p. 484

安养院(Hospice) p. 484

丧偶(Widowhood) p. 485

488
问 题 讨 论

1. 中年期和后父母时期具有哪些特点？男女两性的调适过程有何不同？

2. 中年期的过渡危机和空巢综合征是否存在，如果存在其严重程度如何？性别角色社会化模式对男女两性的中年期可能存在着哪些影响？

3. 祖父母角色在过去三十年中发生了怎样的变化？不同阶层和亚文化中的祖父母角色存在着怎样的差异？继父母和曾祖父母扮演着怎样的角色？

4. “你不能教一条老狗新把戏”这句话是否适用于中老年夫妻的社会化或再社会化问题？

5. 健康、子女问题、经济和虐待是老年人通常面临的问题。除此之外，是否还存在着其他的问题？怎样的社会活动、税收体系和社会政策可能减少这些问题的消极影响。

6. 伴随着疾病、退休、成为祖父母、再婚等等事件，丈夫/妻子角色可能发生哪些改变？再社会化过程怎样才能变得更容易？

7. 在 70 岁、60 岁或者 50 岁退休可能带来哪些影响？注意退休后的婚姻状态、男女两性在调适模式上的差异。

8. 是否应该给予濒死的家庭成员选择有尊严死亡方式的权力，并让其自由决定死亡的时间、地点和方式？如果安乐死被允许，那么应该支持主动安乐死还是被动安乐死呢？理由又是什么？

9. 丧偶者独居、与亲戚同住、与亲人外的其他人同住、住在公共机构中分别有哪些优势和劣势呢？在哪些情况下一种选择要优于另一种选择呢？

10. 邀请几位 75 岁以上的老人到你们班级或讨论小组就空巢综合征、成为祖父母、退休、丧偶和面对死亡等主题发表自己的看法。探讨子女的意义和他们作为支持系统一部分的重要作用。

第五部分　家庭危机和社会政策

第 13 章

家庭压力和暴力

案例

二十年的家庭暴力史

46 岁的迪洛斯结婚了二十一年,几年前才与丈夫离婚。用她的话说,她有三个成年孩子,两个半孙子。除了结婚的第一年,她一直受到她丈夫言语、情绪和身体上的虐待。

"我们结婚时我真的很爱我丈夫。他在汽车公司有份好的工作,所以钱不是问题。我盼望着有个家庭并有自己的家。说到家庭,婚礼一个月之后我发现自己有了身孕。结婚五年后,我们买了房子。

"我们的儿子出生 6 个月后,他第一次打了我。我丈夫回到家,抱怨我没有擦地。直到他生气地打了我争吵才升级。我很震惊,带着孩子就去了我妈妈家。当我到妈妈家的那一刻,我哭了。我想那时候我很天真,因为当时并没有把这当作虐待。

"像这样的情形这些年来已经是家常便饭,我离开过他,但又因为很多原因回到了他身边。殴打说来就来,我从来不能预知。我丈夫从来没有动过感情,他总是需要完全的控制。他喝酒但很少因为喝醉酒打我。我从来都不能取悦于他。经常听他骂我是多么的傻,多么的没价值,没有一个人想要我。久而久之,我不知道自己是谁。我开始相信也许他玩女人、喝酒、打我等等真是我的错。

"我真正被最后一次殴打是很多年前了。我和孩子离开他七个月。他说服我他已经变了,他去教堂并且能在预算内开支。这很重要,因为即使有很高的薪水,也只会被他更多地 492
用于酒和其他女人。所以,我回到了他身边。我知道他的工作压力很大,所以我尽量做到最好。但是有一天,因为我没有准备好晚餐,还是晚餐没有合他口味或者是其他的,他走进厨房扔掉锅,二话不说就对我一顿殴打。我脸上的骨头断了,流了很多血,我飞奔向医院,担心会失明。医生问我是不是遇到了车祸。当我告诉他们是我丈夫所为时，他们叫来了警察，警察问我是否想要指控他。我很清楚如果我这样做了，他将进监狱并失去他的工作，这意味着将没有收入和食物来抚养孩子。所以我拒绝了指控。这次经历坚定了我必须离开的信念，不然最终他会杀了我。我从来没有如此祈祷过，在法律支援的帮助下，我终于和他离了婚。教会和我的父母是我主要的后盾和支持者，让我保持头脑清醒。

"我想如果只有我一个人，事情会变得不同。现在，当看到家庭暴力遗留给孩子的影响，我真的很伤心。我的儿子没有结婚，而我小女儿也说她恐惧任何的承诺。我那个有两个孩子的最大的女儿也推迟了结婚。我的前夫再婚了，我得知他也殴打他的新妻子。在过去的六年里，我和一个很好的男人在一起，但是我们都被以前的生活伤得太深，以致我们两个对于另一段婚姻都很犹豫。"

问题思考

迪洛斯结婚二十一年，在二十年里都受到家庭暴力。为什么她没有离开？为什么受到虐待的妻子们留了下来？

迪洛斯相信是她的错引发了家庭暴力。解释许多受到虐待的妻子是怎样得到这样的结论的？

如果丈夫或者妻子能符合彼此的意愿，且能更好地执行自己的角色，虐待能减少或者甚至消失吗？

之前的章节，仔细考察了生活中的婚姻和家庭。很明显，生活中的所有时期都伴随着人与人之间压力和暴力的潜在可能。之前的章节讲了社会冲突，婚后10—15年的低水平的婚姻满意度，角色冲突等等。每章都涉及一些能引发压力、紧张、各种程度的危机或潜在暴力的事件或过程。

如果来自于美国家庭的考察值得相信的话，这种制度和其中的人与人之间的关系在过去的几百年来一直是下滑的状态。传教士、老师、哲学家、政治领导、评论员以及其他人——不管他们生活在什么时代——都记录了他们的信念：父母的权威在变松弛，性的禁忌在变弱，配偶在反抗另一方等等。这些信念经常与"旧时代"的行为和价值观相背离，那时权威是
493 被尊重的，性欲是禁止的，配偶更理解对方和宽容，家庭暴力和虐待也很少见。

每代都提到对于这些的削弱和下滑也许表明了对当前事件的不满，不管这些事件是什么，或是表明了现实条件永远无法与理想持平。无论是哪种情况——对于夫妻、家庭或者婚姻和家庭系统，亲密关系和家庭生活很少是完美的。每个社会中，在生命周期中的任何特定期间里，压力事件都会导致危机和家庭重组需要的产生。本章第一部分将会考察家庭的社会压力。

家庭的社会压力

在一篇四十五年前所写并被广泛引用的文章中，鲁本·希尔(Reuben Hill)谈到了应激源事件，或者危机—激发事件①。家庭对于这些压力的*来源*和状况只有很少或者没有准备。对于不同的家庭，应激源事件从来都不一样，这些应激源事件打击的力度以及伴随而来的艰难也是不一样的。这种*艰难*是突如其来的危机事件的并发症，需要家庭的能力，而这些能力会因事件本身而暂时瘫痪或者不可得到。

波林·博斯(Pauline Boss)所描述的*压力*是指“家庭系统中的物质压力和紧张——对家庭的稳定状态的扰乱”②。压力是一种*结果*，或者是由一些特殊事件导致的家庭破坏的程度。随着变化的发生，扰乱和物质压力产生了——心理压力。压力是正常的不可避免的，甚至有时候是需要的。家庭的压力水平来自于那些可能引起变化的事件或情况。

为什么不同的家庭对于特定的事件或情况的反应如此不同？比如，为什么怀孕对有的人是福音而对有的人则是祸根？为什么地理上的迁移对有的家庭是一件值得兴奋的事情而对有的家庭有严重的破坏性？为什么失业、离婚或者死亡严重地击倒了一些人而有些人却大步跨过了这些障碍？回答这些问题的关键是查找应激源(事件)和结果(压力水平)之间的中介因素。

ABCX 压力模型

希尔提出了一个简单但非常强大的模型，现在普遍被称此模型为压力的 ABCX 模型。根据这个模型，A(应激事件)与 B(家庭应对危机的资源)相互作用，这些与 C(家庭成员对事件的定义或赋予的意义)相互作用产生 X(危机)③。这个顺序可以用一个公式来表示：

$$A + (B + C) = X$$

公式的两个主要方面是 B 和 C。如果这两者都适当，压力水平将很低或者不存在。如果其中一者或者两者都不恰当或不充分，压力水平将会很高。我们下面将更仔细精确地讨论这 494
个公式。

应激源事件(A)可能有各种各样的来源，可以来自家庭内部和外部。来源不同的话，事件的结果也容易有很大的不同。比如，社会学里的一个普遍原理便是一个群体外的特定事件，如战争、洪水或者萧条期往往会团结这个群体。这样的话，虽然有压力，但特定的外部事件往往使家庭统一成一个更有凝聚力的单元，而不是导致或促使它衰竭。同样地，当其他的人处于同样的情形或更糟的情形时，同样的事件也许不会被苛刻地定义为压力。例如，对于

① Reuben Hill, “Social Stresses on the Family,” *Social Casework* 39(February/March 1958), 139—150.

② Pauline Boss, *Family Stress Management*: *A Contextual Approach*(Thousand Oaks, CA: Sage Publications, Inc., 2nd ed., 2002), 16.

③ Hill, “Social Stresses on the Family,” 141.

专业研究人员,期刊编辑退回他们的文章会使他们失望。但如果研究者知道投稿拒绝率为90%,那么失望会少一点。了解到许多其他人提交的文章被退回,没有得到研究基金,失去了房子,孩子早产或者失业常常会使自己的遭遇看起来没那么严峻。知道别人也遭遇了同样的不幸是有帮助的。

家庭内部所定义的压力事件也许更有破坏性,因为它们会引起一些问题,这些问题反映了家庭内部充足性的贫乏。这些事件也许是无法抚养家庭、精神崩溃、家庭暴力、自杀或者酗酒。无论是在家庭内还是在家庭外,扰乱家庭角色的事件范围都很大。这些事件涉及个人损失、失业,或者收入的损失——也涉及这些的增加。孩子、祖母(外祖母)或婆婆(岳母)的出现也许会带来破坏性,而失去这三者中的任何一位同样具有破坏性。突然获得的名誉或财产也许和失去这些一样具有破坏性。家庭社会地位的任何变化或者家庭成员在他们角色概念上的冲突也许都会引发更进一步的家庭危机。

应该注意的是,无论是来自家庭内部还是外部,不是所有的事件或者变化都是压力应激源。比如,研究表明重大的生活变化和角色转变(失业、离婚、退休、守寡、第一次婚姻、拥有第一个孩子等等)常常被认为压力应激事件,但当先前角色的压力很高时这些实际上减轻了压力①。就是说,当生活转变事件先于长期的角色问题时,并没有引发问题或者甚至是有益于心理健康——一个事件中的新压力实际上让你从现存的压力中解放出来。

什么因素促成了潜在的危机并从潜在的危机中脱身?解释取决于前面所呈现的公式里的 B 和 C。也就是说,家庭有多大程度的资源来应对事件(因素 B)?家庭在多大程度将事件定义为危机事件(因素 C)。应对危机的资源(因素 B)可能包括家庭适应性、家庭角色、亲属支援系统、收入、保险、朋友、宗教信念、教育、健康等等。问题家庭常常没有足够的资源来处理应激源事件。

家庭在多大程度上将事件定义为压力(因素 C)反映了他们在遇到危机时的价值体系和先前经验。与互动参考架构一致,事件的定义涉及它所附带的意义、评价或者关于事件严重性的说明,以及对事件*使能*(使其他事情成为可能)或去能(削弱或毁坏的可能)的看法。

495 **跨国家庭**

印度移民中的家庭暴力

由于继承了他们传统的家长制文化,加上东道国的试探性本质和种族社区,以及对外国对文化的认同问题,最近,从东方国家去美国或者任何其他西方国家的移民面临着逐步严峻的家庭暴力。在一篇对一个这种社区——纽约的印度移民——的研究中,玛格

① Blair Wheaton, "Life Transitions, Role Histories, and Mental Health," *American Sociological Review* 55 (April 1990), 209—223.

丽特·亚伯拉罕(Margaret Abraham)揭示了多结构和多文化的环境促进了这些人群中的家庭暴力。

印度人作为美国第四大的外国人口，了解他们的移民历史是了解这些群体生活的一个重要因素。由于二十世纪六十年代的移民政策，刮起了一股印度专家移民美国的热潮，他们将自己确定为“少数派的模范”——身份和地位与其他的少数派对立起来，特别是与美国非裔。尤其是印度文化中家庭中心地位的保持和发扬，使这个群体能更好地辨别自己，并且能更好地与主流文化匹配。

随后的赞助和家庭重聚项目带来的移民热使得印度移民人口越来越多。这些人群变得更加“混合”，这对于这个群体保持他们模范少数民族的地位带来了压力。也导致了文化认同的问题十分突出，而这对遵照印度传统家庭结构也有一定压力——包括家长等级制度和性别角色。这也给个体带来了压力，他们不能暴露私人问题如家庭暴力，因为这将会削弱这个群体的地位。

移民历史关心的最后一个方面是 911 恐怖袭击之后，美国政府推出了一些政策，使得外国居民更容易被驱逐出境。这些政策使那些遭受家庭暴力的妇女更加沉默，她们害怕会因说出自己的境况而被驱逐出境或者使其他家庭成员受到被驱逐出境的威胁。

他们这种维持文化身份和地位的渴望所带来的部分结果就是，许多在外的印度人通过安排的婚姻来从印度本土寻求配偶——无论是男人从印度寻求新娘或是妇女从印度寻求丈夫。这种实践也提高了妇女遭受家庭暴力的风险。通常都去印度寻求新娘，因为她们被认为更符合传统的性别角色，即使她们来自那些几十年来性别角色一直在经历变化的地区。这就增加了婚姻中夫妻性别角色期望冲突产生的可能性，并由此导致暴力成为一种强加妻子责任感的可理解的合法的方式。这些外流群体封闭的本质和群体受威胁的状况助长了这种做法，提升了它的合理性。

没有符合配偶角色期望所导致的更进一步的冲突也油然而生，因为夫妻双方只有很少的时间了解彼此，所以在其他方面可能不适合。当夫妻之间确实发生冲突时，因为妻子常远离自己在印度的家人，所以她们没有什么可以求助或依靠，她们依赖丈夫或者赞助者来维持她们在美国的居民身份，且她们常常对在国外独立生活没有什么其他选择。

来源：Margaret Abraham, “Domestic Violence and the Indian Diaspora in the United States,” *Indian Journal of Gender Studies*, 12(2005):427—454.

因此，潜在危机(X)——也就是压力的水平或程度——是一个家庭组织资源(因素 B)的缺乏和把困难定义为危机(因素 C)的倾向的函数。这两个因素联合成一个概念：家庭组织资源不足或家庭组织资源充足。

ABCX 模型的变量

在建立希尔 ABCX 模型的一次尝试中,汉密尔顿·麦卡宾(Hamilton McCubbin)和其
496 他人提出了一个*双重—ABCX 模型*,[1]这个模型区分了危机前和危机后变量,并增加了需要累积的观点。这种需要累积就是在一个危机事件来临前或跟随危机而来的影响家庭的其他生活压力和压迫。这个模型成为一个纵向的模型,增加时间这个因素满足了区分危机后和危机前情况这个累积的需求。通过将最初压力应激源引起的变化与家庭努力处理困难情形后带来的变化分开,最初的压力应激事件变成了一个双重-A。通过区分家庭已获得的资源与由处理危机情况而发展来或增加的资源,资源变成了一个双重-B。同样地,区分危机事件到来前定义的可能带来的压力程度与危机事件发生之后定义的压力程度,对于危机的看法和定义也变成了双重-C。联合起来的危机前和危机后的 ABC 因素使得家庭适应(或者适应不良)成为了一种可能的结果。

亚历克斯·沃克(Alexis Walker)提出了一个案例来扩展压力和危机的 ABCX 模型,使之能包含一些新的维度,如下:

1. 社会系统的所有水平是相互依赖的。
2. 压力发生于一个独特的、有影响的社会文化背景中。[2]

这些相互依赖的水平将个人因素与双向量的——家庭、非家庭以及群体的水平联合了起来。也就是说,需要将比个人和家庭更宏观的水平联合到这个模型中来。个人资源可能与家庭、社会群体和社会的资源有很大的区别。各家庭成员的定义和看法也可能不同。谁的定义和看法是最重要的?如果家庭成员意见不统一,危机能得到解决吗?

社会历史背景能识别对压力情景的感知与可获得的资源在不同时间怎样发生重大改变。与特定背景相关的独特的感知和资源也需要得到识别。

对捷克共和国经济压力和婚姻不稳定性的调查是一个很好的例子,可以用来说明更大的社会的发展是怎样影响压力的。[3]在二十世纪九十年代初,捷克斯洛伐克共产主义解体,消费者的价格补助金抬高,许多家庭陷入严重的经济危机,夹在价格膨胀和工资控制的两难境地中。这些经济压力使丈夫和妻子变得易怒,这种紧张的气氛加剧了行为问题如酗酒、打架。这些问题转而使夫妻间产生了敌意,加剧了婚姻的不稳定性。这个结果与美国的研究结果一致,即经济的变化和经济压力影响着家庭(和婚姻)压力水平。

另一个考虑到的因素是一个领域或来源的压力怎样外流到其他的领域。一篇关于压力在多种角色间"蔓延"的文章证明男人比女人有更多的家庭到工作的压力,经过一天紧张的

---

① Hamilton I. McCubbin and Joan M. Patterson, "Family Adaptation to Crisis," *Family Stress, Coping, and Social Support*, ed. Hamilton I. McCubbin et al. (Springfield, IL: Charles C. Thomas, 1982), 44—46.

② Alexis J. Walker, "Reconceptualizing Family Stress," *Journal of Marriage and the Family* 47(November 1985), 827—837.

③ Joseph Hraba, Frederick O. Lorenz, and Zdenka Pechacova, "Family Stress during the Gzech Transformation," *Journal of Marriage and the Family* 62(May 2000), 520—531.

工作后，男人和女人都减少了他们在紧张家庭环境中的卷入。[1]特别是妻子，她们增加了在家务劳动上的倾注来协助减少他们丈夫的工作压力。一个领域的压力（如工作中的压力）影响其他领域的压力（如家庭）。此外，配偶一方所经受的压力也影响到另一方的压力。 497

人际关系和家庭中的压力应激事件、家庭问题以及冲突也许是无穷无尽的，这章将焦点集中在一个方面：暴力。一些其他潜在的压力应激事件在之前的章节已得到了一些详细的讨论，包括 AIDS、堕胎、乱伦、（两地分居者）通勤婚姻、双职工情况、性别和种族的不平等、贫困、异族婚姻、夫妻间共同决策、教养、父亲或母亲去世、中年危机、守寡、死亡以及老年化。其他的问题——包括分居、离婚、继子女——将在第十四章讨论。

家庭和亲密关系中的暴力

在过去的四十年，关于家庭暴力的研究成指数级地增长，尽管结果显示家庭暴力水平没有增长。[2]术语*家庭暴力*和*亲密关系中的暴力*是指任何对合法的有联系的个体或者有亲密关系的个体有身体伤害意图的行为。这个广义的定义包括如打不听话的孩子、强奸爱人以及谋杀配偶等行为。许多人（包括读者）没有意识到他们更容易受到身体攻击、被打、被强奸或者更容易在自己的家里被所爱的人杀死，而不是在其他的地方或者被社会上的其他人杀死[3]。

思考下面的问题：

卡片和牛奶袋上失踪儿童的照片很少能显示儿童更容易被他们自己的父母绑架而不是陌生人。

很多人认为婚姻是建立在相爱和尊重的基础上的，然而有超过一半的夫妻报告在婚姻生活中有时受到另一半的身体暴力。

在美国，将近四分之一的谋杀受害者是被他们自己的家庭成员杀死的；在非洲、英国、丹麦也是同样的情况。[4]

尽管暴力频繁地出现在许多社会，但需要注意的是，它并不是家庭生活中不可避免的。例如，戴维·莱文森（David Levinson）在调查跨文化暴力后，发现他所选的 90 个社会团体样本中有 16 个相对摆脱了家庭暴力[5]。比如，狩猎者（奥那人、安达曼人、西里奥诺人、布西曼族）很少虐待儿童，是最具代表性的无家庭暴力的社会团体。

---

① Niall Bolger, Anita DeLongis, Ronald C. Kessler, and Elaine Wethington, "The Contagion of Stress across Multiple Roles," *Journal of Marriage and the Family* 51(February 1989), 175—183.

② Murray A. Straus, "Sociological Research and Social Policy: The Case of Family Violence," *Sociological Forum* 7(1992), 211—237.

③ Richard J. Gelles and Murray A. Straus, *Intimate Violence*(New York: Simon and Schuster, 1988), 18.

④ Richard J. Gelles, *Family Violence*(Beverly Hills: Sage, 1979), 11.

⑤ David Levinson, *Family Violence in Cross-Cultural Perspective* (Newbury Park, CA: Sage, 1989), 102—107.

根据莱文森的研究:

> 通常,在无家庭暴力的社会中,丈夫和妻子一起做出所有的家庭决策,妻子可以管制家庭劳动的成果,妻子也可以和他们丈夫提出离婚,就像丈夫可以和他们的妻子离婚一样容
> 498 易,婚姻是一夫一妻制,他们对婚前性行为标准一致,因而离婚也相对较少,丈夫和妻子共睡一床,男人以和平的方式解决与其他男人的争端,对妻子遭受家庭暴力的干预也非常及时。①

跨文化视角

印度的家庭暴力与避孕

丈夫用暴力来管制妻子在印度的部分地区很常见——特别是在印度北部较低等的社区中。根据林赛·威尔森-威廉姆斯(Lyndsey Wilson-Williams)的研究,家庭暴力是受家长制标准支持的,当妻子不服从丈夫或者没有达到丈夫的期望时家庭暴力是正当的。大部分的男人和女人都赞同这个标准。考虑到避孕措施使女人对控制生育有更多的自主权,也使不用担心怀孕的婚外性关系成为可能,家庭暴力和避孕紧密联系就一点也不令人感到意外了。一些作者在不同的国家发现了一致的结果,即频繁发生的家庭暴力与避孕水平低下、高生育率以及意外怀孕存在联系。为了更全面地了解这种联系,他们让64位妇女进行了焦点小组讨论,她们来自于社会经济地位较低的印度北部。

在焦点小组讨论中,妇女们报告了印度婚姻中发生家庭暴力的两个主要原因。第一个是因为经济形势使得丈夫不能履行供养者的角色。在这种情况下,丈夫用暴力补偿经济基础的不足以实现权利的期望。第二个原因涉及一个观点,即需要监督和惩罚来使女人履行在家庭中的职责。这些职责主要是从事家庭里的活动,所以妻子在外面活动就使丈夫的家庭暴力变得正当。妻子的职责也包括满足丈夫的性需求和生育意愿。因为秘密的避孕措施被看成是绕开丈夫掌控生育权利的谨慎尝试,所以妇女把丈夫在这种情况下的家庭暴力也看成是正当的。有趣的是,当丈夫在有争论的情况下使用暴力时,也认为是因为妻子没有履行和解者的职责而导致的结果。

最后,这些妇女提到通常丈夫具有更高的权利等级制度,所以他自己的行为是完全受自己控制的,在这样的制度中,婆婆鼓励儿子使用暴力来改正媳妇的行为,扭曲信息使得儿子认为妻子应该受到惩罚,或者成为儿子的代理人自己使用暴力以管制媳妇。最终,妇女因为受到父母和丈夫的亲戚所施加的要求自己生很多小孩的压力,特别是男性施加的这种压力,使得在印度生育控制是丈夫虐待妻子背后的一个很强的动机。

来源:Lyndsey Wilson-Williams, Sanjay Juvekar, and Karen Andes, "Domestic Violence and Contraceptive Use in a Rural Indian Village," *Violence Against Women*, 14(October 2008):1181—1198.

---

① David Levinson, *Family Violence in Cross-Cultural Perspective*(Newbury Park, CA: Sage, 1989), 103.

从这些结果中得出的最重要的结论就是：在那些家庭生活以合作、承诺、分享和公平为特征的社会中，家庭暴力没有发生。相比之下，在那些男人控制妇女生活、允许暴力解决冲突、母亲承担抚育孩子的主要责任的社会中，家庭暴力则更常见。

研究者很难获得美国以及其他国家在夫妻间虐待和父母暴力上的精确数据。这不仅仅因为暴力和虐待发生在紧闭的家门内，躲避了公众视线，还可能因为人们也没有觉得暴力是不恰当的。夫妻间的推打、打孩子、兄弟姐妹打架也可能被定义为合乎规范的、恰当的，甚至是必要的婚姻和家庭行为。 499

家庭暴力的误区

在"我们以外的人们：公众对家庭暴力的认知"这章中，理查德·盖利斯和默里·斯特劳斯(Richard Gelles & Murray Straus)提出了对于家庭暴力的一些刻板印象①。对于家庭暴力的原因和本质的老套看法更多是习惯的思维而不是事实或真相。事实上，这些是错误的。这些永存的误区存在一个重要的功能服务：暴力归因于"其他人"(即精神障碍者、神志不清的人)而不是承认暴力是社会和家庭结构的副产品。

思考下面的七个误区：

误区 1—*家庭是没有暴力的*。这个双面误区与上面刚引用的那个例子相联系。一个误区是认为家庭暴力是罕见的，另一种误区是认为暴力的增长是一种流行趋势。估计的范围，从几千到几百万表明：没有人知道家庭中存在有多少暴力。得出的结论就是这个问题根本就不是问题。

误区 2—*施虐者是陌生人，受害者是无辜者*。这个老套的看法是：施虐者是精神障碍者、精神失常者或者甚至是精神病患者，而受害者是无防备的无辜者。人们不想看见自己或亲戚或朋友的不适当行为，就将家庭暴力想象成可怕的人对无辜的人们所犯的错误。盖利斯和斯特劳斯指出，实际上只有 10%的暴力事件是由精神病引起的。

误区 3—*虐待局限于贫困、少数民族家庭*。研究者发现在低收入和少数民族家庭更容易发生至亲之间的暴力，但是这并不局限于他们。暴力的伤口跨越了所有等级和种族；贫穷者有更大的可能成为暴力者，也有着被官方作为数据代表的危险。将暴力归因于贫穷和少数民族家庭是将别人视为暴力的，将自己的行为看成是正常的另一种方式。

误区 4—*酒精和毒品是家庭暴力的真正原因*。酒精和毒品使用与暴力之间存在高相关。但是酗酒、毒品问题的消除就会跟随着家庭暴力的结束吗？酒精和毒品是家庭暴力的真正原因吗？一些证据对酒精引起了暴力的这种主张提出了质疑，而支持毒品很少与暴力有联系这种主张；事实上，一些毒品会产生欣快的效果，这反而减少了暴力。总之，消除酗酒和吸毒问题不能消除家庭暴力。

误区 5—*受到虐待的儿童会成长为一个施虐者*。再者，这个误区在受到虐待的儿童倾

---

① Gelles and Straus, *Intimate Violence*, Chapter 2, 37—51.

向于长大成为施虐者这点上有一定的真实性，但是不是所有受到虐待的儿童长大都变成施虐者。比如，斯蒂斯(Stith)和其他人发现，成长于一个暴力家庭与拥有暴力的婚姻关系之间有中等偏弱的联系①。在这种关系下，男性更易虐待配偶，女性更易成为配偶虐待的受害
500 者。但是并没有证据支持受虐者被预先安排成为一个施虐者的主张。

误区 6—*受到虐待的妇女喜欢被打*。为什么受到虐待的妇女仍处于暴力的环境中，是不是受到虐待的妇女激起了虐待行为所以应该被打，这个误区的根源是误解。在美国，家庭暴力和妇女的社会地位的不断变化消除了这个误区。事实是受到虐待的妇女确实没有摆脱被虐待的环境的资源(包括良好的自尊)，她们在这种环境中待得越久就越难离开。

误区 7—*暴力和爱是无法共存的*。许多受到虐待者都深爱着他们的另一半，大部分受到虐待的儿童也继续爱着他们的父母。不同于街上的暴力，家庭暴力包括了爱、依恋和感情的粘合。

盖利斯和斯特劳斯用下面的陈述总结了对于误区的讨论：

不仅必须抛弃这些误区，这些误区所支持的社会功能也要抛弃。我们讨论过的这七个误区最大的服务功能是：它们共同作为一个烟雾弹，遮住我们的视线，使我们有可能受到暴力的伤害。而且，当我们的解释集中于"各种各样的人"(精神障碍者、贫穷的人、酗酒者、毒品滥用者等等)时，也使我们无视于家庭作为一个社会机构的结构特征。除开战争时期的军队，这个社会机构成为了我们最具暴力性的机构②。

家庭暴力的原因

为什么家庭中有如此多的暴力？许多理论一直在进步，能大体上解释人际间暴力，对家庭暴力的解释也更加具体。如提到的，许多理论将家庭暴力的原因置于个人内，将暴力行为归因于精神不正常、酗酒、吸毒。一些其他理论本质上是社会/心理的，将家庭暴力归因于社会学习、交换、相互作用。第三派理论是社会文化方面的，将家庭暴力归因于社会资源、冲突系统以及更大的文化圈。主张男女平等的学者提出家庭暴力的根源在于性别、权力，它代表着男性维持权威和掌控女性的主动意图。

第三派理论帮助我们理解了一些现象，例如，为什么黑人妇女比白人妇女遭受更多暴力，为什么黑人和黑人之间的暴力发生率更高③。*结构—文化理论*将引起的经济问题(包括失业和低就业)从结构上看成一个重要的变量，这个变量影响着黑人男性在家中扮演传统男性角色的能力。*男女平等理论*主张男性和女性间收入、教育、职位名望的不相容给予了男性

---

① Sandra M. Stith, Karen H. Rosen, Kimberly A. Middleton, Amy L. Busch, Kirsten Lundeberg, and Russell P. Carlton, "The Intergenerational Transmission of Spouse Abuse: A Meta-Analysis," *Journal of Marriage and the Family* 62(August 2000), 640—654.

② Gelles and Straus, *Intimate Violence*, Chapter 2, 51.

③ Robert L. Hampton and Richard J. Gelles, "Violence toward Black Women in a Nationally Representative Sample of Black Families," *Journal of Comparative Family Studies* 25(Spring 1994), 105—119.

更多的权力和掌控权①。暴力是能让男性体现男性身份的一种社会实践。在男女平等主义者看来，男性化和女性化不是个人特征而是通过社会实践建立起来的有联系的社会结构。

家庭多样性 501

美洲印第安人对家庭暴力的认识

根据梅利莎·特西和凯西娅·威利斯·埃斯夸达的研究，在美国，相对于其他任何种族和民族团体，美洲印第安人经受着最高比例的家庭暴力——超出了非裔美国人的两倍。事实上，他们注意到"印第安人的爱"与虐待成为了同义词。然而，较高水平的家庭暴力是一个较近代的现象，与美洲印第安人传统的文化即通过加强部落约束力来保护妇女是相违背的。这种部落的控制因欧洲人的影响而得以解除，欧洲人一步一步地瓦解了美洲印第安人的传统和部落，暗中削弱了美洲印第安妇女的权力并增加了她们的脆弱性。美洲印第安妇女强壮同时又不能自立的这种主导的刻板看法的出现加重了这些作用。考虑到这样的文化和历史背景以及高水平的暴力经历，两位研究者通过访谈 20 名美洲印第安妇女和 20 名欧裔美国妇女，并比较她们的回答，着手调查了是否美洲印第安妇女发展出了对家庭暴力独特的认识。

研究结果显示，美洲印第安妇女倾向于将肢体行为定义为虐待，而欧裔美国妇女倾向于将情绪和语言行为定义为虐待。她们也倾向于将家庭暴力看成起源于意见不一致(常见的夫妻暴力)而不是试图控制的结果(父权恐怖主义)。第三，美洲印第安妇女倾向于将自己受到虐待的情况看成是丈夫童年受到虐待的经历或者她们自身早期的受到虐待的经历的结果。即使内部因素在她们的受到虐待的环境中发挥着重要的作用，她们也更倾向于将丈夫的暴力行为归因于外部环境如贫穷、失业而不是内部因素或者特质因素。最后一点，这些女人认为法律制度在家庭暴力中是无效的，她们在受到家庭暴力时除了造成严重身体伤害外，她们很少报警。虽然这些看法是她们经历的结果，但是它们是这些社区中家庭暴力发生率一直较高的重要原因。

来源：Melissa Tehee and Cynthia Willis Esqueda, "American Indian and European American Women's Perceptions of Domestic Violence," *Journal of Family Violence*, 23 (2008): 25—35.

默里·斯特劳斯和克里斯蒂娜·史密斯(Murray Straus & Christine Smith)对高水平的

① Kristin L. Anderson, "Gender, Status, and Domestic Violence: An Integration of Feminist and Family Violence Approaches," *Journal of Marriage and the Family* 59(August 1997), 655—669.

家庭暴力集中提出了五个社会因素:

1. *家庭内部冲突*——家庭中许多同样的特征促进了家庭成员间的亲密和爱情,也带来了冲突,这是对家庭生活的一个讽刺。

2. *家庭和社会的男性主导地位*——考虑到丈夫是家里的领导这个概念,并且在美国社会男性处于统治地位,暴力是解决冲突的重要资源。

3. *文化规范允许家庭暴力*——父母有合法的权利、有道德义务(存在争议)去打自己的孩子。

4. *暴力导致家庭社会化*——儿童早期和持续经历的父母间或来自于父母的暴力为未来的暴力提供了角色模式和具体的训练脚本。

5. *暴力普遍存在社会中*——在美国,社会合法的暴力包括老师的体罚、警察的暴力、普
502 遍的枪支个人拥有权、死刑、军队暴力以及电视和电影中的暴力行为等等。一个生活领域的暴力可以外流到其他的生活领域①。

很明显,暴力引起了暴力,攻击也代代相传。那些经常大喊的父母也正是那些最容易常常打人的父母,语言和身体暴力都代代相传②。幸运的是,大多数人能从这种暴力代代相传的循环中摆脱出来,但是这并没有排除日益增加的对孩子大喊大叫、打孩子或者打伴侣的可能性,如果家庭暴力是这个人童年所经历的一种模式。

儿童虐待与暴力

贯穿世界历史,儿童一直是虐待和残暴行为包括性虐待、抽打和遗弃(婴儿夭折)的对象。今天只有少量遗弃事件被报道,而身体虐待和性虐待非常常见。

在美国的每个州,为惩罚孩子而打孩子是合法的;相比之下,在瑞典,父母打孩子会被监禁。美国的父母倾向于把体罚(打屁股或打其他地方)看成是允许的、是惩罚的适当手段。传统上,父母打屁股的这个"特权"甚至作为一种惩罚和维持纪律的手段扩展到了中小学教师、管理者手上,这就是常说的"孩子不打不成器"。

在大多数国家,包括美国,体罚是惩罚孩子和孩子社会过程的核心。几乎所有的父母和大部分的老师认为体罚是一种适当并且有效的惩罚形式。斯特劳斯发现在美国超过 90% 的 3 岁和 4 岁孩子的父母使用体罚来纠正孩子的行为③。最常见的形式包括:打屁股、抽耳

---

① Murray A. Straus and Christine Smith, "Family Patterns and Primary Prevention of Family Violence," in Murray A. Straus and Richard J. Gelles, eds. *Physical Violence in American Families* (New Brunswick, NJ: Transaction, 1990), 512—521.

② David Hemenway, Sara Solnick, and Jennifer Carter, "Child-Rearing Violence," *Child Abuse and Neglect* 18(1994): 1011—1020; and Diana Doumas, Galya Margolin, and Richard S. John, "The Intergenerational Transmission of Aggression across Three Generations," *Journal of Family Violence* 9(1994), 157—175.

③ Murray A. Straus, "Discipline and Deviance: Physical Punishment of Children and Violence and Other Crime in Adulthood," *Social Problems* 38(May 1991), 136.

光以及使劲地抓、推小孩。如果监护人用物体打小孩也是合法允许的、普遍的。

体罚带来的作用是什么呢？斯特劳斯提出假设：父母和老师的体罚在当下能使孩子顺从，但从长远来看，这增加了孩子出现异常行为的可能，包括青春期的行为不良以及成年后的打妻子、虐待儿童和在外面犯罪(抢劫、强奸和谋杀)①。研究没有发现体罚引发了这些问题，但是它们间存在外溢的效应。

文化外溢理论提出一个生活领域的暴力倾向于使其他领域产生暴力。一个社会越多的使用暴力去达到社会渴望的结果(维持学校秩序、减少犯罪、防卫外国军队)，就越可能参与到非法行为中用暴力来得到他们想要的结果。斯特劳斯承认他不能证明这个理论，但是经
验结果与这个理论几乎完全一致：体罚孩子和社会犯罪之间存在联系，这支持了斯特劳斯的 503
断言即体罚在当下可能使孩子服从，但是从长远来说却导致或加剧了行为异常的产生。

跨文化视角

瑞典的儿童虐待

综述了大量关于儿童的研究后，琳达·哈斯(Linda Haas)报告瑞典的性虐待和身体虐待水平都很低。比如，瑞典在 1991 年报道的犯人是家人的儿童性虐待案件是 440 起，这个比例是每 10000 个儿童中有 2 个。而美国报道的比例要高出很多，每 1000 个儿童中就有 25 个。

哈斯在另一项研究中询问大学生父母对他们的惩罚实践，发现三分之二的瑞典男性和约过一半的瑞典女性从来没有被父母打过。与之对比，美国只有 11%的男性和 15%的女性报告从未被父母打过。只有 11%的瑞典人认为体罚对于抚养孩子是必要的，相比美国则有 84%的人认为体罚是必要的。值得注意的是瑞典 1979 年通过了一条法律使得父母打孩子的屁股或者以羞辱的方式对待孩子是不合法的。

来源：Linda Haas, "Family Policy in Sweden," *Journal of Family and Economic Issues* 17(Spring 1996)：78—79.

新西兰一个长达 18 年的纵向研究为斯特劳斯的假设提供了另外的支持。作者发现，报告童年时期生活在严厉或虐待的环境中的年轻人容易成为青少年犯罪、酗酒和心理健康有问题的人②。

① Murray A. Straus, "Discipline and Deviance: Physical Punishment of Children and Violence and Other Crime in Adulthood," *Social Problems* 38(May 1991), 133—152.

② David M. Fergusson and Michael T. Lynskey, "Physical Punishment/Maltreatment during Childhood and Adjustment in Young Adulthood," *Child Abuse and Neglect* 21(1997), 617—636.

但我们在等化打屁股或体罚这些严厉和虐待的处理方式与对孩子行为的纠正时需要谨慎,因为这两者之间的距离常常是模糊不清的。爱的环境、父母的支持以及这些被父母和孩子所赋予的意义都要考虑到。

任何的社会等级和任何收入范围的家庭都有对孩子的暴力。然而,对孩子的暴力,特别是严重的暴力更容易发生在处于贫困线或贫困线之下的家庭。盖利斯在一个超过6000个家庭,具有全国代表性的样本的基础上报告说,贫困家庭发生的总的暴力事件比收入较高家庭的暴力事件高4%。相比富裕家庭,贫困家庭存在的严重暴力(很有可能导致损伤)要高出46%,而十分严重的暴力(如纵火、持刀或枪威胁)要高出100%①。随着失业率的上升,儿童被虐待事件也倾向于增多②。诸如贫困、失业这样的因素,较高水平的儿童被虐待事件也
504 是影响家庭功能的应激源事件。

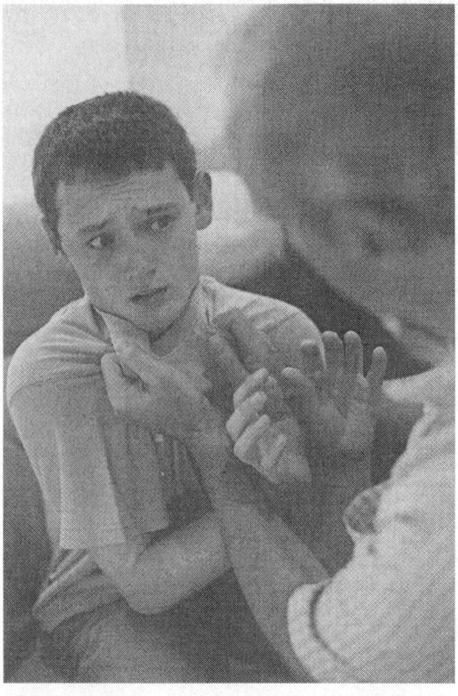

在瑞典,打孩子或以羞辱的方式对待孩子是不合法的。相比之下,在美国许多家长认为体罚是可接受且适当的惩罚方式。因为体罚经常发生在"紧闭的门内",所以大多数的虐待儿童案件从未被发现。

虐待儿童在美国很盛行吗?每年受到虐待的儿童是否都在增加?很明显,没有。盖利斯和斯特劳斯将来自于1975研究中的儿童虐待比例与1985年重复研究中的比例进行了对比③。两个研究都显示了儿童被严重虐待的高发生率;然而,1985年研究提供的虐待儿童的比例(由受到踢、拧、咬、狠揍、刀或枪攻击的儿童的数量来衡量)比1975年的比例低47%。

虐待儿童比例的下降符合过去几十年家庭和社会所发生的其他变化,这些变化为家庭暴力的减少做出了贡献。*家庭结构*的变化——如结婚的年龄和生第一个小孩的年龄变大,每个家庭的孩子数量变少,不想要孩子的人增多——都与虐待儿童比例减少息息相关。*经济*的变化——比如,较低的失业率和通货膨胀——也可能降低了虐待儿童的频率。同样地,创新、新颖的*处理方案*、*社会支持*、*治疗方法*的成熟也

---

① Richard J. Gelles, "Poverty and Violence toward Children," *American Behavioral Scientist* 35(January/February 1992), 258—274.

② Loring Jones, "Unemployment and Child Abuse," *Families in Society: The Journal of Contemporary Human Services* 71(December 1990), 579—586.

③ Murray A. Straus and Richard J. Gelles, "Societal Change and Change in Family Violence from 1975 to 1985 as Revealed by Two National Surveys," *Journal of Marriage and the Family* 48(August 1986), 465—479; and Gelles and Straus, *Intimate Violence*, 109—114.

可能为减少家庭内的暴力带来了帮助。最后,*法律制裁*的威慑,被发现和卷进法律制裁的高风险都提醒人们虐待是不当的行为。

儿童性虐待

虐待儿童者、受害者和虐待的形式都随性别、血缘关系的类别不同而不同。这在儿童性虐待上看起来尤其真实①。儿童常被认为是无能力同意与成人的性行为的,因为他们没有力量去减少这种卷入,他们常常也不理解他们同意了什么。性虐待通常包含暴力、控制,或强迫的成分。

在一个全国的关于成人及其童年期性虐待史的调查中,27%的妇女和 16%的男性报告曾受到过虐待②。受到虐待的儿童的年龄中位数略微低于 10 岁。男孩更容易被陌生人虐待,而女孩更容易被家庭成员虐待。 505

另一个关于几千起儿童性虐待案件的资料显示,与儿童无血缘关系的看护者(继父继母、领养父母、养父养母、保姆、社会公共机构)明显占大多数,而有血缘关系的看护者(亲生父母、兄弟姐妹、祖父母或外祖父母)对儿童性虐待的在报告中则很少③。在所有的情况下男性犯罪的数量明显超过女性犯罪的数量:亲生父亲对儿童的虐待是亲生母亲的 3 倍,男性保姆对儿童的性虐待是女性保姆的近 5 倍,其他角色的看护者(继父母、父母的情人、机构人员)中男性犯罪是女性犯罪的 20 倍之多。

儿童性虐待带来的后果是非常严重并且持续时间很长。与那些没受过虐待的相比,童年受过性虐待的男性和女性表现出性烦恼和性能力障碍、青少年期和成年期的同性恋经历、抑郁、酗酒甚至自杀的想法④。儿童性虐待是妇女所获教育和年收入的一个重要的预报指标⑤。全国的数据显示童年时期与成人有性关系的儿童在青少年和成年期更有可能参与到活跃的、危险的性别职业中。在早期受过性虐待、有多个性伴侣的受害者更倾向于在 19 岁前怀孕,也更可能得性病及受到性暴力⑥。

---

① For a review of research see Richard J. Gelles and Jon R. Conte, "Domestic Violence and Sexual Abuse of Children: A Review of Research in the Eighties," *Journal of Marriage and the Family* 52(November 1990), 1045—1058.

② David Finkelhor, Gerald Hotaling, I. A. Lewis, and Christine Smith, "Sexual Abuse in a National Survey of Adult Men and Women: Prevalence, Characteristics, and Risk Factors," *Child Abuse and Neglect* 14(1990), 19—28.

③ Leslie Margolin and John L. Craft, "Child Sexual Abuse by Caretakers," *Family Relations* 38(October 1989), 450—455.

④ Joseph H. Beitchman, Kenneth J. Zucker, Jane E. Hood, Granville A. DaCosta, Donna Akman, and Erika Cassavia, "A Review of the Long-Term Effects of Child Sexual Abuse," *Child Abuse and Neglect* 16(1992), 101—118; and Tom Luster and Stephen A. Small, "Sexual Abuse History and Problems in Adolescence: Exploring the Effects of Moderating Variables," *Journal of Marriage and the Family* 59(February 1997), 131—142.

⑤ Batya Hyman, "The Economic Consequences of Child Sexual Abuse for Adult Lesbian Women," *Journal of Marriage and the Family* 62(February 2000), 199—211.

⑥ Christopher R. Browning and Edward O. Laumann, "Sexual Contact between Children and Adults: A Life Course Perspective," *American Sociological Review* 62(August 1997), 540—560.

父母虐待与暴力

父母和孩子之间的暴力是相互的。也就是说，孩子不仅仅是暴力的受害者，而且同时也是犯罪者。许多孩子虐待父母的案件没有受到关注和报道，但那些通常比孩子更有力量的受到虐待的父母可能会长久地隐瞒被虐待的情况。严重的暴力行为如孩子杀死父母可能会受到公众的注意，但是像打、咬、威胁这样的案件却没有得到外人的注意。

讲到这，或许需要增加一个注解：暴力的孩子不仅仅对父母暴力，而且也对动物暴力。克利夫顿·弗林(Clifton Flynn)解释道，这一块研究领域被大家忽略了，但这是儿童和青少年的一种严重的反社会行为，在童年时期相对常见，与人际间暴力和家庭暴力相关，还可能是家庭暴力的一种标志①。虐待动物也许预示着一个问题儿童或者一个功能障碍的家庭。研究表明那些残忍对待动物的孩子更有可能产生对他人的攻击或暴力行为。

506 妻子、女性伴侣虐待和暴力

许多研究都关注妻子，有趣的是，结果一致地显示同居伴侣中的身体攻击至少是结婚夫妻中的两倍。在特定的一年中，每 100 对同居情侣中就有 35 对经历过身体攻击，相比之下，每 100 对结婚夫妇中只有 14 对②。许多身体攻击直接针对女性，她们认为她们的伴侣在特定的情况下有权利打她们的耳光或推打她们。随着妇女开始认为她们的男性伴侣有这个权利，男性也认识到对女伴进行暴力是允许的。

迈克尔·约翰逊(Michael Johnson)提出对于妇女的暴力有两种不同的形式③。一种被他称为普通夫妻暴力。这种涉及夫妻间的冲突并伴随着丈夫或妻子的偶然间的暴力爆发。另一种被他称为男权主义。就像之前提到的，从一个男女平等主义者的视角来看，这是传统的父权主义的产物，即男人有权利去管制“他们”的女人(妻子)，不仅仅通过系统地使用暴力，而且通过经济附属品、威胁、孤立和其他的控制因素。这样的暴力模式经常指的是殴打妻子、殴打女人。约翰逊注意到男权主义在逐渐增强(在频率和强度上的增加)，而普通夫妻暴力没有这个趋势。普通夫妻暴力是对日常生活中偶然的冲突的间歇反应，由具体情境下一种控制的需要所激发，而不是一种更普遍的、管理夫妻关系的需要。

针对妇女的暴力，是最多的家庭暴力，常常被认为是正常或适当的。一篇文章甚至以“如果暴力是家庭内的，那么它真的算吗?”为题目④。这种观点是有长远历史的。在十九世

---

① Clifton P. Flynn, “Why Family Professionals Can No Longer Ignore Violence toward Animals,” *Family Relations* 49(January 2000), 87—95.

② Jan E. Stets, “Cohabiting and Marital Aggression: The Role of Social Isolation,” *Journal of Marriage and the Family* 53(August 1991), 669—680.

③ Michael P. Johnson, “Patriarchal Terrorism and Common Couple Violence: Two Forms of Violence against Women,” *Journal of Marriage and the Family* 57(May 1995): 283—294.

④ Sharon Wofford Mihalic and Delbert Elliott, “If Violence Is Domestic, Does It Really Count?” *Journal of Family Violence* 12(1997), 293—311.

纪末的英国和美国，丈夫用暴力去管制和严厉惩罚妻子是婚姻中丈夫一种必要的责任。丈夫作为统治者和制定者，要用任何必要的手段去获得顺从和控制。许多针对妻子或女性伴侣的身体虐待和暴力不是以连续打的形式，而是以扔东西、猛推、抓、抽耳光、重击的方式。然而许多妇女被他们的伴侣伤得很重。关于医院护理的研究中，产前和初级护理部门接待的案例表明致密的男性伴侣虐待了 8%的妇女，急症室接近的案例表明此比例为 20%①。大约有 8%的妇女在怀孕时还受到身体虐待，在怀孕前有 23%的妇女受到虐待。

虽然一些针对妇女的暴力是日常生活中偶然冲突的一个间歇反应，但是男人地位优越于妇女的这种传统父权主义支持了男性用任何方式去维持他们的优势地位，包括虐待伴侣和殴打妻子。

女性身体虐待不是均匀地分布在所有主要的社会和人口统计学意义上的群体中。与妻子虐待相联系的社会人口统计学危险因素包括低收入、失业和种族；妻子虐待在那些收入水平低和失业水平高的黑人中尤其常见。妻子虐待在那些无宗教信仰、离婚或者分居，以及年龄在 30 岁以下的人群中更普遍②。

受到虐待对于妇女的后果是什么？研究揭 507
示语言和身体上的虐待都对抑郁、婚姻不幸福、解除婚姻有重要的直接影响。一份全国的研究显示，身体攻击以及一定程度上的口头冲突预示着联盟分裂和婚姻解散③。一些其他的研究显示受到虐待的妇女的婚姻特征是幸福感低和不稳定，但是通过关系效力、亲密和配偶支持可以得到调节④。也就是说，如果妻子把丈夫的暴力行为归因于一个原因而不是丈夫本人，而且不把丈夫看成是自私或故意参与暴力行为，那么消极后果会少点。负面、羞辱的事件是妇女抑郁很好的预报指标。

---

① Jacquelyn C. Campbell, "A Review of Nursing Research on Battering," in Carolyn M. Sampselle, *Violence against Women: Nursing Research, Education, and Practice Issues* (New York: Hemisphere Publishing Corp., 1992), 69—81.

② Michael D. Smith, "Sociodemographic Risk Factors in Wife Abuse: Results from a Survey on Toronto Women," *Canadian Journal of Sociology* 15(1990), 39—58.

③ Alfred DeMaris, "Till Discord Do Us Part: The Role of Physical and Verbal Conflict in Union Disruption," *Journal of Marriage and the Family* 62(August 2000), 683—692.

④ Ileana Arias, Carolyn M. Lyons, and Amy E. Street, "Individual and Marital Consequences of Victimization: Moderating Effects of Relationship Efficacy and Spouse Support," *Journal of Family Violence* 12(1997), 193—210.

对于儿童虐待比例发生变化所提出的问题也必然发生在妻子或者配偶虐待中:虐待妻子在美国是否很盛行?每年受到虐待的妻子是否都在增加?同样,答案明显是否。还是前面提到的斯特劳斯/盖利斯的研究,比较 1975 年和 1985 的暴力比例发现,殴打妻子的比例(由受到踢、拧、用物体打、咬、痛打或者用刀或枪攻击的妇女数量来衡量)在这十年里下降了27%①。有趣的是,妻子对丈夫类似的严重攻击只下降了 4.3%。即使这些比例显示了确切的下降,但是美国每年被打妇女的数量还是令人吃惊:150 万。这些妇女常常处于受到虐待的环境中,我们自然会问到:*为什么?*

妻子虐待的家庭多样性给这个问题提供了一些答案。大多数答案表明:相比那些处在夫妻间的资源权衡更接近公平的婚姻中的妇女,那些过分依赖婚姻的妻子更不能阻止、避免、离开或者结束虐待。依赖的妻子缺乏对婚姻和婚姻资源做出协商变化的选择权。一些其他的答案集中在妇女所用到的心理策略,这些策略帮助她们正面、积极地洞察她们的关系
508 或者说服自己有留下来的责任。总而言之,这两个变量——没有资源或者选择,对关系的感知和对关系所附属的意义——看起来很符合 ABCX 模型中的 B 和 C,并且解释了为什么许多受到虐待的妇女仍然与她们的伴侣在一起。

在那些选择离开的受到虐待的妻子中,一些去了避难所,即暴力关系的短期避难所。再一次,在 ABCX 模型中,避难所是许多受到虐待的妇女一个重要的社区资源。令人惊奇的是,一个全国性的研究发现,律师和临床医学家赞同避难所给予的帮助,却更担心未来的虐待②。作者表明这些极端的行动可能开始触动了刑事司法体系的车轮,将导致丈夫受到正式制裁。受害者对于丈夫可能遭到的报应的担心也许是这些行动所带来的可理解的结果。

亲密情侣间的强奸

配偶一方或亲密情侣的一方带来的性虐待和强奸是妇女所遭受暴力的另一种常见形式。妻子很少将强行进行性行为(学术上地,婚内强奸虽然合法但是通常不这么被认为)的丈夫看成是强奸者,她还可能因这些事情而责怪自己。可能正是因为这些妇女责备自己或者学着接受她们熟悉和爱着的人所强行的性行为,使得这个问题很少受到关注。

强奸,简单地定义就是在没有征得同意的情况下强迫进行性行为。法律定义一般包括三个分开的因素:(1)性交,包含阴道性交、肛交和口交;(2)强迫或者威胁强迫;(3)未经受害者的同意。直到最近,婚内强奸和*亲密情侣间的强奸*在婚姻/家庭文献中一直被忽视。男女平等问题使它被提了出来:强奸是维持男性控制欲和主导地位的机制,对于女人来说是一

---

① Straus and Gelles, "Societal Change and Change in Family Violence," 465—479; and Gelles and Straus, *Intimate Violence*, 109.

② Alfred DeMaris and Steven Swinford, "Female Victims of Spousal Violence: Factors Influencing Their Level of Fearfulness," *Family Relations* 45(January 1996), 98—106.

种恐惧的暴力，强化了她们对男人的服从①。

黛安娜·拉塞尔(Diana Russell)指出，二十世纪八十年代的 10 年间在改变强奸的相关州立法律上取得了重大成就②。1980 年，只有 3 个州彻底地废除了婚内强奸异议，还有 3 个州部分地打击了婚内强奸。1990 年，16 个州毫无例外地允许妻子起诉丈夫的强奸行为。另外的 26 个州允许在妻子一些情况下起诉丈夫的强奸行为，而在其他一些州则是完全豁免的。豁免的例子包括，如果是强制进行但没有暴力的强奸，例如用枪威胁；如果当妻子心理上和身体上不自主而不能给予同意时使所强制的非暴力强奸；如果受害者在特定时间段内没有告发强奸。在剩下的 8 个州(肯塔基州、密苏里州、新墨西哥州、北卡罗来纳州、俄克拉荷马州、南卡罗来纳州、南达科他州和犹他州)，妻子不能起诉丈夫的强奸行为，除非夫妻已经分居即法律上的分开或者已登记离婚。然而拉塞尔发现，在她的研究者中每 7 个结婚的妇女中就有 1 个报告至少经历过 1 次或者多次丈夫的强奸③。

为什么受到虐待的妻子和妇女仍然留了下来 509

如果一个女人或妻子处于虐待关系中，为什么她们不离开呢？这个问题基于一个根本的假设：留下或者离开的决定是理性的，现实的选择是留下来。帕梅拉·乔伊斯和利恩娜·拉姆克(Pamela Choice & Leanne Lamke)用概念研究去理解留下/离开的决定④。他们从其他理论中总结出了 4 个理论，包括：

1. *习得性无助感*理论。这类女性慢慢认为她们无法对这种状况做出任何改变，所以她们停止尝试。她的努力没有影响结果或者改变状况，所以还费什么劲呢。

2. *心理欺骗*。这类女性的特点是为不受到虐待而投入时间、精力和情感。她也许相信只要她再努力一点，他们的关系就会变好。可能她们已经投入太多而不能离开。仍然错误地看待这种关系并且投入了如此多的时间、精力和感情就导致了心理欺骗。

3. *投资模型*。这类女性权衡相关的代价和利益。这种模型的核心是一些概念如满意、选择的质量、不可补偿的投资。满意是指所有伴侣好的方面以及她感觉到的关系的积极程度。选择的质量是指使她离开当下这种关系的动力。投资是指个体基于对关系的投入而与伴侣联系在一起的方式——包括时间、自我表露、友好等类似的投入。

4. *理性行为和/或有计划的行为*。这种理论假设人是非常理性的，能系统地运用她们可得到的信息。决定完全在她的控制下。离开或者留下的决定的含义在作出实际决定前就得到了考虑。个体也考虑了家庭成员和朋友的意见。根据这种方法，一个女人将倾向于离

---

① Patricia L. N. Donat and John D'Emilio, "A Feminist Redefinition of Rape and Sexual Assault: Historical Foundations and Change," *Journal of Social Issues* 48(1992), 9—22.

② Diana E. H. Russell, Rape in Marriage(Bloomington: Indiana University Press, 1990), 23.

③ Ibid., 57.

④ Pamela Choice and Leanne K. Lamke, "A Conceptual Approach to Understanding Abused Women's Stay/Leave Decisions," *Journal of Family Issues* 18(May 1997), 290—314.

开如果:(1)她认为离开会带来积极的结果;(2)她意识到离开在她的掌控内;(3)她重要的家人或朋友希望她离开,她希望能顺从他们的愿望。

他们表示这 4 种方式可以合并到一个单独的框架中,留下还是离开的决定将围绕着两个问题,她们必须问自己:一个是离开这段关系我是否会更好?第二个是我可以做到吗?把这两个结合到一起,作者提出满意、不可挽回的投资以及选择的质量是她能否过得更好以及能否做到的关键因素。

丈夫、男性伴侣虐待和暴力

妇女对丈夫或男伴的暴力受到的关注远远少于女性虐待。一位作者提出了下面几点:

1. 妇女实施暴力的经验数据存在的更少。

2. 尤其是女权主义者担心对丈夫受到虐待的关注将会妨碍与更严重的妻子受到虐待作斗争的尝试。

3. 考虑到男性—女性关系的传统社会价值,男性不愿承认他们被自己的妻子殴打。

510 4. 女性受到虐待更容易被发现,因为她们遭受了更严重的身体伤害①。

然而研究一致显示男性施暴和女性施暴的数量相似。斯特劳斯和盖利斯指出这是事实。他们表示"男性伴侣对妇女攻击与女性伴侣对男性攻击的发生概率相同。妇女和男人一样经常使用暴力"②。婚姻中高概率的妇女施暴也许可以解释为:妻子的攻击都是报复行为或者正当防卫,有些固有是文化模式能容忍或者甚至接受婚内暴力,以及婚姻面对高强度的阻挠。与丈夫相比,妻子力量相对较小,不过有些妇女因从小受过训练而有力量对丈夫或者男伴施暴。

夫妻间相互虐待和暴力

我们在这里是分开谈论妻子/女性受到虐待和丈夫/男性受到虐待的,然而需要强调的是*相互*虐待比单独来自任何一方的虐待更常见。这是事实,不仅仅身体虐待如此,口头/符号攻击也同样如此。再一次,男性和女性对其伴侣所进行的口头/符号攻击量也基本相同③。

丈夫和妻子在回忆暴力时有明显的差异。妇女报告的亲密关系间的暴力比男性报告得

① Clifton P. Flynn, "Relationship Violence by Women: Issues and Implications," *Family Relations* 39(April 1990), 194—198.

② Murray A. Straus and Richard J. Gelles, *Physical Violence in American Families*(New Brunswick, NJ: Transaction, 1990), 110.

③ Murray A. Straus and Stephen Sweet, "Verbal/Symbolic Aggression in Couples: Incidence Rates and Relationships to Personal Characteristics," *Journal of Marriage and the Family* 54(May 1992), 346—357.

更多①。夫妻双方更多的是报告其伴侣实施的暴力而不愿承认自己所实施的暴力。同样，夫妻双方更容易报告出自己是受害者而不是自己使用了暴力。

性别差异同样存在于家庭暴力的影响中。当男性和妇女报告相同比例的家庭暴力时，作为受害者和施暴者，暴力对女性心理健康的惊吓和破坏更严重。来自美国和加拿大的数据显示，不管女性是否是生理或精神暴力的受害者或非受害者，她们都表现出了更高的抑郁分数和焦虑分数②。一般来说，相比男性，暴力对女性的个人控制感说有更负面的影响，对女性的自我感知和心理健康也有更有害。

除了直接受害者，夫妻和亲密情侣间的暴力还影响着其他人。特别是那些目击父母受到虐待的孩子，他们可能容易受到各种各样行为或情感问题的影响。已婚夫妇全国专题研 511
究小组揭示，父母的婚内暴力与离婚、施虐行为报告、酗酒、毒品成瘾问题相关，这些变量转而又与许多子女的问题相联系③。这些问题包括较差的亲子关系，较差的心理健康状况（如较低的自尊水平），较低的生活满意度看出，以及在子女自己以后的关系中出现更多的暴力。

诸如这样的发现与妻子受到虐待的*习得性无助感*模型相一致，这表明女儿对自己母亲处于无助环境的目击向自己传递着这样的信息：女性无力掌控自己的生活。这样的信息助长了女性的抑郁，她们更容易视受害者/母亲为一体。相比之下，目击父母暴力的男性可能更容易将攻击者/父亲视为一体，这样就避免了抑郁。这些男性转而也更容易使自己变成施暴的丈夫。

兄弟姐妹间虐待和暴力

家庭中最频繁也最容易被接受的暴力形式发生在兄弟姐妹间。通过对父母的访谈（前面已经提到过的一个研究），斯特劳斯和盖利斯发现，40%的小孩在上一年用物体打过哥哥/弟弟或者姐姐/妹妹，82%的小孩以某种形式的暴力攻击过兄弟姐妹。

兄弟姐妹间的虐待通常解释为兄弟姐妹间的竞争或嫉妒。一方大概对另一方拥有的东西感到愤恨：父母的注意、特权、衣服、物体，诸如此类。差别也可能围绕着有限的资源：电脑、浴室、电话的使用，看什么电视或者谁将拥有剩下的糖果。当父母干涉进来，坚持做出偏爱一方的决定时，这些怨恨和差别可能会加重。感到愤恨的一方便虐待在年龄和个头上都与自己相当的另一方，这比虐待父母更公正和更容易被接受。（虽然如在这章前面提到的，

---

① Alfred DeMaris, Meredith D. Pugh, and Erika Harman, "Sex Differences in the Accuracy of Recall of Witnesses of Portrayed Dyadic Violence," *Journal of Marriage and the Family* 54(May 1992), 335—345.

② Elaine Grandin, Eugene Lupri, and Merlin B. Brinkerhoff, "Couple Violence and Psychological Distress," *Canadian Journal of Public Health* 89(January-February 1998), 43—47; and Debra Umberson, Kristin Anderson, Jennifer Glick, and Adam Shapiro, "Domestic Violence, Personal Control, and Gender," *Journal of Marriage and the Family* 60(May 1998), 442—452.

③ Cosandra McNeal and Paul R. Amato, "Parents' Marital Violence: Long-Term Consequences for Children," *Journal of Family Issues* 19(March 1998), 123—139.

孩子对父母的虐待也有发生）

有时兄弟姐妹的纷争围绕着家里的劳动分配。兄弟姐妹通常为避免不喜欢的任务或家务而竞争，如洗碗、整理房间、打扫走廊等等。如果较小的孩子只分得较少的家务，年龄差别可能会加剧这种状况。简而言之，交流理论生效了，孩子意识到的不平等导致了冲突。明显地，不是所有的不平等都导致了虐待和暴力，但是打架和扔东西是许多小孩常见的反应。当一方小孩胜出时，父母进行干涉以停止打架，保护小的一方，并且可能会惩罚大的一方。不幸的是，这样做可能恶化了兄弟姐妹间竞争的一般问题。

512 在生命周期的所有阶段中，一个重大的问题始终与夫妻虐待、父母—孩子虐待一起存在着。许多老年人不仅受到身体的虐待，而且还被忽视或者受到口头威胁或羞辱。

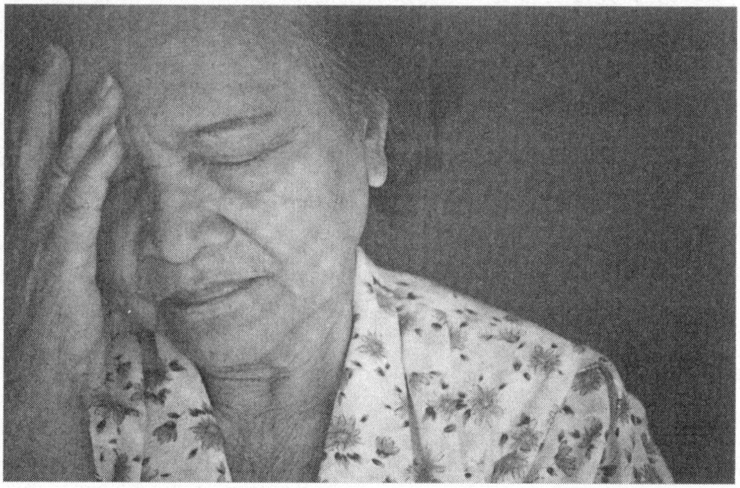

老年人虐待和暴力

关于老年人的研究文献提到，受到虐待的老年人（见第 12 章）越来越普遍，这些作者一致认为这是一个重大的问题。虐待的种类和严重性从被动的忽视（非故意的忽视、遗忘）到主动的忽视（财务剥削，不给药品、食物和补助），从语言或感情的虐待（骂人、威胁、羞辱）到身体虐待（打脸、推、伤害）。虐待的方式也可能是让老年的父母躺在床上或椅子上，给他们过多的药或其他的药品来使他们更容易被控制，用拳头或物体打他们以强化特定的行为，以及几乎任何可以想象到的行动。

受到虐待的老年人通常身体虚弱、精神或身体残疾、是女性、与施虐的人住在一起。一个最常引用的虐待原因就是：照看者因为照看老年人的需要而变得负担过重，这些经常引发看护者的失望、生气、怨恨或者暴力。在有些情况下，虐待明显是恶毒的、故意的；在另外一些情况下，看护者有很大的情绪和依赖性问题，并不是故意虐待而是不能控制自己的行为。

其他亲密者间的暴力

虐待和暴力也许在人们结婚和有孩子前就是其关系的一部分。围绕着友谊和亲密关系的一个主要的例子涉及择偶的过程。在爱情的、吸引的、相互表露、增长的亲近的背景下，关系逐渐走向排外性和婚姻。许多关于约会、走向稳定、订婚这些过程的研究描绘了这其中的暴力。然而，最近一些其他的研究发现暴力和性剥削是求爱过程的黑暗面①，并且约会暴力也很普遍。

新　闻 513

康乐晚年：制止老年虐待的关键意识

老年虐待可以发生在每个人身上，但一些特定因素会使某些个体更脆弱。这些包括生病、身体脆弱、身体残疾、心理创伤，与有精神病史、敌意或者酗酒、吸毒的人住在一起或者依赖他们。根据美国心理学会的研究，尽管一些虐待发生在长期生活的疗养院中，但大多数的案件涉及家庭成员、"新"老朋友或者值得信赖的照料者在家实施的虐待事件。

虽然有些老年虐待的案件是极端可见的，但是大多数的情况下是很微妙的，难以观测和分析，使得人际间压力与虐待的差异有时候很难识别。美国心理学会提到，长时间或者改变生活方式而激发的压力，以及照料依赖性不断上升的老年人所带来的困难，使得一些老年虐待可能是取代婚内或家庭暴力的一种延续。

虐待案件的报道

老年虐待有很多警告信息，如打脸或挤压留下的伤痕、一些烧伤或水泡，这些都可以暗示身体虐待。未治疗的褥疮、药品的需要或牙科护理、脏衣服，差的卫生和装扮，不寻常的体重下降都可能是自我疏忽或照料者忽视的信息。

情感虐待或忽视可能引起个体在正常活动上的退缩，警觉性下降或行为的异常。据全国老人防虐中心称，突然的财政状况改变，改变的遗嘱或者委托人，异常的银行存取记录或财产的损失，这些可能都指示着对老年的剥削。

如果一个人看起来控制了老年人的行动，将老年人与家人、朋友以及在情感和经济上隔离开，那么这样的人就可能是在虐待老人。虐待老年人的方式也可能不同，有冷漠或者敌意的，有骂老年人或者威胁他们的宠物的。

虽然很难明确有多少老年人受到了虐待，但是研究显示，家庭中发生的老人虐待案件中，只有十四分之一向官方做了报告。

---

① Sally A. Lloyd, "The Darkside of Courtship: Violence and Sexual Exploitation," *Family Relations* 40 (January 1991), 14—20.

预防虐待的发生

有能力的老年人可以采取一些步骤来预防虐待。包括保持生活忙碌,打造牢固的家人和朋友网络,以及照料自己使自己尽可能地保持独立。

根据全国老人防虐中心的建议,老年人也应该禁止任何人未经他们的同意就将他们的名字添加到个人银行账户中,并且,未得到法律意见,老年人绝对不要在压力下做出对任何人的财政决策或者签署关于钱财和财产上的协议。

美国心理协会建议,家庭中的老人虐待其实可以通过先前的家庭选择来避免,如寻求咨询或者帮助来改变长期的行为模式,改变冲突或不良嗜好,或处理当前压力。

有良知的公民可以积极伸出援手,帮助脆弱的邻居、朋友或家庭成员,特别是由于身体、文化或者地理环境而被孤立的人,从而防止或者终止虐待事件;还可以自愿参与社区项目:陪伴老年人,帮助他们的家庭。

来源:Tamera Manzanares, *Pilot & Today* (Steamboat Springs, CO, June 1 2009), http://www.steamboatpilot.com/news/2009/jun/01/aging_well_awareness_key_stopping_elder_abuse/.

一些研究已经估计了求爱暴力发生率和虐待的性别差异。在一个关于大学生的研究中,至少三分之一的人报告在他们过去约会的某个时候受到过身体攻击①。如预料的一样,大学生"听说的"恋爱时期暴力的发生率远远超过了他们直接经历的。同样,如预料的一样,
514 极端形式的暴力如用物体或武器攻击比温和形式的暴力如推、抽耳光少见。将近五分之二的学生听说过威胁、推搡或者抽耳光这样的暴力案例。

与大学生的研究一致,一个被试为 18 岁到 30 岁从未结婚的全国代表性的研究发现,如果不是极有可能,女性至少也是可能比男性更具有身体侵犯性的②。这个结果使作者注意到,当要形成一个恋爱侵犯的理论时,必须考虑到能引起女性和男性侵犯的机制。这样,父权制也许有助于解释男性的约会攻击性,但是不能解释女性的攻击性。这个研究还注意到,来自较低社会等级的年轻人和在冲突前喝酒的人更容易发起身体侵犯。这样,又一次,口头言语攻击好像是身体攻击的种子,语言攻击和身体攻击行为两者在性质上都是一种同样的回击。

---

① Gordon E. Barnes, Leonard Greenwood, and Reena Sommer, "Courtship Violence in a Canadian Sample of Male College Students," *Family Relations* 40 (January 1991), 37—44; and James M. Makepeace, "Gender Differences in Courtship Victimization," *Family Relations* 35 (July 1986), 383—388.

② Jan E. Stets and Debra A. Henderson, "Contextual Factors Surrounding Conflict Resolution while Dating: Results from a National Study," *Family Relations* 40 (January 1991): 29—36; and Jan E. Stets, "Interactive Processes in Dating Aggression: A National Study," *Journal of Marriage and the Family* 54 (February 1992), 165—177.

西蒙斯和其他研究者发现了家庭早期经历与约会暴力的显著联系①。频繁受到身体惩罚提高了约会暴力的风险但是不能预测约会暴力。更确切地说,父母对孩子低水平的支持和参与同青少年犯罪、毒品使用相联系,这反过来也预测了约会暴力的卷入。

约会时的强奸和性强迫

强制的性接触由亲密者之间一些特定形式的暴力构成。研究者估计,对女学生的强奸,除被陌生人外还有 20%—25%是被熟人所为。新罕布什尔州大学的一个研究显示,39%的女性曾经经历过一些强迫的接触,20%的经历过试图强迫的性关系,10%的经历过强奸②。

一份来自于一所较小的人文科学学院的男性研究显示,34%的被试承认了一些强奸和/或强制性关系的倾向③。相似地,一份关于加拿大男性的研究显示,那些实施性侵犯的人也倾向发起身体侵犯,倾向于具有传统的性别角色信念(接受人际间的暴力),以及倾向于具有 515
成员间的友爱④。友好的成员更容易被他们的朋友强制进行性关系和侵犯。

无论是对父母还是对恋爱中的情侣,童年和青少年时期出现的暴力似乎是婚姻暴力和父母暴力的基础。不幸的是,配偶之间的暴力以及父母和孩子之间的暴力很少是暴力实施者的第一次经历。

家庭暴力的应对与预防

将 ABCX 模型应用于家庭和亲密情侣间的暴力时,我们发现:各种各样形式的暴力发生可能代表了,或者也可能不能代表危急事件。正如之前所陈述的,一件危急事件取决于(B)成员可获得的资源和(C)行为所附属的定义或意义。

兄弟姐妹间、父母与孩子间、情侣之间的许多行为都被看成是可预料的、正常的行为,这在之前的讨论中已经清晰呈现过了。甚至 1994 年的盖洛普民意测验也揭示:几乎四分之一的人(23%)说他/她设想可以准许妻子打丈夫耳光⑤。但人们对相反的情况更谨慎,只有仅仅 10%的人能同意丈夫打妻子耳光。

---

① Ronald L. Simons, Kuei-Hsiu Lin, and Leslie C. Gordon, "Socialization in the Family of Origin and Male Dating Violence: A Prospective Study," *Journal of Marriage and the Family* 60(May 1998), 467—478; and Vangie A. Foshee, Karl E. Bauman, and G. Fletcher Linder, "Family Violence and the Perpetration of Adolescent Dating Violence: Examining Social Learning and Social Control Processes," *Journal of Marriage and the Family* 61 (May 1999), 331—342.

② Sally K. Ward, Kathy Chapman, Ellen Cohn, Susan White, and Kirk Williams, "Acquaintance Rape and the College Social Scene," *Family Relations* 40(January 1991), 65—71.

③ Julie A. Osland, Marguerite Fitch, and Edmond E. Willis, "Likelihood to Rape in College Males," *Sex Roles* 35(1996), 171—183.

④ Leandra Lackie and Anton F. de Man, "Correlates of Sexual Aggression among Male University Students," *Sex Roles* 37(1997), 451—457.

⑤ David W. Moore, "Approval of Husband Slapping Wife Continues to Decline," *The Gallup Poll Monthly* 341(February 1994), 2.

受到虐待的人的回应——忍受、反击或者逃避——除了取决于可获得的资源：力量、同伴支持、朋友和亲戚、金钱或者服务、警察和危机干预中心，特别是自尊，同样还将取决于事件的意义和对于事件的感知。

盖利斯和斯特劳斯询问那些经受过虐待的妇女，对于最近的暴力事件是怎么反应的，超过一半的人回答哭。其他的回答按照频率依次是：跑到另一个房间、打回去、跑出去、叫朋友或者亲戚；排在最后的回答才是叫警察[1]。

盖利斯和斯特劳斯提出，要帮助被殴打的妇女，最重要、最有益的办法就是授权她们与丈夫协商来结束暴力虐待。一个尤为重要的干预服务（资源）可能是调节或解决冲突技巧的教学。其他重要的资源包括可提供帮助的资源，如警察、社会工作者、避难所、医疗服务等等。

盖利斯和斯特劳斯认为干预政策和项目必须对准两个方面的因素，因为是它们使人们有可能去虐待他们所爱的人[2]。第一，消除将暴力视为解决家庭冲突和问题的方法的文化标准和价值观。第二，形成支持家庭、减少家庭内外部压力与不公正的项目和政策。这个目标怎样才能完成呢？

第一个目标——消除支持暴力的这种文化标准和价值观——需要建立一个道德准则：不准打爱人和亲人。这意味着禁止打屁股和体罚。比如，瑞典和所有的其他斯堪的纳维亚
516 国家（北欧地区）在这点上做出了榜样：禁止死刑，规定学校体罚孩子是非法的，立法禁止打屁股。手枪的持有也是严格控制的。瑞典的电视台也严格限制暴力节目。

相比之下，大多数美国人对争论不太敏感，更能接受：死刑；体罚；打屁股；最低限度地控制枪支的售卖、登记；以及电视、电影、体育活动和孩子游戏中的暴力。一篇追溯到 1957 年的关于 217 个研究的综述显示：电视暴力与攻击行为有显著的正相关[3]。这个结果与年龄无关，也就是说任何年龄都有这样的相关，这揭示：电视暴力的影响不仅局限于儿童或青少年。一般来说暴力包括家庭暴力、婚姻暴力、父母暴力和兄弟姐妹间的暴力，只要美化杀人、射击、打人和虐待的社会存在，暴力也仍将盛行。

形成支持家庭的项目和政策的第二个目标与第一个目标即改变标准和价值观紧密联系。许多国家针对儿童虐待、夫妻虐待和婚内强奸制定了政策。另外，努力消除贫困和失业；给所有的家庭提供充分的医疗护理；减少家庭和团体中性别、等级和种族的不平等；促进亲属、团体的联系和支援网络都有望减少家庭暴力。

---

① Gelles and Straus, *Intimate Violence*, Figure 10, p. 258.

② Ibid., 194.

③ Haejung Paik and George Comstock, "The Effects of Television Violence on Antisocial Behavior: A Meta-Analysis," *Communication Research* 21(August 1994), 516—546.

总　结

1. 这章的关键问题——压力和暴力并不是家庭生活历程中特定时间节点或任何特殊家庭结构中唯一的要点。压力应激源或能激发危机的事件包含所有威胁系统或其成员的现状和健康的环境。家庭内部和外部都可能是事件的来源。某些事件可能起到巩固作用，而其他一些事件则可能有很大的破坏性。

2. ABCX 模型涉及一些事件(A)，这些事件与家庭应对危机的资源(B)以及赋予事件的定义和意义(C)相互作用，从而决定危机的程度或水平(X)。如果 B 和 C 适当充分，压力或危机的水平将减到最小。如果不适当，压力或危机的水平将较高。

3. 虐待和暴力是许多婚姻或亲密关系中一个常见的应激源事件。各种各样关于暴力的观点或理论都倾向于将暴力归于社会的反常而不是承认它是社会的自然结果和成分。

4. 相当多的研究关注儿童虐待，制度的传统方式承认打屁股和其他形式体罚的合法性。因为大多数这样的体罚发生在紧闭的门后，所以大多数的虐待从来没有受到公众的注意。

5. 有时候暴力是孩子直接指向父母的，尤其是青少年。研究显示对父母的虐待很广泛，男性和女性中都有发生，并直接指向母亲和父亲。

6. 对妻子和女性伴侣的虐待可能包括常见的夫妻暴力或者男权主义暴力。和儿童虐待一样，对妇女的虐待也不全被认为是不当的，特别是在以男性为权威和主导的社会中。尽管大家普遍认为儿 517
童虐待和妇女虐待会增加，但是和儿童虐待一样，女性受到的虐待近年来有所减少。许多女性因为经济不能独立或无其他选择，或有时又因为对其关系其他方面的积极看法，所以没有或者不能离开对她们实施暴力的男性伴侣。

7. 强奸或者强迫的性行为是对妻子和女性另一种形式的暴力。许多国家关注强奸并修改了法律，但是当夫妻或者亲密情侣间发生强奸时，这个问题仍然存在争论。

8. 丈夫和男性伴侣虐待受到的关注远远少于儿童虐待和女性虐待。不过，肢体暴力好像是亲密关系的一方面，以达到夫妻间的平等。

9. 兄弟姐妹间的暴力通常围绕着竞争和嫉妒，是家庭中最频繁、最容易接受的一种暴力形式。可以想象，兄弟姐妹中的一方因没有其他人所拥有的东西而愤恨，或者因资源有限，不能平等分配而紧张。

10. 被虐待的老年人通常涉及老年的父母，特别是母亲。对老年人的虐待包括从积极或主动的忽视到口头语言和身体的虐待。

11. 亲密情侣间暴力的其他形式包括青少年和成年人在约会/追求时的暴力。这种暴力可能是以威胁的形式发生，或者以造成身体伤害的形式发生，或者涉及频繁性侵犯、性强迫或者约会强奸。

本章主要关注夫妻和家庭的压力与暴力。第 14 章将转而关注婚姻的终止，特别是通过离婚和随后的再婚。

关 键 词

压力应激源事件(Stressor events) p. 493

ABCX模型(ABCX model) p. 493

ABCX模型的变量(Variations of the ABCX model) p. 495

家庭和亲密者间的暴力(Violence in families and among intimates) p. 497

家庭暴力误区(Myths of family violence) p. 499

家庭暴力的原因(Causes of family violence) p. 500

儿童虐待和暴力(Child abuse and violence) p. 502

体罚(Corporal punishment) p. 502

文化外溢理论(Cultural spillover theory) p. 502

儿童性虐待(Child sexual abuse) p. 504

父母虐待和暴力(Parent abuse and violence) p. 505

妻子和女性伴侣虐待和暴力(Wife and Female partner abuse and violence) p. 506

普通夫妻暴力(Common couple violence) p. 506

男权主义暴力(Patriarchal terrorism) p. 506

亲密情侣间的强奸(Rape among intimates) p. 508

强奸(Rape) p. 508

丈夫和男性伴侣虐待和暴力(Husband and male partner abuse and violence) p. 509

夫妻间相互虐待和暴力(Mutual abuse and violence in couples) p. 510

兄弟姐妹间虐待和暴力(Sibling abuse and violence) p. 511

老年人虐待和暴力(Elder abuse and violence) p. 512

其他亲密者间的暴力(Violence among other intimates) p. 512

求爱暴力(Courtship violence) p. 512

约会时的强奸和性强迫(Date rape and sexual coercion) p. 514

家庭暴力的应对与预防(Treating and Preventing family violence) p. 515

问 题 讨 论

1. 列出家庭的5个压力应激源事件。家庭怎样为这些事件做好准备?一些事件巩固家庭而其他的一些事件又破坏家庭,这是怎样成为可能的?

2. 什么因素增加了危机和危机的准备?使用这个章节提到的ABCX公式,解释在面对潜在的危机情况时,*资源*和*意义*是怎样引起家庭的充分和不充分状态的。

3. 选择任何个人或家庭的问题。可得到的资源怎样影响个人应对问题的能力?什么类型的资源对家庭或者个人意义重大?个人对危机问题的定义怎样影响所经历的压力水平?

4. 检验家庭暴力的7个误区。这些误区有多少是看上去部分正确的?你赞同或者不赞同那些误区?为什么?

518 5. 什么样的家庭环境和社会环境是孩子容易受到身体虐待和性虐待的高风险环境?虐待对于个人的长期影响是什么?

6. 夫妻关系和情侣关系(包括虐待和强奸)是私密和个人的事情。如果这样的话,社区或者国家是否应该干预爱人、夫妻和家庭间的暴力?为什么应该或者为什么不应该?

7. 为什么许多受到虐待的妻子或女伴没有选择离开这种暴力的环境？什么因素影响女性做出了不同的决定。

8. 是否有必要关注或者研究男性受到的虐待或兄弟姐妹间的虐待？难道丈夫不关心自己吗？难道兄弟姐妹之间的争吵就是自然的事吗？请加以解释。

9. 回想自己童年关于暴力的经历。你回忆到了什么？是和谁的？是什么原因引起的？

10. 讨论家庭中对老年父母各种形式的虐待，什么样的行动或项目可能减少对老年人的虐待或者甚至解决这个问题。

11. 你是否注意到了在约会或者婚前交往中的虐待或暴力？是以什么样的形式发生的？性侵犯或者性强迫是真正的暴力吗？为什么是或者为什么不是？

12. 像酗酒、吸毒、失业和缺钱之类的因素与暴力和虐待之间的关系是什么？怀孕、生日或者假期可能怎样影响暴力的可能性？

521

第 14 章

离婚与再婚

案例

结婚多年后离婚

南希结婚已经二十多年。她有两个女儿,一个 18 岁,一个 9 岁。她的丈夫生意成功,对于她的丈夫,她同时承担着妻子、母亲、家庭主妇的责任。到底哪里产生了问题？以下是南希告诉我们的她的婚姻情况。

“我结婚时 26 岁,我的丈夫比我大 6 岁。我已经和他约会了很多年。虽然我对嫁给他有些犹豫,但是我已经厌倦了约会,厌倦了单身生活。我那时认为,结婚后他会有所改变,并且那时也的确认为我爱他。我仍然记得我和爸爸坐下来,列出结婚的利弊。我爸爸一直都是一位很好的聆听者,而且是我最好的朋友之一。我的父母给我提供了一个很好的婚姻榜样,所以,我最后决定嫁给他。

“由于我们都是天主教徒,而因为之前他离过婚,因此我们无法在教堂里举行婚礼。我的一位牧师亲戚,在一个医院教堂里为我们举行了一个私人仪式。我郑重地进行了宣誓,并且接受了他与他前妻有两个女儿的事实。她们和自己的母亲住在一起,与我们很少交往。由于她们的奶奶住在我们的镇子里,所以她们过来时,较多地和她们的奶奶住在一起。我的丈夫在经济上支持她们,但在感情上与她们并不亲密。

“结婚后几个月,我慢慢发现问题了。在两段婚姻之间,我的丈夫保持单身已经有整整
522 七年,结婚后,他仍然保持‘结了婚的单身汉’这样的生活。他会和朋友一起去打高尔夫,在酒吧呆很长的时间,回家非常晚。这么多年来,我变得越来越不快乐,却还是感觉我拥有了一切。他对我很好,我们在经济上很稳定,我有了一个我深爱的女儿。但是在情感上,他与我仍然很疏远。我们仅仅谈论表面上的事情,从来不深入探讨我们之间的问题。我们从没

有度过假，因为他一直忙于他的生意。我对我的婚姻期待更多，特别是情感上的关联。

“虽然我的丈夫从来不在家中帮忙，但是这不是重要的问题。我是一个非常传统的家庭主妇，直到女儿上学，我才开始继续工作。即使在当时，我只是在我女儿的学校中做一个兼职教师。我第一个女儿出生后九年，我们又有了一个女儿。但是我的丈夫和我对彼此并没有很深的感情，我们婚姻的情况持续恶化。

“很多年前，我就开始考虑离开他，但是对我来说，要迈开这一大步太难了。我们有两个女儿，我和他的家庭非常亲近，甚至与他前妻的两个女儿也很亲密。事实上，如果不是他与其他女人有了关系，我现在仍然会和他在一起。我发现了一张鲜花的收据，当面质问了他。我后来发现他们在一起已经有两年了。他对这段关系守口如瓶，只有很少朋友知道。

“对于我来说，这就是最后一根稻草。于是，两年前我离开了他，去年我们正式离婚。在经济上我还可以。但是我仍然努力着去理解，并且着手处理这件事。我 18 岁的大女儿在念书，现在和她的爸爸住在一起，我 9 岁的小女儿和我一起生活。她爸爸在有空的时候会来看她，但在情感上还是与她非常疏远。

“现在我已经坚持过来了，我可能在我的余生一直保持单身。我并没有有意地避开男性，但是我亲密的朋友都是女性。我目睹了这么多不幸福的婚姻。所以我觉得，处于一段婚姻中，并不能让我像保持单身一样快乐。”

问题思考

◆ 鉴于南希是天主教徒，她许下这样的誓言“只有死亡才能将我们分开”，在她感觉拥有一切——包括两个可爱的女儿并且经济稳定的情况下，她离婚是不是一个错误的决定？为什么？

◆ 在她婚姻的早期，南希发现她的婚姻中存在严重的问题。为什么她，包括许多夫妇，仍然在离婚前保持了很久的婚姻关系？为什么一些夫妇从来没有走那一步？

所有的社会为丈夫、妻子或者双方提供了一个或更多的方式来处理不令人满意的婚姻关系。更重要的是，高度父权、男性主导的社会允许男人在婚后拥有情妇或者姨太太。在许多社会中，包括美国，婚姻被视为民事协议，在这个协议中，具体指定了人们多少岁可以结婚，他们可以拥有几个伴侣，以及在什么情况下婚姻可以解除。523

一些国家直到现在，仍然遵守罗马天主教的教规。只有死亡到来，婚姻才能终止。这些国家包括：拉丁美洲的阿根廷、巴西、智利和哥伦比亚；东南亚的菲律宾；西欧的意大利、爱尔兰和西班牙。在另一些国家，如美国、法国、瑞士、俄罗斯、波兰，包括挪威、瑞典、丹麦、冰岛等斯堪的纳维亚国家，如果一方或者双方为自己犯下的违反婚姻规则的行为感到内疚，或者有证据表明婚姻已经完全破裂了，离婚是允许的。最后，伊斯兰教和犹太教的官方法律，给予丈夫自由的权利，通过与妻子断绝关系来结束婚姻。在现实生活中，这样的情况很少发生,同样,大量的运动给妻子们提供解除婚姻的权利。

在美国,离婚是结束一段不满意婚姻关系的知晓度最高、最普遍的方法,因此这一章节中将更多地关注离婚这一话题。遗弃、合法分居、非正式协议分居、解除婚姻,都是帮助人们走出婚姻的其他方法,如果不是永久,至少可以暂时。

遗弃与分居

遗弃是一种没有法律上的正当理由,故意抛弃配偶、孩子,或者两者的行为。关于遗弃我们所知甚少,其涉及的研究也很少。在美国28个州中,通常,一年不出现(时间跨度从西弗吉尼亚州的六个月,到佛特蒙州的七年不等)是被遗弃一方提出离婚的一个合法理由。

传统上假定遗弃者仅仅是男性。现今,有报告指出还存在"逃跑的妻子"。与男性想摆脱婚姻的情况不同,实行遗弃的女性通常期望逃离对儿童的抚养以及无法承担的家庭责任。对于双方来说,遗弃是一种对一件或者许多件无法解决的事件的反应,这些事件即孩子、家庭矛盾、酗酒、出轨、无法承担一个家庭等等。

与离婚不同,遗弃没有制度化。法院或其他官方机构并不会对此进行登记,遗弃者和被遗弃者不能再婚。事实上,遗弃在法律、经济、社会中的确切定义仍然不清晰。例如,配偶消失多少天算遗弃?配偶中的一方多次离开和返回,那么此时的婚姻和双亲关系到底类似单亲家庭还是双亲家庭?配偶中的一方是否在法律上需要对另一方的生活花费和行为负责?由于缺乏制度化的规范以及遗弃事件的模棱两可,通常认为遗弃的负面作用比离婚更大。

对于分居又怎么样呢?人们大都假定,分居是通向离婚的踏脚石,随之而来的是另一段婚姻。尽管许多夫妇分居后紧跟着离婚,但另一些夫妇利用分居来进行和解,来结束婚姻中的重重困难。还有一些夫妇保持婚姻关系,但是生活在长期、未解决问题的分居状态。

美国人口普查将人们分为:*已婚—配偶出席*、*已婚—配偶缺席*以及*分居*。分居的类别包括合法分居夫妇,即那些为获得离婚而分开居住的夫妇;以及由于家庭纷争永久或暂时分
524 居的夫妇。已婚—配偶缺席的类别包括,已婚的夫妇由于工作的关系,或者在远离家庭的军队中服务,或者由于其他理由(不包括分居)而没有居住在一起的夫妇。根据《2009年美国统计摘要》,2007年,18岁或以上的有1.8%的男性和1.3%的女性,被归类为已婚—配偶缺席。在30至40岁之间的夫妇,75岁及以上的夫妇中(大多数由于健康关系),这一比例最高。1.8%的男性和2.6%的女性处于分居状态,在35至45岁之间的夫妇中,分居这一比例最高。①

合法分居情况下,丈夫和妻子在法律上被批准可以分开居住,并签订正式的协议来确认

① U. S. Census Bureau, *The 2009 Statistical Abstract*, "Table 56—Marital Status of The Population by Sex and Age: 2007," http://www.2010census.biz/compendia/statab/cats/population/marital_status_and_living_arrangements.html.

探望模式、抚养等问题。这样的分居也被称为*有限的离婚*、*部分分离*、或者*"从床上到地板的离婚"*。

大多数的分居并不是法律认可的。非正式分居通常是夫妇中的一方或双方决定分开居住,而产生于夫妇间的一项协议。不同于遗弃,这种分居双方都知道对方的行踪,不同于离婚,因为夫妇在法律上仍然是已婚不能再婚。这样的分居大量存在于低收入家庭,因此,非正式分居又被称为"穷人的离婚"。

少量关于分居的研究中,有一个在大城市克里夫兰地区进行,超过 1100 名居民作为随机样本。①研究表明,六分之一的夫妇在他们的生活中由于争吵或者意见不一,曾经至少分居 48 小时。一些分居是通向永久分居或离婚的踏板。另一些分居被当作解决矛盾的手段,或者是强迫配偶实行一些行为的戏剧化姿态。最容易分居的是黑人、女性、低收入者和孩子较少的夫妇。对大多数人来说,分居随之而来的是情感上的强烈痛苦。

除了离婚,暂时或永久的分居的原因是什么?有研究表明,婚姻中分居并没有带来"小别胜新婚"。②不住在一起的夫妇——通常由于在军队服役或监禁(关押在监狱)——在三年内的离婚率是居住在一起的夫妇的两倍。

婚姻无效

词语"*宣告无效*"在法律上定义为完全去除、清除、使之无效、废止、废除、根除的意思。 525
当一段婚姻被宣布无效,法院根据州立法,发现有些原因*先于*婚姻,从而宣判婚姻协约无效。法院决定这样的婚姻在执行时,事实上根本不是婚姻。通过宣布一段婚姻无效,法院实际上宣布了这段婚姻永不存在。

总的来说,离婚与婚姻无效的区别在于一些特定行为发生的时间。离婚通常包括结婚*后*出现的行为——无法调和的矛盾、无法和睦相处、虐待、通奸、遗弃、不尽抚养义务、酗酒等等。婚姻无效通常包括一些结婚*前*出现的行为——未达到法定结婚年龄、已婚、精神疾病、无法治愈的性无能、乱伦等等。

全球的离婚情况

在西方世界,传统上通常将离婚视作当事人的不幸事件,也是家庭系统失败的清晰标志。但在过去的二十年中,美国和其他西方国家对分居和离婚的态度已经改变。考察美国、

① Gay C. Kitson, "Marital Discord and Marital Separation: A County Survey," *Journal of Marriage and the Family* 47(August 1985), 693—700. Note also Stephen B. Kincaid and Robert A. Caldwell, "Marital Separation: Causes, Coping, and Consequences," *Journal of Divorce and Remarriage* 22(1995), 109—128.

② Ronald R. Rindfuss and Elizabeth Hervey Stephen, "Marital Noncohabitation: Separation Does Not Make the Heart Grow Fonder," *Journal of Marriage and the Family* 52(February 1990), 259—270.

英格兰、威尔士、法国、瑞典的离婚法律,发现离婚已经越来越容易,离婚赡养费变得越来越少见。更多的人努力提高孩子的抚养费,并加强执行度。也越来越鼓励父母共同决策。①

离婚并不仅仅只发生在西方国家,是世界上所有国家都存在的一种现象,几乎在所有的部族社会中都十分普遍。此外,过去曾有几个国家的离婚率比当今美国的还要高。例如1887—1919年的日本,1887—1940年的阿尔及利亚和1935—1945年的埃及。

526 **跨文化视角**

中国的离婚情况

中国的离婚案例可分为两种:一种是夫妇双方都期望离婚,另一种是只有一方希望离婚。第一种离婚情况被称为*协议离婚*,这种情况非常简单,无需离婚申请者支付额外的费用。夫妇双方只需前往当地婚姻登记处,并填写表格即可。如果没有胁迫的成分,双方就孩子的抚养权、家庭财产的分配达成一致,那么离婚证书即可发放。如果只有一方期望离婚,他/她需要前往婚姻登记处进行申请。随之而来的是调解,试图和解。如果调解不成功,这一离婚案例将被呈送至人民法院,由人民法院来决定支持或反对离婚,以及如果有孩子,由人民法院决定谁拥有孩子监护权。

婚姻法、家庭规模和性别角色的改变是否导致离婚率的高涨?从百分比来看,答案是"是",但是涉及的数量非常少。例如,从1980年的341000例离婚到1990年的800000例,增长了135%。但对中国这样一个拥有12亿人口的国家来说,这仅仅相当于每1000人口中只有0.8例离婚。从全球视角来看,这样一个比例十分低,特别是与大多西方工业化国家相比。毫无疑问,中国的大多数婚姻是十分稳定的,大多数人希望在生活中保持婚姻状态,当地的亲属以及政府政策都支持这样的稳定。

来源:Sheryl WuDunn, "Divorce Rate Soars as Chinese Decide Love Is Part of Marriage," *The New York Times*, April 17, 1991, p. B1.

当今,美国是世界上离婚率最高的国家之一,但不是最高。俄罗斯和前苏联国家的离婚率特别高。根据欧盟统计局、经济合作与发展组织(OECD)、②联合国的最新数据(2005—

① Mark A. Fine and David R. Fine, "An Examination and Evaluation of Recent Changes in Divorce Laws in Five Western Countries: The Critical Role of Values," *Journal of Marriage and the Family* 56(May 1994), 249—263.

② United Nations Statistics Division, Marriage and Divorce, "Table 25. Divorces and crude divorce rates by urban/rural residence: 2002—2006," http://unstats.un.org/unsd/demographic/products/dyb/dyb2006/Table25.pdf; and OECD Family Database "Chart SF8.5: The increase in crude divorce rates in all OECD countries from 1970 to 2006/2007," http://www.oecd.org/dataoecd/4/19/40321815.pdf.

2006)，美国每1000人的离婚率为3.7，相比之下，俄罗斯为4.5，乌克兰为3.8，摩尔多瓦为3.5，白俄罗斯为3.3，立陶宛为3.4，拉脱维亚为3.2，捷克共和国为3.1。古巴也有较高的离婚率(3.8)。欧洲北部、中部、西部的大部分国家，大洋洲，加拿大，英国，日本和韩国，离婚率在2.0至2.5之间。欧洲南部的国家(西班牙、意大利、希腊、斯洛文尼亚)和其他主要天主教国家，如波兰、爱尔兰和墨西哥，离婚率低于2.0(36个经合组织国家中，最低的离婚率为0.7)。在中东，离婚率也非常低。

谈及变化率，大多数经合组织国家从1970年起就开始面临离婚率升高的情况，其中，美国和墨西哥的变化最少，而传统的天主教国家，如葡萄牙、法国、西班牙、意大利和爱尔兰经历了最大的增幅(在绝对数量和相对数量上都增加了)。

如何解释离婚率和离婚频率的改变？很显然，在高度宗教化的社会中，强加于离婚的宗教信仰和法规能够解释不同国家之间离婚的巨大差别。当然还存在一些其他因素。一个以66个国家为样本的研究调查了社会阶层和离婚率的相关性。①研究发现，有四个因素与离婚显著相关。与低离婚率相关的有：(1)较高的性别比例，指女性数量较少；(2)女性结婚的平均年龄较大。与离婚率显著相关，但没有呈线性关系的因素有：(1)社会经济发展水平；(2)女性劳动力参与率。以上两个因素与离婚率成U形相关。这表明，在社会工业化早期，随着社会经济发展和女性劳动力参与率的提高，离婚率会随之下降。但在工业化晚期和现代化时期，两者趋向于增加了离婚的发生率。

包括美国在内的许多西方社会，社会经济发展与女性劳动力参与的比例都是非常高的。因此，随着传统的金字塔家庭模式被削弱，与强调大家庭相反，个体小型核心家庭越来越受到重视，我们可以预料到高离婚率。接下来的部分将考察离婚率是如何确定的，以及探索美国离婚率的未来趋势。

跨文化视角 527

瑞典的离婚情况

在瑞典，考虑到非婚同居的情况，离婚率并不是显示婚姻解体的充分指标。一个能够显示无论是结婚夫妇还是同居关系的情侣，他们发生破裂的比例，才是一个更好的指标。

我们可能会质疑，如果要知道有多少种同居形式就十分困难了，那么想要知道多少同居关系破裂就更困难了。有一点显而易见，在瑞典和全世界，非婚同居缺乏像婚姻一样的稳定性。因此，如果将非婚同居的破裂数量算入瑞典的离婚数量(大约是美国的一半)，那么瑞典的离婚率将成为工业化社会中最高的。

---

① Katherine Trent and Scott J. South, "Structural Determinants of the Divorce Rate: A Cross-societal Analysis," *Journal of Marriage and the Family* 51(May 1989), 391—404.

安德森的数据表明:有一个孩子的女性,比没有孩子的女性离婚的可能性低,有两个孩子的女性比只有一个孩子的女性,离婚可能性大大降低。在美国,有一个年幼的孩子降低了离婚的风险,这一情况表明:年幼的孩子,至少在一段时间内,“保护”家庭免受离婚的风险。

来源:Gunnar Andersson, “The Impact of Children on Divorce Risks of Swedish Women,” *European Journal of Population* 13(1997), 109—145.

美国的离婚情况

离婚率

离婚率通常通过以下三种方法中的一种进行测量:

1. *粗离婚率*:总人口中每1000人中离婚的数量
2. *精确离婚率*:每1000对已婚女性或男性中的离婚数量
3. 同一年中,离婚数量与结婚数量的比例

需要注意的是离婚率的不同取决于使用了哪种数据。例如:美国2007年的*粗离婚率*为3.6。①这意味着每1000人中(男性、女性、孩子、成人、已婚者、单身)有7.2个人离婚,或者有3.6段婚姻关系以离婚(或宣布婚姻无效)结束。换另一种说法,在一个人口为100000的城市中,离婚率为3.6意味着,在2007年这一城市中发生了360起离婚。鉴于美国婚姻制度是一夫一妻制(一件离婚中涉及两人),那么这一城市中有720人在那一年内经历了离婚。需要指出的是,这一离婚率会受到年龄分布、人口中已婚/单身比例这类因素的影响。在拥有大型规模家庭、平均寿命短、晚婚、人口中儿童或单身青少年的比例较大、未婚者比例失调的国家或城市中,相当大比例的已婚者可能将离婚,但是这一国家或城市的离婚率看上去仍然较低。

虽然*精确离婚率*能更好地估测在特定年份中,已婚者经历离婚的可能性,但是官方
528 政府报告中通常不对精确离婚率进行计算。不过使用《2009统计摘要》中的重要统计数据,仍然有可能对此数据进行计算(至少可以计算18岁及以上的人群)②。2007年,

---

① U. S. Census Bureau, *The 2009 Statistical Abstract*, “Table 56—Marital Status of the Population by Sex and Age: 2007,” http://www.2010census.biz/compendia/statab/cats/population/marital_status_and_living_arrangements.html.

② Calculated based on data on divorce rates, population, and marital status of population in 2007 from the U. S. Census Bureau, *The 2009 Statistical Abstract*, “Table 123—Marriages and Divorces—Number and Rate by State,” http://www.2010census.biz/compendia/statab/cats/births_deaths_marriages_divorces.html; and “Table 7—Resident Population by Age and Sex,” and “Table 56—Marital Status of the population by Sex and Age: 2007,” http://www.2010census.biz/compendia/statab/cats/population/marital_status_and_living_arrangements.html.

美国每 1000 名 18 岁及以上的已婚女性中，离婚率约为 16.7，男性为 16.8。与第一种数据描述的不同，这一数据排除了单身和儿童。这一数据基于单一伴侣的婚姻制度，因此无需进行调整。精确离婚率直接表达了在计算离婚率的当年中女性（或者男性）经受离婚的可能性。由于不受总人口数量、年龄、婚姻状态的影响，这一数据还可以进行跨文化比较。

*给予年中准予的离婚数量与结婚数量比例*在 2007 年为 0.49。这一数据通常引发了关于"美国家庭破裂"的争论。几乎二分之一的婚姻以离婚告终——或者确实如此吗？

虽然"在给予的年中，结婚数量是离婚数量的两倍"这一说法可能较为精确，但是使用这种计算方法并不能证明二分之一的婚姻将以离婚告终。这一不准确至少来自于三个原因：

1. 这一年中的结婚者并非这一年中的离婚者；这些人可能在一年、八年，或者三十年前结婚。在 2007 年，结婚和离婚的数量之间并没有相应的联系。

2. 在结婚者中，大约有 45%为一方或者双方是再婚，这一情况没有被考虑。同一年中，经历了离婚和结婚的人都被分别算入了结婚和离婚的数量，从而产生了 1∶1 这样的比例——离婚数量与结婚数量相同。而在同一年中再次离婚可能会造成离婚数量大于结婚数量这种不可能情况。

3. 有可能计算的结婚数量小于离婚数量。值得注意的一个例子是使用人口普查数据计算。

与"给予的任何一年中的离婚率"这个问题相比，"所有的婚姻关系中，多少将以离婚告终？"可能是更有意思的问题。国家健康统计中心根据 1995 年来自全国家庭成长调查（NSFG）的数据展开了一项研究。①这项研究基于以前已婚者群体的离婚行为，使用生活表格这一方法来计算离婚的可能性。这一分析产生的数据接近同一年中离婚与结婚比例。即，所有今天或者过去十年开始的婚姻，约有一半将以离婚告终。具体来说，五年后，20%的初次婚姻由于分居或离婚而结束。十年后，33%的婚姻结束；二十年后，50%的婚姻结束。

然而，这一估算方法仍存在问题，离婚率随着时间并非固定，近几十年来持续下降。因此，过去二十年开始的婚姻（相对于 1995 年的研究）显露出了二十世纪七十年代中期到后期的极高离婚率。结果，这些婚姻很少维持到现在，已不能成为较多当今婚姻群体中的案例。因此，"现在开始的婚姻，其中 50%在未来 20 年中可能以离婚告终"这一说法有误导性。事实上，当今新婚者所面临的离婚风险可能已经变小。

---

① National Center for Health Statistics, *First Marriage Dissolution, Divorce, and Remarriage: United States* (Hyattsville, MD: Department of Health and Human Services, May 31, 2001), Tables 3 and 4, no. 323, pp. 5 and 6.

529

新　闻

现实世界的离婚

每一代人都会发现,他们的婚姻没有父母的婚姻那么稳定,关于离婚的一个重要说法是:婚姻破裂对美国家庭的威胁不断增加。

上周公布的最新离婚数据看似支持了这一说法。报纸警告读者"不要囤积银婚周年纪念卡",因为"在二十世纪七十年代晚期结婚的夫妇,几乎很少能够在 25 年后仍然在一起"。显而易见的是,事情越来越糟糕,因为"最新数据表明:在最近 20 年 1975—1994 年中结婚的人,离婚率有了小幅上涨"。其他主要报纸也刊登了相似的文章。

离婚率不断上涨的说法是一个强有力的表述。但这种说法也是错误的。事实上,在过去四分之一个世纪中,离婚率持续降低,自 1970 年以来现在达到最低值。虽然结婚率也在不断降低,但那些确实发生的婚姻已越来越稳定。例如:在二十世纪九十年代结婚的夫妇,比在二十世纪八十年代结婚的夫妇,更有可能庆祝他们的结婚 10 周年纪念日。依次地,在二十世纪八十年代结婚的夫妇,比二十世纪七十年代结婚的夫妇,更能维持他们的婚姻。

为什么最近的数据有如此多的分析将我们带入歧途?如果要理解这一难题,我们需要对一些相当复杂的数据进行深挖。

人口普查局报道,在 1975 年至 1797 年结婚的夫妇,有略多于一半的夫妇没能度过他们的 25 周年结婚纪念日。这一离婚率不仅惊人的高,而且比前五年增长了 8%。但是这里存在一个问题:人口调查局的数据来自于 2004 年中期的调查,在那个时候,他们的调查对象中有十分之一的夫妇结婚未满 25 年。如果你在 1979 年底结婚,那么在 2004 年中期接受调查时,你根本不可能庆祝结婚 25 周年。如果人口调查局的这一调查能在六个月后举行,那么他们将发现,大多数在 1979 年后半年结婚的夫妇,正愉快地步入婚姻的第 26 个年头。一旦将这些夫妇考虑进去,结果是:大多数在 1975—1979 年结婚的夫妇——大约 53%——能够庆祝他们的银婚周年。

这样一种认为离婚率不断升高的表述,与离婚证书的颁发数据完全相矛盾。离婚证书的数量表明,离婚率在 1979 年达到顶峰为 22.8,到 2005 年下降至 16.7。

为什么这个关于离婚的说法持续如此强有力?家庭研究报告与经济研究报告非常相似:统计数据上的悲哀故事为改革提案提供基础。唯一的区别在于:保守主义者利用这些数据在婚姻市场上进行更多的政府干预,而自由主义者利用数据来推进"撤销对婚姻管制"的观点。但是一个真正有价值的家庭政策应该以事实为基础。事实是:离婚率降低,当今的婚姻比过去更稳定。也许囤积银婚周年纪念卡是值得的。

来源:Betsey Stevenson and Justin Wolfers, *The New York Times*, September 29, 2007. http://www.nytimes.com/2007/09/29/opinion/29wolfers.html?_r=1.

也许此研究所得出的有关某一群体离婚可能性的结果更为重要。如果妻子第一次结婚时为青少年，比至少 20 岁的妻子更易离婚。18 岁之前结婚的女性十年后有 48%离婚，二十年后 67%离婚。相比而言，18—19 岁结婚的女性，十年后只有 40%离婚，二十年后 56%离婚。根据种族/民族，十年后白种人的离婚率为 32%，西班牙裔为 34%，黑人为 47%，亚洲人为 20%。

无论以哪种计算方法，离婚的相关数据都不完善。即使全国人口统计办公室所报道的 530
数据是基于参加了离婚登记区(DRA)的那些州。事实上，要收集来自所有五十个州的真实数据是不可能的。尽管离婚率与相关数据的精确性在不断提高，数据仍然不完善。可获得的最好的信息在呈现时需确认：数据是根据选择的可得到的数据进行估算得出。

离婚趋势

如表 14.1 所示，在 1960 年和 1990 年之间，每隔五年，美国准予的离婚与婚姻无效的数量出现增长，从绝对数量(从 393000 例到 1182000 例)和粗离婚率及精确离婚率(相应地从 2.2 到 4.7，从 9.2 到 20.9，)来看都是如此。但是从 1990 年起，离婚数量戏剧性地降低了(从 1182000 例到 1086000 例)，而粗离婚率和精确离婚率(相应地从 4.4 到 3.6，从 20.9 到 16.7，)也下降了。1981 年 1213000 例的离婚数量——包括 2420000 离婚者——达到了美国有史以来最高的离婚数量。在 1970 年到 1981 年，离婚的增长速度比总人口和结婚人口的增长速度更快。

表 14.1 美国 1960—2007 年的离婚数量和离婚率

年份	离婚数量	离婚率/1000	
		总人口	已婚女性
2007	1085000(est.)	3.6	16.7(est.)
2000	1125000(est.)	4.1	(N.A.)
1995	1169000	4.4	19.8
1990	1182000	4.7	20.9
1985	1190000	5.0	21.7
1980	1189000	5.2	22.6
1975	1036000	4.8	20.3
1970	708000	3.5	14.9
1965	479000	2.5	10.7
1960	393000	2.2	9.2

来源：National Center for Health Statistics, *Monthly Vital Statistics Reports*, vol. 49, no. 6 "Births, Marriages, Divorces, and Deaths: Provisional Data for January-December 2000"(Hyattsville, MD: Public Health Service, August 22, 2000); *Statistical Abstract of the United States: 2001*, 121st ed. (Washington, DC: Government Printing Office, 2001), no. 117, p. 87; and U. S. Census Bureau, *The 2009 Statistical Abstract*, "Table 123—Marriages and Divorces—Number and Rate by State," http://www.2010census.biz/compendia/statab/cats/births_deaths_marriages_divorces.html.

从长期来看,离婚率对长期社会经济系统的变化,以及,如经济萧条、战争、女性劳动力参与、离婚法案改变这类较短期的变化与事件,是十分敏感的。从图 14.1 来看,在二十世
531 纪,离婚率表现出长期的增长趋势。这一趋势是由快速的工业化与城市化进程,以及文化价值的改变所致。这样一种文化价值,提高了婚姻面临的压力应激水平,并将婚姻的焦点从工具型机构,向为个体的发展与成就提供情感和心理需求机构转变。

图 14.1　1925—2007 年的离婚率

来源:U. S. Census Bureau. *The 2009 Statistical Abstract*. "Table 123—Marriages and Divorces—Number and Date by State." http://www.2010Census.biz/compendia/statab/cuts/births_deaths_marriages_divorces.html.

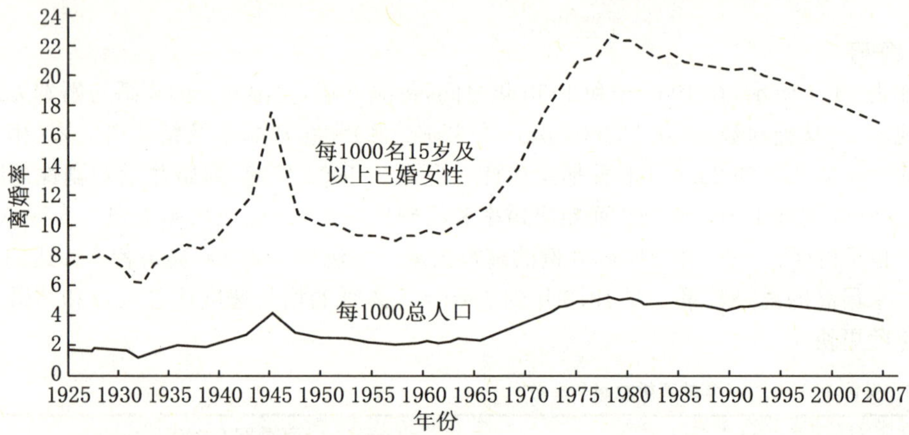

在这个长期趋势的背景中,离婚率的短期降低由经济萧条(参见 1925—1935 年的变化)造成。这是因为人们缺乏离婚的财政安全保障和金钱。不过这一阶段过后,离婚率恢复。在全球大规模战争后,离婚率急剧上涨,随之而来的又是暴跌(参见 1940—1950 年第二次世界大战的开始和结束时期)。从 1950 年到 1960 年,离婚率停滞不变。从二十世纪六十年代晚期到二十世纪七十年代,离婚率急剧上涨。这些增长许多使女性更独立、更自主,拥有更多权利,同时期这些女性的劳动力参与度也大幅提高,给予女性在面对糟糕的婚姻时能寻求其他选择的资源,同样,于 1970 年在纽约州开始的离婚法律的自由化(特别是无错误离婚制度),这在接下来的十年内遍布全国。如同打开了大坝的防洪闸,法律突然地自由化使许多得处于糟糕和受虐待婚姻中的女性能够离婚。有意思的是,女性劳动力参与度和法律的自由化程度一度提高的这段时期,离婚率趋于平缓,甚至有所下降。

532 离婚的变量

美国的每一个州都允许离婚。每一个州有其自己的离婚法规,离婚率很可能会随着地理、人口统计学、社会特性而改变。下一部分将考察几个变量,并根据所选的特征来寻找造成较高或较低离婚率的原因。

地理分布

从十九世纪起，美国离婚率的地理分布就遵循着一个大趋势，从东到西逐渐升高。在2007年，每1000人口中的离婚率，在东部和中西部最低，在西部、南部、阿巴拉契州（例如：维吉尼亚、西维吉尼亚、肯塔基、田纳西、卡罗来纳州）最高。在低于国家离婚率3.6的21个州中，只有3个——南卡罗来纳、德克萨斯、犹他州，来自东部和中西部之外。在高于国家离婚率3.6的28个州中，只有3个新英格兰州（缅因州、新汉普郡、佛蒙特州）和另一个州（特拉华），来自西部、南部、阿巴拉契之外①。在各个州中还存在主要变量。在2007年，每1000人口中的离婚率，在哥伦比亚区（1.6）和马萨诸塞州（2.2）最低，内华达州（6.5）最高——与1990年11.4的离婚率相比，这已是一个令人惊讶的降幅了。

像内华达州这样的特殊情况，受其法律要求的影响极大。虽然内华达的离婚数量只占整个国家离婚数量的一小部分（约1.7%），这个州内每1000人口中的离婚率可能受到其他州离婚数量相对较少的显著影响。除了内华达州和其他少部分州，移民离婚并不对离婚率造成主要影响。

如何解释地理变量造成的影响？不同的因素可能在不同地区起作用，但总的来说，文化上同质的社区的离婚率，比相异文化社区的离婚率低；有着原始、面对面交往的社区，比关系无特色、关系分割或两者都有的社区离婚率低。在涂尔干传统的社会结构术语中，这种模式可以由社会整合假设解释。这一假设认为，在行为上（行为准则）高度统一和有效社会控制以确保遵从的地区中，离婚数量极少。高度社会整合的群体或地区（地方或州）趋向于将更强大的社会压力施加于非传统行为（离婚通常被认为是一种），并将正式与非正式压力都施加于遵从群体行为准则。

社会整合的水平和遵从的压力有可能还受到居住流动性的影响。高频率的居住流动与高离婚率和低社会整合相关。那么社区压力和离婚是否有关呢？斯科特·索思（Scott South）关注于社区社会经济的不利因素对离婚、分居产生作用。②他认为，贫困的社区，不是 533
破坏拥有孩子的夫妻的现存婚姻，而是增加未婚生育率，从而增加了单亲家庭普遍性。没有证据支持社区社会经济的不利因素与婚姻破裂的风险间存在因果关系，但是社区确实对单亲家庭和未婚生育的发展产生影响。

丈夫和妻子的年龄

年轻夫妇中，离婚非常普遍。人口统计局的数据表明：对于女性来说，离婚率在15—19岁的青少年期达到顶峰，并随着年龄的增长而降低。对于男性来说，在20—24岁达到最高值，之后随着年龄的增长而降低（参见图14.2）。总的来说，在青少年期结婚的女性，其离婚

---

① U.S. Census Bureau, *The 2009 Statistical Abstract* "Table 123—Marriages and Divorces—Number and Rate by State," http://www.2010census.biz/compendia/statab/cats/births_deaths_marriages_divorces.html.

② Scott J. South, "The Geographic Context of Divorce: Do Neighborhoods Matter?" *Journal of Marriage and Family* 63(August 2001), 755—766.

的可能性,是其他年龄段结婚女性的两倍至四倍;而在25岁之前结婚的男性,其离婚的可能性,是其他年龄男性的两倍。

图14.2　男性和女性各年龄的离婚率

来源:National Center for Health Statistics,"Advance Report of Final Divorce Statistics, 1989 and 1990" *Monthly Vital Statistics Reports*, vol. 43, no. 9(Hyattsville, MD: Public Health Service. 22 March 1995), Figure 3, p. 3.

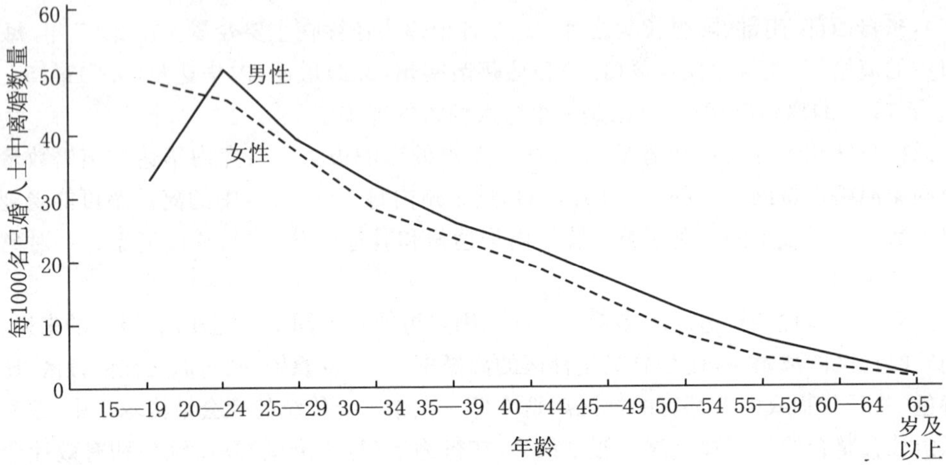

对于如此高离婚率的解释可能包括情感上的不成熟、没有能力履行婚姻的职责、早婚发生率在较低社会经济地位(更有可能离婚)中较高、较多的婚前怀孕(同样离婚的可能性更高),以及其他相似的因素。结婚年龄的增大,可能是美国在过去四十年里离婚率降低的一
534 个重要因素。在印度尼西亚进行的研究揭示:像推迟结婚和拓展教育这样的趋势,能够解释大约三分之一的婚姻解体的降低。①宏观层次的分析表明:一个降低离婚率的方法为晚婚。

婚姻的持续时间

离婚判决的数量在结婚后一至四年达到最大值,之后随着结婚时间的增加,相对持续地减少(参见图14.3)。婚后第2、3、4年为离婚的典型(最普遍)年份。几乎很少(约3%)有离婚发生在婚后第一年,这与许多州要求夫妇离婚前必须至少分居一年有关。三分之一的离婚夫妇(31.7%)结婚了1到4年,大约四分之一(28.3%)的结婚5到9年。剩下的三分之一离婚夫妇结婚10年或以上,包括6.2%的夫妇结婚年龄在25年或以上。②

---

① Tim B. Heaton, Mark Cammack, and Larry Young, "Why Is the Divorce Rate Declining in Indonesia," *Journal of Marriage and Family* 63(May 2001), 480—490.

② National Center for Health Statistics, *Monthly Vital Statistics Report*, vol. 43, no. 9, March 22, 1995, Table 11, p. 20.

图 14.3　离婚者的婚姻持续时间的百分比分布
来源：National Center for Health Statistics，"Advance Report of Final Divorce Statistics，1989 and 1990" *Monthly Vital Statistics Report*，vol. 43，no. 9(Hyattsville，MD：Public Health Service，22 March 1995)，Figure 3，p. 4.

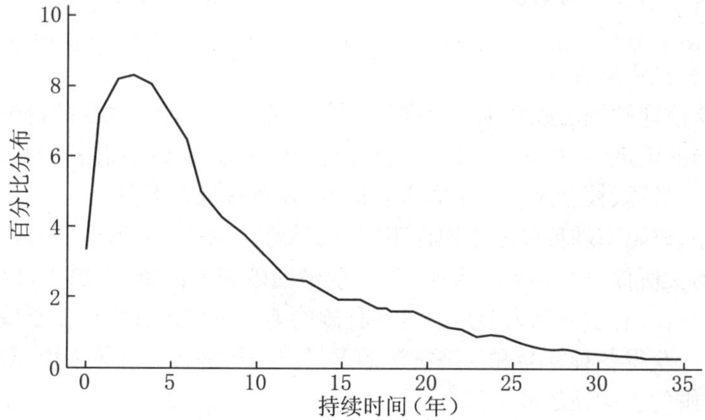

离婚与年龄或婚姻的长度无关；没有证据表明由于早婚或结婚时间短而导致中年离婚。然而，这并不是一个罕见的现象。那些确实发生在中年的离婚中，女性不断增长的经济独立性是导致分居和离婚的重要因素。①另一方面，研究发现大学教育能够降低在结婚第二个二 535
十年以及之后的离婚风险。这可能由于诸如晚婚、嫁给一个学历和工资更高的丈夫或者由于婚姻投资效应这样的因素：离婚将带来很多损失，在就业率、房屋所有权上的等。

10 年前，第一次结婚与离婚的平均间隔为 11 年。对于那些再婚并又离婚的人，第二次结婚与离婚的间隔时间的中位数为 7.3 年。第三次结婚或者更多次结婚的，间隔时间的中位数位约为五年。每段婚姻的长度，与上一段婚姻相比，都缩短了。最有可能的是，第一次离婚的经历是最艰难的。已经经历过离婚的，能接受离婚状态，之后的再婚也可能趋向于更能接受将离婚作为失败的第二、三次或第四次婚姻关系的解决办法。

再婚的持续时间受到第一次婚姻中未涉及的许多因素的影响：前任配偶、前任配偶的亲戚、继子等等。例如：全国数据表明，将孩子带入第二次婚姻将削弱婚姻；再婚前的生育提高了婚姻破裂的风险；在第二段婚姻中有一个孩子降低婚姻破裂的风险。②另外还有可能，再婚由那些不成比例地，因酗酒、虐待、精神不稳定的问题而很难维持稳定婚姻的人组成。无论原因是什么，再婚到之后以离婚告终的时间间隔比第一段婚姻更短。

---

① Bridget Heidermann，Olga Suhomlinova，and Angela O'Rand，"Economic Independence，Economic Status，and Empty Nest in Midlife Marital Disruption，" *Journal of Marriage and the Family* 60(February 1998)，219—231. Note also Zheng Wu and Margaret J. Penning，"Marital Instability after Midlife，" *Journal of Family Issues* 18(September 1997)，459—478.

② Howard Weinberg，"Childbearing and Dissolution of the Second Marriage，" *Journal of Marriage and the Family* 54(November 1992)，879—887.

虽然许多婚姻从未以离婚收场,但是已严重破裂,除了法律意义上的。这一结论引向贯彻本书被多次提及的一个观点:婚姻的长度并不是婚姻成功或者调整的必要指标,离婚也不是婚姻破裂的良好指标。离婚仅仅表明:一对夫妇希望给他们的婚姻关系一个合法终结的意愿。

种族、宗教和社会经济地位

跨种族和跨信仰婚姻的成功水平已在第六章中进行了讨论。这次的讨论议题在于在非混合(同族结婚)的婚姻中,种族、宗教和社会经济地位是如何影响离婚率的。对于黑人和白人、新教徒和天主教徒、社会经济水平高者和低者,离婚率是否不同?

在同一州中,离婚率随种族的不同而不同;同样的,在不同州的同一种族内,离婚率也会不同。如本章前文所提,10 年或 20 年后,第一次婚姻破裂的离婚率,黑人最高,接下来为西班牙裔、非西班牙裔白人,亚洲人最低。这些种族的差异可以部分由居住于城市、流动模式、社会等级的差异、获得各种社会和经济资源的差异来进行解释。总体来说,获得各种资源的可能性越高,离婚的可能性越低。

宗教起着什么样的作用呢?离婚率是否会随着主要的宗教信仰而改变?来自诺弗尔·格伦和迈克尔·萨普安克(Norval Glenn & Michael Supancic)的七个美国全国调查的数据
536 表明:以整体来考虑,新教徒的婚姻破裂率比天主教徒高,但比犹太教徒低。①没有宗教信仰的人离婚率最高。这一发现与根据参加宗教仪式的频率所得的数据相一致;宗教信仰是离婚与分居的一个重要阻碍因素。

与人们预计的相反,格伦和萨普安克的研究以及其他研究表明,信奉正统派基督教的教派——新教中最保守的教派(如拿撒勒教派、五旬节派、浸会教派)——有相对较高的离婚率,尽管他们的教义强烈反对离婚。与这些信奉正统派基督教的教派改变信仰的相关因素对造成高离婚率有着重要的作用。②改变信仰可能意味着文化冲突,这些文化冲突起因于从一种内容到另一种的根本转变。一方面,这可能也指出反分居/离婚的教条缺乏规范性的整合,而另一方面又主张接收并容忍改变信仰的"罪人"。高离婚/分居率也可能反映出:这些教派中的人处于平均社会经济地位以下;这些教派对他们的信徒在时间、经历、金钱方面有着很高的要求(这些对婚姻有消极影响);他们的神学立场缺乏灵活性以及严格死板;或者甚至关注和强调他们的来世而不是今世。

社会经济地位起着什么样的作用呢?在所有社会经济水平上,离婚率都提高了,在相对弱势的群体中,离婚率仍保持最高。当把教育、职业、收入视为社会经济地位的指标时,随着社会经济地位的下降,离婚率上升。

---

① Norval D. Glenn and Michael Supancic, "The Social and Demographic Correlates of Divorce and Separation in the United States: An Update and Reconsideration," *Journal of Marriage and the Family* 46(August 1984), 563—575.

② S. Kenneth Chi and Sharon K. Houseknecht, "Protestant Fundamentalism and Marital Success: A Comparative Approach," *Sociology and Social Research* 69(April 1985), 351—375.

有过五年或以上大学教育的职业女性，在这样的关系中是一个例外。总体来说，与相似年龄的女性相比，职业女性更有可能不结婚、更有可能离婚、更有可能离婚后不再婚。这是由于她们对男性的依赖较少、她们有不结婚但能生活下去的其他选择、她们需努力平衡工作与家庭角色。

就妻子经济的独立性而言，的确对离婚风险有着明显的影响。索思在对 3500 多对夫妇的动态收入的小组研究中，发现：妻子的职业状况对婚姻破裂的作用越来越明显。[①]此外，如同结婚年龄，妻子的职业状况对离婚的影响越来越大。他认为三个社会变化也许可以解释妻子的工作对婚姻越来越多的破坏性影响：(1)支持未婚母亲的制度的发展，(2)工作的妻子接受传统职业性别角色的趋势越来越小，(3)有工作的妻子有更多的配偶选择。（这一可选择的因素在第九章中已进行讨论，在这一章将再次考虑）

将这些例外排除在外，总体来说，较低社会经济水平者有更不稳定的婚姻和更高的离婚 537
率。这源于许多原因，包括无法负担费用所带来的挫败感；较高阶层者更多的是长期投资开支；较高阶层夫妇间的亲属和家庭网络联系越紧密，离婚就越困难。

中国香港男性与大陆女性组成的家庭

在中国香港的离婚体验

中国香港对于其百万的居住者和家庭来说是一个特殊的背景。生活在传统中国文化、当代全球化、中国大陆加入世界资本系统、英国殖民统治的影响，这样错综复杂的联系中，香港家庭面临相矛盾的预期，并发展出复杂的适应系统，使得离婚过程复杂化。在一项以 35 名女性为被试，授权为已经离婚或正在离婚女性服务的研究中，研究者探究了这些女性在她们居住的背景下，所面临的压力。

香港的文化背景混合着传统的儒家思想——社会中家庭起着核心作用（暗示着辈分和性别的等级制度）、浪漫的理想、过去一个世纪以来因为英国殖民统治而引进的基于爱、陪伴、平等的婚姻。这一混合体增加了结婚和离婚规范的模棱两可。另外，香港由于地理上接近中国大陆，随着中国制造业在郊区的蓬勃发展，结果许多香港男性在工作日要离开他们的配偶工作并居住。这样的社会经济背景使得婚姻更为复杂。

中国香港男性与大陆女性的经济差异、群体约束的缺失，导致婚外情的发生机会越来越多。另外，对于香港的低收入单身男性来说，香港与中国大陆的经济差异、相对邻近大陆导致两地婚姻的形成，这些婚姻涉及高度的不平等、经济与移民的高压力以及妻子一旦移民香港，她的孤立感。基于以上和其他原因，香港的离婚率从 1984 年的 0.76 急剧

① Scott J. South, "Time-Dependent Effects of Wives' Employment on Marital Dissolution," *American Sociological Review* 66(April 2001), 226—245.

上涨到 2005 年的 2.0。

随着离婚率的上升，传统的中国文化与现代文化的冲突也更明显。四个交叉点给正在离婚的女性造成了困难。第一，妻子自己的大家庭仍然对以下这些表示关心：即离婚将如何影响她以及她的大家庭的经济，以及这将导致怎样的社会羞耻。因此，他们通常对她施压，希望她妥协并容忍丈夫的不忠行为，责怪她过于情绪化、不包容，甚至要求向她丈夫的大家庭为她的不包容道歉来进行干涉。第二，丈夫的大家庭常常勾结丈夫来隐藏他的不忠行为，这样会在已经产生问题的姻亲关系上雪上加霜。第三，非正式社会系统仍会不公平地对离婚的妻子进行指责和羞辱。虽然，这些女性认同香港的人们更能接受离婚，但是这种对离婚的认可与她们自己的私人相互作用圈并不相关。最后，关于离婚的正式制度系统仍处于自相矛盾的状态。离婚的法律程序和社会福利的应用是漫长而复杂的，这一系统中的律师与社会工作者仍怀有陈旧的偏见，保持男权的/家长作风的方法。

来源：Winnie W. Kung, Suet-Lin Hung, and Cecilia L. W. Chan, "How the Socio-Cultural Context Shapes Women's Divorce Experience in Hong Kong," *Journal of Comparative Family Studies*, 35(2004), 33—50.

严谨的读者可能已经发现了数据中存在的矛盾。例如：图 14.1 所显示的，以及文中表述的，离婚率随着经济萧条而下降，随着经济繁荣而上升。但刚刚又提及：随着社会经济水平下降，离婚率上升。离婚率怎么可能在生活困难的经济萧条期下降，也在生活同样困难的
538 低阶层中上升呢？

好几个因素与之有关。在经济萧条时期，离婚率在所有阶层都下降。在二十世纪三十年代的大萧条时期，最低阶层仍保持最高离婚率。许多从二十世纪三十年代走下来的婚姻，在二十世纪四十年代以离婚收场。同样，一般生活方式、忠诚感、与亲属的联系、职业和收入保障以及群体支持都对离婚率产生影响。以上这些二十世纪三十年代大萧条时期存在于家庭中的因素，与当今低阶层家庭中的因素不同。再次重申，社会网络的强大影响力在一些像离婚一样被视作个人主义的、私人的事情中显而易见。

除了地理、人口统计、社会经济变量外，还有一些社会因素会影响离婚的可能性。例如：一种*家庭变革假设*认为，父母结构的多次转变对儿童来说非常糟糕，并增加了后代在之后生活中离婚的可能性。①那些父母、兄弟姐妹和朋友离过婚的夫妇，他们自己更可能离婚。

---

① Nicholas H. Wolfinger, "Beyond the Intergenerational Transmission of Divorce," *Journal of Family Issues* 21(November 2000), 1061—1086; and Du Feng, Roseann Giarrusso, Vern Bengtson, and Nancy Frye, "Intergenerational Transmission of Marital Quality and Marital Instability," *Journal of Marriage and the Family* 61 (May 1999), 451—463.

离异夫妇的成年孩子更可能处于不良的异性交往行为模型，可能无法习得有利于婚姻成功运行的技术与态度。身边有离婚的同伴可以释放禁制，降低维持一段不幸福婚姻中的压力，或可以在实际中鼓励人们追求更有吸引力的伴侣。

是否存在一些因素能帮助我们预计离婚的可能性？一项纵向研究发现：在某一时间点的婚姻问题，诸如嫉妒、酗酒、花钱、喜怒无常、不进行交流、发怒提高了10年和20年后的离婚率。婚外性行为是离婚的一个特别强有力的预示器。[①]

另一项研究发现：妻子的传统态度与低离婚率有关，丈夫的传统态度与高离婚率有关。[②]这一研究还表明，肢体暴力是影响离婚的一个重要因素，无暴力的关系与低离婚率相关。显而易见的是，这一系列与离婚可能性相关的因素并不完整。让我们考察其他的因素，将注意转移到导致离婚的一些因素上：法律上的和社会上的。

离婚的法律和社会依据

正如之前所讨论的，离婚的法律依据在每个州之间都有所不同。[③]除了“无过错”离婚，
最被广泛认可的离婚法律依据有：婚姻破裂、无法和睦相处、虐待和遗弃。在所有的州中，通 539
奸既是离婚的依据，也是无法和睦相处、不可调和的分歧、婚姻破裂的证据。其他至少适用于10个州的离婚法律依据有：不尽抚养义务、酒精或毒品成瘾、被判重刑罪或监禁、性无能、精神疾病、心理或肢体虐待、抛弃（遗弃）、欺骗、暴力或胁迫以及重婚。加利福尼亚州、科罗拉多州、俄勒冈州有一些程序，凭借这些程序，一对夫妇在没有律师、不在法庭出席，只要满足一些要求（例如：结婚少于两年、没有孩子、没有房产、少量债务）即可离婚。

在美国所有的50个州中，一方当事人无罪而另一方有罪的抗辩式离婚制度，已被无过错离婚代替。传统的过错依据被废除，支持以不可调和的分歧为基础的婚姻破裂。不可调和的分歧被定义为由法院所认定的任何造成婚姻无法继续的理由。

在无过错离婚法律下，离婚无需夫妇双方的同意。在离婚赡养费、孩子的抚养、孩子监护权的资格方面，法律是性别中立的。像子女抚养费和财产分配这样的财政判决，不是按照“过错”，而是按照夫妻双方现今的财政需求和资源。无过错离婚的基本目标在于：(1)通过减少法律和经济上的障碍来减少离婚的限制，(2)通过废除过错这一概念来推进离婚的社会心理以及交流氛围。一些州甚至用*婚姻破裂*代替*离婚*这一词。

无过错离婚法带来了什么结果？对离婚较少的限制是否导致了离婚率的上升？母亲和女性是否在无过错制度下过得更好？第一个问题的回答是“是”，而第二个是“否”。对50个

---

① Paul R. Amato, “Explaining the Intergeneratinal Transmission of Divorce,” *Journal of Marriage and the Family* 58(August 1996), 628—640; and Paul R. Amato and Stacy J. Rogers, “A Longitudinal Study of Marital Problems and Subsequent Divorce,” *Journal of Marriage and the Family* 59(August 1997), 612—624.

② Laura Sanchez and Constance T. Gager, “Hard Living, Perceived Entitlement to a Great Marriage, and Marital Dissolution,” *Journal of Marriage and the Family* 62(August 2000), 708—722.

③ See *The World Almanac and Book of Facts: 2001*(Mahwah, NJ: World Almanac Books, 2001), 746.

州发布无过错离婚制度之前的离婚率和之后的离婚率进行分析,发现在这一制度发布后只有 6 个州的离婚率上升了。①例如,内华达州的离婚率大大*下降*可能是因为与其他州相比,在内华达州的离婚受到的限制不再更少或不再更容易获得。从而减少了夫妇前往内华达州进行迅速而便利的离婚这样的需求。但是格伦提醒我们,不要这么快地得出这样一个坚决的、确定的因果结论,他认为,无过错离婚的采用就本身而言对离婚率的直接影响非常小。②

来回答第二个问题,关于离婚财产结算的研究都一致表明:离婚的女性在无过错离婚制度下,比在之前的离婚制度下感觉更糟。无过错离婚制度削减了不想离婚的那方讨价还价的权利,导致女性获得的财政结算大量下降。

无过错制度下的离婚程序是相对惯常的程序。一旦案子出现异议,可能变成旷日持久的事件,导致较多的痛苦和花费。试图减少这样的冲突便导致了离婚调解的出现。调解是一种解决冲突的过程,这个过程中离婚夫妇与一位中立的第三方介入者(调解员)进行会面,这位调解员帮助他们就财产分配、抚养、孩子的监护权进行协商。重点在于直接进行交流、
540 公开、聚焦于情感问题和导致婚姻破裂的潜在原因以及避免指责。调解支持者强调:调解缓解了法院中诉讼事件表被离婚诉讼塞满的情况,减少了夫妇在法庭上经历的离间,鼓励双方一致达成持久的协议,帮助夫妇重新开始他们共同抚养孩子的切实可行的关系,转化为节省时间和金钱。调节过程的工作是建立和强化关系,而抗辩式诉讼过程趋向于削弱并毁坏关系。

大多数离婚协议是协商后的结果,在这个协商过程中父母就孩子抚养费、监护权、探视权、婚姻财产做出决策,这种决策不将任何有质疑的问题带入法院的判决(司法裁决)。一个标准的或模版的离婚协议是这样的:母亲拥有孩子监护权并获得孩子赡养费,父亲支付赡养费并拥有探视权。③

总体来说,婚姻破裂的原因和推进这些协议、监护权事件都被解释为导致人们分开的"推动"因素,如:通奸、虐待、酗酒、人际矛盾。然而,以一种更开放的系统视角来看婚姻破裂,这些因素也同样可称为"拉动"因素:在将人们从他们现有的配偶或伴侣环境中拉出来的情况下。这些因素,如第九章中所描述,被称为婚姻选择。人们总是有意识或无意识地将他们现在的关系,与其他可供选择的关系进行比较。如果使夫妇在一起的内在吸引和力量,相比那些可行的、可替代的内在吸引和力量变弱了,那么结果可能是婚姻破裂。

---

① Paul A. Nakonezny, Robert D. Shull, and Joseph Lee Rodgers, "The Effect of No-Fault Divorce Law on the Divorce Rate across the 50 States and Its Relation to Income, Education, and Religiosity," *Journal of Marriage and the Family* 57(May 1995), 477—488.

② Norval D. Glenn, "A Reconsideration of the Effect of No-Fault Divorce on Divorce Rates," *Journal of Marriage and the Family* 59(November 1997), 1023—1030.

③ Jay D. Teachman and Karen Polonko, "Negotiating Divorce Outcomes: Can We Identify Patterns in Divorce Settlements?" *Journal of Marriage and the Family* 52(February 1990), 129—139.

许多资料支持了这一观点。例如,索思和其他人发现:当夫妻的任何一方遇到可替代现在关系的其他选择,离婚的风险是最高的。①他们指出最近离婚的人群中,有很大比例的人在离婚前就卷入了婚外情。这表明:许多已婚人士仍然对可能的亲密(婚外)关系持开放态度。因此,如果一位已婚女性在男性相对较多女性相对较少的环境或职位中工作,更有可能找到一个有吸引力的、可选择的男性来代替现在的丈夫或伴侣。换句话说,夫妻形成可选择的异性关系的结构性机会,是解释一些夫妻为什么离婚的重要因素。埃思特伯格(Esterberg)和其他人发现:婚姻之外女性选择机会的提高,例如回到学校、随之而来提升的自尊,比态度上的因素,在加速离婚中更重要。②

这一研究方法与交换理论所采用的方法高度相似;离婚的决定明显包含了回报/成本这样的重要考虑。回报(吸引力)包括:爱、物质、服务、安全、共同财产、孩子、性方面的愉悦等等;而成本(阻力)包括:责任感或不适当的感觉、对家庭/朋友反应的担心、宗教上的限制、经济上的代价等等。当人们意识到另一种选择可以带来比现在婚姻中更多的回报、付出更少的成本时,离婚的可能性增加。

孩子对父母离婚的影响

孩子是否是离婚的阻碍?这一答案为"既是又不是"。数据表明,长子和其他孩子在学龄前提高了婚姻的稳定性。③至少在短期内,年幼的学龄前儿童趋向于使他们的父母在一 541
起,否则他们可能离婚。(考虑到第十章中的破裂假设。)但是,年长的孩子和婚前出生的孩子显著地提高了婚姻破裂的可能性。随着孩子的成长,可能孩子使父母在一起的抑制效应慢慢减弱,身为父母的压力增加了婚姻的压力,从而增加了离婚的风险。

来自北加利福尼亚11000个离婚家庭的数据,明显支持了婚姻持续时间和拥有孩子两者之间的关系。④孩子延迟(不是阻止)离婚的解释有:孩子使得离婚的成本高于继续婚姻的成本;使得妻子局限于家中,工作的自由性减少;年长的孩子能更清楚地表达他们的感受;有孩子的人比没有孩子的人在婚姻中可能感到更多的安全;离婚夫妇可能感到羞耻;在离婚过程中存在可预见的困难(孩子的监护权、离婚的父母共同抚养孩子、单亲问题)。需要指出的是,此研究中所有的夫妇都离婚了;因此,没有证据表明孩子能阻止离婚。这一研究支持了

---

① Scott J. South and Kim M. Lloyd, "Spousal Alternatives and Marital Dissolution," *American Sociological Review* 60(February 1995), 21—35; and Scott J. South, Katherine Trent, and Yang Shen, "Changing Partners: Toward a Macrostructural-Opportunity Theory of Marital Dissolution," *Journal of Marriage and Family* 63(August 2001), 743—754.

② Kristin G. Esterberg, Phyllis Moen, and Donna Dempster-McClain, "Transition to Divorce: A Life Course Approach to Women's Marital Duration and Dissolution," *The Sociological Quarterly* 35(194), 289—307.

③ Linda J. Waite and Lee A. Lillard, "Children and Marital Disruption," *American Journal of Sociology* 96 (January 1991), 930—953.

④ Robert M. Rankin and Jerry S. Maneker, "The Duration of Marriage in a Divorcing Population: The Impact of Children," *Journal of Marriage and the Family* 47(February 1985), 43—52.

离婚是遍布全球的一种普遍经历。虽然在美国无过错制度下的离婚程序十分普遍,有争议的案例将变为漫长的法律战争,涉及律师与法官决定经济和孩子监护权的协议制定。

这样的观点:即当夫妻拥有孩子时,离婚前婚姻的持续时间更长。

542 离婚对成人造成的后果

和在组织和社会(宏观)层面造成了明显结果一样,离婚在个体和人际(微观)层面造成的结果也是明显的。①大多数研究聚焦于微观水平。一个来自于许多国家——包括美国、芬兰、挪威、加拿大——宏观水平的研究结果支持了这样一个观点:离婚和自杀间存在直接的关系②。离婚人群比处在婚姻中的人群更有可能自杀。这一观点与埃米尔·德赫姆(Emile Durkheim)在1987年发表的关于自杀的研究相一致。他认为:整合程度较低的社会通常拥有较高的自杀率。

一个持续17年的纵向研究考察了一些因素,这些因素预测对离婚、婚姻破裂的调整。③调整与收入、稳定地与某人约会、同居或再婚、成为离婚者的伴侣积极相关。明显地,主动离开比被动离开更可取。年轻人比年长者调整更好。

---

① Paul R. Amato, "The Consequences of Divorce for Adults and Children," *Journal of Marriage and the Family* 62(November 2000), 1269—1287; and Frank F. Furstenberg Jr., "Divorce and the American Family," *Annual Review of Sociology* 16(1990), 379—403.

② Steve Stack, "The Effect of Divorce on Suicide in Finland: A Time Series Analysis," *Journal of Marriage and the Family* 54(August 1992), 636—642; Steven Stack, "The Impact of Divorce on Suicide in Norway, 1951—1980," *Journal of Marriage and the Family* 51(February 1989), 229—238; and Frank Trovato, "The Relationship between Marital Dissolution and Suicide: The Canadian Case," *Journal of Marriage and the Family* 48(May 1986), 341—348.

③ Hongyu Wang and Paul R. Amato, "Predictors of Divorce Adjustment: Stressors, Resources, and Definitions," *Journal of Marriage and the Family* 62(August 2000), 655—668.

离婚后的经济状况有很大的性别差异。总的来说，男性的经济情况变好，而女性的变差。二十世纪七十年代加利福尼亚州的数据显示法律上离婚仅仅一年后，生活水平就发生了根本变化。男性在离婚后的生活水平提高了42%，而女性降低了73%。①对这些数据再次分析得出：离婚后的生活水平，女性降低了27%（非73%），男性提高了10%（非42%）。②

并不是所有离婚男性的经济状况都增高。一项研究显示很多家庭依赖双份收入，离婚后男性经济下降的一个主要原因在于，无法弥补另一半收入的损失。③

不管男性女性的巨大差异，性别差异真实存在，并且在过去二十年中改善得极少。显而易见的是，这样一种情况不仅仅存在于美国，在其他国家也是如此。在德国，女性所经历的经济地位的下降，比美国女性的更严重。德国男性与美国男性经历相同。④在这两个国家中，无论在离婚前还是离婚后，在劳动力市场中，男性比女性更有可能工作，比女性挣得更 543
多。在这两个国家，离婚后母亲比父亲更有可能照看孩子。这些因素，还有其他因素为离婚女性制造了比离婚男性更严重的经济困难。

全国纵向研究显示：40%的寡妇和超过25%的离婚女性在离婚后的第一个五年内，至少有一段时间陷入了贫困。⑤这也就不难怪，与美国的其他群体相比，有更多离婚女性报告：她们处于在不断的经济危机中，她们长期担心可能无法支付账单，压力更大，生活满意度更低。相反的是，大多数离婚或分居的男性迅速改善了境况。他们保留劳动收入的大部分，通常无需给孩子或前妻支付巨额的抚养费，再也不需要为之前的家庭付出。虽然作者经常参照*他的*和*她的*婚姻，但是将*他的*和*她的*离婚进行比较时，差异变小了。

帮助离婚女性和母亲恢复经济情况的方法有以下几种：(1)通过加入到有偿劳动或者增加工作时间来提高自己的收入，(2)从父亲处获得或增加孩子抚养费，(3)再婚或同居：与一位能够提供额外经济资源的人结婚或住在一起。证据表明：最后一种方法对恢复经济状况是最有希望的。研究发现：以绝对值计算，再婚比同居在经济上更有优势，但是两者在将家庭收入恢复到之前水平的能力上是相等的。⑥长期来看，不结婚的同居关系，对于保障一个孩子的经济福利，是一种糟糕的方式。

---

① Lenore J. Weitzman, "The Economics of Divorce: Social and Economic Consequences of Property, Alimony, and Child Support Awards," *UCLA Law Review* 28(August 1981), 1251.

② Richard R. Peterson, "A Re-Evaluation of the Economic Consequence of Divorce," *American Sociological Review* 61(June 1996), 528—536.

③ Patricia A. McManus and Thomas A. DiPrete, "Losers and Winners: The Financial Consequences of Separation and Divorce for Men," *American Sociological Review* 66(April 2001), 246—268.

④ Richard V. Burkhauser, Greg J. Duncan, Richard Hauser, and Roland Berntsen, "Wife or Frau, Women Do Worse: A Comparison of Men and Women in the United States and Germany After Marital Dissolution," *Demography* 28(August 1991), 353—360.

⑤ Leslie A. Morgan, "Economic Well-Being Following Marital Termination," *Journal of Family Issues* 10(March 1989), 86—101.

⑥ Donna Ruane Morrison and Amy Ritualo, "Routes to Children's Economic Recovery after Divorce: Are Cohabitation and Remarriage Equivalent," *American Sociological Review* 65(August 2000), 560—580.

父母离婚对孩子造成的后果

每年大约有 100 万孩子成为离婚的受害者。因此，人们非常关注的一个问题是：离婚对孩子造成的后果是什么？就算婚姻不幸福，夫妇是否应该为了孩子继续生活在一起？

非专业人士认为离婚对孩子心理、经济、社会方面有显著的消极影响，并且这些消极的假设影响了人们如何看待这些特别的孩子。研究发现：这些对离婚孩子的刻板印象使人们想起对这些孩子不利的信息，而无法想起对他们有利的信息。①这可能导致一种自我实现的预言能力：当老师、咨询师、社会工作者、父母往往认为来自离婚家庭的孩子的问题比他们本身拥有的问题更多，于是他们以一种可能加剧问题甚至产生这些问题的方式来对待这些孩子。

很少有人反对，在幸福的、稳定的家庭中的孩子，比离婚的或者不幸福的、不稳定的家庭中的孩子过得更好。如同之前预测的，有证据显示离婚减少了孩子可以获得的经济和社会资
544 源，这样可能给孩子获得的教育、结婚时间、结婚的可能性、离婚的可能性带来消极的影响。②

父母在孩子青少年期离婚尤其令人不安。将 7 岁至 11 岁父母面临离婚的孩子与 11 岁至 16 岁的孩子进行比较，结果显示，父母离婚对年龄较大的孩子伤害更大。③另外，与结婚夫妇的孩子相比，离婚夫妇的孩子从高中毕业的可能性更小、趋向于更早结婚、结婚的可能性更低、离婚的可能性更高。其他证据表明：来自离婚家庭的青少年更容易有违法行为、同伴关系存在困难、并与家庭相关的过错如离家出走和逃学高度相关。④以上研究都证实了公众中流行的观念：离婚对孩子有害，尤其对青少年期的孩子。

离婚对孩子带来消极后果延伸到了青少年期之后。37 项研究揭示：父母离婚（或永久分离），将对孩子成年后的生活产生深远的影响。⑤受父母离婚影响的成人特性包括：心理

---

① Paul R. Amato, "The 'Child of Divorce' as a Person Prototype: Bias in the Recall of Information about Children in Divorced Families," *Journal of Marriage and the Family* 53(February 1991), 59—69.

② Gary D. Sandefur, Sara McLanahan, and Roger A. Wojtkiewicz, "The Effects of Parental Marital Status during Adolescence on High School Graduation," *Social Forces* 71(September 1992), 103—121; and Norval D. Glenn and Kathryn B. Kramer, "The Marriages and Divorces of the Children of Divorce," *Journal of Marriage and the Family* 49(November 1987), 811—825.

③ P. Lindsay Chase-Lansdale, Andrew J. Cherlin, and Kathleen E. Kierman, "The Long-Term Effects of Parental Divorce on the Mental Health of Young Adults: A Developmental Perspective," *Child Development* 66 (1995), 1614—1634.

④ L. Edward Wells and Joseph H. Ranken, "Families and Delinquency: A Meta-Analysis of the Impact of Broken Homes," *Social Problems* 38(February 1991), 71—93; and David H. Demo and Alan C. Acock, "The Impact of Divorce on Children," *Journal of Marriage and the Family* 50(August 1988), 619—648.

⑤ Paul R. Amato and Bruce Keith, "Parental Divorce and Adult Well-Being: A Meta-analysis," *Journal of Marriage and the Family* 53(February 1991), 43—58. See also Andrew J. Cherlin, P. Lindsay Chase-Lansdale, and Christine McRae, *American Sociological Review* 63(April 1998), 239—249; and Paul R. Amato and Juliana M. Sobolewski, "The Effects of Divorce and Marital Discord on Adult Children's Psychological Well-Being," *American Sociological Review* 66(December 2001), 900—921.

健康(抑郁、生活满意度低)、家庭状况(低结婚率和稳定性、更频繁地离婚、与父母关系差)、社会经济状况(较低的受教育程度、收入和职业声望)以及生理健康。如果使用社区内的样本来代替临床样本,或使用最新的研究来代替过去的研究,或对样本进行统计控制(如父母的教育水平和职业声望)而不是使用零级差异的样本,这些高度的消极结果会得到一些缓和。

这些研究结果是否将离婚或者分居作为形成孩子生活的中心事件?弗斯滕伯格(Furstenberg)和其他研究者指出:过多地关注离婚本身的影响,使人们容易忽略导致分居的环境。①这些通常以离婚告终的环境或者过程可能对孩子有害,无论最终父母在一起还是分开。就算在婚姻破裂之前,这些家庭中的男性和女性青少年显示出了比同龄人更多的学业、心理和行为问题。就算没有离婚或分居这样的问题,严重的婚姻冲突、反面的父母示范、持续的经济压力都是造成孩子成年后经济、社会、心理健康情况恶化的原因。

杰科莱克(Jekielek)提出了相似的观点。②使用全国数据进行研究,她发现:父母的婚姻 545
冲突和婚姻破裂增加了 6 至 14 岁孩子随后的焦虑/退缩行为。她还发现:生活在高冲突环境中的孩子,比那些经历过严重的父母冲突,但现在父母已经离婚或分居的孩子,表现出较低的健康水平。鉴于以上研究成果,父母就算婚姻不幸福,为了孩子还是要在一起,这样的说法是没有意义的。不幸福的家庭有自己的选择,即使这些选择对孩子来说都不是理想的或者有利的。虽然冲突不断的完整家庭和离婚家庭都可能引起不同程度的压力、痛苦、困难,但是离婚可能是一个更好的选择。

离婚可能是更好的选择,特别是对那些冲突严重的婚姻,两个独立的针对父母和他们的成年孩子的全国纵向研究支持了这一观点。③冲突严重家庭的解体对他们后代的生活有积极的影响。从长期来看,这些孩子在父母离婚后,比父母不离婚过得更好。一项研究将冲突较低和冲突较高的婚姻进行比较,发现低冲突婚姻的解体对后代生活产生消极的影响。究竟为什么低冲突夫妇会首先离婚?这些夫妇融入社区的程度较低、离婚的阻碍较少、对离婚的较支持、较有可能进行冒险性行为。这些离婚家庭的孩子,在心理上和社会上,会面临超乎寻常的困境。

---

① Frank F. Furstenberg Jr. and Julien O. Teitler, "Reconsidering the Effects of Marital Disruption: What Happens to Children of Divorce in Early Adulthood," *Journal of Family Issues* 15(June 1994), 173—190; and Yongmin Sun "Family Environment and Adolescents' Well-Being before and after Parents' Disruption: A Longitudinal Analysis," *Journal of Marriage and Family* 63(August 2001), 697—713.

② Susan M. Jekielek, "Parental Conflict, Marital Disruption and Children's Emotional Well-Being," *Social Forces* 76(March 1998), 905—935.

③ Alan Booth and Paul R. Amato, "Parental Predivorce Relations and Offspring Postdivorce Well-Being," *Journal of Marriage and Family* 63(February 2001), 197—212; and Donna Ruane Morrison and Mary Jo Coiro, "Parental Conflict and Marital Disruption: Do Children Benefit When High-Conflict Marriages Are Dissolved," *Journal of Marriage and the Family* 61(August 1999), 626—637.

子女监护权

如果孩子较小,那么子女监护权和经济上的赡养是一个很重要的问题。在2005年早期,①1350万的拥有孩子监护权的母亲和父亲小于21岁,另一个父母住在其他地方。这样的父母中大多数(1140万,或84.4%)为女性。孩子与母亲生活在一起,而没有父亲的情况下,有27.8%达到贫困,几乎是男性的2.5倍(11.1%),是所有已婚夫妻家庭的四倍(8%)。

共同监护权指子女至少与每位父母度过30%的时间这样一种协议。这一现象有所上
546 升,但是还是只有五分之一的离婚者使用这种方法。这一协议总体来说对父母—子女关系最为理想。文献综述表明:共同监护协议下的父母与孩子,比单独监护协议下的父母与孩子,表现出更高的满意度。②虽然这些研究结果显示父亲尤其明显,但是母亲也同样从共同监护权中获益。满意度可能部分与*短期暂替照顾*有关,这段时间内父母可以与孩子分开,可以补上自己的工作职责,并参与自己喜欢的活动。

尽管男性比女性的收入高,而且男性同样可以“成为母亲”,只有14%的男性被授予孩子的监护权。这是一个支持离婚丈夫拥有监护权的游行,一名男性在一家法院外表达他的观点。

虽然存在相互矛盾的证据,但是总体来说,共同监护家庭中的孩子,比单独监护家庭的孩子的情绪和行为问题更少。建立共同监护协议的父母,通常可以建立起一种关于共同抚养孩子的合理工作关系。父母冲突的缺席,可能是决定孩子调整适应的关键因素。另外,接受离婚的事实,而不必日夜期望父母能重新在一起,这样可能对孩子更好。

---

① U. S. Census Bureau, *The 2009 Statistical Abstract* “Table 549—Child Support—Award and Recipiency Status of Custodial Parent: 2005,” http://www.2010census.biz/compendia/statab/cats/social_insurance_human_services/child_support_head_start_child_care.html.

② James A. Twaite, Daniel Silitsky, and Anya K. Luchow, *Children of Divorce: Adjustment, Parental Conflict, Custody, Remarriage, and Recommendations for Clinicians* (Northvale, NJ: Jason Aronson Inc., 1998), 49—51.

研究表明：与单独监护中的父亲相比，共同监护中的父亲，能更好地执行孩子经济上的赡养职责，能更多地参与父母决策，能承担更多的责任，能更多地与孩子接触并参与活动。①

拥有孩子监护权的父亲和母亲

拥有孩子监护权的父亲约占五分之一。对拥有监护权的父亲进行分析发现，单身父亲更有可能为黑人、小于 30 岁、教育程度较低，而拥有监护权的父亲更有可能是白人、年纪较大、教育程度较高。②拥有孩子监护权的父亲比单身父亲或拥有监护权的母亲有更高的收入（但低于结婚的父亲）。与他们的高收入一致，拥有监护权的父亲只有 20%从至少一个福利机构中获得帮助。约 30%的父亲通过法院获得孩子的抚养金。将这些数据与只有母亲的家庭相比，45%的母亲获得福利机构的帮助，80%的母亲获得孩子的抚养金。甚至父亲在获得孩子抚养金中，有一半的非监护母亲根本不支付。

拥有监护权的母亲约占所报告的案例的 81%。如第四章中所描述，在一个女性支撑的
单亲家庭中，贫困的可能性很高。约 40%的西班牙裔和非洲裔美国单亲生活在贫困线下， 547
这些单亲包括未婚者、寡妇、已婚但丈夫不在身边，还有离婚。甚至在离婚者中，超过三分之一的单亲母亲生活在贫困线下。使她们陷入贫困的一个主要原因是父亲不支付孩子的抚养费。美国人口调查局和其他报告都证实这一严重的问题，显示出在 2005 年裁定获得抚养费的孩子中，只有不到一半（47.3%）的孩子获得全额。③另外三分之一（30.3%）的孩子获得的抚养费少于法定金额，超过五分之一（22.5%）的孩子根本没有收到抚养费。考虑到对这一"赖账父亲"现象的关注能使全额支付抚养费的数量上升，但事实上，2005 年的比例比 1990 年的 51.1%更低。

不支付抚养费或者抚养费支付不足的理由超出法院的执行范围，甚至有能力支付。人际间的原因很可能是问题所在，如离婚前夫妻的依恋关系、他们关系的质量以及非监护方探视孩子的频率。有证据显示，离婚后的非监护方父亲与孩子的接触很少。父亲尤其有可能不提供需要直接参与的帮助，如辅导孩子的家庭作业或参加学校活动。④

分别监护权

孩子的分别监护权又如何呢？分别监护权指兄弟姐妹分离，那么每位父母至少可以有

---

① Judith A. Seltzer, "Relationships between Fathers and Children Who Live Apart: The Father's Role after Separation," *Journal of Marriage and the Family* 53(February 1991), 79—101; and William N. Bender, "Joint Custody: The Option of Choice," *Journal of Divorce and Remarriage* 21(1994), 115—131.

② Daniel R. Meyer and Steven Garasky, "Custodial Fathers: Myths, Realities, and Child Support Policy," *Journal of Marriage and the Family* 55(February 1993), 73—89.

③ U. S. Census Bureau, *The 2009 Statistical Abstract* "Table 549—Child Support—Award and Recipiency Status of Custodial Parent: 2005," http://www.2010census.biz/compendia/statab/cats/social_insurance_human_services/child_support_head_start_child_care.html.

④ Jay D. Teachman, "Contributions to Children by Divorced Fathers," *Social Problems* 38(August 1991), 358—371.

一个孩子。有些人反对这样一种协议,因为它剥夺了孩子重要的兄弟姐妹的支持和照料,会造成不健康的父母—子女关系,进一步破坏已经破裂的家庭,甚至有父母通过这样一种协议来逃避子女抚养费或者惩罚另一方。

一个来自澳大利亚,用问卷和访谈方法对约50对达成分别监护协议的父母进行的研究①,给这样的案例提供了一个普遍的画面。与单独抚养协议相比,分别监护协议下的孩子有更多的兄弟姐妹、年龄更大,最年长的孩子更有可能是男性并与父亲一起居住。研究结果对之前所得出的可怕后果提出了质疑:这样的协议并没有显著削弱兄弟姐妹的联系,孩子没有与非监护父母疏远,在父母分离后的几年,大多数孩子能定期地与父母和分开的兄弟姐妹见面。同样,在大多数案例中,父母并不是为了逃避子女抚养费或者惩罚另一方,而是因为孩子的愿望,从而采用这种协议。

同性恋父母

那么对于同性恋父母如何分配监护权和探视权呢?法庭根据"孩子的喜好"来决定监护权和探视权,大多数法规假定:孩子不与同性恋父母住在一起对孩子最有益。综述可获得的定量文献,比较异性恋父母和同性恋父母对孩子的影响。结论指出:在教养方式、实践行为、孩子的情感调整适应和心理健康或者孩子的性取向方面,异性恋父母和同性恋父母没有差异。②换言之,结论并不支持任何法庭继续对同性恋父母的偏见。

548 **家庭多样性**

同性恋结婚也意味着同性恋离婚

克劳迪娅·卡德(Claudia Card)在文章"同性恋离婚:婚姻法律条例上的想法"中对主张的"同性伴侣婚姻的法律条例"所潜在的积极或消极的后果进行了思考(25)。她思考的关键是法律上的婚姻所造成的牵累,这些牵累使得离开一段不幸福的、剥削的、或者虐待的婚姻关系变得困难。

站在主张将同性婚姻法律化这一方,她指出在美国社会,许多利益和权利与婚姻相关,如果继续否定同性别夫妇的婚姻,就意味着继续否定这些利益和权利,也意味着继续将同性恋人群视作二等公民。站在反对将同性婚姻法律化这一方,她提出婚姻的限制本质和离婚的潜在后果。尽管"无过错"离婚在美国是通行的,她指出:如果夫妻一方不想离婚,那么结束婚姻、逃离受虐的环境仍是一件非常困难的事情。因此,她提醒那些使同性婚姻浪漫

---

① Bruce Hawthorne, "Split Custody as a Viable Post-Divorce Option," *Journal of Divorce and Remarriage* 33(Numbers 3/4, 2000), 1—19.

② Mike Allen and Nancy Burrell, "Comparing the Impact of Homosexual and Heterosexual Parents on Children: Meta-Analysis of Existing Research," *Journal of Homosexuality* 32(1996), 19—35.

化的人，同样需要"考虑到一旦你的配偶不同意离婚，可能要进行离婚诉讼……并且很有可能引起关于财产、监护权、探视权的法律争论，常常引起配偶不愿意同意"(28)。

在衡量主张同性婚姻的利弊后，卡德得出结论：将对同性婚姻的支持暂时搁置，转向争取例如从婚姻状况中脱离出来的全民健康关怀、社会保障福利资格这样的政策。换句话说，她主张将婚姻从健康关怀和其他权利、利益中剥离出来。一旦实现这点，无需对婚姻关系进行干预，一些规定也可以撤销。她认为，这样一种撤销，对同性婚姻和异性婚姻都有利，它能将受剥削、受虐待的一方从婚姻的陷阱中解放出来。

来源：Claudia Card, "Gay Divorce: Thoughts on the Legal Regulation of Marriage," *Hypatia*, 22(Winter 2007), 24—38.

作为经济因素的子女抚养费和再婚

能使离婚后拥有监护权的母亲改善经济状况的两个决定因素为子女抚养费和再婚。上文已经指出少量的母亲得到定时的或者全额的抚养费。研究发现，所有非黑人、离过婚的并有资格支付抚养费的母亲大约有50%的在离婚后的第五到第六年再婚了。接受抚养费和接受平均数之上的抚养费的母亲，在离婚后的第五到第六年，再婚的可能性很小。接受抚养费可能是离婚母亲再婚的一个消极影响因素。①

再婚与再婚家庭 549

美国是一个一夫一妻制的社会。很有可能大量的——同样也是大比例的——美国民众比多配偶制国家的民众有更多的配偶。这样的"差别"对美国女性尤为如此，因为一妻多夫制是非常少见的。(一位男性和多位女性的婚姻在一些文化中非常常见；但是，一位女性和多位男性的婚姻很少见。)美国的女性，比其他任何一个地区的女性，更多的有多个丈夫——尽管在一段时间中只有一位丈夫。

再婚的夫妇通常为爱而结合、期望保持一夫一妻、期望婚姻能维持到死亡——如同他们在第一次结婚时所想的一样。然而，在很多方面，再婚夫妇通常会经历与第一结婚夫妇不同的生活经历和生活方式。平均来说，再婚的人比第一次结婚的人年龄更大；很可能更成熟；更可能有孩子。

① Karen Fox Folk, John W. Graham, and Andrea H. Beller, "Child Support and Remarriage," *Journal of Family Issues* 13(June 1992), 142—157.

再婚者

美国有着世界上最高的再婚率：有45%的婚姻，一方或者双方是再婚。①在美国，所有的离婚者中估计有三分之二再婚，但在近二十年来再婚率有所下降。下降同样发生在加拿大和西欧。对这种下降的一种解释为离婚后非婚同居的比例升高了。②尽管女性比男性再婚的可能性小，但她们同居的倾向与男性一样。可以预计的是，年轻者比年老者再婚和同居的速度更快。

显而易见的是，因为守寡年龄的增长，所以丧偶者再婚的年龄中位数，比离婚者再婚的年龄大近20岁。有趣的是，女性丧偶后再婚的平均年龄，比丧偶者的平均年龄小10岁。这样一种矛盾表明：即使女性丧偶后再婚的可能性较小，但那些年轻的寡妇最有可能再婚。由于男性的高死亡率，导致年长寡妇再婚时潜在的丈夫数量减少。

假定在所有发生再婚的国家，再婚的可能性随着社会和人口统计学的特点而改变。在美国、加拿大和大多数西方国家，再婚的可能性可以按以下进行分类：

性别——男性比女性更有可能再婚。

民族与种族——白色人种比黑色人种更有可能、更及时地再婚；但是两者都比西班牙女性更有可能再婚。

年龄——那些在相对年轻时结婚和那些在30岁前离婚的人，更有可能再婚。

550 *子女*——第一次婚姻中没有子女或只有少量子女的人更有可能再婚。

教育程度——不到大学教育文凭的人更有可能再婚。

职业情况——如果女性没有工作，她更有可能再婚。

收入——高收入男性和低收入女性更有可能再婚。

根据女性的经济状况来分析再婚，安妮-玛丽·安伯特（Anne-Marie Ambert）发现，经济有保障的女性在"再婚市场"③上表现的行为被认为机能不良。尽管这些女性有更多的机会遇到男性、有更多的约会、有更稳定的关系，但是她们也更有可能结束确实不适合她们的关系，不太可能容忍男性对她们行为上的虐待，不太可能讨好男性的自尊。简言之，与交换理论模型相一致，社会地位较高的女性比地位较低的女性，从再婚中获得的更少。

在日本发现了相似的再婚模式，但有一些有趣的差异。如同在美国，日本男性比女性再婚的可能性更高（尽管比例更大），但是适婚男性数量随着年龄的增长而减少（下降的性别比

---

① For a good overview of this topic of remarriage, see Marilyn Coleman, Lawrence H. Ganong, and Mark Fine, "Re-investigating Remarriage: Another Decade of Progress," *Journal of Marriage and the Family* 62(November 2000), 1288—1307.

② Zheng Wu and T. R. Balakrishnan, "Cohabitation after Marital Disruption in Canada," *Journal of Marriage and the Family* 56(August 1994), 723—734.

③ Anne-Marie Ambert, "Separated Women and Remarriage Behavior: A Comparison of Financially Secure Women and Financially Insecure Women," *Journal of Divorce* 6(Spring 1983), 43—54.

例)。但是与美国女性不同,声称"不想再婚"的日本女性的比例很高,即使年轻女性也是如此,并且比例随着年龄增长。因此,日本女性的再婚率事实上比美国女性的再婚率低得多。①这一现象可以通过以下来解释:在一个离婚极少且把婚姻视作实用关系,而不是浪漫关系的社会中,离婚女性更有可能不对她们的伴侣或者婚姻制度本身产生迷恋。当问起为什么不再婚时,日本的寡妇和离婚者常常回答:"我受够了!"

再婚者的婚姻

再婚给许多结束前一段婚姻的人带来了许多益处。它提供了"另一个机会"。再婚倾向于涉及年龄更大的人,这意味着更成熟、经济情况更好、能够从之前的经历中有所收益。然而,第二次婚姻破裂的可能性比第一次高。正如前文所说,33%的第一次婚姻 10 年后结束。第二次婚姻,10 年后破裂的比例为 39%(黑人为 48%)。②前文还叙述过,通常从再婚到离婚的时间跨度,比第一次婚姻的平均时间跨度短。为什么?第一次婚姻与再婚的婚姻满意度是否有所不同?对 16 项研究进行综述表明,这一问题的答案是"是"。

大多数离婚或者结束亲密关系的人最终迈入另一段婚姻或者一段排外的亲密关系。拥有孩子的这些人组成再婚家庭,在这样的家庭中,多个的父母与多个的孩子交流,并承担责任。再婚家庭或双核心家庭可能包括来自一方或双方的孩子。

布思和约翰·爱德华兹(Booth & John Ed- 551
wards)研究了为什么再婚更不稳定的问题。③从全国已婚者的样本来看,他们发现再婚者与父母、姻亲的整合度较低,更愿意离开婚姻,社会经济地位较低,更有可能处于年龄异质的婚姻。

再婚本身也有许多变量。过去 20 年来大量的研究指出了当前一段婚姻留下一个青春期的子女时,再婚的特殊问题。这些孩子对丈夫—妻子关系似乎有破坏性的作用。有处于青

---

① Laurel L. Cornell, "Gender Differences in Remarriage after Divorce in Japan and the United States," *Journal of Marriage and the Family* 51(May 1989), 457—463.

② National Center for Health Statistics, *First Marriage Dissolution, Divorce, and Remarriage: United States*(Hyattsville, MD: Department of Health and Human Services, May 31, 2001), Table 10, number 323, p. 12.

③ Alan Booth and John N. Edwards, "Starting Over: Why Remarriages Are More Unstable," *Journal of Family Issues* 13(June 1992), 179—194.

春期继子女的再婚夫妇比其他再婚夫妇更有可能离婚。①这些再婚家庭中的青少年，比第一次结婚家庭的孩子更早地离开家庭。生活在再婚家庭中的青少年也报告出问题。分裂的忠诚和纪律对这些年轻人有着特别大的压力。再婚夫妇与继子女的本质和问题将在下一部分进行更详细的讨论。

再婚夫妇与继子女：重组的家庭

大多数经历父母离异的孩子，同样经历了拥有他们监护权的家长的再婚，经历了再婚家庭的形成。传统上，再婚和再婚家庭最初是由于配偶的一方死亡而建立；现今，再婚和再婚家庭更多是由于离婚而建立。如：*再婚*、*重组*、*双核心*、*混合*、*继父母家庭*这样的词汇描述了非传统的婚姻和家庭形式，这样的形式也代表了独特的环境和关系。一个再婚家庭可能包括：继父加上母亲和她的孩子；继母加上父亲和他的孩子；或者父亲母亲以及他们各自的孩子。

再婚家庭与第一次组成的家庭在结构上的差异有很多种方式。第一，亲生父母中有一方不在家中。第二，父母—子女的关系在新的婚姻之前就产生了。第三，即使法律上的关系约束着再婚，但是没有任何约束继子女与继父母。

再婚家庭的这些结构元素在许多方面改变了教养行为。一个 7 至 11 岁孩子的全国样
552 本发现，在大多数家庭中婚姻破裂确实影响了孩子与不住在家中的亲生父母的关系。②几乎有一半的孩子在过去一年中没有见到不与他住在一起的父亲。与媒体所营造的景象相反，离婚家庭的孩子很少有两个家，只有少部分的孩子曾在父亲家中过夜。这表示：可能大多数孩子从来没有踏入过不与他住在一起的父亲的家。

新　闻

混合家庭可以克服令人生畏的冲突

当 5 岁的纳特看到两个女孩从她父亲的车上跳下来时，他立刻开始尖叫。他冲过空屋子，12 岁的谢伊，匆匆地跟着他，亲热地抱住他。当他们在玩时，17 岁的西蒙正在检查马上要属于她的房间。

女孩们的父亲汤姆·斯特利和纳特的母亲杰基·霍夫曼自从在本月之前买下罗切

---

① Lynn K. White and Alan Booth, "The Quality and Stability of Remarriages: The Role of Stepchildren," *American Sociological Review* 50(October 1985), 689—698.

② Frank F. Furstenberg Jr. and Christine Winquist Nord, "Parenting Apart: Patterns of Childrearing After Marital Disruption," *Journal of Marriage and the Family* 47(November 1985), 893—904.

斯特山上的房子后，一直忙于这个房子。这对夫妇打算在8月结婚，正式加入超过1220万混合家庭的群体……

每100对婚姻中，有46对的一方或者双方是再婚……在再婚中，24对是双方再婚。65%的再婚涉及了19岁以下的孩子。

再婚家庭基金会，是一个在纽约威斯布鲁克大学的研究和支持网络，它有研究发现，当有孩子时，超过60%的再婚家庭会破裂。“是的，这些家庭面临很多挑战，”临时家庭委员会的女发言人斯蒂芬妮·孔茨说，“但是可以将这些家庭视为家庭的延伸，而不是从一个家庭到另一个家庭的破坏，那么就会健康多了。”

但是，有时候，希望像《脱线家庭》那样非常幸福的不切实际的期待，常常阻碍了现实。

“在开始，困扰我们最大的问题是，我们的孩子不能和睦相处，”37岁的艾米·雷斯尔说，两年前，她与39岁的杰米·雷斯尔结婚……

孩子们常常为非常小的事情争吵，比如谁坐在家用车的哪个位置上；家庭集体出游时去哪里玩，这些都会变成大型的斗争，双方的孩子都会大叫不公平。“我们学着说‘这次我们去这儿，下次轮到你了。’”艾米说。

“一个家中有七个不同的人格。不可能永远平和、安静、令人高兴，”她说，“我想如果时间久一些，他们会好起来，因为这些事情会教他们变得开明、灵活和宽容”……

杰基和汤姆对他们混合家庭的未来非常乐观。

“当我发现他们要结婚时，我非常高兴，”西蒙说，“我很喜欢她。”

谢伊也同意。

“纳特就像一个真正的小弟弟。我们就像兄弟姐妹。从我们认识开始，我们就相处得很好。”

汤姆在一个混合家庭中长大，他表示他从中学到了很多，从而帮助了他的新家。

“你必须学会尊重。你并不仅仅是走进来，然后带走一些，”他说，他由他的亲生母亲和继父共同养大……

“我是那么幸福，因为我们不仅与对方相处得很好，还与对方的前任配偶相处得很好，”杰基说，“如果我们的孩子不喜欢某个人，我们不会计划结婚。”

女孩们的母亲瓦莱丽斯表示，生命中能有另一个人关心她的女儿们，她很高兴。

“我认为杰基很好，”她说。“对我来说，威胁或者不快是可笑的。人们给与的爱并不是有限的。爱她们的人步入她们的生活，对她们来说是一件好事。”

来源：Cassandra Spratling, “Blended families can overcome daunting odds,” *Detroit Free Press*, May 31, 2009, http://m.freep.com/BETTER/news.jsp?key=469324&rc=fe&p=1.

553 有人声称,当父亲成立一个新家时,他们"交换"家庭——也就是说,他们把对不与他们住在一起的孩子的忠诚,转向新的与他们住在一起的孩子身上。曼宇和斯莫克(Manning & Smock)认为父亲确实交换了家庭,但仅仅当新出生的亲生孩子住在父亲家中,而已有的亲生孩子不住在父亲家时。①父亲并没有真正交换掉孩子,因为平均来看,许多父亲继续在经济上抚养孩子。但是亲生父母与孩子共同居住时优于父母与孩子不住在一起。

破裂家庭的文献中有一个令人疑惑的发现,再婚家庭中的孩子没有获益于再婚。尽管再婚父母提高了家庭的经济保障,并将另外一位家长带入家庭中,但再婚家庭中的孩子表现出与单亲家庭中的孩子同样多的适应问题,比原本的双父母家庭中的孩子表现出更多的问题。甚至在美国之外,近 14000 名荷兰青少年作为大样本,研究表明,来自单亲和继父母家庭的孩子,报告出更低的自尊、更多焦虑和孤独症状,更多自杀的想法和尝试。②

有研究发现,结婚前同居的父母,在结婚后对亲子关系的消极影响较少。③同居可能提供了通向再婚一个较缓和的转变,逐渐将未来的继父并入家庭日常生活中。还有研究发现,离婚后,再婚的恋爱期出现得越早,家庭和个体功能破坏的可能性越小。这表明,迈入一段新婚姻的转变越迅速,给孩子适应住在有监护权妈妈的家中的时间越少。无论如何,这些研究表明,在离婚和再婚间,大量的时间对孩子的调整来说是需要并有益的。

许多再婚的结构性变量有可能造成了边界模糊。家庭成员的不确定性,如谁是家中的一分子、谁发挥作用、谁负责、家庭系统中的角色和责任。④这种边界的不确定性很有可能增加了家庭的压力,增加了孩子的行为问题。这不仅仅发生在酗酒父母或者失踪丈夫的例子中,还发生在不清楚谁*真的*是家庭的一员、需要履行怎样的角色和职责(例如继母和不与她住在一起的孩子间,或者祖父母与继子的孩子间)这样的家庭例子中。

孩子问题上的模棱两可和困难,在孩子去拜访而不是与继父母同住的时候,更为明显。
554 尤其对于继母来说,如果与继子女住在一起,可能会好一些。大多数研究发现,继母的角色比继父的角色更难,很大部分的原因是继母不与继子女住在一起。与之对比的是,大多数继父与继子女住在一起。当继子女来拜访亲生父亲时,通常是继母而不是孩子的亲生父亲来做额外的大扫除、购买食品、煮饭。女性常常将这样的工作视为一种负担,因为她们从这种

---

① Wendy D. Manning and Pamela J. Smock, "Swapping Families: Serial Parenting and Economic Support for Children," *Journal of Marriage and the Family* 62(February 2000), 111—122. Note also Lynn White and Joan G. Gilbreth, "When Children Have Two Fathers: Effects of Relationships with Stepfathers and Noncustodial Fathers on Adolescent Outcomes," *Journal of Marriage and Family* 63(February 2001), 155—167

② Nadia Garnefski and Rene' F. W. Diekstra, "Adolescents from One Parent, Stepparent, and Intact Families; Emotional Problems and Suicide Attempts," *Journal of Adolescence* 20(1997), 201—208.

③ Marilyn J. Montgomery, Edward R. Anderson, E. Mavis Hetherington, and W. Glenn Clingempeel, "Patterns of Courtship for Remarriage: Implications for Child Adjustment and Parent-Child Relationships," *Journal of Marriage and the Family* 54(August 1992), 686—698.

④ B. Kay Pasley and Marilyn Ihinger-Tallman, "Boundary Ambiguity in Remarriage: Does Ambiguity Differentiate Degree of Marital Adjustment and Integration," *Family Relations* 38(January 1989), 46—52.

拜访中获得的情感收益非常少。相似的，当没有血缘关系的兄弟姐妹住在一起而不是偶尔拜访，他们的关系会更积极。

再婚家庭中的继母通常令人不安。我们大多听过灰姑娘的故事，里面有一个邪恶的、不关心孩子的继母，或者读过关于巫婆和继母的童话。然而，为什么人们总是期待继母能迅速地融入家庭并立刻爱上孩子，好像他们是自己的孩子？“邪恶继母”和“立刻的爱”的说法代表了一种没有事实根据的观点（虚假），这种观点给继母带来了消极影响。①实证证据确实支持了一些文化刻板印象。与继父相比，继母对与继子女的关系更不满，并对他们表现出更多的消极行为。继母面对着一个非常大的难题，那就是接受继子女与他们亲生母亲的依恋。成为“另一个”母亲（继母）通常是十分困难的。

如果再婚家庭包括来自两方的孩子（复杂再婚家庭），而不仅仅来自一方的孩子（简单再婚家庭），那么亲子关系会如何发展？对澳大利亚的夫妇进行的一项研究揭示：复杂再婚家庭在处理财政、交流、人格分数、适应、教养等方面，分数都较低。②总的来说，在复杂再婚家庭中生活的人，比简单再婚家庭中的人经历更多的不满和压力。或许复杂再婚家庭之所以这样命名，就是由于他们需要比简单再婚家庭处理更复杂的家庭规范、外部关系。

再婚家庭的结构性因素所引起的一系列疑问，与传统核心家庭不同：前任配偶如何影响孩子与新配偶的关系？哪一位家长带孩子度过生日、节日、特别的事件？父母是否会互相攀比给孩子昂贵的礼物？来自父母、继父母的礼物是否相当？来自母亲和继父或者父亲和继母的家庭规范是否平等一致？是否存在乱伦或其他值得关注的性虐待现象，尤其在继父和继女之间？孩子是否是父母间的信使或联系纽带，以或不以热情友好的方式？与继父母住在一起的孩子是否增加了情感和行为问题上的风险？继父母在教养的过程中，会有怎样的社会化问题？

考虑到今天美国社会的再婚家庭占主导地位，这些以及其他问题将可能成为未来研究的主题。

总　结 555

1. 在美国，离婚是知晓度最高、最普遍的结束一段不满意婚姻关系的方法。遗弃、婚内分居和宣布婚姻无效是逃离婚姻的其他方式，即使只是暂时的。

2. 从跨文化的视角来看，低离婚率与高性别比例和晚婚相关联。社会经济发展水平和妇女有偿劳动参与率之间存在曲线的关系。

3. 离婚率有以下几种计算方式：(1)总人口中每 1000 人中的离婚数量，(2)每 1000 名 15 岁及以

① Marianne Dainton, “The Myths and Misconceptions of the Stepmother Identity,” *Family Relations* 42 (January 1993), 93—98.

② Noel C. Schultz, Cynthia L. Schultz, and David H. Olson, “Couple Strengths and Stressors in Complex and Simple Stepfamilies in Australia,” *Journal of Marriage and the Family* 53(August 1991), 555—564.

上女性中的离婚数量,或者(3)某一年中离婚与结婚的数量比。

4. 在美国,离婚率随着地理、人口统计、社会特征的变化而改变。年轻夫妇的离婚率比20岁后甚至更晚结婚的人离婚率高。从人种上来看,黑人的离婚率比白人高;从宗教信仰上来看,新教徒的离婚率比犹太教和天主教的高;从社会经济水平上来看,随着教育水平、收入、职业声望的上升,离婚率下降。这里,受教育的职业女性是一个例外。

5. 离婚的法律依据在每个州都不同;最被广泛接受的法律依据是婚姻不和谐以及不可调和分歧的证据。在过去几十年间,大多数州接受了“无过错”离婚,来解决传统离婚需要证明“过错”的困难。但是有研究表明,女性在无过错法规下,比在过去通奸法规下,经济变得更贫困。

6. 离婚的社会依据与法律依据大大不同。作为解决矛盾的离婚调解,已经快速发展,作为消除离婚通常伴随的痛苦和分离一种方法。保持一段婚姻或离开一段婚姻的理由包括吸引(回报)和阻碍(成本)。是否离婚的决定由可获得的其他选择决定。

7. 离婚对成人造成的后果在宏观和微观水平上都十分明显,更高的自杀率和抑郁等因素反映了这一点。经济后果在男性和女性间有极大的差异;离婚后,男性过得更好而女性过得更差。

8. 在考虑离婚时,孩子是一个首要的考虑因素。研究不支持这样的观点:看在孩子的分上,不幸福或不成功的婚姻应该保持完整;然而,研究指出离婚父母的孩子经历了压力和大量的再次适应。母亲倾向于获得孩子的监护权;由于父亲不全额支付或不支付孩子的抚养费,给许多女性和孩子造成了困难。

9. 结束一段婚姻的父母大多数最终步入了另一段婚姻。再婚率随着离婚率而升高。总的来说,男性比女性再婚的可能性更高,离婚者比丧偶者再婚的可能性更高,年轻人比年纪大者再婚的可能性更高,白种人比黑种人或西班牙裔再婚的可能性更高,没有孩子比有孩子的人再婚的可能性更高,教育程度较低,收入较低者比教育程度高者再婚的可能性更高,不参与有偿劳动的女性再婚的可能性更高。

10. 再婚比第一次婚姻更不稳定。与第一次结婚者相比,再婚者与父母、姻亲的整合度较差,更希望离开婚姻,并报告更多的困难。

11. 再婚由于孩子变得更复杂。再婚家庭与传统核心家庭在结构上存在差异。一些因素如:亲生父母不住在家中、孩子在新婚姻之前就存在、在继子女和继父母之间缺乏法律联系,以戏剧性地方式改变教养方式。

本章聚焦于离婚和再婚,以及与当代美国家庭有关的问题。这些问题也与社会相关。提供支持婚姻和家庭的项目并建立政策,至少以一种修辞的手法,是政府和社区的目标。最后一章将考察家庭和社会政策的问题。

关 键 词

遗弃(Desertion) p. 523

婚内分居(Marital separation) p. 523

分居者(Separated) p. 523

已婚—配偶缺席(Married, spouse absent) p. 524

合法分居(Legal separation) p. 524

非正式分居(Informal separation) p. 524
婚姻无效(Annulment) p. 524
全球的离婚情况(Divorce around the world) p. 525
离婚率(Divorce rates) p. 527
离婚趋势(Trends in divorce) p. 530
离婚变量(Variations in divorce) p. 532
地理分布 (Geographic distribution) p. 532
丈夫和妻子的年龄(Ages of husbands and wives) p. 533
婚姻持续时间(Duration of marriage) p. 534
种族,宗教信仰,社会经济地位(Race, religion, and socioeconomic status) p. 535
离婚的法律和社会依据(Legal and social grounds for divorce) p. 538
无过错离婚(No-fault divorce) p. 539
不可调和的分歧(Irreconcilable differences) p. 539
离婚调解(Divorce mediation) p. 539
婚姻选择(Marital alternatives) p. 540
离婚对成年人造成的后果(Consequences of divorce for adults) p. 542
父母离婚对孩子造成的后果(Consequences for children of divorced parents) p. 543
子女监护权(Child custody) p. 545
共同监护权(Joint custody) p. 545
拥有监护权的父亲和母亲(Custodial fathers and mothers) p. 546
分别监护权(Split custody) p. 547
孩子抚养费(Child support) p. 547
再婚(Remarriage) p. 548
再婚与再婚家庭(Remarriages and stepfamilies) p. 549
再婚者(People who remarry) p. 549
再婚者的婚姻(Marriage among the remarried) p. 550
再婚夫妇与继子女:重组的家庭(Remarried couples with stepchildren: reconstituted families) p. 551
再婚家庭(Stepfamilies) p. 551
边界模糊(Boundary ambiguity) p. 553
继母(Stepmothers) p. 554
复杂再婚家庭(Complex stepfamilies) p. 554
简单再婚家庭(Simple stepfamilies) p. 554

问题讨论

1. 与离婚相比,遗弃、分居和婚姻无效的理由是什么?每一种情况怎么影响丈夫、妻子和孩子?

2. 比较不同国家的离婚率。为什么有一些国家的离婚率比其他国家高出很多?什么社会因素可能造成离婚可能性的上升或下降?

3. 离婚率如何计算?这一章中,计算了同一年中三个不同的离婚率。每一个意味着什么?当离婚数量保持恒定时,是什么因素导致不同的离婚率?

4. 研究发现,离婚率随着婚姻持续时间、种族、宗教信仰、社会经济地位等因素的改变而改变。研究支持了哪些差异?如何解释这些变量?

5. 研究表明:保守和信奉正统派基督教的教派反对离婚,而他们却有高离婚率。为什么?

6. 参观当地一家处理离婚案例的法院。与一位法官见面,并讨论法律程序、比较离婚的法律依据和非法律理由、以及他(她)对离婚调解者的看法、共同监护权、祖父母的权利、以及其他法律问题。哪些法律的更改法官觉得是必要的?为什么?

7. 讨论"无过错"离婚造成的影响和后果。它有哪些利弊?从长远来看,它对离婚率可能有什么影响等?

8. 你认为婚姻结束的根本原因是什么?能否发现这些因素,或许在结婚前就受到影响?如果是的话,受到怎样的影响?为什么许多不令人满意的婚姻没有结束?

9. 考察离婚对成人造成的一些影响。为什么离婚对男性和女性造成的后果如此不同?

10. 离婚对孩子产生什么后果?生活在没有破裂但是不幸福的家中的孩子,有什么后果?

11. 再婚与第一次婚姻有什么不同?请考虑婚姻持续时间、离婚的可能性、角色与边界、以及常见问题。

12. 继子女如何影响婚姻?讨论重组家庭或再婚家庭特有的优势和问题。

第 15 章

家庭社会政策

案例

实践中的家庭政策与项目

约翰和克里斯是夫妻，有两个处于青春期的孩子。约翰是弗吉尼亚州立联邦大学社会工作学博士，妻子是来自相同学院的社会工作学硕士。约翰还是南加利福尼亚的一个州立大学的社会工作项目的一名主管，而克里斯是该州西部乡村地区的一名学校社会服务工作者。约翰除了管理和书写申请拨款的职责外，还要教授关于社会政策方面的课程，主要集中在社会福利上。另一方面，克里斯正工作在社会工作实践的前线：为孩子和家庭提供援助，与社会服务机构合作，以及为老师和家长提供培训。

约翰关注的中心是孩子。美国的儿童贫困率是西方工业化国家中拥有最高的，但美国直接针对家庭，特别是对孩子仍然没有一致的政策。约翰在思索一个文明国家如果不在孩子身上投资，并且没有遭受过这种忽视所带来的严重后果，它将能够走多远。虽然有对老年人的社会保障与医疗，但是很少有周密又建立完好的项目或政策为孩子提供住房、医疗护理、营养以及最低标准生活。约翰希望有一项无条件即不用调查经济状况的津贴补助提供给所有 5 岁以下的孩子，并且这个补助随着孩子年龄的增长而减少：实际上这项提案是由乔治·麦戈文在竞选美国总统时倡导的。

约翰补充到，目前，如果一个人的收入少于特定额度，那么他将得到一张收入税收信用
卡。但是税收信用卡是不合理的。因为如果你没有缴税，你就得不到信用卡。并且一大部 560
分符合条件的贫困者因为不了解或者没有意识到这个项目的存在而无法得到此信用卡。

约翰的研究所关注的另一个问题是关于 TANF（贫困家庭临时援助）替代 AFDC（对有子女家庭的援助计划）的问题。贫困家庭临时援助是一项基于收入的经济情况调查的项目，

它取消了获得政府援助的资格,并添加了福利补助的时间限制。福利救济人员名单已经减少,但这对孩子的影响又是怎样的呢? 而且随着更多的资源投入到反恐、提供社会保障、建设“星球大战”计划以及提供其他军事方面的支持中,直接放在孩子身上的注意力甚至将更少,这些孩子目前没有得到任何援助或者当他们的时间限制到期时根本不会得到帮助。

作为一名学校的社会工作者,克里斯每天直接和孩子、和他们的家庭打交道。孩子的行为问题、心理健康需求、多动症、不健全人格、受家庭忽视或虐待、特殊经济需求,诸如此类都是她所关心的问题。

克里斯的一项基本职责是找出孩子们的需求,然后利用资源来满足他们。许多孩子的父母都是穷忙族。他们经常拥有两三份工作,也经常做季节性的工作,可是却没有得到任何福利。如果这些家庭没有保险和医疗保障,就无法支付医疗服务费用。克里斯全身心地投入到了募集资金的工作中,这些资金大部分都直接用来支付这些家庭的燃料费用、药物、食物以及交通费用等等。克里斯常常拜访的教堂和私人捐助者,他们为需要的救助资金提供了资源。

在预防措施上,克里斯利用额外的时间与社区机构联系以及合作。这些工作包括教导学生预防毒品,提醒教师发现孩子的特殊需求,告知他们有什么项目和政策,以及教育家长并做家长们的工作。

问题思考

约翰怀疑如果一个文明国家不在孩子身上投放精力,或者没有遭受到这种忽视所带来的严重后果,将如何能够继续前行。国家可以运用什么方法投资于孩子? 如果没有这些投资又会有怎样的后果呢?

很多家庭遇到了虐待、酗酒和吸毒、无计划早育、失业、贫穷等等问题。什么样的计划项目能够有效地帮助他们? 这些项目是私人的或者公众的有关系吗? 谁应该为它们买单?

大多数人,无论结婚的还是单身的,认识到了亲密关系和家庭在他们自己的生活和他人的生活中的重要性。事实上,无论从文化的角度还是历史的角度,人们可以发现在塑造个人生活方面,在影响人际关系方面,甚至在决定国家公民地位方面,没有任何的机构会比家庭有更大的影响力。

为什么美国针对家庭没有一个明显的国策(或多个政策)? 纵观所有的机构,教育、卫生、商贸、劳动力、能源、交通运输、防御以及农业以及诸如此类,发现美国的机构没有特别致
561 力于家庭的。然而,最近行政机构却宣称家庭的重要性,甚至在家庭价值问题上展开了竞选,否决了探亲假议案,削减了家庭计划项目的资金,而且惩罚那些没有遵从特定婚姻和家庭生活方式的个人及团体。前总统克林顿在建立政府的政策上做出了努力,这些政策可以

支持个人和家庭的许多需要及利益：最低工资增长、同性恋权利、堕胎权、育婴假、卫生保健以及保护孩童。增长最低工资额，选择性育婴假议案以及其他影响家庭的立法顺利通过，但是许多其他的努力却被议会否决了。在二十一世纪初，布什政府将注意力放在反恐和削减税收的问题上，但对诸如刚刚所提到的一些问题只有很少的兴趣或者根本不感兴趣，也没有兴趣花费精力在除教育外的社会项目中。

甚至现在的奥巴马政府，也没有提出全面的政策来专门巩固和加强家庭生活质量，虽然有很多提议加强和扩展已有的援助家庭的项目和政策，例如，收入税收信用卡的扩充是为了帮助那些支付孩子抚养费的工作中的父母或者父亲；《家庭与医疗病假法案》的扩充是为了覆盖更多的家庭面对的情况和更多的工人；照孩子以及抚养者税收抵免政策也得到了扩充；更加强调了平等就业机会委员会的指导方针来反对保姆的歧视；还有对所有低收入、第一次当妈妈的妇女的家庭护理搭档计划的扩大。除此之外，新的议案期望能加强父亲的责任感，支持国内预防暴力的工作项目，要求支付病假带薪，并在所有的州鼓励类似的政策，使政府为弹性工作场所树立榜样①。现在争议的是政治和经济状况是否可以使这些议案成为现实。现在有大量的花言巧语来支持家庭的重要性，但是在数量上却很少有人赞同支持家庭的方法以及其必要性。其结果是，美国的家庭政策更多地趋向于是大杂烩而不是一套全面的议案法规。

家庭政策的含义以及用途

许多对家庭政策的描述——从中国的计划生育政策到为合法婚龄或者离婚而制定的政策——都在本书中有所体现。但是家庭政策的含义到底是什么呢？

在本章节，*家庭政策*将被广泛使用，它包含一系列的家庭目标，政府机构和社会组织尝试以结构化的项目工程和活动来达到这些目标。请注意政策不是那些项目计划。政策就是那些或多或少深思熟虑、有意图的、期望的目标与目的。计划项目是用来达到或实现这些目标的实践应用。结果，可能而且常常没有任何具体的项目计划去实施存在的家庭政策。与之相似的是，很多项目计划在没有任何相关或具体设计的政策下却年复一年地
继续存在着。 562

雪莉·齐默尔曼(Shirley Zimmerman)提到家庭政策是由一系列分开但相互关联的政策选择构成的，这些政策的目的在于解决大家认识到的家庭在社会中所经历的问题②。这些问题有可能包含本书所提到的有关话题：领养、儿童保育、堕胎、未婚父母、亲密者间的暴

① Jeremy Adam Smith, "President Obama's Family Policy Agenda," *Daddy Dialectic: A Blog for Twenty-First-Century Parents*. http://daddy-dialectic.blogspot.com/2009/03/presidents-obamas-family-policy-agenda.html.

② Shirley L. Zimmerman, *Understanding Family Policy: Theories and Applications* (Thousand Oaks, CA: Sage Publications, 1995), 3.

力、家庭破裂、艾滋病、贫穷、福利、少数民族家庭、家庭/工作需求、后半生家庭等等。

齐默尔曼的家庭政策的目标是使家庭幸福感最大化①。她把家庭健康定义为一种价值观,它包含了健康、快乐、从需求中解放以及有一个满意的婚姻、工作、休闲、住房等的状态。她认为家庭政策是帮助各个家庭获得这些价值。

家庭政策目标可能是显性的或隐性的。显性家庭政策的目标或目的直接具体地针对家庭,其意向是获得家庭恰好想要的结果或目标。这些目标就是些"明确的规定",例如,联邦立法就规定保险公司必须给新生妈妈及其孩子提供四十八小时而不是二十四小时的医疗护理。隐性家庭政策的目标常常没有明确的规定。这些政策甚至可能没有指向家庭但是可能对家庭意义重大。

青少年达到确定年龄才能上学的法律规定是一个隐性家庭政策的例子。家庭会受到影响,但是具体的目标是隐性的或未明确规定。这种政策可以定义得很广泛,它涉及与家庭成员生活有关的所有方面,被归类在了标题为健康、税收、雇用、环境或者教育的政策中。大多数家庭政策更多的是隐性的而非显性的,但是都对家庭有影响——一些是有目的影响(*明显的*)而其他的是无意中的影响(*潜在的*)。

本书的目的是在总体上探讨家庭政策,特别定义*家庭*和*政策*。*家庭*涉及传统和合法形式,也指那些没有被法律认可或者非传统形式的亲密关系。*政策*牵涉所有法律、目的或者目标,伴随的项目或行动执行了这些政策,并影响着家庭以及家庭成员的活动。

家庭政策的研究

在社会科学里,社会研究能够或者应该保持"价值中立"的程度是一个常被争论的话题。在做家庭政策研究时,这个话题变得尤其急切。一方强调价值中立、客观性,以及基础研究应该与任何政策目标相分离。而反对方认为即使要求价值中立,但是价值中立的研究是不可能的,那些培训过的社会研究者需要运用他们的专业知识和技能来达到建设性的结果。

通过"戴两顶帽子"来承认双方的位置是一个解决此争论的方法,这两顶帽子一个是研究者一个是倡导者/公民。研究者提供存在的实证证据,而公民或者倡导者为他们认为重要的目标而工作。*研究者*通过努力完美保持客观性的尝试便是对问题的各个方面都保持开
563 放。这包括心甘情愿地接受可能与个人位置对立的发现。在家庭政策主张中,*倡导者/公民*赞同并积极投身于改善家庭生活的做法。倡导者只支持问题的一方面,这往往与他或她自己的价值系统一致,与他们影响行为或决定的意图一致,这些行为和决定被看作是对家庭和家庭成员有利的。

在二十世纪九十年代,研究者和倡导者/公民的界限已经变得十分模糊了。家庭研究委

① Shirley L. Zimmerman, *Understanding Family Policy: Theories and Applications* (Thousand Oaks, CA: Sage Publications, 1995), 8.

员会，一个在方法上十分“科学”和“客观”的名字，它由那些在家庭问题上倡导传统且持非常保守的立场的人员构成。同样地，社会学家如戴维·波普诺和诺弗尔·格伦(David Popenoe & Norval Glenn)对未婚生育、单亲和离婚表示担忧，而且他们已经组织加入了“家庭委员会”来表达他们的担心。

家庭政策和正式的立法在地方、州立以及国家水平上都有产生。美国本身没有国家水平的家庭政策；传统上，联邦政府通常集资给州立政府，让它们通过地方政府为家庭制定特别的政策，提供特殊的服务。

正如第一章所提到的，波普诺把婚姻看成是衰退的制度。他和家庭研究委员会其他的一些成员们写了一本关于家庭中衰退的书籍。1997 年，格伦综述了二十本非常不同的关于婚姻和家庭的书籍①。虽然可以就格伦做此研究的方法来批评他的方法论和价值立场，但是更重要的是一个所谓“美国价值机构”的组织从此研究中延伸做的一些事。这个组织将格 564
伦的观点高度扭曲，高度筛选，并在名为“*紧闭的心，关闭的心理：婚姻的故事教科书*”的丛书中广泛地宣扬。一些书中出现的不支持这个“机构”的观点和价值观的句子被挑选出来进行宣扬，而这些书中出现的支持或证实机构价值立场的大量材料或例子几乎没有被注意到。这里的关键点在于客观研究和政治倡导之间模糊的界限。

带有政策关注的研究可以带来一系列的方向：(1)建立家庭政策，(2)评估已存在的家庭政策，以及(3)分析家庭政策的影响。卡伦·博根施奈德(Karen Bogenschneider)②将这三个研究立场(将在接下来的部分介绍)作为建立家庭政策的专业角色的典型。除此之外，当把家庭政策放在一个新角色的背景下考虑时，她将家庭政策主张看成一个合适的专业角色，一

---

① Norval D. Glenn, “A Critique of Twenty Family and Marriage and Family Textbooks,” *Family Relations* 46(July 1997), 197—208.

② Karen Bogenschneider, “Roles for Professionals in Building Family Policy,” *Family Relations* 44(January 1995), 5—12.

种选择性教育。

不同于倡导者的手段，选择性的教育者不会为某一具体的政策游说，而是区分各种选择性政策的潜在影响。这个立场是以个人拥有丰富的知识为前提的，他们可以比别人更好地对自己做出评价。关于选择性政策的影响的知识基于对研究结果的客观整合与传播[1]。接下来便是研究家庭政策可关注的三个选择性方向。

家庭政策制定研究

建立家庭政策有各种各样的方法。史蒂文·怀森塞尔(Steven Wisensale)注意到了四个“智囊团”，特别的是它们都积极地加入到了家庭研究和倡导中，即：布鲁金斯协会，美国企业协会，城市协会和遗产基金会[2]。这些协会和基金会的成员出版书籍、具体的报告和意见书；在国会之前作证明；以及举行研讨会和会议来传播他们的信息。一些协会，比如遗产基金会在研究方面的花费不到预算总额的一半，就为保守政策决策者提供了巩固自己观点的证据，从而帮助他们定义了自己的主要角色。而其他的一些协会，比如城市协会有指导方针来指导人们敏锐地思考社会问题，提高政府决策以及增强公民关于公众事务的意识。

智囊团的大量研究聚焦于所提到的第一个目的，即制定家庭政策的研究。典型地，家庭政策制定的研究始于一个普遍的假设，即某种社会行动是可取的。这样的研究没有必然假设一个问题的存在，没有评估一个现存政策或者项目，也没有评定一项政策或项目的影响。不同的是，它们通过描述一些非传统的家庭模式(同居家庭、双职工家庭、女性支撑的家庭、
565 重组家庭、父母没有结婚的家庭等等)，使得家庭政策的研究可以检查某种结构性的安排以及发现不同的生活方式给个人、给社会带来的结果。研究可能发现一切完好，什么都不用做，或者建议更改法律、发展项目，或者采取行动满足特别的需求。

现有家庭政策评估研究

第二种政策研究要做的是评估现有的家庭政策。家庭政策的评估研究是在编程性的水平来执行的，这样来确定社会项目已经达到的程度或者正在到达的公共政策与结果性项目的预期目标。

家庭政策评估的必要性是显而易见的，比如育婴假这类事宜就需要评估。康涅狄格州就通过了一部法律，规定可以在任何两年时段内为无薪育婴假或者探亲假提供最多二十四周的时间，而且还保证假后回到原来的或者差不多的工作岗位上。因此一些年以后，检查康涅狄格州的商业便可得知是否有任何反对探亲假的观点得到了实证的支持。一个特别调查

---

① Note, for example, Karen Bogenschneider, Jonathan R. Olson, Kirsten D. Linney, and Jessica Mills, “Connecting Research and Policymaking: Implications of Theory and Practice from the Family Impact Seminars,” *Family Relations* 49(July 2000), 327—339.

② Steven K. Wisensale, “The Family in the Think Tank,” *Family Relations* 40(April 1991), 199-207.

小组随机抽样了有 10 人以上的公司 2000 个。这份调查显示康涅狄格州的只有不足 50%的公司提供了有工作保证的育婴假。有过多的假期并不是一个大问题,大多数的公司表现出来足智多谋和处理请假问题的灵活性,而且不会导致使额外的费用发生①。

家庭政策影响研究

第三种家庭政策的研究是家庭影响的分析。在这里,这样的尝试就是评估公共政策和社会项目对家庭有意识和无意识的影响。例如,对那些无法支付买房的人扣除抵押利息的影响是什么?"从头开始"这样的计划对妈妈和孩子的影响又是什么呢?禁止妇女堕胎的政策对就业和收入的影响又是什么呢?

家庭影响研究不像评估研究那样关注焦点在是否达到了预定目标和目的上,它注重于政策和计划除明显打算或者目的外对家庭的影响。因此,评估研究可能显示的是正在达到的预期目的。但是影响分析可能显示的是目标并没有产生预期效果,而且对家庭产生了无意识的消极影响。

例如,在第十四章提到过,对离婚母亲有良好经济状况的两个决定性因素是再婚以及孩子的支持。对孩子支持的评估研究显示那些得到支持的母亲比没有得到支持的有更好的经济条件。这是个很明显的结果。但是孩子的支持还有什么其他的影响(影响分析)吗?其中一个便是 566
孩子的支持对离异母亲的再婚有消极的影响,而再婚是另一个经济良好的决定性因素②。

跨文化视角

瑞典的育婴假政策

在 1974 年,瑞典成了为父母制定育婴假的首个国家。育婴假计划在怎样请假,什么时候请假以及谁请假上有高度的灵活性。1995 年,新生婴儿的父母有资格得到 10 个月的假期,这期间可以照领 80%的收入补偿;一个非转让月假期,期间可得 90%的补偿;以及额外的 3 个月假期,得到统一的费用。不管是全职的还是兼职的(兼职是全职的 25%、50%、75%)都可以得到这些福利,在孩子 8 岁之前,这些存储的福利可以在任何时间使用。在部分时间基础上使用这些福利可以与兼职工作或无薪假期混合使用。生育多胞胎者有权力享受额外的福利,每多一个孩子多享受 6 个月。回到原来的工作是有

① Elizabeth Trzcinski and Matia Finn-Stevenson, "A Response to Arguments against Mandated Parental Leave: Findings from the Connecticut Survey of Parental Leave Policies," *Journal of Marriage and the Family* 53 (May 1991), 445—460.

② Karen Fox Folk, John W. Graham, and Andrea H. Beller, "Child Support and Remarriage," *Journal of Family Issues* 13(June 1992), 142—157.

保证的。

甚至连孕妇保健都已经改变了,变得鼓励爸爸积极参与产前保健、产前教育以及分娩。在工作上,爸爸可以在孩子出生的时候得到两周的带薪假期,每年有60天的带薪假期(和妈妈共享)来照顾生病的孩子,2天的假期(还是带薪)去探望托儿中心和学校中的孩子,还有权利因要照顾孩子而减少工作时间至6小时。这些福利是由社会保障部门直接买单的,而不是雇主。但雇主主要是通过所有雇员的工资税来为支付假期计划的。

通过对家庭提供支持,瑞典使得男性更可能与自己的亲生孩子共度更长的时光,无论是在小家中还是其他,然而他们仍然是养家糊口的传统角色。在美国,成立家庭的要承担相对高昂的代价,导致男性开始远离有关孩子的家庭关系。

来源:M. Sundstrom, "Determinants of the Use of Parental Leave Benefits by Women in Sweden in the 1980s," *Scandinavian Journal of Social Welfare* 5(1996), 76—82; Linda Haas, "Family Policy in Sweden," *Journal of Family and Economic Issues* 17 (Spring 1996), 47—92; and Eva M. Bernhardt and Frances K. Goldscheider, "Men, Resources, and Family Living: The Determinants of Union and Parental Status in the United States and Sweden," *Journal of Marriage and Family* 63(August 2001), 793—803.

研究概述

有效的家庭政策是十分依赖于三种研究的:决定需要什么样的政策的研究,评估现有项目或政策的研究,还有对某项计划或政策除特定意图外的结果和影响的评定研究。下一部分我们将谈论影响家庭的政策的形成和加强,一些关键问题也会呈现在这一部分。

围绕家庭政策的问题

政策事务常常以观点分歧、意见冲突以及反对建议为特征。当政策制定后,很少会让所有的利益组织满意或者得到所有社会和政治组织的认同。有时,不同的政策涉及不同的基
567 本人生哲学、对政府职责的不同看法和对家庭是什么或家庭应该是什么的不同想象。

在下面的部分,我们会考察许多这样的差异。虽然每种差异都以两种分支的形式呈现出,但要记住这两个观点是同时存在的。一个问题很少能被分解为"非此即彼"的状态。

家庭政策的目的与目标

第一个问题关于家庭政策的目标和目的:也就是家庭或家庭需求的类型。政策应该直接指向传统家庭或是指向各种不同的生活方式、家庭关系和家庭成员吗?政策应该以阻止变化,维持家庭维持现状为宗旨还是应该支持变化、弹性和创造?这就是斯坎佐尼(Scanzoni)区分“传统”(主义者)和“进取”(主义者)政策的核心问题①。

传统主义者认为正常家庭是夫妻式的。一位男性作为丈夫和父亲，是家庭事务的支柱和唯一的经济来源。一个女性作为妻子和母亲，是其丈夫的助手，负责家务和孩子的社会化。小孩是无助和不独立的。

传统主义者，表现为政治、宗教上的保守主义，希望保存家庭应该呈现的传统图画。他们认为家庭变迁是道德的崩溃和家庭的分裂。传统主义者在反对性教育计划，迟滞《权利平等修订法案》和推选反对堕胎的议员中显示了巨大的政治力量。他们参与立法活动，如家庭保护法案，此法案要求未婚的少数人在接受由联邦支持的机构提供的堕胎服务时必须支付专利费。他们为了消除肉体惩罚，改变了“虐待”的定义(所以打屁股是可以的)。在 1996 年，传统主义者领导了一次反对《婚姻保护法案》的全国性斗争，最终这场斗争取得了胜利，使得这个法案给婚姻下的定义变成了：一个男人和一个女人之间作为丈夫和妻子的法律联合，使国家的统治者忽视了在其他地方视作合法的同性婚姻。传统主义者反对为支持同性恋团体、贫困团体提供的法律服务，也反对未宣扬传统保守价值观的教育资料。②从传统主义者的观点来看，政策的功能是使家庭保持和回归曾经和应该的理想模样。

进步主义者认为一个正常家庭可以以多种形式出现。他们的观点不是*一种家庭*而是*多个家庭形态*和亲密关系。一个进步的模式是一个允许多种选择的多元模式。这种模式的核心是成年人应该努力成为一对为实现家庭成员平等的平等伙伴。斯坎佐尼陈述道，进步主义者对社会持多元的观点，他们认为其他的家庭观点应该被允许在市场上竞争，允许中立者赞成其认为最适合他们的模式。但是传统主义者并不接受这样的观点③。 568

理论上，斯坎佐尼认为传统主义者与功能理论有联系。这种观点强调结构和稳定性。因此，夫妻在一起就是成功，代表着稳定，而离婚则是失败，代表着破裂。私生子和女性主导家庭代表着组织的异常。形成对比的是，进步主义者与冲突理论非常接近，他们强调过程和变化。一系列广泛的目标是立法和各种利益集团复杂博弈的结果，每个目标都有其偏好的形式和关系。他们认为，丁克、平等主义、离婚、中老年婚姻、在穷人和少数民族间的各种形式的家庭形态、同居、同性恋、接受母亲加入劳动大军中、男人照顾家庭和养育小孩，都是可以接受的。

斯坎佐尼注意到，尽管传统主义者一直在进行颇具影响的努力，但传统主义模式的最大缺点是与时代脱节。他们的理论并没有符合现实——正在发生的事。社会不是静态的，家

---

① John Scanzoni, *Shaping Tomorrow's Family*: *Theory and Policy for the 21st Century* (Beverly Hills, CA: Sage Publications, 1983); and John Scanzoni, “Reconsidering Family Policy: Status Quo or Force for Change?” *Journal of Family Issues* 3(September 1982), 277—300.

② A discussion of the Defense of Marriage Act can be seen in Julie K. Kohler and Shirley L. Zimmerman, “Policy Issues and Families over the Life Course,” in Sharon J. Price, Patrick C. McHenry, and Megan J. Murphy, *Families across Time*: *A Life Course Perspective* (Los Angeles: Roxbury Publishing Co., 2000), 231—233.

③ Scanzoni, *Shaping Tomorrow's Family*, 153.

庭也不是统一的，目标也不是单一的。

政策控制水平

家庭政策所关心的第二个问题是水平——联邦、州或者地方——应当制定和实施何种水平上的政策。在里根和布什政府以及克林顿政府时共和党控制的国会，这个问题在筹资行为中扮演着举足轻重的作用。传统上认为，联邦政府的立场是，收取联邦政府补助的各州应该决定这笔钱为何使用和怎样使用。

如前所述，美国没有联邦家庭政策。回顾1990年至1993年间，联邦政府通过了一项关爱儿童和发展的发放款，旨在帮助各州发展儿童关爱事业；一项儿童抚养费恢复法案，规定不愿意支付儿童抚养费是一种联邦犯罪行为；一项家庭和医疗休假法案，它对严重病患或者需要照顾患病的家庭成员提供12周无薪休假；一项家庭支持和保护法案提供了将近10亿美元为社区家庭服务；国际性父母绑架法案，它规定了父母绑架为重罪；全国保护儿童法案，它促进了各州对儿童照料者的背景调查。

1994年至1998年间，联邦政府通过了：(1)美国人教育法案，该法案促进了父母参与子女的教育；(2)儿童抚养法案的忠实和信用法案要求各州执行另一州建立的儿童抚养体系；(3)反对对妇女施暴法案为受虐妇女提供了更多资金，也建立了全国家庭暴力热线；(4)债务收集和改善法案授予了联邦支付系统截取以儿童抚养费还账的父母的钱；(5)婚姻保护法案(如前边提到的DOMA)以一男一女的联合来界定婚姻；(6)个人责任和工作机会协调法案规定如果没有达到一定的资格，将消除作为一种权利的公共援助；(7)一项电信改革法案需
569 要新的包括V型芯片屏幕筛选系统的电视机，这样家长可以取消他们觉得对孩子不合适的节目；(8)收养和家庭安全法案推广了收养行为；(9)平衡预算法案提供500美元的儿童税收抵免；(10)防家长赖账法案使得为逃避子女抚养费而跨州界的行为成为重罪①。

跨文化视角

爱尔兰儿童看护政策

随着最近20年来爱尔兰经济的巨大增长(被称为“凯尔特之虎”)，妇女劳动机会的增加已经是不可逆转的趋势。根据墨菲-劳利斯(Murphy-Lawless)的说法，爱尔兰已婚妇女劳动人口从1971年的14%上升到了1997年的45%。同时，妇女的受教育程度也得

① For a more thorough review of these acts and their provisions, see Karen Bogenschneider, “Has Family Policy Come of Age? A Decade Review of the State of U. S. Family Policy in the 1990s,” *Journal of Marriage and the Famliy* 62(November 2000), Table 1, p. 1143.

到了显著地提高。在这个有着母亲应该照顾孩子的强烈信念的传统天主教国家，这对家庭和儿童照料配置计划意味着什么？

虽然出现了一些试验计划，以帮助已经就业的有孩子的妇女找到他们所需的儿童照料服务，但该国仍然实行"最大的私人责任模式"，使得妇女只得依靠非正式的儿童照料配置，如家庭成员和儿童看护（日益增长的没有正式经济收入的外国劳工）。在爱尔兰，多数市民认为，优质和负担得起儿童照顾服务是有需求的，但是其至今仍未实现。这种状况受到以全国妇女理事会为代表的女性政治团体的质疑，她们的政治活动导致了一个政府性的"专家工作组"成立。不幸的是，1999年当这个小组提出了一系列措施以减少工作妇女的儿童照料负担时，仅只有一个建议被采纳了——给在工作场所设有儿童照料设施的企业减免税额。现在，通过广泛的综合性政策的转变减轻现代家庭压力的失败结果应该归咎于爱尔兰议会中的保守派施加的压力，他们通过辩论保持传统爱尔兰家庭模式的传统爱尔兰价值观。

来源：Jo Murphy-Lawless, "Changing Women's Lives: Child Care Policy in Ireland," *Feminist Economics*, 6(2000), 89—94.

尽管颁布了所有这些联邦法律和法案，但家庭事务，如结婚、离婚、财产分配以及儿童福利历来是州政府的责任。前面章节中的讨论指出，结婚和离婚应该由美国各州的法律控制，而不是目前的联邦政府联署管辖。即使没有州允许一夫多妻制本身，但是各州规定离婚的理由以及容易再婚程度都有着差异。即使所有州都有一个福利改革方案，各州设置的资格条件和支付的数额标准也都不同。同样，即使没有州允许青少年结婚，但各州在青少年适婚年龄上有不同的规定。

人们注意到，在设定州水平的特定限制时，联邦一级的参与变得很明显，如禁止种族通婚（不同种族人士之间的婚姻）、堕胎以及避孕药具的使用，被最高法院裁定违宪。因此，即使婚姻法律时由州政府制定和执行的，联邦法院有时也会宣布各种做法违宪。

这就像所有其他的问题，不是一个"非此即彼"的问题。家庭政策建立在一个国家或者一个州的水平同时有优势和劣势。在联邦一级的家庭政策的一些优势包括： 570

- 使家庭和家庭有关的问题全国可见。
- 将家庭问题列为国家优先事项。
- 为一个国家设置了统一标准。
- 为方案和研究提供大规模经费。

与此相反，在联邦一级的家庭政策有着独特优势的同时，也存在着固有的问题。有一个问题是国家一级政策对人口群体的选择有着消极的影响。例如，一个专家评估了里根政府

"供应经济"对家庭支援服务、与食物有关的项目、就业、教育和住房的影响[1]。里根政府的政策表明受到的影响的人群中，穷人（其中许多是非洲裔美国人）比经济地位稍好的人受到的消极影响更大。

第二个问题是国家层面的政策设置如何去适应地方的问题以及一些特殊的种族、民族、区域、文化和家庭的特殊需要。

公共与私人立场

家庭政策的第三个议题是围绕亲密关系和家庭的*公共*或*私人*的程度来展开的。许多时候，家庭被当作是与公共视线或亲或疏的私人组织。相反的地位要求家庭对公共观点或审查开放或服从。

*私人立场*论证了某些行为对其他人是合法的和不被限制的。从这个角度来看，家庭或亲属关系是个人的事。私人的天空，无条件的慈爱空间，分担焦虑、恐惧，分享快乐的网络，为损失致哀的地方，保护力的来源，可以摆脱政府和公共主导。难道夫妻或共同生活的夫妇不能决定他们在何时，以怎样的方式来表达他们的慈爱，不能决定计划生育的方式，不能决定他们怎样约束、教育、喂养他们的孩子吗以及不能化解家庭内部的矛盾吗？

*公共立场*证明了国家或社会有权力（有时甚至是义务）来划清与私人事务之间的界限。如果孩子挨饿了，妻子被糟蹋了，家人无家可归了，难道国家或者公共机构不应该干涉吗？如果真是如此，那么何时，又该从某种程度着手呢？诸如最低工资、日常保障、纪律或肉体惩罚、堕胎、酒瘾或毒瘾、健康保障和住房之类的议题又如何呢？

福克斯声明公共监督的社会功能包括：(1)可以教授什么是可接受行为，什么是不被认可行为的结构功能；(2)常以羞耻或难堪的手段，提供一种社会控制方法的管理功能；(3)可以流露同情心和关心的修复功能[2]。911事件就向我们证实了公共监督的力量，他人的悲剧
571 确实给人群造成了反响。但前提是，这些个人和家庭遭受损失和伤害需要被公开报道出来。

有趣的是，有些人在某些问题上鼓吹保护隐私，比如儿童保育和最低家庭收入，而在另一些领域，则号召公开化和政府干预，例如性别角色行为和反堕胎。举一个例子，在过去的20年里，右翼的宗教和政治组织不遗余力地阻止平等权利修正案的通过，却极力支持反堕胎法案和反同性恋法案的出台。

预防性政策和改善性政策

关于家庭政策的第四个问题：假定一项特定的政策是必要的，那么它是否应该面向：

---

① Maurice A. St. Pierre, "Reaganomics and Its Implications for African-American Family Life," *Journal of Black Studies* 21(March 1991), 325—340.

② Greer Litton Fox, "Families in the Media: Reflections on the Public Scrutiny of Private Behavior," *Journal of Marriage and the Family* 61(November 1999), 821—830.

(1)*所有*的家庭和亲密关系，以此来预防家庭暴力，离婚或者其他形式的麻烦，或者(2)还是应该只针对已出现问题的家庭和关系？

预防性政策面向*所有*家庭和亲密关系，它关注那些会影响每个人的问题：就业、健康、最低工资、住房、性别平等，种族平等和纳税公平等。这类政策会涉及所有中产阶级和上层社会的双亲家庭。他们得抚养小孩，要处理家庭和工作之间的矛盾，还可能经历离婚或再婚的过程。

改善性政策，或者*需要*关注的是特定群体或行为，它们通常被当作问题来对待：未婚生育、堕胎、虐待儿童或配偶、单亲家庭、离婚、无家可归等。

医疗类比也许与之相关。传统的美国医疗体制仅仅面向病人，例如内科医生就只治疗感冒，疾病或有需要的骨折患者。但新兴的医疗观点则更看重预防，把人体看做一个有机整体来调理，以期让每个人维持一个高的健康水平。

改善性政策的一个麻烦在于它带来的额外评判：*应得*和*不应得*。贫穷的孩子和生病的老人需要特殊的帮助。他们被认为是*应得的*。为什么？因为他们的状况和环境并不是由其自身的错误所造成的。所以，儿童生活抚养和老年医疗保险被认为是“合理”的方案，因为他们需要帮助，同时也值得帮助。同样地，社会保障是一项值得进行的低收入补助项目，受帮助者不会被贴上什么标签，因为他们掏钱参与这个计划，获得补偿无可厚非。根据这样的“合理”观，尽管许多人有其他收入，并不真正需要社会保障金，或者绝大多数人 8 年或 10 年才能收回他们所支付的成本，这些问题无关紧要。和社会福利不同，社会保障当然不会给人贴上标签，因为这是他们应得的。相反，社会福利，AFDC(对有子女家庭的援助计划)或者TANF(贫困家庭临时补助计划)就会带来隐藏的负面含义。尽管受助者确实需要帮忙，但他们却被认为是“不应得”的。他们“理应”有能力去工作，“理应”节俭，“理应”独立生活，自己养活自己，他们在最初就“理应”没有私生子女。更重要的是，他们从来就没有付钱参加任何项目但是却变成了受助者。

有一种很有趣的现象：当某些特定类型的关系或者结构被贴上*有问题的*，*病态的*或者*恶劣的*标签时，就会从根本上影响针对它们所制定的政策。以单身家庭为例，如果这种结构
形式——一个家长带着子女生活——被看作是病态的，相应的政策就是致力于避免单亲家 572
庭的形成，并提供服务来促进这种“不完整”的家庭形式完成重组。另一方面，如果能简单地把单身家庭看作是许多可接受的家庭生活方式中的一种，政策的重点就可能会放在所有家庭都需要的东西上：最低收入保障、合适的住房、便宜的儿童照料、就业机会，支援服务等等。

新　闻

经济衰退期的福利改革

华盛顿——每当失业率大幅攀升，众多美国家庭急需帮助的时候，专家和立法机构便会说：要想解决当前的问题，这个国家的福利制度就需要彻底的改革。“2001 年的经

济衰退伴随了失业人数的急速增加，得到帮助的家庭数量却没有什么变化"，马克·格伦伯格，乔治城大学"贫困、不公及公共策略研究中心"的主任说，"总而言之，就是当失业率急速上升，更多家庭渴求帮助的时候，我们的福利方案却显得反应迟钝。"

贫困家庭临时补助计划（TANF）由联邦政府于1996年创立，是美国福利制度的一项补充措施，旨在向受助家庭，尤其是单身母亲提供直接的现金援助。

该计划的基本要点在于时间限制和工作要求，实施过程则是由联邦政府下放整笔补助款到各州，各州自行安排使用。联邦计划对各州的严格限制是一个关键性的问题。

改革的必须性？

根据预算和政策优先中心的统计，在2005年，平均每个月有210万个家庭收到了贫困家庭临时补助计划（TANF）的现金援助，占符合资格的家庭总数的40%。如果这个比例能达到80%，得到帮助的家庭总数将达到420万。但是自那年以后，TANF的个案数量却明显减少，目前在一些州受助家庭的数目依旧下滑，在一些州基本平稳，另一些州缓慢上升。

格伦伯格说，符合资格的家庭最终得到援助的比例在九十年代中期是85%，现在却暴跌到40%。而贫困儿童的受助比例从60%下降到今天的25%。

国会已经通过了一项刺激计划，如果各州能增加他们在基础援助上的花费，为受助家庭提供就业或者短期资助，则将会再得到总计50亿美元的可用资金。尽管各州自身只需负担20%的费用，但对很多面临严重预算问题的州来说，情况依旧不容乐观。

布鲁金斯学会的罗恩·哈斯金斯说在九十年代人们大都找到了工作，受助名单数量大大减少，大批的计划资金因而剩余。各州便把这些钱转移到了诸如儿童保健和儿童保护的其他项目里。

"一旦把钱分配到了各种机构中，你就很难取回它们了。因为它们的工作都很重要，你很难舍弃谁，"他说。"这是福利改革法案所未曾预料到的结果……"

结构问题

贫困家庭临时补助计划（TANF）的一部分问题在于它本身的结构。众多符合资格的家庭难以得到帮助，是因为许多州的资格要求太过复杂，要通过最初的申请程序十分不易。同时各州对已经得到过帮助的家庭有大量的苛刻规定，尽管他们可能仍然需要帮助，但是想要再次申请却极为困难。

尽管州政府想要帮助更多人们，但是却被这个计划打消了积极性，只是害怕给自己招致额外的处罚。而为了避免违反联邦政府的要求，最简单的方法就是削减个案数量。专家认为，援助计划应该给各州更多的灵活性，并去掉一些陈规陋习，以便于提供延伸性的教育和其他个性化服务。

格伦伯格认为各州需要寻找一种策略来让人们实现稳定的可持续就业，以期减少贫困和儿童贫困。

来源：Inyoung Hwang, "Welfare Reform in a Recession," *Medill Reports*, June 04, 2009. Story URL: http://news.medill.northwestern.edu/washington/news.aspx?id=133473 Story Retrieval Date: 6/5/2009 2:26:27 AM CST.

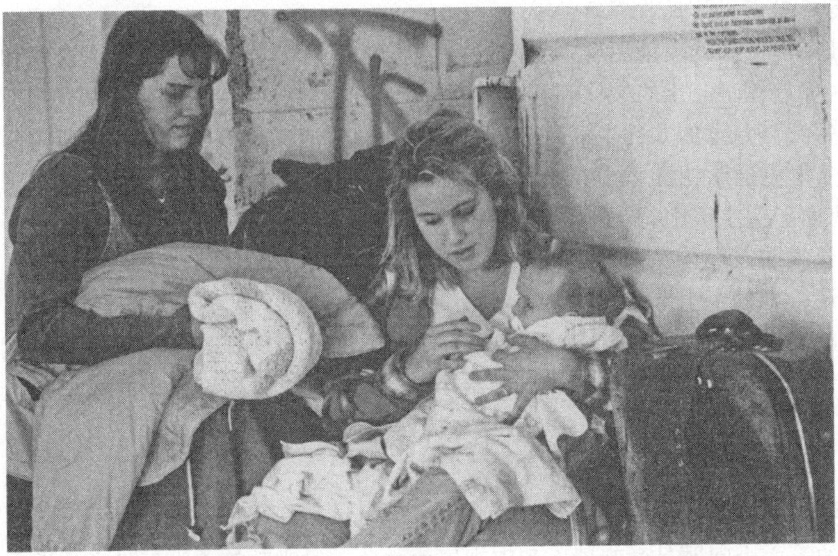

谁应该为无家可归者负责？如果有的话，什么样的社会政策和项目是针对这些人或家庭的？政府有提供救助的任何责任吗？是私人机构和公民的责任吗？或者他们应该为自己的困境负责？

生物学政策和关系性政策 573

关于家庭政策的第五个问题，是它应该针对生物学意义上的关系还是社会学意义上的关系。生物学意义着重强调亲生父母是最适合抚养儿童的人选。它强调异性恋婚姻，因为在其中夫妻可以怀孕和生育。社会学意义着重强调"子女的最佳利益"，它只强调一个婚姻或一段关系中应该包含一个男人和一个女人，或者两个相同性别的人。

今天，大多数法律政策最看重的是生物学关系。这种生物学的观点反映了一种普遍的假设：基于血缘和基因的关系让家庭关系成为"天生的"。谁不熟悉"血浓于水"这句谚语呢？它难道不是暗示家族血缘的联系要比基于社会关系的联系更牢固呢？但是很少被人们所认知和假定的事实是，家族和亲属关系其实也是自我建构的社会学关系。人类的文化决定了家族和亲属的定义。

在美国，生物学观念在儿童抚养权的决定上表现得很明显。儿童最容易被判决和母亲一起生活，其次是他的父亲，再次是其他的有血缘和亲缘关系的亲属。除非亲生父母被确认不适合抚养子女或者遗弃了他/她的孩子，否则他/她就在争取儿童抚养权上具有压倒性优势。这种生物学观念也明显表现在对异性恋婚姻和家庭的强调上。

斯科尔尼克(Skolnick)对这种生物学偏见描述得最为清楚。她注意到，近年来在美国的文化和法律中，除了关于家庭的传统生物学观念，还加入了一种被她称为"生物学主义"的东西。它包括一系列发展中的观念：

> 一个人的真正本质植根于性别、种族、基因的根本性差异。由于遗传研究的发展，
> 一个人家庭背景的生物学信息早已变成了病历的重要组成部分。而新的生物学主义是 574
> 一个更加广义的文化现象，包括身份政治，对种族背景的强调，被收养者寻找亲生父母

的活动,以及近年来出现的反收养运动①。

相反的,基于社会学关系的政策更看重人际性的关系而非生物学关系。在儿童抚养和儿童收养的案例中,焦点在于儿童的最佳利益是什么。斯科尔尼克谈到"心理上的家长",即"家长"应该是通过每天与儿童的共同生活,相互作用和影响,最能满足孩子正常成长所需要求的成年人②。这个角色通常由生物学父母所扮演——但也并非永远如此。按照这个观点,在广为人知的杰西卡宝宝案中,孩子的抚养权就不应判给亲生父母,而应该判给自她出生后就一直抚养她长大的养父母。(1993 年的杰西卡宝宝案中,密歇根最高法庭裁定把一个被收养的儿童归还给她的亲生母亲。这个母亲最初指认了一个男人为孩子的亲生父亲,把孩子交由他和他的妻子抚养。不久,这个母亲改变了主意,宣称她刚刚嫁给的另一个男人才是孩子的亲生父亲。法庭把杰西卡的抚养权判给了亲生母亲,她从孩子养母的怀里接过了尖叫不止的幼童,而孩子出生不久就一直是被养母抚养长大的)

微观政策和宏观政策

关于家庭政策的第六个问题是微观层面和宏观层面之争。微观政策着眼于日常生活中的个人及其人际交往模式。宏观政策则注重于社会模式和社会组织形式,它们塑造了整个社会,不受任何个体的控制,并对家庭和个人生活产生极其重要的影响。

在*微观层面*,个体或相互作用的个体的集合,是分析的基本单位和注意焦点。要解决婚姻问题,就要规劝丈夫或妻子。给未婚母亲、失足少年、受虐儿童、老人、病人、智力缺陷的人,我们就要提供住宿(或使其体制化)、心理辅助和个别指导。在社会政策和特别的行动方针上,这种微观层面的工作易于理解并得到了广泛实施,对象就是未婚母亲、生病的或智力缺陷的人,他们遇到了麻烦因而需要得到治疗或者帮助。

与之相反,在*宏观层面*,组织、制度、社会才是分析的基本单位和注意焦点。在这个层面,社会构造和社会制度的性质会影响个体及其相互关系。覆盖一定区域的政策,例如纳税、兵役、医疗、就业、住房、教育和休闲,都会影响到个人和家庭。但此类政策的焦点并非特定的个体或有特定问题的家庭。

例如,如果贫穷状态意味着低水平的婚姻承诺,而高离婚率通常和未婚亲子关系、儿童
575 虐待、低水平的心理及婚姻健康有关联效应,那么社会政策就不应该只是为未婚母亲或者受虐的妻子或儿童提供咨询,而应该针对那种持续贫困的状态。如果福利政策强迫一个人和他的配偶、孩子分开居住,或者如果联邦税法和社会保障的要求会惩罚婚姻,那么这些政策——通常在宏观层面实施——就需要重新审视。如果社会上的性别不公或种族不公使妻

---

① Arlene Skolnick, "Solomon's Children: The New Biologism, Psychological Parenthood, Attachment Theory, and the Best Interests Standard," in *All Our Families: New Policies for a New Century*, eds. Mary Ann Mason, Arlene Skolnick, and Stephen D. Sugarman(New York: Oxford University Press, 1998).

② Ibid., 244.

子们不能申请贷款，使美国非裔家庭不能居住在特定的住宅区，进入特定的学校，那么这些做法和状况就需要在一个较高层面上得以处理——超越所有特定个体或家庭的层面。

收入分配差距对失业代价的不公平承受，是美国非裔家庭、单身家长和年幼孩子家长困境的一个缩影，也是宏观层面的社会，经济和政治力量会造就失业现象及其财政影响的一个缩影。即使是在一个“充分就业”的健康经济环境里，一部分的劳动力也仍然会没有工作。

跨国家庭

跨国收养

第二次世界大战以后，全球化不断发展，这不仅体现在了经济和婚姻关系市场，也延伸到了收养市场。对于美国来说尤其如此。根据梅德林·恩格尔、诺曼·菲利普斯和弗朗斯·德拉卡弗的统计，美国公民比其他任何国家的公民更喜欢收养外国孩子(其数量实际上多于其他国家的总和)。二战、朝鲜战争和越南战争以后的责任感和同情心在最初激发了这种高的跨国收养率，后来媒体、互联网进一步强化了它。尽管人们意识到风险的存在，并且能够选择收养国内的儿童，美国的跨国收养率却一直在增加。从 1990 年到 2005 年，美国的跨国收养数目翻了三番，从 7093 名到 22728 名。目前绝大部分的跨国收养儿童来自中国、俄罗斯和危地马拉。

其他国家和国际社会会怎样看待这些收养行为？我们又颁布了哪些政策来规范和控制这些行为？国家政策会被一系列的因素所影响。一个因素是有观点认为跨国收养是又一种“帝国主义、傲慢、利用”的行为。(263)第二个因素是当一个国家的很多儿童被外国人收养时，这个国家会感觉到一种国家耻辱。最近韩国就发生了这样的情况，因为自从朝鲜战争后，很多的美国人来这里收养儿童。第三个因素是认为一个国家“贩卖了”它的儿童和孤儿，就像九十年代初期发生在罗马尼亚的情况那样。这种观点导致罗马尼亚出台政策，规定要收养儿童的父母必须具有长期居住权。第四，由于对儿童的非法交易的担忧，收养国家和国际机构都采取了更严厉的跨国收养管理措施。最后，因为强烈的文化信仰和对文化完整性、文化认同感的担忧，有些国家在发生灾难、产生大量孤儿的情况下，仍然严格限制跨国收养(比如 2004 年印度尼西亚海啸和 2005 年巴基斯坦地震)。

来源：Madeline Engel, Norma K. Phillips, and Frances A. Dellacava, “International Adoption: A Sociological Account of the U. S. Experience,” *International Journal of Sociology and Social Policy*, 27(2007), 257—270.

576 记住就业——或者失业——会影响所有的男性、女性以及家庭。如果政策能包含诸如灵活工作模式、儿童托管、无歧视雇佣、可观收入等内容,就能够帮助家庭——包括双职工家庭和单身家长——达到收支平衡;但是,这类政策的发展和实施非常缓慢。

斯坎佐尼论证了宏观层面的,以家庭作为目标的政策很难解决根本问题,因为就像此书一直在描述的那样,我们不可能给家庭下一个具体的定义,而又不排除许多非传统形式。① 同样的,他认为微观层面的政策也是有欠缺的,因为在当代社会有许多需求,而普通的家庭和个体并不是总能够抓住这些需求。所以,他支持中观层次的政策,即介于宏观和微观层次之间的另一种选择。

中观层次包括各种中介结构,它们是超越个人或者家庭的团体和组织,但没有覆盖整个州或者整个国家。它们包括各种社区团体和机构;教堂和庙宇;国家机构的地区分会,例如全国妇女组织(NOW),美国民权同盟(ACLU),计划生育和家庭服务协会;退伍军人协会;工会和政治行动组织等等。在多元化的美国社会里,这些组织能对多种家庭结构和关注热点起调节、培养和支持作用。

家庭制度的未来

这一章关于家庭政策的根本问题是家庭制度的未来。它还会存在吗?下一个十年、五十年、一百年后会有什么样的亲密关系、家庭和社会?人们要为它们做什么准备?人们要为他们的子女和孙辈提供什么样的教育(假设他们是“他们的”孩子)?在家庭领域里会存在什么类型的结构,发挥什么样的功能?家庭会是必须的?婚姻还会存在吗?女性会有和男性平等的地位吗?婚姻和生育只在异性恋伴侣中被允许吗?

在审视了美国家庭的现有状态和未来前景后,马克·芬恩(Mark Fine)总结出它们的一些的优缺点。②家庭的优点包括其持久度、多样性和适应性。家庭一直都保持了基本的形式,它让个人在其中聚集生活,并且一直都对个人具有重要意义。各种各样的家庭形式都被人们广泛接受,并被认为不会对成员的幸福感产生消极影响。尽管有一些问题,但绝大多数的家庭都有良好的适应性,看起来运转得相对不错。而家庭也有它的*缺点*,作为社会团体,它的潜能降低了,角色清晰度变低了,高度强调个人主义价值观,儿童在某些方面幸福感在下降,一些父亲在家庭生活的某些领域缺乏参与感。

① Scanzoni, *Shaping Tomorrow's Family*, 97—118 and 225—227. Note also Frances G. Pestello and Patricia Voydanoff, "In Search of Mesostructure in the Family: An Interactionist Approach to Division of Labor," *Symbolic Interaction* 14(1991), 105—128.

② Mark A. Fine, "Families in the United States: Their Current Status and Future Prospects," *Family Relations* 41(October 1992), 430—435.

577

家庭多样性

家庭多样性:公共政策面临的一个挑战

回顾了美国家庭在上个世纪的一些主要变化后,安德鲁·切林(Andrew Cherlin)表示决策者需要重估美国过去的做法,即基于个人及其子女的婚姻状况和家庭结构来提供帮助。他认为现在情况发生了很多变化,例如结婚年龄的推迟、低结婚率、高单身家庭率、高离婚和再婚率以及短期与多人同居现象。这些变化的系统根源存在于社会经济体制中,因此不太可能会被那种简单的试图促成婚姻,让家庭与儿童福利和婚姻状态相挂钩的政策所影响。这种政策导致的结果就是,因为生活的环境不是所谓的正常双亲家庭模式,许多儿童在今天和以后都无法得到帮助来满足他们的基本需求。

不幸的是,在情感上,美国人强烈偏爱传统的双亲家庭模式,许多试图解除福利补助与这种模式之间连锁的努力——即让补助和家庭状态无关——都注定会失败。任何此类尝试都会被看作是"鼓励"人们用一种替代性的方式生活,是在剥夺婚姻的动机,因而是对传统的、单一的美国家庭的一种损害。他总结道:"决策者的两难困境,在于如何综合以婚姻为基础的方案和对婚姻形式态度中立的方案。为了使美国儿童得到充分的帮助,他们必须小心翼翼地寻找一种平衡。"

来源:Andrew J. Cherlin, "American Marriage in the Early Twenty-First Century," *The Future of Children*, 15(Autumn 2005), 33—55.

但是,家庭制度的未来是怎样的呢?它能够被预测吗?下面的评论就是试图做出对未来的预测:

1. 在整个社会和人群中的亲密关系发生(以及将要发生)的一些变化,并不必然是可喜的或可悲的,好的或坏的,建设性的或破坏性的。一个人欢迎或是拒绝这种变化,更多地是由于他自身的参照系,认同的团体和坚持的价值观不同所造成的。举一些例子,离婚率升高可以被看作是一种问题,也可以被看作是对其他问题的一种解决。同性恋可以被看作是一种病态,也可以被看作是"爱我所爱"的一种权利。战争可以看作是生死攸关的国家防卫,也可以看作是对生命和财产残忍的毁坏。这样说并不意味着变化从来都不会破坏社会秩序,而是在探讨社会问题时应该将其放在发生的背景当中去观察。

2. 尽管很多人把家庭看作社会的核心和所有制度的基础,但我们必须要清楚(已经提到了过很多次),家庭无法作为一个孤立的现象去理解。家庭和经济制度、教育制度、宗教制度和政治制度总是有千丝万缕的联系。除此之外,诸如人口密度、迁移模式和阶层分布之类的因素也必须考虑在内。农业社会倾向于庞大的家族,包办婚姻和一夫多妻制并非偶然。同样美国强调浪漫爱情,单独居住和一夫一妻也不是偶然的。中心论点在于,如果想要对家庭制度做出精确预测,我们就必须要知道其他的社会制度发生了什么变化。

578 3. 家庭并不是一种始终如一的存在。毫无疑问,变化总是会发生的。但将变化中的家庭看作始终如一,或者说只有一种特定的形式或结构合乎情理,都是一种误导,并且不符合真实的世界。在最初的美国社会,全体国民的文化基础就是非常多样化的。后来,就像现在,考虑到诸如乡村/城市居所、国家区域、宗教信仰、种族认同、社会阶级背景和年龄的因素,我们能够找到各种类型的亲密关系和家庭模式。我们还能看到配偶数量的不同,子女数量的不同以及亲戚网规模的不同。最后,不管是男性还是女性,在就业模式上面都有各种类型,他们做的家务不同,培养和训练子女的方式也不同。我们必须认识到在各种家庭结构和人际关系间存在巨大差异。而在这种多样性里面,一连串的统一掩盖了起源的异质。

在提供了以上证明后,说明只要这个社会存在,一些形式的家庭系统就同样会存在。我们同意达凡佐等说的①,在过去几十年间,某些特定的人口统计趋势将会延续,例如:

妇女,包括那些年幼孩童的母亲,可能会继续走出家门参加工作。如果政策能够增强工作和照顾小孩之间的兼容性,或者让儿童的抚养费用得到降低,便可能会让年幼孩子的母亲拥有更高的劳动力参与率。

对妇女来说,经济机会能导致她们结婚生育的动机降低,或者至少会延迟结婚和生育,同时会使离婚率居高不下。我们不大可能看到未婚同居的潮流发生什么大的逆转。

儿童和老年人在人口中所占的比例将继续发生轮换,前者将会越来越少,而后者将会越来越多。

传统家庭的消逝会导致一系列的创伤,并留下了许多亟待解决的问题。但是改建后的家庭仍然会包括多种基本的、私人的、亲密的关系,能够完美发挥家庭的功能。大多数美国人依然把婚姻和家庭看作情绪稳定和精神安宁的源泉。家庭依然是社会化、安全、爱和意义的第一源泉。家庭很可能仍然是这个国家乃至世界上最大的集体社会服务机构——它负责照顾儿童、病人、残疾人和老人,并且负责其中成员的经济福利。构成一种关系或婚姻的成员类型可能会发生变化,男性和女性的期望可能会发生变化,性道德和性实践可能会发生变化,整体的家庭生活方式也可能会变得和现在非常不同。

但变化本身并不必然会带来家庭的腐化、变质和堕落。相反,拒绝改变更可能会造成社会和家庭的没落。

579

总　　结

1. 特定的经济、政治和社会政策会影响到婚姻和家庭生活的所有领域。我们可以放心地假设,

① Julie DaVanzo, M. Omar Rahman, and Kul T. Wadhwa, "Current Items: American Families: Policy Issues," *Population Index* 59(Winter 1993), 547—566.

尽管大多数的社会政策会对家庭产生作用，但它们在被制定和执行时却很少考虑到婚姻和家庭。

2. 在这一章里，*家庭政策*是指通过特定的做法来实现家庭幸福。而社会政策的目的是引导、影响或者决定社会成员的结构、功能、行为、想法和价值观。

3. 这一章讨论了三种类型的家庭政策研究。家庭政策制定研究审视某些特定的家庭结构或者生活方式，来决定某些特定的政策或者项目是否是必须的，并对其内容提出建议。家庭政策评估研究会尝试判定一项社会项目完成它既定目标的程度。家庭政策影响分析则负责评估公共政策和社会项目的预期和非预期后果。

4. 政策事件通常具有以下的特征：意见的分歧，立场的冲突，对立的评论。根据一般层面的分析，本章审视了六个问题或者说是不同点：

a. *目标和宗旨*——政策的目标是保持现状还是作为一种改变现状的力量。传统者力图保持现状，理想化地看待传统的婚姻家庭。相反，改革者力求改变，支持多样化的家庭形式以符合这个多元化的社会。

b. *调控水平*——政策应该在什么层面颁布、执行和出资？是联邦、州或是地方层面。

c. *公共立场和私人立场*——在什么程度上家庭和亲密关系是公共的或是私人的，意味着在什么层面上家庭与政府或法律干预之间应该分离。

d. *预防性或改善性政策*——政策应该针对所有亲密关系并采取预防措施，还是应该只面向传统意义上的有问题的家庭。

e. *生物学或关系性政策*——政策应该以生物学的血缘纽带为基础，还是以社会性的关系和亲密联系为基础。

f. *微观层面和宏观层面*——政策主要应该在微观层面还是在宏观层面实行。也就是说，是注重小集体和人际关系，还是注重塑造整个社会的社会组织的模式或形式。

5. 未来的家庭会是怎样的？毫无疑问，社会政策会影响到未来的亲密关系和家庭关系的模式。家庭正在改变并且会一直改变。总而言之：

a. 这些变化本身并非好的或者坏的。

b. 未来的家庭不能脱离其他制度和系统去理解。

c. 未来的家庭不是一种始终如一的存在。

d. 任何形式的社会规划都必须要谨慎。

6. 提供了以上证明后，作者明确地预测，只要社会存在，一些形式的家庭制度就会同样存在。它们包括许多不同的结构类型，发挥不同的功能，能够满足一系列的个人和社会需要。

关　键　词

家庭政策（Family policy）　p. 561

显性家庭政策（Explicit family policy）　p. 562

隐性家庭政策（Implicit family policy）　p. 562

家庭政策研究（Research on family policy）　p. 562

家庭政策主张（Family policy advocacy）　p. 563

家庭政策制定研究（Research to establish family policy）　p. 564

现有家庭政策评估研究（Research to evaluate existing family policy）　p. 565

家庭政策影响研究(Research on the impact of family policy) p. 565
围绕家庭政策的问题(Issues surrounding family policy) p. 566
家庭政策的目的与目标(Goals and objectives of family policy) p. 567
传统主义者(Conventionals) p. 567
进步主义者(Progressives) p. 567
政策控制水平(Levels of policy control) p. 568
公共立场和私人立场(Public versus private positions) p. 570
预防性和改善性政策(Preventive or ameliorative policy) p. 571
生物学和关系的政策(Biological or relationship policy) p. 573
微观政策(Micro-level policy) p. 574
宏观政策(Macro-level policy) p. 574
中观政策(Meso level) p. 576
家庭系统的未来(Future of the family system) p. 576

580

问题讨论

1. 区分*政策*,*社会政策*和*家庭政策*。社会政策能够独立存在,而不影响家庭吗?为什么?

2. 家庭政策能够或者应该价值中立吗?决策探索能够或者应该与政策拥护分离吗?家庭政策研究员怎样才能够整合理论和实践?

3. 描述以下行为的不同目标(a)家庭政策制定研究,(b)家庭政策评估研究,(c)家庭政策影响力分析。

4. 有什么论据支持应该制定政策以维持现状,而不是相反的,让政策允许或推动变化?在西方世界谈论家庭是否有可能?为什么?

5. 对比改革和保守的立场。这些立场是怎样转化成具体问题上的政策指令,例如青少年性行为和避孕措施、性教育、流产、日托机构、未婚同居、离婚、再婚以及幼童母亲的就业等等?(选择三个问题)

6. 有哪些论据证明应该在联邦水平,而不是在州水平或地方水平制定家庭政策?又有哪些论据反对这一观点?在美国制定全国性的家庭政策可能或现实吗?为什么?

7. 绝大多数家庭政策举措是在地方层面执行的。联邦或各州的税收应该用于为教会学校、宗教型社会计划提供教育券,或帮助宗教组织以它们的方式改善家庭和儿童的生活水平吗?

8. 有哪些论据可以支持或反对家庭和国家的分离?在哪些领域政府明显没有权力干涉?在哪些领域政府能够强制介入?

9. 有哪些论据支持应该制定直接的针对所有亲密关系的预防性政策?而不是只帮助有问题的家庭?给某些结构类型贴上"有问题"的标签会产生什么结果?

10. 讨论生物学的血缘关系和以社会学为基础的关系。例如,有虐待倾向的父母,或是把子女送给别人收养随后又改变主意的父母,应该比有爱的非亲生父母,或收养儿童的父母,对孩子享有更高的法律或社会权利吗?

11. 针对个人和人际关系的直接计划和政策(微观层面),还是针对社会模式和组织的政策(宏观层面),哪一种方式更能够引发有效地家庭变革?请解释。

12. 在二十一世纪,我们能对家庭和亲密关系做出怎样的预测?描述它们可能的结构和功能,高科技会对它们造成的影响,亲子关系的改变,婚姻角色和职责的分化,妇女地位和性道德。哪些领域可能会保持静止、稳定和相对不变?为什么?

图书在版编目(CIP)数据

心理学：关于家庭：第12版/(美)埃什尔曼(Eshleman,J.R.),(美)布拉克罗夫特(Bulcroft,R.A.)著；徐晶星等译；桑标审校. —上海：上海人民出版社，2012

书名原文：The Family

ISBN 978-7-208-10706-9

Ⅰ. ①心… Ⅱ. ①埃…②布…③徐…④桑… Ⅲ. ①家庭学 Ⅳ. ①C913.11

中国版本图书馆CIP数据核字(2012)第083168号

责任编辑 周 峥 李 莹

封面设计 陈 楠

心理学：关于家庭

(第12版)

[美]罗斯·埃什尔曼 理查德·布拉克罗夫特 著

徐晶星 等译

桑 标 审校

出　版 上海人民出版社

(200001 上海福建中路193号)

发　行 上海人民出版社发行中心

印　刷 常熟市新骅印刷有限公司

开　本 720×1000 1/16

印　张 34.75

插　页 2

字　数 738,000

版　次 2012年12月第1版

印　次 2018年8月第2次印刷

ISBN 978-7-208-10706-9/B·932

定　价 88.00元

Authorized translation from the English language edition, entitled *The Family*, Twelfth Edition, ISBN 0-205-57874-8 by J. Ross Eshleman/Richard A. Bulcroft, published by Pearson Education, Inc, publishing as ALLYN AND BACON, Copyright © 2010 by Pearson Education Inc.

PEARSON

北京培生信息中心
北京市东城区北三环东路 36 号
北京环球贸易中心 D 座 1208 室
邮政编码：100013
电话：(8610)57355171/57355169/57355176
传真：(8610)58257961

Beijing Pearson Education
Information Centre
Suit 1208, Tower D, Beijing Global Trade Centre,
36 North Third Ring Road East,
DongchengDistrict, Beijing, China100013
TEL: (8610)57355171/57355169/57355176
FAX: (8610)58257961

尊敬的老师：

您好！

为了确保您及时有效地申请教辅资源，请您务必完整填写如下教辅申请表，加盖学院的公章后传真给我们，我们将会在 2—3 个工作日内为您开通属于您个人的唯一账号以供您下载与教材配套的教师资源。

请填写所需教辅的开课信息：

采用教材	心理学：关于家庭(第 12 版)		□中文版 □英文版 □双语版
作　　者	【美】罗斯・埃什尔曼 理查德・布拉克罗夫特著	出版社	上海人民出版社
版　　次	1—2	ISBN	
课程时间	始于　　年　月　日	学生人数	
	止于　　年　月　日	学生年级	□专科　□本科 1/2 年级 □研究生　□本科 3/4 年级

请填写您的个人信息：

学　　校			
院系/专业			
姓　　名		职　　称	□助教 □讲师 □副教授 □教授
通信地址/邮编			
手　　机		电　　话	
传　　真			
official email (必填) (eg:XXX@ruc.edu.cn)		email (eg:XXX@163.com)	
是否愿意接受我们定期的新书讯息通知：　□是　□否			

系/院主任：________________(签字)

(系/院办公室章)

____年____月____日

Please send this form to: Service.CN@pearson.com

Website: www.pearsonhighered.com/educator

上架建议：心理学

ISBN 978-7-208-10706-9

定价：88.00元

易文网：www.ewen.co